貨幣、思想與歷史通論
——中國經濟史的變局與抉擇

趙善軒 著
GAVIN SIN HIN CHIU

The General Theory of Money, Thought, and History
— Transformations and Choices in China's Economic History

1841
—八四一—

目　錄

〈自序〉倫敦泰晤士河畔談 中國經濟史的變局與抉擇 ……………………… 7
〈代序〉「成一家之言」的意義　　劉志輝 ………………………………… 33
編者說明 ………………………………………………………………………… 39

第一篇　貨幣與經濟思想 …………………………………………………… 41

│第一章│《管子》其書其人與現實主義精神 …………………………… 42
探討《管子》一書的作者、成書背景與思想核心，並分析其在中國經濟思想史上的影響，尤其是其中的現實主義與重商主義成分。

│第二章│漢文帝放鑄政策的經濟影響 ………………………………… 52
考察漢文帝時期的貨幣政策，分析放寬民間鑄幣權對當時經濟、商業發展及國家財政的影響。

│第三章│黃老學說與司馬遷的經濟思想 ……………………………… 68
從黃老學說的角度解析司馬遷的經濟思想，探討自由市場、官民關係與財富積累等議題。

│第四章│《史記・貨殖列傳》的生產行業 …………………………… 82
分析《貨殖列傳》中所記載的各類生產行業，並探討司馬遷如何藉由記錄商業活動來闡述經濟發展的規律。

│第五章│《史記・貨殖列傳》的國家經濟史論述──司馬遷選材取向分析 ……… 98
討論太史公選擇材料時的判斷準則和個人喜好如何左右他的立場。

**│第六章│司馬遷的「求富尚奢觀」
　　　　　──從《史記・貨殖列傳》看太史公的經濟思想** ……… 106
討論司馬遷對奢侈消費的看法，以及他如何透過《貨殖列傳》提出財富流動與市場活力的關聯。

│第七章│司馬遷為商人立傳的尺度 …………………………………… 124
評論太史公選擇人物立傳的標準，從而側面瞭解他的經濟思想。

第二篇　政府干預與市場經濟 ……………………………………………… 133

│第八章│專賣、選士與路徑依賴下的司馬遷經濟思想 ……………… 134
探討司馬遷如何看待政府的專賣制度、選官制度，並透過「路徑依賴」理論來分析中國長期的政治與經濟體制。

| 第九章 | 從英譯《史記》說起——司馬遷「因善論」釋義 ················· 147
以《史記》的英譯版本為切入點，剖析司馬遷「因善論」的思想內涵，並比較中西方學界對其解讀的異同。

| 第十章 | 漢官秩若干「石」定義考 ··· 165
針對漢代官員薪俸中的「石」進行考證，探討其作為重量或容量單位的歷史變遷與經濟意涵。

| 第十一章 | 干預主義與反干預主義——《鹽鐵論》中的經濟思想 ············ 178
對比《鹽鐵論》中的干預主義與反干預主義，並探討兩種經濟政策的利弊與歷史影響。

| 第十二章 | 《老子想爾注》的反欲思想——兼論與《史記》之比較 ·········· 190
比較東漢晚期三國時期成書的《老子想爾注》與西漢中期《史記》的經濟思想，籍此探討兩百年間社會環境的巨大變化。

| 第十三章 | 從《二年律令》看漢初自由經濟——兼論荀悅「上惠不通」說 ········ 202
以《二年律令》為基礎，分析漢初經濟自由化政策的成效，並探討荀悅對「上惠不通」的批判。

第三篇　貨幣體制與經濟變遷 ··· 213

| 第十四章 | The Monetary Thoughts of the Han Dynasty
　　　　　　and the Three Kingdoms Period（AD 220–280）··············· 214
討論漢代至三國時期的貨幣政策變遷，並比較其與西方同期經濟思想的異同。

| 第十五章 | 兩漢三國自然經濟與貨幣經濟之角力
　　　　　　——從貨幣思想探究「中古自然經濟」之形成 ················ 240
從制度和思想角度，分析漢晉中古自然經濟形成的原因。

| 第十六章 | 唐玄宗時期貨幣非國家化的辯論 ·· 262
分析唐玄宗時期的貨幣政策，討論貨幣國有化與非國有化之間的經濟爭論。

| 第十七章 | 盛世物價低賤的困惑——讀全漢昇先生物價史札記 ··············· 279
探討「盛世」是否必然伴隨通貨膨脹，並檢視全漢昇對唐代物價的分析。

| 第十八章 | 北宋長江農業與政府之稅入 ·· 291
研究北宋長江流域的農業發展與政府稅收之間的關聯，並探討稅收制度的變革。

| 第十九章 | 反格雷欣法則下的大明寶鈔 ·· 300
分析明朝紙幣「大明寶鈔」的失敗原因，並以格雷欣法則（劣幣驅逐良幣）進行解釋。

| 第二十章 | 明末清初的關稅收入
　　　　　　——讀倪玉平《清代關稅：1644 － 1911 年》札記 ············· 317
檢討明清交替時期的關稅政策，並探討關稅收入在清代財政中的角色。

| 第二十一章 | 從人口、物價、工資看十七至十八世紀的國民生活水平
　　——《清朝乾嘉之後國勢衰頹的經濟原因》導讀 ································ 326
透過人口、物價與工資數據，分析清代乾嘉盛世後國民生活水準的變化。

| 第二十二章 | 包世臣的貨幣思想研究 ································ 334
討論清中葉的貨幣政策與困境和包世臣的建議和貨幣設計。

第四篇　企業史與經濟倫理 ································ 357

| 第二十三章 | 一八七〇至一八九〇年上海機器織布局與輪船招商局的尋租行為 ········ 358
討論國營企業的本質，官員尋租如何導致企業陷入困境。

| 第二十四章 | 鄭觀應「專利經營」建議及上海機器織布局的實踐 ················ 370
探討鄭觀應對專利經營模式的主張，並分析其在上海機器織布局中的應用。

| 第二十五章 | 替代理論的中國經驗——以輪船招商局、上海機器織布局為例 ········· 384
討論清末企業如何透過替代理論模式來降低經營風險，並分析其對企業競爭力的影響。

| 第二十六章 | 華人商業倫理的交易費用——近代企業管理的考察 ················ 393
探討華人企業管理中的倫理問題，並分析交易費用對企業競爭力的影響。

第五篇　學術與思想史 ································ 402

| 第二十七章 | 評宋敘五《西漢貨幣史》 ································ 403
評析宋敘五教授在《西漢貨幣史》中的研究貢獻，並探討其在經濟史學界的影響。

| 第二十八章 | 饒宗頤、三杉隆敏與海上絲路考 ································ 406
考證「海上絲路」概念的起源，並比較饒宗頤與日本學者三杉隆敏的研究成果。

| 第二十九章 | 何炳棣與中央研究院斷交考——兼論海外華人的政治認同轉向 ········· 411
分析著名經濟史家何炳棣與中央研究院斷交的歷史背景，並探討此事件對海外華人學術界的影響。

〈自序〉
倫敦泰晤士河畔談中國經濟史的變局與抉擇

初入門徑

　　我從事經濟史研究，始於師從宋敘五（一九三四－二〇一六）教授。當時，我仍是香港樹仁學院（現樹仁大學）歷史系一年級生，跨系選修了宋教授在經濟系開設的「中國經濟史」課程，並旁聽了他的「西洋經濟史」與「比較經濟制度」課程。宋教授來港多年，口音依然濃厚，班上的同學大多不適應，但我卻沉迷於他縱橫古今中外的精彩講解。宋教授於一九四九年自北方避亂南下，是新亞書院經濟系的早期畢業生，後在香港大學取得碩士與博士學位，專攻清代學者洪亮吉（一七四六－一八〇九）的「人口與經濟思想」及嘉慶年間（一七九六－一八二〇）包世臣的「經濟思想」。一九七一年，宋教授獲得哈佛燕京學社（Harvard-Yenching Institute）的資助，該學社成立於一九二八年，並於中文大學出版印行《西漢貨幣史初稿》出版後，該書因內容精湛而在臺灣被盜印，後於二〇〇一年易名為《西漢貨幣史》，由中文大學出版社再版。一九八一年，宋教授應鍾期榮校長之邀，於樹仁學院經濟系任教，秉承古典經濟學派（Classical School of Economics）的學術思路，致力於經濟史的研究與教育。

　　我曾撰寫一篇學期作業，後投至中文大學的《二十一世紀》雜誌，刊出於該刊第八十一期（二〇〇四年二月），並轉載於《二十一世紀》網絡版總第三十七期（二〇〇五年四月）。該文即本書所收錄的〈評宋敘五《西漢貨幣史》〉，指出宋師著作的重要性：因其深度剖析了西漢貨幣問題對中國經濟思想史的影響。本文認為此書有三大亮點：

　　一：清楚說明西漢貨幣政策多次變革所塑造的中國傳統貨幣思想獨特性。

　　二：以現代經濟理論解釋西漢的歷史發展，揭示中國歷史上的主流貨幣觀念正源於西漢。

　　三：闡明「反貨幣思想」的形成及其對中國歷史的深遠影響。

此外，宋師對經濟制度的深入探討亦極為可貴。他的論斷精闢，可準確描繪出西漢貨幣政策的演變，以及其對中國傳統經濟思想的深刻影響。宋師原本是新亞書院歷史系的學生，師從錢穆（一八九五－一九九○）和牟潤孫（一九○九－一九八八）兩位大師，但後來發現自己對經濟史更感興趣，於是轉到經濟系繼續深造。隨後，全漢昇（一九一二－二○○一）先生從臺北南港的中央研究院歷史語言研究所轉職至香港中文大學新亞書院，宋師長年旁聽全先生的課，並受其影響頗深。後來，宋師成為新亞書院創辦人之一、著名經濟學家張丕介（一九○五－一九七○）先生的助教。因此，宋師在經濟史研究中更多採用古典經濟學的分析方法，但也未完全脫離傳統史學的進路。在史學界與經濟學界，他的研究方法都是一種「異數」。

我跟隨宋師學習，並在他的悉心指導下與他合著了《清朝乾嘉之後國勢衰頹的經濟原因》（宋敘五、趙善軒，香港：樹仁學院出版社，二○○四年五月）和〈包世臣的貨幣思想〉（宋敘五、趙善軒，新亞研究所：《新亞學報》卷廿三，二○○六年二月）。當時，我便深受他的古典經濟學分析方法影響，這種方法成為我研究的基礎。古典經濟學以亞當・斯密（Adam Smith, 1723-1790）等人的自由市場理論為根基，強調市場機制的自發調節作用，反對政府過度干預。然而，在中國經濟史研究中，傳統方法多傾向於社會經濟結構分析或制度史視角，較少採用純經濟學的分析框架。因此，宋師的研究方法，在當時學界顯得尤為獨特，這種方法也影響了我日後的學術取向。

《清朝乾嘉之後國勢衰頹的經濟原因》是我首部參與撰寫的學術著作。中國人民大學清史研究所曾介紹此書，稱：「宋敘五與趙善軒合著的《清朝乾嘉之後國勢衰頹的經濟原因》對乾嘉時期的中衰提出了新的看法，值得參考。」香港大學歷史系名譽教授兼前系主任呂元驄先生在序中指出：「本書的兩位作者嘗試從現代經濟學與人文地理學的角度解釋清代中葉以後國勢衰退的原因。傳統看法認為，清朝在康熙、雍正和乾隆年間達到了鼎盛，但作者指出，經濟衰退已在社會中產生影響，人民的生活正逐漸陷入貧困。書中還對清代人口急增與社會貧窮的關係進行了重新分析，讀者定會耳目一新。雖然本書並未全面探討所有的經濟、社會及政治因素，但其提出的論點仍具有高度的參考價值。」

恩師余炎光教授在序中也曾提到：「我個人一直認為，對歷史事件或人物的評論，應本著『世事無絕對』的觀念。如果只讚賞『康雍乾盛世』的興盛一面是

不夠的,還應當看到背後的『陰暗』與『不足』。宋教授的這本書對此提供了重要啟示。宋教授是我在樹仁學院的同事,是中國經濟史的專家,我對他在清朝經濟史方面的研究一直敬仰有加。趙善軒是我的學生,同時也是宋教授的學生,他對這項研究的貢獻亦不容忽視。師徒二人能合力完成這一壯舉,實在可喜可賀。當然,本書並非完美無缺,仍有討論的空間,期待日後有更多的交流與探討。」

當年為了查閱原始檔案,我在廣州中山大學陳春聲教授的指引下,拿了他的推薦信,隻身前往北京故宮第一歷史檔案館,閱讀了清代刑部的宗卷資料,專注於工資糾紛的官司,從中了解了清中葉時期工資變動的情況。這段經歷讓我得以深入研究當時社會各階層的經濟狀況。隨後,我攜帶幾封恩師余炎光教授的推薦信,得到了尚明軒教授與錢遜教授(錢穆先生的兒子)的協助,得以前往中國社科院近代史研究所和清華大學圖書館查閱資料。數年後,我便補寫了〈康雍乾盛世的國民生活水平〉一文,該文於二〇一一年三月刊載於香港中文大學中國文化研究所出版的《二十一世紀》雜誌。

我們的研究發現,在清代的這段盛世百年間,不論是旗人、官兵還是宮廷工匠,各行各業的工資都未隨通貨膨脹而增加,而米價卻一路上漲。換句話說,乾嘉時期受薪群體的購買力逐步下降,生活壓力加劇。這或許也是嘉道年間民怨沸騰、民變四起的原因之一。書中一個特別有趣的發現是,我們引用了人口學家卡斯特羅(José de Castro)在《飢餓地理》(Geopolitical Famine)中的觀點,指出當人類的食慾無法滿足時,性慾會成為替代,貧窮反而導致出生率上升。加上清朝前期的政治穩定使死亡率驟減,這些因素共同促成了清代人口的爆炸性增長。

這個研究不僅依託傳統的朝廷檔案、刑部宗卷(勞資糾紛的工資紀錄)等一手資料,也從微觀經濟視角重新審視所謂「盛世」背後的受薪階層現實處境。一方面,我結合通貨膨脹、工資停滯與人口增長等多項關鍵因素,將之與清代特定時期的政治穩定性進行串聯;另一方面,透過參考卡斯特羅有關「食慾—性慾替代」的跨學科理論,為清代民怨、高出生率與社會結構轉變之間的關聯,提供更具體的解釋。此種「自下而上」的材料比對與理論接軌方式,補足了傳統「康雍乾盛世」論述的不足,也使得我們更能理解近代中國社會在經濟、人口與社會動態間的複雜交織。

然而,這些經歷也使我第一次在投稿時遇到了挫折。經濟史研究往往傾向於使用考證和綜合方法,而非過於偏向分析的研究方法。我曾協助宋師撰寫並聯名

發表〈包世臣的貨幣思想〉一文，討論十八世紀中期以後，大量白銀流入中國，導致物價上漲、銀貴糧賤的情況，進而對農民種糧的積極性產生了負面影響，甚至威脅到了政治穩定。包世臣作為地方官員的幕僚，提出了需要改革貨幣制度的主張，特別是行鈔的提議。他試圖用紙幣取代白銀作為貨幣，以解決當時的貨幣短缺問題。然而，由於他的行鈔主張缺乏兌現的保障，實踐起來面臨巨大困難。魏源（一七九四——一八五七）等人反對紙幣的主要原因正是其缺乏兌現性，而唐朝與宋朝的紙幣之所以成功，正是因為其兌現機制健全，這也表明兌現性是紙幣成功的關鍵因素。

這篇文章最終未能順利發表，審稿人指出應該投稿至經濟學期刊，而非歷史學期刊，並對史料使用和參考文獻提出了多方批評。宋敘五教授所採用的古典經濟學分析方法，與當時已逐漸數理化的經濟學研究趨勢相背離，尤其是數據模型的缺乏，使得我們的文章難以符合經濟學期刊的要求。最終，我不得不妥協，按照審查意見刪減了論文中的分析部分，僅將部分分析內容保留在註腳中，而正文則依照傳統史學的表述方式進行修改。經過大幅度的修改，文章最終在《新亞學報》上發表，但內容已與初稿有很大不同。由於此文是與宋教授合撰，而宋教授已故多年，此次出版則以原文收錄，以作紀念。

在宋教授安息後，我為紀念恩師，編纂了《經濟史家宋敘五教授紀念論文集》（楊永漢、張偉保、趙善軒主編，臺北：萬卷樓，二〇一八年八月）。該論文集整理了宋教授未發表的碩士論文章節，並邀請了多位學者撰稿，以報答多年的師恩。

碩士畢業

碩士畢業後，我逐漸體會到傳統史學與古典經濟學分析方法之間的矛盾。在新亞研究所攻讀碩士期間，我的指導老師是張偉保教授。與張師的初次見面是在樹仁學院圖書館，那時我仍是本科二年級生，曾在校刊上見過他的照片，便上前打招呼，表達自己對經濟史研究的興趣。張師隨手在紙上寫下幾本書籍和數位學者的名字，囑咐我深入學習。

張師早年畢業於新亞研究所，師從著名經濟史學家全漢昇，後來以明代江西役法為題完成碩士論文，之後轉攻近代工礦史，並以此撰寫博士論文，博士後階段專研孫中山的民生主義計劃。楊聯陞（一九一四－二〇〇三）曾贈詩給全漢昇：

「妙年唐宋追中古，壯歲明清邁等倫。經濟史壇推祭酒，雄才碩學兩超群。」全先生曾擔任臺灣大學經濟系系主任，期間培育出趙岡（一九三一－二〇一三）、王業鍵（一九三〇－二〇一四）等知名學者。但他大半生在中央研究院歷史語言研究所任職，晚年當選中研究院士，其研究仍以實證主義與史料考證為主，並影響了後來許多華人經濟史學者的學術取向。

在張師的指導下，我完成了新亞研究所史學組的碩士論文，題目為《上海機器織布局（一八七八－一八九三年）發展史研究》。張師屢次提醒我，史料乃學術研究之基石，這使我改變了以往寫作中的浮躁態度。最初，我曾計畫在文章中融入部分經濟學與管理學理論，因這畢竟是企業史的題目，本文認為適當的理論工具有助於更深入的分析。然而，為了確保論文能夠順利通過評審委員會，我選擇將重心放在史料分析之上。

〈鄭〉文最初投稿至臺灣的一本史學期刊，但遭退回。編審的主要理由是，我在文中指出鄭觀應（一八四二－一九二一）利用與李鴻章（一八二三－一九〇一）的密切關係，為上海機器織布局申請了長達十年的專利，這一政策限制了潛在市場競爭者的進入，進而延緩了中國的工業化進程。然而，審稿專家認為此論點欠缺合理性，因為上海機器織布局屬於大型投資項目，若缺乏專利保護，投資者或因風險過高而卻步，因此專利制度的存在具有其經濟合理性。

後來，我將文章投稿至大陸期刊，並基本保留了原初的內容。值得注意的是，該期刊的審稿專家普遍持干預主義立場，認為史學論文不應以自由主義視角「非議古人」。但在我看來，這些討論並非以今度古，因為即使在晚清時期，已有不少人意識到專利保護可能帶來的弊端。例如，司馬遷（前一四五／一三五－前八十六年）在《史記》中早已指出，政府與民爭利往往導致經濟失衡。換言之，專利保護應當僅針對重大技術創新與高風險投資，而非像李鴻章所推動的官督商辦企業，利用政府影響力壟斷市場。回顧當時撰寫的〈鄭〉文，相較於同時期的研究，確實顯得論證不夠周全，部分觀點尚有待補充與修正。最終，這些研究成果後來均收錄於《經濟與政治之間：中國經濟史專題研究》（張偉保、趙善軒、羅志強主編，廈門大學出版社，二〇〇九）。

二〇一七年十月，招商局召開成立一百四十五周年國際研討會，我與張偉保老師受邀參加。會上，日本籍經濟史學者濱下武志先生亦在場，他的碩士論文早在三十多年前即已研究上海機器織布局，但彼時所能掌握的史料與今日相比已有

極大差異。此外,已故的黎志剛教授(一九五五－二○二一)也出席了此次會議。他曾多次自澳洲昆士蘭大學致電鼓勵我繼續深入研究,我們也時常透過書信與電話暢談學術。

會議期間,我在深圳蛇口招商局總部宣讀了〈上海機器織布局與輪船招商局(一八七○－一八九○年)的尋租行為〉一文。文章詳細分析了這兩家企業的尋租行為,涵蓋了它們與政府的政治聯繫、政策支持下的市場壟斷優勢,以及如何在商業競爭中維持既得利益。此外,該文還探討了政府在市場經濟轉型中的角色,以及國家與商業資本如何透過相互博弈影響中國近代化的發展進程。這項研究進一步揭示了晚清中國,特別是在洋務運動(一八六○－一八九○年代)背景下,政治與經濟結構之間的複雜關係。

宣讀論文後,與會學者隨即展開熱烈討論。許多人回憶起自己年輕時初入學界的經歷,彼時正值中國改革開放初期(一九七八年起),當時的學術研討會多聚焦於國有企業與官督商辦企業,研究重點在於揭示其弊端與汲取歷史教訓,以期為市場經濟轉型提供參考。然而,隨著中國國力的崛起,文化自信與制度自信的聲音日益高漲,學術界的風向亦隨之轉變。過去對國有企業的批判性研究逐漸減少,取而代之的是對其「歷史價值」的肯定與吹捧,彷彿所有歷史研究的目的,最終都應服務於當代的政治需求。由於我不願大篇幅修改此文,最終沒有被收入招商局的紀念文集一書。【編者注:官督商辦,即政府監督與資助,但由民間資本負責經營的企業模式,興起於洋務運動(一八六○－一八九○年代),典型案例包括輪船招商局(一八七二年創立)、上海機器織布局(一八七八年創立)等。此制度在維持一定市場活力的同時,也為官僚體系提供了尋租機會,成為晚清經濟結構中的一大爭議點。】

這一學術風向的轉變不禁讓我感慨,許多學者甘於順從權力,不顧學術誠信,甚至毫不猶豫地「今天的我打倒昨天的我」。這樣的趨勢使得獨立批判性的研究愈發邊緣化,許多歷史問題的討論逐漸流於政治正確,而非真正的學術探究。我的研究則恰恰相反,試圖揭露晚清時期公權力對市場經濟的干預與侵害,強調公權力的本質是以權謀私,若無有效的制度約束,這種侵害只會變本加厲。我在論文中詳細剖析官督商辦制度的內在缺陷,並指出此模式雖能暫時促進工業化發展,卻同時滋生了尋租腐敗與市場壟斷,最終限制了中國自主經濟發展的空間。然而,在當前學術環境下,這類研究似乎顯得過於不合時宜,甚至與某些學界主

流論述格格不入。

博士論文

我本科主修歷史，碩士亦在史學組完成，但博士階段則轉入中文系，師從暨南大學古籍研究所所長張玉春教授。張教授是東北人，北京大學中文系的博士，後於京都大學完成博士後研究，專精於史料學、版本學、目錄學、文獻學及文本分析，曾任中國史記學會副會長，在《史記》研究領域造詣深厚。在張教授的指導下，我撰寫了博士論文《歷史文學與經濟思想：《史記‧貨殖列傳》研究》。張教授將日本漢學研究的精髓毫無保留地傳授給我，使我能夠在論文中大量參考東洋學者的研究成果，並廣泛運用日本版《史記會注考證》的內容。日本學界長期關注中國經典文獻的整理與詮釋，其研究方法與視角對我在文本分析和思想史研究方面影響深遠。

然而，由於我是攻讀中文系博士學位，評審委員多為古典文學專家，他們對經濟思想部分興趣不大，甚至不太熟悉相關概念。面對這種挑戰，張教授力排眾議，堅持保留該部分內容，並建議我增加更多版本學與文獻學的討論，以符合中文系學位的學術要求。經過這番調整，論文最終順利通過答辯，為《史記》研究在文學與經濟思想之間搭建了一座跨學科的橋樑。

多年後，我對博士論文進行了改寫，刪除了中國古典文學的部分，因這些內容並非我的主要研究興趣。我進一步擴展了經濟史的分析，並於二〇一七年以《司馬遷的經濟史與經濟思想：中國的自由經濟主義者》為題，在臺北萬卷樓出版社出版。該書收錄了博士論文中的幾個核心章節，包括〈《史記‧貨殖列傳》的生產行業〉、〈《貨殖列傳》的國家經濟史論述——司馬遷選材取向分析〉與〈司馬遷為商人立傳的尺度〉等。此外，〈司馬遷的奢華經濟思想初探〉一文亦收錄於張玉春教授主編的《古文獻與嶺南文化研究》（北京：華文出版社，二〇一〇），後來經改寫成〈「求富尚奢觀」——從《史記‧貨殖列傳》看太史公的經濟思想〉。這篇文章不僅是博士論文的延伸與補充，也可視為我學術生涯的一個階段性紀錄，標誌著我對司馬遷經濟思想研究的深入與拓展。

在擴充博士論文的過程中，由於不再受評審壓力與學科框架的限制，我得以更自由地探索不同的學術視角。這使我能夠靈活運用早期所學的古典經濟學分析方法，並以司馬遷為核心，探討其經濟思想與亞當‧斯密、黃老學派之間的異同。

同時，我嘗試運用「路徑依賴」理論來解釋，為何自司馬遷之後，中國歷史上未能再出現另一位具有明確自由主義經濟思想的學者。

基於此研究方向，我撰寫了〈專賣、選士與路徑依賴下的司馬遷經濟思想〉，該文與張偉保教授合著，並於第二屆北京大學經濟史學大會上宣讀，後收錄於《中國經濟的長期發展：思想、理論與實踐》研討會論文集中。這篇文章不僅進一步深化了我對司馬遷經濟思想的理解，也試圖透過制度演化的視角，探討中國歷史上市場經濟與政府干預之間的長期互動。【編者注：「路徑依賴」（path dependence）概念源於制度經濟學，指過去的決策或歷史事件對未來發展方向的深遠影響，特別在經濟制度與政策選擇上尤為明顯。例如，中國古代長期施行專賣制度與重農抑商政策，導致市場經濟難以自由發展，這種歷史積累效應可被視為一種路徑依賴的體現。】

文章試圖從宏觀歷史的角度解釋，為何漢初黃老思想盛行，而儒法兩家與其競爭，但最終漢武帝罷黜百家，獨尊儒術。此後，鹽鐵專賣等干預主義政策成為國策，並且在龐大的利益集團支持下持續壯大。這是一種典型的「路徑依賴」現象。隨著利益集團不斷壯大，要改變現狀的交易成本會越來越高，尤其當儒學成為入仕的唯一標準時，這些利益集團便會排擠其他學派，百家爭鳴的時代一去不復返。再者，國家從專賣政策中獲取了大量收益，因此逐漸依賴這種模式，放棄干預主義等於削減財政收入，這必然影響許多人的利益。司馬遷最反對的「與民爭利」最終卻成為中國歷史的主旋律，干預主義與儒學選士的體制在此後兩千年間始終占據主導地位。

後來，我撰寫了〈荀悅《漢紀》「上惠不通」釋疑〉、〈黃老學說與司馬遷的經濟思想〉、〈從英譯《史記》說起：司馬遷「因善論」釋義〉等多篇論文，均收錄於《觀瀾索源：先秦兩漢思想史新探》（張偉保、趙善軒、溫如嘉主編，臺北：萬卷樓，二〇一八年）。這些研究進一步深化了我對古典經濟思想的理解，也逐步引起中國經濟思想史學會的學人們的注意。黃老學說主張「無為而治」，強調順應自然、減少政府干預，我的研究逐步聚焦於這一思想脈絡，嘗試從更廣闊的歷史視角，探討中國古代經濟思想的發展軌跡及其對後世的影響。

博士畢業後，我獲得了剛從中央研究院歷史語言研究所退休，轉任新亞研究所所長的廖伯源（一九四五－二〇二一年）教授的支持，得以進入該所擔任博士後研究員。廖所長是實證史學的大家，專精於秦漢史和出土文獻，是嚴耕望

（一九一六—一九九六年）先生的得意門生，並在法國巴黎第七大學取得博士學位。他曾於一九八四年在法國獲得「漢學儒蓮獎」（Le Prix Stanislas Julien），以其乾嘉史學式的寫作風格著稱。雖然廖所長對我較新派的寫作方法並不完全認同，但他始終包容，從未干涉，這令我十分感激。【編注：乾嘉史學（約十八世紀中後期至十九世紀初）強調實證主義，代表學者如戴震（一七二四—一七七七年）、段玉裁（一七三五—一八一五年）等人，重視史料考證與文本校勘，為中國近代實證史學奠定基礎。】

那一年，我在新亞研究所旁聽了廖所長的「秦漢史」課程，並在他與宋師的指導下完成了《鹽鐵論》的校注工作。同年，在香港中華書局和北京中信出版社同時印行了繁簡版本的《〈鹽鐵論〉導讀》和《〈管子〉導讀》二書。隨後，又應中華書局的約稿，我撰寫了兩篇文章，分別是〈干預主義與反干預主義：《鹽鐵論》中的經濟思想〉與〈《管子》其書其人與現實主義精神〉，這兩篇文章收錄於饒宗頤主編的《新視野中華經典導讀》（香港：中華書局，二〇一七年七月）。這些文章探討了從戰國到西漢時期，干預主義與自由主義之間的張力，只是當時還未深入探討中西思想的對照，更遑論從中找出歷史規律。【編注：《鹽鐵論》是一部討論西漢末年經濟政策的著作，涵蓋了干預與反干預的爭論。】

我撰寫的〈干預主義與反干預主義：《鹽鐵論》中的經濟思想〉一文，主要探討《鹽鐵論》中關於政府干預經濟與市場自由調節的核心爭論。干預主義主張政府應積極參與經濟活動，以維護社會穩定、促進國家繁榮與人民福祉；反干預主義則強調市場應自行調節，政府的過度干預可能會破壞經濟秩序，導致資源錯配。這場辯論不僅是西漢時期政經思想的重要組成部分，也貫穿了中國歷代經濟政策的發展脈絡。

隨著二〇二一年新冠疫情的持續，這篇拙作忽然獲得廣泛關注，並被《搜狐》、《今日頭條》等多家媒體轉載。許多媒體將這篇文章作為論據，主張中國政府奉行的干預主義在應對疫情方面比西方的放任主義更具制度優勢。然而，歷史經驗顯示，放任主義雖然在短期內可能導致市場動盪與無序，但長期來看，市場機制通常能夠透過供需調節達至經濟均衡；相對而言，干預主義在短期內確實能快速穩定社會與經濟秩序，但若政策決策失誤，長期可能造成更深遠的負面影響，例如市場活力受損、行政效率下降等問題。以疫情為例，當全球大多數國家選擇封鎖經濟活動時，短期內的確有效遏制了疫情的擴散，但隨著時間推移，各

國開始面臨供應鏈斷裂、通膨上升、財政赤字擴大等問題，這些後遺症正是干預主義可能帶來的長期風險。反觀部分較早放寬管制的國家，初期因疫情數據不佳而遭受批評，但其經濟復甦速度卻較為穩健，顯示放任主義在某些情境下亦具備一定的彈性與適應力。

疫情爆發一年多後，干預主義似乎佔據了上風，但若從更長遠的視角回顧，或許結論會有所不同。這些正是我從歷史經驗中所汲取的啟示，歷史並非單向演進，而是充滿了政策選擇的試驗與反覆。因此，無論是現代經濟學者還是決策者，都應該保持開放的態度，以歷史為鑑，避免陷入政策的路徑依賴。【編注：干預主義（Interventionism）與放任主義（Laissez-faire）是經濟政策中的兩大對立思潮。干預主義認為政府應通過監管、財政支出、貿易壁壘等手段調控市場，以確保社會穩定與經濟增長；放任主義則倡導自由市場，認為政府應儘量減少干預，讓市場機制自行運作，以實現資源最優配置。兩者各有優缺點，不同時期的經濟政策往往根據社會環境與危機情境而有所調整。】

我嘗試從《鹽鐵論》的原始議題——「政府應積極干預經濟，或應該放手讓市場運作？」——引申到當代公共政策與疫情應對之間的關係，將漢代思想的歷史脈絡與現代經濟分析方法結合。透過對「短期 vs. 長期」成效的梳理，我強調了干預主義與放任主義間並非絕對優劣，而是必須放進更廣闊的時空背景考量。這種「古今對照」的交織式思維，既拓寬了中國古代經濟思想在當代的應用場域，也讓現今讀者體會到歷史論辯對今日政策決策的啟示意義。

經濟思想

我首次參加中國經濟思想史學會年會是在二〇〇四年，地點位於北京師範大學珠海分校。經濟思想史的研究者多數來自歷史學院或經濟學院，但這個領域既不屬於主流經濟學，也非傳統史學界的核心，相較於其他學科，顯得較為小眾。然而，這群學者介於史學與經濟學之間，既不完全服膺於主流經濟學的數理模型，也不拘泥於史學界的實證考據，使得學科本身具有開放與包容的特點。這種學術環境使我的研究獲得了更多關注。相較於傳統的經濟學者，這些學者的文本分析能力較為薄弱，而相較於史學界，他們對經濟理論的掌握則更具深度。我恰好能結合史學與經濟學的研究方法，將文本解讀與經濟分析融合，這成為我的核心優勢。這種跨學科的特質，使我的研究既能與傳統史學對話，又能回應經濟學者的問題意識，進而在中國經濟思想史的學術場域中找到自己的位置。

二〇一六年，我參加了中南財經政法大學舉辦的近代經濟思想史研討會。會上，我向著名經濟思想史學家、中南財經政法大學教授、中國經濟史學會名譽會長趙德馨先生請益。我問道：「我們到底是經濟學者，還是歷史學者？」他答道：「兩者皆不完全是，我們是專門研究經濟史、經濟思想史的學者。」這番話對我啟發頗深。每門學科皆有自身的門戶之見與視野局限。例如，黃仁宇（一九一八－二〇〇〇）以宏觀視角研究明代財政史，但在美國學界卻受到費正清（John King Fairbank, 1907-1991）為首的學者排擠，原因在於學術方法論的分歧。費正清一派偏重演繹法，多數研究集中在二十年左右的個案研究，注重政治與外交史；相較之下，黃仁宇擅長綜合分析，喜歡探討百年尺度的歷史變遷，強調「大歷史觀」（macro-history）。正因如此，他的研究風格與美國主流史學界格格不入，在學術體制內處處碰壁，難以伸展抱負。【編注：黃仁宇代表作包括《萬曆十五年》和《中國大歷史》，他提出的「數目字管理」理論影響深遠，認為明清中國缺乏現代財政體系，導致治理困難。】趙德馨先生的回答使我意識到，與其陷入自我質疑，不如另闢蹊徑，建立自己的研究領域。這段經歷讓我更加堅定，無論是經濟史還是經濟思想史，皆需要超越單一學科的框架，以跨學科視角進行研究，方能發掘歷史的更深層邏輯。

　　隨後，我與趙老先生書信往來不斷。我將博士論文改寫並出版為《司馬遷的經濟史與經濟思想：中國的自由經濟主義者》一書，寄給了趙老先生。他讀後，立即寫信推薦此書參加中國經濟思想史學會的兩年一度評選。趙先生在信中如此推薦：

對趙善軒著《司馬遷的經濟史與經濟思想：中國的自由經濟主義者》一書的推薦信

　尊敬的宋麗智秘書長並轉中國經濟思想史學會諸教授：

　　我讀了趙善軒教授的大作《司馬遷的經濟史與經濟思想：中國的自由經濟主義者》，並寫了讀後感和摘要。現呈獻讀後感，以推薦此書參加評獎。

趙德馨上
二〇一八年二月廿八日

「司馬遷以再無司馬遷」的原因與悲憤
　　——趙善軒著《司馬遷的經濟史與經濟思想：中國的自由經濟主義者》讀後
　趙善軒教授在《司馬遷的經濟史與經濟思想：中國的自由經濟主義者》（臺北：

> 萬卷樓，二〇一七年一月）中，對司馬遷經濟思想的分析做出了前所未有的貢獻。與前人不同，趙教授將司馬遷的經濟思想與亞當·斯密的異同進行了對比，並從司馬遷的歷史背景、學術淵源以及個人經歷等多方面入手，揭示了司馬遷如何早於亞當·斯密約一九〇〇年，提出了類似的自由經濟主義思想。此外，趙教授也闡明了為何司馬遷的自由經濟主義在中國未能發揚光大，成為絕響，而亞當·斯密則能夠成為現代經濟學的奠基人。司馬遷的經濟學思想在中國學術史上成了一曲絕唱，這使他在歷史學上被尊崇，卻未能同時成為偉大的經濟學家。趙教授的研究，無疑將司馬遷的經濟思想研究推向了新的高度。

趙老先生的推薦使《司馬遷的經濟史與經濟思想：中國的自由經濟主義者》（臺北：萬卷樓，二〇一七）一書順利獲得了二〇一八年中國經濟思想史學會一等著作獎，並在上海復旦大學舉行了頒獎儀式。

我曾兩次申請到中研院近史所擔任訪問學人。第一次是經由剛從近史所退休的陳慈玉教授介紹，並由李達嘉教授接待；第二次則由林滿紅教授接待。李教授專門研究政商關係，對共產黨與商人的研究造詣深厚。在南港期間，我多次向他請教，並集中精力查閱中華民國外交部檔案，原本希望撰寫一篇關於國府治下臺灣與英屬香港經貿史的文章，卻意外發現了幾份中華民國駐美大使館的報告，內容關於美籍華人學者何炳棣的行蹤。當時，一九七一年中美關係正常化前後，臺灣對美國華裔學者的表態極為關注，多次派人接觸何炳棣；同時，中共也積極爭取他的支持。何炳棣原本傾向國府，但最終轉而投向中共，並與中研院分道揚鑣。基於這些發現，我撰寫了〈何炳棣與中研院斷交考：兼論海外華人的政治認同轉向〉一文，於二〇一八年六月發表在香港教育大學的《香港社會科學學報》。文章深入探討了何炳棣事件和冷戰時期海外華人的政治認同轉變，展現了當時的種種困難和挑戰。【編注：何炳棣是美籍華人歷史學家，研究領域涵蓋中國經濟史，特別是清代人口史的研究。】

儘管這篇文章屬於思想史範疇，與經濟史無直接關聯，但何炳棣教授在經濟史上的研究成就卓著。他在上世紀研究的清代人口史考證了「丁」的涵義，證明「丁」實際上是納稅單位，而非純粹的人口單位，也不是僅指男性。他的研究解決了清代人口數據及計算單位的重大難題。此外，何教授在中華文明本土起源、歷代土地數字考實、明清時期的社會階級流動等方面的研究，對中國經濟史產生

了深遠影響。因此，我將這篇文章收入本書，以此向這位史學大師致敬。

有好幾年，我與林滿紅教授保持學術交流。她曾任中華民國國史館館長，其代表作《銀線：十九世紀的世界與中國》是經濟史研究中的名著。書中，她從全球化視角出發，揭示了鴉片戰爭前後中國白銀流通量受到美洲獨立運動影響的事實。當時，由於美洲國家的獨立運動，白銀輸入中國的數量減少，導致中國「銀貴錢賤」，並使清朝陷入經濟困境。十九世紀後半葉，隨著美洲局勢穩定，白銀供應恢復，中國經濟也因此復甦。她的研究顯示，美洲歷史對清朝經濟危機的間接影響，甚至對太平天國運動的爆發亦有作用。這種全球化的視野使她的研究極具開創性，堪稱中外經濟史學者的典範。

林滿紅教授在書的後半部分，還討論了中國近代經濟思想，並以二十世紀前期英國學者凱恩斯與海耶克的筆戰為例，對比晚清時期中國學者在干預主義與放任主義之間的思想碰撞。受此啟發，我撰寫了〈漢文帝放鑄政策的經濟影響〉與〈唐玄宗時期貨幣非國家化的辯論〉等文章，並將干預主義和放任主義的框架運用於漢唐時期的經濟政策研究。我進一步將視野擴大至二十和廿一世紀，將現代思想與中國傳統文化對照，發現干預與放任的對立並非個別問題，而是人類發展中永恆的矛盾。

中國歷史上，干預主義常常佔優，因為大一統政府總是想把權力擴充，反之放任主義在廟堂上常常靠邊站。儘管近年的明清史研究發現，明清地方自治的空間比起過去想像大得多，但是在國策的討論上，放任主義往往會被視為離經叛道。當我初寫成〈漢文帝放鑄政策的經濟影響〉（中南財經大學，《中國經濟思想學會年會》，二〇一七）一文，林教授立刻指出文景之治是受到戰後復原下有效需求（effective demand）增加之故。經林教授提點，我馬上修正文章。從供需定律解釋經濟現象，從來是研究經濟問題不二的法門。

然而，〈唐玄宗時期貨幣非國家化的辯論〉（初發表於香港樹仁大學《孫國棟教授暨唐宋史國際學術研討會》，二〇一七）一文投稿到某期刊時也遇上了困難，評審意見迥異，匿名評審一認為：

〈唐玄宗貨幣非國家化的辯論〉一文探討唐代玄宗朝貨幣政策及背後的思想淵源，分析了以宰相張九齡為主的國家應否推行放任鑄幣的朝廷辯論，從比較新的角度——即「放任主義」與「干預主義」的對比——發掘唐代前期貨幣及經濟

的根源問題。該文吸收了陳彥良、管漢暉、林滿紅、賴建誠以及 F. A. Hayek 等等學人的先期成果，轉化為對於唐代貨幣政策及演變的深入考察，凸顯出作者具有的敏銳的問題意識。

通觀全文，作者理論思維清晰，貨幣學理涵養深厚，故能提出幾近全新的貨幣史問題，並予解答，決非偶然。再者，作者對於歷史事件的切入恰到好處，剖析深刻，迥異於當代純歷史學門出身的學者，在唐史研究上，可以有相當之貢獻。不僅如此，由於問題的新穎，分析的深刻，該文於近數十年的貨幣史研究而言，亦可見殊勝之處。綜合而言，可謂一篇佳作，允宜於貴刊登出，以饗學界。基於以上理由，本人樂予推薦！

匿名評審二卻認為：

文章雖然探討唐代經濟史的問題，但是並非是一篇嚴格的歷史學的文章，而是屬於理論經濟學的範疇。唐代的歷史事實，在本文只是作者論證經濟理論的依據。因此文章應不屬於「文史哲等人文學科」範疇，與《XXXX學報》所宣稱的宗旨有一定的差異。

收到了如此兩極的意見，為了順利投稿只好聽從編輯的要求作了大幅度的修改。刪去許多分析，文章最終獲匿名評審意見三支持：

唐代開元二十一年，張九齡提出的許民私鑄主張，被認為是中國歷史上關於統一鑄幣權的最後一次爭論，但對這次爭論本身學界的研究並不多，作者以此為題進行研究，顯示出敏銳的學術視角，也頗具學術價值。在研究方法上，作者不僅充分利用了歷史文獻，且主要利用現代的貨幣理論及博弈論、交易費用等經濟學理論來討論分析唐代前中期的貨幣思想及貨幣政策的影響亦富有新意。作者認為國家政權對貨幣鑄造和貨幣流通的強制性干預違背經濟運行的規律，導致貨幣流通混亂的觀點，從宏觀角度觀察亦基本符合歷史事實。

然而，多翻轉折後，編輯要我文章改得面目全非，我不忍釋手，決定把稿件徹回，另行處理。由此可見，歷史系入門課程「史學方法」雖有「跨學科、交叉學科、學科間研究、學科交叉」的主張，而「科際整合」之說在過去廿多年大行其道，但不少學人山頭主義、門戶之見仍深，絕非個別例子，在文史學界中尤其普遍。評審二所指「嚴格的歷史學」，其實就是舊式寫作方法，有不少學人仍抱著自己讀書時候的訓練，跟不上史學研究方法發展的潮流，實在令人不勝唏噓，

此類情況在港臺的研討會上屢見不鮮，而歐美、中國大陸的學術界反而較易接受新方法。

經濟解釋

獲得經濟思想史研究同仁的肯定後，我逐漸意識到，思想從不脫離時代背景，選擇何種方法來研究經濟史，始終是一大難題。考證與綜合分析固然是基礎手段，我經常運用這些方法，因此時常被同仁歸類為「歷史學派」。例如，在二〇二一年由中國經濟史學會、蘭州大學歷史文化學院和《中國經濟史研究》編輯部聯合主辦舉辦的「比較視角下經濟史研究國際學術研討會暨中國經濟史學會第八屆年會」的綜述中提到：「歷史學派的研究取向上……趙善軒等關於物價史的研究都可謂典型。」歷史學派的標籤，凸顯與依靠數理模型的經濟學派或使用社會科學工具的社會學派有所不同，但我並不滿足於僅被歸類為「歷史學派」的學者。

我一直在思考：經濟史研究的終極目標是甚麼？它是否僅僅是還原歷史事實，還是應該進一步解釋歷史現象？如果我們通過歷史解釋經濟現象，是否能從歷史軌跡中觀察到某些規律？這恰恰是經濟學的核心任務之一。經濟史作為經濟學的一個重要分支，應當能夠從歷史發展中總結出一定的規律，以更深刻地理解社會現象。然而，許多歷史學者並不完全認同這一觀點，他們強調敘述歷史事實，而不輕易下結論，以避免對歷史做過度詮釋。這種方法論上的分歧，使我自學習經濟史以來，一直受到這種內在矛盾的困擾。

我認為，經濟學者仍需依賴歷史學者所掌握的第一手文本與嚴謹的考證方法，否則分析容易流於表面，甚至脫離史料根據。因此，務必秉持「一分材料一分話，沒有材料不說話」的原則，確保研究的嚴謹性與可靠性。例如，我曾撰寫〈漢官秩若干「石」定義考〉一文，最初於二〇一七年五月在香港珠海學院舉辦的「第二屆中華文化人文發展國際學術研討會」上發表，後收錄於《新亞論叢》第二十二期（二〇二一）。文章探討了一個經濟史上看似細微但極具影響的問題：「石」究竟是容量單位還是重量單位？其讀音與語義演變又有何關聯？過去的研究者對此問題關注不多，而我試圖透過蒐集並分析史料，以尋找更明確的答案。

十多年前，我任職明愛專上學院人文學院（現聖方濟各大學）助理教授時，曾發表多篇關於晚清企業史的文章，並與張偉保教授合著兩篇研究，探討民初企業家劉鴻生（一八八八―一九五六）與簡家南洋煙草公司的發展，初發表於《管

理學家》雜誌，這兩篇文章後來又收入張教授主編的《振葉尋根：澳門教育史、歷史教育與研究》（臺北：萬卷樓・歷史文化叢刊，二〇一六年）。基於此基礎，二〇一六年夏季，我參加了香港公開大學（現香港都會大學）主辦的「推陳出新：清末民初文學文化歷史轉折國際學術研討會」，並在會上宣讀了〈華人商業倫理的交易費用——近代企業管理的考察〉一文。此文分析了華資企業在早期成長階段如何運用社會關係網絡以降低創業成本，但也指出，若未能及時轉型為現代管理模式，交易費用勢必上升，最終因內部管理問題衰退。

此外，文章進一步強調了企業管理與風險控制的關鍵性：
- 現代管理與組織層級化是華資企業成長的重要條件，可有效強化風險管理，減少因個人決策失誤而產生的系統性風險。
- 家族企業的初期優勢：企業規模較小、利益分配明確、內部衝突較少，因此決策效率較高。
- 家族企業的長期挑戰：當企業規模擴大，內部利益爭奪加劇，或者管理者出現尋租行為（即利用職權謀取私利），管理成本將大幅增加，進而影響企業長遠發展。

為此，文章特別強調：企業在創業初期應謹慎制訂合約、明確合作關係，避免短期利益限制長遠視野。這些問題不僅影響民初的華資企業發展，至今仍可為現代企業經營者提供借鑒。

在同場研討會上，我的高中時期中國歷史科老師劉志輝博士也出席。當年正是他推薦我考入樹仁學院歷史系，跟隨余炎光教授、何麗兒教授、羅永生教授、金達凱教授、呂元驄教授等多位老師學習，從此與史學結下不解之緣。劉師廿餘年來持續關注我的學術發展。我們既是師生亦是好友；若非他不斷鼓勵，我現在的成就恐難以達成。

另外，我與澳門大學歷史系的溫如嘉博士合著〈明末清初的關稅收入：讀倪玉平《清代關稅：一六四四—一九一一年》札記〉（收於《南開史學》二〇二〇年第一期），針對明清之際關稅收入進行考證，特別針對晚明財政史的某些具體數據補充了倪玉平教授研究的空白。

二〇一七年，我轉任深圳大學饒宗頤文化研究院副教授，並發表〈饒宗頤、三杉隆敏與海上絲路考〉（劉洪一主編：《饒宗頤紀念文集》，深圳：海天出版社，

二〇一八年）一文,則聚焦於「海上絲路」概念的起源爭議。過去普遍認為,該概念是由饒宗頤先生（一九一七－二〇一八）首先提出,但經我考證後發現,「陸上絲路」一詞的最早倡議者其實是歐洲學者,「海上絲路」則是日本學者三杉隆敏（Takatoshi Misugi）更在饒公發表相關論文之前,便已出版專著,系統論述海上絲路的歷史發展。儘管如此,饒公仍是首位以專文系統闡述「海上絲路」概念的華人學者。他的研究不僅填補了中國學界對該領域的空白,還對這一概念在華人學術界的普及與深化產生了重大影響,進而推動了中國「一帶一路」政策背景下對海上絲路歷史的再認識。

年前,我應香港樹仁大學歷史系區志堅博士的邀請,撰寫了一篇短篇考證文章〈《老子想爾注》的反欲思想:兼論與《史記》之比較〉。該文聚焦於漢初黃老學派在開放社會風氣影響下,如何看待「義」與「利」之間的平衡。黃老學派發源於西漢（前二〇二－公元九年）,主張「無為而治」並融合道家思想,不僅不排斥財富,甚至肯定「利」的積極面。然而,至東漢末期（二五－二二〇年）,黃老學說逐漸宗教化;加之東漢末年土地兼併問題嚴重,社會普遍出現對財富的負面情緒,於是《老子想爾注》（成書於東漢,具體年代約二世紀後期）處處展現對財富的敵視,與西漢時期黃老學派的平和態度形成強烈反差,凸顯兩漢社會思潮的變遷。【編注:黃老學派是西漢時期結合道家與法家的一種政治思想流派,主張以「黃帝、老子」之道無為而治、輔以刑名法術,對漢初政制產生過深遠影響。】

在《老子想爾注》中,反欲思想與《史記》所載的黃老思想存在明顯差異。司馬遷（約前一四五－前八六）於《史記》裡,認為人性的欲望本身即社會進步的動力,只要符合道德規範,應當正面看待。然而,《想爾注》則主張抑制「貨賂為生」的風氣,認為唯有如此,才足以化解社會紛爭。書中還強調個人養身與長生之術,反對追逐功名富貴,倡導不作無謂思慮、不貪圖身心享受,從而提升境界、臻於長生得道。【編注:《老子想爾注》是東漢時期的道家註解作品,約略成於公元二世紀末,因其強烈的出世化傾向,也被視為早期道教思想的重要源頭。】

隨著黃老學派由西漢初期偏重政治倫理的思路,轉向東漢末年更強調個人道家修養的取向,抵制過多的物欲、不再追求功名利祿、甚至反對過度知識與財富的積累,就成了《想爾注》的主要特色。作者認為,唯有杜絕奢侈風氣與不必要

的物欲干擾，國家才更易於治理。比較《史記》與《想爾注》可見，不同時代的黃老學說針對當時社會弊病提出截然不同的解方，展現出黃老思想從「現實政治」走向「宗教修養」的深刻演變。

我曾撰寫〈兩漢三國自然經濟與貨幣經濟之角力：從貨幣思想探究「中古自然經濟」之形成〉一文，收錄於《經濟史家宋敘五教授紀念論文集》（楊永漢、張偉保、趙善軒主編，臺北：萬卷樓，二〇一八）。此文初稿原題為《全漢昇〈中古自然經濟〉之再認識，兼談歷史學與經濟學方法之差異》，係基於我在廈門大學王亞南經濟研究院訪問期間，主講「制度的經濟學分析」系列講座（二〇一七年秋季學期，第三講，總第廿二講）的講義擴充而成。其後，我亦曾在中南財經政法大學、上海財經大學、雲南大學以此為題進行講座，引起學術界廣泛關注。我遂向出版社推薦出版《全漢昇全集》，幾經波折，全先生的全集終於在二〇二五年由上海財經大學出版社正式出版，我亦有幸受邀擔任編輯委員會成員。這是全先生的作品首次在中國大陸全面問世，能夠為這一學術盛事略盡綿力，也算不負宋敘五的期許與情誼。

此外，我應英國著名學術出版社 Routledge（創立於一八三六年）之邀，在前述研究的基礎上，與關端至博士合著了〈The Monetary Thought in the Han Dynasty and Three Kingdoms Period〉（Gavin S.H. Chiu, S.C. Kwan 關瑞至博士）一文，向英文讀者介紹中古自然經濟的變遷，該文收錄於《The Political Economy of the Han Dynasty and Its Legacy》（Edited by Cheng Lin, Terry Peach, Wang Fang, Routledge, London, 2019）。Routledge 以出版多元領域的學術專著而聞名，其發行的經典著作包括政治經濟思想大師海耶克（Friedrich Hayek, 1899 － 1992）的《The Road to Serfdom》（《通往奴役之路》），對現代自由市場經濟學派影響深遠。

上述幾篇論文旨在探討歷史上的經濟現象，特別聚焦全漢昇（一九一二－二〇〇一）先生提出的「中古自然經濟」如何形成，又如何終結於中唐以後。全先生在其著名論文〈中古自然經濟〉（約撰於二十世紀四〇年代）中，受德國歷史學派大師布魯諾・希爾德布蘭德（Bruno Hildebrand, 1812 － 1878）影響，指出西漢時代（前二〇二－公元九年）為貨幣經濟，然自東漢末年（二五－二二〇）起，中國社會漸次「倒退」為自然經濟，直到唐宋之間才重新進入貨幣經濟。

全先生認為，這一轉變的原因包含：

一、長期戰亂：東漢末年至三國時期（二二〇－二八〇）戰亂頻仍，社會生產遭到嚴重破壞，貨幣流通受阻。

二、幣材短缺：黃巾之亂後，政權更替頻繁，造幣機制失衡，導致市場缺乏足夠的銅錢。

三、佛教興起：自東漢永平十年（六七年）佛教正式傳入中國，至魏晉南北朝，佛教勢力迅速擴張。佛像製作對銅錢供應的擠壓效應：魏晉時期大量銅材被用於鑄造佛像、鐘鼎，直接影響貨幣流通。

全先生的觀點不僅受到德國歷史學派的影響，也與西方學者所提出的「停滯中國論」相呼應，即中國經濟在某些歷史階段因各種因素出現停滯，未能持續發展。然而，這一理論在當代學界亦引發不少爭議，部分學者認為唐宋變革標誌著中國經濟的再度崛起，並非長期倒退。北京大學歷史系的何茲全教授曾對此提出不同見解，其指出中古時期中國南北方的經濟發展存在明顯差異：南方戰亂較少，經濟相對發達，貨幣經濟仍維持重要地位；北方則陷入長期蕭條，難以一概而論。近年隨著考古和經濟學研究進展，越來越多證據傾向支持全先生的觀點，但也顯示原先論述仍有需補充之處。因此，我在全先生研究基礎上提出新的見解：由於政治逐漸趨向大一統，自由經濟空間不斷壓縮，公權力缺乏制衡時，官員在貨幣上出現嚴重尋租現象，致使貨幣質量下降，市場對政府貨幣的信心轉弱，最終人們退回物物交換的自然經濟。另一方面，罷黜百家、獨尊儒術後，學術思想走向單一，漢初曾倡導放任經濟的黃老學派式微；儒法兩家之「干預主義」（Interventionism）崛起，令貨幣經濟在重重限制下逐漸衰退，自然經濟反而乘勢抬頭。

更關鍵的是，儒學壟斷了入仕管道，使部分世家「累世公卿」成為長期掌控權力與財富的集團，依靠屯積土地、收納佃農或家丁，建立自給自足的莊園經濟。由於這些權貴對市場貨幣的需求有限，同時又操控朝政，更傾向推動或默許自然經濟發展，讓其在中古時期逐漸佔據主導。

在〈The Monetary Thought in the Han Dynasty and Three Kingdoms Period〉一文中，我們試圖闡明中國貨幣經濟衰落的兩大主因：

A、歷代政府對貨幣制度的系統性破壞；

B、經濟思想的停滯與僵化。

這兩者在日常經濟活動中相互強化，加速了落後的經濟體系蔓延，最終導致

貨幣經濟長期讓位於自然經濟。

傳統史學多將物價上漲歸因於通貨膨脹，但實際上，自東漢後期（公元一〇〇年後）貨幣數量與流通量明顯縮減的背景下，所謂的「物價上漲」更可能是貨幣體系混亂導致交易成本上升的結果。此外，戰亂與自然災害亦對市場價格造成劇烈波動。貨幣原本是降低交易成本的重要工具，但在持續「通貨緊縮」的環境下，交易成本不降反升，導致商業活動停滯，人們被迫回歸自給自足的自然經濟模式。這也解釋了東漢後期至三國時期（二世紀至三世紀）自然經濟得以穩固成長的主要原因。

此外，文章還探討了王莽（前四五－公元二三）推行物物交換取代貨幣所帶來的影響。與西漢初期（前二〇二－前一四〇）相比，貨幣的功能逐漸被物物交換取代，銅錢的價值長期受損，並且因失去穩定的貨幣政策支持，逐漸喪失對公眾與學者的吸引力。雖然東漢初年（二五－七五）政治相對穩定，貨幣經濟與商品交易一度短暫復甦，但莊園經濟模式的內向特質進一步抑制了貨幣經濟的發展。從東漢末年的軍閥割據（一八九－二二〇）到三國時期（二二〇－二八〇），戰亂加劇了貨幣經濟的崩潰，使自然經濟成為中國社會的主流經濟模式，並影響了隨後幾個世紀的社會結構與經濟發展。

我一直關注經濟學中「劣幣驅逐良幣定律」（即格雷欣法則，Gresham's Law）為何未能在明代「大明寶鈔」的案例中發生。據張五常等學者的研究，劣幣驅逐良幣並非普遍規律，而需要特定條件配合；一般情況下，更常見的是「良幣驅逐劣幣」，亦即「反格雷欣法則」。

當臺灣新竹國立清華大學經濟系的賴建誠教授訪問深圳大學時，我曾與他探討此問題，並意識到「反格雷欣法則」同樣適用於大明寶鈔。自該紙幣發行以來，面值貶損不斷，終遭市場厭棄；反之，銅錢反而因更具保值性而成為主流貨幣。作為「劣幣」的大明寶鈔未能驅逐「良幣」銅錢，反倒被取代。【編注：格雷欣法則指「劣幣驅逐良幣」現象：在兩種同時流通的貨幣中，質量較差者因被普遍使用而流行，質量較好者則易被收藏。】

然而，除洪武年間（一三六八－一三九八年）勉強維持過一段較高價值外，明政府基本無力遏制寶鈔的加速貶值。寶鈔與銅錢之間的兌換價格常年浮動，且紙幣本身容易折舊，加之明廷一再超量發行，市場預期寶鈔未來必更貶值，導致

商戶在收受時往往「打折扣」。最終，寶鈔因認受性低而被市場淘汰，只在官府等有限範圍內使用。

我曾於二〇〇五年與已故的李新華學長合著〈重評「大明寶鈔」〉，該文刊於《江西師範大學學報》二〇〇五年第一期，重新審視「大明寶鈔」失敗的諸多原因。除了過量發行這一顯而易見的問題外，我們發現其設計本身亦存在重大缺陷。明政府在未建立足夠公眾信心之前，便強行推行紙鈔，且未能如宋、元時期那樣提供穩固的制度保障。這導致大明寶鈔的購買力持續走低，最終被市場淘汰。此為少年之作，故本書出版時，我對該文進行了大幅改寫，補充更多經濟史理論的解釋，並以〈反格雷欣法則下的大明寶鈔〉為題再次發表。此外，該文亦於二〇二三年二月十七日，通過 Zoom 在「新亞研究所七十周年暨新亞文商書院四十周年校慶演講」中宣講，成為本書中最晚完成的一篇文章。

一家之言

多年前，我閱讀經濟學者張五常教授的文集，對其學術洞見深感佩服。他往往能從現實經濟現象中提煉出普遍性的規律，其中「類聚定律」的提出更是令人拍案叫絕。「類聚定律」指出，生產與交易成本的降低會促使相似的產業、企業或人才自然聚集，形成產業集群，這一概念在經濟地理學與企業管理中均有深遠影響。我在研讀史書時，也時常留意是否能從歷史中歸納出類似的經濟規律。經過二十多年的研究與反思，我漸漸發現了一些值得探討的模式與規律，雖仍未能盡善盡美，但已略見端倪。

我最近撰寫了〈盛世物價低賤的困惑：讀全漢昇先生物價史札記〉（與張偉保、溫如嘉合著，二〇二一年於中國社科院「比較視角下經濟史研究國際學術研討會暨中國經濟史學會第八屆年會」透過網絡宣讀）。我們關注到一個值得探討的現象——唐代物價雖然低廉，卻仍被稱為盛世，這與現代經濟學「通貨緊縮導致衰退」的普遍理解似乎相悖。理論上，當一個社會進入盛世，整體經濟繁榮，消費意願應當提升，需求增加後往往會引發通貨膨脹。除非技術出現關鍵性突破，使供應增長的速度超過需求曲線的提升，否則在大多數經濟體系中，繁榮通常會伴隨一定程度的通脹。然而，據史書記載，唐代前期卻「百物豐盈，物價廉賤」，並被視為歷史上少有的昇平盛世。這種現象與傳統經濟理論有所出入，因此，我將其稱為「全漢昇難題」。

全漢昇先生早在二十世紀四〇年代已經注意到此一現象，但當時並未對此進行完整解釋。全先生雖然提出了物價低廉與經濟繁榮共存的問題，但並未詳細探討其成因。我認為，這一問題值得進一步挖掘，特別是在比較歷史經濟體系的背景下，或許能為我們提供一種不同於現代經濟學的視角。

本文認為，後世對歷史的認識主要仰賴文獻記載；考古雖能提供實證，但無法「發聲」。唐代前期物價的史料多出自正史與詩文，而這些紀錄的作者多為文人，即消費者，而非生產者。對消費者而言，物價越低越有利，因為俸祿的購買力提升，能夠購買更多日用品；然而，對生產者來說，物價下跌則意味著其作物的交換價值降低，如果產量不變，則實際收入減少，生活反而更加艱難。從整體環境來看，唐代前期政治穩定，社會安逸，人口持續增長，生產力理應有所提升。然而，人口增長意味著人均耕地面積同步縮減，而物價的持續下降，使得農產品與工業品的交換價值同步減弱，這導致了工農階層難以突破「粗安生活水平陷阱」（subsistence-level trap）。即便社會在整體上呈現繁榮景象，但低物價並未真正改善底層群體的經濟條件，反而可能使其陷入更深的結構性困境。

為量化該陷阱對唐代民眾生活的影響，可引入以下簡化模型：

$$L = \frac{P \times A}{N}$$

其中：

- L 表示「生活水平」，代表人均可支配的生產資源或財富。
- P 為「生產力」，指單位人口（或單位面積）能創造的總產出。
- A 是「人均耕地面積」，亦即平均每人可實際耕種的土地。
- N 則為「人口數量」，因人口基數越大，生產資源便須分配給更多人。

由此可見，一旦人口（N）急遽增長，或人均耕地面積（A）相對萎縮，則（L）很可能顯著下降，進而觸發我所謂的「粗安生活水平陷阱」。此概念用以形容：儘管社會在整體上維持一種「穩定且無大動亂」的粗安狀態，卻缺乏足以提高大多數人真正富足的條件。這也呼應唐代太平盛世在宏觀層面相對繁榮，但農工階層的購買力實際卻不高，以致出現「物價低卻不見富足」的悖論。

相較於西方古典經濟學的「馬爾薩斯陷阱」（Malthusian Trap）、「低度平

衡陷阱」（Low-Level Equilibrium Trap）單純強調「人口增長—資源不足—人均所得下降」的線性關係，「粗安生活水平陷阱」側重凸顯一種「政治大體安定、社會表面平和，但大多數人實際富足程度不斷陷於低檔」的結構性困境。也就是說，在馬爾薩斯模型中，人口壓力通常導致社會進入不斷循環的饑荒與衰退；而「粗安生活水平陷阱」則特別強調：即使沒有嚴重的社會動亂或饑荒，社會依舊可能停留在一個「粗安」的狀態——生產者購買力有限、物價雖低卻不見生活改善，呈現「看似繁榮、實則停滯」的矛盾。這正是我提出的創見所在：它不僅繼承了馬爾薩斯對人口與資源之緊張關係的洞見，還融入了「盛世不一定繁榮」的歷史反差，更點出文人與農工階層之間對物價與生活體感的落差，從而提供了一種在「政治粗安」與「經濟低度均衡」並存條件下的本土化理論框架。

「粗安生活水平陷阱」是我在本文中首次提出的名詞，用於剖析人口增長與資源分配之間的結構性矛盾，並進一步說明唐代盛世表象與實際生活水準落差所帶來的經濟學意涵。

我在研讀《明史・趙世卿列傳》時，發現了一個新的啟示。明萬曆年間（一五七三—一六二〇），官員趙世卿（生卒年份不詳，約十六世紀末活躍）曾指出：「昔時關稅年入四十餘萬，自稅使所奪，商賈不行，數年間減三之一，四方雜課亦如之。」根據他的觀察，我提出了「趙氏曲線」（Zhao's Curve）。趙世卿於首輔張居正（一五二五—一五八二）逝世後獲重用，歷任戶部右侍郎、戶部尚書，負責經濟事務。他注意到，每當明政府提高關稅，商業活動便會減少，最終令政府的關稅收入下滑。換言之，雖然短期內關稅總收入可能因稅率提高或稅基擴大而暫時增加，但由於商業經營成本上升，商業活動終將大受打擊，結果還是導致關稅收入減少。【編注：趙世卿是明朝後期（約十六世紀末至十七世紀初）的一位重要經濟官員。他所記錄的政府調整關稅政策對商業活動的影響，可視為中國經濟史上一段頗具參考價值的早期現象。】

「趙氏曲線」可用以下數學模型表示：

$$T = R \times (1 - e^{-k \times G})$$

其中：

・T 表示政府的關稅收入，

・R 為關稅稅率，

- G 是商業活動指數，
- K 為商業活動對關稅收入的敏感度係數。

此模型顯示，政府的關稅收入 T 同時受稅率 R 與商業活動指數 G 的制約。當關稅稅率不斷提高，商業活動（GGG）就可能快速萎縮，於是總收入反而下降。故「趙氏曲線」呈現弧形，意即稅率若超過特定臨界點，便會產生負面效果。

到崇禎年間（一六二八─一六四四），畢自嚴（一五六九─一六三八）在其《度支奏議》中也呼應了趙世卿的說法，提到：「臣竊慮得不償失，仍藩擊不逞之徒以睡亂也，或欲加稅而今關稅凡增加無可加，誠恐商賈罷市不樂出其塗。」我認為這並非僅見於明代的孤立現象；趙氏曲線在多數情況下皆可能發生，足以視為一條具普遍性的規律。

「趙氏曲線」的核心要點如下：

一、關稅稅率提升或擴大稅基，短期內關稅總收入或許上升；
二、稅率（或稅基）提高，導致商業經營成本增長，商業活動因此受挫；
三、商業活動減緩，最終使關稅總收入「加得減」，即長期收益不增反減。

因此，從短期視角看，提高關稅稅率可以迅速帶動財政收入，然而從長期看，商業活動萎縮反而使稅收整體下滑，形成兩者的矛盾。這些見解原是我在拙作〈明末清初的關稅收入：讀倪玉平《清代關稅：一六四四─一九一一年》札記〉（與溫如嘉博士合著，收於《南開史學》二○二○年第一期）的一則註釋中初步提出，原可另立文詳加闡述。惟近年身體欠安，未能深拓，今在此拋磚引玉，期盼日後有更多研究者能加以發揮。

美國經濟學家芝加哥大學的亞瑟·拉菲爾（Arthur Laffer），於一九七四年提出了著名的「拉菲爾曲線」（Laffer Curve），與現代經濟學的拉菲爾曲線相比，「趙氏曲線」在形式上雖同樣揭示了稅率與政府稅收間的反向關係，但其理論出發點與應用情境有著明顯差異：拉菲爾曲線多從西方市場經濟體制出發，假設完整或近似的市場競爭環境，且強調稅率上升與勞動或投資意願下降之間的關聯；而「趙氏曲線」則深植於明代晚期的歷史脈絡，著重稅率調整對商業活動（如市集、行商）的即時衝擊，並凸顯農業社會中商業經營脆弱性與政府財政需求的錯配。換言之，拉菲爾曲線著重於「人們因稅負過高而減少工作或投資」，而趙氏曲線則強調「政府調整關稅後，商業交易減少，進而影響稅收」，更貼近傳統農業社會的經濟運作邏輯。這反映出，中國歷史上的財政問題往往不是單純的稅率問題，

而是「官商互動」與「政府干預」的結果。

這也正是本研究的創見所在：並非純粹複製或翻版拉菲爾曲線，而是基於趙世卿與畢自嚴等歷史人物的具體陳述，將明代的商稅制度與實際商業生態結合，提出一條具有本土化特質的「趙氏曲線」。透過此模型，可更細緻地探討稅率門檻、商業活力、與政府財政在封建時代互相牽扯的動態關係。若能進一步擴展至其他朝代、比較不同地區資料，也許能在學理與實證上豐富既有的稅收理論，並將拉弗曲線的普遍觀察與中國歷史語境更深度地結合。

人工智能時代

本書收錄的文章中，最早完成的是〈北宋長江農業與政府之稅入〉。此文寫於二〇〇一年，原本只是我求學時的一篇學期作業，也是全書中唯一未曾發表於任何期刊或研討會的文章。儘管文字與觀點仍顯稚嫩，史料不算充實，論證亦不夠嚴謹，但它見證了我最初對經濟史研究的探索與嘗試。因此，我仍決定將其收入本書，以作紀念。

回想當年，在圖書館尋訪古籍尚需要翻找卡片，再由館員從館藏中調出指定資料，然後在規定地點閱讀。後來，我又曾獨自到北京故宮第一歷史檔案館查閱清代檔案，得小心翼翼、僅用紙筆摘抄珍貴史料。時至今日，我們已邁入大數據時代，像《廿十四史》、《明實錄》等皆有全文索引；中研院近年推出的「經濟部資料庫」更可瞬間檢索原先需花費數年方能收集到的史料。就在本書結集之際，各大學擔憂學生會藉由 AI 抄襲作業；我卻在整理經濟史數據時略得其便，用來核對統計、檢查邏輯、驗證推論，甚至嘗試製作基礎數學模型。對於人文學科背景、並不擅於整理大規模數據的我而言，AI 工具確能提供顯著協助。

本書是我二十多年來在經濟史與經濟思想史領域耕耘的總結。《貨幣、思想與歷史通論》中的「通論」，取意於《後漢書·卷二八下·馮衍傳》：「講聖哲之通論兮，心愊憶而紛紜」，意指「通達的議論」。這不僅是對自身研究方法與視野的自我期許，也向經濟學大師約翰·梅納德·凱恩斯（John Maynard Keynes, 1883-1946）的名著《就業、利息和貨幣通論》（The General Theory of Employment, Interest, and Money, 1936）致敬。凱恩斯的理論並非憑空而來，而是從經濟史與經濟思想史中汲取靈感，透過對浩瀚史料與前人學說的整理，最終奠定了影響全球經濟政策深遠的「凱恩斯主義」（Keynesianism）。同樣地，我

希望藉由本書，運用歷史縱深的視角，探尋經濟理論的源流，嘗試打破「經濟學」與「歷史學」的界限，為讀者提供更全面、多元的經濟觀點。

在此衷心感謝多年來關懷我的師友，張偉保教授、張玉春教授、楊永漢教授、倪玉平教授、關瑞至博士、溫如嘉博士，以及已故的宋敘五教授、余炎光教授、廖伯源教授、李新華學長。這些年來，若無他們的指引，我的許多研究與論文恐難以獨立完成，更遑論發表於學界。回首學術之初，乃劉志輝老師啟我津梁，引我入門；今逢本書付梓，復蒙志輝師惠賜代序，首尾相接，因緣如環，斯可深自欣慰矣。

此外，也感謝前香港中文大學出版社編輯謝偉強先生，在書稿整理與出版過程中提供的寶貴協助，以及出版社團隊和國立中山大學臺港國際研究中心沈旭暉教授的襄助，使本書得以順利面世。同時，感激父母多年來的關愛，以及內子始終如一的默默支持，讓我能無後顧之憂。此外，亦要感謝倫敦大學瑪麗皇后學院（Queen Mary University of London）歷史學院，讓我即便身處海外，仍能潛心書海，讀史論世。

當然，書中若有任何錯誤與疏漏，皆由我一人承擔，責任不在他人。是為序。

趙善軒

二〇二三年三月，初稿書於倫敦泰晤士河畔
二〇二五年春修訂

〈代序〉
「成一家之言」的意義

劉志輝

年初，收到善軒的邀請，替其大作《貨幣、思想與歷史通論——中國經濟史的變局與抉擇》寫序，深感榮幸之餘，也不禁有點苦惱。其一、經濟史實非我所長，故不敢妄言置喙。其二、礙於與作者相識多年，恐怕「好惡亂其中」，讓自己下筆不夠客觀和理性。左思右想下，決定以「『成一家之言』的意義」為題，藉此反思獨立心靈對歷史學者的重要性，並兼論歷史學者任務與意義。

一、成一家之言

善軒少立大志，自攻讀歷史始，已定下「成一家之言」的期許。所謂「成一家之言」，就是歷史學者在解釋歷史現象時，能將獨特見解在自成體系的論著內呈現。

漢武帝天漢二年（公元前九九年），名將「飛將軍」李廣的孫子李陵主動請纓出擊匈奴，兵敗被俘，漢武帝震怒。滿朝文武都認為李陵叛降，全家當誅。其時，四十七歲的司馬遷受牽連下獄，受宮刑。出獄後，太史公任中書令，並在《報任少卿書》道出寫《史記》的心跡：「網羅天下放失舊聞，略考其事，綜其終始，稽其成敗興壞之紀……亦欲究天人之際，通古今之變，成一家之言。」

「成一家之言」是司馬遷的宏願，也是每一位歷史研究者對自己的期許。要「成一家之言」，必須透過「究天人之際」和「通古今之變」方能成事。若粗言之，「究天人之際」是考究歷史發展的「非人為因素」；「通古今之變」則是縱橫古今，並透析影響史事發展的一切「作用力」，並「復現」隱含在變化萬千的歷史現象裡的「道」。[1] 而關於「成一家之言」的精髓，則可借清代史家章學誠的說話作闡釋：

> 史之大原本乎《春秋》，《春秋》之義昭乎筆削。筆削之義，不僅事具本末、文成規矩已也；以夫子「義則竊取」之旨觀之，固將綱紀天人，推明大道，

所以通古今之變而成一家之言者,必有詳人之所略,異人之所同,重人之所輕,而忽人之所謹,繩墨之所不可得而拘,類例之所不可得而泥,而後微茫杪忽之際有以獨斷於一心;及其書之成也,自然可以參天地而質鬼神,契前修而俟後聖,此家學之所以可貴也。[2]

有論者謂,「究天人之際」和「通古今之變」屬於章學誠所說的「史意」層次,也是歷史精神的問題。史家必須掌握到史意或掌握到歷史精神,他的史著才可以成為「成一家之言」的偉大著作。亦即「究天人之際」和「通古今之變」是「成一家之言」的核心內涵。凡「成一家之言」者,必會「詳人之所略」、「異人之所同」、「重人之所輕」、「忽人之所謹」,這是技術層次問題,是取材、編次等方面的問題。縱使在這四項史法上有很不錯的表現,仍未必可以達到「究天人之際,通古今之變」這個目的,而使該史家「成一家之言」。這四項史法,只能說是達到「究天人之際,通古今之變」的門檻。只是邏輯上的「必要條件」(necessary conditions),而非充分條件(sufficient conditions),更非充要條件(sufficient and necessary conditions)。章氏認為史家必須在掌握了四項史法處理史料,並進一步藉以達到「繩墨之所不可得而拘,類例之所不可得而泥」之後,還必須運用一己獨斷的心靈,即「微茫杪忽之際有以獨斷於一心」,方能對天人之際、古今歷史難以掌握的機微處,做出獨立判斷,才夠格去「成一家之言」。[3]

綜而言之,若說史家的專業技藝對「成一家之言」是不可或缺的,惟獨立判斷的心靈,對史家來說更是重中之重。在此,必須事先聲明,筆者只是欲借章學誠之「以獨斷於一心」,表明獨立之「心靈」或「精神」,對史家而言的重要性,是優於於技藝之存在。本文並無討論「獨斷於一心」之內涵或意義之意圖。

二、「記往知來」——歷史學者的任務

相對於其他專業而言,歷史學家的工作是充滿「不確定性」的。誠如莎拉‧瑪札(Sarah Maza)所言,歷史學家的工作,看似不證自明,不過一旦你開始思索,就會發現這其實出人意料地難以定義。大多數人會描述歷史學為「對過去的研究」。但是「過去」是一個龐大的集合,大多數的人文學科研究都涉及到人類的過去,許多社會學家、人類學家和政治學家所使用的素材,也都可以追溯到幾十年乃至幾百年前,那麼歷史學作為一門學科有何獨特性呢?莎拉告訴我們,歷史學研究在理想上有兩層意義:解釋過去的變化如何展開,以及在讀者眼前重現過去的人們和場景。所以作為傑出的歷史學家,必須要具備記者的技巧,也要有

小說家的技巧（所指的是源源不絕的想像力）。簡言之，歷史學家是社會中最優秀的故事編織者。[4] 惟在中國歷史書寫的語境中，歷史學者研究者所肩負的任務遠非如此。

在二〇一六年，余英時先生曾借章學誠對史籍的分類法，說明錢穆先生《國史大綱》與一般通史之分別。按章氏對史籍的劃分，史籍可為「撰述」與「記注」兩大類：

> 閒嘗竊取其義，以概古今之載籍，撰述欲其圓而神，記注欲其方以智也。夫智以藏往，神以知來，記注欲往事之不忘，撰述欲來者之興起……

余先生認為，根據上述的分類，《國史大綱》顯然屬於「圓而神」的「撰述」，而其他史家所寫的通史則大致應該歸類於「方以智」的「記注」。[5] 此外，余英時先生又引錢先生在《國史大綱·引論》中提及的「新通史」的三大條件：一、新通史應簡單而扼要；二、新通史必能將我國家民族已往文化演進之真相，明白示人，為一般有志認識中國已往政治、社會、文化、思想種種演變者所必要之智識；三、應能於舊史統貫中映照出現中國種種複雜難解之問題，為一般有志革新現實者所必備之參考。[6] 簡言之，「簡而扼要」與「記往知來」是錢穆先生撰寫《國史大綱》時所持守的基本原則。而「記往知來」四字，亦可概括歷史學研究者的主要任務所在。

若引用錢穆的說話，所謂「記往」是讓「我國家民族已往文化演進之真相，明白示人」，而「知來」則是「於舊史統貫中映照出現中國種種複雜難解之問題，為一般有志革新現實者所必備之參考」。愚以為作為歷史學研究者，既是一位好的說故事者，也必須是一位有益於現實世界，能幫助讀者「解釋」社會現狀，並發掘社會、國家、民族問題癥結所在的先覺者。作為「先覺者」，除嫻熟的歷史方法學技藝之先，還必須要具備「獨立判斷的心靈」，或謂之「獨立判斷之精神」。

三、獨立判斷精神之重要

提到「獨立判斷精神」，或許我們第一時間會想到「客觀」二字。作為歷史學研究者，「客觀」固然重要，但誰都明白，在人文學科的研究領域中，絕對的「客觀」並不可能存在。而本文所謂「獨立判斷精神」不是源於自然科學，而是源於一種陸王式的「道德實在論」，或可稱為一種「道德客觀主義」。[7] 行文至此，我們不妨引用一段陸象山的說話，作討論之資：

35

誠者，自成也，而道，自道也。君子以自昭明德。人之有是四端，而自謂不能者，自賊者也。暴謂自暴，棄謂自棄，侮謂自侮，反謂自反，得謂自得，禍福無不自己求之者。聖賢道一箇自字煞好。[8]

筆者在此借用陸象山語，解釋「獨立判斷精神」之內涵。所謂「獨立斷精神」，換句話說就是一種「自作主宰」的精神。如陳來所言，陸九淵特別反對道德上缺乏主體性的意識，即「自暴自棄」，所謂「自作主宰」也是要人樹立起道德主體性。因為道德實踐的成敗取決於自我的意志，人只有開發出自我本來涵具的資源，並堅決地確信人的內在資源，是人的自我實現的充分基礎和條件，才能在成聖成賢的道路上達成目標。[9]

那應史學家要成聖成賢嗎？若非如此，「自作主宰」對史學家而言有何重要性？筆者認為，既然史學家的任務是透過嫻熟的技藝，依據各種時間性和因果關係的理論，向讀者揭示與闡明歷史事件的關係和歷史發展的軌跡。我們首先要「先立其大者」，有一個超越的，高尚的，為他的根基。只要有能「自作主宰」，能「自成其誠」，方可以為來者留下一個「可供參考」的，有流傳價值的歷史論述。這樣一來的「成一家之言」便更具有其現實意義。下筆至此，慨然有懷，惟念善軒學術益精，亦可聊以自慰。

乙巳年，春，書於香江

1. 關於「究天人之際」的內涵，實是比較含糊的。如余英時先生所說，對於「天」在歷史中扮演了甚麼角色，司馬遷是語焉不詳的。惟司馬遷在《史記》中所稱的「天」，可能包括人力的集體作用，但也可理解為含糊的「非人力量」。這種「非人力量」可簡稱為「勢」。余英時：〈中國史學思想反思〉，見氏著，程嫩生、羅群等譯：《人文與理性的中國》（臺北市：聯經，2008），頁 608-609。
2. 見（清）章學誠：《新編本文史通義・內篇四・答客問上》（臺北：華世出版社，1980 年 9 月），頁 138。
3. 見魏聰祺：〈以《史記》印證章學誠所說「成一家之言」的史法特色〉，刊見《育達人文社會學報》，第 7 期（2011 年 7 月），頁 284-285。
4. 莎拉・瑪札（Sarah Maza）著，陳建元譯：《想想歷史》（臺北市，時報文化，2018），頁 17-22。
5. 余英時：〈《國史大綱》發微——從內在結構到外在影響〉，見氏著：《中國歷史研究的反思：古代史篇》（新北市：聯經，2022），頁 15。
6. 同上註書，頁 16。
7. 有關「道德主義」是指道德真理的條件無須參考任何人的作風或風俗，道德事實是屬於世界的事實，並不是由人類建立或建構的。相關論述可見劉紀璐著，江求流、劉紀璐譯：《宋明理學——形而上學、心靈與道德》（新北市：聯經，2021），頁 211。
8. 陸九淵著，王佃利，白如祥譯注：《象山語錄》（山東：山東友誼出版社，2001），頁 149-150。
9. 陳來：《宋明理學》（臺北市：允晨文化，2010），頁 234-235。

編者說明

《貨幣、思想與歷史通論——中國經濟史的變局與抉擇》是一部兼具學術深度與思想廣度的著作，匯集了趙善軒教授廿餘年來在中國經濟史、貨幣史、思想史等領域的研究成果。本書不僅關注中國歷史上貨幣與市場機制的演變，更試圖從經濟思想的角度，探討制度變遷與路徑依賴對中國經濟發展的長遠影響。

這本書的最大特色，在於作者運用跨學科的研究方法，結合歷史考據、科學方法、經濟理論與比較分析，透過不同時期的歷史案例，重構中國古代市場經濟的發展脈絡，並與西方經濟思想進行對比。這種研究方式，使本書不僅是一本貨幣史的論著，更是一部從經濟思想史的角度，檢視中國市場經濟與政府干預的長期互動。

全書共分五大部分，第一部分聚焦中國古代經濟思想的源流，從《管子》、司馬遷、黃老學派到《鹽鐵論》，探討干預主義與放任主義在中國經濟思想史上的交替與碰撞。第二部分則探討市場經濟與政府干預的長期拉鋸，包括漢文帝的放鑄政策、唐玄宗時期貨幣非國家化的辯論，並以漢初的《二年律令》剖析自由經濟的政策取向。這些歷史案例顯示，在中國經濟發展的漫長歷程中，政府在市場機制中所扮演的角色遠比想像中更加複雜。

第三部分則將焦點轉向貨幣政策與經濟變遷，從中國古代貨幣制度的演進，探討「中古自然經濟」的形成與終結，並深入分析「盛世物價低賤」這一經濟學悖論。第四部分則延伸至企業史與經濟倫理，從晚清的招商局與上海機器織布局，到民初的華資企業治理，探討市場機制與傳統倫理如何相互影響，進一步深化對中國近代企業管理的理解。

本書最後一部分則回歸學術史與思想史，通過對經濟史研究的重要學者，如宋敘五、饒宗頤、何炳棣的研究評析，反思中國經濟史與經濟思想史的發展軌跡。本書不僅是一部學術論文集，更是一部體現中國經濟思想演變的深度論述。無論是研究中國經濟史的學者，還是對歷史與經濟學交叉研究有興趣的讀者，本書都將提供一個深入且獨特的視角。

本書的寫作風格嚴謹而不失流暢，既有扎實的史料引用，也包含理論分析、

數學論證與案例研究，為讀者提供了豐富的閱讀體驗。儘管本書的內容多為學術論文，但趙教授在論述中仍不時穿插歷史趣聞與學術軼事，使得本書在學術性與可讀性之間取得了良好的平衡。

在當前的學術環境下，中國經濟史與經濟思想史的研究逐漸受到更多重視，國內外學界對中國歷史上的經濟發展模式、貨幣體制、政府角色等問題的討論亦日趨深入。在這一背景下，《貨幣、思想與歷史通論》的出版可謂恰逢其時。它不僅為經濟史研究提供了新的視角，也為中國經濟思想史的發展奠定了堅實的基礎。

這本書適合關注經濟史、貨幣史、思想史的學者，也適合對中國市場經濟發展脈絡有興趣的讀者。對於希望理解中國經濟長期發展趨勢的讀者而言，本書提供了一個獨特的視角：從歷史尋找經濟規律，從思想史解析制度選擇，並在傳統與現代之間，尋找中國經濟發展的真正脈絡。

第 一 篇

貨幣與經濟思想

《管子》其書其人與現實主義精神

現代人對道德價值的追求日趨澹泊，一些家長生兒育女時就已考慮子女他日的回報，某些父母從小就栽培女兒嫁入豪門，許多學生選科以前途作考慮而忽略個人志趣。套用德國社會學家韋伯（Max Weber, 1864-1920）的術語，這些都是「工具理性」（instrumental reason）的考慮，即以事件能帶來利益多寡為衡量標準，其重點在於事情發展的現實效益，而非抽象的安身立命價值觀。反之，傳統文化被視為陳義過高，不切實際，原因是我們從小所接觸的傳統文化乃以正統儒家為主，孔子主張「志士仁人，無求生以害仁，有殺身以成仁」（《論語・衛靈公》）；孟子堅持生與義有矛盾時，「捨生而取義」（《孟子・告子上》）。這種傾向的傳統價值理性思維，可以為了抽象原則而放棄現實利益，甚至犧牲性命。許多人認為，儒家在當下社會重視追求利益的風氣下顯得格格不入，更會被視為浪漫的理想主義者。所謂現實主義精神，即是把效益凌駕於原則之上的思維模式，此在《管子》一書中，隨處可見。

比較項目	現代社會的工具理性	傳統文化的價值理性
基本概念	以現實利益最大化為衡量標準	以抽象道德原則為衡量標準
典型現象	家長期待子女回報、培養女兒嫁入豪門、學生選科以職業前景為優先考量	崇尚義理，為道德信仰可犧牲個人利益
代表理論	德國社會學家韋伯（Max Weber, 1864–1920）的「工具理性」（instrumental reason）	儒家思想：「捨生取義」（孟子）、「殺身成仁」（孔子）
主要價值觀	**實用主義、功利主義、現實主義**	**倫理道德、理想主義、忠義精神**
應用範疇	現代職場競爭、經濟決策、家庭教育	文化傳承、道德哲學、倫理思維
現實社會趨勢	傾向於重視利益，視傳統文化為不切實際	傳統價值面臨挑戰，被視為浪漫理想主義
與《管子》的關聯	重視效益凌駕於原則，與《管子》的現實主義精神相符	儒家價值理性與《管子》的務實風格形成對比

歷來不少人把《管子》的治國思想部分歸入法家一支，而傳統法家思想把統

治者的效益最大化視為根本考慮，這近於西方的工具理性主義，惟法家進一步認為只要能達到目的，而不惜採取任何手段，為了國家穩定，可以打壓少數人，甚至草菅人命，這在現實政治中，一向為專制統治階層所樂此不疲。《商君書·更法》說：「愚者闇於成事，知者見於未萌。民不可與慮始，而可與樂成。」其實，威權管治乃基於人民愚昧而設定，古今如一，當代社會，幾乎沒有一個高教育水平的國家，專政機器能夠長期運作。專政者假設百姓無知，故須由「賢人」領導，稱呼上級為領導人，就是設定了人民需要被領導，而無權參與政治，政府的透明度亦相當低落，中央與地方之關係，既不是自由主義下的平等概念，而是上位與下位者的不平等關係。《管子》一書載有「賢人」一詞共二十三次，並屢次提到賢人管治的好處，「賢人政治」（philosopher politics）是傳統中國政治文化的核心底蘊，「民之所好好之，民之所惡惡之」本身即含有施者與受者之從屬地位，其背後的理念是賢人管治的效果，國家利益重於個體的自由意志；政府與人民、中央與地方，都看成主客關係，而非現代人所理解的平等關係。此思維模式的另一稱呼為「臣屬文化」，即人民樂於臣服於威權者之下。中國千百年來，皆奉行此政治思想，至今仍揮之不去；而《管子》作為賢人政治思想的奠基者，即對這一理論的建構有著不可或缺的影響。簡單來說，「賢人政治」屬現實主義的一類，它把結果置於原則之上，即使它的原則，也是以實際效果來衡量。

近年來，知識界、文藝界仍然有人為這種思想重新造勢，試圖製造威權管治的合理性，甚至透過強大的宣傳機器，漸漸成了一種主流聲音。文學、影視作品為這樣的歷史人物塑造偉大的歷史形象，秦始皇、漢武帝不再是杜甫〈兵車行〉裡的負面人物，而成了一代偉人，清代的雍正皇帝也一改凶殘成性的歷史形象，成了用心良苦的國家領導人，為了社會利益而不計較個人名聲，穩定壓倒一切的主旋律，當然包括壓倒道德、人性、公義，這些都是臣屬文化的具體表現。至於擇善固執又堅持價值理性的人物，反被人視為不識大體、阻礙社會發展，例如竟有電視劇把岳飛、文天祥說成妨礙民族融合的障礙，守護家園的被視為釘子戶，學生運動被罵是破壞社會的安定云云。這些人往往重視效果，卻輕視手段，譬如不問子女考試的方法，只關心是否能考出好成績；認為工作性質不重要，能養家糊口即可；不在乎官員如何得居大位，只管其施政的成效是否彰顯。大講「發展就是硬道理」，一味發展經濟，而忽略了人文關懷才是人類的核心價值，這一切都是現實主義大行其道的後遺症。

一、主要思想內容

（一）義利之辨

　　經濟思想史學者趙靖指出，先秦諸子如管子、孔子、孟子、荀子等人亦認可求利是人類之本性。[1]《管子‧侈靡》更明確提出「上侈而下靡」的主張，即富人大量消費以造就貧民、工匠、女工的就業機會，有衣食可得。[2] 孔子曰：「富與貴是人之所欲也，不以其道得之，不處也。」孔子討論的重點是「義利」之關係，屬於倫理學層面的闡述。《史記‧管晏列傳》亦有相類的記述：「管仲既任政相齊，以區區之齊在海濱，通貨積財，富國強兵，與俗同好惡，故其稱曰：『上服度，則六親固。四維不張，國乃滅亡。下令如流水之原，令順民心。』」其實，《管子》乃是集各家之大成，在義利觀方面比起儒家更具彈性，它不像孔孟式的儒家般視道德價值凌駕於生命之上，動輒講「餓死事小，失節事大」或「餓死於首陽山」，而是試圖把傾向價值理性的儒家思想，以及類近於工具理性的法家思想，合而為一，破除非黑即白、二元對立的邏輯謬誤，有意建構成兩者並重的思考系統。

　　許多人以為管仲乃現實主義者，其書較多宣揚唯利是圖的思想。事實上，《管子》絕非只講利益，而是認為道德要在滿足基本需要後進一步實踐出來。當代哲學家殷海光提出了人生的意義可分為四個階段，分別是物理層、生物邏輯層、生活文化層和價值層。人類需要拾級而上，充實基本需要後昇華至道德理想的層次，人生才活得有意義。《管子‧牧民》也說：「倉廩實則知禮節，衣食足則知榮辱。」就是為「義利觀」建立序列，它既注意實質利益，又看重抽象概念，主張先現實後理想，如此不但較符合人性，更是易知易行，正是提倡在滿足生活文化層後，必須發展道德倫理一層，乃由下而上的道德觀，有別於儒家講犧牲小我、完成大我的一套。其實，這種思想正是現代人的明燈，人們既渴望生活安穩，又想為社會出一分力，他們既不喜空談理想，認為過高的目標猶如空中樓閣，但又希望在道德實踐上有一番作為，衣食足而知榮辱似乎是合理的人生目標。順帶一提，法國大革命時西方哲學家孟德斯鳩（Charles Montesquieu, 1698-1755）也提出相似的說法，世稱「孟德斯鳩命題」，認為當經濟發展起來，擺脫野蠻階段，人們才有能力追求精神上的滿足。[3]

　　一言蔽之，《管子》所提出的說法是對人性體察極深的洞見，它易知易行，不像儒家般知易行難，它也不是絕對排斥道德的現實主義，而是強調「現實優先，道德次之」的中國式現實主義。在道德淪喪、幾乎無所不假的社會裡，路見不平

拔足而走的場面時有所聞,尤其容易引起向來不關注道德的人們的反思,提升現代人的德性。

(二)經濟思想

《管子》一書所提出的治國思想最為可觀,歷代學人多有引用,尤其體現在經濟方面,而此可見其現實主義思維。中國傳統經濟思想有兩大路徑:一是放任主義,以黃老思想為代表,司馬遷的「善者因之」[4]是為佼佼者;二是干預主義,具法家色彩的《管子》就是這方面的濫觴。趙靖指出,《管子》主張國家對經濟行為進行干涉,此方面可見於《管子》之四民不得雜處說。[5]士農工商的階層說在中國歷史上有極大的影響,日本德川幕府亦以之為國策,其實《管子》是這方面的首倡者。對此,明末清初學者顧炎武在《日知錄》中,有「士何事」條對此亦有所分析,其謂:

士、農、工、商謂之四民。其說始於《管子》。三代之時,民之秀者乃收之鄉序,升之司徒,而謂之士。……則謂之士者,大抵皆有職之人矣,惡有所謂群萃而州處,四民各自為鄉之法哉。春秋以後,游士日多。《齊語》言桓公為游士八十人,奉以車馬衣裘,多其資幣,使周游四方,以號召天下之賢士,而戰國之君遂以士為輕重,文者為儒,武者為俠。嗚呼!游士興而先王之法壞矣。

《國語・齊語》亦記載了管仲與桓公的對話:「四民者,勿使雜處,雜處則其言咙,其事易。」《管子》一書與此條史料大抵相合。《管子》的現實主義還帶有強烈的干預味道,反映其不重視順乎自然之「道」,不重視抽象原則,而追求短期的即時效益。因「道」不似干預主義,難見即時效果,而效果亦不易於量化。《管子》認為政府的公權力可以不斷擴張,因為政府是由賢人掌管,而賢人又是處處為人民著想,其學說完全忽視了個體的重要性,以及個人選擇的自由意志,同樣見其以效果壓到自由意志的思考方法。管仲本人及《管子》一書都反對四民雜處,此乃出於政府管治的考慮,認為易於控制各階層,以及堵塞社會流動,實大大有利於社會的「超穩定結構」,[6]而國家穩定是其學說的重中之重。

相反,另一學派是以司馬遷為首的自由主義,其主張「善者因之」,認為市場放任是最好的辦法,尊重個體選擇是合乎「大道」,反對政府直接干預,此與《管子》提出的輕重理論大相逕庭。輕重論提倡由政府設置機構,監管市場經濟。近數十年來,中國奉行干預主義,造成了極嚴重的社會問題;西方諸國大講「新

自由主義」，最後令各國債台高築，引發經濟危機。可見物極必反、過猶不及，乃千古不易之道理。西漢初年行黃老之術，然漢興七十餘年後因放任不管，導致「富者田連阡陌，貧者無立錐之地」，貧富懸殊，民不聊生。漢武帝時積極改革，卻因與民爭利而令人民生活無依，此即歷史發展的規律。觀乎歷史，歷史是一個懂得調節的擺鐘，當人心思變以後，又會人心思安，在自由主義下生活得太久，人民又渴望轉向社會主義；反之，社會主義下的人民又希望在自由主義下生活。南美洲近三十年來，就是不斷遊走在左派與右派之間，政權不斷更替，政局長期不穩，就是不明白中國哲學中不偏不倚的道理，也說明了沒有一套理論能放諸四海皆準。

二、作者及成書

眾所周知，《管子》約成書於戰國中晚期，大部分篇章皆非出於管仲之手，而是後人集體編輯而成。部分內容是後人託管仲之名而作，也有一些章節與管仲其人沒有直接關係。據陳鼓應研究，《管子》一書的部分篇章，是戰國晚期齊國稷下學者的作品，與管仲其人的思想並非完全一致，書中內容很大程度上是屬於道家取向，並且主張道法結合，由老莊的理想主義走入現實社會，對後來的黃老思想有深遠影響。[7]

由此觀之，《管子》是先秦諸子思想的集大成，由眾多學者共同書寫的百科全書，涉及治國、經濟、軍事、社會、哲學、人口、農業等領域，觸及法、儒、道、農、兵、陰陽諸子學說。

據現有的材料得知，《管子》一書最早被《韓非子・五蠹》提及：「今境內之民皆言治，藏商、管之法者家有之。」《史記》也有詳細記載，此書可能是司馬遷的手邊讀物。到了晉代，學者傅玄對《管子》的作者提出異議，他說：「管仲之書，過半是後之好事者所加，〈輕重篇〉尤鄙俗。」傅玄對託名篇章的評價不高，認為是鄙俗之作。唐代孔穎達《左傳正義》曰：「此傳大略。世有《管子》書者，或是後人所錄，其言甚詳……其唯管夷吾乎。臣之所不如夷吾者五……」可知作者不是管仲。宋代的葉適《水心集》說：「《管子》非一人之筆，亦非一時之書，以其言毛嬙、西施、吳王好劍推之，當是春秋末年。」《四庫全書總目》說：「今考其文，大抵後人附會多於仲之本書。」當代學者一般認為，書中出現戰國或後代流行的文字，大部分內容非春秋時代的作品，此已成學界共識。[8]

其實，不獨此書，近年出土大量戰國至漢代的竹書、帛書，內容文字與今本流行的大有不同，因我們所讀之版本，多為漢代的改版，非春秋戰國的原著，一些學人甚至認為出土文獻使中國哲學史、思想史有改寫的必要。

今本《管子》與大部分先秦諸子書一樣，乃經漢代學者劉向編輯而成。《管子》共八十六篇，今本十篇已佚。全書十六餘萬字：〈經言〉九篇，〈外言〉八篇，〈內言〉七篇，〈短語〉十七篇，〈區言〉五篇，〈雜篇〉十篇，〈管子解〉四篇，〈管子輕重〉十六篇。《漢書‧藝文志》將其作為道家一類，而《隋書‧經籍志》則將其改列法家一類。其實，這部書包羅萬有，從不同角度看，就有不同的看法，故仁者見仁，智者見智。

或問，何以後世學者要冒管仲之名而作書呢？主要是因管仲平生乃是現實主義的代表人物，其功業對春秋時代有舉足輕重的作用，世人對他高山仰止，故不少學者都藉管仲之名來發揮，希望建立一套現實主義與道德價值俱備的學說。孔子曾說：「微管仲，吾其被髮左衽矣。」（《論語‧憲問》）可見就連孔子也肯定了管仲對抗夷狄、使華夏免受夷狄侵害的偉大功績。《論語》中記載了孔子對管仲的人格批評，雖然孔子鄙視管仲為人「小器」，但對於他的功業，孔子卻是肯定的，他客觀地指出：「桓公九合諸侯，不以兵車，管仲之力也。如其仁，如其仁。」（〈憲問〉）孔子也認同管仲尊王有功，其一生貫徹他的現實主義精神，首先是建功立業，之後也不忘發展道德，對於維護周室統治權威有著不可磨滅的作用。

此外，司馬遷又說：「天下不多管仲之賢而多鮑叔能知人也。」認為世人只讚美鮑叔能識別人才，卻少有人認識到管仲的才能。他還說：「管仲世所謂賢臣，然孔子小之。豈以為周道衰微，桓公既賢，而不勉之至王，乃稱霸哉？語曰：將順其美，匡救其惡，故上下能相親也。豈管仲之謂乎？」司馬遷反駁了孔子對管仲的批評，認為他即使有過，也是功大於過。由此可見，對管仲持肯定態度者，乃基於其功業成就，欲以實際作用掩蓋其行事動機，這與西方哲學中凡事以動機作判斷的「義務論」很不同，孔子式的儒家思想往往以動機作判斷，故有些學者認為孔子類近於西方哲學家康德式的「義務論」一類的思考方式。近百年來，「義務論」被人們視為難以實行的一套思想，反之「功利論」則大行其道，人人計算如何將利益最大化，討論社會政策時，目的正義性不再是立論之首要考慮，而成效變為必要條件，這種思維在《管子》一書大量存在。然此書卻非近於狹義式的

功利主義，只求發展個人利益，而是以社會利益最大化為終極追求。

三國時代的諸葛亮也常自比管仲，諸葛亮也是另一現實主義的代表者，史家多將其置於法家人物之中。他為求達到目的，不計較手段，對付李嚴等蜀國本土派毫不手軟，諸葛亮對管仲的推崇，足見其影響之深遠。管仲不像大多數諸子般屬文弱書生，而是戰功顯赫的齊國相國，桓公以仲父尊稱他；他也是經世治國的典範，故後世學者藉他的大名來著書立說，實能大大提升作品的說服力。這是古人與今人之別，古人喜託他人之名著書，今人卻有人把別人的作品強冠自己的名字，可見古代著者志在闡述己見，非為沽名釣譽而寫作。

三、管仲其人

管仲（前七二五－前六四五），名夷吾，字仲，諡號「敬」，史稱管子，潁上（今安徽省潁上縣）人。其祖先是姬姓的後代，與周王室同宗，其父為齊國的大夫，後來家道中衰，至管仲時已很貧困。管仲年輕時曾經商，又曾輔佐齊國公子糾（齊桓公之兄），幾經周折，由鮑叔牙舉薦，得以輔佐齊桓公，封為上卿，最終幫齊桓公建立霸業，被尊為「仲父」，有「春秋第一相」之譽。管仲處身列國並峙、征戰不休的春秋時代，憑著濟世匡時的理想和經天緯地的才能，從實際出發，重視發展經濟，反對空談，主張改革以富國強兵，使齊國慢慢強大起來。對於管仲的功業，《史記·貨殖列傳》有詳細的記述：

其後齊中衰，管子修之，設輕重九府，則桓公以霸，九合諸侯，一匡天下；而管氏亦有三歸，位在陪臣，富於列國之君。是以齊富強至於威、宣也。

齊國自太公望（姜子牙）立國以來，一直興盛不絕，直至平王東遷後中衰，而令齊國重振雄風的人，不是家學淵源、累世公卿的士大夫，而是管仲。《史記·管晏列傳》對管仲的成就也作了詳細的說明：

管仲既用，任政於齊，齊桓公以霸，九合諸侯，一匡天下，管仲之謀也。……管仲既任政相齊，以區區之齊在海濱，通貨積財，富國強兵，與俗同好惡。……其為政也，善因禍而為福，轉敗而為功。貴輕重，慎權衡。……管仲富擬於公室，有三歸、反坫，齊人不以為侈。管仲卒，齊國遵其政，常強於諸侯。

職是之故，管仲為相期間致力振興齊國經濟，利用商業的路徑，使得商貨流通不絕。他又對齊國的財政制度進行改革，設立監管機構，大力促進經濟發展，

嚴密監督社會運作。如此一來，在勵精圖治下，使國家興旺起來，為齊桓公奠定了春秋霸主的地位。

司馬遷在《史記·管晏列傳》中，轉引了管仲的自白：

管仲曰：「吾始困時，嘗與鮑叔賈，分財利多自與，鮑叔不以我為貪，知我貧也。吾嘗為鮑叔謀事而更窮困，鮑叔不以我為愚，知時有利不利也。吾嘗三仕三見逐於君，鮑叔不以我為不肖，知我不遇時也。吾嘗三戰三走，鮑叔不以我怯，知我有老母也。公子糾敗，召忽死之，吾幽囚受辱，鮑叔不以我為無恥，知我不羞小節而恥功名不顯於天下也。生我者父母，知我者鮑子也。」

這段話反映了三點：首先，管仲不屬於「知其不可為而為之」一類人物，而是現實主義者，因家中有老母照顧而在戰場上退卻，顯然不是情操高尚的典型人物。其次，管仲也非不事二主的忠臣，他不計較個人名聲，只在乎是否能實現他的治國宏圖，心中只有天下，國家倒是其次，此處也見其現實壓倒原則的處事方式。最後，管仲年輕時曾經與好友鮑叔牙一起做生意，可見其與太公望一樣，又是一個商人出身的政治家，且在他為相期間，致力發展齊國的經濟，最終使齊國稱霸於春秋。

值得注意的是，傳統中國知識分子的典範，大多出身士人世家，或是身家清白的書生，鮮有像管仲有商賈的背景，再憑藉自身的努力而達到社會上流，與他背景相似的有呂不韋（約前二九〇－前二三五）。如此看來，管仲被列為法家人物，實在是基於他的實質功績，因其名聲之大，影響之鉅，而奠定了《管子》一書的學術地位。然而，與管仲背景相似，地位相近，影響力也相當的呂不韋，不入司馬遷的《史記·貨殖列傳》，管仲與太公望等人卻一同入選，這是因為他們功業顯著而尚有益於人民，非只為個人私利而治國。司馬遷乃繼承了「孔子著《春秋》而亂臣賊子懼」的傳統，藉史書來品評人物，對管仲其人作了崇高的致敬，同傳的其他人物，也多才德兼備，對社會有很大的貢獻，故古時富貴是兩回事，富者未必貴，貴者須得社會各界肯定。今天，有些暴發戶、官二代、富二代橫行霸道，目中無人，富而不貴，究其原因，就是不懂義利俱重的道理，這大概是沒受過傳統中國文化洗禮所致。

管仲治齊國的經歷，司馬遷在《史記·齊太公世家》又說：

桓公既得管仲，與鮑叔、隰朋、高傒修齊國政，連五家之兵，設輕重魚鹽之

利，以贍貧窮，祿賢能，齊人皆說。

　　《史記》多次引用「倉廩實而知禮節，衣食足而知榮辱」一語，反映了歷史學家司馬遷與《管子》的作者一樣，認為政府應當先讓老百姓享受物質文明的成果，進而追求精神文明的發展，最後得以「利民」。[9]這可說是現實主義與道德價值結合的一大嘗試，當為過分追求利益而忽略道德的今人所注意。

　　《史記》中尚有不少對管仲的溢美之詞，《史記‧管晏列傳》中說：

　　太史公曰：吾讀管氏〈牧民〉、〈山高〉、〈乘馬〉、〈輕重〉、〈九府〉，及〈晏子春秋〉，詳哉其言之也。既見其著書，欲觀其行事，故次其傳。至其書，世多有之，是以不論，論其軼事。管仲世所謂賢臣，然孔子小之。豈以為周道衰微，桓公既賢，而不勉之至王，乃稱霸哉？語曰：「將順其美，匡救其惡，故上下能相親也。」豈管仲之謂乎？

　　司馬遷認為管仲是「世所謂賢臣」，這一點是對他的功業作出肯定，尤其是管仲對齊國經濟發展所作的貢獻。他又在《史記‧平準書》中說：「齊桓公用管仲之謀，通輕重之權，徼山海之業，以朝諸侯，用區區之齊顯成霸名。魏用李克，盡地力，為強君。」其實，歷史上真正的盛世，經濟發達與物阜民豐是必要的條件。然而，管仲治下的齊國不但國力強大，更重要是以國力優勢來維護國際秩序與社會正義，帶領盟國維護周室的統治地位，又不與喪德敗行之國為伍，也絕不欺壓無辜者而換來國家穩定，這樣的盛世才能令人心悅誠服。反之，一味以軍事和經濟力量自詡的君主，如漢武帝、唐玄宗、清高宗等，免不了會遭史家批判。借古鑒今，本是賢明者應當效法。反之，一再重複歷史的教訓，受苦的永遠是平民百姓。

四、歷代研究

　　《管子》研究方面，自唐代尹知章注《管子》至今，至少有四十多種注本，其中尤以石一參的《管子今詮》（上、下），許維遹、聞一多、郭沫若的《管子集校》，馬非白的《管子輕重篇新詮》影響最深。「安徽省管子研究會」集合了數十位專家，多年來累計發表論文數百篇，數量甚豐。《管子》的哲學研究，臺灣學者陳鼓應及其學生陳佩君有專書及博士論文討論。至於經濟思想研究，香港學者宋敘五有開拓性的貢獻，大陸學者趙靖、石世琦等人的研究成果備受學界肯定。上述作品，皆是《管子》研究的必讀之作。

1 趙靖等：《中國經濟思想通史‧卷一》（北京：北京大學出版社，2002），頁 600。
2 巫寶三：《管子經濟思想研究》（北京：中國社會科學出版社，1989），頁 150。張固也：《管子研究》（濟南：齊魯書社，2006），頁 251。
3 白鷺：《貨殖列傳經濟學》（臺灣：海鴿文化出版圖書有限公司，2009），頁 30-31。
4 《史記‧貨殖列傳》：「太史公曰：夫神農以前，吾不知已。至若詩書所述虞夏以來，耳目欲極聲色之好，口欲窮芻豢之味，身安逸樂，而心誇矜埶能之榮使。俗之漸民久矣，雖戶說以眇論，終不能化。故善者因之，其次利道之，其次教誨之，其次整齊之，最下者與之爭。」
5 《漢書‧貨殖傳》：「管子云古之四民不得雜處。士相與言仁誼於閒宴，工相與議技巧於官府，商相與語財利於市井，農相與謀稼穡於田野，朝夕從事，不見異物而遷焉。」
6 葉啟政：〈結構以外：歷史的社會學理路初探〉，《二十一世紀》總 32 期（1995），第一節「從『中國中心』史觀到『超穩定結構』論」，頁 39。
7 陳鼓應：《管子四篇詮釋——稷下道家代表作解析》（北京：商務印書館，2006），頁 3-27；參見陳佩君：〈先秦道家的心術與主術——以《老子》、《莊子》、《管子》四篇為核心〉（臺北：國立臺灣大學哲學研究所博士論文，2008），頁 245。
8 張固也：《管子研究》，頁 21-22。
9 周俊敏：《管子經濟思想倫理研究》（長沙：嶽麓書社，2003），頁 87。

漢文帝放鑄政策的經濟影響

* 本文受益於臺灣中央研究院訪問學人計劃,並獲林滿紅教授指導,在此致謝。

一、前言

　　西漢初年,漢文帝(前二〇三-前一五七)主張自由放任的經濟政策。《鹽鐵論・錯幣第四》云:「大夫曰:文帝之時,縱民得鑄錢、冶鐵、煮鹽。」《鹽鐵論・非鞅第七》又云:「文學曰:昔文帝之時,無鹽、鐵之利而民富。」[1] 文帝盡量減少對人民經濟的干預,包括放寬貨幣主權,允許民間進行鑄錢、冶鐵、煮鹽等經濟活動,奠定了文景之治的基礎。文帝五年(前一七五),頒布《除盜鑄錢令》。其實,本來漢承秦律,對私鑄採取極其嚴厲手段打擊。

從一九八三年出土呂后時代的張家山《二年律令》所見:

一、雜律196(C88):「諸謀盜鑄錢,頗有其器具未鑄者,皆黥以為城旦舂。智為及買鑄錢具者,與同罪。208(F140)」;

二、「智人盜鑄錢,為買銅、炭,及為行其新錢,若為通之,與同罪。203(C251)」;

三、雜律201(C252):「諸盜鑄錢及佐者,棄市。同居不告,贖耐。正典、田典、伍人不告,罰金四兩。或頗告,皆相除。尉、尉史、鄉部官。201(C252)」

　　漢初政府對鑄造不合規格錢幣者,處以極刑。凡私鑄者死,即使是買賣器具者,皆屬同罪。法律限制購買原材料,犯者亦與私鑄同罪。與私鑄者同居,或知情不告者,亦屬重罪。由此可見,干預主義充分體現在高祖、呂后時代的律法之中。[2] 然而,歷史的鐘擺卻朝向相反一方。不久之後,放任主義抬頭,並遏制了干預主義。[3]《史記・平準書》載:「至孝文時,莢錢益多,輕,【集解】如淳曰:『如榆莢也。』乃更鑄四銖錢,其文為『半兩』,令民縱得自鑄錢。」[4] 漢文帝推行了放鑄政策,大舉開放市場,任由民間鑄造錢幣,為了防止貨幣市場混亂,政府發布鑄錢的規範作為民間鑄錢的標準,制定四銖錢(每銖為〇點六五一公克),規定錢上寫上「半兩」二字,故又稱為半兩錢。此後,政府不再壟斷發行貨幣的權力,即是說地方諸侯、商人以及平民百姓,皆可自由鑄造錢幣。直至漢景、武二帝,才逐漸地把鑄錢的權力收歸國有。《史記・平準書》載:「(武帝)令縣

官銷半兩錢,更鑄三銖錢,文如其重。盜鑄諸金錢罪皆死,而吏民之盜鑄白金者不可勝數。」簡言之,文帝的放鑄政策維持凡三十年,而四銖錢法定上發行達五十五年之久,至漢武帝改革為止[5],之後仍然在市場上長時間流通。

在呂后時代(前二一〇－前一八八),政府對於山林池澤仍有相當嚴密的管制,非如印象中的完全無為而治。據《漢書‧食貨志》所載,本來漢高祖(前二四七－前一九五)時行放任主義,一度容許民間鑄銅錢,但成效不佳。[6]不久之後,呂后又立法加以禁止,[7]再次推行秦代的法律,收緊貨幣發行權,推行官鑄的八銖錢。到了文帝五年四月,正式《除錢律》使「民得鑄錢」。《錢律》中,最重要的一條,是對非法鑄造錢幣者,實行嚴刑懲治,既然文帝廢除《錢律》,那就表示可以任由民間私下鑄錢,而鑄錢需要大量用銅,朝廷便下令「弛山澤」,把採礦業私營化,這也是等於將貨幣的發行權下放地方。[8]此外,政府同時把山林的開發權給予諸侯、豪強、寵臣鄧通與一般百姓,並取消張家山《金布律》的某些管制。下放開採權,就等於政府以外的人,有能力持有銅材,也就是說有能力自行製造貨幣。

據史書所載,文帝推行《除盜鑄錢令》後,一些不法商人為了牟利,鑄造了大批成色、重量不足的劣幣,導致市場大亂。時人賈誼則聲稱「則市肆異用,錢文大亂」。師古曰:「鄉讀曰嚮。」[9]本文認為,除非交易費用為零,否則任何時代都必然會出現混水摸魚的欺詐行為,即使在貨幣制度完善的現代社會也如是,關鍵是其比例如何,犯法行為的代價如何,以及市場最終能否抵制這些行為。賈誼在其〈諫鑄錢疏〉中謂:

又民用錢,郡縣不同:或用錢輕,百加若干;或用重錢,平稱不受。法錢不立,吏急而壹之虖,則大為煩苛,而力不能勝;縱而弗呵虖,則市肆異用,錢文大亂。苟非其術,何鄉而可哉!師古曰:「鄉讀曰嚮。」[10]

賈誼作為干預主義者,他的論述為日後漢武帝(前一五七－前八七)擴張國家的權力,提供了理論基礎。賈氏的貨幣立場,總是站在反對放任主義一面,並且悲觀地認為放任主義會造成嚴重的後果,而他的貨幣思想在史書中記載下來,但史家未有細想賈誼說法的真確性,甚至教科書也把賈誼的預測看成是放鑄的結果[11],造成對放鑄政策的不良印象,並成為書上成說。[12]

過去,許多歷史學者根據賈誼的描述,把漢景、武二帝統一鑄錢權並收歸國

有的政策視為德政[13]，而西漢中期的法幣「三官五銖」，也被其視為經濟改革的重要產物，他們認為貨幣的干預主義，是推動經濟發展的標誌性手段，直至王莽多番改制，導致經濟大亂而止。[14] 顯然，他們沒有留意到「錢益多而輕，物益少而貴」，[15] 實是指武帝「建元以來」鑄幣權收歸國有之後私鑄日多，而非指在放鑄之時的情況[16]，日本學者佐原康夫指出，實情是由於中央政府壟斷鑄錢後，商人與諸候抵制三官五銖而非法鑄錢，他們本來是合法經營，一旦轉入地下，就不管質量。當三官五銖錢成為唯一的合法貨幣，私鑄流行，引起混亂，百姓仍舊以四銖錢作交易。[17]

然而，文帝的放鑄政策，到底對於社會經濟有何實質影響呢？市場上是否真的忽然增加了劣幣的流通，又有否出現經濟學神話中所謂劣幣驅逐良幣的「格雷欣法則」（Gresham's Law）呢？這些問題往往被史家所忽略，必須有更圓滿的解答。

二、西漢初年的劣幣與良幣

所謂劣幣驅逐良幣，又名格雷欣法則，是四百多年前，由英國學者格雷欣（Thomas Gresham, 1518-1579）提出的經濟學理論。傳說古時在金屬貨幣年代，市場上有兩種不同質素、但名義價值相同的貨幣同時流通，一般人見到質素較優的銅幣，印製精美，印在幣上的頭像完好無缺，一旦手持良幣，覺得奇貨可居，有收藏價值，便把良幣好好保管，漸漸市場上不易見到良幣流通，而質素較差的劣幣，反成了廣泛使用的交易媒介，最後把良幣驅逐出市場。簡言之，格雷欣認為，當兩種名義價值相同但質素不同的貨幣同時流通時，人們傾向於保留質素較優的貨幣，而把質素較差的貨幣用於交易，最終導致質素較差的貨幣成為主要的交易媒介，而質素較好的貨幣會被逐漸淘汰。

本文觀察到漢文帝之時，不論是政府或非政府所鑄，凡符合政府規格，便可視之為良幣，而把「鉛鐵為它巧者」，[18] 即以其他金屬混入銅錢中，或重量與法定不符者，歸為劣幣。良幣到底有沒有絕跡市場？書上沒有明確記載，但劣幣充斥，導致經濟大亂。賈誼預言的劣幣充斥，物價上漲，使後世對文帝的貨幣政策形成一種負面印象。問題是，買者會用劣幣交易，賣方不可能不知，賣方既知對方付的是劣幣，當然會提升售價；若對方付的是良幣，雙方討價還價，均衡價格便會回落。當時的劣幣，又再分成不同成色、重量，即是說市場上有多種劣幣流通，這會導致一種貨物卻有多個售價，增加了買方的搜尋費用（searching cost），也增加了賣方的行政費用（administrative cost），交易費用因國家政策而大大增加，造成了浪費，當然會不利於經濟發展。

本文認為，若果上述推理成立，則漢初貨幣應用的交易費用高，市場效率低，在這種環境下，商品經濟很難得到高增長的發展，那麼又會同文獻上描述的商業發達、貨暢其流的文景之治（前一七九－前一四一）有所矛盾，也不可能出現國泰民安、衣食豐足、物價合理的盛世局面。[19] 可惜歷史學者往往對史書上的記載照單全收，即使加以考證，也都是文獻上的對比，忽略考古學成果，更輕視基本的經濟學原理，而結論很多地方跟現實世界有差異，甚至悖於常識。

一九七五年，湖北江陵鳳凰山的一六八號漢墓，出土了漢文帝十五年（前一六五）的「稱錢衡」。政府為了保證私人鑄錢的質量，強制百姓使用稱錢衡做賣買。從實物得知，衡杆長二十九點二厘米，正中上側釘一銅環，兩端鑽孔繫繩，杆上有墨書四十一字；一面為「正為市陽戶人嬰家稱錢衡，以錢為累，劾曰四朱（銖），兩端囗」；另一面為「十，敢擇輕重衡，及弗用，劾論罰繇，里家十日」；側面為《黃律》。在漢武帝的孫兒，也是曾短暫為皇帝的南昌海昏侯墓中，就出土了用於天平上量度的十二個大小不同砝碼，在天平上的杆子兩邊各吊一個盤子，一邊可以放銅錢、黃金等商品貨幣，而一邊則放砝碼。[20] 若天平上錢幣的實際重量不足，就必須「加水」，即是加上差額，最後交易時是以重量計算。[21] 本文認為，如果天平得到廣泛使用，則會大大增加機會主義者的成本，可以有效地打擊欺詐行為。[22] 因為賣方可以降低收到低重量不足錢幣的風險，也減少了要請專人，或賣方學習專業判斷重量的交易費用。政府規定在市場上買賣，要借助天平來杜絕欺騙行為，而天平的普及使用，正合高斯定理（Coase Theorem）的意義，當產權受到明確界定，則令市場變得更完善；相反，愈不明確，交易愈困難，天平的使用及其相關法律大大減少買賣雙方的交易費用。

據陳彥良考證，漢初推行《稱錢》法律，保障了市場上良幣沒有被重量與名義價值不足的劣幣淘汰，形成了「反格雷欣法則」現象。[23] 他根據江陵鳳凰山出土的一○一枚銅錢以及其他出土銅錢，發現不論是官鑄或私鑄的質量皆合乎四銖錢的應有標準，足見良幣並沒有被劣幣驅逐出市場。陳氏綜合貨幣的標準重量、平均實重、重量符合率、平均含銅率，得出放任鑄幣的四銖錢的綜合質量指數竟然達到二○五的結論，秦為一○○，武帝為一八四，昭帝以後為一七四，指數愈高，質量愈好，可見放鑄時代四銖錢的指數遠高於秦代，也高於西漢兩百年間其

他所有貨幣，比之漢武帝時代的指數鑄錢高出二〇至三五，並舉武帝以後的三官五銖為例，其法定重量應為三點二五五公克。但是，從出土的錢幣可見，武帝時平均重約三點三五公克，本來就足分量，到了昭帝時平均只剩下三點二五公克，再減至宣帝時平均的三點〇七公克。簡言之，文帝放鑄時代四銖錢的指數為：

100 ≤ 秦 < 武帝 < 昭帝以後 = 174

其中，指數愈高，質量愈好；

綜合質量指數 =（實際平均重量 ÷ 法定重量）× 100；

從上文可見，實際平均重量是指出土的古錢幣的平均重量，法定重量是指當時政府規定的錢幣的標準重量。根據文中提到的信息，武帝時期的三官五銖的法定重量應為三點二五五克，而出土的錢幣平均重量為三點三五克，因此其綜合質量指數為：

（3.35 克 ÷ 3.255 克）× 100 ≈ 102.9；

而到了昭帝時期，平均重量下降至 3.26 克，綜合質量指數則為；

（3.26 克 ÷ 3.255 克）× 100 ≈ 100.2；

可見，隨著時間的推移，錢幣的質量逐漸下降，綜合質量指數也隨之降低。

由是觀之，國家鑄錢，質量不斷下降，而且一直在貶值。本文認為，這是應驗了經濟學之父亞當・斯密（Adam Smith, 1723-1790）的分析，他指出世界各國的君王，都是貪婪不公，他們都是在欺騙老百姓，把貨幣最初真實的分量，次第地削減。[24] 反而，放鑄時代的四銖錢，因為民間與官方同時競爭，較貼近法定的二點六〇四公克，不但重量，而且成色也是最高的。[25] 此結論與百多年前，日本學者加藤繁的觀察契合，加藤氏指出出土的四銖錢多為赤色，五銖錢較黑，從成色、形態而言，四銖錢的外觀更好看。[26] 足見當時沒有出現劣幣驅逐良幣的現象；陳氏指出，反而是良幣驅逐了劣幣。

值得注意的是，歷史學者往往未有注意經濟學理論應用時是需要使用局限條件，就是當劣幣與良幣之間設有固定交換比，就會出現劣幣驅逐良幣的現象；若沒有固定比率，良幣反而會驅逐劣幣。[27] 所以，賈誼指出，鑄錢者若不生產劣幣，就無法獲得暴利，則不如不鑄錢，故他們總是在錢幣中混入雜類金屬，以此牟取可觀的利潤，即「然鑄錢之情，非殽雜為巧，則不可得贏；而殽之甚微，為利甚厚」。[28] 賈氏的觀察，假定投機取巧是上策，而人總是在選擇時為自己爭取最大

的利益。賈誼卻不知道,在重複交易、多次博弈下,儘管不能完全防止劣幣的出現,但是鑄幣者提高貨幣質素,對他們與使用者更有利,當然這是僅就合法的鑄幣商而言。考古的結果也證明,文帝時期私鑄的貨幣,比起後來中央發行的五銖錢更高質,也更有收藏價值,而且在數十年後,文帝時的貨幣,無論是新錢或舊錢,仍然在市場上同時流通,歷久不衰。

本文相信,漢代官鑄以後不斷減重的事實,引證了海耶克(Friedrich von Hayek, 1899-1992)認為比起私鑄而言,政府更經常地供應縮水的貨幣[29],漢文帝放鑄時代的貨幣不論是由民間,或是官方鑄造的,比起國家壟斷鑄幣權下任何一個時代,都更貨真價實。

經濟史學者賴建誠也相信,只要政府不把劣幣和良幣設固定比率,劣幣會因信用值太低,而最終會被良幣淘汰,形成反格雷欣法則。他認為文帝時,因沒有強制比價,故沒有出現劣幣驅逐良幣的現象,反而是良幣驅逐劣幣。[30]海耶克也認同,他認為若法律強制要求兩種(良幣、劣幣)法償價值完全相等,並強迫債權人要接受含量或重量不足的貨幣,付款者當然會毫不猶豫地付出劣幣。本文認為此說部分內容也適用於漢代的討論,文帝推行放鑄以前,張家山《二年律令》,雜律197(C256)載:「錢徑十分寸八以上,雖缺鑠,文章頗可智,而非殊折及鉛錢也,皆為行錢。金不青赤者,為行金。」明文規定即使錢幣的表面有損,幣色略差,但仍可明辨者,也必須當作法定的流通貨幣。如此,即在漢初,就已出現劣幣、良幣,二者具有相同的法定地位,有固定比率;兩者名義價值相同,符合劣幣驅逐良幣之局限條件,那麼必然造成大亂,人們理應更願意把良幣收藏起來,等待升值;劣幣充斥市場,交易會因劣幣名實不符,而大打折扣,最後導致惡性通脹。除非沒有強力執行,否則應當如此。所以,到了文帝五年,才有改革幣制,推行放鑄政策的必要。

不過,必須指出陳彥良與賴建誠經常強調法律的影響力,他們卻忽略了重要的局限條件,就是法律必須能夠監管絕大部分的貨幣行為,才能根治不合法規的劣幣,可是,監管行為是有交易費用的。筆者要對上述兩位的見解進行補充。古代中國地廣人稀,凡是交易之處,需要派出大量的執法人員,此舉必然會令政府的行政費用大增,最終使國家財政匱乏,而且沒法保證效率,最壞的情況會導致國家破產。《漢書・食貨志》載:

> 夫事有召禍而法有起姦,今令細民人操造幣之勢,師古曰:「操,持也。人

人皆得鑄錢也。操音千高反。」各隱屏而鑄作，因欲禁其厚利微姦，雖黥罪日報，其勢不止。鄭氏曰：「報，論。」乃者，民人抵罪，多者一縣百數，及吏之所疑，榜笞奔走者甚眾。夫縣法以誘民，師古曰：「縣謂閞立之。」使入陷阱，孰積於此！師古曰：「阱，穿地以陷獸也。積，多也。阱音才性反。」曩禁鑄錢，死罪積下；蘇林曰：「下，報也，積累下報論之也。」張晏曰：「死罪者多，委積於下也。」師古曰：「蘇說是也。下音胡亞反。次後亦同。」今公鑄錢，黥罪積下。為法若此，上何賴焉？」[31]

據賈誼分析，一旦政府開放了鑄錢權力，令平民自由鑄造貨幣，但又定了四銖錢的規格，百姓為了牟利而不遵守，使百姓墜入法網，賈氏認為此是有違道德的。他進一步指出，一縣之內，竟有百餘人因此而伏罪，故他認為禁鑄、禁開銅礦才是治本之法。由此可見，政府要花極高的行政費用，才能根治劣幣充斥的問題，試問天下之大，政府的力量是否能夠每處皆深入呢？答案是否定的。事實上，不可能單靠政府力量來杜絕劣幣，最終還是要由市場調節。

陳彥良指出，秦代的《金布律》規定，不論好、壞錢，不應有所區別，否則違法，漢承秦法，劣幣驅逐良幣在此條件及時空下發生。[32] 此情況在類似秦代的警察國家或許有可能，但在奉行無為的漢初，百廢待興，人手匱乏，而政府的監察費用（monitoring cost）、執行費用（enforcement cost）均相當可觀，故不可能杜絕違法交易，尤其是單次交易下，雙方的行為更不易被管制，商人大有可能拒收劣幣，或以高於名義價值的方法折算，即「加水」之法。貨幣使用者既知在市場上會打折扣，最簡單的做法是把劣幣用於政府繳費，而良幣則用於市場交易。

簡言之，民間明知劣幣質素低下，為何仍有人接受劣幣呢？本文認為答案可歸納如下：

一、信息不對稱是導致劣幣流通的重要原因之一。賣方知道劣幣的質量不好，但買方可能不知道或無法辨識，因此可能會被欺騙而接受劣幣。長期而言，市場上的競爭和信息透明度的提高可能會消除這種不對稱的情況，從而減少劣幣的流通。

二、在某些情況下，買賣雙方可能會知道劣幣的質量不佳，但仍然接受劣幣作為交換媒介，因為他們可能認為劣幣在特定情況下仍然有使用價值，例如可以當作小額交易的零錢等。此外，如果市場上缺乏良幣，買方可

能會不得不接受劣幣。但是，一旦良幣供應增加，或者買方有更好的替代品，劣幣的價值和使用率可能會下降。

因此，這兩種情況可以部分解釋劣幣流通的原因，但具體情況仍需要參考當時的市場條件和人們的行為選擇。

陳彥良認為漢初反格雷欣法則的關鍵在於，稱錢衡的廣泛使用。本文要補充的是，稱錢衡只能量度重量，不可處理成色混雜的問題，而成色仍要靠專業判斷，而要做到每一個賣貨者都懂得分辨成色，需要累積長時間的經驗。根據趙岡的研究，漢代市場經濟相當成熟，而且有一萬個以上的市集在運作[33]，彼此間互通消息需時，即存在相當大的信息差異。筆者認為，劣幣不可能在市場上完全消失，至少在一定時間內，劣幣必然與良幣共同在市場上流通，而並非如賴建誠所言，良幣把劣幣驅逐。長遠來說，如海耶克的分析，在因競爭以提升質素的前提下，良幣最終會佔優，仍然是主流的交易媒介，不會出現劣幣驅逐良幣的現象。

賈誼的預測，認為漢文帝時「錢文大亂」。其實，賈氏的結論可能是為政府打擊地方主義，推行中央集權而提出的藉口，史學家卻不明所以，竟對此現象搬字過紙。當然，我們也不能單憑考古資料推導出結論，因為出土文獻的代表性有限，其反映真實世界的程度，需要進一步考證。本文認為，當時的劣幣與良幣必然是並存的，當放鑄推行之初，市場是以良幣劣幣雙軌制運作，甚至多軌價格存在，如一件貨品，四銖錢一個價格，重量不足的又另一個價格。賈誼指出「又民用錢，郡縣不同：或用錢輕，百加若干」，足可證明雙軌制的存在，至少存在於賈氏的認知中，只是他不明所以。賣方明知良幣質素較高，他可付劣幣找換，如果買賣雙方協議，可以提高良幣的實際價值，反過來說，就是降低劣幣的實際價值，即名義價值與實際價值分離，又豈會出現賈誼所說的市場不接受良幣的問題。賈誼大聲疾呼反對放鑄，實在是深受干預主義意識形態的影響，多於對真實社會的經濟理解。

然而，本文還注意到，除重量不足的劣幣外，還有成色不足的劣幣，甚至有重量或成色同樣不足者，它們定必又是另一個實際價格，而隨著賣買雙方對分辨劣幣知識的掌握，減低了信息費用（information cost）的差異，雙方漸漸變得不易受騙，尤其是在繁忙的市集之內；加上民間鑄錢者為了生存，又會因競爭而不斷提高鑄錢的質量，市場開放的時間愈長，則競爭愈大；競爭愈大，鑄幣的質量會愈高。相反，山田勝芳指出，西漢後期，生產技術沒有得到提升，銅的供應日

少，應付不了人口增長帶動的需求，政府只好把貨幣減重，重新鑄造舊錢，質量也江河日下。[34] 簡言之，良幣最終會在市場上勝出，劣幣漸漸減少使用；在重複交易下，存心取巧，混水摸魚，試圖以劣幣蒙混的機會主義行為，必然會受到市場制約。

《漢書·食貨志》云：「是時，吳以諸侯即山鑄錢，富埒天子，後卒叛逆。鄧通，大夫也，以鑄錢財過王者。故吳、鄧錢布天下。」[35] 本文認為在沒有強制比價的制度安排下，吳、鄧錢既能布天下，反映了他們所鑄的銅錢是良幣，經得起市場的考驗，也符合國家的要求[36]，人們都知道它們的質量，是合法私鑄下所產生的競爭，從而提升質素的結果。反而統一貨幣後，非法私鑄屬於單次博弈行為，私鑄者並不用考慮長期的信譽，故機會主義定必大行其道，銅錢的質量反而一落千丈。基於上述理由，本文認為賈誼之說並不成立。

三、放鑄導致農業不振嗎？

當文帝推出放鑄政策，作為堅定反對者的賈誼，馬上提出反駁並列出多項理由，他說：「今農事棄捐而采銅者日蕃，釋其耒耨，冶鎔炊炭，姦錢日多，五穀不為多。……故銅布於天下，其為禍博矣。」[37] 意思是，當時有大量農民轉行當礦工，嚴重影響了農產收成，大大不利於以農立國的西漢王朝。賈氏的貨幣概念，是農本思想的表現，輕視貨幣能夠大大減低百姓生活中的交易費用，對改善人民生活十分重要。

若果賈誼所言屬實，則必須符合以下條件：
一、離開農業而從事其他職業的人數，足夠影響糧食供應。
二、糧食供應大幅減少，不足應付需求。

事實證明，賈誼的分析絕不正確，因為漢初一直減免向農業徵收實物稅，從十五而一，到三十而一，文帝十二年更半出田租，次年全免，並長達十二年之久[38]，成為千古佳話。到了漢武帝之時，政府儲存的糧食，竟沒有足夠空間收藏[39]，除非司馬遷的陳述有錯，文景之治也不曾存在，武帝繼承前朝儲備而大興土木、開疆拓土的事跡亦屬子虛烏有，否則可以反證放鑄政策並沒有導致農作物的實際收成下降，反而在放鑄的數十年間，整體農產大幅增加，並為政府累積了大量的糧食。箇中道理，不難解釋。漢興以來，社會穩定，又受惠於戰後人口爆炸，由一千五百萬，大幅上升至三千六百萬[40]，新增的生產力投入農業市場，充

實了農業的勞動力,並開發了更多的土地,使糧食的總產量、供應量也有相當的增長。

如賈誼所言,轉投礦業的人數過多,動搖了農業穩定,未曾考慮到由於糧食是必須品,需求彈性低,即使價格上升,也不會大大減低需求;當農作物價格上升到一定水平,農民獲得的回報會比從事礦業更有吸引力,自然會令更多人返鄉耕種。現代社會可以通過從低成本的地區輸入糧食,以解決農民不足、農業不振、糧食昂貴等問題,但在古代中國,則沒有此條件。所以,在民可鑄錢之後,即使有大量勞動力投入礦業,也不會導致農業萎縮,長期而言,人力資源市場會達到均衡。從減收農業稅和增加國家糧食儲備來看,賈誼所分析的結果,只可能是短期現象,或局部情況,絕非長期常態。傳統士人,一味抱著農本思想,以為使各業返農,則天下大治。

在漢代,諸如漁、林、鹽、冶、礦、牧等均屬第一產業,都在司馬遷定義「虞、農、工、商」的「虞」業範圍內。「虞」指從事原始產業的勞動階層,在漢初是自由開放的行業[41],直到漢武帝元狩五年(前一一八),部分歸入國家專營,設置官員主理。[42] 經濟思想學者胡寄窗指出,司馬遷觀察到「農、虞、工、商」四者的「徵發」和「會期」是自然形成,無需政府干預就可以發展而成。[43] 司馬遷說:

農不出則乏其食,工不出則乏其事,商不出則三寶絕,虞不出則財匱少。財匱少而山澤不辟矣。此四者,民所衣食之原也。原大則饒,原小則鮮。上則富國,下則富家。貧富之道,莫之奪予,而巧者有餘,拙者不足。[44]

司馬遷認為「農、虞、工、商」四者是人民生活的基礎,四者充實,則社會繁榮;相反,則對國家有所危害。他還指這四者是富國強家不可或缺的要素,而行業之間的人口分布本身已是經市場調節,恰到好處,此與經濟學原理並無二致。

本文必須指出,賈誼對經濟的估算是徹底錯誤的,但這也不代表他的觀察是無中生有,因為勞動力分布的均衡是需要時間調節。賈誼之言,在放鑄政策初期有可能發生,因為許多勞動人口一下子投入「虞」業,但隨著漢興數十年,天下一統,戰後嬰兒成長,補充了農業人口,在市場的操作下,需求最終達到均衡,此大概已是賈誼上書多年以後的事,歷史學者又沒有注意時間差異,便輕率地認為放鑄使經濟大亂。

四、放鑄後的貨幣效應

文帝實行放鑄政策後,貨幣供應量發生了顯著變化,對經濟體系產生了深遠影響。根據費雪(Irving Fisher)的貨幣數量論 MV=PQ,其中 M 代表貨幣供應量,V 代表貨幣流通速度,P 代表物價水平,Q 代表實質收入。當經濟有閒置產能時,增加貨幣供給可能提高實際產出 Q。貨幣供應增加在短期內降低交易成本、活躍市場交易,間接提高了貨幣流通速度和實際產出,從而在資源閒置時同時推升物價與產出。

放鑄政策的實施,使貨幣供應擺脫了政府的嚴格控制,市場開始自主調節貨幣流通。這一變革降低了交易成本,使商業活動更加活躍。當貨幣供應充裕,市場交易不再受限於貨幣短缺,人們可以更方便地進行經濟交換,減少以物易物的需求。交易成本的降低(TC 減少)進一步提升了貨幣的流通速度(V 上升),從而刺激商業發展,帶動整體經濟繁榮。

從經濟影響來看,放鑄政策使貨幣供應 M 大幅增加,在費雪方程式的架構下,物價 P 也隨之上漲。然而,由於市場交易更加順暢,經濟活動增加,實質收入 Q 亦有所提升。因此,在短期內,放鑄政策不僅促進了市場流通,還推動了經濟增長。然而,若貨幣供應過度膨脹,則可能引發通貨膨脹等問題,影響經濟穩定。因此,這一政策的成功與否,取決於貨幣發行與市場調節之間的平衡。

文帝頒布了《除盜鑄錢令》的同時,任由市場開礦、鑄錢,這代表著貨幣供應會因此而大幅增加,畢竟單靠政府鑄錢,一來需要聘請大量人員開採,更要僱用相當數量官吏監督、行政等,交易費用極高,分工既不夠精細,又使質量皆下降。市場調節的力量則不然,虞者負責開礦,工人負責打造,商人負責投資,分工合作令市場效率提升,也減低了交易費用,誠如司馬遷所言,農、工、商、虞四業分工合作,是社會經濟不可或缺的基礎。所以,由此可推測放鑄政策會導致貨幣量上升。在幣材供應不足下,會阻礙商業的發展,商人找不到信用值高的貨幣,不利於大宗交易的發展,社會只能在自然經濟、自給自足、以物易物和小宗交易等模式下生存。反之,放鑄政策下的貨幣供應因市場開放而增加,商業活動的交易費用則大大下降,使商業交易變得頻繁,貨幣流通量亦同時增加。如此,MV 的增長,等於 PQ 也在增長。《史記・吳王濞列傳》載:「吳有豫章郡銅山,濞則招致天下亡命者(益)盜鑄錢,煮海水為鹽,以故無賦,國用富饒。」[45] 事實上,在西漢前期,吳王在地方上已經大量私下鑄錢,因靠近銅山,貨幣供應充

足，最後導致國富（吳國）民足。

賈誼不明現實，視物價上升等同生活困苦，殊不知漢前期的物價上升，一來是人口增長，對糧食、土地，以至生活百物的需求增加，是戰後復原下有效需求（effective demand）增加之故；二來因貨幣數量增加，物價同時上升，但收入亦會同樣上升，是貨幣政策所致。農民生產作物，除去稅項以及生計所需，把剩餘糧食賣出，他們的收入也同時受到通脹而增加，可見自耕農的生活，不會因此而大受打擊，至於賣出的作物價值也在上升，足以抵消其他生活所需，諸如鹽、鐵等日用品的升值。佃農則不然，受需求等因素左右，使優質土地的價值上升，他們賣出糧食的收入增長，不及土地租金的升幅，生活因而變得困苦。物價上升的另一效果，就是使儲蓄的作用減低，金銀錢財漸漸失去原有的購買力，令更多人依靠高增值的投資（尤其是鹽鐵之利）來抵抗通貨膨脹，也就出現這樣的社會現象：「商賈以幣之變，多積貨逐利」[46] 及「而富商大賈或蹛財役貧，轉轂百數，廢居居邑，封君皆低首仰給。」[47] 商人經歷貨幣的多次變化，寧可存積貨物，等待升值，也不願持有現金。[48] 本來放鑄的成績斐然，可是一如海耶克的考察，阿姆斯特丹的銀行曾經一度發展出不錯的私人貨幣，可見政府總是在打壓國家以外再創一種貨幣的努力。

簡言之，在未有發展出現代銀行體系之前，一般人的儲蓄多收藏於家中，在沒有辦法穩定地收取利息的情況下，抵抗通脹不離兩種方法：一是投資商業，二是兼併土地。儘管漢武帝推行告緡，但沒收商人土地，大縣有數百頃，小縣都有百餘[49]，但在漢初之時，商業投資比起土地兼併的回報更有吸引力。《史記・貨殖列傳》載：「佗雜業不中什二，則非吾財也。」[50] 證明當時正當商人的年息為百分之二十，回報率非常吸引。為此，司馬遷又在《史記・貨殖列傳》中表揚他們只賺取百分之二十，是取之有道，視之為「素封」。[51] 可想而知，當時的正當商人已經如此，而牟取暴利者，如無鹽氏，其利用戰亂的時機，收取十倍的年息，成為關中巨富。文帝時，大臣晁錯也指出，有人放貸時收取百分之一百的利息。[52]

上述史料，足以反映當時商機處處，通脹雖高，但利息也高，可謂高收入增長的年代。

放鑄政策是西漢初年黃老思想下，無為而治的表現，《史記・曹相國世家》：「聞膠西有蓋公，善治黃老言，使人厚幣請之。既見蓋公，蓋公為言治道貴清靜而民自定，推此類具言之。參於是避正堂，舍蓋公焉。其治要用黃老術，故相齊

九年，齊國安集，大稱賢相。」[53] 司馬遷評道：「參為漢相國，清靜極言合道。然百姓離秦之酷後，參與休息無為，故天下俱稱其美矣。」[54] 同時，政府亦開放關卡、山林、川澤。[55] 漢武帝以後，儒家思想定於一尊，後世士人多視集權為天經地義，看不起文帝的作為，如《宋書·顏竣列傳》載：

> 始興郡公沈慶之立議曰：昔秦幣過重，高祖是患，普令民鑄，改造榆莢，而貨輕物重，又復乖時。太宗放鑄，賈誼致譏，誠以采山術存，銅多利重，耕戰之器，雲時所用，四民競造，為害或多。而孝文弗納，民鑄遂行，故能朽貫盈府，天下殷富。況今耕戰不用，采鑄廢久，熔冶所資，多因成器，功艱利薄，絕吳、鄧之資，農民不習，無釋耒之患。[56]

特權階級利用放鑄之便，竟能富可敵國，商人也乘時而起，投資工商業，創造了歷史上鮮見的貨幣經濟時代，成就了一批成功商人。《史記·貨殖列傳》收錄了漢初以來，巨商富賈的事跡，幾乎全部都是工商業者，此後班固《漢書·貨殖傳》中的漢代中、晚期歷史，再不見有代表性的風雲人物，而只有賣丹、賣豆豉的商人，[57] 反映政府在積極有為下，自由的商業環境不再，商人巨富漸漸式微。漢武帝統一貨幣發行，鑄造五銖錢，中央政府發行了大量的三官五銖，具競爭性的私鑄市場日漸式微[58]，無良的私鑄商取而代之。私鑄劣幣反而在景、武以後不斷破壞貨幣市場[59]，此代表高質素的貨幣供應量日漸減少，意味著社會的總收入也在減少，而政府鑄錢的交易費用，比起私人為高，效率卻更低，非法私鑄屬機會主義行為，既沒有明確的產權界定，也不講求長期回報，大多數時候都屬單次博弈，所鑄的貨幣必不如有產權界定、且屬多次博弈的合法私鑄般優良，故景、武二帝的統一貨幣政策，反而使幣制更為混亂，這是賈誼所始料不及的。

此後，投資土地便是回報穩定的合理投資，武帝初年土地兼併成風[60]，未能有效解決，終漢一代，反而於不斷內在強化下變得日趨穩固。

五、總結

儘管海耶克認為信用貨幣國家化，比起金屬貨幣時代的禍害更為明顯，但從本文可知，政府統一貨幣後錢幣的質素每況愈下，而且令非法私鑄惡化，反而合法私鑄時代錢幣的質素更佳，良幣足以對抗劣幣並主導市場，此或許可補充海耶克貨幣非國家化的理論。

賈誼對後世的史學家影響甚廣，他們以為漢初政府在戰後復原時期奉行無為

而治,會令物價上漲,背本趨末,商人發達,財富集中,貧富懸殊,但它卻能促進社會經濟發展,使交易頻繁,資本累積,技術提升,百業興旺。所以貨幣的國家化是為德政,海耶克也指出,初期的好處成為政府強佔貨幣權的藉口,國家的法令賦予了貨幣價值的加強。簡言之,長期的貨幣國家化,卻令失去競爭力的貨幣也失去改進的動力,而在政府操控下,便利用貨幣的減重,以魚肉百姓之用。

最後,本文認為,當政府意圖解決商人抬頭而造成的不平等,甚至立法歧視商人,則令繁榮數十年的商業一蹶不振,而漢武帝致力打擊商業,由政府壟斷利潤最高的行業,以行政手段取締他們的家產,春秋以來開放的商業環境由此走向封閉。但是,社會因此變得更平等嗎?沒有,當政府以行政力量干預商業,官僚力量亦同時膨脹,新興的特權階級應運而生。西漢中期起,士人抬頭,其後代囤積土地,壟斷政治、經濟權力;西漢中晚期,以至東漢時代,不乏官吏利用特權經商的例證。[61] 總而言之,意圖消除不平等,定當產生另一形態的不平等,甚至是更極端的不平等。上述情況可簡化為以下公式,暫稱「黃老效應」:

一、假設:I 表示不平等,C 表示消除不平等,J 表示產生另一形態的不平等,E 表示更極端的不平等。

二、結論:(C) => (J) or (E)

這表示,如果執行了消除不平等的操作,那麼就有可能產生另一形態的不平等,甚至是更極端的不平等。)無怪漢初推崇黃老思想,主要減少政府干預,因為干預主義意欲消除不平等,往往會產生另一種不平等。

1. 桓寬著，王利器校注：《鹽鐵論校注》（北京：中華書局，1992），〈錯幣第四〉，頁 57；〈非鞅第七〉，頁 93。
2. 楊志賢：〈從張家山漢簡看漢初會計管理制度的發展狀況〉，《中國社會經濟史研究》第 2 期（2007），頁 7。
3. 林劍鳴：《秦漢史》（上海：上海人民出版社，2003），頁 267。
4. 司馬遷：《史記》（臺北：鼎文書局，1981），〈平準書〉，頁 1417。
5. 《史記·平準書》，頁 1427。
6. 班固《漢書》（臺北：鼎文書局，1979），〈食貨志〉，頁 1152。
7. 朱紅林：《張家山漢簡二年律令集釋》（北京：社會科學文獻出版社，2005）：「盜鑄錢及佐者，棄市。同居不告，贖耐。正典、田典、伍人不告，罰金四兩。或頗告，皆相除。尉、尉史、鄉部官 201（C252）、嗇夫、士吏、部主者弗得，罰金四兩。202（F139）智人盜鑄錢，為買銅、炭，及為行其新錢，若為通之，與同罪。203（C251）捕盜鑄錢及佐者死罪一人，予爵一級。其欲以免除罪人者，許之。捕一人，免除死罪一人，若城旦舂、鬼薪白粲二人，隸臣妾、收人 204（C267）、司空三人以為庶人。其罪刑未報者，勿刑，有復告者一人，身毋有所與。詞告吏，吏捕得之，賞如律。205（C266）盜鑄錢及佐者，智人盜鑄錢，為買銅、炭，及為行其新錢，若為通之，而能頗相捕，若先自告、告其與，吏捕 206（F138）頗得之，除捕者罪。207（F136）諸謀盜鑄錢，頗有其器具未鑄者，皆黥以為城旦舂。智為及買鑄錢具者，與同罪。208（F140）」；「智人盜鑄錢，為買銅、炭，及為行其新錢，若為通之，與同罪。203（C251）捕盜鑄錢及佐者死罪一人，予爵一級。其欲以免除罪人者，許之。捕一人，免除死罪一人，若城旦舂、鬼薪白粲二人，隸臣妾、收人 204（C267）……諸謀盜鑄錢，頗有其器具未鑄者，皆黥以為城旦舂。智為及買鑄錢具者，與同罪。208（F140）」
8. 臧知非：〈張家山漢簡所見西漢礦稅制度試析〉，載中國社會科學院簡帛研究中心編：《張家山漢簡二年律令研究文集》（桂林：廣西師範大學出版社，2007），頁 126。
9. 《漢書·食貨志》，頁 1154。
10. 《漢書·食貨志》，頁 1154。
11. 趙靖：《中國經濟思想通史》（一）（北京：北京大學出版社，1991），頁 523。
12. 錢公博：《中國經濟發展史》（臺北：文景出版社，1976），頁 142-143。
13. 馬持盈：《中國經濟史》（二）（臺北：臺灣商務印書館，1990），頁 319、324。馬持盈對於鹽鐵會議上有恢復放鑄的意見，說：「這種自由鑄幣的意見，根本不明瞭貨幣進步之趨勢……一般開倒車的文人儒士，雖空口吶喊亦屬無用。」足見馬氏對貨幣學說的認識甚少，至少是無視奧地利學派的意見。
14. 加藤繁：《中國經濟史概說》（臺北：華世出版社，1978），頁 94。
15. 《漢書·食貨志》，頁 1163。
16. 宋杰：《中國貨幣發展史》（北京：首都大學出版社，1999），頁 80。
17. 佐原康夫：〈漢代貨幣史再考〉，載松丸道雄等編：《殷周秦漢時代史の基本問題》（東京：汲古書院，2001），頁 411。
18. 《漢書·食貨志》，頁 1153。
19. 譚文熙：《中國物價史》（武漢：湖北人民出版社，1999），頁 70。他指文景時的價值是漢代最合理的時代。
20. 陳艷偉：〈南昌海昏侯墓又有大發現出土 12 枚 2000 年前砝碼〉，《江西手機報》，2015 年 11 月 17 日。
21. 宋杰：《中國貨幣發展史》，頁 79。
22. 機會主義行為（opportunistic behavior）是指在信息不對稱下，人民不完全如實地披露所有的信息，並作出損人利己的行為。
23. 陳彥良：〈江陵鳳凰山稱錢衡與格雷欣法則：論何以漢文帝放任私人鑄幣竟能成功〉，《人文及社會科學集刊》（臺灣中央研究院三民主義研究所）第 20 卷第 2 期（2008），頁 205-241。
24. Adam Smith, *The Wealth of Nations* (Oxford: Oxford University Press, 1976), P. 43.
25. 陳彥良：〈四銖錢制與西漢文帝的鑄幣改革：以出土錢幣實物實測資料為中心的考察〉，《清華學報》第 37 卷第 2 期（2008），頁 331。

26 加藤繁：《中國貨幣史研究》（東京：東洋文庫，1991），頁 192。
27 陳彥良：〈四銖錢制與西漢文帝的鑄幣改革〉，頁 321-360。
28 《漢書・食貨志》，頁 1154。
29 F. A. Hayek, *Denationalisation of Money: The Argument Refined* （London: Institute of Economic Affairs, 1990）, P. 24；參見管漢輝、陳博凱：〈貨幣的非國家化：漢代中國的經歷〉，《經濟學季刊》第 14 卷第 4 期（2015），頁 1497-1519。
30 賴建誠：〈良幣驅逐劣幣：漢文帝的放鑄政策〉，《經濟史的趣味》（臺北：允晨文化實業股份有限公司，2010），頁 286-288。
31 《漢書・食貨志》，頁 1154-1155。
32 陳彥良：〈江陵鳳凰山稱錢衡與格雷欣法則〉，頁 226。
33 趙岡：〈編戶齊民的市場經濟〉，載九秩榮慶祝壽論文集編輯委員會編：《薪火集：傳統與近代變遷中的中國經濟——全漢昇教授九秩榮慶祝壽論文集》（臺北：稻鄉出版社，2001），頁 94-95。
34 山田勝芳：《秦漢財政收入の研究》（東京：汲古書院，1993），頁 550。
35 《漢書・食貨志》，頁 1157。
36 彭威信：《中國貨幣史》（上海：上海人民出版社，1988），頁 162。
37 《漢書・食貨志》，頁 1155。
38 鄒紀萬：《兩漢土地問題研究》（臺北：國立臺灣大學出版委員會，1981），頁 28。
39 《史記・平準書》，頁 1420。
40 西漢初年的人口，年平均增長，最高達 25%；漢初至武帝期間，平均也達 10 至 12%，見葛劍雄：《中國人口發展史》（福州：福建人民出版社，1991），頁 111-113。
41 趙善軒：〈司馬遷的經濟史與經濟思想〉（臺北：萬卷樓圖書公司，2017），頁 115-118。
42 錢穆：《秦漢史》（北京：三聯書店，2004 年），頁 167-168。
43 胡寄窗：《中國經濟思想史》（中）（上海：上海人民出版社，1981），頁 55。
44 《史記・貨殖列傳》，頁 3255。
45 《史記・吳王濞列傳》，頁 2822。
46 《漢書・食貨志》，頁 1166。
47 《史記・平準書》，頁 1425。
48 宋敘五：《西漢貨幣史》（香港：中文大學出版社，2002），頁 91。
49 劉翠溶：〈漢代商人的地位〉（臺北：國立臺灣大學歷史學系學士論文，1963），頁 5。
50 《史記・貨殖列傳》，頁 1343。
51 《史記・貨殖列傳》，頁 3272。
52 《漢書・食貨志》，頁 1132。
53 《史記・曹相國世家》，頁 2029。
54 《史記・曹相國世家》，頁 2031。
55 宋敘五：《西漢商人與商業》（香港：新亞研究所，2010），頁 1。
56 《宋書・顏竣列傳》，頁 1959。
57 《漢書・貨殖傳》，頁 3694。
58 宋敘五：《西漢貨幣史》，頁 91。
59 《史記・平準書》，頁 1425-1426。
60 許倬雲：《漢代農業》（桂林：廣西師範大學出版社，2005），頁 33-54。
61 劉翠溶：〈漢代商人的地位〉，頁 16。

黃老學說與司馬遷的經濟思想

* 本文是根據拙作《司馬遷的經濟史與經濟思想》（臺北：萬卷樓圖書出版公司，二〇一七）部分章節改寫而成。

一、前言

《漢書·司馬遷列傳》載有一段班固（三二－九二）批評司馬遷（前一四五或前一三五－？）的言論，其云：「（太史公）……又其是非頗繆於聖人，論大道則先黃老而後六經，序遊俠則退處士而進姦雄，述貨殖則崇勢利而羞賤貧，是其所蔽也。」[1] 引文中的重點是，班固指出司馬遷重視黃老多於儒學，進而影響到司馬遷的經濟思想，使其「崇勢利而羞賤貧」。班固對司馬遷的評價影響後世很深，司馬遷也因此而被視為漢代前期黃老學派的一員。《史記·貨殖列傳》中，處處表現司馬遷肯定追求財富、改善生活、享受奢樂的渴望。從經濟思想史的觀點來看，對人性欲望的肯定是釋放生產力的前提，而司馬遷的觀點是劃時代的。司馬遷的自由經濟思想，早已為中外學人所認知。[2] 然而，司馬遷在史書中多次推崇黃老，但漢初黃老學說的內涵是甚麼？它又是如何影響司馬遷的經濟思想？這是本文所關注的問題。

由於本文分析的是司馬遷的經濟思想，而經濟學是西方學術的產物，所以不得不借助英譯《史記》以資說明，其中漢學家華茲生（Burton Watson, 1925-2017）是最廣為人知的譯者，他譯的《史記》也是目前最權威的版本，由哥倫比亞大學出版社出版。華茲生對於漢初黃老學說的分析如下：

Only three continued to be of any real importance in the Han period: the Confucian, the Legalist, and the Taoist, the last often referred to as "the teaching of yellow Emperor and Laozi"… Taoism. First was the attitude of Taoist quietism, with its philosophy of "non-action." For the empire as a whole Taoism advocated a policy of laissez-faire allowing the people to follow their desires and instincts without interference from the government.[3]

華茲生把黃老學說譯成「the teaching of yellow Emperor and Laozi」，又把其核心理論「無為」譯成「non-action」，並歸類為道家的一支，所根據的很可能是司馬談（？－前一一〇）說：「道家無為，又曰無不為……其術以虛無為本，

以因循為用。無成執,無常形,故能究萬物之情。不為物先,不為物後,故能為萬物主。有法無法,因時為業;有度無度,因物與合。⋯⋯」[4] 華茲生又指黃老學說主張容許人民追求其本性之所好者,更以古典經濟學所主張的 Laissez-faire（自由放任）類比。Laissez-faire 是自由主義的重要概念。然而,經濟學上的自由放任也有許多不同的層次,即使是當代自由主義的代表人物海耶克（Friedrich von Hayek）,他在不同時期對此也有不同的解釋。海耶克中年之時對於政府的經濟行為仍然有一定的容忍,到了晚年,則完全敵視政府的干預行為。那麼司馬遷的黃老學說是哪一種的自由放任,則值得進一步探討。[5]

二、漢初與黃老學說

林劍鳴在《秦漢史》一書說:「從惠帝開始,『黃老政治』成為統治階級有意識地自覺地推行的統治術,在此後的半個多世紀內,『黃老治術』成為一個時代精神,或作一個時代的趨勢。」[6]「黃老」一詞,除新近的出土文獻外,最早是出自《史記》一書[7],而書中至少二十六次載有黃老一詞,《漢書》也有十八次之多。漢初的黃老學派實有別於先秦的道家,這從一九七三年出土的馬王堆三號墓《黃老帛書》中,可窺知一二,書中的黃老學說是以老子為基礎,託黃帝之言,再混合各派而成的新學說。

楊芳華根據《黃老帛書》指出,它既不完全屬於「黃學」,又不完全屬於「老學」,而是自成一派的學說。[8] 黃老之學吸收各家各派的精要,也包括法家學說,故有指黃老是「溫和的法家」,更有人直接稱呼為「道法家」或「法道家」。[9] 信奉黃老之術的漢文帝也「本好刑名之言」。[10] 黃老學說主張「道生法」,為刑名之法提供了理論基礎。[11] 所以,刑名不是法家的專利,它也是黃老學說的主要工具。在司馬遷眼中,慎到（前三九五－前三一五）、申不害（前三八五－前三三七）、韓非（前二八一－前二三三）等法家學者也是與黃老刑名之學有關。[12] 陳鼓應指出,一般認為屬於法家的代表作《管子》一書的部分篇章,也是戰國晚期齊國稷下學者的作品,與管仲其人的思想並非完全一致,書中內容很大程度上是屬於道家取向,並且主張道法結合,由老莊的理想主義走入現實社會,對後來的黃老思想有深遠影響。[13] 由此可見,「道法家」之說絕非無中生有。劉笑敢認為,黃老之學與先秦道家的分別,是在於後者傾向現實應用,比之《老子》抽象的理論更為理性。[14] 簡言之,漢初的黃老學說是一種較具彈性的哲學思想,它既有法家的一面,重視刑法[15],同時也主張較少的政府干預行為,在此背景下,形成了

漢初管治的基本格局。

一九八三年於江陵出土的西漢墓中有大量的張家山漢簡（書寫時間為前一八七—前一七九左右），[16] 載有漢代初年頒行的法律文書，是研究漢代社會經濟史的重要文獻，乃屬於法律條文，沒有經過史學家與知識分子的人工修飾，一般認為是呂后（前二四一—前一八〇）二年時發布的律令，名為《二年律令》。漢承秦律，簡文處處反映漢初奉行黃老的呂后時代，刑名仍然是政府的主要管治哲學。曾加認為，當中的一些法律，處處表現「事統尚法」的傾向。[17] 朱紅林也指出漢初政府（高、惠、呂之時）對經濟活動諸多規範，尤其是對貨幣有嚴格的規範，一反我們對漢初完全自由放任的理解。[18] 由此可見，黃老學說治下的刑法嚴明，並不等於完全放任。

另一方面，戰國晚期，齊國的稷下已成為學術重鎮，黃老學說也在此地異軍突起，成為當世顯學。[19] 漢初的丞相曹參（？—前一九〇）長居齊國之地，受到當地社會風氣感染，漸漸成為了黃老學說的信徒，實在理所當然，而曹氏更成了國家主張的管理者，把黃老之學具體地實踐出來。[20]《史記·樂毅列傳》載：

河上丈人教安期生，安期生教毛翕公，毛翕公教樂瑕公，樂瑕公教樂臣公，樂臣公教蓋公。蓋公教於齊高密、膠西，為曹相國師。[21]

《史記·曹相國世家》：

聞膠西有蓋公，善治黃老言，使人厚幣請之。既見蓋公，蓋公為言治道貴清靜而民自定，推此類具言之。參於是避正堂，舍蓋公焉。其治要用黃老術，故相齊九年，齊國安集，大稱賢相。[22]

又云：

孝惠帝元年，除諸侯相國法，更以參為齊丞相。……聞膠西有蓋公，善治黃老言，使人厚幣請之。既見蓋公，蓋公為言治道貴清靜而民自定，推此類具言之。參於是避正堂，舍蓋公焉。其治要用黃老術，故相齊九年，齊國安集，大稱賢相。[23]

《史記·曹相國世家》：

惠帝怪相國不治事，以為「豈少朕與」？乃謂窋曰：「若歸，試私從容問而父曰：『高帝新棄群臣，帝富於春秋，君為相，日飲，無所請事，何以憂天下乎？』

然無言吾告若也。」窋既洗沐歸,窋侍,自從其所諫參。參怒,而笞窋二百,曰:「趣入侍,天下事非若所當言也。」至朝時,惠帝讓參曰:「與窋胡治乎?乃者我使諫君也。」參免冠謝曰:「陛下自察聖武孰與高帝?」上曰:「朕乃安敢望先帝乎!」曰:「陛下觀臣能孰與蕭何賢?」上曰:「君似不及也。」參曰:「陛下言之是也。且高帝與蕭何定天下,法令既明,今陛下垂拱,參等守職,遵而勿失,不亦可乎?」惠帝曰:「善。君休矣!」[24]

上述幾條引文,明確地指出了漢代管治者的哲學根源為黃老學說。[25]《史記·曹相國世家》又指出:「(曹)參為漢相國,清靜極言合道。然百姓離秦之酷後,參與休息『無為』,故天下俱稱其美矣。」[26] 司馬遷道出了黃老學說在漢初受到重視的根本原因,就是面對戰後社會復原的處理,並考慮到秦代政府過於「有為」而使百姓受苦,再加上在社會資源極有限的情況下,寬鬆的管治與積極的不干預政策,司馬遷也認為如此對於社會發展最為有利。以下史料說明了黃老學說在漢初社會的具體實踐,《史記·平準書》載:

漢興,海內為一,開關梁,弛山澤之禁,是以富商大賈周流天下,交易之物莫不通,得其所欲,而徙豪傑諸侯彊族於京師。[27]

《史記·呂太后本紀》:

太史公曰:孝惠皇帝、高后之時,黎民得離戰國之苦,君民俱欲休息乎「無為」。故惠帝垂拱,高后女主稱制,政不出房戶,天下晏然,刑罰罕用,罪人是希。民務稼穡,衣食滋殖。[28]

相反,原本推行的《二年律令·金布律》對經濟活動處處限制,不利社會自由發展,簡載:

一、有贖買其親者,以為庶人,勿得奴婢。諸私為鹽,煮濟、漢,及有私鹽井鹽者,稅之,縣官取一,主取五。采銀租之,縣官給橐,436（F75）

二、□十三斗為一石,□石縣官稅□□三斤。其□也,牢橐,石三錢。租其出金,稅二錢。租賣穴者,十錢稅一。采鐵者五稅一;其鼓銷以437（F68）

三、為成器,有五稅一。采鉛者十稅一。採金者租之,人日十五分銖二。民私采丹者租之,男子月六斤九兩,女子四斤六兩。438（F67）[29] 盜鑄錢及佐者,棄市。同居不告,贖耐。正典、田典、伍人不告,罰金四兩。或頗告,皆相除。尉、尉史、鄉部官 201（C252）

四、智人盜鑄錢，為買銅、炭，及為行其新錢，若為通之，與同罪。203
（C251）捕盜鑄錢及佐者死罪一人，予爵一級。其欲以免除罪人者，許之。捕一人，免除死罪一人，若城旦舂、鬼薪白粲二人，隸臣妾、收人、204（C267）

漢承秦律，對於關梁山澤以及課稅有嚴密的控制，從上引《二年律令》所見，採鐵稅為百分之二十五，而採丹者則按人頭、按月收費，而男姓的收費又高於女姓，此是考慮到男姓採丹的能力相對較高，而數量較多，即是說屬於累進徵稅；律令又規定擴大居宅時，不許與原來的屋宅相連。[30] 在文帝開放山林池澤之前，漢初一直徵收開發稅，煮鹽稅為六分之一；採鉛稅為十分之一；採金稅為每人十五分銖二等等。[31] 漢文帝（前二〇三－前一五七，前一八〇－前一五七在位）即位後，宣布「令諸侯毋入貢，弛山澤」、[32]「崇仁義，省刑罰，通關梁」，[33] 並下令開放秦代以來實行的關梁山澤之禁，使經濟得以自由發展。「弛山澤」是指把採礦業私營，等於將貨幣的發行權開放與諸侯與民間。[34] 更重要的是，漢文帝五年四月，正式《除錢律》使到「民得鑄錢」，[35] 漢初《錢律》最重要的一條，是對非法鑄造錢幣者，實行嚴刑懲治，[36] 即文帝廢除錢律，意味任由王公、商人、一般人民合法地鑄錢，以增加貨幣的供應量。即《鹽鐵論・錯幣第四》所說的「文帝之時，縱民得鑄錢、冶鐵、煮鹽」。[37] 錢穆指出，周官規定山林是政府所有，但春秋以來政府無力干預，農民、商人擅自開發，做成既定事實，[38] 秦以及漢初政府雖有嚴律禁止，但執行成本太大，又不利於經濟發展，漢文帝將人民開發權合法化，是為黃老學說在經濟方面的具體實踐，所以說，文帝比起高祖、呂后更加信奉黃老學說，並將其推向高峰。另方面，英譯《史記・平準書》有關漢文帝時貨幣政策的譯文如下：

In the time of Emperor Wen, because the "elm-pod" coins, minted earlier, had grown to numerous and light in weight, new coins were weighting four Shu and inscribed with the words ban-liang or "half-tael," the people were allowed to mint them at will.（Han Dynasty II, p. 62）.（至孝文時，莢錢益多，輕，乃更鑄四銖錢，其文為半兩，令民縱得自鑄錢。）

華茲生把漢文帝的放鑄政策譯為「the people were allowed to mint them at will」，比起許多中文著作更清楚明白地為放鑄下了定義，其意即是容許人民鑄錢。容許者，是一種由上而下的取態，權在國家，非在人民，此與古典經濟學派強調自由是與生俱來的權利完全不同，它不視自由的經濟活動為人民的天賦權利，相

對於邊泌（Jeremy Bentham, 1747-1832），其認為法律是對自由的一種侵害，[39]漢初黃老學派則把刑法看作必須的手段，只不過是主張把限制減到最少，而把放鑄視為一種對社會有益的政策而已。由此足見，漢初黃老之術與完全的自由放任並不能視作等同。本文認為，漢初的黃老學說更類近於當代哲家諾齊克（Robert Nozick）主張的有限政府（minimal state）學說，他《Anarchy, State and Utopia》一書中，提出政府應積極防止犯罪、保障財產、維持穩定以及為經濟活動提供道德的基礎，在其他的職能上，政府不能完全「無為」而是當擔當「守夜人」的角色（night-watchman state）。諾齊克認為在經濟活動上，政府應盡量尊重人民的選擇與經濟上的自由分配，此與司馬遷把黃老學說的「無為」發展為「善者因之」不謀而合。司馬遷等黃老學者也不指政府甚麼也不要做，而要順應（allowed）人的本性去追求欲望，使人民自由發展。當然，比起諾齊克而言，黃老學說更多地認為「無為」是一種手段，而非目的。

三、司馬遷時代與黃老學說

在司馬遷少壯之年，黃老學說是社會的主流價值，仍然深深影響到這個時代。《史記‧武帝本紀》：

元年，漢興已六十餘歲矣，天下乂安，薦紳之屬皆望天子封禪改正度也。而上鄉儒術，招賢良，趙綰、王臧等以文學為公卿，欲議古立明堂城南，以朝諸侯。草巡狩封禪改曆服色事未就。會竇太后治黃老言，不好儒術，使人微得趙綰等姦利事，召案綰、臧，綰、臧自殺，諸所興為者皆廢。[40]

《史記‧魏其侯列傳》：

時諸外家為列侯，列侯多尚公主，皆不欲就國，以故毀日至竇太后。太后好黃老之言，而魏其、武安、趙綰、王臧等務隆推儒術，貶道家言，是以竇太后滋不說魏其等。[41]

《漢書‧禮樂志》：

至武帝即位，進用英雋，議立明堂，制禮服，以興太平。會竇太后好黃老言，不說儒術，其事又廢。[42]

《漢書‧武帝紀》：

二年冬十月，御史大夫趙綰坐請毋奏事太皇太后，及郎中令王臧皆下獄，自殺。應劭曰：「禮，婦人不豫政事，時帝已自躬省萬機。王臧儒者，欲立明堂辟雍。太后素好黃老術，非薄五經。因欲絕奏事太后，太后怒，故殺之。」[43]

由上引文可見，漢武帝初年實際掌權的竇太后（？－前一三五）也是黃老學說的忠實信徒，而黃老之學是當世顯學，竇太后曾經為此而差點殺人。[44] 司馬遷在此背景下成長，其所學多受先秦諸子影響，他既自認是繼承周公、孔子，一方面又在書中大力推崇黃老學說，在引用父親司馬談的〈論六家要旨〉時，[45] 其餘五家學說多少都有一些批評，只對於道家一派沒有作出任何負面評價。對於諸子百家，司馬談父子主張既批評又肯定的做法，而各家各派的學說都有所吸收，此反映了司馬遷與黃老學說一樣，也是極具彈性，尤其見於司馬遷所主張的「善者因之」之中。[46] 簡言之，在司馬遷眼中，他也不完全反對政府的經濟行為，只是認為一般情況下，認為「無為」比起「有為」更「善」而已。

司馬遷壯年之時，漢武帝一改黃老學說指導的管治風格，從「無為」變到積極的「有為」，進一步抵觸他的經濟思想，故他在《史記・平準書》批評當時政策，其云：「然各隨時而輕重無常。於是外攘夷狄，內興功業，海內之士力耕不足糧饟，女子紡績不足衣服。古者嘗竭天下之資財以奉其上，猶自以為不足也。無異故云，事勢之流，相激使然，曷足怪焉。」[47] 漢武帝「有為」地追求功業，導致百姓受苦，民不聊生。除了軍事擴張，漢武帝的「有為」主要體現在他的新經濟政策。同時，新經濟政策大幅增加了國庫的收入，[48] 使到國富民窮，而令政府有足夠的資源再作「有為」之事。

《漢書・武帝紀》載：

有司言關東貧民徙隴西、北地、西河、上郡、會稽凡七十二萬五千口，縣官衣食振業，用度不足，請收銀錫造白金及皮幣以足用。初算緡錢。[49]

《史記・平準書》又載：

異時算軺車賈人緡錢皆有差，請算如故。諸賈人末作貰貸賣買，居邑稽諸物，及商以取利者，雖無市籍，各以其物自占，率緡錢二千而一算。諸作有租及鑄，率緡錢四千一算。非吏比者三老、北邊騎士，軺車以一算；商賈人軺車二算；船五丈以上一算。匿不自占，占不悉，戍邊一歲，沒入緡錢。有能告者，以其半畀之。賈人有市籍者，及其家屬，皆無得籍名田，以便農。敢犯令，沒入田僮。[50]

漢武帝採用了楊可告緡之策，結果使到「中家以上大抵皆遇告」。中產階級大多因此而破產，[51] 再加上鹽鐵、平準、均輸等與民爭利的政策，一方面令國庫充實，同時又令到漢初經濟多元而繁華之情境不再，商人失去了自由的經營環境。[52] 同時，一如許多獨裁者般，積極有為的漢武帝又對反對新經濟政策的異見者加以打壓，《漢書‧酷吏傳‧義縱》載：

義縱，河東人也……後會更五銖錢白金起，民為姦，京師尤甚，乃以縱為右內史，王溫舒為中尉。溫舒至惡，所為弗先言縱，縱必以氣陵之，敗壞其功。其治，所誅殺甚多，然取為小治，姦益不勝，直指始出矣。吏之治以斬殺縛束為務，閻奉以惡用矣。縱廉，其治效郅都。上幸鼎湖，病久，已而卒起幸甘泉，道不治。上怒曰：「縱以我為不行此道乎？」銜之。至冬，楊可方受告緡，縱以為此亂民，部吏捕其為可使者。天子聞，使杜式治，以為廢格沮事，棄縱市。[53]

《史記‧平準書》：

式既在位，見郡國多不便縣官作鹽鐵，鐵器苦惡，賈貴，或彊令民賣買之。而船有算，商者少，物貴，乃因孔僅言船算事。上由是不悅卜式。[54]

《漢書‧公孫弘卜式兒寬傳》：

元鼎中，徵式代石慶為御史大夫。式既在位，言郡國不便鹽鐵而船有算，可罷。上由是不說式。明年當封禪，式又不習文章，貶秩為太子太傅，以兒寬代之。式以壽終。[55]

新經濟政策推出以後，國家的收入自此大幅增加，[56] 進一步令到政府追求更加的「有為」，遂與漢初的黃老學說向背，走得愈來愈遠，而官吏在推行經濟政策之時，有機可乘，侵吞利益，令百姓利益進一步受到損害，使百姓不安，民不聊生。鹽鐵政策以排斥富商大賈，最後形成國富民窮之局面。對此，司馬遷直斥其非：

會渾邪等降，漢大興兵伐匈奴，山東水旱，貧民流徙，皆仰給縣官，縣官空虛。於是丞上指，請造白金及五銖錢，籠天下鹽鐵，排富商大賈，出告緡令，鉏豪彊并兼之家，舞文巧詆以輔法。湯每朝奏事，語國家用，日晏，天子忘食。丞相取充位，天下事皆決於湯。百姓不安其生，騷動，縣官所興，未獲其利，姦吏並侵漁，於是痛繩以罪。[57]

凡此種種，皆與司馬遷信奉的黃老學說所不容，也是任何抱持自由化傾向的知識分子所不能接受。為此，司馬遷借用關內侯之言：「縣官當食租衣稅而已，今弘羊令吏坐市列肆，販物求利。亨（烹）弘羊，天乃雨。」[58] 並以此語為《平準書》的結語，藉此表達時人對於新經濟政策的嚴重不滿，足見司馬遷的著作充滿諷刺文學的特色，而非單純的史學作品。之後，他補充說：

太史公曰：……及至秦，中一國之幣為等，……於是外攘夷狄，內興功業，海內之士力耕不足糧饟，女子紡績不足衣服。古者嘗竭天下之資財以奉其上，猶自以為不足也。無異故云，事勢之流，相激使然，曷足怪焉。[59]

此案語反映了司馬遷對於「外攘夷狄，內興功業」的極度不滿，從字裡行間，也感受到司馬遷的憤怒。漢武後死後，夏侯勝（生卒不詳）指出：「武帝雖有攘四夷廣土斥境之功，然多殺士眾，竭民財力，奢泰亡度，天下虛耗，百姓流離，物故者（過）半。蝗蟲大起，赤地數千里，或人民相食，畜積至今未復。亡德澤於民，不宜為立廟樂。」[60] 夏侯勝犯死敢言，直斥武帝「有為」的管治，造成史無前例的困境，而武帝的「有為」令戶口減半，實在是極為嚴重的人道災難，向來保守的班固於〈昭帝紀〉的贊語中也間接地批評漢武帝，他說：

承孝武奢侈餘敝師旅之後，海內虛耗，戶口減半，光知時務之要，輕繇薄賦，與民休息。至始元、元鳳之間，匈奴和親，百姓充實。舉賢良文學，問民所疾苦，議鹽鐵而罷榷酤，尊號曰「昭」，不亦宜乎！[61]

昭帝時（前九十四─前七十四），在大將軍霍光（？─前六十八）推動下，舉行了一場鹽鐵會議，討論新經濟政策的存廢，賢良文學力主廢除，其理據也是漢初「無為」下能使社會富足，其云：

昔文帝之時，無鹽、鐵之利而民富今有之而百姓困乏，未見利之所利也，而見其害也。且利不從天來，不從地出，一取之民間，謂之百倍，此計之失者也。[62]

正如李埏《史記・貨殖列傳研究》所說：「司馬遷的這一經濟思想主要是針對武帝時期實行的鹽鐵官營、酒榷、[63] 平準、均輸[64] 等政策，而司馬遷是極力反對這些政策的。」[65] 當然，面對漢武帝的所作所為，司馬遷的經濟思想主要表現在他史書裡的微言大義之中，而非理論性地提出來。後來，昭帝最終聽取賢良文學之言，暫緩了許多漢武帝時使到「國進民退」的新經濟政策，並以「無為」取代「有為」，再一次奉行與民休息政策，社會才得以漸漸恢復，重回正軌。事

情的發展，說明了司馬遷與黃老學說皆反對過分「有為」，實屬先見之明。

四、總結

　　從本文得知，司馬遷早年生活在黃老主導的時代，並且受到父親司馬談的影響，成為了黃老的信徒。而在司馬遷的經濟思想中，主要是承繼了「無為」，在史書中處處表達對漢武帝新經濟政策的不滿，並發展成「善者因之」的哲學觀，偏好於有限作為的「小政府」，否定與民爭利的「大政府」，但也與漢初的黃老學說一樣，並不完全反對政府行為，所以在「善者因之」之後，還有「其次利導之」和「再次教誨之」。[66] 另一方面，司馬遷也在此發展出肯定人性追求富貴的欲望，認為人類為了滿足追求富貴的欲望，可以甘於勞動筋骨、忍受嗜欲、冒著風險，甚至赴湯蹈火。[67] 他又指出人性本來就有享樂的本能，追求精神或肉體的滿足，如權力、口腹、耳目之慾等等。為了達到目的，人類往往不惜一切，勇往直前，[68] 又說：「夫千乘之王，萬家之侯，百室之君，尚猶患貧，而況匹夫編戶之民乎？」[69] 此方面與黃老的清靜無為，崇尚節儉的哲學也頗有不同。由此觀之，司馬遷比起傳統的黃老學說更加貼近現實，也更加人性化。

1　班固：《漢書》（臺北：鼎文書局，1979），〈司馬遷列傳〉，頁 2738。
2　關於司馬遷的自由主義傾向，宋敘五已作了深入的討論，並初步指出司馬遷與西方經濟學家亞當‧斯密（Adam Smith）相似之處。經濟學家楊瑞輝（Leslie Young）也提出類似的觀點，並從經濟學理論作了比較深入的分析，亦因此引起了 Y. Stephen Chiu, Ryh-Song Yeh 等學者的興趣，觸發起一場國際期刊上的學術爭論，其重點在於司馬遷是否真的比亞當‧斯密早一千多年，提出超前的自由主義經濟思想。此後，這個課題在美國學術界引起了廣泛的討論。筆者的《司馬遷的經濟史與經濟思想》也比較了司馬遷與西方古典學派。可參見宋敘五：〈從司馬遷到班固：論中國經濟思想的轉折〉，宣讀於 2002 年 10 月西南財經大學舉辦的中國經濟思想史學會第十屆年會；Leslie Young, "The Tao of Markets: Sima Qian and the Invisible Hand," *Pacific Economic Review* 1, no. 2（1996），pp. 137-145; Y. Stephen Chiu and Ryh-Song Yeh, "Adam Smith versus Sima Qian: Comment on the Tao of Markets," *Pacific Economic Review* 4, no. 1（1999），PP. 79-84; Ken McCormic, "Sima Qian and Adam Smith," *Pacific Economic Review* 4, no. 1（1999），PP. 85-87。
3　Sima Qian, *Records of the Grand Historian of China*, translated by Burton Watson（New York: Columbia University Press, 1993），Han Dynasty I, PP. 259-260.
4　司馬遷：《史記》（臺北：鼎文書局，1981），〈太史公自序〉，頁 3289-3292。
5　本文所論之黃老，皆為漢初之黃老，主要屬經濟思想的層面；先秦之黃老多屬法家學者之所學；東漢之黃老多近於道教，皆有不同的意義。
6　林劍鳴：《秦漢史》（上海：上海人民出版社，2003），頁 267。
7　陳佩君：〈先秦道家的心術與主術——以《老子》、《莊子》、《管子》四篇為核心〉（臺北：國立臺灣大學哲學研究所博士學位論文，2008），頁 3。
8　楊芳華：〈漢初黃老學說的經世觀及其實踐〉（臺灣：國立中山大學中國文學系碩士論文，2006），頁 9。
9　楊芳華：〈漢初黃老學說的經世觀及其實踐〉，頁 12-13。
10　《史記‧儒林列傳》，頁 3122；劉榮賢：「……西漢人所謂的『黃老』，因為思想必須因應政治現況而趨向落實，致使學術思想內容傾向『明確化』而導致範圍上縮小。西漢人所謂的『黃老』已經由先秦籠統的『天道大格局』的思維經由發展而落實為基本上以『道、法、刑名』為主要範圍的『黃老』思想。」見劉榮賢：〈先秦兩漢所謂「黃老」思想的名與實〉，《逢甲人文社會學報》第 18 期（2009），頁 11。
11　謝君直：「（黃老帛書〈經法〉認為）人主國君做為『執道者』，一方面面對形而下的政治生活世界，而有生法、立法、執法、立刑、定名、度量、循理、建政等實踐。另一方面，做為天下最高的立法者，執政者亦須體察天地之道根源於『道』，而且此『道』亦是『人事之理』，天道可在天下實現。換言之，統治者乃『道生法』的樞紐，是自然理則化為人事法則的樞紐，『執道者』即應用形上道理作形下政治的實踐者。」見謝君直：〈治國與治身——馬王堆黃老帛書〈經法〉的道論〉，《揭諦》第 30 期（2016），頁 172。
12　《史記‧老子韓非列傳》：「申子之學本於黃老而主刑名。著書二篇，號曰申子。韓非者，韓之諸公子也。喜刑名法術之學，而其歸本於黃老。《索隱》按：劉氏云『黃老之法不尚繁華，清簡無為，君臣自正。韓非之論詆較浮淫，法制無私，而名實相稱。故曰「歸於黃老」。』斯未為得其本旨。今按：韓子書有解老、喻老二篇，是大抵亦崇黃老之學耳。」（頁2146）；《史記‧孟子荀卿列傳》：「慎到，趙人。田駢、接子，齊人。環淵，楚人。皆學黃老道德之術，因發明序其指意。」，頁 2347
13　陳鼓應：《管子四篇詮釋——稷下道家代表作解析》（北京：商務印書館，2009），頁 3-27；參見陳佩君：〈先秦道家的心術與主術〉，頁 245。
14　劉笑敢：《老子古今》（北京：中國社會科學出版社，2006），頁 370。
15　廖書賢：「依據陳麗桂教授分析黃老道家思想之政治哲學意涵，具有以下四大理論特色：（一）黃老之學是一種以『無為』為政治手段，無不為為目的，虛無因循、執簡馭繁、高效不敗的政術。（二）為了與時俱進，順應萬方，黃老之學兼採各家，以成其說，並強化老子的雌柔守後為順時應變，靈活萬端之術。（三）黃老之學堅信治身、治國一體互牽，故論統御，也重養生。（四）黃老政術以虛靜因任與刑名為政治思想主要內容。」見廖書賢：〈由道到術：西漢黃老政治思想的演變〉，《育達科大學報》第 44 期（2017），頁 64。
16　李零：《簡帛古籍與學術源流》（北京：三聯書店，2009），頁 99、117。

17 曾加：《張家山漢簡法律思想研究》（北京：商務印書館，2008），頁 14。
18 朱紅林：《張家山漢簡〈二年律令〉研究》（哈爾濱：黑龍江人民出版社，2008），頁 200-201。
19 《史記・田叔列傳》：「田叔者，趙陘城人也。其先，齊田氏苗裔也。叔喜劍，學黃老術於樂巨公所。」，頁 2775。
20 除了曹參以外，蕭何、陳平、文景二帝，也是漢初行黃老的代表性人物。《史記・陳丞相世家》：「陳丞相平少時，本好黃帝、老子之術。」，頁 2062。
21 《史記・樂毅列傳》，頁 2436。
22 《史記・曹相國世家》，頁 2029。
23 《史記・曹相國世家》，頁 2029。
24 《史記・曹相國世家》，頁 2030。
25 司馬遷對漢初政府的評價甚高，因它奉行「無為」而治，寬減了秦代的嚴刑峻法，令商人增加了投資的意欲，虞農工商百業並興，人民富足，生活水平上升、社會繁榮安定，其描寫出來的景象，實在是人類生活最幸福的模式，政府連刑罰也不常用，就是代表人民懂得自律，背後的原因是當時社會經濟已相當富足，即司馬遷不止一次說過「倉廩實而知禮節，衣食足而知榮辱」。東漢時位列三公的張純，也聲言要學習曹氏的「無為」，范曄：《後漢書》（臺北：鼎文書局，1981），〈曹鄭列傳〉：「在位慕曹參之跡，務於『無為』，選辟掾史，皆知名大儒。明年，上穿陽渠，引洛水為漕，百姓得其利。」，頁 1193。
26 《史記・曹相國世家》，頁 2031。
27 《史記・平準書》，頁 1417。
28 《史記・呂太后本紀》，頁 412。
29 朱紅林：《張家山漢簡〈二年律令〉集釋》（北京：社會科學文獻出版社，2005），頁 255。
30 高敏：〈從《張家山漢簡二年律令》看西漢前期土地制度〉，《秦漢魏晉南北朝史考論》（北京：中國社會科學出版社，2004），頁 134。
31 高敏：〈關於漢代有戶賦、質錢及各種礦產稅新證〉，《秦漢魏晉南北朝史考論》，頁 162。
32 《史記・文帝本紀》，頁 270。
33 《漢書・賈鄒枚路傳》，頁 2367。
34 臧知非：〈張家山漢簡所見西漢礦稅制度試析──兼談西漢前期「弛山澤之禁」及商人兼併農民問題〉，載中國社會科學院簡帛研究中心編：《張家山漢簡二年律令研究文集》（桂林：廣西師範大學出版社，2007），頁 126。
35 《史記・漢興以來將相名臣年表》，頁 1126。
36 朱紅林：《張家山漢簡〈二年律令〉集釋》：「智人盜鑄錢，為買銅、炭，及為行其新錢，若為通之，與同罪。203（C251）捕盜鑄錢及佐者死罪一人，予爵一級。其欲以免除罪人者，許之。捕一人，免除死罪一人，若城旦舂、鬼薪白粲二人，隸臣妾、收人、204（C267）諸謀盜鑄錢，頗有其器具未鑄者，皆黥以為城旦舂。智為及買鑄錢具者，與同罪。208（F140）。」
37 王利器校注：《鹽鐵論校注》（北京：中華書局，1992），頁 57。
38 錢穆：《國史大綱》（香港：商務印書館，1996），頁 90-91。
39 石元康：〈海耶克論自由與法治〉，《二十一世紀》第 56 期（1999），頁 82。
40 《史記・武帝本紀》，頁 452。
41 《史記・魏其侯列傳》，頁 2843。
42 《漢書・禮樂志》，頁 1031。
43 《漢書・武帝紀》，頁 157。
44 《史記・儒林列傳》：「竇太后好老子書，召轅固生問老子書。固曰：『此是家人言耳。』太后怒曰：『安得司空城旦書乎？』乃使固入圈刺豕。」，頁 3123。
45 《史記・太史公自序》，頁 3289-3292。
46 《史記・貨殖列傳》：「太史公曰：夫神農以前，吾不知已。至若詩書所述虞夏以來，耳目欲極聲色之好，口欲窮芻豢之味，身安逸樂，而心誇矜埶能之榮使。俗之漸民久矣，雖

戶說以眇論，終不能化。故善者因之，其次利道之，其次教誨之，其次整齊之，最下者與之爭。」（頁 3253）英譯的解說更加明白和準確，其云："The Grand Historian remarks: I know nothing about the times of Shen-nong and before but, judging by what is recorded in the Odes and Documents, from the ages of Emperor Shun and the Xia dynasty down to the present, ears and eyes have always longed for the ultimate in beautiful sounds and forms, mounts have desired to taste the best in grass-fed and grain-fed animals, bodies have delighted in ease and comfort, and hearts have swelled with pride at the glories of power and ability. So long have these habits been allowed to permeate the lives of the people that, though one were to go from door to door preaching the subtle argument of the Taoists, he could never succeed in changing them. Therefore the highest type of ruler accepts the nature of the people, the next best leads the people to what is beneficial, the next gives them moral instruction, the next forces them to be orderly, and the very worst kind enters into competition with them." (Sima Qian, *Records of the Grand Historian of China*, Volume III: Han Dynasty II, 129, pp. 433-434)。案：司馬遷把因之、利道之、教誨之、整齊之分了等級，因之是最善，利道之為 next best，其餘均是可行之法，唯獨爭之是不能接受的。

47 《史記‧平準書》，頁 1142-1143。
48 《鹽鐵論校注‧非鞅》：「鹽、鐵之利，所以佐百姓之急，足軍旅之費，務蓄積以備乏絕。」，頁 93。
49 《漢書‧武帝紀》，頁 178。
50 《史記‧平準書》，頁 1425。
51 《史記‧平準書》：「卜式相齊，而楊可告緡遍天下，中家以上大抵皆遇告。杜周治之，獄少反者。乃分遣御史廷尉正監分曹往，即治郡國緡錢，得民財物以億計，奴婢以千萬數，田大縣數百頃，小縣百餘頃，宅亦如之。於是商賈中家以上大率破，民偷甘食好衣，不事畜藏之產業，而縣官有鹽鐵緡錢之故，用益饒矣。」，頁 1435。
52 班固的〈貨殖傳〉抄錄了司馬遷所記的商人後，就再無出眾的人物可寫了，直至西漢晚期，才有商人值得書寫幾句，此反映國家政策對當代社會所造成的災難性影響。
53 《漢書‧酷吏傳》，頁 3654-3655。
54 《史記‧平準書》，頁 1440。
55 《漢書‧公孫弘卜式兒寬傳》，頁 2682。
56 《史記‧平準書》：「及楊可告緡錢，上林財物眾，乃令水衡主上林。上林既充滿，益廣。是時越欲與漢用船戰逐，乃大修昆明池，列觀環之。治樓船，高十餘丈，旗幟加其上，甚壯。於是天子感之，乃作柏梁臺，高數十丈。宮室之修，由此日麗。乃分緡錢諸官，而水衡、少府、大農、太僕各置農官，往往即郡縣比沒入田而之。其沒入奴婢，分諸苑養狗馬禽獸，及與諸官。諸官益雜置多，徒奴婢眾，而下河漕度四百萬石，及官自糴乃足。」（頁 1436）；《史記‧平準書》：「於是天子北至朔方，東到太山，巡海上，並北邊以歸。所過賞賜，用帛百餘萬匹，錢金以巨萬計，皆取足大農。」，頁 1441。
57 《史記‧酷吏列傳》，頁 3140。
58 《史記‧平準書》，頁 1422。
59 《史記‧平準書》，頁 1422。
60 《漢書‧眭兩夏侯京翼李傳》，頁 3156。
61 《漢書‧昭帝紀》，頁 223。
62 《鹽鐵論校注‧非鞅第七》，頁 93。
63 《鹽鐵論校注‧本議第一》：「竊聞治人之道，防淫佚之原，廣道德之端，抑末利而開仁義，毋示以利，然後教化可興，而風俗可移也。今郡國有鹽、鐵、酒榷，均輸，與民爭利。散敦厚之樸，成貪鄙之化。是以百姓就本者寡，趨末者眾。夫文繁則質衰，末盛則質虧。末修則民淫，本修則民慤。民慤則財用足，民侈則飢寒生。願罷鹽、鐵、酒榷、均輸，所以進本退末，廣利農業，便也。」，頁 5。
64 《鹽鐵論校注‧本議第一》：「……今釋其所有，責其所無。百姓賤賣貨物，以便上求。間者，郡國或令民作布絮，吏恣留難，與之為市。吏之所入，非獨齊、阿之縑，蜀、漢之布也，亦民間之所為耳。行姦賣平，農民重苦，女工再稅，未見輸之均也。縣官猥發，闔門擅市，則萬物并收。萬物并收，則物騰躍。騰躍，則商賈侔利。自市，則吏容姦。豪吏富商積貨儲

物以待其急,輕賈姦吏收賤以取貴,未見準之平也。蓋古之均輸,所以齊勞逸而便貢輸,非以為利而賈萬物也。」,頁5。
65 李埏:《史記・貨殖列傳研究》(昆明:雲南大學出版社,2002),頁177。
66 《史記・貨殖列傳》,頁3253。
67 《史記・貨殖列傳》,頁3259:「能薄飲食,忍嗜欲,節衣服,與用事僮僕同苦樂,趨時若猛獸摯鳥之發。」
68 《史記・貨殖列傳》:「太史公曰:夫神農以前,吾不知已。至若詩書所述虞夏以來,耳目欲極聲色之好,口欲窮芻豢之味,身安逸樂,而心誇矜埶能之榮使……」,頁3253。
69 《史記・貨殖列傳》,頁3256。

《史記·貨殖列傳》的生產行業

一直以來，許多人都誤以為中國自古就有「士、農、工、商」四民階層的傳統，而且認為是歷史常態，長久不變。其實，中國第一部紀傳體通史《史記》，在書中並無所謂「士、農、工、商」四民階層的相關記載，反而於專門記述經濟事務的《貨殖列傳》，作者不止一次提到「農、虞、工、商」四種行業，而非「士、農、工、商」，此與四民階層說看似相近，其實不然。四民是指社會階級，而司馬遷則只是點出當代社會最重要的四大行業，是從社會經濟現實的角度考察。

從新歷史主義學者來看，史學是有別於史實，後者是客觀而真實的存在，而前者又稱為歷史的認識，或作符號（文字）的歷史，[1] 或多或少帶著史學家主觀的建構。本文將討論司馬遷對於漢代生產行業的認識，並以班固為比較對象，考察他們二人對共同問題認識的差異。

一、《貨殖列傳》的四種行業

司馬遷身為歷史學家，同時又是一位社會觀察家，在他看來，《貨殖列傳》就是討論先秦至當代的社會經濟問題。故此，他對漢初社會的現狀有著深刻的認識，尤其是當時社會上的生產行業，有以下的分析，其謂：

> 農不出則乏其食，工不出則乏其事，商不出則三寶絕，虞不出則財匱少。財匱少而山澤不辟矣。此四者，民所衣食之原也。原大則饒，原小則鮮。上則富國，下則富家。貧富之道，莫之奪予，而巧者有餘，拙者不足。[2]

司馬遷在同卷又云：

> 故待農而食之，虞而出之，工而成之，商而通之。此寧有政教發徵期會哉？人各任其能，竭其力，以得所欲。故物賤之徵貴，貴之徵賤，各勸其業，樂其事，若水之趨下，日夜無休時，不召而自來，不求而民出之。……《周書》曰：「農不出則乏其食，工不出則乏其事，商不出則三寶絕，虞不出則財匱少。」財匱少而山澤不辟矣。此四者，民所衣食之原也。原大則饒，原小則鮮。上則富國，下則富家。貧富之道，莫之奪予，而巧者有餘，拙者不足。[3]

在司馬遷看來，「農、虞、工、商」四者是人民生活的基礎，四者充實，則

社會繁榮，相反，則對國家有所危害，他認為這四者是富國強家不可或缺的要素。著名經濟思想學者胡寄窗指出，司馬遷相信「農、虞、工、商」四者的「徵發」和「會期」是由自然形成，而不需要政府干預就可以發展而成，[4] 此點與司馬遷一貫的自由主義經濟觀相通，他向來反對國家不必要的干預，而主張「善者因之」，無為而治的黃老之學。上引「此寧有政教發徵期會哉？」[5] 一語，司馬氏以反問的形式去抒發他對自由市場的憧憬，並借此暗地裡批評以漢武帝為首的國家經濟主義和新經濟政策，這是符合司馬遷一貫的諷刺文學寫作風格。

簡言之，一些如漁、林、鹽、冶、礦、牧等均屬於第一產業的行業，在漢代都是屬於「虞」的範圍，此類行業在漢初都開放給民間經營，直至漢武帝元狩五年，部分歸入國家專營，又設置鹽鐵官員主理。[6] 在新經濟政策推行前，從事「虞」這一行業的人數應有一定的數量。《史記·貨殖列傳》中的富商巨賈，大多也是做鹽、鐵生意（見附表），而他們聘用了大量的勞動人口，在社會上影響極大。同時，當文帝開放了山林之禁後，又有很多個體戶靠開發山林池澤維生，否則司馬遷不會把「虞」和「農」、「工」、「商」並列。

套用現代眼光，「虞」屬於從事原始產業的勞動階層，與從事第二產業的手工業的勞動者，即「工」人是略有分別。以上是司馬遷從當時社會經濟活動而得出的觀察，此大抵合乎當時社會經濟的實況，在他看來，此四種行業是社會經濟不可或缺的基礎。農業和虞業都屬原始生產行業，而工業則是加工行業，商業屬於服務行業，即第三產業。當然，古代人不可能有此現代概念，但至少可以肯定，當時社會上各行各業已有仔細的分工，甚至有專業化的發展趨勢，而司馬遷對此如實記載，沒有為了抬高自身身分，而將在漢代不屬生產行業的「士民」並列其中，充分反映了其忠於歷史的記述風格。

司馬遷筆下的西漢巨富（據《史記·貨殖列傳》編輯而成）

人名	行業	簡介
蜀卓氏	工業	其先趙人，冶鐵致富。秦破趙，遷至臨邛。即鐵山鼓鑄，富至僮千人。田池射獵之樂擬於人君。
程鄭	工業	山東遷虜，冶鑄，富埒卓氏。
宛孔氏	工業、商業	梁人，用鐵冶為業。秦伐魏，遷孔氏南陽，大鼓鑄。因通商賈之利，家致富數千金。

曹邴氏	工業、商業	先以冶鐵起，富至巨萬。其後貰貸行賈遍郡國。
刁間	商業	逐漁鹽商賈之利，連車騎，交守相，起富數千萬。
師史	商業	轉轂以百數，賈郡國，無所不至。致七千萬。
宣曲任氏	商業	糧食囤積販賣，豪傑金玉盡歸任氏。
橋姚	牧畜	塞外致馬千匹，牛倍之，羊萬頭。粟以萬鍾計。
無鹽氏	子錢家	景帝時，吳楚七國反。出征將領貸子錢，諸子錢家莫敢貸，唯無鹽氏貸出，三月吳楚平，無鹽氏息什倍。富埒關中。

二、班固的四民階層說

　　與《史記》截然不同，《漢書‧貨殖傳》甫開始即指出社會中四民階層的分野，[7] 班氏所謂的四民階層，即是「士、農、工、商」，他馬上又引用《管子》之說，並指出在古代四民不得雜處。[8]《貨殖傳》既然是討論經濟史事，那麼在班氏的心目中，「士、農、工、商」理應是屬於生產行業，但事實上，漢代的「士民」又是否屬於生產行業呢？若不是，何以班固又會把「士民」並列其中？如上所述，《史記‧貨殖列傳》記述了四種不同的行業，班固的《漢書》則不然，他只記述了四民階層，而偏偏缺少了「虞」這一行業，更重要是他在《貨殖傳》中，完全沒有提及「虞」這一個概念，「虞」這個字，一次也沒有在此章出現，班氏反而把「士民」與其他三個行業並列。

　　司馬遷既然如此重視「虞」這一行業，而班固在此章中，內容多依據〈太史公書〉，但甚麼原因使得班氏沒有提及此一行業呢？這實在令人費解。到底是到了東漢已經沒有了「虞」這一個行業，以致影響到班氏對「虞」的掌握？抑或是在東漢以後，「虞」這一類工種已經不再重要？還是班固的記述並不是忠於史實，而是只反映其主觀的思想，有意排斥「虞」，而把「士民」與其他行業並列。本文認為答案似乎是最後者。自漢武帝新政，大部分「虞」的業務已收歸國有，商人不得染指，既為國有，僱用勞動人口數量自然不可與自由市場相比，少了僱員與個體戶，結果「虞」這一身分的數量與影響力大大降低。到了東漢，「虞」這一概念已漸漸淡出歷史舞台，班固以當時自身的社會概念來記載西漢的歷史事實，以今人的角度記述歷史，故此其敘述與司馬遷大相逕庭。雖然班氏在《貨殖傳》並未有「虞」的記述，但，《食貨志》則不然：

殷周之盛，《詩》、《書》所述，要在安民，富而教之。……是以聖王域民，築城郭以居之；制廬井以均之；開市肆以通之；設庠序以教之；士、農、工、商，四人有業。學以居位曰士，辟土殖穀曰農，作巧成器曰工，通財鬻貨曰商。聖王量能授事，四民陳力受職，故朝亡廢官，邑亡敖民，地亡曠土……農民戶人已受田，其家眾男為餘夫，亦以口受田如比。士、工、商家受田，五口乃當農夫一人。此謂平土可以為法者也。若山林、藪澤、原陵、淳鹵之地，各以肥磽多少為差。有賦有稅。稅謂公田什一及工、商、衡虞之入也。賦共車馬、兵甲、士徒之役，充實……[9]

上文大篇幅地描寫當時的社會經濟情況，旨在說明賦稅時則有「衡虞之入也」的徵收。「虞」為納稅之民，但在班氏筆下卻沒有詳細交代其事，反而以絕大多數的幅度討論農業，如此敘述，更反映班氏的記述，有著很大的選擇性和主觀意志排斥了「虞業」。其實，任何歷史敘事也脫離不了作者的主觀因素，班固一方面是受了時代的影響，同時又反映了他身為官方史學的立場，也代表了政府重農抑商的態度，更加牽涉其個人在敘述中建構他所認同的理想社會模式，也即是管仲等人口中的四民分野的社會結構。相反，司馬遷身為民間學者的身分以及其自由開放的立場，在敘述四種行業時，他是站在社會觀察家的立場上，作出貼近真實的陳述，又是比班固勝了一籌。

三、四民階層的歷史淵源

《史記‧貨殖列傳》與《漢書‧貨殖傳》的內容大多相同，其實應該說班固幾乎把司馬遷的文字保留下來，但同時運用了主觀的敘事方法，將其價值觀滲透其中。譬如在《貨殖傳》開首，班固馬上引用《管子》說古時四民階層不得雜處之說。對此，明末清初學者顧炎武在《日知錄》中，有〈士何事〉條對此有所分析，其謂：

士、農、工、商謂之四民，其說始於《管子》。三代之時，民之秀者乃收之鄉序，升之司徒而謂之士。……則謂之士者大抵皆有職之人矣，惡有所謂群萃而州之處，四民各自為鄉之法哉。春秋以後，游士日多。《齊語》言桓公為游士八十人，奉以車馬衣裘，多其資幣，使周游四方，以號召天下之賢士，而戰國之君遂以士為輕重，文者為儒，武者為俠。嗚呼！游士興而先王之法壞矣。

顧炎武指出四民之說最早是由《管子》一書提出，而且不止一次。[10] 眾所周

知,《管子》約成書於戰國中晚期,非出於管仲之手,而是後人集體編輯而成,[11] 假如顧氏之說當真,即是說四民之說最晚已於當時提出。然而,事實又是否如此?細讀春秋戰國時期的《左傳》,不難發覺魯襄公九年的記載,也有類似的說法,其云:

(晉國)其士競於教;其庶人力於農穡;商工皂隸,不知遷業。[12]

原來早在春秋之時,已有四民並列之紀錄,據上引文,其次序是「士、農、商、工」,而非如後世流行的「士、農、工、商」四民說。當然,上引《左傳》此條材料,作者不一定是有意識的排列,即不一定像班固的記述般,是帶有等序差異的階級意味,含有高下貴重之別。本文認為班固的四民說之目的,明顯是要凸出「士民」作為四民之首的地位,我們不難合理地把他「士民」的身分與此相連起來,身為士人菁英的代表,《漢書》既為官方史學,即是說班固已牢牢掌握了官方的話語權,那很容易撰寫出有利於他自身階層利益的敘述。他極可能是有意識地把士人的地位,在文字上凌駕其他階層,加上他的敘述是為政治服務,把漢武帝以來建立的士人政府合理化,刻意抬高「士」的社會地位,故把「士民」列為四民之首。《左傳》的記述則似是反映當時社會上各人的具體生活情況,士人從事教職,庶民多數務農,工商各司其職,此史料的排列似乎沒有先後次序之分。

另外,《國語‧齊語》亦記載了管仲與桓公的對話:

四民者勿使雜處,雜處則言哤,其事易。[13]

上文記載了管仲與桓公的說話,《管子》一書與此條史料大抵相合。[14] 究竟《國語》是抄錄《管子》,還是剛好相反,又或者它們是引用自相同的材料,抑或還有其他可能性呢?現階段實在難以下任何定論。因為《管子》並非由管子親手書寫,而是大概成書於戰國晚年,由學者集體創作而成,[15] 而《國語》的成書年代更是不可考,但很有可能是稍早於《管子》一書,故此,顧炎武以為四民之說,是始於《管子》,亦不可盡信。惟上引文說古之四民不可雜處,此說在約成書於戰國末期的《晏子春秋》也有相近的說法。[16] 原來同時期的《荀子》,也有相近的紀錄。書中有「農、士、工、商」並列的陳述,今檢《荀子‧王制篇第九》:

故喪祭、朝聘、師旅一也;貴賤、殺生、與奪一也;君君、臣臣、父父、子子、兄兄、弟弟一也;農農、士士、工工、商商一也。[17]

此四民之排列，也非如班固所說的「士、農、工、商」，而是「農、士、工、商」，而原文上句是「君、臣、父、子、兄、弟」，這個句子明顯是有高下次序的含意，君先於臣，父前於子，故此可以推論後句也有次序輕重的意思。

總而言之，把「農、士、工、商」並列的做法在戰國中晚期已經相當流行，絕不是後世無中生有而來，又反映了《管子》一說並非孤證，但不論是《左傳》還是《荀子》也沒有直接提及「四民」一詞，此與《管子》、《國語》、《晏子春秋》有所不同。另方面，《荀子》的排列與《漢書》所載不同，原因又是甚麼？而成書於西漢的《史記》也沒有此說，而司馬遷為何只提及「農、虞、工、商」四種行業呢？西漢前期賈誼的《新書・輔佐》中，也有四民一詞，惟也不似士農工商一類。[18] 稍晚於司馬遷的《鹽鐵論・水旱》也有提到「古者，千室之邑，百乘之家，陶冶工商，四民之求，足以相更」。[19] 這裡的四民也沒有包括士人在內。《淮南子》的確載有四民之說，[20] 而且文字內容與道家著作《文子》相近，[21] 雖然古本（即八角廊竹簡）與今本《文子》的內容大多不同，但也可以推斷《文子》一書一定稍早於《淮南子》，故《淮南子》子中的四民說應是早於武帝時代的文字，而據學者張弘的分析，《淮南子》中士農工商之說屬於持平態度，四民均等，「各安其勝，不得相干。」[22]

簡言之，《淮南子》大抵與《管子》、《國語》、《晏子春秋》的時代最多相差數十年，可見戰國晚年至西漢年間，四民說亦曾經流行，當然跟東漢至後世的史書論及社會經濟時言必有士、農、工、商有很大的差別。西漢後期也有士、農、工、商四民之說的記載，劉向《說苑・政理》云：「春秋曰：四民均則王道興而百姓寧；所謂四民者，士、農、工、商也。婚姻之道廢，則男女之道悖，而淫泆之路興矣。」引文說是轉引自《春秋》，惟今本《春秋》未見此語，實未可輕下定論。戰國時期的《尉繚子》有「制者，職分四民，治之分也」。但沒有具體說明四民是甚麼。今又檢《穀梁傳》記成公元年：

上古者有四民：有士民、有商民、農民、工民。[23]

《穀梁傳》最晚成書於西漢初年，其內容反映了戰國至西漢時期的思想，而上文與《管子》、《國語》、《晏子春秋》一樣，也用了「四民」一詞，其分別在於次序的排列有不同，此反映了當時四民之位列非如後世般涇渭分明，更重要的是《穀梁傳》明確表明「四民」是上古之事，且將「士民」與商農工等生產行業並列。寫到這裡，我們要進一步追問，「士民」在上古之時是否屬於生產行業？

《穀梁傳》的次序排列是「士、商、農、工」，此說法又與《荀子》一書不盡相同，與班固的「四民說」略有不同，又跟《史記‧貨殖列傳》中所載四種行業的概念又完全不同，但仍離不開「士、商、農、工」。此說明了班固的說法是有歷史淵源，而司馬遷的記述卻是別開生面，有其個人風格，此與他重視寫實主義的性格不無關係。

上引顧炎武《日知錄》，他認為三代之時，「士民」大多是有職之人，三代的「士民」與西漢或後世完全不一樣。三代的「士民」不單是一種社會地位，而且是一種專業的生產行業，他們要麼是諸侯的武士，要麼就是文士，反正就是有職之士。但是，自春秋戰國以來，封建制度持續敗壞，[24] 原來有職的「士民」階層，因國家衰落而紛紛失去原有的職業，「禮失求諸野」，像孔子那樣，失去了貴族的身分後從事教育工作，又或者像蘇秦那般當說客謀生，總之，當時的士人就是提供專業服務，要麼販賣知識，要麼依賴謀略為生，但可以想像，更多的士人是在家待業，沒有工作，而他們沒有恆產，三餐不繼，所以孟子才有「無恆產而有恆心者，惟士為能」這種自我安慰之言。

余英時曾以「士」為中心，對春秋戰國時代社會階層作出深入研究。余氏認為「士」經過了「封建」制度破壞以及禮崩樂壞的「哲學的突破」（philosophic breakthrough），[25]「士」進入了社會流動（social mobility）中，成為真正的公共知識分子（public intellectual），但是，不少知識分子在社會流動中失去了世襲的地位，不像從前，他們在此時大多成為了無職之士，對此，戰國中後期的《莊子‧天下》早有明確的記載。[26] 至於戰國晚期的《呂氏春秋‧高義》也有深刻的說明，其謂：

若越王聽吾言、用吾道，翟度身而衣，量腹而食，比於賓萌，未敢求仕。[27]

上引《呂氏春秋》說當世的「士民」，已不一定是世襲有職的士人，而大多都是正在待業的「游士」，他們向不同的諸侯游說，一直渴望偶得明主，尋得職位，此情況在春秋戰國之時已相當普遍，而「士民」一詞亦是當時的流行用語，代表知識分子在當時已成為了一股具有影響力的群體，[28] 在戰國時期，士人多成為游士，他們生活多潦倒，生活墮落了，道德也多有滑落，戰國時期的《荀子》在〈非十二子〉篇中有嚴厲的批評。[29] 到了秦一統天下，此風大減，後來西漢初年又故態復萌。戰國時期的情況，《戰國策‧蘇秦始將連橫》有載：

說秦王書十上而說不行。黑貂之裘弊，黃金百斤盡，資用乏絕，去秦而歸。贏縢履蹻，負書擔橐，形容枯槁，面目犁黑，狀有歸色。歸至家，妻不下紝，嫂不為炊，父母不與言。蘇秦喟歎曰：「妻不以為為夫，嫂不以我為叔，父母不以我為子，是皆秦之罪也。」乃夜發書，陳篋書事，得《太公陰符》之謀，伏而誦之，簡練以為揣摩。讀書欲睡，引錐自刺其股，血流至足。曰：「安有說人主不能出其金市錦繡，取卿相之尊者乎？」期年揣摩成，曰：「此真可以說當世之君矣！」[30]

到了秦代，始皇聽從李斯的建議，實行以吏為師，士人的地位益發低微，有職之士更少之又少，士人沒有職業，而有產之士更是鳳毛麟角，游士早已成為普遍的社會現象，近年出土的《雲夢秦簡》中即有《游士律》，對無職之士加以管理，防止游士活躍於社會之中，其中條文如下：

游士在亡符，居縣貲一甲，卒歲責之。有為故秦人出，削籍，上造以上為鬼薪，公士以下刑為城旦。[31]

到了西漢初年，游士又重新活躍於各諸侯之間，《史記·司馬相如列傳》記載：

（景帝時）梁孝王來朝，從游說之士齊人鄒陽、淮陰枚乘、吳莊忌夫子之徒，相如見而說之，因病免，客游梁。梁孝王令與諸生同舍。[32]

又《漢書·鄒陽傳》云：

漢興，諸侯王皆自治民聘賢，吳王濞招致四方游士。陽與吳嚴忌、枚乘等俱仕吳，皆以文辯著名。[33]

由此可見，自戰國至西漢以來，不少士人都成了游士，而游士大多沒有固定的職業，此跟上古之時，士人世襲職位的情況已有所分別，加上又有一些士人成了「逸民」，選擇避世隱居，但共通點是他們也是沒有職業之人，部分士人或已轉職，成為虞、農等行業的一員。故此，在西漢之時，「士民」嚴格來說只不過是一種身分而非生產行業，「士民」的討論應當在其他篇章，而非《貨殖列傳》之中。《貨殖列傳》作為專門記述經濟事務的篇章，把「士民」與「農」、「工」、「商」等行業並列一起，是不符合當時的社會情況，所以司馬遷只作了「農、虞、工、商」的說明。作為討論春秋戰國至西漢年間社會經濟問題的《史記·貨殖列傳》，從來沒有提及四民階層，甚至連「士民」一詞也沒有在文中出現，這就可以知道在司馬遷看來，「士民」一詞與社會經濟事務並無直接關係，故將士農工

商放在一起，在封建制度禮崩樂壞以前或許適用，但在春秋戰國以後，似乎過於穿鑿附會，司馬遷的敘述比起班固更合社會實況。

四、從「行業說」看司馬遷的歷史眼光

於生產行業的敘述看來，司馬遷是忠誠的歷史學家，此在《貨殖列傳》的「行業說」中可反映出來，說明他撰寫相關的文字時，是以現實出發的寫實主義風格，是貼近史實，而非完全虛構的想像。上文引用蘇秦的個案，足以說明當時士人生活的景況，寒窗苦讀，就是為了尋得主公，一展所長。他們本身都是書生，沒有職位，算不上生產階級，只有游說成功才能謀得一官半職。蘇秦是典型的游士，此類人物在戰國時代大有人在，戰國四公子門下就有食客三千，當時游士之數是以萬計算，他們沒有固定職業，或像蘇秦般需要由父兄供養，漢景、武二帝時的魏其侯竇嬰、潁陰侯灌夫也恢復了大量招養食客的古風，說明游士、舍人的風氣捲土重來。[34]

由此可見，游士與上古「士民」不同，他們不再是有職之士，故此算不上是生產行業。〈太史公自序〉自述了他的寫作動機，他說：「布衣匹夫之人，不害於政，不妨百姓，取與以時而息財富，智者有采焉。作貨殖列傳第六十九。」[35]可見他的確是借〈貨殖列傳〉以討論經濟問題，事實上，〈貨殖列傳〉大部分篇幅，都是集中討論戰國至西漢的社會經濟情況，故他沒有把大多無職的「士民」與農、虞、商等生產行業並列一起，是甚有見地，亦合乎上述考證的結論，更完全符合〈貨殖列傳〉的寫作宗旨。

至於《漢書》雖名為斷代史，但〈貨殖傳〉也是與《史記》通史般無異，同樣集中記述戰國至西漢年間的經濟事務，內容絕大部分是抄自《史記》，惟班氏卻把大多無職的「士民」與「農」、「工」、「商」等生產行列並列一起，此舉與歷史事實不盡相符，似文學敘事多於史學表述，恍如後現代學者所指的歷史敘事與虛構敘事無法分開的那樣，[36] 就此處而言，班固不是在記歷史，而是在建構他心中理想的社會模式。同時，班氏在追述商周時期，更強調當時四民有業的情況，正如前文所說，當時「士民」大抵為有職之士；此並無太大爭議，但在《漢書·敘傳》中，班固直接指出撰寫〈貨殖傳〉的寫作動機，他說：

四民食力，罔有兼業。大不淫侈，細不匱乏。蓋均無貧，遵王之法。靡法靡度，民肆其詐。偪上并下，荒殖其貨。侯服玉食，敗俗傷化。述貨殖傳第六十一。[37]

顯而易見，《漢書‧貨殖傳》的目的本就是要追述商周之時的情況，故此，當班固講到「士、農、工、商」四民階層時，勉強說得上是符合歷史，但是在他表明寫作動機時卻說「四民食力」，又他試圖把商周的情況套入漢代之中，這似乎是不符合西漢時期的真實情況。而《史記》的「行業說」則是基於寫實主義而作的敘述，可見司馬遷與班固的區別。反觀班固，他本人在書寫之時，是在「揚士抑商」的主觀心態下撰寫〈貨殖傳〉，而班固在討論此章，一再強調「食」、「貨」並重。近年，不少學者都誇讚班氏獨樹一幟，認識到當時社會經濟以農業為主商業為輔的特色，但事實上，班固對農業的理解與司馬遷完全不一樣。《漢書‧食貨志》說：「食謂農殖嘉穀可食之物。」[38] 可見他對農業的定義不過為糧食生產而已，也不包括同屬第一產業的「虞」業。而司馬遷則不一樣，《史記‧貨殖列傳》說：

　　故曰：陸地牧馬二百蹄，牛蹄角千，千足羊，澤中千足彘；水居千石魚陂；山居千章之材，安邑千樹棗，燕、秦千樹栗，蜀、漢、江陵千樹橘，淮北、常山以南、河濟之間千樹萩，陳、夏千畝漆，齊、魯千畝桑麻，渭川千畝竹；及名國萬家之城，帶郭千畝畝鍾之田，若千畝卮茜（染料），千畦薑韭，此其人皆與萬戶侯等。[39]

　　由上可知，司馬遷對農業的理解與班固完全不同，其非止於糧食生產，而是包括了：一、牧畜業，二、魚類養殖業，三、林業，四、果樹業（棗、栗、橘），五、工業原料業（萩、漆、麻、竹、茜），六、糧食。上述不少是屬於商品、奢侈品，屬於廣義的農業，此一對比說明了班、馬二人的眼光之高下，在班固眼中除了糧食生產，其他可延伸至工商業的農產品，他都不屑一顧。

　　戰國至西漢初年，中國已經步入貨幣經濟社會的階段，漢初政府的俸給就是發放貨幣為工資，此反映貨幣已廣泛流通，而政府亦有大筆稅收是來自貨幣，否則用實物轉換貨幣，再發放工資的交易成本會極高，不是理性的經濟行為。但到了東漢，情況已有改變。隨著漢武帝推行新政，對經濟予以致命打擊，[40] 尤其武帝下令嚴格管理虞林的採礦、鑄造、銷售，雖然私營工業未完全退出市場，但私營的比例卻大幅下降。[41] 加上兩漢之交出現了大規模的戰亂，對社會經濟造成嚴重的打擊，工商業衰退，交易減少，民間減少對貨幣的需求，政府亦因而減少貨幣的收入。這一段時期，「貨幣經濟」漸被排擠，「自然經濟」抬頭。

　　東漢光武帝規定官俸的一半以錢幣支付，其餘一半則以穀發放。[42] 中國自東

漢以來，步入中古自然經濟的階段。兩漢時期社會經濟出現巨大的變化，俸給發放單位由西漢的錢幣為主，一改為東漢時期的「半錢半穀」，此實因社會經濟出現了轉變所致，令到政府財政收入的單位改變而產生的做法。[43] 誠如著名經濟史家全漢昇所言：「中國工資制度，自漢以後，到中唐以前，有一個很明顯的特點，即以實物來支付公務員，⋯⋯這些用來支付工資的實物，有時包括的種類甚多，不過以布帛及米、麥、粟等農產品為最主要。自然，有時官吏領得的薪俸，有一部分是以錢支付的；不過從大體上看，錢幣在官吏們的收入中實在只佔一小部分，他們大部分的收入還是以布帛、米、粟等實物為主。」[44]

這段文字，足以說明當時社會經濟的變化。班固身處於自然經濟的轉型期，所看的事物與司馬遷所見到貨幣經濟社會截然不同，客觀環境主宰意識形態，司馬遷與班固都是寫西漢歷史，但是司馬遷對社會行業的敘述較接近歷史事實，皆因貨幣經濟對他一點也不陌生，農、虞、工、商在社會的每一角落也隨處可見。東漢以降，世家大族的興起，士人與土地結合，部分士人成為了地主，社會結構與西漢之時有天淵之別，加上東漢社會已經歷了漢武帝與王莽的政策，經濟發展大不如前，漸漸由戰國以來的貨幣經濟階段倒退至中古自然經濟的開端，工商業不濟，虞業又收歸國有，又自從漢武帝推出算緡錢政策，大力打擊商人，富人自此都不欲從事商貿，又不能做虞業，只好選擇風險較低的土地投資，田連阡陌的大地主遂如雨後春筍，應運而生。故此，班固在〈貨殖傳〉中對在漢初舉足輕重的「虞」並無下半點筆墨，又有意抑止商人的社會地位，故意引用《管子》之說，把商人列為四民之末，此除了班固的主觀意志影響到他敘述，也不可忽略他身處時代社會經濟的因素，當其時自然經濟已經抬頭，貨幣交易日趨式微，虞業已經被排出主流，而農業收縮至僅止於糧食生產，故班固的敘述實在是受到時代局限的影響。

如果說司馬遷對於生產行業的敘述是貼近史實，那麼班固的描述則是文學的想像，是建構他心中的理想社會。

五、社會變遷影響下的行業說

「士」在中國古代社會中，即如歷史學家湯因比所說的創造少數（creative minority）。春秋戰國時期，「士」從「大抵皆有職之士」轉化為無恆產的「游士」，再慢慢形成了「士民」階層。雖然如此，戰國後期的「游士」社會地位十分極端，成功者中，不少是個人因素使然，並非社會契約的關係。再到了秦統一後，「游

士」的地位大大下降。儘管漢初郡國制的推行使「游士」一度再有發展的機會，但隨著西漢政府削藩後，東周秦漢以來的「游士」時代大致結束，再加上漢初社會環境的關係，身處於相隔不遠的史家司馬遷，並未有正式討論過「四民」之定位，只有略為題及過「五民」，而且並未有詳述之。

《史記・貨殖列傳》云：「齊帶山海，膏壤千里，宜桑麻，人民多文采布帛魚鹽。臨菑亦海岱之間一都會也。其俗寬緩闊達，而足智，好議論，地重，難動搖，怯於眾鬥，勇於持刺，故多劫人者，大國之風也。其中具五民。」[45] 這裡的五民是指甚麼？實在眾說紛云，而裴駰《集解》引服虔曰：「士、農、商、工、賈也。」其把商賈二分，卻不見「虞」，反而加入了「士」，據上文所分析，此注解根本不合司馬遷的原意，既然〈貨殖列傳〉本為討論經濟事務的文章，士民的討論並未見於本章，反而多次提及到「虞」這一個行業，故此「虞」為五民之列，比起南朝時期裴駰《集解》的解釋更合理，[46] 班固時的自然經濟已經抬頭，南北朝時更是高峰，故裴駰對西漢時期社會經濟的理解理應比前人更難以掌握。

雖然〈貨殖列傳〉討論的是經濟事務，故「五民」應該屬於生產行業，但退一步說，早在先秦時期，也有與經濟無關的「五民說」，今檢《商君書・算地》：

事《詩》、《書》談說之士、則民遊而輕其君；事處士，則民遠而非其上；事勇士，則民競而輕其禁；技藝之士用，則民剽而易徙；商賈之士佚且利，則民緣而議其上。故五民加于國用，則田荒而兵弱。[47]

上引史料中可見五民分別是「談說之士」，即讀書人；「處士」，即隱士；「勇士」，即兵勇之士；「技藝之士」，民間手工業者；「商賈之士」，從事生意的人。上述五民，多數與經濟事務無關，至於司馬遷所說的五民又是否與上書類同？答案是無從判斷，即使果真如此，但太史公並沒有像書寫「農、虞、工、商」四行業般大書特書，而是輕輕帶過，可見其並不著意，而集中於本章討論社會經濟事務。

簡言之，在〈貨殖列傳〉中，沒有四民之說，卻集中討論「農、虞、工、商」四種生產行業。在司馬遷心目中，當代的「士」已不是重要的生產行業，而「虞」則替而代之。雖然歷來經濟史家對於這問題亦有所關注，不過多只以為是司馬遷個人因素使然，殊不知其是由背後社會變化所促成。但在他身後的一百五十多年，班固撰寫《漢書》之時，則說四民階層自三代即為「士、農、工、商」，「士」

再成為四民之列，而且處於首位（見〈食貨志〉、〈貨殖傳〉）。至此，這同樣是另一次社會轉型（social transition）的後果。兩漢之間的社會變化，足可從「四民階層」之說反映出來。

　　總而言之，司馬遷撰寫〈貨殖列傳〉之時，正值漢武帝推行「獨尊儒學，罷黜百家」的政策，士人的社會地位雖然抬頭，但仍說不上是生產行業，而只是一種身分而已，故《史記》的「行業說」是大抵符合當時的社會現實。此後，中國的學術由多元化走向一元化，東漢以降，情況更加明顯。[48] 再加上班固奠定了官方修史的傳統，班氏及以後的官史，無不跟從政府的「主旋律」行事，故他對士人的敘述多受官方的意識形態所支配，肯定士人而貶抑不利於國家控制人民的商人，如此，「四民說」漸漸成了中國的主流傳統，並一直延續至後世。東漢後期崔寔（約103－約170）的《四民月令》再一次把士農工商並列，多少是受到班固的影響。[49] 反而，司馬遷所說的「虞」，其屬於代表性甚高的生產行業，反而不再見於後世對西漢社會經濟的描述，大抵是學術與經濟等環境的改變所致。

六、結論

　　司馬遷與班固一樣，皆欲在歷史敘事過程中加入其主觀的文學成分，意圖建構他們心中的理想世界，但基於身分角色、個人經歷的不同，在敘述同一個社會現象時也有不同的方向，而在行業說中，司馬遷是站在農、商並重的視野下作出闡述，而班固卻是站在重農抑商兼揚士的角度，用既得利益者的眼光，建構出不合乎漢初社會經濟實況的四民階層說，在此處而論，司馬遷是較為忠實的觀察家、史學家，而班固則是流於虛構想像的文學作家。

1. 李風亮：〈文學敘事與歷史敘事比較的理論基點〉，《華中師範大學學報》第 43 卷第 4 期（2004），頁 113。
2. 司馬遷：《史記》（臺北：鼎文書局，1981），〈貨殖列傳〉，頁 3255。
3. 《史記・貨殖列傳》，頁 3254-3255。
4. 胡寄窗：《中國經濟思想史》（中）（上海：上海人民出版社，1981），頁 55。
5. 《史記・貨殖列傳》，頁 3254。
6. 錢穆：《秦漢史》（北京：三聯書店，2004 年），頁 167-168。
7. 《漢書・食貨傳》：「然後四民因其土宜，各任智力，夙興夜寐，以治其業，相與通功易事，交利而俱贍，非有徵發期會，而遠近咸足。」，頁 3681。
8. 《漢書・食貨傳》：「管子云古之四民不得雜處。士相與言仁誼於閒宴，工相與議技巧於官府，商相與語財利於市井，農相與謀稼穡於田野，朝夕從事，不見異物而遷焉。」，頁 3681。
9. 《漢書・食貨志》，頁 1117-1120。
10. 《上古漢語語料庫・管子・第四十八篇・治國》：「凡農者月不足而歲有餘者也，而上徵暴急無時，則民倍貸以給上之徵矣。耕耨者有時，而澤不必足，則民倍貸以取庸矣。秋糴以五，春糴以束，是又倍貸也。故以上之徵而倍取於民者四。關市之租，府庫之徵，粟什一，廏輿之事，此四時亦當一倍貸矣。夫以一民養四主，故逃徙者刑，而上不能止者，粟少而民無積也。常山之東，河汝之間，蚤生而晚殺，五穀之所蕃庸也，四種而五穫，年中畝二石，一夫為粟二百石；今也倉廩虛而民無積，農夫以粥子者，上無術以均之也。故先王使農士商工四民交能易作，終歲之利，無道相過也。是以民作一而得均。民作一，則田墾，姦巧不生；田墾，則粟多；粟多，則國富。姦巧不生，則民治而富，此王之道也。」，頁 767。
11. 張固也：《管子研究》（山東：齊魯書社，2006 年），頁 21-22。
12. 《上古漢語語料庫・春秋左傳・襄公傳九年》，頁 527-1。
13. 《上古漢語語料庫・春秋左傳・宣公傳十二年》，頁 390-391。
14. 《上古漢語語料庫・管子・第二十篇・小匡》：「（齊桓）公曰：『為之奈何？』管子對曰：『昔者聖王之治其民也，參其國而伍其鄙，定民之居，成民之事，以為民紀。謹用其六秉，如是而民情可得。而百姓可御。』桓公曰：『六秉者何也？』管子曰：『殺生貴賤貧富，此六秉也。』桓公曰：『參國奈何？』管子對曰：『制國以為二十一鄉，商工之鄉六，士農之鄉十五，公帥十一鄉，高子帥五鄉，國子帥五鄉，參國故為三軍，公立三官之臣。市立三鄉，工立三族，澤立三虞，山立三衡，制五家為軌，軌有長。十軌為里，里有司。四里為連，連有長。十連為鄉，鄉有良人。三鄉一帥。』桓公曰：『五鄙奈何？』管子對曰：『制五家為軌，軌有長。六軌為邑，邑有司。十邑為率，率有長。十率為鄉，鄉有良人。三鄉為屬，屬有帥。五屬一大夫，武政聽屬，文政聽鄉，各保而聽，毋有淫佚者。』桓公曰：『定民之居，成民之事，奈何？』管子對曰：『士、農、工、商四民者，國之石民也。不可使雜處，雜處則其言哤。』」，頁 386。
15. 張固也：《管子研究》（濟南：齊魯書社，2006），頁 21-22。
16. 《上古漢語語料庫・諸子・晏子春秋集釋・第八卷・外篇第八・工女欲入身於晏子晏子辭不受第十》：「晏子曰：『乃今日而後自知吾不肖也！古之為政者，士農工商異居，男女有別而不通，故士無邪行，女無淫事。今僕託國主民，而女欲奔僕，僕必色見而行無廉也。』遂不見。」，頁 509。
17. 《諸子・荀子・王制篇第九》，頁 178。
18. 《新書・輔佐》：「桃師，典春以掌國之眾庶四民之序，以禮義倫理教訓人民。方春三月，緩施生遂，動作百物，是時有事于皇祖皇考。」見于智榮譯注：《賈誼新書譯注》（哈爾濱：黑龍江人民出版社，2002），頁 166。
19. 《鹽鐵論校注・水旱》，頁 428。
20. 《淮南子・齊俗》：「治世之體易守也，其事易為也，其禮易行也，其責易償也。是以人不兼官，官不兼事，士農工商，鄉別州異，是故農與農言力，士與士言行，工與工言巧，商與商言數。」見劉安等著，許匡一譯注：《淮南子全譯》（貴陽：貴州人民出版社，1995），頁 641-642。
21. 《文子・下德》：「是以人不兼官，官不兼士，士農工商，鄉別州異，故農與農言藏，士與士言行，工與工言巧，商與商言數。是以士無遺行，工無苦事，農無廢功，商無折貨，各安其性。異形殊類，易事而不悖，失處而賤，得勢而貴。夫先知遠見之人，才之盛也，而治世

不以責於人，博聞強志，口辯辭給，人知之溢也，而明主不以求於下，敖世賤物，不從流俗，士之伉行也，而治世不以為化民。」見臺灣中央研究院中國哲學書電子化計劃 http://ctext.org/pre-qin-and-han/zh?searchu=%E5%A3%AB%E8%BE%B2%E5%B7%A5%E5%95%86%E9%84%89%E5%88%A5%E5%B7%9E%E7%95%B0

22　張弘：《戰國秦漢時期商人和商業資本研究》（濟南：齊魯書社，2003），頁 292。
23　《上古漢語語料庫·春秋左傳·成公元年》，頁 419-2。
24　《上古漢語語料庫·春秋左傳·哀公二年》：「克敵者，上大夫受縣，下大夫受郡，士田十萬，庶人工商遂，人大臣隸圉免。」，頁 1614，案：「道術將為天下裂」可反映禮崩後「士」的抬頭。而「庶人工商遂」即意味社會階層出現了流動。
25　余英時：《士與中國文化》（上海：上海人民出版社，2003），頁 20。
26　《上古漢語語料庫·莊子·第三十三·天下》：「天下大亂，賢聖不明，道德不一。天下多得一察焉以自好。譬如耳目鼻口，皆有所明，不能相通。猶百家眾技也，皆有所長，時有所用。雖然，不該不遍，一曲之士也。判天地之美，析萬物之理，察古人之全。寡能備於天地之美，稱神明之容。是故內聖外王之道，闇而不明，鬱而不發，天下之人各為其所欲焉以自為方。悲夫！百家往而不反，必不合矣！後世之學者，不幸不見天地之純，古人之大體。道術將為天下裂。」（頁 1069）
27　《上古漢語語料庫·呂氏春秋·覽部·高義》，頁 1246。
28　「若慮大惡則無之。燕大惡，臣必以死諍之，不能，必令王先知之。必毋聽天下之惡燕交者。以臣所□□□魯甚焉。□臣大□□息士民，毋庸發怒於宋魯也……」見馬王堆漢墓帛書整理小組：《馬王堆漢墓帛書·戰國縱橫家書釋文》（上）（北京：文物出版社，1976），頁 31。除了傳統文獻外，「士民」一詞亦見於出土文獻，可見士民並非由後代強加之於先秦社會之上。
29　《上古漢語語料庫·荀子·非十二子》：「古之所謂仕士者，厚敦者也，合群者也，樂富貴者也，樂分施者也，遠罪過者也，務事理者也，羞獨富者也。今之所謂仕士者，汙漫者也，賊亂者也，恣孳者也，貪利者也；觸抵者也，無禮義而唯權勢之嗜者也。士君子之所能不能為：君子能為可貴，而不能使人必貴己；能為可信，而不能使人必信己；能為可用，而不能使人必用己。故君子恥不修，不恥見汙；恥不信，不恥不見信；恥不能，不恥不見用。是以不誘於譽，不恐於誹，率道而行，端然正己，不為物傾側：夫是之謂誠君子。詩云『溫溫恭人，維德之基。』此之謂也。」，頁 105。
30　《戰國策·蘇秦始將連橫》，頁 85-90。
31　睡虎地秦墓竹簡整理小組：《睡虎地秦墓竹簡》（北京：文物山版社，1978），頁 129-130。
32　《史記·司馬相如列傳》，頁 2999。
33　《漢書·賈鄒枚路傳》，頁 2338。
34　《史記·魏其武安侯列傳》：「灌將軍夫者，潁陰人也。夫父張孟，嘗為潁陰侯嬰舍人……夫不喜文學，好任俠，已然諾。諸所與交通，無非豪桀大猾。家累數千萬，食客日數十百人。」，頁 2845。
35　《史記·太史公自序》，頁 3319。
36　王同斌：《歷史與虛構──歷史敘事與文學敘事比較》（西安：西北大學文藝學專業碩士論文，2009），頁 3。
37　《漢書·敘傳》，頁 4266。
38　《漢書·食貨志》，頁 117。
39　《史記·貨殖列傳》，頁 3272。
40　有關西漢初年的貨幣制度可分別參看宋敘五：《西漢貨幣史》（香港：中文大學出版社，2002），頁 25-34、41-52。
41　高敏：〈秦漢時期的官私工業〉，《秦漢史探討》（鄭州：中州古籍出版社，1998），頁 93。
42　參見陳仲安、王素：《漢唐職官制度研究》（北京：中華書局，1993），頁 6。
43　趙善軒：〈兩漢俸祿考〉，《江西師範大學學報》（哲學社會科學版）第 43 卷第 1 期（2010），頁 70-73。

44 全漢昇：《中國經濟史研究》，頁 99。

45 《史記・貨殖列傳》，頁 3256。

46 除了司馬遷有五民之說，「五民說」又見於其他史籍。《漢書・地理志下》：「臨甾，海、岱之間一都會也，其中具五民云。」（頁 1661），此應是抄自上引《史記》的文字；又《宋史・王禹偁傳》：「自秦以來，戰士不服農業，是四民之外又生一民……佛法流入中國，度人修寺，歷代增加。不蠶而衣，不耕而食，是五民之外，又益一而為六矣。」（頁 9797）。《宋史》撰作之時，士農工商四民說已成了中國的傳統，是時佛教傳入，僧侶成了四民以外的一種身分，而僧侶與士人一樣，都不是生產行業，與司馬遷的「五民說」更是風馬牛不相及。

47 《上古漢語語料庫・商君書・算地第六》，頁 66。

48 宋敘五：「《漢書・儒林傳》班固說：『儒家者流，蓋出於司徒之官，助人君順陰陽明教化者也。……祖述堯舜，憲章文武，宗師仲尼，以重其言，於道最高。……唐虞之隆，殷周之盛，仲尼之業，已試之效者也。然惑者既失精微，違離道本……』可見班固已認為儒家已經有一個『道』，而這個道，又是助人君順陰陽明教化之道。也就是讀書人（儒家獨佔）應該有一個道統，在這個道統之下，讀書人的讀書做學問的空間，以及出仕之後的立身行事，都受到很大的限制。」見宋敘五：〈從司馬遷到班固——論中國經濟思想的轉折〉，「中國經濟思想史學會第十屆年會」論文（太原：中國經濟思想史學會主辦，2002 年 9 月 20－23 日），頁 20。

49 宋敘五說：「但，非常不幸！由於學術、環境的轉變，中國的經濟思想作了一百八十度的轉變。從司馬遷到班固，作為兩個樣本來觀察，很明顯地看到：中國經濟思想，由樂觀、自由開放的性格，轉折入封閉、保守的方向；由肯定人類求利致富的本性，轉折入壓抑人類本性的方向；由重視百業轉折入農本主義的方向；由文人學者熱心討論經濟民生，轉折入避談經濟民生、恥談百工技藝的方向。（韓愈所謂：『巫醫樂師，百工之人，君子不齒』：韓愈〈師說〉）這一個轉折，使中國經濟思想進入『冬眠期』逾二千年。」見宋敘五：〈從司馬遷到班固〉，頁 23。

《史記・貨殖列傳》的國家經濟史論述
——司馬遷選材取向分析

一、引言

過往不少研究司馬遷經濟思想的學者，胡亂把〈貨殖列傳〉中太史公記述古人的言行事跡，或轉引別人的說話，也當作是司馬遷的發明與主張，如把計然、管子以及其他歷史人物的說話當成是司馬遷的經濟思想，甚至說成是他的創見，此難免變得穿鑿附會。故我們在研究〈貨殖列傳〉時，應當先行分析文本，了解司馬遷行文、選材的用意，並以此推論司馬遷的用意及其經濟思想的路徑。

當然，太史公在詮釋史事時，或多或少加入了個人的主觀意志，更多的敘述是經由個人有意識的選擇，合乎他的主張，則在文中大書特書，甚至加以肯定，或是在敘述的過程中暗裡表揚；相反，對於他不滿的政策或人物，他往往在敘述中暗藏批評，借歷史人物的口，加以諷刺，或避而不談，甚至故意不為重要的人物諸如桑弘羊等人立傳，所以要把上述的情況區分開來。

本文希望詳細分析〈貨殖列傳〉中專門討論到的國家（或朝代）經濟史之目的，以此推測司馬遷寫作之心態及其用意。

二、齊國開國史獨記於〈貨殖列傳〉的原因

〈貨殖列傳〉乃以人物事跡為本而寫成，一如其他列傳，採用多線記錄法，即是同一件事，在不同的紀傳中以不同的角度、篇幅作描述，而在〈貨殖列傳〉首先登場的人物是太公望。惟李埏等人認為〈貨殖列傳〉的人物敘述是從陶朱公開始，[1] 他們否認了太公望與管仲的隱藏身分，本文就是要從這個角度作深入的討論。

眾所周知，〈貨殖列傳〉是中國歷史上首部專門記述商人的傳記，司馬遷在〈太史公自序〉說：「布衣匹夫之人，不害於政，不妨百姓，取與以時而息財富，智者有采焉。作貨殖列傳第六十九。」[2] 雖然他說本章是討論布衣匹夫而且對於社會國家不作損害之殷實商人，但是在〈貨殖列傳〉中首位出場的人物卻是政治人物姜子牙，可是司馬遷又沒有清楚地說明原因，但觀乎全文所記載的人物都是

商人出身，由此推論，姜子牙亦不應例外。其實，在當時就有不少文獻說明太公望曾經當過小商販的記載。

屈原的《楚辭·離騷》：「呂望之鼓刀兮，遭周文而得舉。」[3]《楚辭·天問》：「師望在肆，昌何識，鼓刀揚聲後何喜？」屈原所說望，即是太公望，而上文的「肆」，也即是市場的意思，此說明了太公望曾在市場做小買賣。到了西漢之時，太公望商人出身之說，亦是相當普遍，在西漢初年已相當流行的《尉繚子·武議第八》載：「太公望年七十，屠牛朝歌，賣食孟津，七年餘而主不聽，人人謂之狂夫也。」西漢中期寫成的《鹽鐵論·訟賢》則記載：「太公之窮困，負販於朝歌也，蓬頭相聚而笑之。」[4] 西漢晚期劉向的《說苑·尊賢》說得更加具體：「太公望故老婦之出夫也，朝歌之屠佐也，棘津迎客之舍人也，年七十而相周，九十而封齊。」《說苑·雜言》又說：「呂望行年五十賣食於棘津，行年七十屠牛朝歌，行年九十為天子師，則其遇文王也。」同期的《韓詩外傳·卷七》也有相近的記載：」呂望行年五十，賣食棘津，年七十，屠於朝歌，九十乃為天子師，則遇文王也。」由此可見，司馬遷在〈貨殖列傳〉安排太公望率先出場，是貫徹了以商人立傳的原則，只是由於當時人所共知，才沒有言明，此可以說是與他立意為商人立傳的思路完全吻合。之後他就直接談到姜太公封齊地後的經濟政策，其說：

貧富之道，莫之奪予，而巧者有餘，拙者不足。故太公望封於營丘，地潟鹵，人民寡，於是太公勸其女功，極技巧，通魚鹽，則人物歸之，繈至而輻湊。故齊冠帶衣履天下，海岱之間斂袂而往朝焉。[5]

此段以「貧富之道，莫之奪予，而巧者有餘，拙者不足」一句尤其重要，是後文的大前提，司馬遷的意思是機敏的人就會富足有餘，反之則不然。接著又以太公望經營齊國的事蹟加以補充，可見在司馬遷的眼中，姜子牙是憑著機敏使得齊國發達，即是說他以經商的方法運用在治國方略之上。對於同一件史事，他在〈齊太公世家〉又說：

太公至國，修政，因其俗，簡其禮，通商工之業，便魚鹽之利，而人民多歸齊，齊為大國。[6]

上面兩段引文，是司馬遷對於太公望致力利用齊國地理環境的分析，他說當地既有魚鹽之利，政府又鼓勵女性從事手工業生產，大力發展經濟，姜子牙了解到只有經濟發達才能吸引人才，人才匯集，才可令到齊國富強起來，最終成為大

國。齊國在西周初年人口本來不多，且又屬於偏遠地區，發展比較落後，加上地理環境因素，不太適合發展當時主要的產業，即農業、畜牧業，故姜子牙到了封地後，並沒有把視野局限於傳統的農業、虞業，而是物盡其用，地盡其力，而大力發展商業，這大概是與姜子牙曾經做過小商販有一定的關係。

　　上述引文又指出太公望簡其禮，把行政、禮法等建制進行簡化，減低營商的經營成本，有利於社會發展。司馬遷指出這是導致齊國成為大國的重要因素，此是與司馬遷素來主張無為而治的黃老思想完全一致，政策的干預愈少，社會愈得以發展。上述文字是司馬遷「善者因之」的經濟理論的演繹，[7] 經濟思想史學者趙靖進一步指出：「（太史公）提出以放任為主的善因論，反對封建政府對社會經濟生活過多干預。」[8] 而姜太公的政策正正合乎司馬遷素來提倡的經濟理論，故當〈貨殖列傳〉提到齊國經濟史時，重點提及「因其俗，簡其禮」一點，是有其合理性。由此觀之，司馬遷在撰寫過程中，又一次有意識地在敘述與他思想接近的史事，把他個人的想法滲透其中。

　　其實，在《史記》的歷史敘述中，我們不難發現司馬遷對太公望的政策持高度肯定的正面態度，此亦完全符合司馬遷素來主張先經濟後理想的現實主義傾向。司馬遷通過陳述史事，以表達自己的價值觀以及對道德的看法，是典型的文學敘述風格，雖然這種風格是建基在歷史之上，但仍有主觀的取捨和重點的傾斜，再一次引證〈貨殖列傳〉的文學特性。雖然上述兩段引文的內容大抵一致，但〈齊太公世家〉作為綜論性的篇章，自然比起專門討論社會經濟事務的〈貨殖列傳〉為簡略。一如其他章節，〈貨殖列傳〉的研究，是不能單篇閱讀，必須參考其他章節。

三、齊國中興書於〈貨殖列傳〉之分析

　　司馬遷記述太公望治理齊國的一段歷史後，接著說：

其後齊中衰，管子修之，設輕重九府，則桓公以霸，九合諸侯，一匡天下；而管氏亦有三歸，位在陪臣，富於列國之君。是以齊富彊至於威、宣也。[9]

　　在太史公筆下，使得齊國發達，成為大國的是商販出身的太公望。數百年後齊國中衰，令齊國重振雄風的人，又是商人出身的人物，即是名垂千古的管仲，故司馬遷有意識地把他們兩人一併出場，作為商人立傳的開場白。關於管仲的身分，司馬遷在《史記・管晏列傳》中，轉引了一段據說是管仲的自白，他說：

管仲曰：吾始困時，嘗與鮑叔賈，分財利多自與，鮑叔不以我為貪，知我貧也。吾嘗為鮑叔謀事而更窮困，鮑叔不以我為愚，知時有利不利也。……生我者父母，知我者鮑子也。[10]

太史公在〈管晏列傳〉記述了管仲年輕時，曾經與好友鮑叔牙一起合作做生意的往事，可見其與姜子牙一樣，又是一商人出身的政治家，兼且在他執政時，又致力發展齊國的經濟，最後使齊國稱霸於春秋，情況與太公望相當類似。對於管仲治齊國的經歷，司馬遷在〈齊太公世家〉又說：

桓公既得管仲，與鮑叔、隰朋、高傒修齊國政，連五家之兵，設輕重魚鹽之利，以贍貧窮，祿賢能，齊人皆說。[11]

〈管晏列傳〉對於管仲的成就作了更詳細的說明：

管仲既用，任政於齊，齊桓公以霸，九合諸侯，一匡天下，管仲之謀也。……管仲既任政相齊，以區區之齊在海濱，通貨積財，富國彊兵，與俗同好惡。……其為政也，善因禍而為福，轉敗而為功。貴輕重，慎權衡。……管仲富擬於公室，有三歸、反坫，齊人不以為侈。管仲卒，齊國遵其政，常彊於諸侯。……管仲既任政相齊，以區區之齊在海濱，通貨積財，富國彊兵，與俗同好惡。[12]

由此可見，管仲致力振興齊國經濟，又是利用了商業的路徑，使得商貨流通不絕；他又對齊國的財政制度進行改革，設立監管機構，推動經濟發展，不久就令到國家興旺起來，奠下了春秋霸主的地位。司馬遷提出「善者因之」，並認為是最上之策，其次是「利導之」、「教誨之」、「整齊之」，反正就絕不可以與民爭利，而管仲設監管機制，管理齊國的商業發展，最後是屬於「整齊之」一類，雖然不是最上「因之」之法，卻並未違反司馬遷心目中的經濟規律。[13] 故此，司馬遷對管仲的評價仍然很高，此在〈貨殖列傳〉以及其他篇章中，常見他引述管子的話語，就已可見一斑。

西漢初年，國家明文規定商人子弟不得做官以及推出一系列打擊商人的政策，譬如不得乘車、穿名貴衣服，[14] 而且更有倍於貴族、布衣的懲罰性稅務。[15] 雖然在武帝時期這些情況已有改變，但社會對商人仍有一定的歧視。故司馬遷在〈貨殖列傳〉特別安排了世人敬重的太公望與管仲首先登場，表面上是與他在〈太史公自序〉說布衣匹夫之人有所矛盾，惟其目的明顯是要推翻世人認為商人不得做政治家的偏見，故在本章司馬遷又把齊國的成功跟姜子牙與管仲的商人背景暗

地裡結合起來，有意說明商業智慧也可有利於國家的發展。

司馬遷在〈貨殖列傳〉特意記錄了齊國數百年的發展史，而齊國更是在本章中唯一作了專門討論的春秋諸侯國，相反以農立國的秦國等西方強國，卻未見其中，當中的原因可歸納為以下三點：

一、齊國在西周諸侯中國力最盛，且靠以商立國，有別於西方各國，說明治理國家不一定依賴農業。

二、太公望、管仲都是商人出身，符合本章為有德之商人立傳，以及為商人爭取合理歷史地位的宗旨。

三、太公望、管仲商人的背景，不礙於成為傑出的政治家，甚至有利於治理國家。

相比於《史記‧貨殖列傳》，班固《漢書‧貨殖傳》有關齊國發展的歷史，其內容大多抄襲自《史記》，但就沒有把姜子牙到管仲的一段歷史錄在其中，而只在〈地理志下〉中略有提及，[16] 卻也不見於應當專門記載社會經濟史的〈平準書〉或〈貨殖傳〉之中，此足可反映班、馬二人眼光之差距，實不可同日而語。在討論齊國發展的歷史後，司馬遷又介紹了政治家范蠡、經濟理論家計然二人與越國的興衰，[17] 一如太公望與管仲，他們也是把商業的理論運用在國家的發展，大力推動經濟，終令越國成為一代霸主。范蠡稍後又以計然的理論做生意，並成為了富商巨賈，更三致千金，一次又一次牟取巨額的商業回報。[18] 但是司馬遷提及吳國，主要在於說明范蠡治生產的成功原因，此與上文專門討論齊國的發展有所不同。

四、漢初獨記於〈貨殖列傳〉的原因

觀乎整篇〈貨殖列傳〉，除了齊國的發展史外，並無專門討論另一個春秋戰國的國家，此可能是因在先秦時期，齊國由始至終都是以商立國之故，而秦朝高度重農抑商，於商業而言，更沒甚麼可寫。

筆鋒一轉，司馬遷就已對西漢初年的經濟發展作了一番敘述。他說：

漢興，海內為一，開關梁，弛山澤之禁，是以富商大賈周流天下，交易之物莫不通，得其所欲，而徙豪傑諸侯彊族於京師。[19]

司馬遷素來對於西漢初年的經濟發展評價相當高，[20] 他不下一次指出當時富

豪大賈一一應運而起，因而造就了許多商業奇才，又有些一人物也寫在本傳中。他把社會經濟發達的原因，歸因於漢初政府「開關梁，弛山澤之禁」，此與上文提到姜太公到了齊國後「簡其禮」的做法大同小異，都是屬於「善者因之」的一套，即是採取自由放任政策的具體表現。司馬遷故意強調此點，是因此點與他強調清靜無為的黃老思想相吻合。[21]

一如現代新自由主義經濟學一般，道家思想也是強調干預愈少，市場活動就愈益發達。司馬遷在〈貨殖列傳〉中特別提到西漢初年的發展，而沒有把秦代以及漢武帝一朝寫在傳中，顯然是有意識地表揚漢初無為的經濟政策，而武帝時期的新經濟政策，對當代商業影響最深，而司馬遷理應最為了解，卻沒有在本章作任何記錄，此大概是他選材時受到個人價值觀的影響，對於不盡認同的政策，或以為不利於商業發展的國家、政策、時代等，都避而不談。

另一方面，〈貨殖列傳〉避不而談的態度與〈平準書〉一般，司馬遷在〈平準書〉中，只以卜式所說的「縣官當食租衣稅而已，今弘羊令吏坐市列肆，販物求利。亨（烹）弘羊，天乃雨」[22] 為全文總結，偏偏對此後新經濟政策的推行避而不談，作無聲抗議的姿態，並借卜式之口講出心中所想，間接批評桑弘羊新政策的最大支持者，暗貶漢武帝，可見〈貨殖列傳〉在此方面的做法與〈平準書〉大抵相同，以暗諷的文學手法來表達對朝政的不滿，而班固則把重點轉至董仲舒的奏疏以記武帝時的社會狀況，[23] 雖然班氏也有引用卜式之言，但比起司馬遷行文之凸出，遠有沒有那麼深刻。

總之，班、馬二人取材準則之差異，可謂非常明顯。司馬遷是務實的，但他的文字中時有反對政府干預經濟的既定立場，是衝著漢武帝的新經濟政策而來，也說不上完全客觀，而班固則站在儒生的角度評述，加上他身為官修史學的代表，不時脫離現實，將個人意志凌駕於客觀分析，以致敘述中處處見他站在統治者的角度，故他遠不及司馬遷自由寫作的精彩，由此足見二人之別。

1. 李埏等：《〈史記・貨殖列傳〉研究》（昆明：雲南大學出版社，2002），頁 16。
2. 司馬遷：《史記》（臺北：鼎文書局，1981），〈太史公自序〉，頁 3319。
3. 《古籍三十四種・楚辭補註・楚辭卷第一 離騷經第一》，頁 38。
4. 《古籍三十四種・楚辭補註・楚辭卷第一 離騷經第一》，頁 114。
5. 《史記・貨殖列傳》，頁 3255。
6. 《史記・齊太公世家第二》，頁 1480。
7. 《史記・貨殖列傳》：「太史公曰：夫神農以前，吾不知已。至若詩書所述虞夏以來，耳目欲極聲色之好，口欲窮芻豢之味，身安逸樂，而心誇矜埶能之榮使。俗之漸民久矣，雖戶說以眇論，終不能化。故善者因之，其次利道之，其次教誨之，其次整齊之，最下者與之爭。」頁 3253。日本學者瀧川資言認為：「因，從自然也，利，順序之。利，非利益之利。道，讀為導。最下者與之爭，譏武帝興利。」見瀧川資言：《史記會注考證》，新校本（天工書局影印本），頁 1354。
8. 趙靖等：《中國經濟思想通史》，卷一（北京：北京大學出版社，2002），頁 603。
9. 《史記・貨殖列傳》，頁 3255。
10. 《史記・管晏列傳》，頁 2131。
11. 《史記・齊太公世家》，頁 1487 頁。
12. 《史記・管晏列傳》，頁 2132。
13. 宋敘五解釋政府經濟政策的最善者，是順其自然，對人民的經濟生活不加干涉。其次是因勢利導。再次是用教育的方法說服人民，再次是用刑罰規限（他認為是法律）人民，最差的方法是與民爭利。詳見宋敘五：〈從司馬遷到班固——論中國經濟思想的轉折〉，「中國經濟思想史學會第十屆年會」論文（太原：中國經濟思想史學會主辦，2002 年 9 月 20-23 日），頁 4。
14. 《史記・平準書》：「天下已平，高祖乃令賈人不得衣絲乘車，重租稅以困辱之。孝惠、高后時，為天下初定，復弛商賈之律，然市井之子孫亦不得仕宦為吏。量吏祿，度官用，以賦於民。」，頁 1418；班固：《漢書・高祖紀》：「賈人毋得衣錦繡綺縠絺紵罽，操兵，乘騎馬。〔師古曰：『賈人，坐販賣者也。綺，文繒也，即今之細綾也。絺，細葛也。紵，織紵為布及疏也。織毛若今罽及氀毹之類也。操，持也。兵，凡兵器也。乘，駕車也。騎，單騎也。賈音古。絺音丑知反。紵音佇。罽音居例反。操音千高反。』」，頁 65。見班固：《漢書》（臺北：鼎文書局，1981）。
15. 《漢書・惠帝紀》：「漢律人出一算，算百二十錢，唯賈人與奴婢倍算。」，頁 91。
16. 《漢書・地理志下》：「古有分土，亡分民。太公以齊地負海舃鹵，少五穀而人民寡，乃勸以女工之業，通魚鹽之利，而人物輻湊。後十四世，桓公用管仲，設輕重以富國，合諸侯成伯功，身在陪臣而取三歸。故其俗彌侈，織作冰紈綺繡純麗之物，號為冠帶衣履天下。」，頁 1660。
17. 《史記・貨殖列傳》：「昔者越王句踐困於會稽之上，乃用范蠡、計然。計然曰：『知鬥則修備，時用則知物，二者形則萬貨之情可得而觀已。故歲在金，穰；水，毀；木，饑；火，旱。旱則資舟，水則資車，物之理也。六歲穰，六歲旱，十二歲一大饑。夫糶，二十病農，九十病末。末病則財不出，農病則草不辟矣。上不過八十，下不減三十，則農末俱利，平糶齊物，關市不乏，治國之道也。積著之理，務完物，無息幣。以物相貿易，腐敗而食之貨勿留，無敢居貴。論其有餘不足，則知貴賤。貴上極則反賤，賤下極則反貴。貴出如糞土，賤取如珠玉。財幣欲其行如流水。』修之十年，國富，厚賂戰士，士赴矢石，如渴得飲，遂報彊吳，觀兵中國，稱號『五霸』。」，頁 3256。
18. 《史記・貨殖列傳》：「范蠡既雪會稽之恥，乃喟然而歎曰：『計然之策七，越用其五而得意。既已施於國，吾欲用之家。』乃乘扁舟浮於江湖，變名易姓，適齊為鴟夷子皮，之陶為朱公。朱公以為陶天下之中，諸侯四通，貨物所交易也。乃治產積居。與時逐而不責於人。故善治生者，能擇人而任時。十九年之中三致千金，再分散與貧交疏昆弟。此所謂富好行其德者也。後年衰老而聽子孫，子孫脩業而息之，遂至巨萬。故言富者皆稱陶朱公。」，頁 3257。
19. 《史記・平準書》，頁 1417。
20. 《史記・平準書》：「漢興七十餘年之間，國家無事，非遇水旱之災，民則人給家足，都鄙廩庾皆滿，而府庫餘貨財。京師之錢累巨萬，貫朽而不可校。太倉之粟陳陳相因，充溢露積於外，至腐敗不可食。眾庶街巷有馬，阡陌之間成群，而乘字牝者儐而不得聚會。守閭閻者

食粱肉，為吏者長子孫，居官者以為姓號。故人人自愛而重犯法，先行義而後絀恥辱焉。」，頁1420。

21 楊芳華：〈漢初黃老學說的經世觀及其實踐〉（臺灣：國立中山大學中國文學系碩士論文，2006，頁9。
22 司馬遷：《史記‧平準書》，頁1442。
23 《漢書‧食貨志上》：「是後，外事四夷，內興功利，役費並興，而民去本。董仲舒說上曰：『《春秋》它穀不書，至於麥禾不成則書之，以此見聖人于五穀最重麥與禾也。今關中俗不好種麥，是歲失《春秋》之所重，而損生民之具也。願陛下幸詔大司農，使關中民益種宿麥，令毋後時。』又言：『古者稅民不過什一，其求易共；使民不過三日，其力易足。民財內足以養老盡孝，外足以事上共稅，下足以蓄妻子極愛，故民說從上。至秦則不然，用商鞅之法，改帝王之制，除井田，民得賣買，富者田連阡陌，貧者無立錐之地。又顓川澤之利，管山林之饒，荒淫越制，逾侈以相高；邑有人君之尊，里有公侯之富，小民安得不困？又加月為更卒，已復為正，一歲屯戍，一歲力役，三十倍於古；田租口賦，鹽鐵之利，二十倍於古。或耕豪民之田，見稅什五。故貧民常衣牛馬之衣，而食犬彘之食。重以貪暴之吏，刑戮妄加，民愁亡聊，亡逃山林，轉為盜賊，赭衣半道，斷獄歲以千萬數。漢興，循而未改。古井田法雖難卒行，宜少近古，限民名田，以澹不足，塞並兼之路。鹽鐵皆歸於民。去奴婢，除專殺之威。薄賦斂，省徭役，以寬民力。然後可善治也。』仲舒死後，功費愈甚，天下虛耗，人復相食。」，頁1137。

司馬遷的「求富尚奢觀」
——從《史記·貨殖列傳》看太史公的經濟思想

司馬遷一反傳統的重農抑商，提倡農商並重，寫下了〈貨殖列傳〉，為商人立傳，此在《史記》中，處處表現他的重商態度。欲了解〈貨殖列傳〉，就必須了解司馬遷的經濟思想，而在他的思想當中，最突出的就是消費主義，與傳統文化向來強調節用完全相反，也稱做「求奢尚富觀」。因為太史公的思想既主導了他的敘事態度，也影響了〈貨殖列傳〉的一切立論，所以我們先要解決他的基本主張。

一七一四年，一位名叫曼德維爾（Bernard Mandeville, 1670-1773）的英國學者，出版了《蜜蜂的寓言：私人的惡毒，公眾的利益》（The Fable of the Bees）一書。曼氏假設人性本惡，繼而提出一些私人的惡德往往會造成公益，即著名的「私德公益說」，譬如個人的奢侈、浪費會造成公共利益，推動社會經濟。此學說，後來經亞當·斯密（Adam Smith, 1723-1790）在他的不朽之作《國富論》（The Wealth of Nations）中引用，方廣為人知，甚至成了古典經濟學的核心學說之一。[1]

另一邊廂，中國也不讓西方學人專美，漢代歷史學家司馬遷，亦曾提出人類天性賦有追求富裕與奢侈的思想。當然，《史記》一如大多數中國經籍也只是條目式，或只是以片言隻語討論學術問題，故無法與西方或現代學術理論等量齊觀，但其啟發性卻令二千多年後的今人驚訝。

一、西漢的奢侈社會風氣

二千多年前，司馬遷（前一四五或前一三五一？）提出類似於西方奢侈經濟學的說法。司馬遷成長於漢初的太平盛世，他沒有像先秦的墨子一般，極端地反對奢侈消費，也沒有像儒家士人般空談仁義，鮮言財利，而是深入地討論奢侈消費的好處，以及人性趨利求富的合理性，其原因實在是與他身處於開放自由的時代不無關係。漢興七十年以來，國家大部分時間都採取開放的經濟政策，百業興旺，人民過著豐足的生活，人們在滿足了「必需品」後，社會開始轉移追求「奢

侈品」，奢侈之風日盛。而司馬遷承認奢侈的合理性，構成了〈貨殖列傳〉的重要前提，因為人的欲望是致富的必須條件，若果沒有了欲望，就不可能出現成功的商人，他也就沒有必要寫〈貨殖列傳〉了。

年代稍早於司馬遷的思想家賈誼（前二〇〇－前一六八），在其名篇〈治安策〉中，記述了當世的奢華風尚，其謂：

> 今民賣僮者，為之繡衣絲履偏諸緣，內之閒中，是古天子后服，所以廟而不宴者也，而庶人得以衣婢妾。白縠之表，薄紈之里，婕以偏諸，美者黼繡，是古天子之服，今富人大賈嘉會召客者以被牆。古者以奉一帝一后而節适，今庶人屋壁得為帝服，倡优下賤得為后飾，然而天下不屈者，殆未有也。且帝之身自衣皁綈，而富民牆屋被文繡；天子之后以緣其領，庶人孽妾緣其履：此臣所謂舛也。夫百人作之不能衣一人，欲天下亡寒，胡可得也？一人耕之，十人聚而食之，欲天下亡饑，不可得也。饑寒切于民之肌膚，欲其亡為奸邪，不可得也。國已屈矣，盜賊直須時耳，然而獻計者曰「毋動為大」耳。夫俗至大不敬也，至亡等也，至冒上也，進計者猶曰「毋為」，可為長太息者此也。[2]

賈氏身處的時代，奢靡風氣大盛。從上文得知，當時的庶人穿著了古代帝后的衣物服飾，就連被出賣的奴婢也穿上華麗衣服，奢侈品的種類繁多，可見當時社會經濟已遠離自給自足的「自然經濟」久矣。一般百姓也如此，大富人家的生活更是窮奢極侈，因而生起賈誼的「太息」（嘆息），以致他從道德的層面考慮，徹底反對當時流行的奢侈生活。與司馬遷不同，賈誼否定了欲望的合理性，並力主在上者應當糾正這種以「奢靡相競」的敗壞風氣。[3]

對此，與司馬遷同時代的司馬相如（前一七九－前一一七）在其著名的〈子虛賦〉中，也說當時有所謂「奢侈相勝，荒淫相越」的文化，[4] 而司馬遷在〈平準書〉中更直接指出，直到他身處的時代，奢侈風氣已經成為一種在達官貴人社群中爭相競賽的潮流。[5] 漢武帝時的董仲舒，對於當代社會貧富懸殊的現象也有「富者奢侈羨溢，貧者窮急愁苦」[6] 的嗟嘆。由此可見，奢侈的風氣在漢代已形成了一種共識，只是大多數人持否定的態度，獨司馬遷力排眾議，對這種風氣表示認同，更開創為商人立傳的歷史傳統。

西漢中期，當代的文人學者召開了著名的經濟會議，討論社會經濟時弊，並編輯成《鹽鐵論》一書。書中有多處記載西漢武帝新政前後，雖然經歷了新經濟

政策的沉重打擊,可是社會仍然充斥著奢靡豪華的風氣,比之漢興七十年以來有過之而無不及,只是消費者由商人變成了達官貴人,財富由民間轉到貴族之手。[7]

另一方面,《鹽鐵論》也記述了當代的知識分子嚴厲地批評其時「奢侈品」的交易頻繁。其實,這些文人不知西漢已經進了經濟發展的新階段,人民不再是自給自足的自然經濟時代,他們口中經常說古人如何節儉,如今人心不古云云。因此,文人才會認為古人對天子生活奢侈的譏諷,在當代對於平民百姓也非常適用,殊不知西漢已進入市場導向(marketing direction)的消費性社會,[8]而不再是自給自足的「自然經濟」社會。當時社會對奢侈品的需求大增,即成了賈誼所說奢靡不堪的社會。簡言之,當時不只是達官貴人才可以過著奢華的生活,即連「匹夫」之人也同樣可以,上下富足,反映了整個社會都已超越小康的階段,達到藏富於民的境界。[9]

二、司馬遷對奢侈風氣的合理化

對於西漢社會的奢侈風氣,司馬遷卻不以為然,但沒有像「鹽鐵會議」中的文學賢良般大聲疾呼,慨嘆人心不古,反而他在〈貨殖列傳〉的首段直率地表明人類有兩種本能。其云:

老子曰:「至治之極,鄰國相望,雞狗之聲相聞,民各甘其食,美其服,安其俗,樂其業,至老死不相往來。」必用此為務,輓近世塗民耳目,則幾無行矣。太史公曰:夫神農以前,吾不知已。至若詩書所述虞夏以來,耳目欲極聲色之好,口欲窮芻豢之味,身安逸樂,而心誇矜埶能之榮使……[10]

司馬遷先概述了老子心目中「小國寡民」的理想社會,他指在老子的設計中,最美好的社會是國民人人都甘於現狀,沒有任何貪慾,過著安居樂業的生活,然而他馬上說,這種情況在當代(即西漢)已不可能實現。同時,他又指出人類具有兩種本能,一種是求利致富之本能,另一種是享樂的本能,這兩點構成他「求富尚奢觀」的核心。對於人類求富的原始欲望,司馬遷又說:「俗之漸民久矣,雖戶說以眇(妙)論,終不能化。」意思是說,即使有再高明的學術思想,家家戶戶去跟人說教,也不能輕易把人性改變。

司馬遷認為人類為了滿足追求富貴的欲望,可以甘於勞動筋骨、忍受嗜欲、冒著風險,甚至赴湯蹈火。[11]其實,這套理論與二千多年後熊彼得(Joseph Schumpeter)提倡的企業家精神大同小異,尤其指出冒險精神是創業者必備的特

質。當然，司馬遷不可能像二十世紀的企業家學派（Entrepreurial School）般找出創新是企業家精神的核心，但他的觀察已經相當精準。他又指出人性本來就有享樂的本能，追求精神或肉體的滿足，如權力、口腹、耳目之慾等等。為了達到目的，人類往往不惜一切，勇往直前。[12] 求利致富的原始本能，是因財富而起，促使人類致力謀取通貨；享樂慾望的本能是要犧牲財富，以換取生理、心理上的物慾與快感，兩者是相輔相成的。

《史記・貨殖列傳》引用《管子・牧民》說：「倉廩實而知禮節，衣食足而知榮辱。」[13] 司馬遷與《管子》的作者一樣，都認為政府應當先讓老百姓享受物質文明的成果，進而追求精神文明的發展，最後得以「利民」之境。[14] 他在〈平準書〉又說：「眾庶街巷有馬，阡陌之間成群，而乘字牝者儐而不得聚會。守閭閻者食粱肉，為吏者長子孫，居官者以為姓號。故人人自愛而重犯法，先行義而後絀恥辱焉。」[15] 此反映了他一貫的思路，強調先現實而後道德的現實主義思維，當物質層滿足了，才會發展文化層以及價值層。與此同時，司馬遷又解釋：「禮生於有，而廢於無，故君子富好行其德，小人富以適其力。淵深而魚生之，山深而獸往之，人富而仁義附焉。富者得埶益彰，失埶則客無所之，以而不樂。夷狄益甚。」[16] 此段引文相當重要，筆者現歸納為以下各點：

一、司馬遷直接肯定了追求財富是人之本性。
二、司馬遷認定了人類內在的道德性，他心目中的「禮」，大抵是類屬於無須教育，與生俱來的認知。
三、他以類比推論說明當人致富後自然會發展出仁義，小人除外。他馬上又引用當時流行的諺語，說：「千金之子，不死於市。此非空言也。」日本學者、《史記會注考證》作者瀧川資言引用何焯之語，認為司馬遷是以此語佐證人們富裕了就會「知榮辱而恥犯法」，[17] 即是前引的「衣食足，知榮辱」。

司馬遷所謂的：「天下熙熙，皆為利來；天下攘攘，皆為利往。」[18] 這就是成語「熙來攘往」的出處。在此，他用了「天下」一詞，邏輯上屬於「全稱」（all）概念，以此說明了人類的本性都是「尚奢求富」，並認為世上沒有任何例外，人人也是為了追求利益而付出努力。

他又於同卷說：「夫千乘之王，萬家之侯，百室之君，尚猶患貧，而況匹夫編戶之民乎？」[19] 司馬遷認為不論是貧窮的人抑或富貴人家，內心都一樣會不甘

貧賤，而渴望追求富貴，平日過著衣食無憂生活的諸侯尚且如此，平民百姓必然更甚，難以抵抗財富的吸引。

譬如說司馬遷在《史記・蘇秦列傳》中，記載了蘇秦之嫂，當蘇秦說秦惠王不成回家，窮則不以他為叔，但當六國封相後，富則跪地拜金之事，更直接承認因為蘇秦「多金」，此可與人為利來的說法相引證。[20]

他說：

由此觀之，賢人深謀於廊廟，論議朝廷，守信死節隱居岩穴之士設為名高者安歸乎？歸於富厚也。是以廉吏久，久更富，廉賈歸富。富者，人之情性，所不學而俱欲者也。故壯士在軍，攻城先登，陷陣卻敵，斬將搴旗，前蒙矢石，不避湯火之難者，為重賞使也。其在閭巷少年，攻剽椎埋，劫人作奸，掘塚鑄幣，任俠並兼，借交報仇，篡逐幽隱，不避法禁，走死地如騖者，其實皆為財用耳。今夫趙女鄭姬，設形容，揳鳴琴，揄長袂，躡利屣，目挑心招，出不遠千里，不擇老少者，奔富厚也。游閑公子，飾冠劍，連車騎，亦為富貴容也。弋射漁獵，犯晨夜，冒霜雪，馳阬谷，不避猛獸之害，為得味也。博戲馳逐，鬥雞走狗，作色相矜，必爭勝者，重失負也。醫方諸食技術之人，焦神極能，為重糈也。吏士舞文弄法，刻章偽書，不避刀鋸之誅者，沒於賂遺也。農工商賈畜長，固求富益貨也。此有知盡能索耳，終不餘力而讓財矣。[21]

上引一段文字，司馬遷用了百餘字詳細地說明了人類具有追求財富的本性，他再一次重申這是不用後天學習的本領，而是與生俱來的本能，人人都是生而有之，即是潛意識的基本欲望，是人性最原始、最真實的部分，承認人類生來就有無窮的欲望。他又用了大量例子，不論是男女老幼，士民軍賈，都是為求富趨利而往。他又認為即使是「守信死節」的隱士，也是為了「利」，只是不是狹義上的「利」（即財富），而是廣義上的「利」，其中就包括了「名利」，也包含了獲得社會認同的心理滿足，而產生良好個人聲譽所得的感受，也包括了「博戲馳逐」的爭勝之心，以及在遊戲中獲勝所帶來的喜悅，還有「游閑公子」的衣著排場所帶來的虛榮感等等。由此可見，這些心理上的滿足，是展示人性「本我」的具體表現。

司馬遷在《史記・禮書》更明確指出：「禮由人起，人生而有欲，欲而不得，則不能無忿，忿而無度則爭，爭則亂。」[22] 他先確認了欲望是人類生而有之，故

此不得不以世俗的「禮」加以規範，以「後天」制約「先天」，此等同荀子所說，禮者，偽也，是人為而成。他認為不以禮規範，就必定會造成社會混亂，此大抵是在引用《管子》「倉廩實，知禮節」的文字，進一步發展而成的哲學觀。

簡言之，司馬遷的經濟思想某程度上已經提升至哲學層次，雖然他並未有發展出完整的經濟學說，而《史記》又不是哲學或經濟學的專門敘述，而是散見於其歷史巨著的片言隻語，當然不能穿鑿附會地說二千年前的司馬遷已超越近代西方經濟學人。由於中國學術一直沒有像近代西方仔細分工，根據亞當‧斯密的理論，沒有分工，就難以專業化，《史記》是一龐大的史學巨著，涵蓋層面凡天文地理人文陰陽，無所不包，而且每有精妙討論，而其經濟思想達到如此高之水平，實在是極為難得。故此，《史記》的經濟思想一如大多數中國典籍，同是欠缺專門而有系統的敘述，但其有關「求富尚奢」的啟發性，絕不比西方近代經濟學家、哲學家遜色。

當然，積極地承認人類「求富尚奢」的理論，也不是前無古人，非為司馬遷首創。中國經濟思想史家趙靖指出，先秦諸子如管子、孔子、荀子等人亦認定求利是人類之本性。[23]《管子‧侈靡》的作者更明確提出「上侈而下靡」的主張，即是富人大量消費以造就貧民、工匠、女工的就業機會，有衣食可得。[24] 孔子曰：「富與貴是人之所欲也，不以其道得之，不處也。」[25] 雖然孔子討論的重點是討論「義利」之關係，屬於倫理學層面的闡述，而司馬氏則是從人類本性的哲學層面切入，試圖解釋人類的經濟行為，像他如此深入從經濟角度闡釋，在中國史上可說無出其右，後世亦未能青出於藍。

根據上述討論，筆者對於司馬遷的「求富尚奢觀」，得出以下各點結論：
一、人生而具有享樂的本能；
二、若排除外在條件的限制，求富之心將盡情發揮；
三、求富之心是不可能以人為所能影響，也不可「塗民耳目」，不必要地干預人類求富的天性；
四、富人不一定是不道德，富人中亦有不少仁義之士

司馬遷比前人更進一步的是，先秦諸子多對貧富分化持否定態度，而司馬氏則視之為合理現象。趙靖指出司馬遷並不認同國家應對此加以干預的做法。[26] 不但如此，司馬氏更直接地提出富人在社會上應當享有崇高的社會地位，[27] 他說：

> 凡編戶之民，富相什則卑下之，伯則畏憚之，千則役，萬則僕，物之理也。夫用貧求富，農不如工，工不如商，刺繡文不如倚市門，此言末業，貧者之資也。[28]

司馬遷認為富者理當高高在上，貧者則應當為人役使，這是「物之理也」，此即是社會經濟發展的自然法規，是千古不易之道理，可謂把貧富而造成社會地位的差異完全合理化。此種說法不單為古之儒者所否定，亦頗受近代馬克思主義者大力抨擊。司馬遷認定因應工作收入的多寡，而決定該職業在社會中地位的高下，他既認同求富是人之天性，故此從事商業的地位，應當比起農業和手工業為佳，而從事商品賣買，則比起從事手工業能賺取更大的利潤，社會地位自然也會更高，有新達爾文主義（New-Darwinism）的味道。與此同時，他又用了帶有歧視性的字眼（「本末」中的「末」，具有次要的意思）來稱呼商業，故可能有人因此認為司馬遷本身也是歧視商業，但從上文的內容可見，看出了他是肯定了商業在人們選擇職業時所處的優勢，此可視為其敘述中似為矛盾之處。[29]

司馬遷經濟思想的核心是「善者因之」，[30] 即順應市場供需而決定，聽由市場的自然發展。由此推之，他應是反對任何不必要壓抑正當商人的行政手段，此大概是對於漢武帝時告緡錢及一系列打擊商人與商業等擾民措施而作出的回應。[31] 因司馬遷認識到欲望是社會經濟發展的動力，壓抑了欲望，則人民不再積極從事生產了。[32] 儘管他本人很同情貧苦大眾，但他視貧富懸殊為一合理的社會現象，乃人的經濟欲望所致。[33]

話雖如此，司馬氏的思想富有多元性，即使他承認了奢侈與利己之說為人類的本性，亦不代表他主張毫不節制的縱慾主義者，他也不是主張無度的消費，因他早已他深明老子「盛極必衰，物極必反」的哲學，他對於墨家大部分的思想雖不表認同，但對於墨家主張的強本節用卻持肯定態度。[34] 他又於〈平準書〉說：

> 當此之時，網疏而民富，役財驕溢，或至兼併豪黨之徒，以武斷於鄉曲。宗室有土公卿大夫以下，爭於奢侈，室廬輿服僭於上，無限度。物盛而衰，固其變也。[35]

又說：

> 是以物盛則衰，時極而轉，一質一文，終始之變也。[36]

由此觀之，上引〈平準書〉一段，司馬遷大力批評秦代政府的過猶不及，國

家肆意開疆拓土，窮民自肥，可見他雖然承認「求富尚奢觀」的合理性，卻也不主張過度揮霍，凡事都要適可而止。司馬遷雖沒有像近代西方經濟學人發展出「私德公益說」，也就是奢侈雖不利個人、卻有利於社會的經濟思想，但他認同富貴享樂之天性，進一步深化了孔子「富與貴是人之所欲也」的思想，再應用於他的經濟史寫作之上，其啟發性實在不讓近世西方古典經濟學家專美。

司馬遷的奢侈思想是他寫〈貨殖列傳〉的立論基礎，因為他勇於承認人生而有之的求富欲望，才會為商人立傳，並且在傳內提出許多重要的經濟思想，故我們在分析〈貨殖列傳〉的具體內容前，必須了解這一前提。

三、司馬遷的素封論──兼論班、馬之異同

司馬遷以民間學者的身分提出了多元而開放的經濟思想，他肯定人性對財利的追求，並發展出「求富尚奢觀」。惟在司馬遷百年之後，代表官方史學立場的東漢史家班固（三二─九二），則持完全相反的意見。雖然有學者指出，班氏並未有完全否定商業行為，而只是反對一些不義之商人，並且讚揚像「宣曲任氏」般的殷實商人。[37] 傳統文化素來認為臣民富貴與否，其權力應掌握在君王之手，《商君書‧靳令》云：「利出一空（孔）者其國無敵。利出二空者國半利。利出十空者其國不守。」[38] 意思是指國君才有權利予人富貴名利，所以商君才主張「利出一孔」，否則就不利於國家。就上文所見，商君、班固的主張完全是基於國家的威權管治而發，《史記‧佞幸列傳》記載：「文帝曰：『能富通者在我也。何謂貧乎？』於是賜鄧通蜀嚴道銅山，得自鑄錢，『鄧氏錢』布天下。」[39]

由此可見，在統治階級的眼裡，富貴理應由國家造就。然而，司馬遷並不同意以為商人靠一己之力可成為與封君相提並論，享有崇高的社會地位。司馬遷在〈貨殖列傳〉中提出「素封」的概念，他說：

> 今有無秩祿之奉，爵邑之入，而樂與之比者。命曰「素封」。封者食租稅，歲率戶二百。千戶之君則二十萬，朝覲聘享出其中。庶民、農、工、商、賈，率亦歲萬息二千，百萬之家則二十萬，而更徭租賦出其中。衣食之欲，恣所好美矣。[40]

司馬遷認為，平民可以利用商業行為，取得與千戶之君等同的二十萬收入，即使扣除稅務開支後，仍足以過著美好的生活，他又馬上記述了可能取得年盈利二十萬的行業。[41] 另方面，從司馬遷的文字可見，當時不乏社會流動，而經濟活

動之發達，使社會充滿了致富的機會。為便閱讀，茲表列如下：

封爵	身分	條件	收息率	年收入	年支出
封君	封君食租稅	千戶之封君	歲率戶二百	二十萬	朝覲支出
素封	布衣匹夫之人	百萬之家	歲萬息二千	二十萬	各項稅務

班固在〈貨殖傳〉中幾乎完全抄錄了上段文字，惟省略了「素封」二字，[42] 此反映了班、馬二人看待富人社會地位的不同看法，司馬遷是肯定的，班固則有所保留，這與他一貫認為平民富者與達官貴人不可相提並論的思想完全吻合。

司馬遷接著說：

今治生不待危身取給，則賢人勉焉。是故本富為上，末富次之，奸富最下。無岩處奇士之行，而長貧賤，好語仁義，亦足羞也。[43]

上文的意思是平民以正當的手法，取得與國家封君等同的社會地位，他將這些人稱為「素封」，並肯定了他們靠自身的努力而取得應有的社會地位，甚至超越封君者，亦大有人在。[44] 司馬遷並沒有一概而論，而是把富人分為不同的層次。他認為靠農業致富的最上，其次是靠商業致富的人，唯獨是以不當、違法的手段致富者，他表示完全不能接受，此大有儒家「君子愛財，取之有道」之意。「素封」的概念，對於後世文學作品也有一定的影響，清人小說《醒世姻緣傳》有一段對白說：

第按台之力，已罄竭而無餘；問縣帑之存，又釜懸而莫濟。於是與按台相向躊躇，互為轉輾，不得不告助於鄉先生各孝廉，諸秀士，素封大賈，義士善人者：米豆秫粟之類，取其有者是捐；升斗庾釜之區，量其力而相濟。多則固為大德，少亦藉為細流。時止三十日為期，數得一百石為率。庶前養不止於後棄，救死終得以全生。伏望鄉先生各孝廉諸秀士素封大賈義士善人者；念夭喬纖悉之眾，仁者且欲其生；矧井閭桑梓之民，寧忍坐視其死？誠知地方薦饑有日，諸人儲蓄無幾。捐盆頭之米，亦是推恩；分盂內之饘，寧非續命？則累仁積德，福祥自高施主之門；而持缽乞哀，功德何有腳夫之力？斯言不爽，請觀范丞相之孫謀；此理非誣，幸質宋尚書之子姓。[45]

在明清小說中「素封」是與義士善人並列，可見「素封」亦含仁義善人的意味，而且「素封」也是與孝廉同儕，反映在小說家眼中，「素封商人」的社會地

位不弱於孝廉秀士等讀書人，商人地位不亞於士人，此亦代表商人通過仁義而成為「素封」，而「素封」使他們受到社會尊敬。至於率先提出此一概念者，正是為正義商人被歧視而抱不平的司馬遷。

相反，《漢書·司馬遷列傳》對司馬遷作出嚴詞批評，班固說：「（太史公）……又其是非頗繆於聖人，論大道則先黃老而後六經，序遊俠則退處士而進姦雄，述貨殖則崇勢利而羞賤貧，是其所蔽也。」[46] 班固從意識形態出發，幾乎徹底否定了司馬遷承認求富利己的經濟思想，也不滿他對商人與商業的書寫態度，更認為司馬遷不應把貨殖放在仁義之上，又不該以道家的放任主義思想列在儒家的干預主義之前。班固沒有認真考慮司馬遷對經濟行為的區分，如上所述，太史公只是肯定本富、末富，對奸富亦予以嚴厲批評。事實上，班固並沒有對司馬遷「求富尚奢」的商業倫理思想有比較深入理解，他本人才是真正的「其所蔽也」。然而，班氏之評價，對後世影響甚巨，就連宋代大儒葉適也指司馬遷不應把商人的事跡寫在書中，甚至完全否定太史公的經濟思想。[47]

同一件事上，《史記》與《漢書》展現不同的敘述，我們可以在此中看出二人的寫作方法、立論、心態之差別。譬如說司馬遷在〈貨殖列傳〉中寫道：

此其章章尤異者也……至若力農畜、工虞商賈，為權利以成富，大者傾郡，中者傾縣，下者傾鄉里者，不可勝數。[48]

班固卻說：

此其章章尤著者也。其餘郡國富民，兼業顓利，以貨賂自行，取重於鄉里者，不可勝數。[49]

司馬遷所用的「權利以成富」是比較中性的文字，而班固則說「貨賂自行」，語氣則比較重。此外，班氏在《漢書·敘傳下》中清楚表明他撰作〈貨殖傳〉的動機，他說：

四民食力，罔有兼業。大不淫侈，細不匱乏。蓋均無貧，遵王之法。靡法靡度，民肆其詐。偪上并下，荒殖其貨。侯服玉食，敗俗傷化。述貨殖傳第六十一。[50]

顯而易見，司馬遷是以比較中性的文字去描述當時的經濟環境，班固卻站在道德高地，一概而論地否定富民，並認為他們不應跟封君一樣過著「侯服玉食」的生活，從道德而非人類本性的角度，直斥這是傷風敗俗的行為。

司馬遷在《史記·貨殖列傳》中表示認同人類可憑藉一己的能耐，在商場上力爭上游，追求富貴，享受奢靡的生活，此為人之常情。求富之心，是為了滿足享樂之天性，即使生活奢侈，達到王侯一般的水準，亦並無不可，其底線是不可為富不仁而已。相反，班固的態度則大相逕庭，他站在道德高地上，幾近完全否定了致富的心態，直斥其為「僭上并下」，[51] 更認為商人不應過著奢侈的生活。他又說：

陵夷至乎桓、文之後，禮誼大壞，上下相冒，國異政，家殊俗，嗜欲不制，僭差亡極。於是商通難得之貨，工作亡用之器，士設反道之行，以追時好而取世資。[52]

班氏認為奢侈之風助長了貧富懸殊的社會問題，他不像《管子》般認為上層貴族的奢侈行為，可以造就下層人民的工作機會，他又說：「富者木土被文錦，犬馬餘肉粟，而貧者短褐不完，含菽飲水。其為編戶齊民，同列而以財力相君，雖為僕虜，猶亡慍色。」[53] 由此可見，他對「以追時好而取世資」[54] 的奢侈求富精神，並未像司馬遷般加以肯定。[55]

總而言之，班固撰〈貨殖傳〉，其中之目的是對司馬遷所提出的「求富尚奢觀」加以否定，勸世人敬而遠之，他的主張有強烈的階級性，認為百姓應當節儉樸素，遑論你是富商巨賈，總之就不應與建制中人過著同等生活。

撰作的目的不同，對具體事實描述的取向也有不同，著名史學家克羅齊曾說過：「一切歷史也是當代史。」故此，《史記》、《漢書》在描寫同一史實時，也難免會夾雜了當代社會的意識形態於其中。譬如司馬遷對於漢初商業發達的景象，作出以下的評價：

漢興，海內為一、開關梁，弛山澤之禁。是以富商大賈，周遊天下，交易之物莫不通得其所欲。[56]

班固在《漢書·食貨志上》卻說：

文帝即位，躬修節儉，思安百姓。時，民近戰國，皆背本而趨末。[57]

對於同一個課題，班固卻有不同的評價，他簡單地將商業發展，以及人民追求富貴皆視之為「背本趨末」，用語帶有歧視性，而非像司馬遷般正視人類的天性。其實，司馬遷在〈太史公自序〉中，提到他撰寫〈平準書〉的動機時，用了

「去本趨末」一詞,[58] 班固所用的「背」,比起司馬遷所用的「去」,明顯有著強烈的主觀意識。雖然班氏也曾用去本一詞,但只此一次而已。[59] 簡言之,司馬遷的敘述就比較中性,他在《史記》中從未用過背本來形容社會經濟發展,惟當然時人不乏用背本一詞,[60] 但班固選用此詞,說明其意識的取態。由此觀之,班、馬二人之經濟思想實在是大相逕庭。司馬遷主張開放山林池澤,反對政府的干預行為,認為這是與民爭利,班固則反對開放型經濟,認為國家不應給予老百姓經營「屬於」國家的產業。[61]

學者宋敘五指出:「班固寫《漢書·貨殖傳》,是要貶抑商人,貶抑富人,貶抑個人發財致富的心理與行為。」[62] 此說法未免有點以偏概全,班固作〈食貨志〉就把食貨並列,並認為「食足貨通」[63] 是社會發展的重要元素,[64] 這比起司馬遷的〈平準書〉重商而輕食顯得更加全面,可見班氏也非完全否定商人與商業,只是《漢書》意圖邊緣化商人,把商人列為「士農工商」四民之末,[65] 又把奢侈行為視作負面的社會現象,更反對當代著名的巨富,如秦揚、翁伯、張里、張氏、質史等,他們原本是平民,經過自身的努力,力爭上游,達到社會流動,然後享受財富帶來的物質生活,超過了平民應有的身分,班氏認為這是「越法」,[66] 此「法」並非指法律,而是指法度,即他心中的道德標準。班氏又否定經營鹽鐵的商人,認為這些是與官爭利。打從一開始,班固已經是站在統治者而非人民的立場去討論經濟事務。[67] 因此認為班固完全否定商業,雖言過其實,但仍然有一定的參考價值,就是班氏對商業的態度遠較司馬遷保守。由此可見,班氏不像司馬遷坦誠地承認人性之貪慾,又提出「素封」的說法,鼓勵平民通過合理的手段致富,達到社會流動。班、馬之異,實在是保守與開放的一大對比。

自班固以降,中國經濟思想史上以班氏為首的節儉學說,可謂壓倒了司馬遷的奢侈學說,幾乎成為歷代文人墨客的金科玉律。從司馬遷到班固,由開放到閉固,這絕非偶然,而是反映中國學術發展由多元走向單一的路徑。在多元的學術環境下,才可以產生出與國家政策不盡相同的思想,但是漢武帝奠定了學術一元化的路向,儒學成為了正統,其他學派日趨邊緣化;東漢以後,學術環境愈趨保守。即使在西漢晚期,鹽鐵會議之中,時人都尊稱司馬遷為司馬子,又多引用他的分析,可見當時思想仍是多元的,但到了東漢,情況就不一樣了,文人學者必須跟隨國家的主旋律,否則就難以得到世人的肯定(更重要是官方的肯定)。久而久之,形成了一種大氣候、一種具排他性的意識形態,以及一種話語霸權。凡是與此不同,都被視之為「異見」,就像宋代大儒葉適一般,對司馬遷口誅筆伐。

其實，此傳統早在班固之世已留下伏筆。

「素封」是司馬遷提出的新概念，這不是單純的歷史事實，而是他個人的歷史認識，更準確地說，是司馬遷在觀察歷史時，結合了他主觀的意願，利用歷史敘述，再加上文學想像，從而創造出來的歷史概念。「素封」並不真實存在於歷史之上，而是出現於司馬遷的歷史與文學敘述之中。

四、餘論：司馬光、陸楫與司馬遷

宋儒司馬光（一〇一九－一〇八六）在其名篇〈訓儉示康〉說：「『儉，德之共也；侈，惡之大也。』共，同也；言有德者皆由儉來也。夫儉則寡欲：君子寡欲，則不役於物，可以直道而行；小人寡欲，則能謹身節用，遠罪豐家。故曰：『儉，德之共也。』」[68] 司馬光不但把節儉視為經濟問題，更視之為道德問題。反之，奢侈則是不合道理，有違世俗禮教。他又說：「侈則多欲：君子多欲，則貪慕富貴，枉道速禍；小人多欲，則多求妄用，敗家喪身。是以居官必賄，居鄉必盜。故曰：『侈，惡之大也。』」司馬光的說法，某程度上代表了中國傳統文化的主流思想，上至國家，下至平民，大多深信奢侈與道德掛鉤。奢侈不只是經濟行為，而且涉及到道德層面。反觀漢代的司馬遷，他承認了奢侈是人的本性，並指出本性非由外間力量可阻，而司馬溫公卻完全否定了欲望的追求，溫公之保守實可反襯太史公對人性面目的包容。

當然，歷史上也並非再沒有出現像司馬遷般開放的經濟思想，例如明代的知識分子陸楫（一五一五－一五五二）在其〈禁奢辨〉中也提出了與司馬遷相當類似的說法，[69] 他更露骨地為奢侈作辯護，駁斥世人的種種誤解，此實比司馬遷更進一步。陸氏更直接指出「大抵其地奢，則其民必易為生；其地儉，則其民必不易為生者也。」又云：「彼有所損，則此有所益。」[70] 此言與曼德維爾的說法，奢侈對個人可能會造成損害，卻會為社會造成公益，大同小異。然而，陸氏稱不上是大儒，其奢侈學說沒有在中國成為主流思想，也沒有相當分量的代表性，其作品更不像大儒司馬光的〈訓儉示康〉般流傳千古。[71]

學者	主要觀點	對奢侈的態度	歷史影響
司馬光（1019–1086）	奢侈會導致道德敗壞，節儉才是德行的根本。	強烈反對奢侈，認為貪慕富貴會導致社會腐敗。	其〈訓儉示康〉成為儒家節儉思想的代表作，影響深遠。

司馬遷 （前 145- ？）	承認奢侈是人性的一部分，市場經濟應允許其自由發展。	認為奢侈行為是自然現象，不應強行抑制。	其《貨殖列傳》成為中國早期市場經濟思想的重要典籍，但未成主流。
陸楫 （1515–1552）	奢侈促進經濟流通，對個人未必有利，但對社會整體有益。	為奢侈辯護，認為「彼有所損，則此有所益」。	其〈禁奢辨〉與曼德維爾（Bernard Mandeville, 1670-1733）的奢侈促進公益觀點相似，但未廣泛流傳。

在西方，曼德維爾的說法卻獲古典經濟學家所廣泛接納，一直影響至今，陸氏也好，司馬遷也好，亦不能同日而語。儘管著名歷史學家余英時指出自十五世紀以來，中國歷史上有不少棄儒就賈的例子，而商人的社會地位也不斷提升。[72]但是司馬遷的「求富尚奢」學說，卻未能在知識分子中佔有主流的位置，這是不能否認的事實。

五、結語

中國的奢侈經濟思想未曾流行，究其原因，很可能是因為中國長期處於自給自足的農業經濟社會，以致有幾種現象。第一，能夠奢侈的人不多。其次，在商業不太發達的情況下，商品交易稀少，奢侈又未必會帶來巨大的社會公益。再次，農業社會必定要積穀防饑，奢侈會危及到社會安危。反過來說，因各種緣由，歐洲在近世走上了重商主義的道路，在商業繁榮的社會，「私德公益說」自然大有市場。更重要是，中國自漢武帝以後，皇權日盛，士風漸衰，言論自由大不如前。[73]

司馬遷的經濟思想並非偶爾而發，而是集先秦以來知識分子的遺產而成。先秦百家爭鳴以及西漢初年無為而治，其時社會氣氛較為開放，諸侯割據稱雄，對學問的需求殷切，為諸子學說提供有利的土壤，加上言論相對較為自由，司馬遷在此環境下自然能夠提倡開明的經濟學說。然而，自漢武帝當權以後，設立學官，獨尊儒家，自由開放的社會形態漸漸不再，中國的學術環境由多元走向一元，班固、司馬光等儒家式節儉思想成為主流，像司馬遷奢靡觀一類開明的思想不受到歷來士人的重視，即使到了明代，陸楫推陳出新，另立新說，提倡奢侈經濟學說，卻沒有為幾近一元化的知識界帶來巨大的震撼。

簡言之，任何偉大的思想都只會萌生於自由開放的時代，要麼就是政府容許人民有言論、學術自由，要麼就是天下大亂，政府無力干預學術，甚至不得已而

要借助學者之力,視學者為上賓,知識分子在此情況下,才能建構有別於官方意識形態的著述,使學術真正的百花齊放,在此環境下,方能出現司馬遷般的別具一格的論述。

1. 可參考 Gavin Kennedy, *Adam Smith*（Palgrave Macmillan, 2007）；中文版，亞當·斯密著，唐日松等譯：《國富論》（北京：華夏出版社，2009），頁243-244。本文引文均引用自中文版。
2. 班固：《漢書》（臺北：鼎文書屋，1981），〈賈誼傳〉，頁2243。
3. 胡寄窗：《中國經濟思想史》，中冊（上海：上海財經大學出版社，1998），頁13。
4. 《史記·司馬相如列傳》：「無是公听然而笑曰：『楚則失矣，齊亦未為得也。夫使諸侯納貢者，非為財幣，所以述職也；封疆畫界者，非為守禦，所以禁淫也。今齊列為東藩，而外私肅慎，捐國隃限，越海而田，其於義故未可也。且二君之論，不務明君臣之義而正諸侯之禮，徒事爭游獵之樂，苑囿之大，欲以奢侈相勝，荒淫相越，此不可以揚名發譽，而適足以貶君自損也。且夫齊楚之事又焉足道邪！君未睹夫巨麗也，獨不聞天子之上林乎？』」，頁3041。見司馬遷：《史記》（臺北：鼎文書局，1981）。
5. 《史記·平準書》：「宗室有土公卿大夫以下，爭于奢侈，室廬輿服僭于上，無限度。物盛而衰，固其變也。」，頁1410。
6. 《漢書·董仲舒傳》，頁2521。
7. 《鹽鐵論校注·國疾第二十八》：「僕雖不生長京師，才駑下愚，不足與大議，竊以所聞閭里長老之言，往者，常民衣服溫暖而不靡，器質樸牢而致用，衣足以蔽體，器足以便事，馬足以易步，車足以自載，酒足以合歡而不湛，樂足以理心而不淫，入無宴樂之聞，出無佚游之觀，行即負贏，止則鋤耘，用約而財饒，本修而民富，送死哀而不華，養生適而不奢，大臣正而無欲，執政寬而不苛；故黎民寧其性，百吏保其官。建元之始，崇文修德，天下乂安。」（頁332-334）；又同書〈散不足第二十九〉：「古者，衣服不中制，器械不中用，不粥於市。今民間雕琢不中之物，刻畫玩好無用之器。玄黃雜青，五色繡衣，戲弄蒲人雜婦，百獸馬戲鬥虎，唐銻追人，奇蟲胡妲。」（頁349）見王利器校注：《鹽鐵論校注》（北京：中華書局，1996）。
8. 宋敘五：《西漢的商人與商業》（香港：新亞研究所，2010），頁54-55。
9. 《鹽鐵論校注·散不足第二十九》：「古者，汙尊抔飲，蓋無爵觴樽俎。及其後，庶人器用即竹柳陶匏而已。唯瑚璉觴豆而後彤文彤漆。今富者銀口黃耳，金罍玉鍾。中者野王紵器，金錯蜀杯。夫一文杯得銅杯十，賈賤而用不殊。箕子之譏，始在天子，今在匹夫。」（頁351）
10. 《史記·貨殖列傳》（臺北：鼎文書局，1981），頁3253。
11. 《史記·貨殖列傳》：「能薄飲食，忍嗜欲，節衣服，與其僮僕同苦樂，趨時若猛獸摯鳥之發。」
12. 宋敘五：〈從司馬遷到班固——論中國經濟思想的轉折〉，「中國經濟思想史學會第十屆年會」論文（太原：中國經濟思想史學會主辦，2002年9月20-23日），頁7-8。
13. 《史記·貨殖列傳》，頁3255；《史記·管晏列傳》，頁2132。
14. 周俊敏：《〈管子〉經濟倫理思想研究》（長沙：嶽麓書社，2003），頁87。
15. 《史記·平準書》，頁1420。
16. 瀧川資言：《史記會注考證》，新校本（天工書局影印本），頁2042。
17. 瀧川資言：《史記會注考證》。
18. 《史記·貨殖列傳》，頁3256。
19. 《史記·貨殖列傳》，頁3256。
20. 《史記·蘇秦列傳》：「北報趙王，乃行過雒陽，車騎輜重，諸侯各發使送之甚眾，疑於王者。周顯王聞之恐懼，除道，使人郊勞。蘇秦之昆弟妻嫂側目不敢仰視，俯伏侍取食。蘇秦笑謂其嫂曰：『何前倨而後恭也？』嫂委蛇蒲服，以面掩地而謝曰：『見季子位高金多也。』蘇秦喟然嘆曰：『此一人之身，富貴則親戚畏懼之，貧賤則輕易之，況眾人乎！』」，頁2261。
21. 《史記·貨殖列傳》，頁3271-3272。
22. 《史記·禮書》，頁1161。
23. 趙靖等：《中國經濟思想通史》，卷一（北京：北京大學出版社，2002），頁600。
24. 巫寶三：《管子經濟思想研究》（北京：中國社會科學出版社，1989），頁150頁；張固也：《管子研究》（濟南：齊魯書社，2006），頁251。
25. 《重刊宋本十三經注疏附校勘記·重栞宋本論語注疏附校勘記·論語注疏解經卷第四·里仁第四》，頁36上。

26　趙靖等：《中國經濟思想通史・卷一》，頁602。
27　宋敘五：《西漢貨幣史》（香港：中文大學出版社，2002），頁54。
28　《史記會注考證》，頁2048-2049。
29　宋敘五認為司馬遷心目中並沒有士農工商四民階層，對商人地位的看法應不異於其他職業。見宋敘五：《西漢商人與商業》（香港：新亞研究所，2010），頁80。但是，此明顯忽略了司馬遷在書中大量運用末業來形容商業，而本末一詞，本身就有重要和次要的性質。
30　《史記・貨殖列傳》：「太史公曰：夫神農以前，吾不知已。至若詩書所述虞夏以來，耳目欲極聲色之好，口欲窮芻豢之味，身安逸樂，而心誇矜埶能之榮使。俗之漸民久矣，雖戶說以眇論，終不能化。故善者因之，其次利道之，其次教誨之，其次整齊之，最下者與之爭。」，頁3253。
31　《史記・酷吏列傳》：「會渾邪等降，漢大興兵伐匈奴，山東水旱，貧民流徙，皆仰給縣官，縣官空虛。於是丞上指，請造白金及五銖錢，籠天下鹽鐵，排富商大賈，出告緡令，鉏豪彊并兼之家，舞文巧詆以輔法。湯每朝奏事，語國家用，日晏，天子忘食。丞相取充位，天下事皆決於湯。百姓不安其生，騷動，縣官所興，未獲其利，姦吏並侵漁，於是痛繩以罪。」，頁3140。
32　趙靖等：《中國經濟思想通史》，卷一，頁603。
33　胡寄窗：《中國經濟思想史》，中冊，頁56。
34　《史記・太史公自序》：「墨者儉而難遵，是以其事不可徧循；然其彊本節用，不可廢也。」，頁3289。
35　《史記・平準書》，頁1420。
36　《史記・平準書》，頁1422。
37　陳其泰、趙永春：《班固評傳》（南京：南京大學出版社，2002），頁258；班固在《漢書・貨殖傳》中寫道：「宣曲任氏，其先為督道倉吏。秦之敗也，豪桀爭取金玉，任氏獨窖倉粟。楚、漢相距滎陽，民不得耕種，米石至萬，而豪桀金玉盡歸任氏，任氏以此起富。富人奢侈，而任氏折節為力田畜。人爭取賤賈，任氏獨取貴善，富者數世。然任公家約，非田畜所生不衣食，公事不畢則不得飲食肉。以此為閭里率，故富而主上重之。」以上文字與《史記・貨殖列傳》大致相同，司馬遷說：「宣曲任氏之先，為督道倉吏。秦之敗也，豪傑皆爭取金玉，而任氏獨窖倉粟。楚漢相距滎陽也，民不得耕種，米石至萬，而豪傑金玉盡歸任氏，任氏以此起富。富人爭奢侈，而任氏折節為儉，力田畜。田畜人爭取賤賈，任氏獨取貴善。富者數世。然任公家約，非田畜所出弗衣食，公事不畢則身不得飲酒食肉。以此為閭里率，故富而主上重之。」，頁3380。
38　《上古漢語語料庫・商君書・靳令》，頁111。
39　《史記・佞幸列傳》，頁3192。
40　《史記・貨殖列傳》，頁3272。
41　《史記・貨殖列傳》：「故曰陸地牧馬二百蹄，牛蹄角千，千足羊，澤中千足彘，水居千石魚陂，山居千章之材。安邑千樹棗；燕、秦千樹栗；蜀、漢、江陵千樹橘；淮北、常山已南，河濟之間千樹萩；陳、夏千畝漆；齊、魯千畝桑麻；渭川千畝竹；及名國萬家之城，帶郭千畝畝鍾之田，若千畝卮茜，千畦薑韭：此其人皆與千戶侯等。」，頁3272。
42　《漢書・貨殖傳》：「秦漢之制，列侯封君食租稅，歲率戶二百。千戶之君則二十萬，朝覲聘享出其中。庶民農工商賈，率亦歲萬息二千，百萬之家即二十萬，而更繇租賦出其中，衣食好美矣。故曰陸地牧馬二百蹄，牛千蹄角，千足羊，澤中千足彘，水居千石魚波，山居千章之萩。安邑千樹棗；燕、秦千樹栗；蜀、漢、江陵千樹橘；淮北滎南河濟之間千樹萩；陳、夏千畝漆；齊、魯千畝桑麻；渭川千畝竹；及名國萬家之城，帶郭千畝畝鐘之田，若千畝卮茜，千畦薑韭：此其人皆與千戶侯等。」，頁3686。
43　《史記・貨殖列傳》，頁3272。
44　《史記・平準書》於武帝元狩三年（前120）：「於是縣官大空，而富商大賈或蹛財役貧，轉轂百數，廢居居邑，封君皆低首仰給。」，頁1425。
45　西周生：《醒世姻緣傳》（臺北：聯經出版社，1986），第三十一回：「縣大夫沿門持缽　守錢虜閉戶封財」，頁407-408。
46　《漢書・司馬遷列傳》，頁2738。
47　王明信、俞樟華：《司馬遷思想研究》，《史記研究集成》，第十卷（北京：華文出版社，2006），頁239。

48 《史記‧貨殖列傳》，頁 3281。
49 《漢書‧貨殖傳》，頁 3694。
50 《漢書‧敘傳下》，頁 4266。
51 《漢書‧敘傳下》，頁 4266。
52 《漢書‧貨殖傳》，頁 3682。
53 《漢書‧貨殖列傳》，頁 3682。
54 《漢書‧貨殖列傳》，頁 3682。
55 趙靖等：《中國經濟思想通史》，卷二，頁 73。
56 《史記‧貨殖列傳》，頁 3261。
57 《漢書‧食貨志上》，頁 1127。
58 《史記‧太史公自序》：「維幣之行，以通農商；其極則玩巧，并兼茲殖，爭於機利，去本趨末。作平準書以觀事變，第八。」（頁 3306）
59 《漢書‧地理志下》：「後世世徙吏二千石、訾富人及豪桀并兼之家於諸陵。蓋亦以彊幹弱支，非獨為奉山園也。是故五方雜厝，風俗不純。其世家則好禮文，富人則商賈為利，豪桀則游俠通姦。瀕南山，近夏陽，多阻險輕薄，易為盜賊，常為天下劇。又郡國輻湊，浮食者多，民去本就末，列侯貴人車服僭上，眾庶放效，羞不相及，嫁娶尤崇侈靡，送死過度。」（頁 1642-1643）
60 《漢書‧魏相丙吉傳》：「數條漢興已來國家便宜行事，及賢臣賈誼、鼂錯、董仲舒等所言，奏請施行之，曰：『臣聞明主在上，賢輔在下，則君安虞而民和睦。』〔師古曰：『虞與娛同。』〕臣相幸得備位，不能奉明法，廣教化，理四方，以宣聖德。民多背本趨末，或有飢寒之色，為陛下之憂，臣相罪當萬死。臣相知能淺薄，不明國家大體，時用之宜，惟民終始，未得所繇。」（頁 3137）
61 陳其泰、趙永春：《班固評傳》（南京：南京大學出版社，2002），頁 257。
62 宋敘五：〈從司馬遷到班固〉，頁 17。
63 《漢書‧食貨志》，頁 1117：「食足貨通，然后國實民富，而教化成。黃帝以下『通其變，使民不倦』。堯命四子以『敬授民時』，舜命后稷以『黎民祖饑』，是為政首。」
64 趙靖等：《中國經濟思想通史》，卷二，頁 70-71。
65 宋敘五指出：「司馬遷在《史記‧貨殖列傳》中，沒有說四民，只舉出四種生產行業。該四種生產行業是：農、虞、工、商。沒有『士』。更沒有『士、農、工、商』的說法。司馬遷說：『故待農而食之，虞而出之，工而成之，商而通之。又說：農不出則乏其食，工不出則乏其事，商不出則三寶絕，虞不出則財匱少，財匱少則山澤不辟矣，此四者，民所衣食之原也。』班固將司馬遷的『農、虞、工、商』四業，改為『士、農、工、商』四業。少了一種行業，就是『虞』；多了一種行業，就是『士』。又再看看班固對『士』的說法是：『士相與言仁誼於閒宴。』可見『士』已經不是一種生產行業，而是一種不事生產的行業。但在班固的觀念中，社會上的生產行業，已經由四種縮減為三種。減少了『虞』。從上古到西漢，『虞』都是一個主要的生產行業。它是除農業之外，人類開發利用大自然並造福人類的一種行業，諸如後代的漁、林、礦、牧等行業，在古代都屬於『虞』的範圍。司馬遷說：『虞不出則財匱少，財匱少則川澤不辟矣。』可以看到『虞』這一種行業的重要性。」見宋敘五：〈從司馬遷到班固〉，頁 14-15。
66 《漢書‧貨殖傳》：「其餘郡國富民兼業顓利，以貨賂自行，取重於鄉里者，不可勝數。故秦楊以田農而甲一州，翁伯以販脂而傾縣邑，張氏以賣醬而踰侈，質氏以洒削而鼎食，濁氏以冒脯而連騎，張里以馬醫而擊鍾，皆越法矣。」（頁 3694）
67 趙靖等：《中國經濟思想通史》，卷二，頁 73。
68 〈訓儉示康〉收於《古文觀止》。
69 Hsiao-ping Peng, *Is Confucianism Anti-consumption?* (PhD thesis, Graduate Institute of Industrial Economics of the National Central University, Taiwan, 2006), p. 17.
70 引自電子版《四庫全書》。
71 同上，序言第 6。
72 余英時：〈中國近世宗教倫理與商人精神〉，《士與中國文化》（上海：上海人民出版社，2003），頁 513。
73 余英時：〈道統與政統之間〉，《史學與傳統》（臺北：時報出版公司，1981），頁 30-70。

司馬遷為商人立傳的尺度

一、引言

《史記‧貨殖列傳》內列舉的商人，除了齊太公、管仲兩位先從商後從政的特殊人物外，詳細說明其事跡者共有十八人，其中七人屬於春秋戰國時期；另有九人屬於西漢時期，當中有一些是與司馬談父子同時代的人物。關於本傳的立意，司馬遷開宗明義地說：「請略道當世千里之中，賢人所以富者，令後世得以觀擇焉。」[1] 由此可見，太史公是立意要把一些具才能的富翁的事跡記下，加以表揚，讓後世得以參考，即是說此傳之人物在司馬遷眼中都是正面人物，傳內文字是傾向褒揚性質。

二、《貨殖列傳》商人背景分析

到底司馬遷選取人物時的尺度為何？如果我們得知他的立意，則可通過文本，更加了解司馬遷本人的思想以及他寫作的準則，這是本文要處理的基本問題，故不得不先把相關史料列出，並加以分析，現分類如下：

春秋戰國時期的人物：

人名	行業	史料
范蠡	商業	范蠡既雪會稽之恥，乃喟然而歎曰：「計然之策七，越用其五而得意。既已施於國，吾欲用之家。」乃乘扁舟浮於江湖，變名易姓，適齊為鴟夷子皮，之陶為朱公。朱公以為陶天下之中，諸侯四通，貨物所交易也。乃治產積居。與時逐而不責於人。故善治生者，能擇人而任時。十九年之中三致千金，再分散與貧交疏昆弟。此所謂富好行其德者也。後年衰老而聽子孫，子孫脩業而息之，遂至巨萬。故言富者皆稱陶朱公。
子貢	商業	子贛既學於仲尼，退而仕於衛，廢著鬻財於曹、魯之間，七十子之徒，賜最為饒益。原憲不厭糟糠，匿於窮巷。子貢結駟連騎，束帛之幣以聘享諸侯，所至，國君無不分庭與之抗禮。夫使孔子名布揚於天下者，子貢先後之也。此所謂得埶而益彰者乎？

白圭	商業	白圭,周人也。當魏文侯時,李克務盡地力,而白圭樂觀時變,故人棄我取,人取我與。夫歲孰取穀,予之絲漆;繭出取帛絮,予之食。太陰在卯,穰;明歲衰惡。至午,旱;明歲美。至酉,穰;明歲衰惡。至子,大旱;明歲美,有水。至卯,積著率歲倍。欲長錢,取下穀;長石鬥,取上種。能薄飲食,忍嗜欲,節衣服,與用事僮僕同苦樂,趨時若猛獸摯鳥之發。故曰:「吾治生產,猶伊尹、呂尚之謀,孫吳用兵,商鞅行法是也。是故其智不足與權變,勇不足以決斷,仁不能以取予,彊不能有所守,雖欲學吾術,終不告之矣。」蓋天下言治生祖白圭。白圭其有所試矣,能試有所長,非苟而已也。
猗頓	工業	猗頓用鹽鹽起。
郭縱	工業	邯鄲郭縱以鐵冶成業,與王者埒富。
烏氏	畜牧	烏氏倮畜牧,及眾,斥賣,求奇繒物,間獻遺戎王。戎王什倍其償,與之畜,畜至用谷量馬牛。秦始皇帝令倮比封君,以時與列臣朝請。
巴寡婦清	礦業	巴寡婦清,其先得丹穴,而擅其利數世,家亦不訾。清,寡婦也,能守其業,用財自衛,不見侵犯。秦皇帝以為貞婦而客之,為築女懷清台。夫倮鄙人牧長,清窮鄉寡婦,禮抗萬乘,名顯天下,豈非以富邪?

眾所周知,春秋戰國富人商才輩出,是基於當時人口急遽上升以及戰爭導致需求增加,加上各國多推行自由貿易,致使商業發達。從上述可見,這時期的商人多數從事礦業、鹽鐵業等生意。隨著春秋戰國社會經濟的發展,這些巨富已不是稀疏地出現,而是大批大批地湧現。[2] 學者楊寬指出,戰國時期商品經濟發達,出現了許多巨富,在市場上進行壟斷經營,[3] 成了與國君分庭抗禮的新勢力。西漢初年,天下一統,政府又開放關卡、山林、川澤,[4] 故此商業仍然發達,[5] 此時期具代表性的商人,則可見於下表:

人名	行業	簡介
蜀卓氏	工業	蜀卓氏之先,趙人也,用鐵冶富。秦破趙,遷卓氏。卓氏見虜略,獨夫妻推輦,行詣遷處。諸遷虜少有餘財,爭與吏,求近處,處葭萌。唯卓氏曰:『此地狹薄。吾聞汶山之下,沃野,下有蹲鴟,至死不饑。民工於市,易賈。』乃求遠遷。致之臨邛,大喜,即鐵山鼓鑄,運籌策,傾滇蜀之民,富至僮千人。田池射獵之樂,擬於人君。
程鄭	工業	程鄭,山東遷虜也,亦冶鑄,賈椎髻之民,富埒卓氏,俱居臨邛。

125

宛孔氏	工業、商業	宛孔氏之先，梁人也，用鐵冶為業。秦伐魏，遷孔氏南陽。大鼓鑄，規陂池，連車騎，游諸侯，因通商賈之利，有游閑公子之賜與名。然其贏得過當，愈於纖嗇，家致富數千金，故南陽行賈盡法孔氏之雍容。
曹邴氏	工業、商業	魯人俗儉嗇，而曹邴氏尤甚，以鐵冶起，富至巨萬。然家自父兄子孫約，俯有拾，仰有取，貰貸行賈遍郡國。鄒、魯以其故多去文學而趨利者，以曹邴氏也。
刀間	商業	齊俗賤奴虜，而刀間獨愛貴之。桀黠奴，人之所患也，唯刀間收取，使之逐漁鹽商賈之利，或連車騎，交守相，然愈益任之。終得其力，起富數千萬。故曰「寧爵毋刀」，言其能使豪奴自饒而盡其力。
師史	商業	周人既纖，而師史尤甚，轉轂以百數，賈郡國，無所不至。洛陽街居在齊秦楚趙之中，貧人學事富家，相矜以久賈，數過邑不入門，設任此等，故師史能致七千萬。
宣曲任氏	商業	宣曲任氏之先，為督道倉吏。秦之敗也，豪傑皆爭取金玉，而任氏獨窖倉粟。楚漢相距滎陽也，民不得耕種，米石至萬，而豪傑金玉盡歸任氏，任氏以此起富。富人爭奢侈，而任氏折節為儉，力田畜。田畜人爭取賤賈，任氏獨取貴善。富者數世。然任公家約，非田畜所出弗衣食，公事不畢則身不得飲酒食肉。以此為閭里率，故富而主上重之。
橋姚	牧畜	塞之斥也，唯橋姚已致馬千匹，牛倍之，羊萬頭，粟以萬鍾計。
無鹽氏	子錢家	吳楚七國兵起時，長安中列侯封君行從軍旅，齎貸子錢，子錢家以為侯邑國在關東，關東成敗未決，莫肯與。唯無鹽氏出捐千金貸，其息什之。三月，吳楚平，一歲之中，則無鹽氏之息什倍，用此富埒關中。
關中諸田	不詳	關中富商大賈，大抵盡諸田，田嗇、田蘭。
其他	不詳	韋家栗氏，安陵、杜杜氏，亦巨萬。

　　西漢前期的巨富，仍然以工商虞業為主，更明顯是亦工亦商，自產自銷，使工業與商業緊緊結合在一起。[6] 同時，又有了像漢景帝時期無鹽氏等人般，具有資本主義特色的借貸業商人出現，說明了貨幣經濟的發達，足可見戰國至漢武帝前期社會經濟發達，導致商業人才輩出的社會現象，更重要是上述不過是業界的龍頭人物，至於中小富戶，實在多不勝數。

三、呂不韋不在傳內的原因

綜觀上述春秋戰國至西漢的商賈人物，我們不難發現，諸多風雲人物之中，獨不見名揚天下的呂不韋，也沒有洛陽賈人桑弘羊家族，[7] 司馬遷在另一列傳中指出「呂不韋者，陽翟大賈人也。往來販賤賣貴，家累千金」。[8] 若論身家，桑弘羊家族的具體情況則不得而知，惟桑弘羊的情況不能說明甚麼，因與他同時代的巨富卜式，也不在本傳之中。但是，呂氏的身家財產實不亞於上述富人，可是〈貨殖列傳〉偏偏對他隻字不提。雖然司馬遷在〈太史公自序〉中說〈貨殖列傳〉只記「布衣匹夫之人」，但事實上傳內也簡單介紹過曾經從商的姜太公，[9] 而商販出身的管仲也一樣名列其中，[10] 陶朱公又曾經是傑出的政治家，雖然日後以平民身分從商致富，但觀其一生，仍非一般的平民。上引文中漢代冶鐵業巨商孔氏，其代表人物孔僅也加入了武帝的統治集團，成為了當時得令的政界人物，他也不是布衣匹夫之人。由此觀之，司馬遷於本章並不把政治家排除於外。事實上，呂不韋確實以平民身分成為巨富，因在商業上取得成功，後來才有足夠的資本「釣奇」，[11] 此正合乎司馬遷所說布衣匹夫之人而起家一點，惟呂氏獨不見於〈貨殖列傳〉之內，那一定有更深層的因由。

其實，司馬遷在〈太史公自序〉中，早已一針見血地強調賢者富人應當「不害於政，不妨百姓，取與以時而息財富，智者有采焉」。[12] 正因如此，呂不韋就不在其中，這反映了在司馬遷眼裡，這些人雖然有智有謀，可是有害於國家政治，甚至是妨礙百姓之奸商，儘管他們都在商場取得成功，但不談仁義，不守禮節，故太史公不在本傳加以記載，而「布衣匹夫之人」只不過片面的說法而已。

簡言之，呂不韋沒出現在〈貨殖列傳〉是有以下三個原因：

一、有害於國家、社會，不行仁義；
二、另有列傳專門記載，但非主因，如姜子牙、管仲也分別有〈齊太公列傳〉〈管晏列傳〉；
三、不是布衣匹夫之人，也非主因，因他是先富後貴，也是白手興家。

其實，在傳內亦有其他人符合上述之二、三點，那人就是孔子的學生子貢，他既另有〈仲尼弟子列傳〉，專門記載他的事跡，[13] 但同時記於〈貨殖列傳〉之中，子貢比孔子少三十一年，而孔子歿於公元前四七九年，孔子說子貢「不受命而貨殖」，其時勾踐尚未復國，他經商的時間是略早於陶朱公范蠡，[14] 如此說來，子貢是先成為出色的商人，[15] 其後再從政，情況一如呂不韋，可見上述的第二點，

並不構成不把呂不韋寫在本傳的根本原因。

簡言之，春秋時期的子貢亦非「布衣匹夫之人」，他是傑出的政治家兼商人，先後於衛、魯等國出仕；[16] 他與呂不韋的情況大同小異，也是先從商後從政，此剛好與范蠡先政後商相反，基於同一律，若因呂不韋不是「布衣匹夫之人」而不入傳，那麼子貢也不應寫進〈貨殖列傳〉中。由此推之，呂不韋的名字不被司馬遷寫在本傳的主因，並非因他是政治家的身分，而主要是他不符合「不害於政，不妨百姓」一點。在〈呂不韋列傳〉中，雖然沒有直言批評，可是司馬遷不經意地把呂不韋投機取巧的性格完全暴露出來，並對呂氏的所作所為作了秉直的記述。清人吳見思在《史記論文》中說：「（太史公）寫呂不韋陰謀，始而賈國，終而賈禍，一篇權術狙詐，寫來如見。」[17] 吳氏之言，正說出司馬遷對於呂不韋的隱含評價，他們同樣不齒呂氏的為人處事，《史記論文》之言與〈貨殖列傳〉對他隻字不提的立意，大概是不謀而合。

四、論司馬遷的義利觀

事實上，司馬遷並非如班彪、班固（三二一九二）父子眼中看輕仁義而重貨殖的人。[18]《史記》列傳的第一篇，正是不重生死重仁義的伯夷、叔齊二位義人的列傳，[19] 司馬遷在〈太史公自序〉說：「末世爭利，維彼奔義；讓國餓死，天下稱之。作伯夷列傳第一。」[20] 可見他本人對仁義之仰仗，而列傳中最後一篇，則是講述道義商人事跡的〈貨殖列傳〉，全書首尾呼應，都是以仁義為歸宿，如此鋪排，均可見太史公絕非班固口中所說「述貨殖則崇勢利而羞賤貧」之人。再加上司馬遷在〈孟子荀卿列傳〉中記述孟子與齊宣王說「仁義而已，何必曰利」時，憶起了孔子「罕言利」的話語，以及對孔孟之言表示讚同，[21] 認為仁義應該先於利益，[22] 此再次說明班固之說實在無中生有，也反映司馬遷的敘述中不時表露他對道德的堅持。

若細心觀察，我們不難發現司馬遷在《史記》一書中，不止一次直接或間接引用管子「倉廩實而知禮節，衣食足而知榮辱」[23] 的名句，而他又在〈平準書〉中直接指出：「眾庶街巷有馬，阡陌之間成群，而乘字牝者儐而不得聚會。守閭閻者食粱肉，為吏者長子孫，居官者以為姓號。故人人自愛而重犯法，先行義而後絀恥辱焉。」[24] 此等材料，可充分反映司馬遷的價值觀傾向。

漢承秦制，在出土秦簡中已有不少贖刑、贖罪的材料出土，[25] 而漢代保留此

法，亦有以用錢賣爵贖罪的慣例，[26] 司馬遷在三十七歲之年，因李陵之禍而被誣入獄，然而他的家境並不富裕，又沒得到朋友的幫助，[27] 據出土漢簡《二年律令》所見，漢初以來有贖死、贖腐等法例，贖死金二斤八，贖腐金一斤四兩，[28]《漢書》亦載：「（天漢四年）秋九月，令死罪入贖錢五十萬減死一等。」[29] 當然，能否贖罪的關鍵在於是否得到皇帝的恩准。司馬遷在獲罪後一年，漢武帝又容許他贖死罪，只是因沒有足夠金錢贖腐而被迫遭受殘酷的宮刑。[30] 自此之後，司馬遷對金錢財富，別有一番感受。當他提及秦國寡婦清之時，他也加上了自己的評論，其謂「夫裸鄙人牧長，清窮鄉寡婦，禮抗萬乘，名顯天下，豈非以富邪？」[31] 他的意思是說富人之所以能夠名揚天下，就能像子貢與寡婦清一樣，可以跟國君分庭抗禮，[32] 這是因他們富裕的家財而提升其社會地位，而慘受腐刑而使其自我形象低落的太史公，對分庭抗禮的富商產生無限的仰慕，是對自身的經歷有感而發的慨嘆。司馬遷以別人的成功反襯自己的不幸，他一再引用管子的名句，反映了其主張先現實而後理想的現實主義。故他在〈貨殖列傳〉開宗明義說：

> 若至家貧親老，妻子軟弱，歲時無以祭祀進醵。飲食被服不足以自通，如此不慙恥，則無所比矣……無巖處奇士之行，而長貧賤，好語仁義，亦足羞也。[33]

這個情況大抵是屬於司馬遷的自白，他不是如一些人口中般反對仁義，而是反對只說不做，空談理想之人而已；他更認為即使是崇高的理想，還是要靠金錢加以實現。故他在記述子貢的事跡時，不忘把孔子得以名留青史的原因，歸功於孔門弟子中亦商亦政的子貢，他說：

> 夫使孔子名布揚於天下者，子貢先後之也。此所謂得埶而益彰者乎？[34]

此語恰恰反映他現實主義的傾向，他不把孔子視作不食人間煙火的聖人，而是客觀地承認名揚天下必須要有一定的經濟力量支持。如果沒有一定的資本，孔子也無法周遊列國弘揚他的學說；沒有家財萬貫的子貢，後人也未必能夠如此熟悉孔夫子的學說了。與司馬遷相反，班固《漢書·貨殖傳》基本上是抄襲了司馬遷的文字，惟刪去了上引最重要的一句，反而特別提及到貧困不堪、卻道德高尚的顏回，可見班固是不認同司馬遷現實主義的分析，而是站在道德高地看待世事。[35]

五、結論

故此，司馬遷得出了一個重要的結論，就是「富者，人之情性，所不學而俱

欲者也」。[36] 他認為追求富裕是人之所欲，而以才智致富者，需加以表揚，但是必須要「皆非有爵邑奉祿弄法犯奸而富」，[37] 這就是司馬遷撰作〈貨殖列傳〉最重要的尺度。事實上，司馬遷說這樣的人，數目之多，實在是「大者傾郡，中者傾縣，下者傾鄉里者，不可勝數。」[38] 此反映當時社會經濟之發達，富人已經形成了一個為數不少的社會階層。故此，司馬遷只是選擇其中有代表性者，加以記錄，惟一些理應在本傳的人，卻因「犯奸而富」，而不獲記錄，那正是奇貨可居又有害於政，又被清人李景星評為千古第一奸商的呂不韋！[39]

　　總而言之，〈貨殖列傳〉為商人立傳，從司馬遷的選材與敘事過程中可得知，其最重要的尺度仍在仁義，而非獨看功利一面矣。

1 司馬遷：《史記》（臺北：鼎文書局，1981），〈貨殖列傳〉，頁 3277。
2 傅築夫：《秦漢社會經濟史》（北京：人民出版社，年份不詳），頁 402。
3 楊寬：《戰國史》（北京：人民出版社，2003），頁 115。
4 宋敘五：《西漢商人與商業》（香港：新亞研究所，2010），頁 1。
5 《漢書‧食貨志上》記晁錯於文帝初年的情況：「當具有者半賈而賣，亡者取倍稱之息，於是有賣田宅鬻子孫以償責者矣。而商賈大者積貯倍息，小者坐列販賣，操其奇贏，日游都市，乘上之急，所賣必倍。故其男不耕耘，女不蠶織，衣必文采，食必梁〔粱〕肉；亡農夫之苦，有仟伯之得。因其富厚，交通王侯，力過吏勢，以利相傾；千里游敖，冠蓋相望，乘堅策肥，履絲曳縞。此商人所以兼并農人，農人所以流亡者也。」（頁1132）見班固：《漢書》（臺北：鼎文書局，1981）。
6 傅築夫：《秦漢社會經濟史》，頁 404。
7 《史記‧平準書》：「弘羊，雒陽賈人子，以心計，年十三侍中。故三人言利事析秋豪矣。《索隱》按：言百物毫芒至秋皆美細。今言弘羊等三人言利事纖悉，能分析其秋毫也。」，頁 1428。
8 《史記‧呂不韋列傳》，頁 2505。
9 《史記‧貨殖列傳》：「貧富之道，莫之奪予，而巧者有餘，拙者不足。故太公望封於營丘，地潟鹵，人民寡，於是太公勸其女功，極技巧，通魚鹽，則人物歸之，繈至而輻湊。故齊冠帶衣履天下，海岱之間斂袂而往朝焉。」，頁 3255。
10 《史記‧貨殖列傳》，頁 3255。
11 《史記‧呂不韋列傳》：「呂不韋取邯鄲諸姬絕好善舞者與居，知有身。子楚從不韋飲，見而說之，因起為壽，請之。呂不韋怒，念業已破家為子楚，欲以釣奇，乃遂獻其姬。姬自匿有身，至大期時，生子政。子楚遂立姬為夫人。」，頁 2508。
12 《史記‧太史公自序》，頁 3319。
13 《史記‧仲尼弟子列傳》，頁 1921-1945。
14 《史記‧仲尼弟子列傳》：「賜不受命而貨殖焉，億則屢中。〔集解〕何晏曰：「……賜不受教命，唯財貨是殖，億度是非。蓋美回所以勵賜也。一曰屢猶每也，空猶虛中也。以聖人之善道，教數子之庶幾，猶不至於知道者，各內有此害也。其於庶幾每能虛中者唯回，懷道深遠。不虛心不能知道。子貢無數子之病，然亦不知道者，雖不窮理而幸中，雖非天命而偶富，亦所以不虛心也。」，頁 2185。
15 李埏等人：《〈史記‧貨殖列傳〉研究》（昆明：雲南大學出版社，2002），頁 16。
16 《史記‧貨殖列傳》，頁 3258。
17 吳見思：《史記論文》（上海：上海古籍出版社，2008），頁 52。
18 《後漢書‧班彪列傳》：「彪既才高而好述作，遂專心史籍之閒。武帝時，司馬遷著史記，自太初以後，闕而不錄，後好事者頗或綴集時事，然多鄙俗，不足以踵繼其書。彪乃繼採前史遺事，傍貫異聞，作後傳數十篇，因斟酌前史而譏正得失。其略論曰……遷之所記，從漢元至武以絕，則其功也。至於採經摭傳，分散百家之事，甚多疏略，不如其本，務欲以多聞廣載為功，論議淺而不篤。其論術學，則崇黃老而薄五經；序貨殖，則輕仁義而羞貧窮；道游俠，則賤守節而貴俗功：此其大敝傷道，所以遇極刑之咎也。」，頁 1325。見范曄：《後漢書》（臺北：鼎文書局，1981）；班固：《漢書‧司馬遷傳》：「（遷）論大道則先黃老而後六經，序遊俠則退處士而進姦雄，述貨殖則崇勢利而羞賤貧，此其所蔽也。」（頁 2738）
19 李長之：《司馬遷之人格與風格》（北京：三聯書店，1984），頁 46。
20 《史記‧太史公自序》，頁 3312。
21 《史記‧孟子荀卿列傳》：「太史公曰：余讀孟子書，至梁惠王問『何以利吾國』，未嘗不廢書而嘆也。曰：嗟乎，利誠亂之始也！夫子罕言利者，常防其原也。故曰『放於利而行，多怨』。自天子至於庶人，好利之弊何以異哉！」，頁 2343。
22 王明信、俞樟華：，《司馬遷思想研究》，《史記研究集成》，第十卷（北京：華文出版社，2006），頁 486。
23 《史記‧貨殖列傳》，頁 3255；《史記‧管晏列傳》，頁 2132。
24 《史記‧平準書》，頁 1420。

25 朱紅林：《張家山漢簡〈二年律令〉研究》（哈爾濱：黑龍江人民出版社，2008），頁 41-46。
26 宋敘五：《西漢貨幣史》（香港：中文大學出版社，2002），頁 39。
27 李長之：《司馬遷之人格與風格》，頁 119。
28 朱紅林：《張家山漢簡〈二年律令〉研究》，頁 50。
29 《漢書·武帝紀》，頁 205。
30 《漢書·李廣蘇建傳》：「初，上遣貳師大軍出，財令陵為助兵，及陵與單于相值，而貳師功少。上以遷誣罔，欲沮貳師，為陵游說，下遷腐刑。」（頁 2439）；《漢書·司馬遷傳》記太史公述：「故禍莫憯於欲利，悲莫痛於傷心，行莫醜於辱先，而詬莫大於宮刑。刑餘之人，無所比數，非一世也，所從來遠矣。昔衛靈公與雍渠載，孔子適陳；商鞅因景監見，趙良寒心；同子參乘，爰絲變色：自古而恥之。夫中材之人，事關於宦豎，莫不傷氣。況忼慨之士乎！」，頁 2727。
31 《史記·貨殖列傳》，頁 3360。
32 《史記·貨殖列傳》，頁 3358。
33 《史記·貨殖列傳》，頁 3272。
34 《史記·貨殖列傳》，頁 3258。
35 李埏等人：《〈史記·貨殖列傳〉研究》，頁 58。
36 《史記·貨殖列傳》，頁 3271。
37 《史記·貨殖列傳》，頁 3282。
38 《史記·貨殖列傳》，頁 3282。
39 李景星：《史記評議》（上海：上海古籍出版社，2008），頁 174。

第 二 篇

政府干預與市場經濟

專賣、選士與路徑依賴下的
司馬遷經濟思想

* 另一位作者為澳門大學教育學院副教授張偉保。本文曾發表於2006年9月23日北京大學經濟學院主辦的第二屆北大經濟史學大會暨「中國經濟的長期發展：思想、理論與實踐」研討會；初稿曾收入趙善軒：《司馬遷的經濟史與經濟思想》（臺北：萬卷樓圖書股份有限公司，2017）。

一、前言

　　自百多年前的梁啟超以來，中國學者開始注意到司馬遷的經濟史論述中，帶有類近於西方古典學派的自由經濟主義的主張。改革開放以來，國內學者愈來愈關注傳統經濟思想的現代意義，近廿餘年，陸陸續續有一些歷史學者、經濟學家試圖比較司馬遷與經濟學的奠基者亞當·斯密（Adam Smith, 1723-1790）的異同，更有若干論者認為司馬遷的經濟思想比起西方古典經濟學派進步約千餘年。單是由一九九四至二〇〇五年，國內已有一百三十多篇論文討論司馬遷的經濟思想，近二十年來關於此課題的論文，已佔了歷來在大陸地區發表司馬遷經濟思想論文的百分之七十，張文華把上述諸文歸納為幾個重點：第一、字句解釋；第二、體例研究；第三、經濟地理學；第四、商業倫理學；第五、工商經濟思想；第六、司馬遷與西方學人之比較等方面，[1] 惟這些文章對於長時期的歷史考察以及制度性的解釋並不足夠，本文認為此題目仍有深入探討的空間。

　　香港及海外學者對此題目也有豐厚的成果，早在一九六〇年代於新亞書院任教的宋敘五先生，已對司馬遷的社會經濟思想作深入的討論，他不但指出司馬遷與西方經濟學家亞當·斯密相似之處，而且還討論到司馬遷經濟思想形成的歷史原因。[2] 二十年前，香港中文大學的經濟學家楊瑞輝（Leslie Young）也提出類似的觀點，並從經濟學理論作了比較深入的分析，[3] 由此引起 Y. Stephen Chiu、Ryh-Song Yeh 等其他經濟學者的興趣，觸發起一場國際期刊上的重大學術爭論，其重點在於司馬遷是否真的比亞當·斯密早一千多年，提出超前的自由主義經濟思想。[4] 後來，這個課題在美國學術界引起了廣泛的討論，其爭論的重點是司馬遷的思想是否已達到相當於西方古典經濟學的水平，[5] 可是由於參與爭論的學者都是經濟學家出身，他們對古典文獻理解不足，只能根據白話文譯本為基礎，以致其結論未必真的與司馬遷的原意相符。

然而，司馬遷注定不可能成為中國的經濟學之父，因為他沒有像亞當‧斯密般有李嘉圖（David Ricardo, 1772-1823）、高斯（Ronald H. Coase, 1910-2013）、佛利民（Milton Friedman，或譯弗里德曼，1912-2006）等經濟學巨人將其奠基的學問發揚光大，成為當代的顯學。司馬遷歷史學家的身分，無疑已是名垂千古，但他身為經濟學者，注定是孤獨的，他的自由經濟主張，在中國歷史長河中被忽略，被輕視，被淹沒。直至晚清時期，中國人欲以商戰對抗西力東漸，而中國學者才對司馬遷的經濟思想重新作出審視，情況始有不同。

本文以經濟史研究中頗重要的路徑依賴（path dependence）理論為線索，探討司馬遷的經濟思想在中國歷史上長期被忽略的原因。

- **司馬遷非單純史家**

   《史記》不是單純的歷史文學作品，否則司馬遷就不可能與西方經濟學之父亞當‧斯密等量齊名；另外，司馬遷也是中國史上重要的思想家，他的思想發明也不是他一人之功，而是承繼了春秋戰國數百年自由開放的學術風氣而成。先秦諸子都不是單純的理論家，而是偉大的知識分子，他們試圖為世人尋找理想的生活模式，司馬遷受到他們的影響，故他在寫作〈貨殖列傳〉的同時，也試圖通過他的觀察和想像，勾劃出他心目中理想的社會經濟模型。所以，司馬遷雖然是依據歷史事實寫作，但當中不免夾雜他個人的主觀願望於其中，以便向世人闡述他偉大的經濟思想。

二、壟斷下的學術一元化

一切存在，皆有其合理性。千百年來，司馬遷的經濟主張，不受主流學者重視，是有其歷史原因的。司馬遷著書立說之時，中國正值邁向大一統的初期，長期存在的「超穩定結構」[6] 也尚在組建中，而司馬遷博覽群書，在他閱讀的書單中，絕大部分都是在春秋戰國四分五裂、百家爭鳴的多元時代所寫成，各種學派的理論對他產生巨大的思想衝擊。學術自由是追尋學問的根本，歷史上的學術盛世，往往是在大分裂時代，諸如先秦時代、魏晉時期、清末民初等等。然而，中古時期佛學東傳，加上社會進入自然經濟階段，士人多關注玄學，而非經濟發展；民國之時，知識分子也把精力放在國家救亡的意識形態之上，此與先秦之時，士人不斷思考如何富國強兵，促使百姓生活豐足，自然有很大的不同。司馬遷就是吸

收了諸子的學說，透過描寫先秦以來的經濟發展，來表達他個人的主張，以塑造他心目中理想的世界。

自由無為的道家學說，對司馬遷之影響至鉅。西漢初年，黃老之學大行其道，其論述極之適合百廢待興的社會，故劉氏建政以來，黃老學說一直成為國家、社會的主流思想。漢興七十多年間，雖說黃老之學一度佔據上風，但百家的學問仍有很大的進展，那時代留下多部傳世且不朽的著作。直至漢武帝罷黜百家，獨尊儒術，自由的學術環境發生突變。熟讀儒學成為一般人入仕為官必要且充分的條件，套用社會學的說法，政府是在利用「行政吸納政治」，如社會學家金耀基所說：「『行政吸納政治』是指一個過程，在這個過程中，政府把社會中精英或精英集團所代表的政治力量，吸收進行政決策結構，因而獲致某一層次的『精英整合』，此一過程，賦予了統治權力以合法性，從而，一個鬆弛的、但整合的政治社會得以建立起來。」[7]

在行政吸納政治下的，是政府吸收社會中的精英或精英集團的政治力量，並將其納入政治決策結構中，以此獲得一定程度的精英整合，使政治社會得以穩定地運作。這種過程賦予了政府的統治權力合法性，以此建立一個穩定而整合的政治社會。歷代大多數政府都希望將民間潛在的反對力量，以功名利祿吸納在建制之內，用政治誘因使天下熙熙之士，令其以儒學為業，不然則難以進入政府架構，甚至無法安身立命。魏晉的九品中正制度，隋唐以降的科舉制度，明清的八股取士，大概仍是循此路而走。即使後人偶有發現一元的學術世界，難以培育出優異的治國人才，或有懷疑誦讀四書五經的士人，不具處理具體政事的常識，也只能作無奈之惋嘆。歷史上多次的選拔人才改革，終亦離不開以儒學為本位，未曾有過翻天覆地之變化。受到舊有思維所限，加上壟斷儒學的既得利益階層的興起，漢代以經學作為入仕的主要途徑，漸漸使掌握經學權威的家族成為了世家大族、累世公卿。東漢末年，有幾個「四世三公」的家族，壟斷了政府的主要職業，家族勢力權傾朝野。到了魏晉南北朝，九品中正制鞏固了世家的權力結構，因為品位評定者本是大族出身，他們以出身論人才，漸漸便成了門閥政治，時有「上品無寒門，下品無士族」的社會現象。

儒者又掌控了整個官僚架構，導致累積的「交易成本」（transaction cost）愈來愈高，不易於改革制度，未能引導學術回歸多元。明清僵化的考試制度變本加厲，其時，宋儒對經典的解釋壟斷了科舉入仕之門，更排斥一切非官方指定的內

容出現在試卷之中。

> • 交易成本
>
> 　　交易成本又譯為交易費用（張五常語），當中又分為外生交易費用、內生交易費用兩大類。外生交易費用，是指在交易過程中直接或間接產生且客觀存在的實體費用；內生交易費用，則指任何選擇下所產生的抽象費用，如道德、機會、心理等成本，其只能以概率，以及期望值來度量。本文所指的交易費用為廣義費用，即制度費用（institutional cost）一類。

　　此中情況，即經濟學上新制度學派所謂的「路徑依賴」現象，因固有的交易成本不斷上升，人們往往懼怕放棄原來已投入的成本，令大量投資變得一文不值，成為了「沉沒成本」（sunk cost）。【編按：「沉沒成本」是指已經投入某個決策或計畫中的成本，因為已經發生且無法收回，所以不應再算在未來的決策中。然而，由於人們通常會在做決策時考慮到已經投入的成本，而將其納入決策考量，這就是「沉沒成本效應」（sunk cost fallacy）。】該現象表示人們在做決策時，往往會考慮到已經付出的成本，因而繼續進行該計畫或方案，即使其不再符合最佳利益，也不肯輕易放棄，導致浪費更多的資源和時間。

　　諾貝爾經濟學獎得主諾斯（Douglass C. North）認為，路徑依賴近於物理學中的「慣性」，若進入某路徑，即對此路徑產生依賴，因習性形成了許多既得利益以及利益團體，改變的交易成本逐漸增加，而此路徑的既定方向，會在以後發展中得到自我強化。[8] 所以儒家集團壟斷的情況也不斷地自我強化，士人既掌握壟斷入仕的工具，子孫因而更容易入朝為官，他們成為了既得利益集團，自然排斥非世家以外的人晉身廟堂，這就形成中古門閥政治，也就當然不會輕易開放多元的學術環境。交易成本的累積導致「路徑依賴」現象，對改革制度產生抗拒心理，此抗拒心理近似於物理學中的「慣性」，因而導致既得利益集團的自我強化。儒家集團壟斷入仕工具，世家子孫因而更容易入朝為官，形成門閥政治，進而排斥多元的學術環境。

　　隨著科舉制度日趨成熟，社會流動看似打破了中古時代家族的寡頭壟斷，其實尚要經歷近五百年的演變過程，到北宋中葉才收到顯著效果。據學者的分析，

隋唐實行科舉取士，對九品中正制下的門第制造成衝擊。但是，從中唐時期「牛李黨爭」的爆發，便可體會高門大姓仍在社會上佔有極大的勢力。

以杜佑《通典》為例，二百卷的大部頭著作中，反映世家大族的「禮」門合共有一百卷之多，其餘食貨、選舉、職官、樂、兵、刑、州郡、邊防八門合共也只不過是一百卷。又據兩《唐書》的統計，「中晚唐，肅宗至昭宣帝，科舉進士三百〇一人，名門大族二百二十九人，中層子弟四十四人，真正屬寒族的僅有二十八人，佔百分之九點三。」[9] 換言之，名門大族佔比約為 76.08%；中層子弟佔比約為 14.62%；寒族佔比約為 9.30%，可見唐肅宗至昭宣高門大姓仍然佔有絕對優勢。

中晚唐科舉進士身分

出身階層	人數	比例
名門大族	229 人	76.1%
中層子弟	44 人	14.6%
寒門子弟	28 人	9.3%

- 絕大多數（76.1%）進士來自名門大族，顯示唐代科舉考試雖然開放，仍主要由上層貴族壟斷。
- 中層子弟（14.6%）有一定機會晉身士大夫階層，但比例不高。
- 寒門子弟僅佔9.3%，說明社會流動性受限，普通百姓難以通過科舉改變命運。

經歷了晚唐、五代到宋初差不多二百年的動盪日子，東漢以來的高門大姓才日漸消融。宋代統治者重文輕武，文化普及，每三年一次的科舉考試，取錄名額往往多達五、六百名，又廢除了唐代的溫卷制，設立了彌封、謄錄等防範考試作弊的措施。因此，平民百姓的仕進之路較唐代為佳。加上宋代家族制度的族田制，對族中聰敏的子弟加以經濟上的援助，提高了貧困子弟讀書和入仕的機會。

明代繼續實行科舉制，經長期深化實施，遂產生了廣大的士人階級優勢，形成分散卻龐大的利益集團。據何炳棣的研究，明代進士出身者為百分之五十，減至清代的百分之三十七點二；明代父祖三代為生員的百分之五十，清代則為百分之六十二點八。[10]

明清科舉制度下士人階層流動變化

朝代	進士出身比例	父祖三代為生員比例
明代	50.0%	50.0%
清代	37.2%	62.8%

- 數據來源：何炳棣，《明清社會史論集》

這些數據明顯反映了士人階級的內在強化，他們當官後想辦法培訓子孫循著相同的道路晉身官場，既擁有公權力，又是既得利益者，當然不會輕言改革，使其失去不易獲得的社會地位。此情況一直到了帝國晚期，康有為、梁啟超的維新運動，仍遭受到士人階級的極大反抗，可見從西漢至清中葉以來，大抵仍循路徑依賴而發展。

簡言之，科舉制度對於打破中古時代家族的寡頭壟斷的影響，從隋唐到明清不斷演變，直到北宋中葉才收到顯著效果。在這段演變過程中，高門大姓仍在社會上佔有極大的勢力，但是隨著時間的推移，高門大姓的影響力日漸消融。到了明清時期，士人階級形成了分散卻龐大的利益集團，內在強化，並透過進士出身者和生員的進仕路線，繼續掌握著社會權力和優勢地位。因此，在帝國晚期的維新運動中，士人階級對於改革仍然持續反抗。這一切反映了路徑依賴現象在中國歷史上的存在和影響。

這確定了兩千年來常態時期的政治格局。多元的學術環境逐漸走向單一，由開放轉入內向，非儒學著作成為社會的次文化，難登大雅之堂。司馬遷以後年代的學者，難再像他般受到濃厚的學術氣氛啟迪。此後，士人多以獲政府吸納為目標，例如東漢的班固，[11] 當他描述與司馬遷相同的史事，他高舉政府所主張的意識形態，大肆批評商業家，也極端忽視工商業發展，甚至輕視農業副產品；另一代表性人物是宋代的司馬光，他否定消費，漠視生活享受等推動經濟發展的人類天性，此與司馬遷肯定欲望的主張南轅北轍。儒家舉著重農輕商的旗號，傳統中國社會長期推崇「農本思想」，[12] 如司馬遷這般關懷商業倫理、[13] 經濟思想以及社會發展的人，[14] 再難受到國家的重視。

> ▪ 司馬遷的「求富尚奢觀」
>
> 　　西方古典經濟學派中早有「私德公益說」，較少人注意到中國的司馬遷亦有提出類似的說法，但其學說在中國歷史上卻未產生深遠的影響。筆者曾通過比較方法，將西方古典經濟學、司馬遷以及與司馬遷幾近相反的班固和司馬光加以比較，以司馬光、班固反襯司馬遷，試圖探視司馬遷對追求富貴、奢侈消費的觀念，而這主張是〈貨殖列傳〉中立論的根本，所謂「求富尚奢觀」，不是指他讚揚奢侈行為，而是肯定依靠個人的努力而獲得高尚的社會地位，並得以享受與王侯等同的「素封」生活。司馬遷亦提出了「素封」的新概念，為殷實商人抱不平，此為重農抑商時代的異數。

三、資本壓抑下的商業環境

　　漢武帝（前一五六—前八七）在位時，積極用兵四夷。他好大喜功，泰山封禪又虛耗了一大筆經費，導致國家財政入不敷支，為了滿足他無窮無盡的慾望，故不得不推行新經濟政策，以增加收入，內容大抵如下：

政策	負責人	推行年份
號召募捐	眾官員	前 120
算緡錢（財產稅）	眾官員	前 119
鹽鐵專賣	孔僅、東郭咸陽	前 118
告緡錢（告發瞞稅）	楊可	前 117
平準、均輸（物流統管）	桑弘羊	前 115

　　《史記‧平準書》載：「其明年，山東被水菑，民多飢乏，於是天子遣使者虛郡國倉廥以振貧民。猶不足，又募豪富人相貸假。尚不能相救，乃徙貧民於關以西，及充朔方以南新秦中，七十餘萬口，衣食皆仰給縣官。數歲，假予產業，使者分部護之，冠蓋相望。其費以億計，不可勝數。於是縣官大空。」[15] 從引文可知，新經濟政策始於漢武帝元狩三年（前一二○），當時下令號召商人自願募捐，在欠缺經濟誘因下，反應不太理想，政府只好再想其他方法開源，故第一招是擴闊稅基。元狩四年（前一一九）開徵新稅，類近於現代的資產稅，名為「算

緡錢」。《漢書・武帝紀》云:「有司言關東貧民徙隴西、北地、西河、上郡、會稽凡七十二萬五千口,縣官衣食振業,用度不足,請收銀錫造白金及皮幣以足用。初算緡錢。」[16] 即是說,規定凡人民所有之田地、房屋、船乘、畜產及奴婢等,每值二千錢要抽一百二十錢,謂之「一算」,即每年抽大約百分之六的資產稅。[17] 元狩六年至元鼎四年(前一一七－前一一三)更全面推行「告緡令」,[18] 鼓勵百姓主動告發「瞞稅」的商人,告發者可分得被告者一半的家產,造成「文革式」的告密風潮。由於沒有對私有財產的保障,商人便失去了追求財富的動力,對商業發展產生前所未有的打擊。

此外,武帝也一改漢初以來容許民間自由買賣的做法,改為「民製官賣」的經營模式,其時人民被迫使用政府提供的製鹽工具,鹽由政府收購、運輸及出售,而私鑄鐵器煮鹽的人則會受到嚴刑懲罰。此外,鐵器全由政府壟斷,由採礦、冶煉、製作到銷售,都由官員一手包辦,中央由財政大臣(大司農)直接統領,地方則設置鹽官、鐵官,再於無礦山的縣內設小鐵官,由上而下管理全國鹽鐵事務。鹽鐵是生活的必需品,需求彈性極低,官營以後,供應減少勢必使價格上升,這等於增加了間接稅收,直接加重人民的負擔,造成嚴重的經濟蕭條。

當時人民對平準、均輸、告緡、鹽鐵專賣等政策多有不滿,政府希望多聽他們的意見,以作檢討。年僅十四歲的漢昭帝下旨召開了兩場鹽鐵會議,由郡國推舉的賢良文學,徵詢他們的意見。是次會議實由大將軍霍光在背後推動,命丞相田千秋主持「經濟會議」,由賢良文學為一方,對漢武帝留下的輔政大臣御史大夫桑弘羊等人的政府代表,重點討論當代社會經濟發展,也旁及國家的發展方向、用兵匈奴的合理性、王道與霸道的取捨、禮治與法治的高下,以及古今人物評價等重大議題。桑弘羊本是商人之子,理應是反對新經濟政策的最大力量,但他與孔僅、東郭咸陽等富商在武帝朝先後獲引入建制核心,成了新經濟政策中的推手。

這兩場辯論被人用文字記錄留傳了下來。漢宣帝時,桓寬對會議作了全面的整理,寫成《鹽鐵論》一書。據此書記載,會議中的民間知識分子,指出了專賣制造成了經濟嚴重萎縮,令到某些必需品成為了完全壟斷行業,由於缺乏競爭,導致價格昂貴,品質下降,百姓生計受到沉重打擊。[19] 一如鹽鐵會議所述,專賣制推行以後,原本發達的商業境況不再,而朝廷在會議後一度廢止了新經濟政策,不過很快把專賣制恢復過來,而東漢一朝亦嚴厲執行,並開啟了後漢直至初唐,數百年工商業蕭條的「中古自然經濟」時代。[20] 眾所周知,專賣制會傷害社會經

濟，又影響百姓生活，主事的桑弘羊在會議後一年，因權鬥而被政敵大將軍霍光殺死，而政策在漢元帝時暫停了三年，便旋即恢復，終漢一朝也沒廢除，更成為歷代的傳統。既然專賣制對經濟造成影響，為何政府不早早廢止它，反而一直保留，甚至不斷內在強化，一直到了現當代中國未止，成為了中國兩千年的傳統呢？

《管子・海王》曾記錄管仲與齊桓公關於專賣的對話。桓公為增加政府收入，提出「藉於臺雉」、「藉於樹木」、「藉於六畜」、「藉於人」等方案，均被管仲以危害齊國管治而否決。最後，管仲提出「官山海」，即利用自然界所出的鹽、鐵等必需品加以專賣，定價時加入適量的稅款，便可以增加政府收入，而「人無以避此者」。[21] 本文認為，主要原因是農業社會的賦稅以米糧為主，政府收入的彈性很少。也就是說，政府的收入很少能根據經濟情況或其他因素的變化而有所調整。但如果政府因為天災、戰爭或統治者奢侈揮霍，政府財政的收入不足以支付其開支，則政府就需要獲得額外的收入來平衡收支。傳統儒家的理想是政府負擔輕，因此直接增加農業稅不是政府的一個好選項。因此，對鹽鐵等民生必需品的專賣成為了歷代政府的一個選項。傳統儒家的理想是輕徭薄賦，直接加農業稅自然不是政府一個好的選項。因此。對鹽鐵等民生必需品的專賣，便成為歷代政府的唯一選項了。

例如，自漢武帝的新經濟政策推行以來，專賣制一直支撐著政府龐大的經費，如漢武帝泰山封禪、多年來的南征北伐等非經常性開支。東漢以來，士人政府日漸成熟，官僚架構變得愈來愈龐大，士人階層更成了巨大的利益集團，令政府編制擴大，使到經常性開支大幅增加，再加上專賣制為官僚權貴貪污提供便利，又可應付沉重的軍費，東漢也恢復了經營西域，所費當然不菲。故此，雖然開明的知識分子屢屢提出發展工商業可使百姓生活改善，而他們早就明白到開放市場又可促進市場發展，但因為放棄專賣制的成本增加，而政府從不願放棄沉沒成本，這專賣制度的路徑變得更堅固、更難被取消。[22] 到了唐、宋時代，由於飲茶的風氣愈來愈盛，再加上政府需要通過茶馬制度以換取國內所缺乏的優質馬匹，便把茶葉也納入專賣制之內。[23]

至於食鹽專賣，一直延至當代中國，仍未完全廢止，以清代的綱鹽制度而論，專賣商人「必須向官府報效」，其中最大的一次是在乾隆三十八年（一七七三）征小金川，總商江廣達等一次捐銀就達四百萬兩（嘉慶《兩淮鹽法志》卷四二《捐輸・軍需》）而在平常的日子，鹽商也要定期向各級衙門饋送「額規」，成為相

關官員的重要收入。[24] 以上情形，也可以路徑依賴解釋，因政府藉專賣而產生巨大的收入，以北宋為例，宋英宗治平二年（一○六五）和宋神宗熙寧、元豐年間（一○六八－一○八五），政府的全國總收入平均約為六千萬貫，而有記錄的專賣收入分別為：「鹽利（一一一九年的二千五百萬貫）、酒課（一○四五年的一千七百萬貫）、茶稅（一○○四年的五六九萬貫）。」[25] 我們可簡單計算各項專賣收入對於全國總收入的比例：

- 鹽利（1119 年）：2,500 萬貫 / 6,000 萬貫 = 41.67%
- 酒課（1045 年）：1,700 萬貫 / 6,000 萬貫 = 28.33%
- 茶稅（1004 年）：569 萬貫 / 6,000 萬貫 = 9.48%

放棄專賣制度的機會成本，就是要大力縮減政府開支，慣於花費的官僚機構不會輕言改革，即使開放市場有利於百姓生計，但為官者所考慮的是維持大一統政府的經費，而非人民的福祉。如此，壟斷性的經濟政策進入了路徑之中，而且不斷內在強化，扼殺多元而自由的市場發展。

國學大師錢穆於《中國文化史導論》中指出：「中國社會從秦、漢以下，古代封建貴族是崩潰了，若照社會自然趨勢，任其演變，很可能成為一種商業資本富人中心的社會。這在西漢初年已有頗顯著的跡象可尋。」[26] 自西漢以後，中國經濟受專賣以及政府干預的路徑依賴，使本來發展形勢大好的經濟發展，陷入長期有增長而無發展的格局，而增長往往只是受惠於人口的上升或糧食（新品種的引入）的增加，而非商業發達導致資本累積，或生產技術的革命，即是西漢以後大多數時期，經濟發展是屬於量變，而非質變。誠如歷史學家唐德剛所言：「那在西漢初年便已萌芽了的中國資本主義，乃被一個輕商的國家一竿打翻，一翻兩千年，再也萌不出芽來。」[27]

四、總結

一般而言，為了維持大一統國家以及其高昂的經營成本，專賣制等與民爭利的經濟政策，在中國歷史上的大多數時期，就得一直維持下去。[28] 同時，隨著國家的領土、人口壯大，管治的交易成本亦大幅上升，為了壓低管理成本，中國走向了威權管治的模式，而儒學也成了法家化。當國土愈大，人口愈多，政府的威權更見明顯，尤是帝國晚期，專制傾向更明確，形成「君尊臣卑」以及「反智」的格局。知識分子在政治壓力下，更難提出非主流意識形態的學說。簡言之：

―維持大一統國家 → 需要高昂的經費 →（專賣制等與民爭利的經濟政策必須維持）

―國家領土和人口壯大 → 管理成本增加 → 中國走向威權管治模式

―帝國晚期 → 專制傾向明顯 →「君尊臣卑」和「反智」的格局形成

―政治壓力 → 知識分子難以提出非主流意識形態的學說

- G＝國家統一度（Governance Unification）
- E＝國家財政開支（Expenditure）
- M＝經濟政策干預度（Monetary & Economic Control）
- A＝國家領土與人口規模（Administrative Size）
- C＝管理成本（Administrative Cost）
- W＝威權治理程度（Authoritarianism）
- S＝社會思想開放度（Scholarly Freedom）

綜合公式

$$G \uparrow \Rightarrow E \uparrow \Rightarrow M \uparrow$$
$$A \uparrow \Rightarrow C \uparrow \Rightarrow W \uparrow$$
$$W \uparrow \Rightarrow S \downarrow$$
$$S \downarrow \Rightarrow 非主流思想難以出現$$

　　上述的路徑依賴現象，即因固有的交易成本不斷上升，人們往往懼怕放棄原來已投入的成本，使得社會逐漸形成壟斷、保守的狀態。這種狀態對知識分子等非主流意識形態的學說產生壓力，使得這些學說難以被提出和接受。同時，隨著國家的領土、人口壯大，管治的交易成本亦大幅上升，使得中國走向了威權管治的模式，而儒學也成了法家化。因此，中國歷史上的大多數時期都需要維持專賣制等與民爭利的經濟政策來維持大一統國家，且社會呈現出內向、壟斷、保守的路徑依賴狀態。

　　司馬遷作為中國商業百花齊放的時代見證，他受開放的商業與人文氣氛啟發，發表了許多重要的見解，但隨著自由的社會，轉入內向、壟斷、保守的路徑依賴之中，像司馬遷時代的創作空間不再出現，故他身後的學者亦無法像他觀察多元的經濟，並抒發胸中所想，無怪司馬遷以後再無司馬遷。

1 張文華：〈近十年來《史記・貨殖列傳》研究綜述〉，《淮陰師範學院學報（哲學社會科學版）》第 4 期（2005），頁 530。
2 參見宋敘五：〈從司馬遷到班固：論中國經濟思想的轉折〉，「中國經濟思想史學會第十屆年會」論文（太原：中國經濟思想史學會主辦，2002 年 9 月 20－23 日）。
3 Leslie Young, "The Tao of Markets: Sima Qian and the Invisible Hand," *Pacific Economic Review* 1, no. 2（1996），pp. 137-145.
4 Y. Stephen Chiu and Ryh-Song Yeh, "Adam Smith versus Sima Qian: Comment on the Tao of Markets," *Pacific Economic Review* 4, no. 1（1999），pp. 79-84.
5 Ken McCormic, "Sima Qian and Adam Smith," *Pacific Economic Review* 4, no. 1（1999），pp. 85-87.
6 葉啟政：〈結構以外：歷史的社會學理路初探〉，《二十一世紀》總 32 期（1995 年 12 月），第一節「從『中國中心』史觀到『超穩定結構』論」，頁 39。
7 參見金耀基：〈行政吸納政治——香港的政治模式〉，《中國政治與文化》（香港：牛津大學出版社，1997），頁 21-45。
8 Paul A. David, "Path Dependence, Its Critics and the Quest for 'Historical Economics,'" in Pierre Garrouste and Stavros Ioannides（eds.）, *Evolution and Path Dependence in Economic Ideas: Past and Present*（Cheltenham, UK: Edward Elgar Publishing, 2000）.
9 郭新慶：〈柳宗元說科舉取士〉，http://lib.huse.cn/lzy/news_view.asp?newsid=6206（摘錄於 2016 年 8 月 25 日）。郭氏又指出：「唐代內外官吏不下一萬四千多人，真正由貢舉入仕的不足百分之六。」
10 Ho Ping-ti, *The Ladder of Success in Imperial China: Aspects of Social Mobility, 1368-1911*（New York and London: Columbia University Press, 1967），pp. 161-165.
11 李埏認為班固是站在儒家正統的立場，宣揚「貴誼而賤利」的思想。當然，司馬遷的思想與中國大多數的著作一樣，也是重結論而輕推論，他的結論往往有超前的突破，但因推論不成系統，自然難以與近代西方經濟思想完全等量齊觀。見李埏等：《〈史記・貨殖列傳〉研究》（昆明：雲南大學出版社，2002），頁 144。
12 宋敘五：〈從司馬遷到班固〉，頁 23。
13 《史記・太史公自序》：「布衣匹夫之人，不害於政，不妨百姓，取與以時而息財富，智者有采焉。作貨殖列傳第六十九。」，頁 3319，見司馬遷：《史記》（臺北：鼎文書局，1981）。
14 《史記・貨殖列傳》：「今有無秩祿之奉，爵邑之入，而樂與之比者。命曰素封。封者食租稅，歲率戶二百。千戶之君則二十萬，朝覲聘享出其中。庶民、農、工、商、賈，率亦歲萬息二千，百萬之家則二十萬，而更徭租賦出其中。衣食之欲，恣所好美矣。」，頁 3272。
15 《史記・平準書》，頁 1452。
16 《漢書・武帝紀》，頁 178。
17 可參考全漢昇：《中國社會經濟通史》（北京：北京聯合出版公司，2016），頁 67。
18 宋敘五：《西漢商人與商業》，頁 131。
19 「當時實行專賣的物品，以鹽、鐵為主。但除了鹽、鐵，酒也是專賣品之一，叫『榷酤』。『榷』為獨木橋，轉為獨佔專賣之意。由政府開酒店，造酒高價出賣。」見全漢昇：《中國社會經濟通史》，頁 67-68。
20 全漢昇：〈中古自然經濟〉，《中國經濟史研究》（臺北：稻香出版社，1991）。
21 這是中國專賣制度的最早期材料，見於黎鳳祥：《管子校注》（北京：中華書局，2004），卷二十二，〈海王第七十二〉，頁 1246-1247、1255-1256。
22 關於漢代的專賣，可參看羅慶康：《漢代專賣制度研究》（北京：中國文史出版社，1991）。
23 可參看孫洪升：《唐宋茶業經濟》（北京：社會科學文獻出版社，2001）；林文勛、黃純艷等：《中國古代專賣制度與商品經濟》（昆明：雲南大學出版社，2003），第四章，頁 183-199、225-248。
24 可參看郭正忠等編：《中國鹽業史》，全三冊（北京：人民出版社，1997）；另參看林文勛、黃純艷等：《中國古代專賣制度與商品經濟》，頁 344-345。

25 參見全漢昇：《中國社會經濟通史》，頁 68-69，以上數字雖因史料殘缺而不是同一年的數字，但也可反映專賣佔政府財政總收入的一個主要部分。
26 錢穆：《中國文化史導論》（臺北：臺灣商務印書館，1993），頁 128。
27 唐德剛：〈論國家強於社會〉，《開放》，1999 年 5 月號。
28 林滿紅透過研究清代貨幣政策而得出不同的結論，她認為清政府對民間經濟的集權程度比傳統說法為低，民間有相當大的空間。參見林滿紅：《銀線：十九世紀的世界與中國》（臺北：臺大出版中心，2011），頁 31-53。本文認為此可能與政府對民間控制的交易成本過高，而不得不作出的妥協，以下放權力來換取平衡有關，不獨貨幣，法律也如是。

從英譯《史記》說起
——司馬遷「因善論」釋義

* 本文是根據拙著《司馬遷的經濟史與經濟思想》（臺北：萬卷樓圖書股份有限公司，二〇一七）部分章節作大規模修改、延伸而成。

一、前言

　　"The Grand Historian remarks: I know nothing about the times of Shen-nong and before but, judging by what is recorded in the Odes and Documents, from the ages of Emperor Shun and the Xia dynasty down to the present, ears and eyes have always longed for the ultimate in beautiful sounds and forms, mounts have desired to taste the best in grass-fed and grain-fed animals, bodies have delighted in ease and comfort, and hearts have swelled with pride at the glories of power and ability. So long have these habits been allowed to permeate the lives of the people that, though one were to go from door to door preaching the subtle argument of the Taoists, he could never succeed in changing them. Therefore the highest type of ruler accepts the nature of the people, the next best leads the people to what is beneficial, the next gives them moral instruction, the next forces them to be orderly, and the very worst kind enters into competition with them."[1]

　　以上是美國漢學家華茲生（Burton D. Watson, 1925-2017）對司馬遷「善者因之」（又稱「因善論」）的譯文，此書在美國哥倫比亞大學出版社出版，而此版本是當今流通最廣、影響最大的《史記》英文譯本。譯者華茲生自一九五〇年代碩士論文起，一直深研《史記》等中文古籍，功力甚深，值得研究中國古代史者注意。本文之作，乃希望在華茲生的基礎上進一步解說「因善論」的歷史深意。

　　至於《史記‧貨殖列傳》的原文則節錄如下：

　　太史公曰：夫神農以前，吾不知已。至若詩書所述虞夏以來，耳目欲極聲色之好，口欲窮芻豢之味，身安逸樂，而心誇矜勢能之榮使。俗之漸民久矣，雖戶說以眇論，終不能化。故善者因之，其次利道之，其次教誨之，其次整齊之，最下者與之爭。[2]

　　《史記正義》解釋為：

言其善政者,因循清淨隨俗而誘之,其次以利導引之,其次設化變改之,整齊不貪之,最下者與眾爭利及夸矜也。[3]

日本學者瀧川資言《史記會注考證》云:

因,從自然也,利,順利之。利,非利益之利。道,讀為導。最下者與之爭,譏武帝興利。[4]

再看經濟學者及史學者分析的不同,胡寄窗認為:

善者因之的意思是指不主張人為的干涉。[5]

趙靖指出:

(太史公)提出了以放任為主的善因論,反對封建政府對社會經濟生活過多干預。[6]

宋敘五謂:

政府經濟政策的最善者,是順其自然,對人民的經濟生活不加干涉。其次是因勢利導。再次是用教育的方法說服人民,再次是用刑罰規限(他認為是法律)人民,最差的方法是與民爭利。[7]

汪錫鵬認為:

司馬遷「善者因之」的思想是對工商業不加限制、聽其自然發展的一種政策措施……文景時期,封建統治者對工商業實行的也不是甚麼「因之」政策……司馬遷對於工商業的態度前後相互矛盾。[8]

楊芳華提出:

上引《史記正義》的解釋,認同「因之」是指「因循之術」。[9]

陳鼓應指《管子》部分章節出自戰國晚期齊國稷下學人之手,其思想偏向屬於道家;陳佩君主張《管子》道法結合,由老莊的理想主義走入現實社會,對後來的黃老思想有深遠影響。[10] 人言黃老是「溫和的法家」,也有人因漢文帝「本好刑名之言」,[11] 故有些學人稱其為「道法家」。[12] 黃老之學比起先秦以《老子》為首的道家較為理性與注重實踐。[13] 楊芳華認為黃老學派的著作《管子‧內業》

也同樣主張「因循之術」，[14] 此與司馬遷的思想有類近之處。事實上，黃老學派高舉「道法自然」、「無為而無不為」的旗號，而司馬遷也深受黃老學說影響，故也可由此切入理解他的思維，下文將再論之。

二、釋「善者因之」

司馬遷原文用了善者、其次、最下的排列，筆者認為歷來中文的註解多數語意不明，含混不清，「因循之術」到底又是所指何物？也沒有更明確的解釋。華茲生具體地說明，司馬遷的原意是指統治者應接受人的欲望，並順應此讓其自由發展。善者因之的前文為「太史公曰：夫神農以前，吾不知已。至若詩書所述虞夏以來，耳目欲極聲色之好，口欲窮芻豢之味，身安逸樂，而心誇矜埶能之榮使。俗之漸民久矣，雖戶說以眇論，終不能化。」[15] 由此可見，司馬遷先指出人性之種種欲望，包括享樂、安逸、誇榮等種種自我中心的行為，無論執政者如何教化百姓，終不能化解人性的根本。司馬遷認為與其徒然為之，何不接受人性本來如此，並讓其自由發展。這是西周以來，儒家高舉人性本善，強調抑制欲望的反面。

司馬遷《史記・貨殖列傳》一開首便說：「老子曰：『至治之極，鄰國相望，雞狗之聲相聞，民各甘其食，美其服，安其俗，樂其業，至老死不相往來。』必用此為務，輓近世塗民耳目，則幾無行矣。」[16] 他指出老子的理想境界，在近代社會已不能達到，這是因為統治者都不懂順應人性的發展，而是想盡辦法把人的欲望打壓。他認為接受人性的陰暗面，才能釋放出人類的動力，社會才能進步，故華茲生把「善者因之」意譯為「The highest type of ruler accepts the nature of the people」，是比起《史記正義》解釋為「因循之術」合理得多，也比起歷來認為順應自然更為生動。司馬遷對於漢興以來至武帝初年竇太后主事之時奉行「黃老治術」[17] 的評價極高，其在《史記・呂太后本紀》云：

> 太史公曰：孝惠皇帝、高后之時，黎民得離戰國之苦，君民俱欲休息乎無為。故惠帝垂拱，高后女主稱制，政不出房戶，天下晏然，刑罰罕用，罪人是希。民務稼穡，衣食滋殖。[18]

又《史記・樂毅列傳》：

> 河上丈人教安期生，安期生教毛翕公，毛翕公教樂瑕公，樂瑕公教樂臣公，樂臣公教蓋公。蓋公教於齊高密、膠西，為曹相國師。[19]

《史記・曹相國世家》：

惠帝怪相國不治事，以為「豈少朕與」？乃謂窋曰：「若歸，試私從容問而父曰：『高帝新棄群臣，帝富於春秋，君為相，日飲，無所請事，何以憂天下乎？』然無言吾告若也。」窋既洗沐歸，窋侍，自從其所諫參。參怒，而笞窋二百，曰：「趣入侍，天下事非若所當言也。」至朝時，惠帝讓參曰：「與窋胡治乎？乃者我使諫君也。」參免冠謝曰：「陛下自察聖武孰與高帝？」上曰：「朕乃安敢望先帝乎！」曰：「陛下觀臣能孰與蕭何賢？」上曰：「君似不及也。」參曰：「陛下言之是也。且高帝與蕭何定天下，法令既明，今陛下垂拱，參等守職，遵而勿失，不亦可乎？」惠帝曰：「善。君休矣！」[20]

太史公曰：……參為漢相國，清靜極言合道。然百姓離秦之酷後，參與休息無為，故天下俱稱其美矣。[21]

上述種種可視作「善者因之」的具體實踐，[22] 就是政府盡量減少對百姓追求欲望的干預，減少官員在社會經濟發展所擔任的角色，而曹參的「無為而治」，也成了後世的典範。[23] 同時，漢初政府取消了關查制度，[24] 再加上漢文帝五年四月《除錢律》，廢除呂后時代統一的貨幣制度，[25] 使得「民得鑄錢」，[26] 增加貨幣流通量，促使商貨流通不絕，達到意想不到的效果：

漢興，海內為一、開關梁，弛山澤之禁。是以富商大賈，周遊天下，交易之物莫不通得其所欲。[27]

又：

至今上即位數歲，漢興七十餘年之間，國家無事，非遇水旱之災，民則人給家足，都鄙廩庾皆滿，而府庫餘貨財。京師之錢累巨萬，貫朽而不可校。太倉之粟陳陳相因，充溢露積於外，至腐敗不可食。……故人人自愛而重犯法，先行義而後絀恥辱焉。[28]

當然，釋放人性欲望去推動經濟的同時，也有一定的副作用，包括社會風氣變得奢侈[29]與物質化，[30] 而且社會人士爭相競逐，[31] 並出現了市場經濟的常見現象，即「富者奢侈羨溢，貧者窮急愁苦」的情況。[32] 在此風氣下，官員既是制定者，又是龐大的利益集團，實難免謀利自肥，《史記・蕭相國世家》：

民所上書皆以與相國，曰：「君自謝民。」相國因為民請曰：「長安地狹，

上林中多空地，棄，願令民得入田，毋收稾為禽獸食。」上大怒曰：「相國多受賈人財物，乃為請吾苑！」……高帝曰：「相國休矣！相國為民請苑，吾不許，我不過為桀紂主，而相國為賢相。吾故繫相國，欲令百姓聞吾過也。」

《索隱》謂：

相國取人田宅以為利，故云「乃利人」也。所以令相國自謝之。[33]

可喜的是，漢高祖及漢初諸帝尚且有節制能力，但一般人卻不然，《二年律令‧戶律》所載：「為吏及宦皇帝，得買賣舍室。」三二〇簡，這條法律容許官吏、宦者自由買賣土地，而他們擁有公權力，容易以權謀私，最後造成了嚴重的土地兼併，我們可從一九七三年出土的《鳳凰山漢簡》十號墓中有關漢景帝二年（前一五五）的《南郡江陵縣鄭里廩簿》，該簡文反證當時社會低下階層生活的苦況，[34]此與漢初文景之治美好的景象形成強烈對比。

三、釋「其次」

華茲生下筆明朗，一矢中的，其以「The highest type of ruler accepts the nature of the people」對譯「善者因之」，而「next best」、「next gives」、「next forces」分別對譯三個不同層次的「其次」，而每個「其次」均有層遞之意，最下則譯為「very worst kind」，具有明顯貶抑之意。「其次」是「利道（導）」，本文認為這是指疏導經濟，以政策吸引市場發展，故「因之」與「利道」有一定的區別。再次是「教誨」，這裡顯然是指通過教育，上引瀧川資言則認為「教誨」是要改變人民的行為。最後，「與之爭」顯然是指直接的經濟干預，在西方自由經濟主義下，過多的干預被認為是不合理，司馬遷似乎有此傾向，故稱之為「最下」。最後，「與之爭」顯然是指直接的經濟干預，自由經濟主義者認為，過多的干預被認為是不合理，海耶克主義更認為干預會使政府的權力過大，導致獨裁出現，司馬遷似乎有此傾向，故稱之為「最下」，可見華茲生以「the worst kind」來描述，是頗合中西經濟思想史之原理。

司馬遷用了「其次」二字，雖有等次之分，卻不具有排他性，可見他不一定反對「其次」的做法，而「其次」很可能指是按不同情形來處理的手法，大有因事制宜的哲學思維。從「最下」可以反推出「善者因之」是最上佳的做法，「最下」則是最不可取，則具有明顯的貶義。我們不應用「非黑即白」的思維去理解，以為太史公推崇「善者」，就必然是否定「其次」，本文卻認為司馬遷慣用多元思維，

其次、再次只有序列之別，它有優次，但非否定後者。畢竟他在〈太史公自序〉指出：「民倍本多巧，奸軌弄法，善人不能化，唯一切嚴削為能齊之。」[35] 可見，他根本不完全排斥「齊之」。所以華茲生使用「the best」、「the next best」、「the next gives」、「the next focuses」等詞，也能反映出原文對「因之」及「利道」有推崇之意，而「教誨」、「整齊」則只用中性字眼表達。由此可見，司馬遷並不反完全反對整齊之法，只是他認為不得已而用之，但最好排在「因之」、「利道」、「教誨」之後，但「與之爭」卻是萬惡的行為，必不能用。由此可見，華茲生之譯法，實是高明。

〈貨殖列傳〉又云：「是故本富為上，末富次之，奸富最下。」[36] 這裡的本富是指農業，而末富是指商業，這裡的「上」也可以譯成「the best」，末富也可譯成「the next」，前者屬肯定之詞，後者則是中性之詞。「本末」雖有主次的意思，表面看來，似乎仍略帶有「重農抑商」的意味，但若細閱〈貨殖列傳〉則會發覺不然，農業、商業皆受司馬遷的重視，故這裡的「其次」，也沒有排斥之意。退一步說，即使本末真的具有歧視性質，但從本文看來，也不見次之是有完全否定商業的意味，甚至有表揚正當商人之意。不過最下是配以「奸富」，「奸」當然是嚴重的指摘，故可絕對用「the worst」來形容。

眾所周知，司馬遷最為推崇的文景之治，也非毫無管制，故過去學者往往以「放任」（laissez-faire）一詞來概括，未免太過簡單，亦不太恰當。司馬遷對漢興七十年以來的評價極高，此可說明他並非盲目相信「放任主義」。故此，司馬遷認識到接受人性之欲，則能夠推動人類的積極性，而積極性的提升，則能夠推動生產力，故政府若能順應自然，大大有利於經濟的發展，但面對市場失靈之時，他也認為政府可以在必要時對市場進行管理，包括利導、教誨、整齊，但與之爭必然會扼殺市場發展，故認為這是「最下」（the worst）的做法。

四、釋「利導之」

根據史實，漢初政府也有奉行「利導之」的經濟政策，即是英譯的「the next best leads the people to what is beneficial」，「beneficial」可解為好處、利民、為人民謀福祉，前引日本學者指「利，順利之。利，非利益之利」，以現代經濟學的解釋是減低市場的經營成本，從而提升投資者進入市場的誘因，不過此恐怕會像梁啟超、[37] 胡適 [38] 這一代學人般對歷史有過度的解釋，也是把善者因之與利導之模糊化，而華茲生之譯卻比較保守而穩妥。

152

漢文帝二年推行的「賣粟入爵」政策，完全符合華茲生的譯法。當時，政府面對邊境的威脅，財政負擔沉重，為了增加收入，容許富人以捐送糧食予國家來換取爵位，即是著名的「入粟受爵」政策。根據稍先宋敘五的分析，漢初的富人大多都不是地主，而是商人。當時，有錢人通過爵位來換取社會地位，爵位可用作刑罰豁免，有保護人身安全的作用，故商人會向農民收購糧食，再轉政府輸粟換爵，如此，農產的需求上升，農民也藉此政策獲得了好處。[39]

其時，晁錯在〈論貴粟疏〉云：

方今之務，莫若使民務農而已矣。欲民務農，在於貴粟；貴粟之道，在於使民以粟為賞罰。今募天下入粟縣官，得以拜爵，得以除罪。如此，富人有爵，農民有錢，粟有所渫。……順於民心，所補者三：一曰主用足，二曰民賦少，三曰勸農功……爵者，上之所擅，出於口而亡窮；粟者，民之所種，生於地而不乏。……[40]

據上文所述，「入粟受爵」之原意是為了增加國家的財政收入，也可以減輕向農民徵收田稅的壓力。實際上，擴大市場對粟的需求量，糧價因而上升，增加了生產者的收入，也促使農業趨向市場化，促進經濟發展。本文認為此絕對符合司馬遷「利導之」的理論，利用政府手段促進社會經濟發展。

《鹽鐵論・錯幣第四》：

大夫曰：文帝之時，縱民得鑄錢、冶鐵、煮鹽。[41]

《鹽鐵論・非鞅第七》：

文學曰：昔文帝之時，無鹽、鐵之利而民富。[42]

漢初容許百姓自由地發展冶鐵、煮鹽等行業，以致百業興旺，大大刺激商業發展，[43] 即是自由放任，其實是「善者因之」的表現方法，也是藉此來釋放人性追求財富的天性。同時，政府又推行為人民謀取好處的「入粟受爵」，這可視為因之、利導並行。由此可見，文帝時代政策的多元性，當時既奉行「利導」，亦有傾向較為放任「因之」的一面。

秦代官府授田予百姓，不論田地好壞，無視田地的生產能力，一律授予人民，此見《睡虎墓地竹簡・秦律十八種・田律》：

入頃芻稾，以其受田之數，無豤（墾）不豤（墾），頃入芻三石、稾二石。芻自黃稾及稾束以上皆受之。入芻稾，相輸度，可橐（也）。[44]

漢初政府則不然，張家山漢簡《二年律令‧田律》載：

田不可田者，毋行；當受田者欲受，許之。二三九簡[45]

田不可豤（墾）而欲歸，毋受償者，許之。二四四簡[46]

百姓獲得分配好田，其勞動力的投入會與收入成正比關係，必會令到生產積極性大大提高，如此，《二年律令‧戶律》就是政府有意為之地為人民謀求好處，改善生活的政策，是「leads the people to what is beneficial」的德政。

五、釋「教誨之」

司馬遷的經濟思想，主要是從觀察歷史發展、社會現象而來，而非依賴個人感性上的偏好，即所謂「論從史出」。他亦非如現代經濟學者般創造理論模型，而是與西方古典經濟學家一樣，大多數敘述也是據史而論，以事論事。欲了解西漢初年的史實，不能不參考近年出土的地下材料。

漢孝文帝時曾多番下詔，鼓勵人民發展農業，在現代經濟學的角度，是政府「選擇」某一行業，加以扶植。這應是司馬遷口中的「其次教誨之」的階段，英譯就沒有了「best」的意思，反而用了中性的「the next gives them moral instruction」，而譯者用道德與教誨掛鉤也頗合情理，因為中國人常講民以食為天，而漢代的天子把鼓勵農業視為愛民的根本。〈孝文本紀〉載：

農，天下之本，其開籍田，朕親率耕，以給宗廟粢盛。[47]

又：

農，天下之本，務莫大焉。今勤身從事而有租稅之賦，是為本末者毋以異，其於勸農之道未備。其除田之租稅。[48]

若以「善因論」來看，文帝此等舉措是屬於「教誨之」一類，政府利用身教言行和政策鼓勵、教育人民務農。儒家也同樣主張教誨，不過司馬遷卻視之為「因之」、「利導」之後，效用不大的對策，即使歷來執政者都大力鼓勵農桑，但背本趨末之勢多年未改，即《漢書‧食貨志》所說「文帝即位，躬修節儉，思安百

姓。時，民近戰國，皆背本而趨末」。⁴⁹另方面，政府為了保護山林的持續發展，以及基於中國文化中對天地萬物有情的態度，漢文帝又下詔「教誨」人民，對山林資源要取之有道，不過成效也不顯著，所以又於文帝十二年再次下詔，《漢書‧文帝紀》：「吾詔書數下，歲勸民種樹，而功未興，是吏奉吾詔不勤，而勸民不明也。」⁵⁰

六、釋「整齊之」

事實上，鼓勵的方法效用不明，那麼政府便不得不藉法律加以規管，此在文帝以後更是明顯。⁵¹呂后在位之時，就有多條法令保護山林。江陵西漢墓出土的張家山漢簡（約前一八七─前一七九左右）⁵²《二年律令‧田律》記載：

禁諸民吏徒隸，春夏毋敢伐材山林，及進（壅）隄水泉，燔草為灰，取產＊（麛）卵＊（＊）；毋殺其繩重者，毋毒魚。二四九簡

漢承秦律，此也非漢代發明的條文，再查《睡虎地秦墓竹簡‧秦律十八種‧田律》（約前二一七）：⁵³

春二月，毋敢伐材木山林及雍（壅）隄水。不夏月，毋敢夜草為灰，取生荔、麛（卵）鷇，毋□□□□□毒魚鱉，置罔（網），到七月而縱之。唯不幸死而伐綰（棺）享（槨）者，是不用時。邑之（近）皂及它禁苑者，麛時毋敢將犬以之田。百姓犬入禁苑中而不追獸及捕獸者，勿敢殺；其追獸及捕獸者，殺之。河（呵）禁所殺犬，皆完入公；其它禁苑殺者，食其肉而入皮。⁵⁴

反映西漢中期邊地史事的甲渠侯官遺址《塞上烽火品約》（《居延新簡》）也有相似的記載，足見漢初的法律是有相當長時期的延續性：

吏民不得伐樹木（EPF22.49）；

□山林，燔草為灰，縣鄉秉□□□□（EPT5.100）；

甲渠言部吏毋犯四時禁者（EPF22）⁵⁵

漢初政府一方面奉行黃老之術的「無為而治」，但漢初諸帝也好「刑名之言」。據《二年律令》明文規定，一般人在擴大居宅之時，不許與原來的屋宅相連，藉此防止地方家族力量過分集中，⁵⁶華茲生以「forces」來表示「整齊之」是非常貼切，英文的「forces」，有強而有力之含意，有「give no choice」的意味，而是

以「刑名」加諸人民身上，此與「因之」、「利導」、「教誨」大有不同，是最接近「the worst」的境界。

七、釋「與之爭」

歷史學者李埏指出：「司馬遷的這一經濟思想主要是針對武帝時期實行的鹽鐵官營、酒榷、平準、均輸等政策，而司馬遷是極力反對這些政策的。」[57] 然而，本文對此說法有所保留。今檢《史記・平準書》說：

> 大農之諸官盡籠天下之貨物，貴即賣之，賤則買之。如此，富商大賈無所牟大利，則反本，而萬物不得騰踊。故抑天下物，名曰「平準」。[58]

又云：

> 而孔僅之使天下鑄作器，三年中拜為大農，列於九卿。而桑弘羊為大農丞，筦諸會計事，稍稍置均輸以通貨物矣。[59]

裴駰《史記集解》引孟康曰：

> 謂諸當所輸於官者，皆令輸其土地所饒，平其所在時價，官更於他處賣之。輸者既便而官有利。漢書百官表大司農屬官有均輸令。

同書同頁日本學者瀧川資言考證說：

> 鹽鐵論本議篇，大夫曰：往者郡國諸侯，各以其物貢輸，往來煩雜，物多苦惡，或不償其費，故郡置輸官以相給運，而便遠方之貢，故曰均輸，均輸則民離勞逸。九章術，以御遠近勞費。[60]

平準之法令到富商無法獲取暴（大）利，這正是司馬遷所追求的境界，他在〈貨殖列傳〉中指出：「封者食租稅，歲率戶二百。千戶之君則二十萬，朝覲聘享出其中。庶民農工商賈，率亦歲萬息二千，百萬之家則二十萬，而更繇租賦出其中。」[61] 他認為各行業合理的平均年利率（average profit rate）為百分之二十，足見他是反對過高的投資回報，在理論上，平準之法既可平抑物價，也可納入「利導之」的範圍。至於均輸之法，司馬遷又說：「邊餘穀諸物均輸帛五百萬匹。民不益賦而天下用饒。」[62] 他是承認均輸法增加了政府收入，令到在國家開支上升周期時，也不用增加正賦，減輕人民的壓力。本文認為，司馬遷最反對的，其實是鹽鐵專賣以及告緡之法，至於平準、均輸卻不一定完全反對。司馬遷與昭帝

時鹽鐵會議中的文學賢良一樣，所反對的是因官吏的「權力尋租」（power rent seeking）而導致種種弊處，即是變質的平準、均輸政策，而非古之均輸。海耶克學派普遍相信，凡是官僚直接主管經濟事務，則易於濫用權力，當時就有官員強迫人民購買鹽鐵器物，官員不是為求功績就是要從中取利，此有文獻可支持。[63]

《鹽鐵論‧本議第一》記載於漢昭帝之時的鹽鐵會議中，文學賢良指出其弊端：

文學曰：……今釋其所有，責其所無。百姓賤賣貨物，以便上求。間者，郡國或令民作布絮，吏恣留難，與之為市。吏之所入，非獨齊、阿之縑，蜀、漢之布也，亦民間之所為耳。行姦賣平，農民重苦，女工再稅，未見輸之均也。縣官猥發，闔門擅市，則萬物并收。萬物并收，則物騰躍。騰躍，則商賈侔利。自市，則吏容姦。豪吏富商積貨儲物以待其急，輕賈姦吏收賤以取貴，未見準之平也。蓋古之均輸，所以齊勞逸而便貢輸，非以為利而賈萬物也。[64]

同章又曰：

文學對曰：竊聞治人之道，防淫佚之原，廣道德之端，抑末利而開仁義，毋示以利，然後教化可興，而風俗可移也。今郡國有鹽、鐵、酒榷，均輸，與民爭利。散敦厚之樸，成貪鄙之化。是以百姓就本者寡，趨末者眾。夫文繁則質衰，末盛則質虧。末修則民淫，本修則民愨。民愨則財用足，民侈則饑寒生。願罷鹽、鐵、酒榷、均輸，所以進本退末，廣利農業，便也。[65]

文學賢良指出了均輸、平準之法，在執行上引起的種種問題，新的均輸法實在不如「蓋古之均輸，所以齊勞逸而便貢輸，非以為利而賈萬物也」。[66] 在新經濟政策下，官員的權力擴大，他們便濫用權力，擴張至「萬物並收」，因為在收物的過程中，他們同時可以獲得私利。最後，使得物價飛漲，民不聊生，又有官員利用職權獲取利益，與民爭利。[67] 此即是經濟學上的「權力尋租」現象，長遠而言，在沒有足夠的權力制衡下，政府的干涉行最終必然會導致權力腐化，而利益最大化是人之本性，官員也不能例外，他們為了擴大權力，必會濫權，而對民生造成損害，這些新自由主義經濟思想的分析，已非司馬遷可以預見。鹽鐵會議是發生在司馬遷死去多年之後，制度或許已經變質，已不再是當年那般。然而，沒有足夠的材料可以證明，太史公是反對平準均輸，但可推測，如果司馬遷能預見「萬物並收」的情況，已非是他所能接受的「其次」，而是已到了「最下」的

157

階段,故他一定會反對這種擾民的制度。

簡言之,古之均輸不是「the best」的選擇,但英譯用中性詞「the next forces them to be orderly」來描述,是恰到好處的,但到了武帝之手,平準、均輸便變了質,最終成為「the worst」之法了。

另方面,《史記‧平準書》載:「然各隨時而輕重無常。於是外攘夷狄,內興功業,海內之士力耕不足糧饟,女子紡績不足衣服。事勢之流,相激使然,曷足怪焉。」[68] 漢武帝為了泰山封禪、南征北伐,必然籌謀軍費,[69] 所以他聽取桑弘羊之建議,推實行專賣制度,不惜與民爭利。[70] 然而,此是司馬遷的「善因論」中,最不能允許的措施,此不單扼殺了有關行業的生存空間(〈貨殖列傳〉所記載的商人幾乎全是鹽鐵商,而司馬遷對他們推崇備至),迫使鹽鐵商無利可圖,大大不利社會經濟的發展,加上由政府介入會導致成本增加,政府不像商人為了在競爭中勝出而提升生產水平以降低成本,這意味著大幅增加了間接稅。由於食鹽是生活的必須品,而鐵器更是依靠農業謀生之人,不可或缺的工具,[71] 故專賣制度實在是大大加重人民的經濟負擔,對商人、農民也是百害而無一利。總而言之,漢武帝的新經濟政策實在是華茲生所指的「enters into competition with them」,即政府粗暴地與人民爭奪利益的最下之法。

專賣制度結束了漢文帝以來自由開發山林池澤的政策,[72] 這都是「最下與之爭」的模式。再加上漢武帝採用對後世影響極深的楊可告緡之計,[73] 大力打擊富商大戶,對商業造成了史無前例的傷害,把春秋戰國以來商品經濟累積的成果一下子掃除,立即使大量的商人因而破產,[74] 司馬遷〈平準書〉引用卜式對新經濟政策的指控,其云:「縣官當食租衣稅而已,今弘羊令吏坐市列肆,販物求利。亨(烹)弘羊,天乃雨。」[75] 此或多或少反映了司馬遷的春秋筆法、微言大義。

由此可見,太史公在〈貨殖列傳〉的「善因論」,並非只是單純地記述歷史,而是具有深層的現實意義與文學敘述的特色,英譯的「the worst」,是完全合乎司馬遷的春秋筆法、微言大義,藉此來批評漢武帝的新政。

八、總結

司馬談本人生於漢文帝登位前一年,[76] 見證了無為之下的文景盛世,他說:

道家無為,又曰無不為……其術以虛無為本,以因循為用。無成埶,無常形,

故能究萬物之情。不為物先，不為物後，故能為萬物主。有法無法，因時為業；有度無度，因物與合。……[77]

司馬遷的思想是講求因時制宜，物極必反，對於不同的社會階段，當有不同的對策，其謂：

當此之時，網疏而民富，役財驕溢，或至兼併豪黨之徒，以武斷於鄉曲。宗室有土公卿大夫以下，爭於奢侈，室廬輿服僭於上，無限度。物盛而衰，固其變也。[78]

又云：

是以物盛則衰，時極而轉，一質一文，終始之變也。[79]

另外，太史公對於管仲相齊予以極高的評價，而管仲的治國之法也包涵了「利導」（通魚鹽）、「教誨」（勸其女功）、「整齊」（設輕重九府）等不同層面的手段：

故太公望封于營邱，地潟鹵，人民寡；於是太公勸其女功，極技巧，通魚鹽，則人物歸之，繈至而輻湊。故齊冠帶衣履天下，海岱之間，斂袂而往朝焉。其後齊中衰，管子修之，設輕重九府，則桓公以霸，九合諸侯，一匡天下；而管氏亦有三歸，位在陪臣，富於列國之君。是以齊富彊至于威、宣也。故曰：「倉廩實而知禮節，衣食足而知榮辱。」[80]

〈管晏列傳〉又云：

管仲既任政相齊，以區區之齊，在海濱，通貨積財，富國彊兵，與俗同好惡，故其稱曰：倉廩實而知禮節，衣食足而知榮辱。上服度，則六親固。四維不張，國乃滅亡。下令如流水之原，令順民心。[81]

〈平準書〉說：

齊桓公用管仲之謀，通輕重之權，徼山海之業，以朝諸侯，用區區之齊顯成霸名。魏用李克，盡地力，為彊君。[82]

〈管晏列傳〉：

太史公曰：吾讀管氏牧民、山高、乘馬、輕重、九府，及晏子春秋，詳哉其

言之也。既見其著書,欲觀其行事,故次其傳。至其書,世多有之,是以不論,論其軼事。管仲世所謂賢臣,然孔子小之。豈以為周道衰微,桓公既賢,而不勉之至王,乃稱霸哉?語曰:將順其美,匡救其惡,故上下能相親也。豈管仲之謂乎?[83]

　　司馬貞在《史記索隱》指出:「太史公之羨慕仰企平仲之行,假令晏生在世,己雖與之為僕隸,為之執鞭,亦所忻慕。其好賢樂善如此。賢哉良史,可以示人臣之炯戒也。」[84] 由此觀之,司馬遷的思想是具有彈性的,按不同的問題,而採用不同之法,沒有固定的常態,此即是司馬談所說的「以虛無為本,以因循為用」。歷來注者未有為「因循」下更清楚明白的定義。雖然華茲生的譯本指出了承認人性欲望這一點,但他未有運用史料作出解釋,也未有說明司馬遷的彈性思維,這是本文對其補充之一。雖然如此,華茲生的英譯本下筆嚴謹,比起許多中文的研究者更清楚明白地表述因善論的核心思想,是值得我們再三參考的。

1. Sima Qian, *Records of the Grand Historian of China*, translated by Burton Watson（New York: Columbia University Press, 1993），Volume III: Han Dynasty II, 129, pp. 433-434.
2. 司馬遷：《史記》（臺北：鼎文書局，1981），〈貨殖列傳〉，頁 3253。
3. 《史記・貨殖列傳》，頁 3253。
4. 瀧川資言：《史記會注考證》，新校本（臺北：天工書局，1993），頁 1354。
5. 胡寄窗：《中國經濟思想史》（上海：上海財經大學出版社，1998），中冊，頁 53-55；王明信、俞樟華：《司馬遷思想研究》，《史記研究集成》，第十卷（北京：華文出版社，2005），頁 258。
6. 趙靖主編：《中國經濟思想通史》，修訂本（北京：北京大學出版社，2002），第 1 冊，頁 603。
7. 宋敘五：〈從司馬遷到班固——論中國經濟思想的轉折〉，「中國經濟思想史學會第十屆年會」論文（太原市：中國經濟思想史學會主辦，2002 年 9 月 20－23 日），頁 4。
8. 王明信、俞樟華：《司馬遷思想研究》，頁 259。
9. 楊芳華：〈漢初黃老學說的經世觀及其實踐〉（高雄：國立中山大學中國文學系研究所碩士論文，2006），頁 195。
10. 陳鼓應：《管子四篇詮釋：稷下道家代表作解析》（北京：商務印書館，2006），頁 3-27。參見陳佩君：〈先秦道家的心術與主術——以《老子》、《莊子》、《管子》四篇為核心〉，頁 245。
11. 司馬遷：〈儒林列傳〉，《史記》，頁 3117。
12. 楊芳華：〈漢初黃老學說的經世觀及其實踐〉，頁 12-13。
13. 劉笑敢：《老子古今》（北京：中國社會科學出版社，2006），頁 370。
14. 陳佩君：〈先秦道家的心術與主術——以《老子》、《莊子》、《管子》四篇為核心〉（臺北：國立臺灣大學哲學研究所博士論文，2008），頁 202。
15. 《史記・貨殖列傳》，頁 3253。
16. 《史記・貨殖列傳》，頁 3253。
17. 林劍鳴：「從惠帝開始『黃老政治』成為統治階級有意識地自覺地推行的統治術，在此後的半個多世紀內，『黃老治術』成為一個時代精神，或作一個時代的趨勢。」見林劍鳴：《秦漢史》（上海：上海人民出版社，2003），頁 267。《史記・孝武本紀》：「元年，漢興已六十餘歲矣，天下乂安，薦紳之屬皆望天子封禪改正度也。而上鄉儒術，招賢良，趙綰、王臧等以文學為公卿，欲議古立明堂城南，以朝諸侯。草巡狩封禪改曆服色事未就。會竇太后治黃老言，不好儒術，使人微得趙綰等姦利事，召案綰、臧，綰、臧自殺，諸所興為者皆廢。」（頁 452）；《史記・魏其武安侯列傳》：「時諸外家為列侯，列侯多尚公主，皆不欲就國，以故日至竇太后。太后好黃老之言，而魏其、武安、趙綰、王臧等務隆推儒術，貶道家言，是以竇太后滋不說魏其等。」（頁 2843）；《漢書・禮樂志》：「至武帝即位，進用英雋，議立明堂，制禮服，以興太平。會竇太后好黃老言，不說儒術，其事又廢。」（頁 1031）；《漢書・武帝紀》：「二年冬十月，御史大夫趙綰坐請毋奏事太皇太后，及郎中令王臧皆下獄，自殺。〔顏師古引應劭曰：『禮，婦人不豫政事，時帝已自躬省萬機。王臧儒者，欲立明堂辟雍。太后素好黃老術，非薄五經。因欲絕奏事太后，太后怒，故殺之。』〕」，頁 157。
18. 《史記・呂太后本紀》，頁 412。
19. 《史記・樂毅列傳》，頁 2436。
20. 《史記・曹相國世家》，頁 2030。
21. 《史記・曹相國世家》，頁 2031。
22. 趙靖解釋「善者因之」時所引的「道之所符」和「自然之驗」是一致的。見王明信、俞樟華：《司馬遷思想研究》，頁 261。
23. 《後漢書・張曹鄭列傳》：「在位慕曹參之跡，務於無為，選辟掾史，皆知名大儒。明年，上穿陽渠，引洛水為漕，百姓得其利。」（頁 1193），見范曄：《後漢書》（臺北：鼎文書屋，1981）。
24. 高敏：〈論漢文帝〉，《秦漢魏晉南北朝史論考》（北京：中國社會科學出版社，2004），頁 6。
25. 《二年律令・錢律》：「智人盜鑄錢，為買銅、炭，及為行其新錢，若為通之，與同罪。203（C251）捕盜鑄錢及佐者死罪一人，予爵一級。其欲以免罪人者，許之。捕一人，免除死罪

第九章｜從英譯《史記》說起──司馬遷「因善論」釋義

一人，若城旦舂、鬼薪白粲二人，隸臣妾、收人、204（C267）諸謀盜鑄錢，頗有其器具未鑄者，皆黥以為城旦舂。智為及買鑄錢具者，與同罪。208（F140）。」見朱紅林：《張家山漢簡〈二年律令〉集釋》，（哈爾濱：黑龍江人民出版社，2008）。

26 《史記·漢興以來將相名臣年表》，頁1126。
27 《史記·平準書》，頁1420。
28 《史記·平準書》，頁1420。
29 《史記·司馬相如列傳》：「無是公聽然而笑曰：『楚則失矣，齊亦未為得也。夫使諸侯納貢者，非為財幣，所以述職也；封疆畫界者，非為守禦，所以禁淫也。今齊列為東藩，而外私肅慎，捐國踰限，越海而田，其於義故未可也。且二君之論，不務明君臣之義而正諸侯之禮，徒事爭游獵之樂，苑囿之大，欲以奢侈相勝，荒淫相越，此不可以揚名發譽，而適足以貶君自損也。且夫齊楚之事又焉足道邪！君未睹夫巨麗也，獨不聞天子之上林乎？』」，頁3041。
30 《鹽鐵論校注》〈國疾第二十八〉：「僕雖不生長京師，才駑下愚，不足與大議，竊以所聞閭里長老之言，往者，常民衣服溫暖而不靡，器質樸牢而致用，衣足以蔽體，器足以便事，馬足以易步，車足以自載，酒足以合歡而不湛，樂足以理心而不淫，入無宴樂之聞，出無佚游之觀，行即負贏，止則鋤耘，用約而財饒，本修而民富，送死哀而不華，養生適而不奢，大臣正而無欲，執政寬而不苛；故黎民寧其性，百吏保其官。建元之始，崇文修德，天下乂安。」，頁332-334，又〈散不足第二十九〉：「古者，衣服不中制，器械不中用，不粥於市。今民間雕琢不中之物，刻畫玩好無用之器。玄黃雜青，五色繡衣，戲弄蒲人雜婦，百獸馬戲鬥虎，唐銻追furry，奇蟲胡妲。」，頁349。
31 《史記·平準書》：「宗室有土公卿大夫以下，爭于奢侈，室廬輿服僭于上，無限度。物盛而衰，固其變也。」，頁1410。
32 班固：《漢書》（臺北：鼎文書局，1979），〈董仲舒傳〉，頁2521。
33 《史記·蕭相國世家》，頁2018。
34 寧可：「鄭里廩簿是政府貸種食的登記本。貸種食的當時多屬貧民。這25戶當為貧民，其中僅二人為二十等爵中最低的『公士』，其他人未注，多半是無爵級，這也說明了他們社會地位的低下。則他們佔有土地比一般農戶要少，是很自然的。」見寧可：〈有關漢代農業生產的幾個數字〉，《北京師範學院學報》第3期（1980），後載《寧可史學論集》（北京：中國社會科學出版社，1999）。
35 《史記·太史公自序》：「民倍本多巧，姦軌弄法，善人不能化，唯一切嚴削為能齊之。作酷吏列傳第六十二。」（頁3318）
36 《史記·太史公自序》：「今治生不待危身取給，則賢人勉焉。是故本富為上，末富次之，姦富最下。無巖處奇士之行，而長貧賤，好語仁義，亦足羞也。」，頁3272。
37 黃春興說：「早在一八九七年寫〈史記貨殖列傳今義〉時，梁啟超便特別注意西方國家富民強國的手段。當他論及西方正蓬勃發展的生計學（經濟學）時，曾感慨『彼族之富強，洵有由哉！』在他看來，一隊隊的西方商人來到中國開拓市場，雖然仰仗帝國的軍力，但真正的武器則是其強大的商品生產能力。要對抗西方的民族帝國主義，中國必須提升商品的生產能力，並培養出一隊隊的精練商人。他接受亞當‧斯密的主張，認為『經濟自由』是提升生產能力的最佳策略。著眼於此，梁啟超將司馬遷的『善者因之』解釋成經濟自由下的分工利益。」見黃春興：〈梁啟超對抗帝國主義策略的轉變〉（新竹：國立清華大學經濟系 Working Paper，1997），頁10；周美雅：《梁啟超經濟思想之研究》（高雄：國立中山大學中山學術研究所碩士論文，2005），頁67。
38 王明信、俞樟華：《司馬遷思想研究》，頁257。
39 宋敘五：〈漢文帝時期入粟受爵政策之探討〉，《新亞書院學術年刊》第12期（1970年9月），頁93-114。
40 《漢書·食貨志》，頁1133-1134。
41 《鹽鐵論校注》，頁57。
42 《鹽鐵論校注》，頁93。
43 高敏：〈從《張家山漢簡二年律令》看西漢前期土地制度〉，《秦漢魏晉南北朝史論考》，頁134。
44 朱紅林：《張家山漢簡〈二年律令〉集釋》，頁157。
45 朱紅林：《張家山漢簡〈二年律令〉集釋》，頁617。

46 朱紅林：《張家山漢簡〈二年律令〉集釋》，頁160。
47 《史記‧孝文本紀》，頁423。
48 《史記‧孝文本紀》，頁428。
49 《漢書‧食貨志》，頁1127。
50 《漢書‧文帝紀》，頁124。
51 朱紅林：《張家山漢簡〈二年律令〉研究》，頁200-201。
52 李零：《簡帛古書與學術源流》（北京：三聯書店，2008），頁99、117。
53 李零：《簡帛古書與學術源流》，頁99。
54 見朱紅林：《張家山漢簡〈二年律令〉集釋》，頁164-165。
55 以上引文均見朱紅林：《張家山漢簡〈二年律令〉集釋》，頁164-165。
56 高敏：〈從張家山漢簡《二年律令》看西漢前期土地制度〉，《秦漢魏晉南北朝史論考》，頁134。
57 李埏等：《〈史記‧貨殖列傳〉研究》（昆明：雲南大學出版社，2002），頁177。
58 《史記‧平準書》，頁1141。
59 〈平準書〉，見《史記會注考證》，頁531。
60 〈平準書〉，見《史記會注考證》，頁531。
61 《史記‧貨殖列傳》，頁3272。
62 《史記‧平準書》，頁1441。
63 《鹽鐵論校注‧水旱第六十三》：「議者貴其辭約而指明，可於眾人之聽，不至繁文稠辭，多言害有司化俗之計，而家人語。陶朱為生，本末異徑，一家數子，而治生之道乃備。今縣官鑄農器，使民務本，不營於末，則無饑寒之累。鹽、鐵何害而罷？」，頁429。
64 《鹽鐵論校注‧本議第一》，頁5。
65 《鹽鐵論校注‧本議第一》，頁5。
66 《鹽鐵論校注‧本議第一》，頁5。
67 《鹽鐵論校注‧本議第一》，頁5。
68 《史記‧平準書》，頁1442-1443。
69 《鹽鐵論校注‧非鞅第七》：「鹽、鐵之利，所以佐百姓之急，足軍旅之費，務蓄積以備乏絕，所給甚眾，有益於國，無害於人。」，頁93。
70 許倬雲：《漢代農業》（桂林：廣西師範大學出版社，2005），頁37。《鹽鐵論校注‧非鞅第七》：「文學曰：昔文帝之時，無鹽、鐵之利而民富，今有之而百姓困乏，未見利之所利也，而見其害也。且利不從天來，不從地出，一取之民間，謂之百倍，此計之失者也。」，頁93。
71 《鹽鐵論校注‧禁耕第五》：「山海者，財用之寶路也。鐵器者，農夫之死士也。死士用，則仇讎滅，仇讎滅，則田野闢，田野闢而五穀熟。寶路開，則百姓膽而民用給，民用給則國富。國富而教之以禮，則行道有讓，而工商不相豫，人懷敦樸以相接，而莫相利。」，頁68。
72 《史記‧平準書》：「漢興，海內為一，開關梁，弛山澤之禁，是以富商大賈周流天下，交易之物莫不通，得其所欲，而徙豪傑諸侯彊族於京師。」，頁1417。
73 《漢書‧武帝紀》：「十一月，令民告緡者以其半與之。〔顏師古引孟康曰：『有不輸稅，令民得告言，以半與之。』〕」，頁183。
74 《史記‧平準書》：「於是商賈中家以上大率破，民偷甘食好衣，不事畜藏之產業，而縣官有鹽鐵緡錢之故，用益饒矣。」，頁1435。
75 《史記‧平準書》，頁1442。
76 何炳棣：〈司馬談、遷與老子年代〉，《有關〈孫子〉〈老子〉的三篇考證》（臺北：中央研究院近代史研究所，2002），頁73。
77 《史記‧太史公自序》，頁3292。
78 《平準書‧史記》，頁1420。
79 《平準書‧史記》，頁1442。
80 《史記‧貨殖列傳》，頁3255。
81 《史記‧管晏列傳》，頁2132。

82　《史記·平準書》，頁 1442。
83　《史記·管晏列傳》，頁 2136。
84　《史記·管晏列傳》，頁 2137。

漢官秩若干「石」定義考

讀歷史者都應該知道，漢代的官制乃以若干石來定等級，由「秩百石」到「秩萬石」不等，石的數量愈多，即代表官位愈高。不但官員，後宮佳麗等級也如此排列，這已是讀史者的常識。本文要處理的是，到底石的內涵是甚麼？過去史書並沒有作過定義，更遑論解釋，學者多抱著理所當然的心態，沒詳加研究。事實上，這個問題不能不證自明，需要深入考證，其結論對我們理解先秦史、秦漢史有一定的幫助。

一、漢代「石」之內涵

- **「石」讀音考**

  現時，若干石有兩大讀音，一派學者指民間石的讀音視為俗音，《康熙字典》的作者因輕視俗音，亦不把民間主流讀音編入書中，另一派學者指出石的正音與本字相同，以別於民間的讀法。民國以來，有些學者卻把民間讀法編入詞典。今天，不論是香港中文大學的《粵語審音配詞字庫》，抑或大陸學人常用的《漢典》，以及臺灣的《教育部重編國語辭典修訂本》，均沒有採用（二千）石的本音，反而注明是讀其俗音。兩岸的教科書讀本多對石注明應讀其俗音；馬彪指出，在漢代至少濱海一帶的人把石讀為儋，參見馬彪：〈量詞「石」究竟讀 SHI 還是讀 DAN：中西學界計量單位詞讀音分歧的歷史考察〉，《山口大學文學會志》第六十四卷（二〇一四），頁九十三。

首先，此課題根本的問題是到底漢代「若干石」所指何意？過去，學者大多把關注放在「石」的讀音，但對其內涵，卻極少作深入討論，至今仍未見有梳理此問題的完整論文。目前史學界對石的定義並無太大爭議，但限於前人所見的史料有限，解釋往往過於簡單，而且重點多放在日常生活之中，而非關涉於制度安排，因此不足以理解官秩制度的流變。[1] 反而西方學者的討論比較詳細，一九六〇年代魯惟一（Michael Loewe）已有專文討論，[2] 文中提及官秩和糧食單位的石，應該理解為容量而非重量。一九八〇年代則有畢漢思（Hans Bielenstein）在其專著中關於漢代官員工資的一節，批評前人將石看作是重量單位的觀點，並提出石

作為容量更為合適。³ 雖然，前人已有相當的基礎，但是對於「石」的內涵，仍然只知結論，而不明其演變。本文認為，一旦我們確定「石」的內涵以及其使用方法，想必日後就可以對漢代社會經濟、官制等方面有更深入的理解。本文先以傳統史書入手，查看記載漢代重量和容量單位的內涵，再附以出土文獻加以考證。先檢《漢書·律曆志第一上》：

> 權者（重量），銖、兩、斤、鈞、石也……十六兩為斤。三十斤為鈞。四鈞為石。⁴

又云：

> 量者，龠、合、升、斗、斛也……合龠為合，十合為升，十升為斗，十斗為斛，而五量嘉矣。⁵

根據上述引文：

十六兩 = 一斤；三十斤 = 一鈞；四鈞 = 一石；十合 = 一升；十升 = 一斗；十斗 = 一斛；若要計算一定量的重量，可以利用上述換算關係來進行換算。例如，如果要將三十六兩換算成石，可以按照以下步驟進行；

36 兩 ÷ 16 兩 / 斤 ÷ 30 斤 / 鈞 ÷ 4 鈞 / 石 = 0.047 石；

因此，36 兩約等於 0.047 石。同樣地，如果要將一百升換算成斗，可以按照以下步驟進行；

100 升 ÷ 10 升 / 斗 = 10 斗；

因此，一百升等於十斗。

上引史書明確記載了石為重量單位，本來當無疑問。可是，上世紀末出土了不少西漢初年的文獻，對我們重新了解古代史有莫大幫助。據張家山簡《二年律令》⁶載：

> 馬牛當食縣官者，驂以上牛日芻二鈞八斤；馬日二鈞□斤，食一石十六斤，□□　□。乘輿馬芻二藁一。、□（玄？）食之　421（C157）

> □十三斗為一石，□石縣官稅□□三斤。其□也，牢槀，石三錢。租其出金，稅二錢。租賣穴者，十錢稅一。采鐵者五稅一；其鼓銷以　437（F68）

166

上引的張家山簡《二年律令》，是為西漢初年的官方法律文獻，未經後人整理，最能反映當時的具體情況，故有其代表性，而《漢書》作者與漢初相距兩百年，所根據都是二、三手材料，不一定能反映現實，可信性也較低。按一般的理解，《二年律令》為呂后（前二四一－前一八〇）二年所發布，部分條文為漢文帝（前二〇三－前一五七）所廢止。第一條史料明確地指出，馬匹食一「石」的小數為斤，而斤是重量單位，故上文的石，應當為重量單位；第二條也清楚地注明，一「石」為十三斗，雖然未知其所載之內容，但斗既然是石的小數，顯然是容量單位，而非重量單位，即是說兩次出現的「石」一是重量，一是容量單位。由是觀之，早在西漢初年，法律上已經有「重量石」與「容量石」兩種用法，並且會同時出現。[7] 然而，若僅得此史料，仍未足以確證此結論，加上上引的是日常生活的應用，也未能凸顯與官秩之間的關係，故仍有繼續討論的必要。

至於西漢晚期劉向（前七七－前六）所編的《說苑》，其載：

律、度、量、衡、曆，其別用也。故體有長短，檢以度；〔說苑曰：「以粟生之，（十）〔一〕粟為一分，十分為一寸，十寸為一尺，十尺為一丈。」〕物有多少，受以量；〔說苑曰：「千二百粟為一籥，十籥為一合，十合為一升，十升為一斗，十斗為一斛。」〕量有輕重，平以權衡；〔說苑曰：「十粟重一圭，十圭重一銖，二十四銖重一兩，十六兩重一斤，三十斤重一鈞，四鈞重一石。」〕[8]

這裡同時又載「四鈞（一百二十斤）重一石」和「十斗（一百升）為一石」。由此可推出兩點：

一、西漢晚期也有明確記載，石有兩種不同定義，分別是容量石與重量石，而兩者同時出現在一段文字之中，此與出土文獻的記載相符，可推斷兩種定義均相當普遍地在日常生活中應用。

二、西漢晚期容量石的單位是十斗一石，此又與西漢初年《二年律令》所載十三斗一石有頗大出入，容量實際上相差了百分之三十。

其實，數十年前學者已注意到漢代的石還有大石、小石之分，兩者為不同單位，即除剩前後的分別，[9] 此與本文主旨無關，暫且不作處理。又檢司馬遷（前一四五或前一三五－？）《史記‧滑稽列傳第六十六》云：

威王大說，置酒後宮，召髠賜之酒。問曰：「先生能飲幾何而醉？」對曰：「臣飲一斗亦醉，一石亦醉。」威王曰：「先生飲一斗而醉，惡能飲一石哉！其說可

得聞乎？[10]

引文中的「一斗」與「一石」是相對的，由此推斷，二者本就是對應關係，當西漢的司馬遷記述戰國史事，已有「石」、「斗」皆屬容量的旁證。既然如此，則了解到漢代的容量石單位，乃是從前代承襲而來，而非無中生有。再參考為一九七五年十二月，湖北省雲夢縣城關睡虎地十一號墓出土的秦代竹簡，出土文獻記錄了當時的法律條文，包括戰國晚期至秦始皇帝時期的法律，而漢承秦制，包括職官制度在內，亦大抵根據秦制變化而成，故《睡虎地秦簡》是了解西漢初年典章制度最直接的史料，尤其是地方行政制度的記述比之傳統史書更為全面，簡文如下：

粟一石六斗大半斗，舂之為糲米一石；糲米一石為　米九斗；九斗為毀（毇）米八斗。稻禾一石。有米委賜，　禾稼公，盡九月，其人弗取之，勿鼠（予）。倉（一二〇簡）

上引秦代的法律文書，明確記錄了小米（粟）的小數為斗（一斗為十升），而一石又六斗又大半斗的粟舂為糙米（糲米），一石糲米舂後成為九斗精米（毇）。可以肯定，秦代法律是以容量石來計算小米及其加工製成品，這是有法律基礎，已不只是民間習以為常的用法，漢承秦律，可知漢代以容量去計算糧食，乃是繼承秦制之上。

二、漢官秩「若干石」的內涵

漢代官員工資制度之內容，大致可分為四類：一為基本俸祿，以年計算為年俸，以月計算為月俸；一為力役，性質與近代高級官員由政府按級別提供秘書、警衛、司機、保姆相似，我們稱為力祿；一為土地，一般是對基本俸祿不足以代耕的補充，稱之為田祿；還有實物補貼的廩食制度。[11] 如上文所言，秦漢時代，已使用容量去計算糧食的傳統，那麼漢代官秩中的「石」，到底是重量，還是容量單位？這裡涉及兩個基本問題，一是制度設計上，究竟石是指容量，還是重量？其二，是現實生活中收受俸祿之時，是以容量，還是重量支付？先檢《漢書・百官公卿表第七上》：

縣令、長，皆秦官，掌治其縣。萬戶以上為令，秩千石至六百石。減萬戶為長，秩五百石至三百石。皆有丞、尉，秩四百石至二百石，是為長吏。師古曰：「吏，理也，主理其縣內也。」百石以下有斗食、佐史之秩，是為少吏。[12]

又載：

師古曰：「漢官名秩簿云斗食月奉十一斛，佐史月奉八斛也。一說，斗食者，歲奉不滿百石，計日而食一斗二升，故云斗食也。」[13]

前書注明了西漢時，官秩百石以下有「斗食」和「佐史」的官階，而「斗」既肯定為容量單位，上文已提及十斗為一石，十升為一斗，斗是容量單位，那麼百石以下既然是斗食，明顯是以容量單位計算，那麼可以用反證法來推論官秩百石也是指容量石，而「百石」以上的「千石」、「萬石」也應如此類推，這是制度設計上本來就是容量石的證據。然而，有否可能因為「官」、「吏」的分類方法不同，以重量石來計算高級官員，而容量斗來描述低級小吏呢？答案是否定的，原因有二。其一，是因為秦代「百官皆吏」、「以吏治天下」，又奉行「以吏為師」，所有官員也是吏，官吏尚未進入分家的時代，此與後代不同。[14] 其二，是「石」、「斗」不只用來描述官吏的級別，尚包括後宮的地位分級，又檢《漢書・外戚傳第六十七上》：

漢興，因秦之稱號，帝母稱皇太后，祖母稱太皇太后，適稱皇后，師古曰：「適讀曰嫡。后亦君也。天曰皇天，地曰后土，故天子之妃，以后為稱，取象二儀。」妾皆稱夫人。……美人視二千石，比少上造……五官視三百石。難日順常視二百石。無涓、共和、娛靈、保林、良使、夜者皆視百石。師古曰：「涓，絜也。無涓，言無所不絜也。共讀曰恭，言恭順而和柔也。娛靈，可以娛樂情靈也。保，安也。保林，言其可安眾如林也。良使，使令之善者也。夜者，主職夜事。令音力成反。」上家人子、中家人子視有秩斗食云……[15]

漢代後宮之中也是以「石」、「斗」來描述她們的等級，她們同樣有「萬石」、「千石」、「百石」的等級，至於身分地位低微的「家人子」就僅次於「百石」，也是以斗食來形容她們的等級。由此反推，這裡的「斗」是與上文所指的小米一樣，實在是「石」的小數，即後宮級別與百官的「若干石」一樣，其設計本已是石斗並用，可證官秩的若干石是容量，而非重量的另一重要證明。當然，又或者是後宮制度是承襲職官制度而來的，二者性質並無分別。簡言之，早在西漢建立之初，設計官秩級別之時，已經用容量石來區別職位。

至於現實中使用石為單位時，是使用容量，還是以重量來支付予官吏呢？再檢出土文獻《居延漢簡甲乙編》，此乃記載了西漢中後期邊關軍官所得粟糧的實

際境況：

> 尉史□伊粟三石三斗三升少十二月□□自取（一一六四簡）
> 當曲卒四人　□食十六石二斗二升大　又四斗（五六簡）
> 卒蘇宜三石三斗三升少審登取門（一七二簡）
> 卒馮長粟三石二斗二升壬辰自取（二六五七簡）
> 障令史張宣粟三石三斗三升少（一九三簡）
> 尉史郭橐粟三石三斗三升□（一九四簡）
> 尉史史承祿粟三石三斗（一九五簡）
> 鄣令史任根粟三石三斗三升少□（三三五簡）

從上引文獻所見，漢代的基層軍官的用度，也是用「石」、「斗」、「升」三者並用，而「升」（十合為一升）、「斗」（十升為一斗）又是容量單位，而這裡的升、斗同是石的小數，即此「石」仍是容量單位，而非重量單位。即說明在漢代的歷史現實中，軍官所食用的「石」，也是指容量石。上述糧食分配即是制度上的廩食，而廩食與奉（俸）錢均屬官吏軍士的實際收入。在現代經濟學的理解，一切工作的報酬也屬工資的構成，故二者同屬廣義的工資，退一步說，即是不歸入工資，但也肯定屬他們的實際收入。尚須注意的是，我們不能忽略廩食所發放的糧食，在物物交易的時代，是具有貨幣的功能，具有交換價值，故也應將此視之為工資。如上所述，西漢的工資支付在制度上的設計，本來就是容量石，而實際上支付的也是容量石，漢代俸祿「名」和「實」本來就是合一，「虛」也如是，「名」也如是，從來都是指容量單位，而非重量單位。師古曰：「家人子者，言採擇良家子以入宮，未有職號，但稱家人子也。斗食謂佐史也。謂之斗食者，言一歲不滿百石，日食一斗二升。」……

既已了解西漢的情況，那麼東漢又有何變化？再檢《後漢書·百官五》：

百官受奉例：古今注曰，建武二十六年四月戊戌，增吏奉如此，志例以明也。大將軍、三公奉，月三百五十斛。中二千石奉，月百八十斛。二千石奉，月百二十斛。比二千石奉，月百斛。千石奉，月八十斛。六百石奉，月七十斛。比六百石奉，月五十斛。四百石奉，月四十五斛。比四百石奉，月四十斛。三百石奉，月四十斛。比三百石奉，月三十七斛。二百石奉，月三十斛。比二百石奉，月二十七斛。一百石奉，月十六斛。斗食奉，月十一斛。[16]

又同上書引《漢書音義》曰：

「斗食祿，日以斗為計。」佐史奉，月八斛。古今注曰：「永和三年，初與河南尹及雒陽員吏四百二十七人奉，月四十五斛。」臣昭曰：此言豈其妄乎？若人人奉四十五斛，則四百石秩為太優而無品，若共進奉者人不過一斗，亦非義理。凡諸受奉，皆半錢半穀。

又《後漢書‧本紀第一下》：

詔有司增百官奉。[17]

又同上書引《續漢志》曰：

大將軍、三公奉月三百五十斛，秩中二千石奉月百八十斛，二千石月百二十斛……。凡諸受奉，錢穀各半。

從上文可見，東漢官秩中「若干石」的實際折算，是用「斛」來支付月俸，而斛也是法定容量單位，東漢許慎（約五八-約一四七）的《說文解字》載「一斛為十斗也」，此與前引西漢晚期劉向《說苑》指「十斗為一石」的說法相同，即當時的一斛，相等於一容量石。姜波據實物考古學的研究指出，「秦量單位有升、斗、桶或作『用』、『甬』，漢代作『斛』，十升為一斗，十斗為一桶。」[18] 即是說「斛」是從「桶」變化而來，而桶、斛皆與容量石的內涵幾近相同，三者同屬容量單位，而且皆非始於漢代，而是其來有自，古已有之，彼此所容載的單位亦等同，只是稱呼不同而已，而趙曉君則指出：「（東漢）斛為法定單位，而石則是民間俗稱。」[19] 此可理解為，桶、斛、容量石，在某時期起已經是三位一體，合而為一，其意義也相同，只是到了某一時期起，為免混亂，增加不必要的交易成本，政府索性把它們合而為一，作出了明確的法律界定，而「斛」就成為了最終的官方用法，但民間一時未完全適應，仍保留舊有用法，故當見到「斛」時，即仍以容量石來相稱，此謂「名」雖不同，而「實」合一。

實際上，東漢以「斛」為單位支付俸祿，此乃與秦漢以來，用容量石來計算小米一脈相承發展而來的傳統，只不過在此時把「石」，改為內涵相同的「斛」，其實只是換湯不換藥而已，[20] 由此足以說明，東漢時按官秩高低而實際發放的俸祿，一如以往地是以容量作單位，此與西漢時期的分別不大，只是支付單位由容量「石」變為「斛」。然而，東漢授俸是按半錢半穀制實行，即是說部分俸祿是以現金支付。[21]

三、漢代以前授俸的記載

其實，目前也有其他史料，可以說明秦代政府亦都是以容量石，支付官吏的薪俸。再檢出土文獻《睡虎地秦簡》以資佐證：

隸臣妾其從事公，隸臣月禾二石，隸妾一石半；其不從事，勿稟。小城旦、隸臣作者，月禾一石半石；未能作者，月禾一石。小妾、舂作者，月禾一石二斗半斗；未能作者，月禾一石。嬰兒之毋（無）母者各半石；雖有母而其母冗居公者，亦稟之，禾月半石。隸臣田者，以二月月稟二石半石，到九月盡而止其半石。（一二七簡）

原來秦代法律規定「賤役」為政府做工，其實際收入也是以容量石來計算，上引文獻寫明支付單位為「石」，而之後乃以「斗」計算，即「斗」為「石」之小數，故「賤役」的月入，也是容量單位，此反映了秦代官府在制訂律法時，同樣考慮到當時實際環境。儘管文獻上的「石」，一直以來都是指重量單位，但平民百姓都是以容量來計算糧食多寡，故在設計制度時，考慮到現實環境，最後把「石」定義為容量單位，並清晰地寫在法律文書之中，足見秦代「賤役」的收入與官員授俸祿時同以容量石來結算，雖然「賤役」未必納入官秩制度，如上所述，廩食或只屬口糧類別，但是古代糧食也具有貨幣功能，糧食除了使用價值外，人們可以用剩餘的糧食交換，補充生活所需，故「賤役」的口糧與官吏的廩食一樣，也應歸類為廣義工資。

幸好有出土文獻以還原秦漢的史實，但歷史制度並非無中生有，而是一步一步發展而來，那麼先秦時期的情況又到底如何？前後時期有沒有關連呢？這都是值得我們進一步討論，今檢《史記·孔子世家第十七》：

孔子遂適衛……衛靈公問孔子：「居魯得祿幾何？」對曰：「奉粟六萬。」衛人亦致粟六萬。[22]

同書又引《史記索隱》：

若六萬石似太多，當是六萬斗，亦與漢之秩祿不同。[23]

承上的《史記正義》又曰：

六萬小斗，計當今二千石也。周之斗升斤兩皆用小也。

若《史記索隱》和《史記正義》的解釋為正確，則孔子（前五五一一前四七九）身處的春秋時代，也很可能是以容量的斗來折算，雖然《索隱》指出其與漢代體制不同，因漢代官秩以石計算，但春秋到秦漢時期，均是容量單位計算，可說是一脈相承。可惜，此條史料所載單位不詳，加上司馬遷與孔子時代距離又太遠，不能作準，而二家注解，更是相距孔子千餘年的唐代人所寫，單憑此條史料去考證東周的制度，說服力未免不足夠。

另一段相關的材料是與稍晚於孔子的墨子（生卒年不詳）有關，《墨子閒詁卷十二・貴義第四十七》載：「子墨子仕人於衛，所仕者至而反。子墨子曰：『何故反？』對曰：『與我言而不當。曰「待女以千盆」，授我五百盆，故去之也。』子墨子曰：『授子過千盆，則子去之乎？』對曰：『不去。』……」[24] 這裡的盆與石斗一樣，同是容量單位。注引：「古『鎰』字皆作『溢』，無作『益』者。此言千盆、五百盆，皆謂粟，非謂金也。荀子富國篇，『今是土之生五穀也，人善治之，則畝數盆』，楊倞曰『蓋當時以盆為量』……富國篇又云『瓜桃棗李，一本數以盆、鼓』。鼓，亦量名。」從上引文可知，墨子時代至少在衛國，就已經用盆為單位來支付官員工資。據《周禮・考工記》的記載，一盆相等於三十二豆（斗），即等於一百二十八升，[25] 即是一盆又相等於三石又二斗的容量石。由此觀之，在官秩制度發展過程中，至少在春秋以降，不論單位是斗、盆，還是石（容量），一直都是沿用容量來序等次以及作主要的支付方法，此當為主流的發展路徑。

至於戰國中晚期的情況，可再檢《戰國策・秦策・應侯謂昭王》：

應侯謂昭王曰：……其令邑中自斗食以上，至尉、內侍及王左右，有非相國之人者乎？國無事，則已；國有事，臣必聞見王獨立於唐也。[26]

這可證明斗食之官，非始於漢代，而早在戰國時期已經實行了一段時間。其中，秦國就有斗食之官，這很可能在商鞅變法後，奠定官制的產物，此與上引《墨子》一書載墨子學生仕衛國一樣，也是同樣以容量受俸，以及序官位身分，只是單位上有盆、斗之別，但本質並無差異，而漢承秦制，斗食同官秩若干石一併留傳下來，此為制度上設計斗、石並用，而在秦代官秩的設計中，石本為容量單位，至此應再無爭議。

再查史料，戰國晚期時的楚國，也是以容量單位來序官位，性質與上述史料

一般，現檢《呂氏春秋・孟冬紀第十・異寶》：

> 五員亡，荊急求之……解其劍以予丈人，曰：「此千金之劍也，願獻之丈人。」丈人不肯受曰：「荊國之法，得五員者，爵執圭，祿萬檐，金千鎰。昔者子胥過，吾猶不取，今我何以子之千金劍為乎？」[27]

引文中的「祿萬檐」的「檐」應當是「儋」的通假字，直至到兩漢時代仍然流行使用，並流傳後世，而儋本身也是容量單位，可見戰國時的楚國與前述諸國般，也是以容量來描述官秩等級。又《史記・魏世家第十四》：

> 且子安得與魏成子比乎？魏成子以食祿千鍾……[28]

另外，「儋石」二字自漢代以來已成為常用成語，表面上看來，石是指重量，而儋為容量，二字所指各有不同，但上文已考證出兩者量出的結果最後又會相同。事實上，「儋石」並用時，其意思已與本字無關，而成了「偏義複詞」，「儋石」並用時實指「財產」，此用法於兩漢三國的史書屢見不鮮。「儋石」二字的指涉相同，性質一如國家、妻子、孝虔般為偏義複詞，即二字只有一個特定意思，國家只是指國，妻子只是指太太，孝虔是指孝順云云。《漢書・敘傳第七十上》：「思有褐之褻，儋石之畜……」（頁四二〇九）；《三國志・魏書・辛毗楊阜高堂隆傳第二十五》：「況今天下雕弊，民無儋石之儲……」（頁七〇八），見陳壽撰，裴松之注；楊家駱主編：《三國志》（臺北：鼎文書局，一九八〇）；《三國志・蜀書・董劉馬陳董呂傳第九》：「二十餘年，死之日家無儋石之財……」（頁九七九）；《三國志・吳書・王樓賀韋華傳第二十》：「兵民之家，猶複逐俗，內無儋石之儲，而出有綾綺之服……」（頁一四六八）。明清之時，有說石可讀為儋，又有何根據？檢《漢書・蒯伍江息夫傳》：「夫隨廝養之役者，失萬乘之權；守儋石之祿者，闕卿相之位。」（頁二一五九）同書同頁的注文載：應劭曰：「齊人名小甖為儋，受二斛。」晉灼曰：「石，斗石也。」師古曰：「儋音都濫反。或曰，儋者，一人之所負擔也。」上引注文指齊人把「小甖」讀為「儋」，我們可把「甖」理解為「罌」的通假字，二者音義相通，它本是當時常見的容器，其大小因時因地而有不同。《墨子》有一罌為十升以上之記載，而東漢末年的注疏家應劭（約一五三—一九六）指當時齊人把「小甖」稱為「儋」，而「儋」又剛好可容納「二斛」，正文已提到「斛」與「石」之義相同，二斛即等於兩石容量，而「儋」又為「擔」的通假字，音義又相同，本來「擔」作為名詞時就是指「擔挑」，而用於動詞則解為負載物件，唐代學者顏師古（五八一—六四五）解釋「一

儋」為量詞時,大概是一人所能承擔的重量,此重量又相等於一石。漸漸人們就把「䀁」作為量詞時讀成「儋」,三字的音義從此就結合起來,不可分割。

上文有戰國初期魏文侯(?－前三九六)之弟魏成子(生卒年不詳)「食祿千鍾」的記載,戰國晚期至西漢初年集體寫成的《管子·小問》也有記載,其云:「客或欲見於齊桓公,請仕上官,授祿千鍾……」[29] 上引文的鐘,實為鍾的通假字,兩者指涉相同。又,西晉時的杜預(二二二－二八五),其注解《左傳·昭公三年》條為「一鍾為六斛四斗」,而西晉時的斛,其與漢代的容量石的定義又相同,即每一千鍾,相等於漢代的六千四百石。[30] 簡言之,假若《呂氏春秋》和《管子》的記載為真,春秋時的齊國,以及戰國時期的魏國,也是以容量單位授俸祿。《呂氏春秋》是戰國晚期的著作,其記當代之事,應當可信。然而,《管子》一書,大抵成於戰國晚期至西漢初年,[31] 已經與管仲身處的時代相距數百年,它或許不能完全反映春秋時期的實際情況,但可推論出三種可能發生的情境:

一、《管子》作者經過考證而得出春秋時齊國以容量授俸的史實;

二、《管子》作者對春秋時代的推想,但他的識見必然與其身處時代所見所聞累積而來,即是說佐證了戰國晚期以容量授俸為普遍情況,並影響了作者記述春秋史事;

三、《管子》作者憑空想像,全無根據。

本文認為前二種可能均能證明本文的推論,而筆者認為「推理二」的可能性較大,因其與《戰國策》、《呂氏春秋》的記載大抵契合,也是傳統文獻較常見的情況。觀乎諸多史料,先秦以來各國的俸祿,主要以容量序等級和折計支付。至此,大概完成了勾劃先秦至兩漢的官秩發展皆以容量受俸的歷史事實,即漢代官秩的石(容量),乃一脈相承地繼承了歷代俸祿的傳統。

總而言之,從上述史料可見,先秦以來的官秩制度以至官吏兵役的實際收入,都是以容量作為單位,漢代不過是繼承了前代的制度安排而已。

- 「䀁」、「儋」、「檐」三字音義關係

《史記·淮陰侯列傳》:「夫隨廝養之役者,失萬乘之權;守儋石之祿者……」(頁二六〇九)同書同頁注文載:《集解》晉灼曰「揚雄方言『海岱之閒名䀁為儋』。石,斗石也。」蘇林曰:「齊人名小䀁為儋。石,如今受鮐魚石䀁,不過一二石耳。一說,

一儋與一斛之餘。」《索隱》儋音都濫反。石,斗也。蘇林解為近之。鮐音胎。晉灼注解「儋石之祿」時,引了西漢晚年語言學家揚雄(前五十三一公元十八)《方言》一書,指濱海地區的人把「罌」讀為「儋」,即可理解為「罌」有兩種讀法,名詞時讀其本音,《說文解字注》注為「烏莖切」。作為量詞時則讀為「儋」。同時,注者又明確指出此石為「斗石」,以別於重量石,又是上文結論的旁證。即便如此,似乎只能解釋「罌」、「儋」音義相通,而不可推出時人把「石」讀為「儋」。東漢學者蘇林解釋較為詳細,他指「儋石之祿」,即是如今(東漢)盛載鮐魚的「石罌」,「罌」本為容器,前面的「石」,大概是說明以石為量詞的容器,蘇林指其容量不過重一兩石。筆者認為蘇林的說法有兩種解釋:一、重一兩石可能是已舂與未舂的分別,即一石是已舂數,而兩石是未舂數;二、可能一兩石只是約數而已,即大概一至兩石左右。又檢《史記·貨殖列傳第六十九》:「通邑大都,酤一歲千釀,醯醬千瓨,漿千甔……」(頁三二五三)同書同頁注文載《集解》徐廣曰:「大罌缶。」《索隱》醬千檐。下都甘反。漢書作「儋」。孟康曰「儋,石罌」。石罌受一石,故云儋石。上引史料又可再次證明「儋」、「罌」二字的音義皆通,而「石罌」這種容器又可稱為「儋石」,這是倒裝的用法,但是此仍未可判斷「石」可讀為「儋」。馬彪上引文引清代考據學家桂馥(一七三六——一八〇五)《說文義證》:「然則以石為擔,由來舊矣。詳其故,因儋受一石,遂呼石為儋。」

1 吳承洛：《中國度量衡史》（上海：商務印書館，1937），頁 104。
2 Michael Loewe, "The Measurement of Grain during the Han Period," *TP* 49, nos. 1-2（1961），pp. 61-95.
3 Hans Bielenstein, *The Bureaucracy of the Han Times* (Cambridge: Cambridge University Press, 1980), p. 125.
4 班固：《漢書》（臺北：鼎文書局，1979），〈律曆志第一上〉，頁 969。
5 《漢書‧律曆志第一上》，頁 967。
6 本文所有出土文獻引文均為香港中文大學中國文化研究所「竹簡、帛書出土文獻計算機數據庫」光盤版。
7 按照常識，若兩者發音與寫法完全相同，必然會產生無比混亂，如官吏收稅時說一石重量，結果對方卻交納一石的容量，而二者內涵又不可能完全相等，那定必會生出誤會。如果定義界定不清，則會在管治上造成不必要的交易成本，不利於管治。
8 范曄：《後漢書》（臺北：鼎文書局，1981），〈律曆志上〉，頁 2999。
9 馬彪：〈漢代「大石」「小石」新探〉，《アジアの歴史と文化》，2015 年 3 月，頁 29-37。
10 司馬遷：《史記》（臺北：鼎文書局，1981），〈滑稽列傳第六十六〉，頁 3197。
11 陳仲安、王素：《漢唐職官制度研究》（北京：中華書局，1993），頁 327。
12 《漢書‧百官公卿表第七上》，頁 721。
13 《漢書‧百官公卿表第七上》，頁 721。
14 閻步克：〈爵、秩、品的不同名義、起源與意義〉，《中國文化》第 40 期（2014），頁 30。
15 《漢書‧外戚傳第六十七上》，頁 3933。
16 《後漢書‧百官五》，頁 3632。
17 《後漢書‧本紀第一下》，頁 77 頁。
18 姜波：〈秦漢度量衡制度的考古學研究〉，《中國文物科學研究》第 4 期（2012），頁 28。
19 趙曉君：〈中國古代度量衡制度研究〉（北京：中國科學技術大學博士論文，2007），頁 101。
20 楊聯陞綜合了 1940 至 1950 年代的多篇文章，指前人認為米以石權，計糧以斛量。見楊聯陞：〈漢代丁中、廩給、米粟、大小石之制〉，《楊聯陞論文集》（北京：中國社科出版社，1992），頁 3。
21 參看趙善軒：〈兩漢俸祿考〉，《江西師範大學學報》第 1 期（2010），頁 71-73。
22 《史記‧孔子世家第十七》，頁 1905。
23 《史記‧孔子世家第十七》，頁 1905。
24 孫詒讓著，孫以楷點校：《墨子閒詁》（臺北：華正書局，1987），頁 409。
25 李亞明：〈《周禮‧考工記》度量衡比例關係考〉，《古籍整理研究學刊》，2010 年 1 月，頁 78-79。
26 劉向集錄：《戰國策》（上海：上海古籍出版社，1978），頁 198。
27 呂不韋著，陳奇猷校注：《呂氏春秋》（上海：上海古籍出版社，2002），頁 551-552。
28 《史記‧魏世家第十四》，頁 1840。
29 李勉注譯，中華文化復興運動推行委員會、國立編譯館中華叢書編審委員會主編：《管子》（臺北：臺灣商務印書館，1990），頁 806。
30 後來千鍾成為了成語，一般指俸祿很多，或糧食很多，《三國志‧魏書‧任蘇杜鄭倉傳》也有「食千鍾之祿」（頁 505）之語。
31 參考趙善軒：〈導讀〉，載《管子》，新視野中華經典文庫（香港：中華書局，2014），頁 3-8。

干預主義與反干預主義
──《鹽鐵論》中的經濟思想

一、武帝新政　經濟改革

讀《鹽鐵論》，就得先了解其書的時代背景。

漢武帝（前一五六－前八七）在位時，好大喜功，積極用兵四夷，而泰山封禪又虛耗了一大筆經費，導致國家財政入不敷支，為了滿足他無窮無盡的欲望，不得不推行新經濟政策，以增加收入，內容大抵如下：

政策	負責人	推行年份
號召募捐	眾官員	前 120
算緡錢（財產稅）	眾官員	前 119
鹽鐵專賣	孔僅、東郭咸陽	前 118
告緡錢（告發瞞稅）	楊可	前 117
平準、均輸（物流統管）	桑弘羊	前 115

新經濟政策始於漢武帝元狩三年（前一二〇），當時下令號召商人自願募捐，[1] 在欠缺經濟誘因下，反應不太理想，政府只好再想其他方法開源，故第一招是擴闊稅基。元狩四年（前一一九）開徵新稅，類近於現代的資產稅，名為「緡錢」。[2] 元狩六年至元鼎四年（前一一七－前一一三）更全面推行「告緡令」，[3] 鼓勵百姓主動告發「瞞稅」的商人，告發者可分得被告者一半的家產，造成「文革式」的告密風潮。由於沒有對私有財產的保障，商人便失去了追求財富的動力，對商業發展產生前所未有的打擊。

另一方面，政府沒收全國數以億計的物資、成千上萬的奴婢、以百頃計的各縣田地。自此以後，政府的收入大大增加，解決了用度不足的困難。楊可的「告緡令」，鼓勵商人身邊的人主動告發，最奇怪的是，告發者可分得被告者一半的家產。如此一來，就會誘使家人爭相告發，甚至胡亂舉報，奴婢告主人、家人鄰里互相告發等情況也是不難想像，大部分商人因此而破產，商人不願再投資工商

業，據司馬遷記載：

> 卜式相齊，而楊可告緡徧天下，中家以上大抵皆遇告。杜周治之，獄少反者。乃分遣御史廷尉正監分曹往，即治郡國緡錢，得民財物以億計，奴婢以千萬數，田大縣數百頃，小縣百餘頃，宅亦如之。於是商賈中家以上大率破，民偷甘食好衣，不事畜藏之產業，而縣官有鹽鐵緡錢之故，用益饒矣。[4]

同時，漢武帝又推行專賣政策，以解決國家用度不足的困難，這導致工商時代從此萎縮，資本主義也被消滅於萌芽之中。初稅緡錢打開了新經濟政策的序幕，此後一年，即元狩五年（前一一八），打破了商人子弟不得為官的傳統，馬上任命鹽鐵巨賈東郭咸陽、孔僅為大農丞，領鹽鐵事務，儼如招安政策，負責鹽鐵的官員多數是商賈出身，[5] 把最大的反對勢力納入建制之內，實行以商制商，由他們推行專賣政策，司馬遷說：

> 於是以東郭咸陽、孔僅為大農丞，領鹽鐵事；桑弘羊以計算用事，侍中。咸陽，齊之大煮鹽，孔僅，南陽大冶，皆致生累千金，故鄭當時進言之。弘羊，雒陽賈人子，以心計，年十三侍中。故三人言利事析秋豪矣。[6]

同書又記載了孔僅、咸陽之言：

> 山海，天地之藏也，皆宜屬少府，陛下不私，以屬大農佐賦。願募民自給費，因官器作煮鹽，官與牢盆。浮食奇民欲擅管山海之貨，以致富羡，役利細民。其沮事之議，不可勝聽。敢私鑄鐵器煮鹽者，鈦左趾，沒入其器物。郡不出鐵者，置小鐵官，便屬在所縣。使孔僅、東郭咸陽乘傳舉行天下鹽鐵，作官府，除故鹽鐵家富者為吏。[7]

在政府的設計中，是「民製官賣」的經營模式，一改漢初以來，民間自由賣買的做法，人民必須使用官方提供的製鹽工具，由政府收購、運輸、出賣，並以嚴刑懲罰私鑄鐵器煮鹽的人。鐵的官營則全由政府壟斷，由採礦、冶煉、製作、銷售都是由官員一手包辦，中央由大司農直接統領，地方則設置鹽官、鐵官，再於無礦山的縣內設小鐵官，由上而下管理全國鹽鐵事務。鹽鐵是生活的必需品，需求彈性極低，官營以後，供應減少勢必使價格上升，即等於增加了間接稅收，大大加重人民的負擔。

另外，《平準書》又記載漢武帝於元鼎二年（前一一五），孔僅、桑弘羊推

行平準、均輸。[8]

置均輸官五年之後，即元封元年（前一一〇），桑弘羊獲提升至大農，統領新經濟政策，太史公又說：

> 元封元年……桑弘羊為治粟都尉，領大農，盡代僅筦天下鹽鐵。弘羊以諸官各自市，相與爭，物故騰躍，而天下賦輸或不償其僦費，乃請置大農部丞數十人，分部主郡國，各往往縣置均輸鹽鐵官，令遠方各以其物貴時商賈所轉販者為賦，而相灌輸。置平準于京師，都受天下委輸。[9]

經過五年的試行，漢武帝終於決定在全國設置均輸官員，全面推行均輸政策。當時，各地郡縣不時要向中央上貢土產，但長途運輸導致運輸成本高昂，又因路途遙遠，貨品易於變質，而物品亦未必是京師所需，故全國性推行均輸法，本意是為了調節不同地區在空間上物價不平的現象。[10] 值得注意的是，數十年來教科書上說《均輸律》是始於武帝之時，但出土文獻顯示，在漢初亦有《均輸律》，只是武帝時才推行至全國。[11]

至於平準之法，司馬遷接著說：

> 召工官治車諸器，皆仰給大農。大農之諸官盡籠天下之貨物，貴即賣之，賤則買之。如此，富商大賈無所牟大利，則反本，而萬物不得騰踊。故抑天下物，名曰「平準」。[12]

平準法設立之本意是要平抑物價，原意是政府在價低時收購一些必需品，待市場價高之時沽出，以增加供應的干預手段，改變需求彈性來平衡物價。惟司馬遷一矢中的地指出，實行了平準、均輸後，國家忽然增加了財政收入，史書載：

> 天子以為然，許之。於是天子北至朔方，東到太山，巡海上，並北邊以歸。所過賞賜，用帛百餘萬匹，錢金以巨萬計，皆取足大農。[13]

由此觀之，平準、均輸不只是平抑物價與運輸的政策，客觀上還導致政府財政收入大大增加。政府官員涉足財產支配，不少官員以增加財政收入為目標，而傷害了市場的正常發展，[14] 否則司馬遷不會說武帝接納此法後，能夠四方遊歷，賞賜群臣，花費巨萬金錢，這反映了司馬遷公正記載此等干預政策所帶來的效果，實有良史直書不諱之風範。

事實上，鹽鐵會議中民間的知識分子指出，均輸、平準之法推行的後果，不單是官侵民權，好使官員從中取利，而且官員強迫人民收買貨物，極之擾民，可謂與原來的設計相違背。[15] 儘管鹽鐵會議很可能是由霍光借賢良文學來打擊桑弘羊的政治手段，賢良等人的言論或有既定立場，惟他們的說法與司馬遷的論調基本上相同，可見此多少反映了一定的事實。總而言之，新經濟政策因執行上的種種弊端，反而導致物價上漲，貨殖混亂，原來的目標可算是徹底失敗。

漢武帝為了增加國家收入，可真是不惜一切，今檢《漢書·酷吏傳·義縱》：

> 義縱，河東人也……後會更五銖錢白金起，民為姦，京師尤甚，乃以縱為右內史，王溫舒為中尉。溫舒至惡，所為弗先言縱，縱必以氣陵之，敗壞其功。其治，所誅殺甚多，然取為小治，姦益不勝，直指始出矣。吏之治以斬殺縛束為務，閻奉以惡用矣。縱廉，其治效郅都。上幸鼎湖，病久，已而卒起幸甘泉，道不治。上怒曰：「縱以我為不行此道乎？」銜之。至冬，楊可方受告緡，縱以為此亂民，部吏捕其為可使者。天子聞，使杜式治，以為廢格沮事，棄縱市。[16]

現代新自由主義者一般相信，凡是在專制下的官僚干涉到商業經濟，則弊端叢生，當時也是商賈出身的名臣卜式也察覺到問題所在，並進言說：

> 式既在位，見郡國多不便縣官作鹽鐵，鐵器苦惡，賈貴，或彊令民賣買之。而船有算，商者少，物貴，乃因孔僅言船算事。上由是不悅卜式。[17]

現實經驗告訴我們，凡是官僚直接主管經濟事務，則易於濫用權力，當時就有官員強迫人民購買鹽鐵器物，官員不是為求功績就是要從中取利。[18] 卜式看見此中情況，立即指出新經濟政策的種種弊端。漢武帝為人剛愎自用，向來不容許別人質疑他的經濟政策。自此以後，漢武帝逐漸疏遠他一向重用的卜式。卜式本來位列三公，任御史大夫，不久後更被貶官，遠離權力中心，此後不再有任何政治上的影響力。[19]

據《史記·平準書》所記，其時「商賈中家以上大率破」，商人大多破產，人民也生活不了，惟有靠偷竊為生。同時，政府又把「民之所依」的山林池澤納入國家體制中，限制民間自行開發，嚴重打擊人民的生計。許多人不能再從事相關產業，令社會經濟嚴重收縮。當時朝廷舉行了鹽鐵會議，當中的民間學者指出平準、均輸推行後，有官員利用權力強迫人民收買貨物，使之成了擾民之法，此與原來的設計相違背，致使人民怨聲載道。後來漢昭帝（前九四－前七四）繼位，

政府不得不正視這個嚴重的社會問題，遂出現了新經濟政策存廢的激烈爭論。

二、中西學說　殊途同歸

現代西方經濟學大抵可分為兩大主流：一是主張市場力量主導社會發展，國家應減少經濟干預行為，讓市場自主發展，而國家只需為商人提供良好的營商環境；當經濟不景氣時，他們主張通過減稅等措施來刺激消費，而非利用國家機器來干預經濟。另一派主張以政府行為帶動經濟發展，特別是通過增加公共開支來刺激經濟。兩個學派在戰後數十年來，主導了歐美日的經濟政策。

東方的馬克思主義者則主張一切經濟活動最終都應在國家嚴密監管下進行，完全扼殺民間自由市場，他們認為市場經濟造成的貧富懸殊是階級矛盾的根源，故應當消除。上述理論不是紙上談兵，當經濟學一旦落實到現實之中，那就不再是學術的討論，而是涉及國民福祉的實際問題。故此，為政者在制定經濟政策之時，不得不小心謹慎，須以民為先，而非以既得利益者或在位者的喜好為依歸。

當代經濟學人，言必稱歐美，只因他們不知道在中國歷史上，絕不乏偉大的經濟思想學家及傳世著作，而《鹽鐵論》可謂當中的佼佼者。先秦至西漢年間，是中國經濟思想最發達、最旺盛的時代，當時學風開放，百家爭鳴，思想多元，名家輩出，造就了許多偉大的學人學說，而最令人驚嘆的莫過於「史家絕唱」的司馬遷（前一四五或前一三五－？）。百多年前，西力東漸，中國面臨「二千年未有之變局」（李鴻章語），國勢日衰，我國不少學人欲以經濟救國，他們試圖從古書上找出歷史根據，說明中國傳統文化不弱於人，而梁啟超（一八七三－一九二九）與胡適（一八九一－一九六二）早就認識到司馬遷的經濟思想之重要性，他們指出司馬遷有不少見解與西方古典經濟學派學人的思想是不謀而合的。[20] 經濟思想史學者趙靖在《中國經濟思想通史》第二卷說：「中國古代在西漢中葉形成了兩種國民經濟管理模式：平均主義的輕重論和放任主義的善因論。」[21] 桑弘羊（前一五二？－前八〇）是前者的代表，司馬遷就是後者的代表，鹽鐵會議的民間學者則介乎於兩者之間。

近年，西方學術界也認為司馬遷的自由經濟思想學說，足可與古典經濟學之父亞當·斯密（Adam Smith, 1723-1790）的「看不見的手」（invisible hand）相提並論。幾篇學術論文在西方極具分量的學術期刊發表後，[22] 引起中外學人的激烈討論，可見司馬遷啟發性之大，竟令二千多年後的今人獲益良多。當然，中國

的經濟思想注定不能與西方經濟學同日而語,因為中國的經濟學者被長期忽視,學問無人繼承,不似西方開宗立派,成不朽之學問,這實在與中國長期大一統歷史下缺乏競爭,又加上大一統下為求穩定而推行一元意識形態等因素,有著莫大的關係。

三、學術思想　多元並存

《鹽鐵論》是我們了解漢代學術思想的重要作品,書中的民間學者(賢良與文學),一如司馬遷般,也是在老百姓的生計上考量,大肆批判國家的干預行為,痛斥政策導致民不聊生,背離人民,言語中或多或少地傾向反干預主義;他們追憶文帝的無為而治,認為政府應減少管制以及干預行為,反對官營工商業,提倡國家應減少不必要的管制,強調不應與民爭利,以此譏諷當朝的干預主義。不同之處是,司馬遷是以黃老思想為本,而賢良與文學則是典型的儒家信徒。雖然如此,在討論中,賢良與文學仍不時流露緬懷漢代初年無為而治的痕跡,欲借此建構心中理想的經濟模式,從而批評漢武帝以及當代(漢昭帝始元六年〔前八一〕)的經濟政策,其言論顯示他們絕不妥協於建制的文人風骨。難得的是,即使他們大力抨擊國家政策,但朝廷在鹽鐵會議後,拜他們為「大夫」,足見其胸襟,是真心締造真正的「和諧社會」。雖然雙方言辭激烈,半步不讓,但頗有「和而不同」之氣氛,絕非像今天那些「同而不和」,只懂拍掌的官式會議,知識分子也不是用來裝飾的擺設,如此開明的論政風氣,容許士人在公開場合大膽非議朝政,事後亦沒秋後算賬,這是二千年大一統歷史下所鮮見,亦足以使後世的獨裁者汗顏。

若說司馬遷是代表戰國以來黃老思想的集大成者,那麼本書的賢良文學就是代表新興的士人階層,是次會議共有六十餘人參加,這些「文學」是地方選拔得來的書生,而「賢良」則是在京輔選拔出來的讀書人。從本書所見,這些知識分子不時引用道家、儒家、陰陽家之言來反駁政府高層代表,這反映了在漢武帝獨尊儒學不久,學人仍受上一世代的教育(黃老主導,卻百家爭鳴的漢初)影響,學術思想仍未走向一元化。從他們的言論可見,其思想既有道家哲學成分,也有儒家特色,絕非後世不少學人般,只懂跟著國家的「主旋律」走,只為政府推銷意識形態,缺乏學人應有「獨立之思想,自由之精神」。

簡言之,《鹽鐵論》深刻總結了兩大流派,分別是春秋戰國以來受黃老學說影響的反干預主義經濟思想,以及主張國家主導的干預主義,為我們留下了豐富

的思想，是研究古代社會經濟的寶貴材料。

四、錯推政策　民不聊生

新經濟政策推出以來，民多疾苦，百姓對鹽、鐵、酒專賣感到厭惡。政府一改漢初容許民間自由買賣的做法，改為「民製官賣」的經營模式，其時人民被迫使用政府提供的製鹽工具，鹽由政府收購、運輸及出售，而私鑄鐵器煮鹽的人則會受到嚴刑懲罰。此外，鐵器全由政府壟斷，由採礦、冶煉、製作到銷售，都由官員一手包辦，中央由財政大臣（大司農）直接統領，地方則設置鹽官、鐵官，再於無礦山的縣內設小鐵官，由上而下管理全國鹽鐵事務。鹽鐵是生活的必需品，需求彈性極低，官營以後，供應減少勢必使價格上升，這等於增加了間接稅收，直接加重人民的負擔。

當時人民對平準、均輸、告緡等政策多有不滿，政府希望多聽他們的意見，以作檢討。年僅十四歲的漢昭帝下旨，召集郡國所舉的賢良文學，徵詢他們的意見。是次會議實由大將軍霍光（前一三〇？－前六八）在背後推動，命丞相田千秋（？－前七七）主持「經濟會議」，由賢良文學為一方，對漢武帝留下的輔政大臣御史大夫桑弘羊等人的政府代表，重點討論當代社會經濟發展，也旁及國家的發展方向、用兵匈奴的合理性、王道與霸道的取捨、禮治與法治的高下，以及古今人物評價等重大議題。桑弘羊本是商人之子，理應是反對新經濟政策的最大力量，但他與孔僅、東郭咸陽等富商在武帝朝先後獲引入建制核心，成了新經濟政策中的推手，此可見二千年前，時人已懂得以「行政吸納政治」的手段。另方面，我們不能像改革開放前的中國內地學者般，輕率地把桑弘羊等人視為法家信徒。從書中可見，大夫等人一時引用法家，一時徵引儒學經典，一時採用道家之言來支持己說，但同時又批評孔子（前五五一－前四七九）為人頑固，不識時務，又不同意儒生所強調的今不如昔。由此可見，他們並沒有固定的思想信仰，而是不折不扣的機會主義者。

桑弘羊等人從國家財政的角度出發，力主干預行為有助增加國家收入，以支持軍事擴張，大興土木，以壯國勢，主張「大政府，小市場」。他們以國家利益為最大考慮，堅持應先國家而後個人，桑弘羊更指基層貧窮是因為他們懶惰，完全與政府無關，又認為官僚生活奢侈是天經地義的，把貧富懸殊的現象合理化。桑弘羊等人又認為身無長物的賢良文學，連父母也供養不起，沒有資格討論國家大事。這類人認為必要時可犧牲人民幸福以成全國的繁榮，為經濟增長而破壞百

姓生計，無視人民為天下之本之理，背離人民，忽視個體作為社會的基礎單位。其實，只有保障個人，才能確保社會真正的穩定，因為每個人也有可能在不同議題下成為小眾，若以顧全大局為由，而放棄小眾之利益，他日當自己淪為小眾，則必自食其果，故絕不應提倡為國家而犧牲個體利益。

司馬遷在《史記·平準書》中借用了當代積極反對干預行為的名臣卜式之言，以「亨（烹）弘羊，天乃雨」為全文總結，又在《史記·貨殖列傳》說：「故善者因之，其次利道之，其次教誨之，其次整齊之，最下者與之爭。」[23] 學者宋敘五解釋為：「政府經濟政策的最善者，是順其自然，對人民的經濟生活不加干涉。其次是因勢利導。再次是用教育的方法說服人民，再次是用刑罰規限人民，最差的方法是與民爭利。」[24] 由此可見，當時已有干預主義與自由經濟概念，而在司馬遷等自由主義者眼中，不管干預政策為國家帶來多少財政收益，都是不義之舉，因它使天怒人怨，司馬遷甚至想把桑弘羊殺之而後快。儘管司馬遷對桑弘羊等人口誅筆伐，但從書中所見，政府代表不時引用司馬遷的文字來支持發展經濟的合理性，所以說研讀《鹽鐵論》是了解西漢諸家經濟思想的重要途徑。

在反干預主義者心目中，國家官員直接經營經濟活動，就是與民爭利，直接打破了老百姓的飯碗，影響人民生活，是極不合理的，故必須加以痛斥。長遠而言，這亦使中國的工業受到抑壓，國學大師錢穆於《中國文化史導論》第六章說：「中國社會從秦、漢以下，古代封建貴族是崩潰了，若照社會自然趨勢，任其演變，很可能成為一種商業資本富人中心的社會。這在西漢初年已有頗顯著的跡象可尋。」[25] 本來中國的商業發展形勢大好，但如歷史學家唐德剛所言：「那在西漢初年便已萌芽了的中國資本主義，乃被一個輕商的國家一竿打翻，一翻兩千年，再也萌不出芽來。」[26]

賢良文學不像司馬遷般鼓勵奢侈消費，也不肯定追求利益（《史記·貨殖列傳》：「天下熙熙，皆為利來；天下攘攘，皆為利往。」）的自由主義信徒，他們是傾向「躬親節儉，率以敦樸」的儒家學者，這些否定奢靡生活的傳統儒生，同時也深受漢初以來黃老思想的影響，這是漢初多元意識形態並存下的結果，在往後大一統的歷史中，是難以復見的文化盛世。文學一般認為國家官員從事經濟活動雖可增加政府收入，有利國家的擴張，但最終難免出現官員舞弊或以權謀私的情況，導致政策變質，物價飛漲，把人民推向無底的深淵。即使像平準、均輸等有利民生的政策，在實際執行之時，官員往往會濫用權力，以權謀私，終使良

方變為惡法。至於鹽鐵專賣的主事官員，更往往動用公權力，強迫人民以超出合理價格的價錢買賣；此外，官製鐵具品質低下，不利農民耕作，影響他們的生計。有趣的是，當賢良文學指斥新法例極之擾民時，桑弘羊等人沒有加以否認，只強調政策的好處。他們又把貪污腐化歸咎於基層官員質素低下，並認為與政府高層無關。他們更認為貪婪是人類的本性，慨嘆基層官員的道德水平不足。對於這些情況，身處廿一世紀的我們應該不會感到陌生，因為在上世紀有許多國家都以不同的手法（或共產主義、或社會福利主義、或國家官僚主義）引證了在專制政權下，沒有足夠的制衡，由政府主導經濟所帶來種種嚴重的負面影響。

五、路徑依賴　成就千年傳統

鹽鐵會議中，文學指出了專賣制造成了經濟嚴重萎縮，令到某些必需品成為了完全壟斷行業，由於缺乏競爭，導致價格昂貴，品質下降，百姓生計受到沉重打擊。據鹽鐵會議所述，專賣制推行以後，原本發達的商業境況不再，而朝廷在會議後一度廢止了新經濟政策，不過很快把專賣制恢復過來，而東漢一朝亦嚴厲執行，開啟了後漢直至初唐數百年工商業蕭條的「中古自然經濟」時代。眾所周知，專賣制會傷害社會經濟，又影響百姓生活，為何政府不早早廢止它，反而一直保留，甚至不斷內在強化，一直到了現當代中國未止，成為了中國兩千年的傳統呢？

上述現象，筆者認為這可以經濟學上新制度學派的「路徑依賴」（path dependence）理論解釋。當固有的交易費用不斷上升，人們往往懼怕放棄原來已投入的成本，令原有投資變得一文不值，即成為經濟學上的「沉沒成本」（sunk cost），即是說明知改革有機會帶來更巨大的效益，也因為不願放棄已付成本，作出合理的「止蝕」。同時，亦因原有交易費用高昂，放棄更合理的選擇。一九九三年諾貝爾經濟學獎得主諾斯（Douglas North）認為，路徑依賴近於物理學中的「慣性」，一旦進入了某種路徑，歷史發展會對此路徑產生依賴，因習性形成了許多既得利益以及利益團體，制度變遷的交易成本逐漸增加，而維持路徑的既定方向反而費用更低，最終會使路徑得到自我強化。

自漢武帝的新經濟政策推行以來，它一直支撐著政府龐大的開支，如泰山封禪，多年來的南征北伐等非經常性開支。東漢以來，士人政府日漸成熟，官僚架構變得愈來愈龐大，士人階層更成了巨大的利益集團，令政府編制擴大，使到經常性開支大幅增加，再加上專賣制為官僚權貴貪污提供便利，又可應付沉重的軍

費,東漢也恢復了經營西域,所費不菲。故此,雖然開明的知識分子屢屢提出發展工商業可使百姓生活改善,而他們早就明白到開放市場又可促進市場發展,但是因為放棄專利制的成本增加,政府從不願放棄沉沒成本,這專賣制度的路徑變得更堅固,兼且執政者並沒有改革的意志。到了宋代,甚至把茶葉也納入專賣制之內。至於食鹽專賣,至二〇一六年的中國,仍未完全廢止,可見這條路徑發展兩千年而不絕。

六、雞蛋高牆　字字鏗鏘

《鹽鐵論》的前部分,即從卷一的〈本議第一〉到卷七的〈取下第四十一〉,是鹽鐵會議的對話紀錄,主要討論社會經濟問題;而後部分,即由卷七的〈擊之第四十二〉到卷十〈大論第五十九〉,則是會議後賢良文學拜別桑弘羊之時,對於應否用兵匈奴所起的辯論。民間的知識分子主張用和親、教化、德治來解決邊境衝突,而桑弘羊等則指他們過於理想化,只懂古是今非,他認為實行霸道,積極擴張才是硬道理。這十分值得「講霸道而不講王道」,認為「強權即公理」的現代人反思反省。當年,漢武帝為了用兵匈奴,強推新經濟政策,令百姓陷入水深火熱之中(武帝〈輪台罪己詔〉說:「是重困老弱孤獨。」),這又何嘗不是歷史的重演?諷刺的是,桑弘羊在會議後一年,因權鬥而被政敵大將軍霍光殺死,惟新經濟政策並沒因人亡而政息,此與歷史上多數改革不同,它在漢元帝(前七四－前三三)時暫停了三年,便旋即恢復,終西漢一朝也沒廢除,更成為歷代的傳統。

這兩場辯論被人用文字紀錄留傳了下來,在漢宣帝(前九一－前四九)時,桓寬(生卒年不詳,《漢書》記他在漢昭帝時,官拜廬江太守丞)作了全面的整理。桓寬本是治《春秋》公羊學的儒生,也是建制的中級官吏,但他沒有唯唯諾諾奉承國家。他一方面忠實地記載了官民兩派激烈的辯論,「推衍鹽鐵之議,增廣條目」,同時又本著「亦欲以究治亂,成一家之法焉」撰寫此書,可見他要借此表達一己之見,非純粹的文字整理。桓氏的立場明顯傾向了賢良文學反建制的一方,文字中處處顯露同情之意,又故意描繪政府代表的醜態,並多次描寫士大夫等人被迫得默然不語。

寬在結語卷十〈雜論第六十〉中直指政府代表目光短淺,不講仁義,與他所認識的大道有所不同。他為各篇章起標題時,偏向了文學一方,其中一篇為〈禁耕〉,內容本是討論專賣政策的利弊,而「禁耕」一詞的「禁」是損害之意,即

他認為專賣政策損害了農業發展，而漢代人普遍認為農為天下之本，可見他借用標題來闡述個人的主觀意志，而書中許多章節，大多有這樣的取向。這大概是作者對雞蛋而非高牆的一種表態。

總而言之，本書是了解中國古代經濟思想必讀的經典，也是讓今人反思的一面鏡子。

1. 《史記‧平準書》:「其明年,山東被水菑,民多飢乏,於是天子遣使者虛郡國倉廥以振貧民。猶不足,又募豪富人相貸假。尚不能相救,乃徙貧民於關以西,及充朔方以南新秦中,七十餘萬口,衣食皆仰給縣官。數歲,假予產業,使者分部護之,冠蓋相望。其費以億計,不可勝數。於是縣官大空。」,頁1425。見司馬遷:《史記》(臺北:鼎文書局,1981)。
2. 《漢書‧武帝紀》:「有司言關東貧民徙隴西、北地、西河、上郡、會稽凡七十二萬五千口,縣官衣食振業,用度不足,請收銀錫造白金及皮幣以足用。初算緡錢。」,頁178,見班固:《漢書》(臺北:鼎文書局,1981)。
3. 宋敘五:《西漢商人與商業》(香港:新亞研究所,2010),頁131。
4. 《史記‧貨殖列傳》,頁1435。
5. 《史記‧平準書》:「吏道益雜,不選,而多賈人矣。」,頁1429。
6. 《史記‧平準書》,頁1428。
7. 《史記‧平準書》,頁1429。
8. 《史記‧平準書》,頁1432。
9. 《史記‧平準書》,頁1441。
10. 宋敘五:《西漢商人與商業》,頁158。
11. 張家山漢簡《二年律令》的《均輸律》227簡。
12. 《史記‧平準書》,頁1441。
13. 《史記‧平準書》,頁1441。
14. 宋敘五:《西漢商人與商業》,頁160。
15. 《鹽鐵論校注‧本議第一》:「文學曰:『……今釋其所有,責其所無。百姓賤賣貨物,以便上求。間者,郡國或令民作布絮,吏恣留難,與之為市。吏之所入,非獨齊、阿之縑,蜀、漢之布也,亦民間之所為耳。行姦賣平,農民重苦,女工再稅,未見輸之均也。縣官猥發,闔門擅市,則萬物並收。萬物並收,則物騰躍。騰躍,則商賈侔利。自市,則吏容姦。豪吏富商積貨儲物以待其急,輕賈姦吏收賤以取貴,未見準之平也。蓋古之均輸,所以齊勞逸而便貢輸,非以為利而賈萬物也。』」,頁5;同章又曰:「文學對曰:「竊聞治人之道,防淫佚之原,廣道德之端,抑末利而開仁義,毋示以利,然後教化可興,而風俗可移也。今郡國有鹽、鐵、酒榷,均輸,與民爭利。散敦厚之樸,成貪鄙之化。是以百姓就本者寡,趨末者眾。夫文繁則質衰,末盛則質虧。末修則民淫,本修則民愨。民愨則財用足,民侈則飢寒生。願罷鹽、鐵、酒榷、均輸,所以進本退末,廣利農業,便也。」見桓寬著,王利器校注:《鹽鐵論校注》(北京:中華書局,1996)。
16. 《漢書‧酷吏傳》,頁3654-3655。
17. 《史記‧平準書》,頁1440。
18. 《鹽鐵論校注‧水旱第六十三》:「議者貴其辭約而指明,可於眾人之聽,不至繁文稱辭,多言害有司化俗之計,而家人語。陶朱為生,本末異徑,一家數事,而治生之道乃備。今縣官鑄農器,使民務本,不營於末,則無飢寒之累。鹽、鐵何害而罷?」,頁429。
19. 《漢書‧公孫弘卜式兒寬傳》:「元鼎中,徵式代石慶為御史大夫。式既在位,言郡國不便鹽鐵而船有算,可罷。上由是不說式。明年當封禪,式又不習文章,貶秩為太子太傅,以兒寬代之。式以壽終。」(頁2682)
20. 王明信、俞樟華:《司馬遷思想研究》,《史記研究集成》,第十卷(北京:華文出版社,2006),頁257。
21. 趙靖:《中國經濟思想通史》,第二卷(北京:北京大學出版社,2002),頁79。
22. Leslie Young, "The Tao of Markets: Sima Qian and the Invisible Hand," *Pacific Economic Review* 1, no. 2 (1996), pp. 137-145; Y. Stephen Chiu and Ryh-Song Yeh, "Adam Smith versus Sima Qian: Comment on the Tao of Markets," *Pacific Economic Review* 4, no. 1 (1999), pp. 79-84; Ken McCormic, "Sima Qian and Adam Smith," *Pacific Economic Review* 4, no. 1 (1999), pp. 85-87.
23. 《史記‧貨殖列傳》,頁3253。
24. 宋敘五:〈從司馬遷到班固——論中國經濟思想的轉折〉,「中國經濟思想史學會第十屆年會」論文(太原:中國經濟思想史學會主辦,2002年9月20-23日),頁4。
25. 錢穆:《中國文化史導論》(臺北:臺灣商務印書館,1993),頁128。
26. 唐德剛:〈論國家強於社會〉,《開放》,1999年5月號。

《老子想爾注》的反欲思想
——兼論與《史記》之比較

一、引言

　　中國的道家思想在兩漢之際歷經了幾次巨大的轉變。道家思想最初由老莊哲學奠基，重視形而上學的討論，但在戰國晚期至西漢初年，道家思想發生了第一次轉變。此時，以齊國稷下學派為代表的學者，發展出以治國為本的「黃老學說」，結合道家「無為而治」的理念與法家務實的統治技巧，成為漢初統治者的指導思想。[1] 第二次變動大抵是由西漢初期的統治者，尤其是漢高祖劉邦及其繼任者，普遍推崇黃老學說，以「休養生息、減輕稅負、減少干預」為施政原則，確保國家經濟的復甦與穩定。[2]

　　自漢興以來，黃老學說一直是執政者的核心指導思想，然而，隨著漢武帝施行「罷黜百家，獨尊儒術」的政策，黃老學說逐漸從主流治國學說退居次要地位，轉為非主流學派，影響力大幅減弱。此時，黃老學說的理論焦點逐漸從「國家治理」轉向更務實的經濟與社會議題，例如市場經濟的發展、財富流動的規律等。司馬遷（前一四五或前一三五－？）便是這一時期的代表人物之一，他在《史記》中對黃老學說進行總結，並透過〈貨殖列傳〉批判政府過度干預市場的政策，強調應尊重市場機制與民間經濟活力，這與漢武帝時期的積極干預政策形成鮮明對比，這是第三次變化。[3] 第四次是東漢以降，黃老學派早已失去政治影響力，黃老之學逐漸脫離政治經濟學，轉向宗教化的發展道路，並最終影響了道教的形成。在這一階段，東漢的「黃老之術」逐漸成為修道、求仙、養生、煉丹的代名詞，與早期以「治國」為核心的黃老思想已截然不同。這一變化，標誌著道家從現實政治逐步走向個人修行，為後世道教的發展奠定了思想基礎。[4]

　　過去學者多從哲學層面探討黃老學說的演變，對其思想從政治治理轉向宗教修行的變化進行深入分析。然而，以經濟思想的視角來研究黃老學說的發展，則尚屬少見。本文試圖填補此學術空白，從經濟與社會發展的角度探討黃老學說如何影響西漢初年的經濟政策，並進一步分析其在東漢時期逐漸宗教化的過程，試圖為黃老學說的歷史演變提供新的詮釋視角。

中國道家思想的三次轉變

轉變次數	時期	主要特徵	代表人物	影響
第一次轉變	戰國晚期至西漢初年	道家思想從老莊哲學發展為以齊國稷下為中心、強調治國的「黃老學說」	齊國稷下學者	「黃老學說」成為西漢初期的指導思想
第二次轉變	漢武帝（前157－前87）時期	黃老學說從執政思想變為非主流學說，從哲理討論轉向實際應用	司馬遷（前145或前135－？）	司馬遷總結此時期的黃老學說，批判政府干預經濟
第三次轉變	東漢以降	「黃老學說」失去政治影響，轉向宗教化，成為道教的代名詞	張道陵（34－156？）、張魯（生卒不詳）	道家由政治經濟學說轉變為道教思想

《老子想爾注》被公認為道家學說向道教思想演變時期的經典作品，是研究黃老學說如何從政治經濟學轉向宗教修行的重要文獻。本文主要依據收藏於倫敦大英博物館的敦煌千佛洞舊藏六朝寫本卷子《想爾老子注》作為討論對象，試圖透過該書深入理解道家思想的演變。過去，許多學者如楊聯陞、陳世驤等人主張《老子想爾注》是由活躍於建安時代（一九六－二二〇）的張魯（生卒不詳）所作。[5] 據饒宗頤考證，「《想爾》之書，成於東漢之季，玷無異議。」[6] 饒宗頤進一步推測，此書極有可能出自世稱天師道（五斗米道）的創始人張道陵（三十四－一五六？）之手，即張魯的祖父。這一觀點已被許多歷史學者廣泛接受，本文亦採納此說，並以此作為進一步研究的基礎。換言之，《老子想爾注》成書於黃老學說的第四次轉向時期，見證了黃老學派從西漢以政治經濟學為中心的治國思想，轉變為東漢晚期以宗教修行為核心的道教思想。它不僅代表了當時黃老之術的典型形態，更反映出道家思想如何與宗教信仰相融合。本文將透過《老子想爾注》的內容分析，探討道家思想在東漢晚期向宗教轉型的特性，並重點關注其對富貴、財富、消費、功名、治國等經濟議題的論述。同時，本文也將《想爾注》的經濟觀點與司馬遷在《史記》中的經濟思想進行對比，以窺探黃老學說第三次轉向過程中的具體變化。這種比較分析將有助於揭示黃老學派如何從早期的政治經濟學導向，逐步演變為東漢時期的宗教哲學體系，並為道教的發展奠定思想基

礎。

《老子想爾注》與黃老學說的關聯

研究內容	細節
研究對象	倫敦大英博物館藏敦煌千佛洞六朝寫本《想爾老子注》
主要研究學者	楊聯陞、陳世驤、饒宗頤
成書時期	東漢晚期,約在「黃老學說」第三次轉向時期
作者可能人選	張魯或其祖父張道陵（天師道創始人）
書籍主題	研究道家如何由政治經濟思想轉向宗教思想
經濟思想內容	探討富貴、財富、消費、功名、治國等經濟論述
比較研究	將《老子想爾注》的經濟思想與司馬遷《史記》的經濟思想進行對比

二、《想爾注》的經濟思想

為方便討論,現引錄書中有關經濟思想的原文如下:

《老子》原文:「常使民无知无欲」;《老子想爾注》:「道絕不行,耶文滋起,貨賂為生,民競貪學之,身隨危傾,當禁之,勿知耶文,勿貪寶貨,國則易治。」（《老子想爾注校證》,頁十一）

《老子想爾注》（下稱《想爾注》）的作者認為,他所追求的「道」已經在世間消失,而與此同時,「邪文淫說」卻盛行,人們過度追求財富,以致於道德衰落,社會動盪。作者進一步指出,這種現象必須被嚴格禁止,唯有如此,國家與社會才能恢復秩序,達至「易治」的理想狀態。值得注意的是,《想爾注》的經濟思想並非單純的反物質主義,而是建立在對當時社會亂象的回應之上。從經濟角度來看,這種思想反映了東漢晚期財富過度集中導致的社會失衡,使得普通百姓的生計變得困難,而財富的過度積累則進一步加深了階級對立。任何學說的產生都受到時代背景的影響,而《想爾注》的論述亦有其特定的針對性。該書成書於東漢晚年,當時的政治與社會環境極度混亂,具體表現為:政治腐敗:宦官專權、外戚干政,使中央政府失去有效治理能力。社會動盪:黨錮之禍、黃巾之亂、地方諸侯割據,使國家長期陷入內亂。經濟惡化:土地兼併嚴重,貧富懸殊擴大,農民因無地可耕而陷入貧困。當權者不僅不重視道德,甚至公然反對道德價值。

例如，曹操提出「重才不重德」的用人原則，顛覆了漢代以來強調孝廉品格的傳統標準。此外，豪族的崛起加劇了社會財富的不均，使土地兼併達到了前所未有的程度。史書記載漢和帝（七九一一〇五，八八一一〇五在位）時，「去年秋麥入少，恐民食不足。其上尤貧不能自給者戶口人數。往者郡國上貧民，以衣履釜為貲，而豪右得其饒利。詔書實覈，欲有以益之，而長吏不能躬親，反更徵召會聚，令失農作，愁擾百姓。」[7] 這段記載顯示，當時社會貧困階層面臨極大經濟壓力，貧民不得不典當衣物與生活必需品以維持生計，而豪強權貴則趁機囤積財富，牟取暴利，加劇社會不均。更嚴重的是，地方官吏不僅未能有效執行中央政策，反而因行政管理不當，進一步加重了百姓的負擔，使得農民無法專心農作，導致社會不滿情緒日益高漲。此時，貧富兩極化已成為嚴峻的社會問題，地方豪強掌控大量資源，生活奢靡，而普通百姓則因生計無以為繼，陷入無望的貧困狀態。這種現象反映出東漢後期財富分配失衡，亦為日後社會動盪埋下伏筆。

針對當時的社會經濟問題，《想爾注》的作者提出了一套嚴格的財富限制措施：

- 限制對財富的貪求：「貨賂為生，民競貪學之，身隨危傾」，認為財富追求與社會不穩定存在因果關係。
- 反對奢靡消費：「勿貪寶貨」，試圖從思想層面約束人們的經濟行為，以維護社會秩序。
- 主張國家干預經濟：「當禁之」，強調政府應該有責任制約財富的不均，以維持社會公平。

這些主張顯示出，《想爾注》強調財富應被適當規範，以防止社會階級過度分化。這種思維與當時黃老思想向宗教化演變的趨勢相呼應，顯示出它的社會改革意圖。

東漢晚年，帝王沉溺於奢華享樂，與黃老學說所推崇的清虛無為、節制慾望思想背道而馳，引發了知識分子與士人階層的強烈批判。其中，方士襄楷便曾在桓帝時期（一三二一一六七年，一四六一一六七年在位）上書進諫，嚴厲指責皇帝徒有黃老之名，卻全無黃老之實。他在奏疏中痛斥：「又聞宮中立黃老、浮屠之祠。此道清虛，貴尚無為，好生惡殺，省慾去奢。今陛下嗜欲不去，殺罰過理，既乖其道，豈獲其祚哉！……今陛下婬女豔婦，極天下之麗，甘肥飲美，單天下之味，柰何欲如黃老乎？」[8] 襄楷指出，雖然宮廷內設有黃老與佛祠，但這

只是表面文章，皇帝實際上仍縱情聲色、揮霍無度，與黃老學說提倡的節制與清修格格不入。不僅如此，上行下效，皇室的奢侈生活也影響了社會風氣，使得豪強大族爭相炫耀財富，形成了極端的物質主義風尚。上行下效，皇帝如此，世家大族也如此，「時權豪之家多尚奢麗」[9]的社會風氣已成氣候。靈帝（一五六－一八九，一六八－一八九在位）時，「四年春正月，初置騄驥廄丞，領受郡國調馬。豪右辜榷，馬一匹至二百萬。」[10]這說明，當時國家與地方豪強已壟斷社會資源，貧富差距進一步擴大。權貴之家不惜花費高昂代價購買良馬，而普通百姓則生活困苦，陷入生計困境。這種社會財富分配失衡，使得知識分子開始反思並嘗試挽救社會價值觀的崩壞。面對這股奢靡歪風，士人階層並非無動於衷，許多人提倡反對奢侈、回歸簡樸生活，其中，劉表（一四二－二○八年）年輕時即曾對此現象提出批判。他的老師李暢曾經刻意穿著布衣皮褥，乘坐破舊的車馬，以示節儉，但這種做法卻遭到劉表的反對。他說：「郡中豪族多以奢靡相尚，暢常布衣皮褥，車馬羸敗，以矯其敝。同郡劉表時年十七，從暢受學。進諫曰：『夫奢不僭上，儉不逼下，循道行禮，貴處可否之間。蘧伯玉恥獨為君子。府君不希孔聖之明訓，而慕夷齊之末操，無乃皎然自貴於世乎？』」[11]劉表的言論反映了當時士人對於過度奢侈與極端儉樸之間的平衡思考。他認為，奢華不應逾越皇室，節儉也不應影響生活品質，真正的道德價值應當在奢儉之間尋求適當的平衡。

值得注意的是，劉表所處的時代與《想爾注》作者相當接近，而兩者都提倡反對奢靡、壓抑物質欲望，以重建社會的道德價值體系。這表明，東漢晚期的奢侈風氣已引起當時知識分子的廣泛關注，並成為一個迫切需要解決的社會問題。這種價值觀的討論，也反映了當時士人對於黃老學說是否仍具治理現實性的深刻思考。

相較於《想爾注》所處的時代，司馬遷年輕時經歷了呂后與文景之治所遺留下的繁榮局面，社會經濟空前發達。他說：「孝惠皇帝、高后之時，黎民得離戰國之苦⋯⋯民務稼穡，衣食滋殖」，[12]又說「漢興七十餘年之間，國家無事，非遇水旱之災，民則人給家足，都鄙廩庾皆滿，而府庫餘貨財。京師之錢累巨萬，貫朽而不可校。太倉之粟陳陳相因，充溢露積於外，至腐敗不可食。眾庶街巷有馬，阡陌之間成群，而乘字牝者儐而不得聚會。守閭閻者食粱肉，為吏者長子孫，居官者以為姓號。故人人自愛而重犯法，先行義而後絀恥辱焉。」[13]職是之故，西漢初期實行的低稅率與無為而治政策促進了財富累積，讓社會各階層皆能受惠。司馬遷親眼目睹這一經濟繁榮的過程，因此認為政府應當減少干預，順應市

場發展，而非強行干涉經濟活動。司馬遷親眼見證了這一時期的經濟繁榮，並認為這與政府奉行的低稅率政策與無為而治密不可分。政府減少干預，百姓、商人、地方王國均有充分的發展機會，財富因此迅速積累，社會各階層皆能受惠。這與現代經濟學中的拉菲爾曲線（Laffer Curve）不謀而合：A 若政府設定零稅率，則國庫毫無收入；B 若政府徵收過高的稅率，則抑制民間生產與投資意願，導致經濟萎縮，政府稅收反而下降；C 若政府適度降低稅率，則市場活力得以提升，財富累積加速，最終政府稅收也會因此上升。文景時期的低稅政策正好落在拉菲爾曲線的「最適區間」，促進了國家財政與社會經濟的同步增長。因此，漢武帝初年，百姓仍然富足，國庫充盈，很可能是文景時期寬稅養民政策的延續，使得經濟活力在低稅環境下持續發展，最終讓國家與人民同時受益。在此背景下，社會欣欣向榮，人們可透過努力獲得上流的機會，司馬遷因此高度肯定財富創造與市場競爭，並在《貨殖列傳》中提出「素封」概念，讚揚那些不靠國家俸祿、憑自身努力積累財富的人。他認為，財富的積累不僅是個人成功的象徵，更是社會進步的重要動力。因此，他寫道：

> 德者，人物之謂也。今有無秩祿之奉，爵邑之入，而樂與之比者。命曰「素封」。……衣食之欲，恣所好美矣。……此其人皆與千戶侯等。然是富給之資也，不窺市井，不行異邑，坐而待收，身有處士之義而取給焉。若至家貧親老，妻子軟弱，歲時無以祭祀進醵，飲食被服不足以自通，如此不慙恥，則無所比矣。是以無財作力，少有鬥智，既饒爭時，此其大經也。今治生不待危身取給，則賢人勉焉。是故本富為上，末富次之，姦富最下。無巖處奇士之行，而長貧賤，好語仁義，亦足羞也。[14]

司馬遷身處西漢前期，其經濟思想強調人們應積極追求財富，以改善自身生活，但前提是財富的獲取必須合乎道義。他道：「夫神農以前，吾不知已。至若詩書所述虞夏以來，耳目欲極聲色之好，口欲窮芻豢之味，身安逸樂，而心誇矜埶能之榮使……」，[15] 這段話顯示，司馬遷認為人類自古以來便有對享樂與富裕生活的追求，這種欲望是自然且合理的。他的觀點與一九七三年在長沙馬王堆 3 號漢墓出土的《黃帝四經》中所提出的「賦斂有度則民富，民富則有恥（恥）」[16] 有異曲同工之妙，兩者皆認為合理的稅收與制度安排能促進人民致富，而財富的積累能進一步催生道德感與社會責任。然而，司馬遷雖然肯定財富的價值，但也對「姦富最下」有所批評，即那些透過不正當手段牟利的富人，是最應受到唾棄的。換言之，他主張市場經濟應該遵循道德與秩序，財富應透過誠信與努力獲得，

而非透過欺詐與剝削。

然而，司馬遷的經濟思想在儒家學者眼中卻顯得過於重視勢利而忽略道德教化。東漢史學家班固（三二－九二）便批評司馬遷的價值觀，認為他在價值判斷上有所偏頗。他在《漢書》中指責：「（太史公）……又其是非頗繆於聖人，論大道則先黃老而後六經，序遊俠則退處士而進姦雄，述貨殖則崇勢利而羞賤貧，是其所蔽也。」[17] 班固認為，司馬遷在論述經濟與社會現象時，將黃老學派的思想置於儒家六經之上，這與儒家重視倫理與道德的觀點相悖。此外，他批評司馬遷過於崇尚財富與勢力，忽視貧者的價值，甚至在記述遊俠與商賈時，推崇那些依賴權勢與財力崛起的「姦雄」人物，而輕視隱士與堅守道德清貧的讀書人。

司馬遷的經濟思想與儒家的核心價值觀存有根本性的分歧

觀點	司馬遷	儒家（班固）
對財富的態度	肯定財富積累，認為逐利是自然法則	強調道德修養，財富不應凌駕於道德之上
對市場經濟的看法	市場應自由發展，財富的流動帶來社會進步	政府應維持社會倫理秩序，財富應服從道德規範
對「賢者」的標準	讚揚經商致富之人，只要取之有道	認為真正的賢者應當不慕財利，而重視仁義道德

由此可見，司馬遷的經濟思想更偏向市場自由與財富累積的正面價值，而歸屬儒家的班固則更強調道德約束與社會倫理。這場歷史上的觀念衝突，反映了中國古代社會對財富與道德的不同價值取向，也體現了不同學派在經濟治理上的多元思考。

《史記》、《想爾注》觀點比較

觀點	《想爾注》	《史記》
對財富的態度	強烈批判財富追求，認為應受到嚴格控制	認為財富積累是社會進步的動力
政府角色	主張政府應干預財富分配，防止社會分裂	認為政府應尊重市場機制，順應經濟發展
社會公平	財富過度集中將導致社會崩潰，應該抑制	商業繁榮可以推動經濟發展，財富自然流動

《想爾注》代表了一種極端干預主義的經濟觀點，強調財富控制與社會公平，而司馬遷則更傾向自由市場與商業繁榮。這種差異，反映出兩書成書背景的不同：《史記》寫於西漢盛世，經濟繁榮，而《想爾注》則處於東漢晚期的社會動盪，人們對財富的不平等問題更為敏感。

　　相較於司馬遷所處的西漢前期，《想爾注》作者的財富觀與經濟價值觀截然不同。東漢末年，社會財富過度集中於權貴與豪強階層，導致社會階級固化，貧富懸殊日益加劇。在這樣的背景下，《想爾注》提出了必須抑制「貨賂為生」的社會風氣，以挽回社會秩序的主張。書中記載：「謂彼有身貪寵之人，若以貪寵有身，不可託天下之号也……此人但知貪寵有身，必欲好衣美食，廣宮室，高臺榭，積珍寶，則有為；令百姓勞弊，故不可令為天子也。設如道意，有身不愛，不求榮好，不奢飲食，常弊薄羸行。」（頁二二）《想爾注》的作者認為，對於貪圖榮華富貴、追求奢靡享受的統治者，國家不應將政權交付於其手中，因為這樣的領導者只會讓百姓勞苦奔波，導致社會更加不穩定。因此，他主張君主應清心寡欲，「不奢飲食，常弊薄羸行」，唯有如此，國家才能治理得當。這一思想表現出道家黃老思想在東漢末年的徹底轉向，從強調治國無為演變為反物質、禁奢欲的極端思想。司馬遷認為，只要財富來路正當，追求富足與享樂不僅無可厚非，甚至應當受到鼓勵。他所推崇的「素封」之士，指的就是依靠自身努力積累財富，達到獨立自主的經濟地位的人，這類人無須依賴政府俸祿，卻能憑藉自己的才智與勤奮致富，為社會創造價值。因此，他對「取之有道」的經商之人推崇備至，認為市場自由與財富積累是社會進步的重要動力。至於東漢晚年，面對種種不公，有識之士見不到希望，大多數人又無力改變，而產生出強烈的無力感，故《想爾注》的作者索性提出「禁止貨賂，勿貪寶貨」的反奢反欲主張，更進一步解讀《老子》學說，以發展出反對驕奢，抑止欲望的哲學思想。[18]

三、黃老學派的變化

　　如前所述，《想爾注》的反奢反欲思想源於對社會現實的無力感，其作者無法如司馬遷般，將人性對物質追求視為社會進步的動力，反而將其視為獲得「道」的障礙。在面對無法改變的社會結構時，《想爾注》作者選擇放棄對現實的介入，轉而將關注點轉向個人修養與身心超脫，強調修道以養身、追求長生，作為逃避亂世的出路。因此，書中多次勸誡世人遠離世俗紛擾，保持內在清靜，以達到身心圓滿的理想狀態。其云：

一、《老子》：「是以聖人後其身而身先。」；《想爾注》：「求長生者，不勞精思求財以養身，不以无功刦君取祿以榮身，不食五味以恣，衣弊履穿，不與俗爭，即為後其身也。」（頁十五）

二、《老子》：「名成功遂身退，天之道也。」；《想爾注》：「名與功，身之仇，功名就，身即滅，故道誡之。范蠡乘（俴）去；道意謙信，不隱身形剝是其効也。」（頁十七）

三、《老子》：「寵辱若驚，貴大患若身。」；《想爾注》：「道不喜彊求尊貴，有寵輒有辱……必違道求榮，患歸若身矣。」（頁二十一）

《想爾注》將重點從西漢黃老學派的政治倫理學回歸至道家的修養功夫，強調個人應該摒棄多餘的物質慾望，不追求功名富貴，不沉溺於無謂的思慮，不貪圖生理與心理上的享受，也不強求社會地位的提升。作者認為，唯有如此，個人才能提升境界，進而達到「長生得道」的理想境地。相反，若過於執著於名利，則「功名就，身即滅」，即追求功成名就反而會導致個人毀滅。為支持這一論點，《想爾注》特別推崇春秋時代的范蠡，認為范蠡能夠「名成功遂身退」，選擇遠離政治紛爭，這種行為符合「天之道也」，即順應自然、淡泊名利的價值觀。然而，該書卻未提及范蠡後來化名陶朱公，並憑藉商業智慧致富，最終成為富甲天下的商賈。范蠡的經濟成就，若從《想爾注》的視角來看，與該書提倡的清心寡欲理念明顯相悖，因此書中選擇性地忽略了他後來成為陶朱公、富甲天下的事跡。這種刻意省略的詮釋方式，使得《想爾注》在論證上未能全面考量范蠡的人生歷程，推論亦顯得有所保留。與此相對，司馬遷在《貨殖列傳》中完整記錄了范蠡的生平[19]，並明確指出其撰述原則，「布衣匹夫之人，不害於政，不妨百姓，取與以時而息財富，智者有采焉。作〈貨殖列傳〉第六十九。」[20] 司馬遷不僅大力肯定范蠡在功成身退後投身商業的選擇，更進一步認為他不僅符合道德標準，且積極追求財富與奢侈生活的經濟行為，是智慧的展現。這與《想爾注》將功名視為「身之仇」，徹底否定物質欲望的主張形成強烈對比，二者在財富與人生價值觀上可謂南轅北轍。

總而言之，《想爾注》與司馬遷在財富觀念上的分歧顯而易見：

- 《想爾注》主張避世清修，認為功名與物質欲望會導致個人毀滅，應當遠離。
- 司馬遷則認為，只要經濟活動不妨礙社會與政治秩序，財富累積是一種可敬的智慧，甚至能夠為社會帶來正面影響。

這種價值觀上的對立，既反映了道家思想向宗教化轉變的趨勢，也凸顯了司

馬遷對市場經濟與個人財富追求的積極肯定，展現出不同時代的價值選擇。

除了強調個人修養，《想爾注》也將反對奢侈的主張推展至國家治理層面。雖然這並非該書的核心議題，僅以片言隻語帶過，但仍值得注意。例如，書中提到：「勿知耶文，勿貪寶貨，國則易治」（（頁十一）。這句話簡單地將抑制經濟欲望與國家治理掛鉤，但作者並未進一步提供詳細的推論與理論支撐。這可能與該書的核心關懷有關：《想爾注》偏向個人修養，而非像西漢黃老學派那樣以政治經濟學為思想重心。相較之下，司馬遷的觀點則完全相反。他認為欲望是人性的根本，並提出了一套更為完整的治國方針，他寫道：「俗之漸民久矣，雖戶說以眇論，終不能化。故善者因之，其次利道之，其次教誨之，其次整齊之，最下者與之爭」的治國方針，[21] 司馬遷認為，歷代統治者無數次試圖抑制百姓對財富的追求，但都以失敗告終。因此，最理想的治國手段應當是「善者因之」——即順應人性，尊重市場機制，減少政府對經濟活動的干預，讓人民自由發展，從而達成經濟與社會的平衡。這與《想爾注》主張透過壓制物質欲望來實現社會穩定的理念形成鮮明對比。

更重要的是，司馬遷的政治經濟學視角十分明確，他試圖梳理出一套完整的治國理論，為統治者提供參考。他的觀點建立在對歷史經驗的深刻觀察之上，強調政府應順勢而為，而非逆勢而行。這與《想爾注》的道家出世思想形成對照，也反映出兩個不同時期的黃老學者對社會治理的核心關切截然不同：

- 《想爾注》：聚焦個人修養，強調壓抑慾望，追求內心清靜，並認為這對國家治理有潛在好處，但未深入探討具體施政方法。
- 司馬遷：側重政治經濟學視角，認為政府應適應人性，放任市場機制運作，減少干預，以達致更有效的國家治理。

這種對比不僅凸顯了東漢晚期道家思想的宗教化趨勢，也說明了西漢初年黃老學派仍關注現實政治與經濟治理，使其更具務實性。

四、總結

《史記》與《想爾注》所呈現的黃老學說，分別反映了西漢前期與東漢晚期對於財富與物欲的不同態度，這種差異不僅體現在作者的個人立場，更深層地揭示了社會經濟結構的變遷如何影響思想的發展。黃老學說並非靜態不變的學術體系，而是在不同時代背景下，根據社會需求調整其核心主張，以應對當時的挑戰。

在西漢前期，社會經濟發展仍具活力，土地與資源相對可得，社會流動性較高。司馬遷在《史記》中主張，財富的積累與市場交易是社會進步的自然現象，只要財富來自正當手段，就能促進經濟繁榮。因此，他認為政府應減少干預，順應市場機制，讓百姓自由發展。這種經濟思想與黃老學派的「無為而治」理念相契合，反映出當時社會對市場活力與財富創造的正面期待。

然而，到了東漢晚期，隨著豪強壟斷土地，社會階層日益固化，普通百姓的生活日趨困難，社會不滿情緒高漲。與司馬遷的積極財富觀不同，《想爾注》的作者認為，唯有壓抑物質欲望、反對奢侈與功名，才能重建社會秩序。因此，該書強調個人的道德修養，將黃老學說由原本的政治經濟學視角，轉向個人修行與精神層面。這一變化顯示出，當社會經濟失衡且改革無望時，思想趨勢往往轉向道德約束與宗教信仰，以作為安撫社會動盪的手段。

這一對比表明，黃老學說並非單一的哲學理論，而是一種適應時代變遷的思想體系。當社會充滿機遇時，它強調市場自由與財富創造；當社會陷入階級固化與資源壟斷時，它則轉向道德克制與禁慾主義，以應對社會不公。這種變化，正是黃老學說在不同時代所展現出的適應性與發展軌跡。

本文透過比較《史記》與《想爾注》，重新審視黃老學說在西漢前期與東漢晚期的變遷過程，並從社會經濟結構的角度探討其思想演變的根本原因。過去的研究多側重於黃老學說的哲學層面，較少將其放入政治與經濟的脈絡來進行討論。本文的主要貢獻在於：

一、提供經濟社會學的視角，分析黃老學說如何隨著社會經濟結構變遷而調整其核心理念。

二、比較司馬遷與《想爾注》作者的財富觀，凸顯黃老思想在自由市場經濟與道德禁慾主義之間的轉變。

三、說明黃老學說的適應性，強調其並非一成不變的思想體系，而是能夠因應不同時代的社會問題，提出各自的應對策略。

透過這些分析，本文不僅豐富了對黃老學說的理解，也為探討中國古代思想如何與社會經濟變遷互動提供了一個新的研究框架，對於未來進一步研究道家經濟思想的演變具有重要的啟發意義。

1. 陳鼓應：《黃帝四經今注今譯》（臺北：臺灣商務印書館，1995），頁 36-38。
2. 劉榮賢則指出，西漢時期的「黃老」學說因應政治現實而趨於具體化與實用性，導致其學術內涵相較於先秦時期的「天道大格局」有所縮小，轉而聚焦於道、法、刑名等範疇，成為較為明確的統治理論。見劉榮賢：〈先秦兩漢所謂「黃老」思想的名與實〉，《逢甲人文社會學報》第 18 期（2009），頁 11。廖書賢進一步歸納了黃老道家思想在政治哲學上的四大理論特色，並依據陳麗桂的分析，提出以下要點：黃老之學以「無為」為政治手段，追求「無不為」的施政目標，強調虛無因循、執簡馭繁，以高效不敗為核心策略。為了適應時勢變遷，黃老之學兼收並蓄各家思想，並強化老子「雌柔守後」的原則，使其能夠靈活應變。治身與治國密切相連，黃老學說在政治統御方面，也強調養生與個人修為。黃老政術的核心在於虛靜因任與刑名術的結合，形成其獨特的政治思想體系。詳見廖書賢：〈由道而術：西漢黃老政治思想的演變〉，《育達科大學報》第 44 期（2017），頁 64。
3. 《史記·平準書》：「然各隨時而輕重無常。於是外攘夷狄，內興功業，海內之士力耕不足糧饟，女子紡績不足衣服。古者嘗竭天下之資財以奉其上，猶自以為不足也。無異故云，事勢之流，相激使然，曷足怪焉。」（頁 1142-1143），見司馬遷：《史記》（臺北：鼎文書局，1981）。
4. 東漢時期的道教，亦稱三張之法、天師道或五斗米道，是當時黃老思想發展的重要分支。學者饒宗頤認為，「道教」一詞最早出現在《想爾注》中，顯示該書在道教形成過程中的關鍵作用。詳見饒宗頤：《老子想爾注校證》（香港：中華書局，2015），頁 62。
5. 饒宗頤在《老子想爾注校證》，頁 183—187 中收錄了楊聯陞致其的長信，信中引用胡適與陳世驤的觀點，並提出有力證據，主張《想爾注》為張魯所作。這一學術交流顯示了學界對《想爾注》成書背景的持續討論，並反映出不同學者對其歸屬問題的深入研究。
6. 饒宗頤：《老子想爾注校證》，頁 123。
7. 范曄：《後漢書》（臺北：鼎文書局，1981），〈和帝紀〉，頁 175。
8. 《後漢書·郎顗襄楷列傳》，頁 1082。
9. 《後漢書·郭杜孔張廉王蘇羊賈陸列傳》，頁 1110。
10. 《後漢書·靈帝紀》，頁 345。
11. 《後漢書·張王种陳列傳》，頁 1825。
12. 《史記·呂后本紀》，頁 412。
13. 《史記·平準書》，頁 1420。
14. 《史記·貨殖列傳》，頁 3272。
15. 《史記·貨殖列傳》，頁 3253。
16. 陳鼓應，《黃帝四經今註今釋》，〈經法·君正〉，頁 119。
17. 《漢書·司馬遷傳》，頁 2738；此方面可參考趙善軒：《司馬遷的經濟史與經濟思想》（臺北：萬卷樓圖書股份有限公司，2017）。
18. 《老子》：「事善能。」《想爾注》：「人（等）當欲事師，當求善能知真道也；不當事耶偽伎巧，耶知驕奢也。」，頁 16；《老子》：「富貴而驕，自遺咎。」《想爾注》：「又外說乘權富貴而驕世，即有咎也。」，頁 17《老子》：「故貴以身於天下，若可託天下。」
19. 李埏等：《〈史記·貨殖列傳〉研究》（昆明：雲南大學出版社，2002），頁 16。
20. 《史記·太史公自序》，頁 3319。
21. 《史記·貨殖列傳》，頁 3253。

從《二年律令》看漢初自由經濟
——兼論荀悅「上惠不通」說

我們對漢初自由經濟的歷史概念，都是來自司馬遷的抽象敘述。高祖至惠帝之時，或許真的曾經提出過，但當落實到治國之時，則未必名符其實。從出土材料看來，當時的法律大抵完全從秦律照搬過來，其中不少猶有過之，漢初七十年並不完全以司馬遷所說的約法省刑罰可以完全解釋得到。本文認為漢初的無為，主要是體現在政府沒有積極擴張，而非具體的治國律法之中。

一、自由放任的漢初經濟

一般的歷史印象是在漢高祖以來均實行自由放任的經濟政策。其實，要數真正具備無為而治特質的重要政令，要到文帝之時才發生。其時，國家的政治光譜仍屬黃老之學，[1] 文帝以此為指導思想，下令開放秦代以來實行的關梁山澤之禁。錢穆先生指出，周官規定山林是政府所有，但春秋以來，政府無力干預，農民、商人擅自開發，做成既定事實。[2] 秦統一天下，國力強盛，法令嚴明，又將之收回國有，秦代九卿之少府，是掌管山澤陂池之稅的官員，對民間開發山林有嚴格的管制。如上所述，漢政府大抵將秦代的法律保留下來，一九八三年於江陵西漢墓出土的張家山漢簡（書寫時間為前一八七-前一七九左右），[3] 載有漢代初年頒行的法律文書，是研究漢代社會經濟史的重要文獻，也是法律史學者不能忽略的材料。《二年律令》屬於法律條文，是歷史的原貌，沒有經過史學家與知識分子的人工修飾，故應最貼近現實。其中的《金布律》云：

有贖買其親者，以為庶人，勿得奴婢。諸私為鹽，煮濟、漢，及有私鹽井鹽者，稅之，縣官取一，主取五。采銀租之，縣官給橐，436（F75）

□十三斗為一石，□石縣官稅□□三斤。其□也，牢橐，石三錢。租其出金，稅二錢。租賣穴者，十錢稅一。采鐵者五稅一；其鼓銷以 437（F68）

為成器，有五稅一。采鉛者十稅一。採金者租之，人日十五分銖二。民私采丹者租之，男子月六斤九兩，女子四斤六兩。438（F67）[4]

一般認為，《二年律令》的簡文是劉邦至呂后執政前期的史料，本文傾向為

漢惠帝二年或呂后二年，而非高祖二年。《二年律令》規定，擴大居宅時不許與原來的屋宅相連，[5] 在文帝開放山林之前，漢初一直徵收山林開發稅，從《二年律令・金布律》得知：煮鹽稅為六分之一；採鉛稅為十分之一；採金稅為每人十五分銖二等等。[6] 此時，政府仍然對民間開發山林池澤有很大的管制，並設定一套稅制，把此等經濟行為納入國家財政系統之中，譬如規定採鐵稅為百分之二十五，而採丹者則按人頭、按月收費，相當於今天的牌照費，而男姓的收費又高於女姓，此是考慮到男姓採丹的能力相對較高，而數量也理應較多，即是說是按量收費，相當於現代人的累進稅概念，收入愈高，稅收的比例也愈高。

由此可見，文帝以前西漢政府對經濟的管制，絕不是單單以約法省刑罰可以解釋得到。上述史料大抵可引證文帝前後，並非某些人認為般處於無政府狀態，從保護山林等法例可見，當時的自由經濟政策不等於完全放任不管，而是有一定的限制。漢興數十年的歷史發展之中，比如文帝時下令取消關卡檢查制度，為社會創造有利的營商環境，促使商貨流通不絕，[7] 可見政府政策有自由化的傾向，故我們不可以把漢初說成「完全放任」，或是「無政府主義」。漢政府奉行「無為而治」的同時，亦必須有一定的法律規管。

- **漢初已有保護山林法**

　　事實上，漢初仍未完全開放山林池澤，而是有一定的法律管制，至少在文帝以前如是。另外，保護山林之法也非始於文帝。事實上，最晚於呂后在位之時，就曾有明文法令保護山林。且看《二年律令・田律》：「禁諸民吏徒隸，春夏毋敢伐材山林，及進（壅）隄水泉，燔草為灰，取產＊（麛）卵＊（＊）；毋殺其繩重者，毋毒魚。二四九簡。」《二年律令》的法令也與漢代諸多法律一般，基本上是沿自秦代法律條文，今檢一九七五年出土的《睡虎地秦墓竹簡・秦律十八種・田律》（書寫時間為前二一七左右）：「春二月，毋敢伐材木山林及雍（壅）隄水。不夏月，毋敢夜草為灰，取生荔、麛（卵）鷇，毋□□□□□毒魚鱉，置罔（網），到七月而縱之。唯不幸死而伐綰（棺）享（槨）者，是不用時。邑之（近）皂及它禁苑者，麛時毋敢將犬以之田。百姓犬入禁苑中而不追獸及捕獸者，勿敢殺；其追獸及捕獸者，殺之。河（呵）禁所殺犬，皆完入公；其它禁苑殺者，食其肉而入皮。」見睡虎地秦墓整理小組：《睡虎地秦墓竹簡》（百度文庫）。一九七四年在甲渠侯官遺址出土了《塞上烽火品約》，一般稱為《居延新簡》，其中亦有相近的記載：「吏民不得伐樹木（EPF22.49）」；

> 「山林，燔草為灰，縣鄉秉□□□□（EPT5.100）」；「甲渠言部吏毋犯四时禁者（EPF22）」。（睡虎地及居延漢簡，北京，文物出版社，二〇〇六年。）

然而，在一般人的心目中，漢初由一開始就是實行自由經濟政策，由漢高祖到文景二帝的七十餘年也如是，而這些印象大多是來自司馬遷概括性的敘述。《史記‧貨殖列傳》云：

漢興，海內為一，開關梁，弛山澤之禁，是以富商大賈周流天下，交易之物莫不通，得其所欲，而徙豪傑諸侯彊族於京師。[8]

又《史記‧呂太后本紀》：

太史公曰：孝惠皇帝、高后之時，黎民得離戰國之苦，君民俱欲休息乎無為。故惠帝垂拱，高后女主稱制，政不出房戶，天下晏然，刑罰罕用，罪人是希。民務稼穡，衣食滋殖。[9]

《史記‧曹相國世家》謂：

孝惠帝元年，除諸侯相國法，更以參為齊丞相。……聞膠西有蓋公，善治黃老言，使人厚幣請之。既見蓋公，蓋公為言治道貴清靜而民自定，推此類具言之。參於是避正堂，舍蓋公焉。其治要用黃老術，故相齊九年，齊國安集，大稱賢相。[10]

從上可見，司馬遷一概而論地指漢代初年政府奉行與民休息的政策。太史公對惠帝、呂后時擔任相國的曹參予以極高的評價，此可見於《史記‧曹相國世家》的評語可了解得到，其謂：「太史公曰：……參為漢相國，清靜極言合道。然百姓離秦之酷後，參與休息無為，故天下俱稱其美矣。」[11] 我們可從「故天下俱稱其美矣」一句，得知太史公對曹氏給予全面的肯定，某程度上也反映了他對黃老學說的崇敬，故筆下都是溢美之言。林劍鳴在《秦漢史》一書說：「從惠帝開始『黃老政治』成為統治階級有意識地自覺地推行的統治術，在此後的半個多世紀內，『黃老治術』成為一個時代精神，或作一個時代的趨勢。」[12] 但是，我們從出土材料可知，漢初的自由經濟不是一開始便即如是，而是歷史地發展而來。

二、出土文獻中的漢初法律

漢文帝奉行開放的經濟政策，宣布「令諸侯毋入貢，弛山澤」，[13] 始將山林

資源開放予人民自由使用，也即是等於開放了礦業的開發權。從經濟學的角度而言，稅務造成巨大的交易成本，有礙商人的投資意欲；減稅，甚至是取消稅項，則會刺激人民增加投資，大大促進市場活動。

再看《二年律令》的《田律》：

田不可田者，毋行；當受田者欲受，許之。二三九簡[14]

田不可豤（墾）而欲歸，毋受償者，許之。二四四簡[15]

相比起秦代，秦政府往往不論土地是否適合耕種，一律授予人民，不問是非輕重，完全無視人民的實際需要。而漢初的田律則顯得較合情合理。今檢《睡虎地秦墓竹簡・秦律十八種・田律》云：

入頃芻稾，以其受田之數，無豤（墾）不豤（墾），頃入芻三石、稾二石。芻自黃稾及稾束以上皆受之。入芻稾，相輸度，可稾（也）。[16]

由此得知，漢初政府的統治手段，比起秦代純粹採用僵化的法律制度，顯得更合乎人性。

又據《二年律令・戶律》簡文所載：

（漢初）為吏及宦皇帝，得買賣舍室。三二〇簡

我們可以得知當時的政府容許特權階級如低級吏員與宦官，以個人身分買賣受田，而此法令的副作用是間接地激活了民間的土地買賣，加速土地兼併（再加上大官如蕭何瘋狂兼併土地），[17] 這反映了當時開放式經濟政策的表現。[18]

西漢後期，大臣路溫舒追述漢初的歷史時，也說漢文帝「崇仁義，省刑罰，通關梁」，[19] 可見在《史記》面世以後，此說法在當其時已經深入人心，同時代的師丹也認為文帝之時的放任政策，並未導致商人嚴重兼併土地，[20] 而只有個別官員的瘋狂兼併。[21] 漢初的無為放任政策，對於社會發展是利大於弊，依據西漢中期官員師丹的說法，文帝時期社會正在復甦，在自由經濟政策下，商人兼併土地尚未激化成社會的禍害。

土地兼併的現象，其實是財產私有、土地自由買賣下的產物，自春秋戰國以來一直如是，當然，文帝時期當然亦不能完全避免，但當時商人兼併土地情況並

不嚴重,亦未對社會穩定造成威脅。究竟漢代土地兼併之禍在何時出現呢?文帝時的晁錯雖然指當代有有此情況,並歸咎於商人兼併,惟政治家之論多是為其政見服務,他的分析實在不無問題,未必能夠成立。其謂:「地有遺利,民有餘力,生穀之土未盡墾,山澤之利未盡出也,游食之民未盡歸農也。……夫珠玉金銀,饑不可食,寒不可衣……此令臣輕背其主,而民易去其鄉,盜賊有所勸,亡逃者得輕資也。……是故明君貴五穀而賤金玉。……有者(土地)貴賣,無者倍舉,是賣田宅鬻子孫以償債者眾也。而商賈大者積儲倍息,小者坐列販賣。……此商人所以兼農人,農人所以流亡也。」[22] 此段文字常為歷史學家所引用,作為支持荀悅「上惠不通」說的主要論據。晁錯的言論看似是很有力,說明當時土地兼併嚴重及農民生活困苦的情況,但細心觀察,當中存在不少問題。司馬遷說:「(文帝)德厚侔天地,利澤施四海,靡不獲福焉。」[23] 同時,查看《史記》中的〈文帝本紀〉及〈張丞相列傳〉,均未見有像晁錯如此激烈地討論土地兼併的言論。《史記》既未見有荀悅所說「上惠不通」的意思,反有完全相反的「靡不獲福焉」的說法。

另外,司馬遷又說:「孝惠皇帝、高后之時,黎民得離戰國之苦……民務稼穡,衣食滋殖。」[24] 依太史公的說法,呂后主政時,社會元氣剛始復原,社會經濟(包括農業)正值方興未艾之勢。但是,文帝即位不過兩年,晁錯又怎麼會說農民「憂病艱難在其中」呢?此等材料與晁錯、荀悅的言論完全相反。

另外,晁錯的言論本亦有值得商榷的地方。若按照晁錯的說法,當時土地兼併非常嚴重,農民生活應很困窘,無地可耕。但晁錯在同一段文字說:「以地有餘利,民有遺力,生穀之土未盡墾耕……遊食之民未盡歸農」,又說:「此令臣下輕倍其主,而民易去其鄉,……是故明君貴五穀而賤玉」,[25] 可見晁錯的言論存在內在矛盾,他一方面說兼併嚴重,另一方面又說未盡墾耕,勸人回歸耕地。由此可見,當時農民並非無地可耕,社會亦非受到土地兼併之害困擾。對於晁氏之言,司馬遷未必同意,他在《史記‧平準書》說:「當此之時(武帝年間),網疏而民富,役財驕溢,或至兼并。豪黨之徒,以武斷於鄉曲。」[26] 簡言之,在司馬遷看來,土地兼併的禍害在武帝時期才開始凸顯出來,而非文帝之時已普通存在。東漢學者荀悅的《漢紀》,指漢文帝時已有嚴重土地兼併的情況,[27] 此記載則亦未見於《史記》。司馬遷認為,漢初的無為並未對社會構成很大的害處。司馬遷受此因素影響,而構成他敘述中對漢初處處的讚揚,他對於漢初土地兼併的情況輕輕帶過,此與近年出土的《湖北江陵鳳凰山十號漢墓出土簡牘》關於漢

初土地兼併的情況有明顯出入，[28] 為的是突出武漢新經濟政策的不堪。至於荀悅，他身處於東漢晚期，土地兼併已達極點，社會矛盾極之嚴重，故在他們的敘述中，顯示了他身處時代的意識形態，並主觀地將之投放在歷史敘述之上。

> ▪ 晁錯：農業為「本業」工商僅「末業」
>
> 　　細想晁錯全文的內容，其實他要表達的是，當時農民的收入相對於從事工商業為低，所以吸引了大批農民投身工商業，即所謂「民易去其鄉」的「背本趨末」現象。晁錯想點出的是，社會面對著農民轉業的現象，故提出「當今之務，在於本農，使勤業而已」，而且還要「貴五穀而賤金玉」的重農抑商政策。這樣，我們才能解釋為何會有「以地有餘利，民有遺力」及「男不耕耘，女不蠶織」的情況，可見晁錯所指的社會問題並非土地兼併之害。在古代的「農本思想」主導下，晁錯認為農業才是「本業」，而工商業則只是「末業」，對於社會沒有太大的貢獻；他又認為貨幣、商品財物等是既不能夠穿著，又不能進食的一些無用之物，故此農民「背本趨末」是一種極為不當的社會風氣。因此，晁錯力主急需鼓勵百姓遠離工商業，重新投入到農業生產，而政府亦樂見其成。由此看來，「背本趨末」才是晁錯所關心的社會問題。我們由此可推測，晁錯很可能是誇大了農民生活負面的一面，甚至把並非社會問題核心的土地兼併牽涉其中，以加強其推銷政策給文帝的本錢。總而言之，一方面晁錯本有誇大了土地兼併的嫌疑。另一方面，荀悅及近人學者對晁錯言論的主旨或有誤解，可見「上惠不通」之說存在不少疑點。

三、入粟受爵政策

　　不難想像，當投資工商業的交易成本下降，而其他因素不變，就很自然地吸引了大量資金進入市場，而漢初工商業的利潤回報一般也不俗，使到市場的資金有所出路，不會一窩蜂地投資土地，故漢代初年的土地兼併並不嚴重，商人兼併更是少之又少，反而當司馬遷盛年之時，武帝推行新經濟政策，為了增加國家收入，不惜與民爭利，又猛力打擊商業發展，令商人無利可圖，有錢人只好轉移投資土地，造成嚴重的土地兼併，[29] 而特權貴族經過近百年的發展，早已成為一個龐大的利益集團，他們利用權勢，進行大量的兼併，終使到武帝年間，社會矛盾日趨嚴重，幾乎到達了臨界點。

今檢《史記・平準書》：

至今上即位數歲，漢興七十餘年之間，國家無事，非遇水旱之災，民則人給家足，都鄙廩庾皆滿，而府庫餘貨財。京師之錢累巨萬，貫朽而不可校。太倉之粟陳陳相因，充溢露積於外，至腐敗不可食。……故人人自愛而重犯法，先行義而後絀恥辱焉。[30]

司馬遷認為在漢武帝初掌政之時，國家已有數十年來奉行低稅率政策，又開放山林的管制，更於公元前一七五年，即文帝時期廢除了《錢律》，[31] 下放貨幣發行權，但國家財政仍然如此豐厚，此說法又有多少成分屬實？在自由放任的經濟下，市場經濟發達，人民生活滿足倒是可以理解，但國家財政卻不會因低稅率而變得充裕，這實在是有違常識。這是否反映司馬遷為了影射漢武帝窮奢極侈，不滿他推行新經濟政策以充實國庫，而而故意誇大主觀的文學描述？[32] 如果當時國家財政是如此豐厚，則會與文帝大幅減田租至三十而一，[33] 甚至除田租，[34] 此等措施與廢除《金布律》徵費的舉措互相矛盾。除非有大量的非稅務收入充實國庫，否則司馬遷所說的情況就難以發生。那麼又會是何種政策？那很可能是晁錯於文帝二年建議的「入粟受爵」，此政策是指人民可以透過捐贈糧食（粟）與政府，換取得爵位。《漢書・百官公卿表》載漢代爵位共有二十級（現以第一級為起點計），政策規定入粟六百石，可以成為「上造」（第二級），入四千石，則可成為「五大夫」（第九級），而入一萬二千石，則可成為「大庶長」（十八級）。[35] 按爵位的等級，可享受不同的特權。一般來說，爵位的功能輕則可以免除力役，重則可以減輕某些因犯罪所受的刑罰。

張家山漢墓竹簡（二四七號墓）的新材料，可以加深我們對此問題的認識，其中《二年律令》的《捕律》謂：「捕以諸侯來為間者一人，（拜）爵一級，有（又）購二萬錢。不當（拜）爵者，級賜萬錢，月（又）行其購。」（一五一號簡），說明持有爵位者可以錢抵罪。《二年律令》中的《傅律》（三五六號簡）又證明有爵位者可以縮短服役年限的特權，而且《二年律令》的《置後律》（三六八號簡）條規定爵位是可以世襲的。由此可見，「入粟受爵」政策對於有能力負擔的人，甚是吸引。筆者認為，政策的對象應是新興的商人階層，[36] 商人自此熱忱於「入粟受爵」，而此政策確實為政府帶來一定的收入，否則文景二帝，又如何有能力屢次減免稅入？

我們可以據此得出結論：

一、「入粟受爵」政策從文帝二年開始推行至漢武帝初年，只得四十餘年，此前國家財政並不會太過充實，若充實，則不會推行「入粟受爵」。

二、「入粟受爵」屬短期的政策，當政府吸納了大批富人入粟，但富人則可世襲爵位，故「入粟受爵」不會長久成為國家的收入來源，如此就難以長期支持國家的經常性支出，尤其政府同時減少經常性收入。所以，我們可合理地認為司馬遷描述漢武帝初年的國家財政或多或少有誇大的成分。

▪ 「入粟受爵」政策的影響

晁錯說：「方今之務，莫若使民務農而已矣。欲民務農，在於貴粟；貴粟之道，在於使民以粟為賞罰。」可見政策的目的是在於促進農業的發展，即所謂「驅民務農」（《漢書・食貨志上》，頁一一三三）。因為，商人要受惠於「入粟受爵」的話，就需要大量的糧食，故此他們要向農民收購，市場對糧食的需求增加，因此使到粟價上升，即晁錯所謂的「貴粟之道」。這就說明商人並非荀悅所述的大地主，所以他們不能向佃農收取大量的田租以支付「入粟受爵」的費用，反而需要向農民收購糧食，於是達到「富人有爵，農民有錢，粟有所渫」（《漢書・食貨志上》，頁一一三三）的效果。文帝採納晁錯建議的政策，結果成效顯著，其一，國家收入增加；其次，財政充裕有能力減免田租；其三，刺激了市場對粟的需求，農業得以恢復，農民生活得以改善。田租是漢初政府主要收入之一，其餘尚有芻、稾稅及口賦、算賦等稅種。傳統說法以為漢初政府可做到免收田租，都應歸功於文帝皇室的節儉，但單是如此尚不足以做到免收田租，大量減少政府的收入來源。「入粟受爵」政策，正正為政府提供可觀的非經常性收入，按照《二年律令》中規定的減收田租特權，然而商人普遍不是大地主，另方面卻減少了原來商人以錢取代力役的收入，但總的來說對於政府收入有正面的影響。反過來說，政府有能力做到免收田租，又可說明當時富人對「入粟受爵」的熱衷。簡言之，當時的商人普遍不是大地主，至少他們不是依靠兼併土地致富，而當時的商人們正忙於「操其奇贏，日遊都市」的投機活動，而且在城市裡經商，利潤豐厚，所謂「所賣必倍」（《漢書・食貨志上》，頁一一三二），反而土地投資回報較慢，不足以吸引商人大量投資。

四、司馬遷視野下的漢初法律經濟

從上引近年於張家山出土的《二年律令‧金布律》所見，很可能到了呂后初年，政府對於山林池澤仍有相當高的管制，出土文獻補足了《史記》對此隻字不提的空白，這是司馬遷因篇幅所限的取捨，還是有意識地製造呂后之時與民休息的印象？而文帝時下令「弛山澤」，但到底此話是何等程度上的開放呢？對此等問題，司馬遷並未有直接的解釋，但從其他史料來看，「弛山澤」是指把採礦業私營化（尤其是黃金），這也是等於將貨幣的發行權下放與民間。[37] 據《漢書‧食貨志》所載，漢高祖時已容許民間鑄銅錢，[38] 故我們一般以為當時已在此方面推行自由經濟政策，但從《二年律令‧錢律》得知，在呂后又明文立法加以禁止，[39] 再次行秦代法律收緊貨幣發行權，要麼就是高祖時從未有真正推行放任政策，可是司馬遷對此也沒有詳加說明，令前人研究漢初貨幣史時常有誤解。到了文帝五年四月，正式《除錢律》使到「民得鑄錢」，[40] 漢初的《錢律》最重要的一條，是對非法鑄造錢幣者，實行嚴刑懲治，[41] 既然漢文帝廢除《錢律》，那就表示可以任由民間私下鑄錢，鑄錢需要用銅，也即是說弛山林之禁也是在此時。政府同時把山林的開發權給予民間，取消《金布律》的某些管制，因為開放開採權，就等於人民有能力持有大量的幣材，也就是說有能力自行製造貨幣。

漢文帝時，賈誼上書說：「除鑄錢令，山復上書諫，以為變先帝法，非是。」[42] 有研究指出這裡所說的先帝，是指秦代的皇帝，[43] 惟從《二年律令‧錢律》可知，此是漢初所奉行的法律，最遲不會晚於呂后二年頒布天下。而漢人所說的先帝，理應是當朝皇帝，否則會用前朝，而非先帝，那即是說賈氏所說的先帝，不是高帝，就一定是惠帝或呂后，而高帝曾經下旨「令民鑄莢錢」，那頒行《錢律》是惠帝、呂后的機會比較大。故此，我們得出的結論是：漢承秦制，對經濟作出嚴格的管制，並以嚴刑相配合。雖然高帝一度下令放寬，但不久政府便恢復，故司馬遷說呂后時「刑罰罕用」可能只是一廂情願的想法。直至文帝之時，才正式廢止，實行真正的自由放任治國。

總而言之，從出土材料看來，漢初自由經濟並非如傳統史書所說般一成不變的歷史常態，而是歷史地發展而來，在不同時期有不同的歷史面貌，而傳統史書中又多有作者的主觀意志：《史記》如是，《漢書》如是，《漢紀》也如是，史書所載與史實未必完全一致，本文討論的不過是冰山一角，這方面有待我們更深入的探討。

1. 林劍鳴：《秦漢史》（上海：上海人民出版社，2003），頁 267。
2. 錢穆：《國史大綱》（香港：商務印書館，1996），頁 90-91。
3. 李零：《簡帛古書與學術源流》（北京：三聯書店，2009），頁 99、117。
4. 朱紅林：《張家山漢簡〈二年律令〉集釋》（北京：社會科學文獻出版社，2005），頁 255。
5. 高敏：〈從《張家山漢簡二年律令》看西漢前期土地制度〉，《秦漢魏晉南北朝史考論》（北京：中國社會科學出版社，2004），頁 134。
6. 高敏：〈關於漢代有戶賦、質鑯及各種礦產稅新證〉，《秦漢魏晉南北朝史考論》，頁 162。
7. 高敏：〈論文帝〉，《秦漢魏晉南北朝史考論》，頁 6。
8. 司馬遷：《史記》（北京：中華書局標點本，1959），〈貨殖列傳〉，頁 1417。
9. 《史記·呂太后本紀》，頁 412。
10. 《史記·曹相國世家》，頁 2029。
11. 《史記·曹相國世家》，頁 2031。
12. 林劍鳴：《秦漢史》，頁 267。
13. 《史記·文帝本紀》，頁 270。
14. 朱紅林：《張家山漢簡〈二年律令〉集釋》，頁 617。
15. 朱紅林：《張家山漢簡〈二年律令〉集釋》，頁 160。
16. 《睡虎地秦墓竹簡·秦律十八種·田律》（百度文庫），頁 1；又見朱紅林：《張家山漢簡〈二年律令〉集釋》，頁 157。
17. 《史記·蕭相國世家》：「民所上書皆以與相國，曰：『君自謝民。』相國因為民請曰：『長安地狹，上林中多空地，棄，願令民得入田，毋收稿為禽獸食。』上大怒曰：『相國多受賈人財物，乃為請吾苑！』……高帝曰：『相國休矣！相國為民請苑，吾不許，我不過為桀紂主，而相國為賢相。吾故繫相國，欲令百姓聞吾過也。』」又《索隱》謂『相國取人田宅以為利，故云「乃利人」也。所以令相國自謝之。』」，頁 2018。
18. 高敏：〈從《張家山漢簡二年律令》看西漢前期土地制度〉，《秦漢魏晉南北朝史考論》，頁 134。
19. 班固：《漢書》（北京：中華書局標點本，1979），〈賈鄒枚路傳〉，頁 2367。
20. 吳榮曾：《先秦兩漢史研究》（北京：中華書局，1995），頁 212。
21. 《史記·蕭相國世家》：「民所上書皆以與相國，曰：『君自謝民。』相國因為民請曰：『長安地狹，上林中多空地，棄，願令民得入田，毋收稿為禽獸食。』上大怒曰：『相國多受賈人財物，乃為請吾苑！』……高帝曰：『相國休矣！相國為民請苑，吾不許，我不過為桀紂主，而相國為賢相。吾故繫相國，欲令百姓聞吾過也。』」又《索隱》謂『相國取人田宅以為利，故云「乃利人」也。所以令相國自謝之。』」，頁 2018。
22. 《漢書·平準書》記載晁錯（前 200 — 前 154）於文帝二年建議實行「入粟受爵」政策，頁 1131。
23. 《史記·文帝本紀》，頁 436。
24. 《史記·呂太后本紀》，頁 4212。
25. 《漢書·平準書》，頁 1131。
26. 《史記·平準書》，頁 1420。
27. 《前漢紀·孝文皇帝紀下》，文帝十三年六月，「詔除民田租」條。荀悅（148-209）說：「古者什一而稅，以為天下之中正也。今漢民或百一而稅，可謂鮮矣。然豪強富人占田逾侈，輸其賦太半。官收百一之稅，民收太半之賦。……是上惠不通，威福分於豪強也。」見荀悅：《兩漢紀》，上冊（北京：中華書局標點版，2002），頁 114。荀悅把文景之治中，最為後世稱道的減免田租政策，說成是「上惠不通」，不切實際。他認為漢初的十五而稅、三十而稅，甚至於文帝十二年減收半租，及於文帝十三年免收全國田租的恩惠政策，不能夠直接下達一般農民手中。反而，減除田租，只會「適以資富強」，有利於富人。荀悅解釋，這是因為「今豪民占田，或至數百千頃」之緣故。這表示，他認為早在漢初，土地兼併的情況已經極之嚴重，社會財富（土地）由一小撮「豪民」控制，他們成了恩惠政策與農民之間的絕緣體。
28. 裘錫圭：〈湖北江陵鳳凰山十號漢墓出土簡牘考釋〉，《文物》第 7 期（1974），54-62。

29 許倬雲：《漢代農業》（桂林：廣西師範大學出版社，2005），頁 33-54。
30 《史記・平準書》，頁 1420。
31 《史記・漢興以來將相名臣年表》，頁 1126。
32 魯惟一：〈時新派政策的充分發揮〉，載崔瑞德、魯惟一編：《劍橋中國秦漢史》（北京：中國社會科學出版社，1992），頁 176。
33 呂思勉：《秦漢史》（上海：上海古籍出版社，1982），頁 78。
34 《史記・文帝本紀》：「《集解》李奇曰：『本，農也。末，賈也。言農與賈俱出租無異也，故除田租。』」（頁 428）
35 《漢書・百官公卿表》，頁 739。
36 第一、漢初功臣集團（包括軍功、事功）早已經得到爵位，而且從實施後得知，軍爵的地位（或特權）遠比入粟所受的爵位為高，所謂「此其與騎馬之功相去遠矣」（《漢書・食貨志》，頁 1143），所以他們無需利用此政策而得爵位。第二、戰國以來的舊有勢力因長期戰亂而失去地位，高祖時曾試圖恢復他們的地位，即所謂「復故爵田宅」的措施（《漢書・高帝紀》，頁 54），他們已經恢復了爵位，故亦沒有必要透過入粟而取得爵位。故有能力受惠於政策的很可能是新興的商人階層。儘管他們擁有財富，但由於政府的打擊和社會的歧視，他們最容易受到壓抑「末業」的政策牽連，所以他們需要透過「入粟受爵」而取得社會地位，以鞏固其既得利益。
37 臧知非：〈張家山漢簡所見西漢礦業稅制度試析——兼談西漢前期「弛山澤之禁」及商人兼併農民問題〉，載中國社會科學院簡帛研究中心編：《張家山漢簡〈二年律令〉研究文集》（桂林：廣西師範大學出版社，2007），頁 126。
38 《漢書・食貨志下》：「漢興，以為秦錢重難用，更令民鑄莢錢。」，頁 1152。
39 朱紅林：「盜鑄錢及佐者，棄市。同居不告，贖耐。正典、田典、伍人不告，罰金四兩。或頗告，皆相除。尉、尉史、鄉部官 201（C252）嗇夫、士吏、部主者弗得，罰金四兩。202（F139）智人盜鑄錢，為買銅、炭，及為行其新錢，若為通之，與同罪。203（C251）捕盜鑄錢及佐者死罪一人，予爵一級。其欲以免除罪人者，許之。捕一人，免除死罪一人，若城旦舂、鬼薪白粲二人，隸臣妾、收人，204（C267）司空三人以為庶人。其當刑未報者，勿刑，有復告者一人，身毋有所與。詗告吏，吏捕得之，賞如律。205（C266）盜鑄錢及佐者，智人盜鑄錢，為買銅、炭，及為行其新錢，若為通之，而能頗相捕，若先自告、告其與，吏捕 206（F138）頗得之，除捕者罪。207（F136）諸謀盜鑄錢，頗有其器具未鑄者，皆黥以為城旦舂。智為及買鑄錢具者，與同罪。208（F140）」見朱紅林：《張家山漢簡〈二年律令〉集釋》，頁 136-140。
40 《史記・漢興以來將相名臣年表》，頁 1126。
41 朱紅林：「智人盜鑄錢，為買銅、炭，及為行其新錢，若為通之，與同罪。203（C251）捕盜鑄錢及佐者死罪一人，予爵一級。其欲以免除罪人者，許之。捕一人，免除死罪一人，若城旦舂、鬼薪白粲二人，隸臣妾、收人、204（C267）諸謀盜鑄錢，頗有其器具未鑄者，皆黥以為城旦舂。智為及買鑄錢具者，與同罪。208（F140）」見朱紅林：《張家山漢簡〈二年律令〉集釋》，頁 136-140。
42 《漢書・賈鄒枚路傳》，頁 2337。
43 宋敘五：《西漢貨幣史》（香港：中文大學出版社，2002），頁 129。

第 三 篇

貨幣體制與經濟變遷

The Monetary Thoughts of the Han Dynasty and the Three Kingdoms Period (AD 220–280)[1]

(co-authored with S.C. Kwan)

1. Introduction

The Han Dynasty had instituted two systems of minting. One, which was set up during Emperor Wen's reign (203–157 BC), allowed people to mint currency along with that by the central government. The other one, beginning from Emperor Wu's (157–87 BC) time, was meant to centralize monetary policies that justified the monopoly by the central government and henceforth minting without permission would mean death sentence. Scholars during the two Han Dynasties debated incessantly over which system was better and defenced the one they preferred. The entire body of the literature had left a legacy that continued to shape subsequent discussions. Scholars in the Qing Dynasty, some 1,500 years after those of Han's, still made frequent quotations to support their divergent views on the impact of opium trades on the then monetary system.[2] Of the legacy that the Han scholars had left, one was known as the "anti-monetary thought," which held that the popularity of money would contribute nothing but a huge blow to agricultural growth and, collaterally, national security, on account of the view that, unlike grains, money had no use values. Apparently, they failed to understand the notion of exchange value and therefore went so far as to deny the value of money. This paper seeks to analyse such thoughts, their origins and the background against which they developed.

2. Background

Bruno Hildebrand, a scholar belonging to the German Historical School, had divided economic development in the entire human history into three stages, namely, Nature

Economy（barter system）, Money Economy and Credit Economy. During the stage of Money Economy, metal currency, especially precious metal currency, was the major medium of exchange, apart from being the tools for income and payment. Whereas in the first stage (Nature Economy), commodities with high use values, such as grains and textiles, would become the medium of exchange. Wages, taxes, rents, etc. were mostly paid in terms of such material objects. As they were hardly divisible and inconvenient to deliver, the cost during transaction would naturally be much higher. Over time, economic development would be limited to a specific territory.[3]

Hildebrand believed that human economy developed from Nature Economy to Money Economy then ultimately to Credit Economy. But Chuan Han-sheng pointed out that as early as the beginning stage of Western Han, China had already entered Money Economy. The Chinese economy, however, had reverted, out of various causes (chiefly wars), to Nature Economy right at the start of Eastern Han. Despite some short-lived revival of Money Economy during that time, Nature Economy took the stage again approaching the end of the Eastern Han. With the interplay of different forms of economic systems, scholarly discussions sprung in a fashion somewhat in correspondence to the economic tides.[4]

As late as the end of the Warring States period (500–221 BC) and the beginning of the Western Han, China had already entered into a monetary economy. According to Song Xuwu, the Western Han had already departed from the age of barter by extensively using currency in economic exchanges like transaction, loan, gifts, inheritance, collectibles, not to mention taxation and wages until the reign of Emperor Zhang (AD 75–88) who decreed that currency be abolished for taxation purposes.[5] This saw the official revival of an ancient practice in which tax was paid in terms of real objects instead of currency.

During the Three Kingdoms period, Wei 魏, one of the three Kingdoms, decreed that tax had to be paid in terms of cereal grains and textiles and that currency issuing had to be suspended. Although this policy did not manage to scrap entirely transactions via currency, it nonetheless succeeded in bringing down the supply of currency. The remains of an archaeological site discovered in Nanchang, Jiangxi, in June 1979, testifies the imbalance of Nature Economy and Money Economy after the two Hans: of the currency found there, 96.8% belonged to the two Hans with the remaining 3.2% to that of the Three Kingdoms. Other similar archaeological discoveries seem to confirm this.[6] This was due to the fact that from the late Eastern Han to Three Kingdoms, currency issuing was irregular and even if there were, it was of the poorest quality. That left few choices for the market which ended up resorting to the old one issued in previous dynasties. Given this, it is clear that the monetary economic system had already given way to the natural one.[7]

3. The Low Tide of the Monetary Economic Society

According to Chuan, the fermentation, as it were, of the natural economy in the late Eastern Han and the Three Kingdoms Period could be attributed to wars and the lack of raw materials for making currency. He claimed that since the Yellow Turban Rebellion (AD 184) initiated by the Taoists, China had run into a prolonged period of division. Wars and battles led to economic recession which further hampered the development of monetary economy. To make it worse, the post–Eastern Han period witnessed a widespread propagation in China which generated a huge demand on copper for building monasteries and Buddhist statues.

Chuan's sketching out of the picture of the natural economy after the late Eastern Han and the Three Kingdoms Period is no doubt an important contribution to the academia. But a closer look may reveal that its explanatory power is nonetheless inadequate.

War no doubt had an immense impact on the development of commerce. But there already saw in the later stage of Western Han the receding of monetary economy along with an anti-monetaristic spirit.[8] It must be noted that before the warlords went into constant battles with one another and large-scale rebellions in the later Eastern Han, monetary economy had already been in the receding. Wars, at best, were only an immediate cause.

4. The Falling Back of Monetary Thoughts

Song's work is a very important complement of Chuan. He argued that the falling back of monetary thoughts was yet another crucial factor accounting for the rise of natural economy after the late Eastern Han Dynasty and the Three Kingdoms Period.[9] But a thought would not prevail at a certain period unless it truly reflects what people are thinking which, in turn, hinges on their experiences of various kinds. It is on account of such that this paper believes that before the anti-monetary thoughts prevailed in the period under discussion, the market environment had already been suffering from an extensive drawback. And these anti-monetary trends, that gradually began to thrive progressively in several stages, in turn shaped public policies which finally led to the downfall of the importance of currency. This paper argues that the thriving of these thoughts had undergone several stages.

Three sections in *The Records of the Grand Historian* (translated by Burton Watson) clearly witnessed the open policy as regards minting in the early Han Dynasty:

1."Only three continued to be of any real importance in the Han period: the Confucian, the Legalist, and the Taoist, the last often referred to as 'the teaching of yellow Emperor and Laozi'......Taoism. First was the attitude of Taoist quietism, with its philosophy of 'non-action.' For the empire as a whole Taoism advocated a policy of laissez-faire allowing the people to follow their desires and instincts without interference from the government. This, it was believed, would lead to an era of peace, most famous among them being the prime minister Cao Can, therefore aimed at self-effacement and anonymity, avoiding wherever possible any positive exercise of authority. During the reign of Empress Lu and Emperor Wen, as has often been pointed out, the government as a whole pursued just such a laissez-faire policy, which allowed the nation to recover from the effects of the previous civil strife and attain a high level of prosperity. But whether this was actually done at the instigation of Taoist minded officials, or whether the rules were even conscious that they were following Taoist theories, is a matter of conjecture. At any rate, this so-called Taoist period was only a temporary phase."[10]

2."After the Han rose to power, the barriers and bridges were opened and the restrictions on the use of the resources of mountains and lakes were relaxed. As a result, the rich traders and great merchants travelled all around the empire distributing their wares to every corner so that everyone could buy what he wanted. At the same time the powerful families of the great provincial clans and former feudal lords were moved to the capital." [11]

3."In the time of emperor Wen, because the 'elm-pod' coins, minted earlier, had grown to numerous and light in weight, new coins were weighting four Shu and inscribed with the words banliang 半兩 or "half-tael," the people were allowed to mint at will." [12] Note that the original of "were allowed" (fangzhu 放鑄) in the Chinese text was meant to convey the sense that the government had adopted a non-intervening attitude towards private minting.

The early Han started in 175 BC to allow people, including kingdoms, to issue currency on account of the apparent inadequacy of currency supply. Once the supply of currency became stabilized, wealth was created and commodity price steadily went up.

With the development of commercial activities during the first 70 years of the new dynasty under the teaching of yellow Emperor and Laozi,[13] a strong middle-class and a great number of entrepreneurs began to take shape.[14] During the Emperor Jing's reign (188–141 BC), the Lords had so accustomed to their currency issuing rights that they began to belittle the central governments. That finally culminated in the well-known "The Rebellion of the Seven States" (154 BC). After the rebellion was suppressed, Emperor Jing began to take over the issuing rights from the hands of the Lords and the people. He then announced that private issuing of currency was illegalized. Yet, precisely because it was illegalized, the private issuers' concern for quality and corporate image was so paradoxically cleared that they no longer cared about them. Consequently, opportunistic behavior flourished and the quality of the currency was tremendously debased. As a result, the market was more keen on resorting to the currency issued during Emperor Wen's reign as the medium of transaction. The Eastern Han Dynasty saw the gradual retreat of currency as the unit of taxation. The central governments, instead, took material objects as the source of income. It is interesting to note that government expenses were in the form of currency at the beginning of Western Han whereas two hundred years later the Eastern Han government paid everything from salary to rewards in terms of material objects.[15] Even when the government occasionally issued currency, the market was still using the old one issued during the early Han.

Jia Yi 賈誼 who vehemently opposed to Emperor Wen's monetary policy was an important figure that marked the first stage of the anti-monetary thoughts. In 175 BC, Jia rigorously contended with the idea that civilians and feudal states could be allowed to issue currency. He also showed strong objection to any commercial development for he thought that it would accomplish nothing but disengage peasants from farming which inevitably led to a drastic decrease in food supply. Social unrest was what the society would end up with, he thought. Given this, it is not surprising that he proposed implementing a state-planned economic model by taking back the currency issuing right from the hands of any non-government agencies, and disallowing non-government agents to engage in copper mining.

Jia's proposal, however, was highly unpopular. Government's policies to the effect of denationalizing money had not only left agricultural industry intact, but also, with the impetus given by the quantity, quality and circulation rate of currency, had fueled national economic development.[16] The central government's reserve still kept escalating in spite of drastic tax deduction. Jia's proposal, therefore, raised few eyebrows, if any.[17]

Plagued by almost 500 years of wars, the early Han, as a matter of fact, was a society that had just barely begun recovering. Its population was at one of the lowest in Chinese history. Resources were nowhere to be found. In short, it was a devastated society. Faced with this, the newly established government resorted to the teaching of yellow Emperor and Laozi in implementing policies with an aim to encouraging commercial development. As a result, a class of entrepreneurs rose to the forefront. They engaged in wide scale of investment and stimulated the economy by promoting consumption.[18] Given this, the utility of currency was high and was in constant demand by the market. Somewhat in sharp contrast to John Maynard Keynes, the central government was extremely prudent in spending a cent. Not even royal expenditure could be exempted. During the reigns of Emperor Wen and Emperor Jing, the government managed to regularly cut agricultural tax which was brought down initially to 6%, then 3%. It was so successful that there were 12 years in which all agricultural tax was waived. Capital in the civil society consequently could keep accumulating.

It was then that the utility, in the economic sense, of money was at its peak. This was evident as copper coins played a key role in both of the government's income and expenditure, not to mention in the majority of transactions. Wealth, as a result, was accumulated, which left a very favorable impression of money on the public mind. [19]

Apparently, Jia's proposal, which represented the first stage of anti-monetary thoughts, not only took no account of the then pan-currency economy, but simply ran counter to it. It came to no surprise, therefore, that his proposal was not accepted by Emperor Jing nor well received by the society.

The second stage, however, began to take a turn.

In 144 BC, that is, roughly 20 years after the death of Jia Yi, the central government abolished the policy of active non-interventionism which had run for 31 years by disallowing civilians and merchants to issue currency (provincial states were still allow to keep this privilege though). Chao Cuo 晁錯 (200–154 BC), a highly respectable scholar during the reign of Emperor Jing, held that currency achieved little but tempted government officials to walk out on the royal court and people on their homeland. Apparently, Chao gave much heavier weight to the concern for central authority and stability than to everything else and just ignored the benefits and advantages that currency could bring about. For him, currency gave impetus to commerce. When people were engaged in it, they had to leave their hometown in pursuit of profits. Once it became difficult for the government to track down everyone, the government would no longer be able to govern, which is obviously a destabilizing factor for the central government. As a matter of fact, he was not entirely unaware of the value of currency. Barter generates a high transaction cost and creates a lot of hurdles for the circulation of goods. By contrast, currency fosters distant transactions. Grains and textiles, on the contrary, were what for him that had use value. At least, these could feed our mouths and keep us warm. That is why he proposed using them as the means of transaction in replacement of currency. Interestingly enough, this scholar cum minister had already anticipated the classical conception of commodity value two thousand years ago in the Far East. He was able to point out the function of currency. Only that he believed this function was to the detriment of the ruling authority.[20] This perfectly reflects what Legalists like him had in mind, to wit, stability and central authority were of the top priority. Everything including people's livelihood had to come second-at best!

Chao's voice was not initially paid heed to as the then economy was still flourishing as a result of the teaching of yellow Emperor and Laozi policy implemented during the early Han, especially during Emperor Wen's reign. Emperor Jing, who succeeded Emperor Wen, gave that a second thought, however. From his own experience, he noticed that although denationalizing currency could bring about prosperity, it nonetheless would reduce the absolute power and authority of the central government over the provincial states, an underlying cause which he attributed to the outbreak of the Wu-Chu Rebellion. It must be noted that, economically speaking, the government's balance sheet had a huge demand on the circulation of currency and thus any move to abolishing the denationalization of money could inevitably incur a huge transaction cost. But politically speaking, the potential rise of provincial power-that which was supposed to be a natural result of denationalizing currency-could also incur a huge threatening effect of the central government. To choose the less evil, Emperor Jing felt compelled to be engrossed by Chao's proposal. It was here that we saw the beginning of the combinatory effects of anti-monetary thought and political needs on the teaching of yellow Emperor and Laozi policy.

Not long after Emperor Wu succeeded the royal throne, he was already highly resolved to further vitiate the strength of the provincial states. This came out of nothing surprising as his father, Emperor Jing, was plagued in his entire life by the threats from the provincial states and was so unfortunate as to have undergone the Wu-Chu Rebellion mentioned above. If this were not bad enough, the Empire during his reign was constantly intimidated by the Huns in the north. Emperor Wu, however, did not literally take Chao Cuo's proposal for he understood that to abolish the use of copper currency might perhaps weaken the provincial states on the one hand, and on the other would as well adversely affect people's livelihood and commercial activities, which in turn means a tremendous cut on revenue for the Empire. As Sima Qian observed,

1."By the time the present emperor had been on the throne a few years, a period of over seventy years had passed since the founding of the Han. During that time the nation had met with no major disturbances so that, except in times of flood or drought, every person was well supplied and every family had enough to get along on. The granaries in the cities and the countryside were full and the government treasuries were running over with wealth. In the capital, the strings of cash had been stacked up by the hundreds of millions until the cords that bound them had rotted away and they could no longer be counted. In the central granary of the government, new grain was heaped on top of the old until the building was full and the grain overflowed and piled up outside, where it spoiled and became unfit to eat. Horses were to be seen even in the streets and lanes of the common people or plodding in great number along the paths between the fields, and anyone so poor as to have to ride a mare was disdained by his neighbours and not allowed to join the gathering of the villagers. Even the keepers of the community gates ate fine grain and meat. The local officials remained at the same posts long enough to see their sons and grandsons grow to manhood, and the higher officials occupied the same positions so long that they adopted their official titles as surnames. As a result, men had a sense of self-respect and regarded it as a serious matter to break the law. Their first concern was to act in accordance with what was right and to avoid shame and dishonour."[21]

2.The officials therefore advised the emperor (Wu) that, "in ancient times, currency made of hides was used by the feudal lord for gifts and presentations. At present there are three types of metal in use; gold, which is the most precious; silver, which ranks second; and copper which in third. The 'half-tael' coins now in use are supposed by the law to weigh four Zhu, but people have tampered with them to such an extent, illegally filing off bits of copper from the reserves side, that they have become increasingly light and thin and the price of good has accordingly risen. Such currency is extremely troublesome and expensive to use, especially in distant regions."[22]

With the 70-year reserve handed down from his predecessors in hand, Emperor Wu turned his back on his father's wish, resorted to Jia Yi's idea and began to take back the privilege of currency issuing from the provincial states and the general public. As a corollary, the central government monopolized the trade of salt and iron, closed all mines opened during Emperor Wen's rule. In short, unless sanctioned by the central government, no one was allowed to mine for copper and other metals for currency issuing purposes. The teaching of yellow Emperor and Laozi policy, which had predominated the economic scene for decades, finally came to a halt.[23]

Poorly motivated and without the pressure of competition, the government officials' efforts in looking for mines and improving mining techniques could never be held in high regards. Mining techniques in China have, even up to the Qing Dynasty, never made any breakthrough progress.[24] Water drainage has long haunted the mines. As a result, deep mining is never technically possible. Most important of all, private issuing of currency almost began to take place the first minute when it was banned. Although it had become illegal and ceased to enjoy a special property right arrangement during Emperor Wen's time, opportunists, taking it as a single stage game, nonetheless were actively engaged in it. Such institutional arrangement created an environment in which privately issued currency could never be worse in its quality. From other archaeological findings, the quality of the currency issued, officially and unofficially alike, was perfectly up to the standard of Sizhu Coins 四銖錢.[25] Chen Yen-liang has calculated the difference in the quality of currencies issued at various time in terms of standard weight, average weight, compliance rate of weight and average copper proportion. The quality index so compiled showed that the currency issued during the heyday of the teaching of yellow Emperor and Laozi policy which weighed the closest to the official 2.604 gram reached a record high at 205, Qin's at 100, Emperor Wu's at 184, Emperor Chao and thereafter at 174. The currency of the non-intervention period simply literally outweighed all the others over a span of 200 years and was better than that of Emperor Wu's by 10%. It is not difficult to conclude that withholding private issuing of currency only led to a drastic decline in its quality. And with such a decline came deflation.[26] Adam Smith has once lamented that all rulers in the world are but voracious, taking pleasure in deceiving people by first standardizing currency and then reducing it surreptitiously.[27] Actually, this is inevitable when it comes to national monopolization of currency. When a government, any government, has a political agenda in mind and begins to rock the economy by first tightening the control of, then monopolizing the supply of, and finally shrinking the face value of, money as an attempt to increase its reserve, a logical result would be that the public would sooner or later lose their faith in money. The utility of money, consequently, abates. Under Emperor Wu's rule, merchants and entrepreneurs were oppressed. Their private properties were always seized upon by the government under various groundless pretexts and so-called laws You obviously take a very negative view of Wu's rule. Consequently, economic activities were subdued and currency system became chaotic. Few would bother to raise objection to monetary economy even at such time when it was dying down.[28] It was only until Emperor Yuan's time (75–33 BC) after a prolonged period of peace and rest that commerce began to revive. Yet it could never be said to thrive as compared to that during Emperors Wen and Jin's reigns. Historians had left only a few words on a few merchants' affairs in during Emperor Yuan's rule whereas much more had been said as regards the early Han's. Nonetheless, commerce still fared better than that during Emperor Wu's time when middle-class mostly ended up facing bankruptcy. Those who had accumulated sufficient capital, be they entrepreneurs or government officials, turned to invest in land (agriculture or livestock farming) once the profitable trades like salt, iron and forestry were scrapped.[29] Such large scale of investment in land inevitably resulted in frequent and unprecedented taking over of land among merchants and other land owners.[30] The early Han did not see too much of land acquisition of that scale. Occasionally there were some well-known cases like Xiao He 蕭何 who assisted in the founding of the empire. Apart from these sporadic cases, much of land acquisition was done by government officials. Yet, as late as the period under discussion, it was the merchants or entrepreneurs who flocked into the land market and bought land one piece after the other and thus assumed a predominant role in local districts. Apparently, the utility of currency gradually became outrun by that of land. And this naturally added more fuel to anti-monetary thoughts.

The third stage was around Emperor Cheng's reign (51–7 BC). Gong Yu 貢禹 (124–44 BC), the then deputy prime minister, assumed a more powerful role than figures like Jia Yi and Chao Cuo. He pressed for an all-out abolishment of any form of currency, be it gold, jade or copper, to be replaced by the system of barter. Towards the later stages of the Western Han, the economy was already much less vigorous. It was especially the case after Emperor Wu who nationalized a great variety of economic activities. Under his rule, most transactions were either restricted or strictly monitored by the state. Commercial activities no longer thrived in civil daily lives. The economic atmosphere thus became one in which the functions of currency (like accumulation of wealth, social mobility and improvement in livelihood) could hardly be felt. Large amount of capital had nowhere else to go than to the land market. The already affluent merchants took over land piece after piece. Peasants were turned tenants and ever subject to regular escalation of rents. Some suffered so much as to sell themselves to the rich and became slaves. Wealth distribution was gradually skewed to the already rich who became richer and richer. Interestingly, anti-monetary thinkers put all the blame on money and sought to get rid of it. As a matter of fact, it is they who failed to understand the economic truth in it. When commerce is monopolized and became inefficient in making return on investment (ROI), money was forced to be mobilized towards land investment. The truth is, it is the inhibition of commerce, rather than money itself, that is to blame. All in all, the radical disparity in the distribution of wealth and social injustice combined to drastically pull down the utility of currency in the eyes of the public.[31]

Gong Yu's anti-monetary thoughts were well-received by the government. The emperor put in into the agenda for senior officials to discuss. The discussion forum, not chaired by the emperor himself, had a convention to require the emperor himself to remain silent on many issues before any verdict was made.[32] Gong's opponents managed to observe that unlike copper currency, grains and textiles were indivisible making it difficult for money exchanges and thus transactions on both sides of the trade became unnecessarily higher. As grains and textiles weigh much heavier, it was a lot more inconvenient to carry around and thus inconvenient for long distance transactions. Should the society return to barter for transaction making, commercial activities would doubtlessly suffer a heavy blow. Gong's proposal finally did not win out. Yet it already succeeded, before long, in paving the way for Wang Mang's 王莽 monetary reformation in which both barter and currency were used when he took over the throne and became the one and only one emperor of a short-lived dynasty, the Xin 新 (45–23 BC).

The fourth stage differs from the previous three in that anti-monetary thoughts were not just some verbal talk but was genuinely embodied in various policies.

Historians have long accused Wang Mang as an impractical idealist. And they do with good reasons. In Wang's eyes, land acquisition was the prime culprit of all and uneven distribution of wealth had to be dealt with by increasing the transaction cost in the market such that transactions could no longer be profitable. When there was no gain, no pain was worth the while. Only in so doing, he thought, could the society be stabilized. During his reign as a short-lived Emperor of a 15-year Empire he took over from the Han Dynasty, he revived as far as he could all types of transaction media (e.g. substantial object, metals) deliberately blind to an economic evolution that took one thousand years to accomplish. Contrary to what he calculated, it turned out that everyone resisted it right at the first beginning. The market forsook it. To compel people to accept his policies, Wang tried all measures available to him: he declared it a criminal offense to use the Wu Zhu Qian that prevailed previously; he decreed that his new currency be the permit for clearing customs and excise. Whoever using the old money would be subject to detention.[33]

As official currencies, Wang's had mandatory statutory values. Yet, as substantial objects used in barter were easily subject to damage, people were more inclined to get rid of them as quickly as they could and keep those which were as valuable as capable of appreciation. Consequently, we have here a very typical situation in which "bad money drives good money out of circulation", as the famous Gresham's Law has it. At the same time, unscrupulous merchants who were always the most sensitive to the depreciation of goods and money were always the first to raise prices of commodities. Inevitably, this led to a vicious cycle of inflation which in turn dealt a double blow to the already weak market. The next to suffer were the peasants who suddenly realized their products could not be sold in such a monetary chaos. They had nowhere else to vent their anger which culminated in large scale rebellions.

Later, when Wang lost his glamor and with it his authority, the market went back to using the Wu Zhu Qian. It is here that the "good money" took the upper hand again and edged out Wang's barter-type currencies-a classic case of anti-Gresham's Law. Given such ups and downs of the currency institution, it comes to no surprise for anyone that people had completely lost any faith in any currencies. The lesson one can learn is, in short, that once anti-monetary thoughts have materialized into policies, the entire nation is to suffer huge loss. According to many historical records, Wang's reign had brought about nothing but ubiquitous unemployment, rocket-high transaction costs, dwindling productivity and finally awkward standstill of food and commodity production.[34] His radical anti-monetary policy not only failed his mission to protect the peasantry, but, on the contrary, had brought about a large scale of unemployment and a sharp increase in the transaction costs levied on their selling of the agricultural products. It turned out that with a drastic drop of productivity, there came a serious recession. Under such spell, the utility of currency in the eyes of people could not be expected to rise.

The new dynasty, Eastern Han, established after Wang Mang, saw little changes in people's perception towards money. In their eyes, money was synonymous with harm and damage. Thus, they got further away from the extant currency and resorted to the old one circulated during the Western Han period supplemented by barter trade using fabric, cloth, gold and corn.[35] Thanks to the reserve left over from early Han, limited amount of transactions was possible. The year AD 40 saw a twist when the then Emperor Guang Wu was finally convinced by his ministers that currency-what he hitherto thought of as bordering on being useless-should better be re-issued.[36] The new dynasty suffered relatively much less of turmoil and confusion than the previous dynasty which, for a country like China, means a golden age of population growth. According to Ge Jianxiong, the population of Eastern Han had grown from 20 million during the beginning years to 60 million.[37] The speed, unfortunately, outran that of the supply of copper which was the major raw material for issuing currency. Archaeological findings reveal that ever since Wu Zhu Qian was issued, the government kept reducing its weight in a steady pace thus succeeded in going further and further away from its statutory value.[38] Over time, with credits going down, the currency issued by the Eastern Han government gave way to those issued during Western Han. The current money thus became bad money. Except Wang Mang's time, the two Hans had never announced an official exchange rate between the old money and the new. It is clear, therefore, that the old and better money had always been outcompeting the new one. We must hasten to add, however, that the competition between the two as embodied in the market had been hovering around the entire Han Dynasties with the old one always gaining the upper hand.

The fifth stage concerns two officials during the late Eastern Han, Zhang Lin 張臨

and Liu Tao 劉陶. During Emperor Zhang's reign, faced with an inflation brought about by natural calamities, one of the ministers Zhang Lin, instead of taking aim at the disasters, put the blame on the depreciation in value of the then currency.[39] For him, all that meant is that the prime culprit for inflation lied not in natural calamities but in the depreciation of currency. The solution, equally naturally for him, was to stop issuing new money and abandon using the extant one. The next step was to fall back on total barter where fabric and cloth were used.[40] This so-called proposal sounds, to the ears of we modern people, like abolishing zebra crosses when there were more and more accidents. Zhang's proposal was accepted by the Emperor. Apparently for Zhang and the Emperor, the utility of currency was not as high as that of the substantial objects like fabric and cloth. This could be viewed as a significant indicator of the rise of a natural economy. As a matter of fact, the successive central governments should be taken to be the prime culprit for it. For they had invariably and systematically damaged the money economy by depleting the utility of money to make way for a natural economy in which objects like fabric and cloth were used as media of transactions.

From an economic perspective, stopping the issuing and using of money would entail nothing but a heavy blow dealt to commercial activities. Peasants would experience a hard time selling their products. Price mechanism would be adversely affected. And more. Whereas the value of copper money was determined by its copper proportion, that of fabric and cloth could not be as easily determined. The market had to take quite a while before their value was settled and a price mechanism fixed. But before that, the information cost could well be extremely high and volatile thus pushing the market into a chaotic abyss. Fortunately enough, a great majority of ministers and officials strived to voice out their objections. Coupled with the fact that it was not practically feasible to implement the proposal, Zhang's proposal finally was abandoned.[41]

Following Zhang Lin, Liu Tao was another prominent anti-monetary figure. Towards the end of Eastern Han, a minister submitted a file to Emperor Huan (AD 132–168) in which he attributed inflation to the fact that copper money was getting lighter and lighter.[42] He then pledged that the government issue Da Qian 大錢, a new kind of currency with its face value higher than its nominal value, to rectify the situation. Liu Tao rose immediately to reject this and argued that the cause of inflation was due to bureaucratic corruption and local gang activities and had nothing to do with the quantity of money.[43] Therefore, he believed inflation would prevail regardless of whether any new currency was issued. If only he knew-of course he could not-Milton Friedman's saying that "inflation is always and everywhere a monetary phenomenon, in the sense that it cannot occur without a more rapid increase in the quantity of money than in output." Liu went so far then as to contend that unlike food supply, money was inessential to the society,[44] Logically speaking, Liu's saying was irrelevant for he simply knew nothing about the relationship between price and money. What was more ridiculous is that he suggested that the government lift the ban on thinning the copper money. Copper was a valuable at that time. People used it in a variety of ways. Because of this, many people thinned copper money and used the debris to issue even thinner currency. This resulted in a perpetual devaluation of copper money.[45] Liu's suggestion as regards the lifting of the ban amounted to nothing but a disregard to these illegal behaviors. Apparently it had never been a priority for him to stabilize the currency institution. To make it worse, it turned out that Emperor Huan accepted his suggestion which triggered off a wholesale engagement, from top officials to men on the street, in devaluing copper money. Commodity price rocketed. The value of money plummeted. And all these culminated in widespread rebellions.

Agonized by the pain caused by the devaluation of money, people lined up to lose faith in money. They then were vulnerable to the proposition of replacing monetary economy with natural economy. From Western Han to Eastern Han, there witnessed the progressive domination of anti-monetary thoughts.

The political scene went further down as history moved on. Rebellions were widespread. A warlord, Dong Zhuo 董卓 (AD 134–192), notorious for brutality, took over the capital. The first thing he did was to demolish a lot of antiques (some more than 300 years old) so as to forge copper money. For him, money was more valuable than legacy handed down from Qin like metal statues and royal valuables.[46] As an opportunist, the currency he issued was not Wu Zhu Qian but Xiao Qian 小錢, literally meaning "little money",[47] which was much lighter than the former, but yet came, as he stipulated, as of the same facial value. His new gadget was uncarved with any words on it and almost copper-less. As a result, money circulated around the capital was seriously deflated.

With such huge loss in its credit, a death blow was dealt to the currency institution.

Awhile later, just prior to the Three Kingdoms period, a time when Liu Bei 劉備 (AD 161–223), who was still an official of Eastern Han (but later the founder of Su-Han 蜀漢), issued Da Qian in Xichuan, a copper currency with a value much lower than its nominal value. To fund his army, he compelled inhabitants there to exchange Da Qian with substantive materials. In just a few months' time, he managed to generate impressive revenue for his local government.[48] His success induced others to follow suit. The Suns 孫氏, upon establishing Wu 吳, also one of the Three Kingdoms, instantly modelled after Liu and issued Da Qian.[49] These acts were literally nothing less than theft and robbery as far as the people were concerned.

Cao Cao 曹操 (AD 155–220), the most prominent warlord during that time, resorted for a moment to re-issue Wu Zhu Qian in AD 208 in the name of the withering Han government. Yet, as it was not circulated widely enough, substantial objects were still used in barter in the peripheral areas. His son, Cao Pei 曹丕 (AD187–226), ordered a resurrection of currency only to abolish it before long.[50]

One may conclude that the systematic devastation of currency in late Eastern Han and early Three Kingdoms, had successfully been driven away in favor of grains and textiles as the tools for transactions. History shows, to one's dismay, that these objects since then had dominated the economic scene for few, if not none, had any more confidence in either the currency or the governments. It set forth an extended period of time in which natural economy ruled the economic world.

5. The Striking Back of the Monetarists

Under the auspices of the government, anti-monetary thought was enjoying its heyday. But that does not imply that all monetarists were in total silence. Intellectuals criticized during Salt-Iron Conferences the Emperor Xuan's government (91–48 BC) for monopolizing the issuing of currency. They pointed out a number of benefits that denationalization of currency brought about during Emperor Wen's reign. Naturally, they championed the teaching of yellow Emperor and Laozi policies as regards trades of salt, iron and money. This of course meant that state-controlled transactions had to be aborted and people should be allowed to mint money. Heated debates were nothing surprising. Sang Hon Yang, the highest official in finance, flatly discarded it on account of national security and the authority of the central government. He insisted that interventionism was an effective guarantee of national revenue that could set off huge public expenditure.[51]

In passing, it must be noted that over the last 2,000 years, the teaching of yellow Emperor and Laozi advocates have been sidelined by interventionism. Not until history came to the 19th century when the late Qing entered a predicament in which its silver was extensively drained out in opium trade did the debate between these two antagonists came up to the stage again. The teaching of yellow Emperor and Lao inclined intellectuals freely tapped the resources of their predecessors in the Han Dynasties.[52] In other words, the economic thoughts originated in Han had anticipated what came after it for an impressive 2,000 years.

When anti-monetarist like Zhang Lin 張林 urged that money, forging be stopped in favor of grains and textiles as media of transactions, Zhu Hui 朱暉, a contemporary senior official raised objection by arguing that government officials should not contend with people in seeking profit. Policies like monopolization or intervening market prices were typical acts of competing with the general public and would give rise to poverty. Barter system achieved nothing but engendered counterfeits allowing officials to engage in rent-seeking behaviors. Unlike money, substantial objects used in barter are difficult to have a determined value and always lend themselves into the hands of the opportunists. Livelihood of the people ultimately are the ones to suffer.[53] Zhu Hui's analysis demonstrated that the teaching of yellow Emperor and Laozi thoughts had never given in to interventionism. What he asked for from the royal throne was just to revive Emperor Wen's non-interventionism. Emperor Zhang, however, had never seriously cast an eye on him, although for a short moment he agreed to postpone ordering the abolishment of the use of currency-only because Zhu Hui threatened to kill himself!

Up until the beginning of the Three Kingdoms' era, which succeeded the two Hans, just 6 years after Emperor Wen of the Wei Kingdom had abolished northern China had already experienced a financial chaos for as long a period as 40 years. In AD 227, Xima

Zhi 司馬芝, a minister of Wei, pointed out from a legal perspective that it was much easier to fake grains or textiles than to fake currency. During his time, it was not uncommon to see bandits increased the weight of the substantial objects as media of transactions by pumping water into them. Consequently, the market became seriously chaotic and the transaction cost of the judiciary system rocketed. The government was then facing a dilemma. Either it played blind to the unlawful acts, which definitely vitiated its authority, or revived using currency for transactions. Xima Zhi pledged the royal throne to opt for the latter. He suggested using the Wu Zhu Qian as a way to increase national revenue and lessen the judiciary burden. Note that he did not suggest forging new currency. From this we can see that Wu Zhu Qian was banned during Emperor Wen (Wei)'s time.[54]

From then on for the next 500 years until the Tang Dynasty, various governments were wavering and alternating between using substantial objects like grains and textiles and Wu Zhu Qian.[55] A dependence path originated in the anti-monetary thoughts in Han could clearly be discernible.

6. Conclusion

This paper attempts to show that the decline of monetary economy in China could be attributed to two factors: (1) systematic devastation on the part of successive governments and (2) stagnated economic thoughts which were reinforced by people's concrete daily experience which in turn fueled such backward economic thoughts. Together, they managed to drive away the monetary economy to make way for a natural economy.

Not realizing the mutual relationship between these factors, some historians equated the rise in price to inflation.[56] From our discussions above, both the quantity and circulation of currency had experienced a drastic plunge since the late Eastern Han. Commodity prices went up not because the supply of currency was on the increase, but because the monetary institution was highly confusing and confused which pushed up transaction costs. It goes without saying, of course, that rises in price had to do with natural disasters and ceaseless wars. But what is the most important is that the weight of various kinds of currency was constantly and systematically reduced. When bad money took the stage, the rises in price in this sense were apparently distinguishable from regular inflation caused by a mere increase in the supply of currency.[57] The analysis of the paper clearly demonstrates that there were extended periods of deflation since the late Eastern Han. The single most important function of currency is to reduce transaction costs. But the constant decrease in money supply from these periods onward exerted a huge braking effect on this function of currency which in turn made transactions tremendously difficult. Coupled with the increase in transaction costs caused by deflation, commercial activities plummeted and consumption plunged. People were left with few choices but to maintain a barely self-sustainable life style. There we see was how a natural economy after the late Eastern Han Dynasty and Three Kingdoms Period was consolidated and reinforced.[58]

With this emperor consulted his high ministers on plan to change the coinage and issue a new currency to provide for the expenses of the state and to suppress the idle and unscrupulous landlords who were acquiring such huge estates. At this time there were white deer in the imperial park, while the privy treasury was in possession of a considerable amount of silver and tin. It had been over forty years since Emperor Wen change over to the four Zhu 銖 copper coins.[59] From the beginning of Emperor Wu's reign, because revenue in coin had been rather scarce, the government officials had from time to time extracted copper from the mountains in their areas and minted new coins, while among the common people there was a good deal of illegal minting of coins, until the number on circulation had grown beyond estimate. As the coins became more numerous and of poorer quality, goods, because scarcer and higher in price.

We believe the most significant contribution of this paper is to have revised Chuan Han-sheng's view on the rise and cause of the natural economy in the late Eastern Han and the Three Kingdoms by employing the notion of utility. It purports to argue that Chuan's attribution of the insufficient supply of copper for forging money to a grand scale of Buddha statues building movement-a view endorsed by many scholars that followed Chuan to explain the decline of a money economy-was inadequate. Our scrutiny of the historical development of currency in both the Western and Eastern Han clearly shows why anti-monetary thoughts were not that well received in early Han. To spell it out, both Jia Yi's interventionism and Chao Cuo's hard anti-monetary thoughts were discarded because the teaching of yellow Emperor and Lao policy in relation to money forging business had successfully created a big incentive for the businessmen to engage themselves in it who had produced a large amount of currency with high quality. And this in turn served as the savior of the then economy devastated by hundreds of years of war. The economic history should have gone down favorably had there been no U-turn of the monetary policy. Yet our analysis reveals that it turned out quite the other way round. Rather than economically-inclined, the minds of the royal leaders had favored a political agenda more. For them, political stability was the primary concern. When both Emperors Jin and Wu kept claiming back their so-called money-forging rights from the hands of the civilians, the teaching of yellow Emperor and Laozi policy finally gave way to interventionism and became the "path dependence" of the two Hans.

This paper attempts to give an account of why anti-monetary thoughts would arise since the late Western Han. It draws attention to the fact that Emperor Wu, enjoying the pleasure and substantial benefits of interventionism, especially when it comes to generating additional revenues for the government, had opted to monopolize the issue of money. That the quality of copper money had plummeted significantly was an inevitable effect that comes to no one's surprise. The whole story, this paper must note, confirms the views of Adam Smith and Milton Friedman that any move of currency depreciation with a political agenda behind will sooner or later deprive not only of the value of people's saving but most importantly of their faith and confidence in it. As a result, the utility of money will definitely go down. History only waited for Wang Mang who tried to replace money with barter to deal an unprecedented blow to monetary economy.

With this as a foreground, this paper moves on to analyze the trajectory of the rise of natural economy after the late Eastern Han Dynasty and the Three Kingdoms Period. At the beginning of the Eastern Han, there saw a parallel use of money and barter as a combined form of government expenditure and regular transactions in the general public. Yet, it needs to be pointed out as compared to the early Western Han, it is evident that a great portion of the function played by money had been snatched away by barter. Admittedly, there was a short window in which monetary economy and commodity transactions had been revived when the political arena became much stabilized. But the development of a manor economy at that time had given an introversive shape to the then economy. And the prolonged devastation of copper money made it much less appealing to the general public and the scholars than barter. As a result, the call for an entire abolishment of copper money had never ceased to be heard in the government. The political mess and turmoil brought about by the warlords like Dong Zhuo at the end of the Eastern Han meant nothing but almost the last straw put on the back of the camel. Thereafter, natural economy had ruled from the Three Kingdoms period down to many years later.

The prominent historian Chuan Han-sheng accounted for the rise of the natural economy in terms of the massive building of Buddha statues as Buddhism became popular at the Late Eastern Han and Three kingdoms period. This paper endeavors to raise objections to his view. Rather than taking building Buddha statues to be the cause of the lack of copper for forging money, this paper argues that it was the dwindling utility of copper money that explains why copper money began to fade out from the economic foreground. And this in turn could be understood in light of this paper's analysis that prolonged government's interventionism, monopolization of money forging rights and the looting of various warlords. All these combined together to construct an environment unfavorable to copper money the utility of which was, in the eyes of the people, even lower than that of the statues.

In short, by appealing to the notion of utility, this paper has supplemented and revised Chuan Han-sheng's claim 70 years ago, that it was the forging of Buddhist statues that adversely affected the supply of currency. As a matter of fact, despite the truth that the demand of metal like copper for forging statues had increased along with the popularity of Buddhism, the most important factor that affected the use of currency as the medium of transaction was still people's confidence in it. Yet, owing to chaotic monetary institutions and anti-monetary thoughts, the utility of currency in people's mind became much lower than that of using the metal for statue building. As a result, the use of currency was sidelined by the natural economy and the economic scene continued to play out like this for the many years to come. One must say, given this, it was nothing but a legacy left by the political economic environment in the Hans.

第十四章 | The Monetary Thoughts of the Han Dynasty and the Three Kingdoms Period (AD 220-280)

1. This article is written in collaboration with S. C. Kwan, Assistant Professor, School of Humanities & Languages, Caritas Institute of Higher Education, HK. Shu 蜀, one of the Three Kingdoms in the Three Kingdoms Period, took itself as a legitimate heir to the Han Dynasty and thus could be seen as an extension of the latter.
2. See Man-houng Lin, *China Upside Down Currency, Society, and Ideologies, 1808-1856* (Cambridge, MA: Harvard University Press, 2006), ch. 6.
3. B. Hildebrand, *Jahrbwecher fuer Nationaloekonmie und Statisik*, Vol. 2, 1864, pp. 1-24. Quoted from Chuan Han-sheng 全漢昇, "Zhonggu ziran jingji 中古自然經濟" (The Natural Economy in the Middle Ages), *Bulletin of the Institute of History and Philology*, Academia Sinica 10 (1941), pp. 73-74.
4. Chuan, "The Natural Economy in the Middle Ages," pp. 73-173.
5. Song Xuwu 宋敘五, *Xi Han huobi shi* 西漢貨幣史 (A History of Currency in the Western Han Dynasty) (1st ed. 1971; Hong Kong, Chinese University Press, 2002), pp. 36-40.
6. Chen Yen-liang 陳彥良, "Zhonggu huobi de liudongxing tezheng: Cong huobi shuliang biandong lun ziran jingji de zhidu genyuan" 中古貨幣的流動性特徵：從貨幣數量變動論魏晉南北朝自然經濟的制度根源 (Characteristics of Monetary Liquidity in Medieval China), *The Journal of History, NCCU* 38 (2012), p. 53.
7. Fu Zufu 傅築夫, *Zhongguo fengjian shehui jingjishi* 中國封建社會經濟史 (An Economic History of the Feudal Chinese Society), Vol. 2 (Beijing, People's Publishing House, 1982), p. 533.
8. According to Song Xuwu, some officials held that the circulation of currency was detrimental to agricultural development and concomitantly to social morality. See Song, *A History of Currency in the Western Han Dynasty*.
9. Sung, *A History of Currency in the Western Han Dynasty*, p. 37.
10. Sima Qian 司馬遷 (109-91 BC), *Records of the Grand Historian of China*, translated by Burton Watson (New York: Columbia University Press, 1993), Han Dynasty I, 129, pp. 259-260.
11. *Records of the Grand Historian of China*, Han Dynasty II, p. 440. According to "The Decree Issued by Queen Lü in her Second Year of Rule" (Ernian Lüling 二年律令), it is apparent that the early Han government, as least before Queen Lü had seized power, had not yet adopted an open policy of minting. So Watson should be referring to Emperor Wen's reign when he wrote "After the Han rose to power…." See Zhu Honglin 朱紅林, Zhangjiashan Hanjian Ernian Lüling jishi 張家山漢簡《二年律令》集釋 (The Explaination Collection on the Two Year Laws of Zhangjiashan Bamboo Slips) (Harbin: Heilongjiang People's Publishing House, 2008), p. 201 (C252).
12. *Records of the Grand Historian of China*, Han Dynasty II, p. 62.
13. In the context of the early Han which could be characterized as one verging on being an economic, if not just political, turmoil, the strategic use of the legacies of the Yellow Emperor and Laozi should be taken as highly relevant and pertinent. Their legacies, in short, could be likened to a Minimalist State comparable to what Robert Nozick proposes in his seminal work, *Anarchy, State and Utopia*. The governance of a state, in Nozick's view, should be severely limited to mere protection of its citizens from military aggression, theft and breach of contracts, etc. The citizens, therefore, should be freed, apart from violating others' rights, from any control over what they desire to do-including but not limited to, as regards our foregoing discussion of the context of the early Han, the minting of money.
14. Sima Qian, "At this time, however, because the net of the law was slack and the people were rich, it was possible for men to use their wealth to exploit other and to accumulate huge fortunes." (*Records of the Grand Historian of China*, Han Dynasty II, p. 63); "The rich merchants and big traders, however, were busy accumulating wealth and forcing the poor into their hire, transporting goods back and forth in hundred if carts, buying up surplus commodities and hoarding them in the village; even feudal lords were forced to go to them with bowed heads and beg for what they needed. Others who were engaged in smelting iron and extracting salt from sea water accumulated fortunes amounting to tens of thousands of the catties of gold, and yet they did nothing to help the distress of the nation, and the common people were plunged deeper and deeper into misery." (*Records of the Grand Historian of China*, Han Dynasty II, p. 68)

15 Gavin Chiu Sin-hin, "Liang Han fenglu yu zhonggu ziran jingji" 兩漢俸祿與中古自然經濟 (The Salary System and Nature Economy of the Han Dynasty), *New Asia Journal* 10 (2010) pp. 71-73. This paper pointed out that the early Han dynasty paid salary in terms of currency with material objects only serving as compliments. With the gradual decline in the importance of currency, the Eastern Han resorted to a half-currency-half-grant policy and this went down towards further until the late Eastern Han almost resorted entirely to grain.

16 As a result, the king of Wu, thought only feudal lord, was able, by extracting ore from the mountains in his domain and minting coins, to rival the wealth of the son heaven. It was this wealth which he eventually used to start his revolt. Similarly, Deng Tong 鄧通, who was only a high official, succeeded in becoming richer than a vassal king by minting coins. The coins of the king of Wu and Deng Tong were soon circulating all over the empire, and as a result the rite minting of coinage was finally prohibited. (*Records of the Grand Historian of China*, Han Dynasty II, p. 62)

17 Guan Hanhui 管漢輝 and Chen Bokai 陳博凱, "Huobi de fei guojiahua: Handai Zhongguo de jingli" 貨幣的非國家化：漢代中國的經歷 (Denationalization of Money, A Research Based on China's Experience at Western Han Dynasty, 175-144 BC) *China Economic Quarterly* (Beijing) 4 (2015), pp. 1497-1519.

18 Merchants mentioned in *Records of the Grand Historian* during the early period of Emperor Wu's reign were mostly in the trades of salt, mines or livestock raising whereas those in *The Book of Han* (Hanshu 漢書) after that period were landlords.

19 Huan Kuan 桓寬 (81 BC-AD 9), *Yantie lun* 鹽鐵論 (Discourses on Salt and Iron) (Beijing: Zhonghua Book Company, 1994), pp. 57 and 93.

20 Ban Gu 班固 (AD 32-92), *Hanshu* 漢書 (Book of Han), "Shihuo zhi 食貨志" (Treatises on Food and Money) (Taipei: Ting-wen Publisher, 1979), pp. 1131-1132.

21 *Records of the Grand Historian of China*, Han Dynasty II, p. 63.

22 *Records of the Grand Historian of China*, Han Dynasty II, p. 69.

23 Sima Qian, "Pingzhun shu 平準書" (Monographs of Financial Administration), in *Shiji* 史記 (Records of the Grand Historian) (Taipei: Ting-wen Publisher, 1981), p. 1420.

24 Rui Zhang, Huayan Pian, M. Santosh and Shouting Zhang, "The History and Economics of Gold Mining in China," *Ore Geology Reviews* 65 (2015), p. 722.

25

Time	Normal Weight (kg)	Real Weight	Result
Qin	7.81	4.78	61.20%
Kao & Lu	1.95	2.21	113.233%
Lu	5.21	3.85	73.90%
Wen	2.60	2.89	111.15%
Jin	2.60	2.33	89.62%
Wu	3.26	3.10	95.06%
After Wu	3.26	2.88	88.34%

Sources: Chen Yen-liang, "Sizhuqian zhi yu Xi Han Wendi de zhubi gaige 四銖錢制與西漢文帝的鑄幣改革：以出土錢幣實物實測資料為中心的考察" (Sizhu Coins the Monetary Reform Emperor Wen in the Western Han Dynasty), *Tsing Hua Journal of Chinese Studies* (Taiwan) 37, no. 2 (2008), p. 331.

26 Chen, "Sizhu Coins the Monetary Reform Emperor Wen in the Western Han Dynasty," p. 331.

27 Adam Smith, *The Wealth of Nations* (Oxford: Oxford University Press, 1976), p. 43.

28 Gavin Sin-hin Chiu, *Sima Qian de jingji shi yu jingji sixiang* 司馬遷的經濟史與經濟思想——中國

第十四章 | The Monetary Thoughts of the Han Dynasty and the Three Kingdoms Period (AD 220–280)

的自由經濟主義者 (Pioneer of Liberty Economy in Chinese History, The Economic Thoughts of Sima Qian) (Taipei: Wan Juan Lou Books Co., 2017), pp. 19-24.
29 Sima Qian, "Monographs of Financial Administration," *Records of the Grand Historian*, p. 1435.
30 Qian Mu 錢穆, *Qin Han shi* 秦漢史 (The History of Qin Han) (Beijing: Joint Publishing Co., 2004), p. 167.
31 Qian Mu, *The History of Qin Han*, p. 167.
32 Liao Boyuan [Liu Pak-yuen] 廖伯源, "Qin Han chaoting zhi lunyi zhidu 秦漢朝廷之論議制度" (The Discussion Pattern in the Qin-Han Period), *Qin Han shi luncong* 秦漢史論叢 (A Collection of Essays on the History of Qin and Han) (Taipei: Wu-Nan Book Inc., 2003), p. 200.
33 Zhao Jing 趙靖 ed., *Zhongguo jingji sixiang shi* 中國經濟思想史 (The History of Chinese Economic Idea), Vol. 2 (Beijing: Peking University Press, 1991), p. 720.
34 Ban Gu, *Book of Han*, "Monograph on Food and Currency," p. 4112.
35 Sadao Nishijima 西鳩定生, *Shinoj shokkashi yakuchū* (晉書食貨志譯注) (Tōyō, Bunko, 2007), p. 217.
36 Song, *A History of Currency in the Western Han Dynasty*, p. 45.
37 The population of Western Han once peaked at 60 million but quickly dwindled to less than 30 million at early Eastern Han and gradually rose back to 60 million. See Ge Jianxiong 葛劍雄, *Zhongguo renkou fazhan shi* 中國人口發展史 (A History of Population Growth in China) (Fuzhou: Fujian People's Publishing House, 1991).
38 Chen (2009).
39 Fang Xuanling 房玄齡 (AD 579-648), *Jinshu* 晉書 (The Book of Jin), "Shihuo zhi 食貨志" (Treatises on Food and Money) (Taipei: Ting-wen Publisher, 1980), p. 793.
40 Zhang Jiaxiang 張家驤, *Zhongguo huobi sixiang shi* 中國貨幣思想史 (The Monetary Theory of Chinese History) (Wuhan: Hubei People's Publishing House, 2001) p. 130.
41 Fan Ye 范曄 (398-445), *Hou Han shu* 後漢書 (Book of the Later Han), "Zhu, Yue, He liezhuan 朱樂何列傳" (Biographies of Zhu, Yue, He) (Taipei: Ting-wen Publisher, 1987), p. 1460.
42 According to the report on the weight of Wu Zhu Qian in Han by an archaeological excavation team in Luoyang,

Reigns	Emperor Wu (Western Han)	Towards later stage of Western Han	First half of Eastern Han	Emperors Huan and Ling (later stages of Eastern Han)
Weight (nominal weight, 3.255 kg)	3.5 g	3.5 g	3.0 g	2.4 g

Sources: See Luoyang Archaeological Excavation Team, *Luoyang Xiaogou Han wu* 洛陽燒溝漢墓 (The Han Tomb in Xiaogou, Luoyang) (Beijing: Science Press, 1959), pp. 216-22l. And also Chen Yen-liang (2009) whose extensive archaeological reports concluded with more or less the same findings.
43 Ibid.
44 Fan Ye, "Du, Luan, Liu, Li, Liu, Xie liezhuan 杜欒劉李劉謝列傳" (Biographies of Du, Luan, Liu, Li, Liu, Xie), *Book of the Later Han*, p. 1847.
45 Chen (2011), P.26.
46 Nishijima, *Shinoj shokkashi yakuchū*, p. 61.
47 Fan Ye, "Xiaoxian di 孝獻帝紀" (Annals of Emperor Xiaoxian), *Book of the Later Han*, p.370.
48 Chen Shou 陳壽 (233-297), *Sanguo zhi, Wei zhi* 三國志・魏志 (Records of the Three Kingdoms, Wei) (Taipei: Dingwen Publisher, 1980), p. 981.
49 Fang, "Treatises on Food and Commodities," *Book of Jin*, p. 795.
50 Nishijima, *Shinoj shokkashi yakuchū*, p. 61.
51 Gavin Chiu, "Introduction," in Huan Kuan, *Discourses on Salt and Iron*, edited by Gavin Chiu (Hong Kong: Chung Hwa Book Co. [H.K.] Ltd., 2014), p. 2.

52 Chiu "Introduction," pp. 4-6.
53 Torao Yoshida 吉田虎雄, *Ryōkan sozei no kenkyū*（兩漢租税の研究）(Tokyo: Daian, 1966), p. 131.
54 Nishijima, *Shinoj shokkashi yakuchū*, p. 251.
55 Shen Yue 沈約 (441-513), *Songshu* 宋書 (Book of Song) (Taipei: Ting-wen Publisher, 1980), p. 156.
56 Hu Jichuang 胡寄窗, *Zhongguo jingji sixiang shi* 中國經濟思想史 (The History of Chinese economic Thought), Vol. 2 (Shanghai: Shanghai University of Finance and Economics Press, 1998), p. 192.
57 Nishijima, Sadao (2007), p.238.
58 The private mining was not a problem in the early Han, at least not during Emperor Wen's and Jin's reign and not related to the private minting policy, as Sima Qian said, "From the beginning of Emperor Wu's reign, because revenue in coin had been rather scarce, the government officials had from time to time extracted copper from the mountains in their areas and minted new coins, while among the common people there was a good deal of illegal minting of coins, until the number in circulation had grown beyond estimate. As the coins became more numerous and of poorer quality, goods became scarce and higher in price." (*Records of the Grand Historian of China*, Han Dynasty II, p. 69)
59 *Records of the Grand Historian of China*, Han Dynasty II, p. 68.

兩漢三國自然經濟與貨幣經濟之角力
——從貨幣思想探究「中古自然經濟」之形成

一、前言

　　今天，中古自然經濟學說，已成為了中國經濟史學者的共識。[1] 其討論起源於一九四一年，當時受到德國歷史學派大將 Bruno Hildebrand 的影響，著名經濟史學者全漢昇先生撰寫了〈中古自然經濟〉一文，把古代社會分成自然經濟、貨幣經濟兩個階段，指出西漢時代為貨幣經濟，並闡述了東漢末年以來，中國社會經濟漸倒退為自然經濟，直至唐宋時期又轉入貨幣經濟社會。他進一步指出，中古自然經濟發生之前，政府大部分時間都不再鑄造新的貨幣，又不許民間合法地鑄幣。故此，東漢以後貨幣逐漸失去納稅單位的地位，政府的主要收入是以實物支付，而政府的開支，在西漢初年都是以貨幣為主的，二百多年後的東漢，包括軍餉、俸金、賞賜，大多是以實物支付，[2] 二者形成鮮明的對比。林劍鳴指出，儘管東漢的貨幣經濟並沒有中斷，但實物交易復興與貨幣交易並行，此跟西漢初年貨幣地位上升的趨勢截然不同，足證東漢時代自然經濟的抬頭。[3]

　　漢代初年，由於貨幣供應不足，於孝文帝五年（前一七五）起，一度允許人民自由鑄幣。根據費雪的「貨幣數量方程式」，[4] 當時受惠於貨幣數量與流通量增加；財富、物價也在穩定地增長，刺激經濟發展。再加上開放的經濟政策，促成了漢初七十年的商業發展，成就了大批中產階層與大商家。然而，景帝繼位，因諸侯擁有發行貨幣權，有力挑戰中央，發生了吳楚七國之亂（前一五四），景帝決意把鑄幣權從平民手上收回，並試圖為推行中央集權掃清道路。此後，民間所鑄造的貨幣，都是非法的貨幣。本文注意到，由於不用考慮商譽，機會主義行為（opportunistic behavior）【編按：機會主義行為（Opportunistic behavior）是指利用自己的特殊地位或有利條件，以不適當或不道德的方式，達到自己的利益的行為。這種行為在商業領域很常見，包括不遵守合約，欺騙顧客，利用市場競爭不公等。】盛行，[5] 在貨幣流通環境中，這種機會主義行為導致了貨幣質量與數量的極度不穩定：貨幣質量下降：部分私人鑄造者開始使用劣質金屬，降低貨幣

的成色與重量,導致流通貨幣的信譽受損。面值與重量不符:部分貨幣的實際價值與標示面值不符,造成市場交易混亂,商家與民眾對貨幣的信任度降低。貨幣貶值與經濟動盪:由於市場流通的貨幣品質不均,購買力不穩定,進一步影響經濟發展。面對這些問題,市場逐漸轉向信譽較好的貨幣,導致漢文帝時代的貨幣仍然成為主要交易媒介,即使在官方禁止民間鑄幣後,市場仍傾向於使用早期質量較高的貨幣。這一現象持續至東漢中晚期,當時政府雖偶爾重新鑄造貨幣,但市場仍廣泛使用西漢中前期留下來的舊錢,顯示出貨幣的信用累積效應,以及早期穩健貨幣政策的長期影響。[6]

整體而言,漢初貨幣政策從民間自由鑄幣轉向中央政府專屬鑄幣,本意在於解決貨幣供應問題並維持中央集權,但其結果卻因貨幣信譽下降而影響市場穩定,最終造成貨幣貶值,並導致經濟發展受到阻礙。這一歷史經驗顯示,貨幣政策的有效性不僅取決於供應量,更需考量市場對貨幣質量與信用的長期信任,這也是後世貨幣治理的重要課題。

全先生提出了極具說服力的論述後,遭到何茲全的挑戰。何先生指出中古時代南北迥異,南方戰亂較少,經濟相對發達,貨幣仍有相當重要的地位,而北方則陷入長期蕭條,貨幣交易稀少,並以實物為主,故不能一概而論地皆歸納為自然經濟。[7] 然而,六十多年來的學術發現,更能支持全漢昇的說法,誠如陳彥良所指,何氏的說法只是從史料上找出貨幣使用的紀錄,不能反駁自然經濟的趨向。事實上,自然經濟是相對的概念,它代表了中古時代前已經盛行的貨幣社會在退潮,它不是一種絕對的固定形態,而是一種發展過程,故何氏的研究,不過是補足了全先生的學說而已。[8]

宋敘五指出,戰國晚年到西漢初期,中國已進入了貨幣經濟社會,而西漢社會已脫離了物物交換的時代。貨幣廣泛地作為日常交易、借貸、餽贈、分產、保藏之用,還有政府徵稅、發工資都多以貨幣支付,[9] 此大異中古自然經濟的時代。然而,兩百多年後的東漢,漢章帝(五七-八八)下令廢除以貨幣為徵稅單位,改回上古時代以實物納稅的古老傳統。到了三國時代(二二〇-二八〇),位處北方的魏國一度下令停止鑄造新的銅錢,並要求人民以穀、帛作為貨幣單位,雖受到市場的抵抗,一時間無法杜絕貨幣交易,但也足以令銅錢的供應、流動量下降,打擊了僅有的商品交易活動。從考古報告可見,即使東漢滅亡已過百年,東晉時代出土的銅錢中,竟然有百分之九十是漢代所鑄(包括西漢的貨幣)。由於

東漢晚年至南北朝，銅錢不足已成為新常態，即使偶有鑄錢，品質也欠佳，市場只好以前代所鑄的舊錢作交易，此代表了貨幣經濟逐漸退出歷史舞台，中國回到了自然經濟的時代。[10]

二、貨幣經濟社會的退潮

既了解到中古自然經濟的概念，那麼它何以在漢代中晚期發酵呢？全漢昇先生把原因歸納為戰爭與幣材的不足：（一）自東漢黃巾之亂起，中國進入了數百年的分裂時期，長期的戰爭令經濟蕭條，破壞了貨幣經濟的發展。（二）東漢以後，佛教在華廣泛傳播，銅材用於興建佛像，令貨幣數量下降。全先生概括出中古自然經濟的圖像，貢獻良多，在上世紀的學術水平而言，此論述實在遠超同時代的研究，但在七十年後，上述分析的說服力已不能滿足地解釋問題。戰爭的確會影響商業發展，但貨幣經濟的退潮、反貨幣思想的興起，早在西漢中晚期已萌芽，並在東漢末年的大規模民變，以及軍閥混亂前的百多年中持續發展。由此可見，戰爭不過是導火線，而非真正的原因。

銅材不足的邏輯，是由於銅材不足，所以錢也不足，基本上是套套邏輯（tautology），並不能解釋問題。本文採用功用論（Utility）來為全先生的論述作一補充。簡單來說，如果某君對 X 的功用為 30，而對 Y 的數值為 20，當對兩者進行選擇時，會優先選 X 而非 Y。在資源稀少的情況下，假若要得到多些物品 X，則要放棄一些物品 Y，反之亦然，而物品 X 和物品 Y 是可以互相替代的。這可以用簡單的數學表達為：U（X）= 30, U（Y）= 20，即是說 U（X）> U，因為 U（X）> U（Y），所以在選擇時會優先選擇 X 而不是 Y。當資源稀少時，如果要得到更多的 X，則必須放棄一些 Y；反之亦然。因為 X 和 Y 是可以互相替代的，所以選擇的決策將取決於 U（X）和 U（Y）的值。

上述選擇行為可用數學方式表達：

U(X) = 30, U (Y) = 20, U(X) > U(Y)

因此，在選擇時，理性決策者會優先選擇 X 而非 Y。當資源稀缺時，要獲得更多的 X，就必須放棄部分 Y，這也體現了機會成本（opportunity cost）的概念，即選擇某一項資源的同時，必然伴隨著對另一項資源的放棄。

應用至貨幣問題，若銅材供應有限，市場不僅考慮「銅是否足夠」，更應關

注「銅在不同用途中的功用評估」，即在貨幣鑄造與其他工業用途之間的效用比較。因此，僅以「銅材不足」來解釋貨幣短缺，無法充分描述市場行為，更應從功用分配與機會成本的角度來分析政府與市場的決策機制。

試想，若社會對鑄造銅錢功用的需要，[11]高於鑄造佛像，那麼在銅材不足的情況下，不會發生因鑄像而導致幣材不足的現象。全先生指出，東漢末年起，佛教開始在中國盛行；三國時，已有人在彭城大舉造像。南北朝時，全國共有三萬餘所佛寺，單是在徐州一個有名的寺院，就建有百餘尊銅像。以北魏為例，政府就動用了一萬五千斤銅，只為興建三尊佛像。[12] 假若把這些銅材，用以鑄錢，就可以增加數以百萬計的通貨，頗能紓解銅錢不足的問題，促進經濟發展，可是當時多數的執政者並沒如此，反映在那時代貨幣的功用不如佛像重要，[13] 至少於統治者而言，確實如此。貨幣供應不足並不是導致自然經濟發生的主要原因，而是人們把原可作貨幣的銅材用於其他用途，唯一合理的解釋是，東漢以來，社會對鑄像功用排列序數高於鑄幣，才會出現寧可以銅鑄像，也不用此作貨幣的現象。

當時，人們對鑄造佛像的興趣，似乎比起鑄造銅錢為高。換句話說，銅像的功用，比起作為銅錢的貨幣為大。由此可見，全氏的分析，只是自然經濟作用的結果，而非原因。要找出原因，必須解釋何以在此時，銅錢的功用大幅下降。

三、貨幣思想的倒退

宋敘五對全氏的學說作出重要的補充，他提出貨幣思想倒退，是產生中古自然經濟的另一關鍵因素，[14] 可是仍未能解釋何以反貨幣思想會得到重視。自古以來，都有不少反貨幣言論，但思想能否成為主流，則受一般人的生活經驗所左右。本文認為，東漢以來，社會經濟屢受干預主義等因素的破壞，反貨幣思想才會愈來愈盛行，使貨幣的重要性日漸減退。本文補充宋氏的見解，並把反貨幣思想分為以下幾個階段。

第一階段，代表人物是西漢建國二十五年的賈誼（前二〇〇－前一六八）。他活躍於公元前一七五年，[15] 這時漢文帝反對民間、諸侯鑄幣，並認為商業發展會令農民脫離農業，導致糧食不足，影響社會穩定。所以，他主張把鑄幣權收回國有，並且限制開採銅礦，實行國家統制經濟模式。然而，賈誼的主張與當時人們的生活經驗相左，貨幣非國家化不但沒有破壞農業的基礎，還因貨幣的數量、質量、流通量的提升而推動經濟的發展，使政府在大幅減稅的條件下，也可維持

充足的財政儲備。故此,他的意見並沒有得到重視。漢初,社會經歷了反秦、楚漢戰爭,人口銳減,物資匱乏,一窮二白。漢興以後,面對戰後復原的難題,政府奉行了黃老思想的放任主義,容許商業的發展。待商人階級興起,再由他們負責投資,以及透過消費來刺激經濟,[16] 此時貨幣的功用值很高,市場對貨幣的需求極大。[17] 因此,文景二帝有能力不斷減少農業稅,從十五稅一,到三十稅一,甚至有十二年全免,[18] 民間也因此得以作資本累積。此時,貨幣的功用極大,國家的收入、開支,銅錢都充當了主要的交易媒介,財富上升,社會對貨幣的觀感尚佳,故賈氏的意見並未有獲得皇帝的信納,也沒有在社會上引起很大的反響,而賈誼的意見,明顯地違反了已進入貨幣經濟社會的事實,也忽略了社會對貨幣有極高的需求,但賈誼並非完全否定貨幣,而是否定貨幣非國家化而已。

第二階段的代表人物,在賈誼身故後的二十多年出現。漢政府於公元前一四四年廢止了奉行三十一年的積極不干預政策,把商人和平民的鑄幣權收歸國有,地方王國則仍保有此權力。《漢書‧食貨志上》云:

> 夫寒之於衣,不待輕煖;飢之於食,不待甘旨;飢寒至身,不顧廉恥。人情,一日不再食則飢,終歲不製衣則寒。夫腹飢不得食,膚寒不得衣,雖慈母不能保其子,君安能以有其民哉!明主知其然也,故務民於農桑,薄賦斂,廣畜積,以實倉廩,備水旱,故民可得而有也。民者,在上所以牧之,趨利如水走下,四方亡擇也。夫珠玉金銀,飢不可食,寒不可衣,然而眾貴之者,以上用之故也。其為物輕微易臧,在於把握,可以周海內而亡飢寒之患。此令臣輕背其主,而民易去其鄉,盜賊有所勸,亡逃者得輕資也。粟米布帛生於地,長於時,聚於力,非可一日成也;數石之重,中人弗勝,不為姦邪所利,一日弗得而飢寒至。是故明君貴五穀而賤金玉。[19]

當時,漢景帝(前一八八-前一四一)的大臣晁錯(前二〇〇-前一五四),提出了貨幣流通會令大臣輕背其主、民易去其鄉,他從維護中央政府穩定的角度出發,把貨幣為人們帶來自由的好處,視之為弊端。按他的思路,貨幣經濟使人民不用固守土地,而會四處周遊行商,當人口大量流動而脫離政府監管,對執政者來說,是一項不穩定的因素。事實上,他是知道物物交換的交易費用會十分高昂,不利於商品流通。[20] 相反,貨幣流通則會促進遠距離交換,省去不少麻煩。晁錯主張廢除銅錢,建議改以穀、帛為貨幣,並指出穀、帛有實際的使用價值,至少可以用來充飢、禦寒,而銅錢只有交換價值,而沒有使用價值,

這位士大夫早在二千多年前，已經掌握了近似於古典學派的商品價值理論，能夠區分商品的使用價值與交換價值。晁錯雖然在本質上反對貨幣經濟，卻能指出貨幣的功能，只不過將它看成壞處而已，這是典型的法家思想，視穩定壓倒一切，把國家安全置於人民生計之上。

由於漢文帝時代（前二〇三－前一五七）放任的貨幣政策，促成了商品經濟繁榮，晁錯的時代也在受惠，而他的建議會使經濟發展倒退，最初沒有得到任何共鳴。後來，景帝的生活經驗影響到他的決定，景帝觀察到貨幣非國家化，雖能令社會經濟發展，但同時擴大了中央與地方的實力差異，並認為這是吳楚七國之亂的主因。此時，國家財政對貨幣的需求極大，要廢止行之有效的非國家化貨幣政策的成本巨大，但皇帝考慮到放任政策會地方勢力坐大，危害中央集權的穩定，故景帝不得不部分地接納晁錯的意見，把民間鑄幣的權力收回，反貨幣思想結合了政治的需要，開始威脅到放任的貨幣經濟制度。

後來，漢武帝（前一五七－前八七）即位，因父親景帝長期受到地方勢力的威脅，同時，國家也長期受到北方匈奴的威脅。所以，他立志要削弱諸侯王的力量，實行中央集權，對付北方的匈奴。不過，他也沒有完全採用晁錯的建議。徹底廢除貨幣，或可削弱地方的勢力，但一旦徹底廢除貨幣，一來會令百業蕭條，影響民生，機會成本高昂，同時也會減少國家收入，最終會加重農民的負擔，必然要付出沉重的代價。《史記‧平準書》：「至今上即位數歲，漢興七十餘年之間，國家無事，非遇水旱之災，民則人給家足，都鄙廩庾皆滿，而府庫餘貨財。京師之錢累巨萬，貫朽而不可校。太倉之粟陳陳相因，充溢露積於外，至腐敗不可食。……故人人自愛而重犯法，先行義而後絀恥辱焉。」[21]

《鹽鐵論校注‧禁耕第五》又云：

山海者，財用之寶路也。鐵器者，農夫之死士也。死士用，則仇讎滅，仇讎滅，則田野闢，田野闢而五穀熟。寶路開，則百姓贍而民用給，民用給則國富。國富而教之以禮，則行道有讓，而工商不相豫，人懷敦樸以相接，而莫相利。[22]

由此可見，漢武帝受惠於漢興七十年來的經濟增長，國庫的糧食充實得不夠儲存的空間，當然不會遵照他父親死前的命令，反而採用賈誼的主張，把貨幣主權收歸中央，又推行了鹽鐵專賣政策，並立法封鎖了文帝時已開放的山林池澤，下令民間不得在山林隨意開發。至此，正式放棄了文帝時代的放任政策，社會轉

入由國家壟斷的貨幣時代。

《史記・平準書》載:「從建元以來,用少,縣官往往即多銅山而鑄錢,民亦閒盜鑄錢,不可勝數。錢益多而輕,物益少而貴。」[23] 本文認為,由於官員對尋找銅礦的動機,遠少於商人或地方王國,加上失去競爭力的條件下,鑄造技術也難以有長足的進步,而官吏偷工減料以增加收入的成本,遠低於為國家開採更多銅礦,效益也更大,故對於增加供應的效率造成打擊。更重要是,政府收回鑄幣權後,使私鑄盛行。此時的私鑄已屬非法活動,不似漢文帝時代的非國家化貨幣,有合理的產權安排,機會主義者考慮的是單次博弈,在此制度安排下,私鑄銅錢的品質惡劣,造成市場交易混亂,衝擊貨幣制度。漢武帝此舉,終使原來因競爭而提升質素的銅錢不再輝煌,劣幣充斥市場,造成混亂。從江陵鳳凰山出土了一〇一枚銅錢,引證了上述推論。[24] 加上,從其他出土銅錢來看,漢文帝時不論是私鑄或官鑄的銅錢,品質皆合乎四銖錢的法定標準,皆屬於良幣。陳彥良綜合貨幣的標準重量、平均實重、重量符合率、平均含銅率,得出放任鑄幣的四銖錢的綜合品質指數,竟然達到二〇五,而秦則為一〇〇,武帝為一八四,昭帝以後為一七四,可見放鑄時代四銖錢的指數遠高於秦、西漢兩百年間其他所有貨幣,比之漢武帝時代國家的鑄錢指數高出二〇至三五,約百分之十。

假設 I 秦為 100,I 文帝為 205,I 武帝為 184,I 昭帝為 174,則 I 文帝 /I 秦 = 205/100 = 2.05,I 武帝 /I 秦 = 184/100 = 1.84,I 昭帝 /I 秦 = 174/100 = 1.74。

假設秦的指數為 x,文帝四銖錢指數為 y,武帝指數為 z,昭帝及其以後指數為 w,則可以表示為:

x = 100

y = 205

z = 184

w = 174

相對於秦的指數,文帝四銖錢指數的比例為:

(y - x) / x * 100% = (205 - 100) / 100 * 100% = 105%

相對於秦的指數,武帝指數的比例為:

(z - x) / x * 100% = (184 - 100) / 100 * 100% = 84%

相對於秦的指數，昭帝及其以後指數的比例為：

（w - x）／x * 100% =（174 - 100）／100 * 100% = 74%

由此可見，在國家回收鑄幣權的情況下，銅錢的品質不斷下降，同時亦一直在貶值。反而，放鑄時代的四銖錢，是較貼近法定標準的二點六〇四公克，貨真價實得多。[25] 本文認為此正應驗了古典經濟學之父亞當‧斯密（Adam Smith, 1723-1790）的分析，他指出世界各國的君主，都是貪婪不公的，他們都在欺騙百姓，把貨幣最初的真實分量，次第削減。[26] 這是國家壟斷貨幣後，無法避免的結局。政府因政治需要而破壞了原來放任的貨幣制度，之後政府享受了壟斷貨幣（還有其他資源）的財政便利，利用減值來增加國家收入，這雖然有利於國家增加開支，但民眾手上的貨幣不斷貶值，打擊了社會對貨幣的觀感，對貨幣經濟制度造成了一定的打擊，貨幣的功用因此下降。

《史記‧貨殖列傳》說：

卜式相齊，而楊可告緡徧天下，中家以上大抵皆遇告。杜周治之，獄少反者。乃分遣御史廷尉正監分曹往，即治郡國緡錢，得民財物以億計，奴婢以千萬數，田大縣數百頃，小縣百餘頃，宅亦如之。於是商賈中家以上大率破，民偷甘食好衣，不事畜藏之產業，而縣官有鹽鐵緡錢之故，用益饒矣。[27]

在漢武帝治下，長期實施打擊商人政策，假藉法律來沒收他們的財產，使商業蕭條，貨幣制度混亂，經濟也奄奄一息。此時，貨幣經濟退潮，也再沒有人提出反貨幣思想。[28] 直到漢元帝（前七五－前三三）時期，經過長時間的休養生息，商業漸漸恢復過來，雖然遠遠比不上文景盛世，後世史書也只是對這時代商人事跡，僅有聊聊數句的記載，比起漢初動輒數百字的描述，實不可同日而語，但總比武帝時，中產階層以上大多破產的環境為佳。由於利潤最高的鹽、鐵、山林等行業（史書記載百分之八十以上的富豪皆是這些行業）已被收歸國有，[29] 加上進入長期貨幣貶值的時代，藏有貨幣，也意味其購買力將持續下降，故促使已有一定的資本累積者，包括商人、官員，只能轉移投資土地（或農業、畜牧業），造成了前所未有的土地兼併。[30] 漢代初年的土地兼併，多是由官員所為，最有名的要數開國功臣蕭何，商人的比例究竟不多。此時，商人也大舉購買土地，成為地方的豪強。由此可見，貨幣對於時人的功用，漸漸不如土地，一升一降，導致反貨幣思想再一次回潮。

247

第三階段的代表人物，是漢成帝（前五一—前七）時御史大夫（副相）貢禹（前一二四—前四四），《漢書·食貨志下》云：

宣、元、成、哀、平五世，亡所變改。元帝時嘗罷鹽鐵官，三年而復之。貢禹言：「鑄錢采銅，一歲十萬人不耕，民坐盜鑄陷刑者多。富人臧錢滿室，猶無厭足。民心動搖，棄本逐末，耕者不能半，姦邪不可禁，原起於錢。疾其末者絕其本，宜罷采珠玉金銀鑄錢之官，毋復以為幣，除其販賣租銖之律，租稅祿賜皆以布帛及穀，使百姓壹意農桑。」議者以為交易待錢，布帛不可尺寸分裂。禹議亦寢。[31]

貢禹不同於賈誼、晁錯，位高權重，有相當的影響力。他提出，政府應馬上廢除金、玉、錢等流通貨幣，一切交易改以實物交換。西漢中晚期的社會，已不像開國初年般興旺，尤其是武帝推行了統制經濟以後，許多商品交換皆由政府管制，民間的商品交易量大減，商人以至中產階級的數量也大不如前，官吏藉干預政策中飽私囊，如同鹽鐵會議的文學所言：

文學曰：今釋其所有，責其所無。百姓賤賣貨物，以便上求。間者，郡國或令民作布絮，吏恣留難，與之為市。吏之所入，非獨齊、阿之縑，蜀、漢之布也，亦民間之所為耳。行姦賣平，農民重苦，女工再稅，未見輸之均也。縣官猥發，闔門擅市，則萬物并收。萬物并收，則物騰躍。騰躍，則商賈侔利。自市，則吏容姦。豪吏富商積貨儲物以待其急，輕賈姦吏收賤以取貴，未見準之平也。蓋古之均輸，所以齊勞逸而便貢輸，非以為利而賈萬物也。[32]

同章又曰：

文學對曰：竊聞治人之道，防淫佚之原，廣道德之端，抑末利而開仁義，毋示以利，然後教化可興，而風俗可移也。今郡國有鹽、鐵、酒榷，均輸，與民爭利。散敦厚之樸，成貪鄙之化。是以百姓就本者寡，趨末者眾。夫文繁則質衰，末盛則質虧。末修則民淫，本修則民慤。民慤則財用足，民侈則饑寒生。願罷鹽、鐵、酒榷、均輸，所以進本退末，廣利農業，便也。[33]

一般人再不容易感受到貨幣社會的好處（財富增加、人口流動、改善生活），而此時富人的資金無處可投，故用大量的金錢購買田地，農民淪為佃農，飽受年年加租之苦，甚至賣身為奴婢，造成空前的財富不均。貢禹為首的反貨幣主義者，認為一切都是貨幣經濟的禍，索性提出了廢止貨幣的議案，可見他視貨幣為萬惡

之源。他們不明白的是商業被壟斷的條件下，投資回報率低，而把貨幣投進土地買賣，並非貨幣本質上之弊，反而是抑商主義所產生的負面影響，此時貨幣的功用受到了極端貧富懸殊與社會不公的影響，下跌至歷史新低。

貢禹的反貨幣主張，受到朝廷最高規格的重視，被提到朝廷上進行廷議。廷議就是一場諮詢大會，由主事官員公開討論，皇帝不表明立場，聽取大臣的意見。[34] 貢禹的反對者，難得地觀察到貨幣的特性，並指出穀、帛不像銅錢般可以隨意分割，找換上頗有困難。如此，則會加重買賣雙方的交易費用，賣買之時，也受到重量的限制，因為實物必然要按重量或容量計算，攜帶不便，不利於遠程交易，故受到多數人的反對，最終也沒有成事。若使社會馬上回復到物物交易的自然經濟，商業必定會受到史無前例的打擊，造成災難性的結果。可是，不久之後，貢禹的建議卻為王莽（前四五－公元二三）新朝（八－二三）推行金錢、實物的貨幣雙軌制，留下了重要的理論基礎。

第四階段，此期不再局限於思想的提出，而是把反貨幣思想首次實踐出來。

一直以來，王莽被批評為不顧實際的空想主義者。他把土地兼併視為萬惡之首，而要解決財富不均，就得增加市場的成本，使交易難以進行，令商人無利可圖，藉此解決貧富差異。他認為如此，則可以使社會安定下來。他取代了漢朝的皇帝，建立只有十五年的短命王朝。在此時期，他把古代各種形式（包括實物、金屬）的交易媒介都恢復起來，完全無視了中國經過了一千多年才能把它們淘汰並最終演化銅錢的現實。結果如何？甫一開始，人民都在抵制它們，市場也拒不受用，王莽三申五令強迫人們使用，更奇招百出，一方面把使用舊時的五銖錢列為刑事行為，又把新錢定為通行關口的證件，凡是持有新錢的才可以通關，而藏舊錢者，則遭到拘禁。[35]

本文注意到王莽推行了多種貨幣，而它們都是官方的法定貨幣，都有強制性的法定比價，那麼就會引致「劣幣驅逐良幣」（Bad money drives good money out of circulation）的現象，一開始人們都不願把良好的貨幣拿出來交易，因為它有升值的功能，而實物貨幣不易保存，人們都盡快把手上的劣幣花光，但商人明知劣幣會持續貶值，故此他們會升高物價，最後造成惡性的物價上漲。使原來單一且不振的商業更加低迷。又因貨幣制度混亂，也令農民的作物無法賣出，最後造成民變。後來，王莽政府的威權不再，更無法執行命令，市場也重新使用舊時的五銖錢，良幣又佔了上風，形成了反格雷欣法則，[36] 使王莽政府發行的劣幣被排擠

出市場，制度如此翻來覆去，人民對貨幣的信心也每況愈下。簡言之，反貨幣思想一旦形成政策，在全國上下造成了災難。《漢書·食貨志下》：「於是農商失業，食貨俱廢，民人至涕泣於市道。及坐賣買田宅奴婢，鑄錢，自諸侯卿大夫至于庶民，抵罪者不可勝數。」[37] 王莽極端的反貨幣政策，不但不能保護農業，更使農商失業，增加了農民賣出作物的交易費用，生產力亦自然下降，最後食貨俱廢，民眾受貨幣政策混亂之害，對貨幣的觀感再度下降，使貨幣的功用更是大不如前。

> **▪ 劣幣驅逐良幣**
>
> 所謂劣幣驅逐良幣，又名格雷欣法則（Gresham's Law），是四百年前，由英國學者提出的經濟學理論。傳說古時在金屬貨幣年代，市場上有兩種不同質素，但名義價值相同的貨幣同時流通，一般人見到質素較優的銅幣，印製精美，印在幣上的頭像完好無缺，人們一旦手持良幣，覺得奇貨可居，有收藏價值，便把良幣好好保管，漸漸市場上不易見到良幣流通，而質素較差的劣幣，反成了廣泛使用的交易媒介，最後把良幣驅逐出市場。經濟學家麥克勞德（MacLeod）在其《政治經濟學基礎》一書中，把這種「劣幣驅逐良幣」（bad money drives good money out of circulation）歸納為貨幣定律，是為近代以來的經濟學常識。Robert Mundell, "Uses and Abuses of Gresham's Law in the History of Money," Zagreb Journal of Economics, 2, no. 2（1998），pp. 3-38。

到了東漢王朝建立，社會普遍未有感受到貨幣經濟的好處。相反，他們的生活經驗卻令他們對貨幣制度更加厭惡，在時人的心目中，貨幣帶來的都是不良的影響。故此，東漢建立後良久，民間交易乃以西漢的古錢作為通貨，再加上布、帛、金、粟並用，[38] 以作補充。值得慶幸的是，西漢前期留下為數不少且重量合理的銅錢，足夠作有限度的交易。直至漢光武帝建武十六年（四〇），經大臣力排眾議，說服了原覺得發行銅錢為可有可無的皇帝，重新鑄造五銖錢。[39] 不過，隨著人口由東漢建政時的二千萬人增長至最高時期的六千餘萬，[40] 銅材的供應跟不上需求。從考古的資料可見，自五銖錢發行以來，政府一直把錢幣減重，不斷脫離其法定的名義價值，即是名義重量不變，但實際重量不斷減少（見下表）。

漢代五銖重量報告

時代	重量 （名義重量：應為 3.255 公克）	重量變化率 (%)
西漢武帝	3.5 克	+7.53%
西漢中晚期	3.5 克	+7.53%
東漢前中期	3.0 克	-7.83%
東漢晚期桓靈二帝	2.4 克	-26.27%

資料來源：參考洛陽區考古發掘隊：《洛陽燒溝漢墓》（北京：科學出版社，1959），頁216-221。陳彥良（2009）綜合了大量的考古報告，結果類同。

平均重量變化速率：

我們先計算 平均每年貨幣重量變化率：

1. 西漢武帝 → 西漢中晚期（約 70 年）

$$\Delta W_1 = \frac{3.5 - 3.5}{70} = 0 \quad \text{（穩定）}$$

2. 西漢中晚期 → 東漢前中期（約 125 年）

$$\Delta W_2 = \frac{3.0 - 3.5}{125} = -0.004 \quad \text{（每年減少 0.004 克）}$$

3. 東漢前中期 → 東漢晚期（約 60 年）

$$\Delta W_3 = \frac{2.4 - 3.0}{60} = -0.01 \quad \text{（每年減少 0.01 克）}$$

從這裡我們可以看出：

一、西漢時期（貨幣穩定，三點五克）

- 西漢武帝至中晚期，國家經濟繁榮，貨幣制度穩定，沒有明顯的通貨膨脹。
- 貨幣重量保持高於名義標準，顯示政府對貨幣的嚴格管理，市場對政府鑄幣的信任度高。

二、東漢前中期（貨幣減少至三克）

- 東漢建立後，政府財政逐漸緊張，開始減少貨幣重量以補充財政需求。
- 然而，由於減重幅度小，市場仍能接受。

三、東漢晚期（貨幣嚴重貶值至二點四克）

- 桓靈二帝時期（一四六—一八九年），政治腐敗，中央政府財政吃緊，政府透過降低貨幣成色來應對開支問題。
- 貨幣嚴重貶值，流通中的錢幣失去信用，導致市場交易困難，經濟更加不穩定。

這與東漢末年的通貨膨脹、軍閥割據、社會動盪等問題密切相關。

由上觀之，久而久之，形成長期的信用下降，市場視新鑄的銅錢為劣幣，舊錢反而是良幣。除了王莽的新朝外，漢代對於新舊錢，不存在強制性的法定比價，即使在王莽政權將近滅亡之時，政府為應付高昂的監察費用（monitoring cost），使得舊錢也成了主要的交易工具，在競爭下，良幣一直佔有極大的優勢。良幣與劣幣的競爭，一直籠罩著漢王朝的社會經濟。不但如此，東漢以來，以及往後的政權，鮮有鑄造新錢，所鑄者也是減重的劣幣，故此，厚古錢而薄今錢，是中古時期的常態。如此混亂的貨幣制度，使得人們對貨幣的觀感以至其功用，也因而進一步轉差。

第五階段的代表人物，是東漢晚期的張林（生卒不詳）與劉陶（生卒不詳）兩位官員。《晉書・食貨志》：「及章帝時，穀帛價貴，縣官經用不足，朝廷憂之。尚書張林言：『今非但穀貴也，百物皆貴，此錢賤故爾。宜令天下悉以布帛為租，市買皆用之，封錢勿出，如此則錢少物賤矣。又，鹽者食之急也，縣官可自賣鹽，武帝時施行之，名曰均輸。』」[41] 從上所見，漢章帝時，面對自然災害導致穀價上漲的困局，尚書張林卻指出物價上升是因錢賤之故。他認為貨幣貶值是元兇，而解決的辦法是封錢，就是停止鑄錢，放棄金屬貨幣制度，改以布、帛為實物貨幣的物物交易制度。[42] 他的建議，實屬因噎廢食。但此建議竟然獲得章帝的採納，可見在他們君臣二人眼中，貨幣的功用比不上布、帛之類的實物，這可視為自然經濟時代的重要標誌，也是一直以來政府對貨幣制度的破壞，令金屬貨幣的功用下降，不如實物交易，這也是造成反貨幣思想抬頭的原因。《後漢書・朱樂何列傳》云：

於是詔諸尚書通議。暉奏據林言不可施行，事遂寢。後陳事者復重述林前議，以為於國誠便，帝然之，有詔施行。暉復獨奏曰：「王制，天子不言有無，諸侯不言多少，祿食之家不與百姓爭利。今均輸之法與賈販無異，鹽利歸官，則下人窮怨，布帛為租，則吏多姦盜，誠非明主所當宜行。」帝卒以林等言為然，得暉重議，因發怒，切責諸尚書。暉等皆自繫獄。三日，詔敕出之。曰：「國家樂聞

駮議，黃髮無怨，詔書過耳，何故自繫？」暉因稱病篤，不肯復署議。[43]

　　漢章帝素有明君之稱，與其前任明帝，有明章之治之美譽，當然此評論是建基於農本思想的觀念之上。從經濟史的角度，萬一真的封錢不用，不但嚴重打擊商業，還會增加農民賣出作物的費用，嚴重破壞價格機制。銅錢的價值可從重量、含銅量來衡量，無端改為布、帛作通貨，市場必需要很長一段時間，才能減低資訊費用，始能訂立有效的價格制度。在此之前，市場必然大亂。幸而有大臣極力陳情，加上難以落實，終於不了了之。

　　張林之後，又有劉陶。東漢晚期桓帝（一三二—一六八）時，有大臣上奏，指物價上升是銅錢減重而引起貶值造成的，並提出增加通貨，發行大錢（面值高於名義價值）來挽救。劉陶馬上反駁，認為即使有良好的貨幣，對於物價上漲，也無補於事（「雖方尺之，何能有救」），並非黑即白地指出物價高漲，是因官吏腐敗，地方豪強的壓迫所致，而不是貨幣問題。《後漢書・杜欒劉李劉謝列傳》載：

　　時有上書言人以貨輕錢薄，故致貧困，宜改鑄大錢……陶上議曰：……臣伏讀鑄錢之詔，平輕重之議，訪覃幽微，不遺窮賤，是以蓋食之人，謬延逮及。蓋以為當今之憂，不在於貨，在乎民飢。夫生養之道，先食後（民）（貨）。……所急朝夕之餐，所患靡鹽之事，豈謂錢貨之厚薄，銖兩之輕重哉？就使當今沙礫化為南金，瓦石變為和玉，使百姓渴無所飲，飢無所食，雖皇羲之純德，唐虞之文明，猶不能以保蕭牆之內也。蓋民可百年無貨，不可一朝有飢，故食為至急也。議者不達農殖之本，多言鑄冶之便，或欲因緣行詐，以賈國利。國利將盡，取者爭競，造鑄之端於是乎生。蓋萬人鑄之，一人奪之，猶不能給；況今一人鑄之，則萬人奪之乎？……雖方尺之錢，何能有救！其危猶舉函牛之鼎，絓纖枯之末，詩人所以眷然顧之，潸焉出涕者也。[44]

　　劉陶更認為，即使沒有貨幣，對社會也沒有任何影響，關鍵在於糧食充足即可。其思維反映他是典型的農本主義者，認為百姓自給自足即可，既有豐富的農業，就用不著商業的發展，漠視商品交換是改善人類生活的關連。邏輯上，也是答非所問。荒謬的是，他主張政府應放寬禁止磨蝕銅錢的禁令。銅，除了充當貨幣外，尚有其他用途，不少人偷偷磨蝕銅屑，再混水摸魚地使用減重的銅錢；或以銅屑來私鑄，此舉無疑令銅錢持續貶值。[45] 劉陶的建議，其實是對磨蝕行為坐視不理。更不幸的是，劉陶的建議為漢桓帝所接納。此後，不論是政府，或是民間，

都無所不用其極地把貨幣減值，而市場也惡化到一發收拾的地步，最終爆發了大規模的民變。

由是觀之，漢末的君臣，不斷把貨幣矮化、妖魔化，更肆意破壞貨幣制度，並要將之廢除。他們的主張，是受到西漢中期以來，政府收回鑄幣權後，貨幣失去市場競爭力而劣質化影響的結果，人們根據生活經驗，難以感受到貨幣的好處，而只看到它的壞處。貨幣的功用下跌至新低點，人們便以為以自然經濟取而代之，即可解決問題。反貨幣思想漸由西漢時代的末流，成為東漢後期的主流。

再稍晚，即在漢代最後的階段，烽煙四起，天下大亂，以殘暴而聞名的軍閥董卓（一三四――一九二）入主京都後，竟然拆掉有三百年多年歷史的文物，並以此來鑄造銅錢。在他心目中，鑄銅的功用，遠遠大於保留自秦始皇留下的金人和皇宮內器物。[46]《後漢書・孝獻帝紀》：「董卓壞五銖錢，更鑄小錢」；[47]「悉椎破銅人、鐘虡，及壞五銖錢。更鑄為小錢，大五分，無文章，肉好無輪郭，不磨鑢。于是貨輕而物貴，穀一斛至數十萬。自是後錢貨不行。」[48] 作為機會主義者，董卓所發行的，並非法定的五銖錢，而是小錢，即是錢的重量，比起法定的五銖錢大大縮減，但其名義價值仍然相同，更一反中國幣貨的傳統（與西方在貨幣上印製頭像有別），錢上沒有刻上任何的文字，形制粗劣，含銅量嚴重不足，此造成貨幣嚴重貶值，對本已奄奄一息的貨幣制度，予以致命一擊，令社會對貨幣的功用需求再度下降。

後來，漢末軍閥劉備（一六一――二二三）在今天的四川地區，發行了大錢，強制百姓以物資與政府交換實質價值低於名義價值的銅錢，以應付軍費，實與搶掠百姓無異。[49] 除強制沒收物資以外，因新錢的重量減少，就可用原來的重量，發行更多的貨幣，並借此支付政府開支，還有可能使貨幣流通增加，而提升潛在稅收（bracket creep）。史書記載，當劉備推行了新貨幣政策後，數月之內使倉庫充實。[50] 不久之後，孫氏在江東建立吳國，也效法了這個舉措，屢次發行大錢。[51] 所謂大錢，原理為小錢的相反，銅錢的實際重量沒有減值，而是把名義價值增加，但本質上二者並無分別，同樣是欺騙人民的手段。另一方面，曹操（一五五―二二〇）以漢臣之名義，收拾董卓鑄小錢的殘局，於建安十三年（二〇八）一度恢復五銖錢，但流通面不廣，時間也很短，而且邊陲地區仍以實物交換為主。日本學者西鳩定生考證，五銖錢於黃初三年（二二一年）廢止。[52] 及後，曹操之子，魏文帝曹丕（一八七―二二六）在恢復貨幣後不久，又下令廢五銖錢。[53] 總而言

之，經歷了漢末、三國時代對社會經濟的踐踏，貨幣制度飽受衝擊，自此，穀、帛等實物排擠了金屬貨幣，長時間成為主要的交易媒介。

此後，政權信用已經破產，在許多人心目中，貨幣的功用已比不上實物，自然經濟在社會上佔了絕對的優勢。

四、貨幣主義者的反擊

隨著政府對貨幣制度的破壞，反貨幣思想也愈演愈烈。但同時，也有貨幣主義者提出有力的反駁。先是漢宣帝（前九一—前四八）的鹽鐵會議上，民間的知識分子大力批評政府壟斷貨幣發行，並指出漢文帝時代，貨幣非國家化的種種好處，他們也主張鹽、鐵、錢的放任主義，建議取消專賣，恢復民可鑄錢的政策，在會議上與官方的代表針鋒相對，掌管財政最高官員桑弘羊，從國家安全的角度將之否定，更認為這會威脅中央的權威，並指出干預主義才能保障政府的收入，應付龐大的政府開支。[54] 這兩大學說，干預主義一直佔據上風，直到帝國晚期，即十九世紀的前期，社會又進行一次大辯論，面對白銀因為鴉片貿易而大量外流，造成銀貴錢賤，放任主義又再一次回潮，與干預主義爭論不休，其援引的理據，多是汲取漢代的經驗。換句話說，漢代政治經濟學說的遺產，影響到二千年後中國的歷史。

當反貨幣主義者張林提出封錢（停止鑄錢）改用穀、帛的建議時，大臣朱暉馬上有異議，由於章帝為增加收入，已採用張林之建議，恢復了鹽鐵專賣政策，這打擊了商人的生存空間。[55]《後漢書・朱樂何列傳》載：「（朱）暉復獨奏曰：『王制，天子不言有無，諸侯不言多少，祿食之家不與百姓爭利。今均輸之法與賈販無異，鹽利歸官，則下人窮怨，布帛為租，則吏多姦盜，誠非明主所當宜行。』」[56] 及後，朱暉指出官吏不應該與民爭利，而專賣制度，均輸之法也是與民間競爭，變相製造貧窮，而以實物作為納稅單位，更會容易作假，使官吏易於尋租（rent-seeking）。又，實物不同於金屬貨幣，因其量多而價少，也難於計算，使不法者有機可乘，不利於民生國計。從朱暉之言，可見放任主義者，並未因干預主義盛行而退場，他的建議其實是要恢復漢文帝的不干預政策。[57] 然而，漢章帝對此無動於衷，更打算執行封錢令，但朱暉以死陳情，政令才得以暫緩。《宋書・孔琳之　孫道存》載：

（桓）玄時議欲廢錢用穀、帛，（孔）琳之議曰：洪範八政，以貨次食，豈

不以交易之所資，為用之至要者乎⋯⋯故聖王制無用之貨，以通有用之財，既無毀敗之費，又省難運之苦，此錢所以嗣功龜貝，歷代不廢者也。穀帛為寶，本充衣食，今分以為貨，則致損甚多，又勞煩於商販之手，耗棄於割截之用，此之為弊，著於自囊。故鍾繇曰：「巧偽之人，競濕穀以要利，制薄絹以充資。」魏世制以嚴刑，弗能禁也。是以司馬芝以為「用錢非徒豐國，亦所以省刑」⋯⋯今既用而廢之，則百姓頓亡其利⋯⋯是有錢無糧之人，皆坐而飢困，此斷之之弊也⋯⋯魏明帝時，錢廢穀用四十年矣，以不便於人，乃舉朝大議，精才達政之士，莫不以為宜復用錢⋯⋯彼尚舍穀、帛而用錢，足以明穀、帛之弊著於已試也。[58]

漢末之後，進入了魏、蜀、吳三國鼎立時代。先是荀悅提出了恢復五銖錢的建議，曹操一度恢復貨幣發行，但不能維持。魏明帝（二〇六－二三九）時，中國的北部貨幣混亂已有四十年，魏文帝廢除五銖錢亦有六年。太和元年（二二七），大臣司馬芝指出用穀、帛為貨幣，比之銅錢更易弄虛作假，當時實物貨幣流通，不法之徒灌水以增加重量（或容量），[59] 使市場更為混亂，導致刑法系統的交易費用大增。不然，就要對違法行為視而不見，但又會破壞政府的威權，削弱施政能力，故他建議恢復行使五銖錢。值得注意的是，他並非倡議鑄新錢，而是行錢，由是推之，魏文帝時是禁絕五銖錢流通。鑄造新錢，一可增加國家收入，二可減省刑法的壓力，一舉兩得。之後的南北朝，朝廷一直圍繞著以穀、帛代錢，抑或復興五銖錢而喋喋不休，直到五百多年後的唐代，穀、帛仍是法定的貨幣，其路徑便是來自於漢代的反貨幣思潮。

五、結論

本文認為，政府肆意破壞、經濟思想倒退這兩大因素，是驅使中古時期前夕，貨幣經濟衰落，自然經濟冒起的主要原因，也導致貨幣的功用大大下降，而貨幣思想的倒退，當然是與生活經驗息息相關，二者互為因果，造成了如斯格局。

一些學者不明所以，將物價上漲等同於通貨膨脹。[60] 從本文可知，自東漢晚期以來，貨幣數量與流通量大大減少，物價上漲不是因為貨幣增加，而是貨幣制度混亂，使交易費用上升之故，當然還涉及到天災、戰亂導致的有效需求下降；更重要的是，當時的貨幣一直減重（等同貶值），劣幣充斥下所引發的物價上漲，並非一般意義下因貨幣量增加的通貨膨脹。[61] 根據本文的分析，自東漢晚期以來，發生了長期的通貨緊縮，雖然有些記載中可見，從實物對銅錢的比價中看不到跌勢，反而有升勢，只是因為除了金屬貨幣，當時流行以實物貨幣交易之故。貨幣

最大的用處，是用以減低交易費用，偏偏漢末三國時期的貨幣量持續下跌，[62] 造成交易困難，而通縮增加了市場的交易費用，漸漸商人與商業活動減少，消費也日趨減少，人們惟有轉入自給自足的生活模式，中古自然經濟也就在此軌道下得到鞏固。

　　本文最大的特色是以功用理論修正了全漢昇對於中古自然經濟成因的觀點。全氏把鑄造銅像視為使鑄造貨幣的銅材不足之說，也即是過去學者多認為導致中古自然經濟的原因，本文認為必須全面修正。我們考察了兩漢貨幣思想史的發展，得知西漢初年的賈誼提出了干預主義的貨幣主張；稍後的晁錯更提出反貨幣思想，但因受惠於放任貨幣政策而激勵了鑄造商的投入，令貨幣的質量與數量大幅增加，並使西漢從戰後亂局走進了貨幣經濟社會，故此賈誼、晁錯的學說沒有在漢文帝時代受到重視。然而，景帝時卻因為放任貨幣政策而令到地方勢力興起，中央受到地方的軍事威脅，在皇帝的眼裡，政治的穩定比起經濟繁榮更為重要，景帝及武帝不斷收回貨幣的權力，干預主義逐漸取代放任主義成為了兩漢的路徑。

　　同時，本文觀察到漢武帝壟斷了貨幣權以後，銅錢的質量不斷下降的事實，加上發行量不足以應付需求的增長，更重要是政府享受到壟斷式的干預主義有利於增加收入，以應付財政開支，此引證了亞當·斯密、佛利民等人的理論，就是視貨幣貶值作為達到政治目的手段。在此前提下，民眾手持貨幣的價值不斷下降，久而久之，影響了社會對貨幣經濟的印象，貨幣的功用再度下降。藉此前提，可合理地解釋西漢晚年以來反貨幣思潮興起的原因，當王莽強行恢復實物交易的法定地位，貨幣經濟更受到空前的打擊。

　　本文指出，東漢建立後實物與金屬貨幣同時成為政府的支付手段，以及民眾的交易媒介，此時進入了自然經濟與貨幣經濟雙軌並行的時代，金屬貨幣相當大部分的功能被實物取代了。隨著政治秩序的恢復，貨幣經濟與商品交易也一度復興，但東漢莊園經濟也同時興起，形成了較為內向的經濟模式，此與西漢初年貨幣經濟發達的盛況已不可同日而語。經歷了長時間的打擊，在許多東漢士民的心目中，金屬貨幣已變得可有可無，不及更有使用價值的實物貨幣，銅錢的功用愈來愈不受重視，廢除金屬貨幣的聲音，在東漢朝廷上揮之不去，直至覆滅前軍閥董卓的亂政，重創了原來已經奄奄一息的貨幣經濟制度。雖然貨幣主義者並未有完全放棄，金屬貨幣也不曾徹底消失於歷史舞台，但自然經濟在中古時代佔據了上風，主導了三國以後的歷史發展。

漢末三國以降，佛教興起，全漢昇認為鑄造佛像令到銅材緊缺是導致自然經濟的原因，本文修正了這個說法。銅材用於鑄造佛像而非貨幣的真正原因，是因為銅錢經歷了長期干預與壟斷的貨幣政策，以及軍閥粗暴的掠奪，社會對貨幣的觀感下跌至谷底，貨幣不如宗教在亂世安慰人心的實用，貨幣的功用更不如佛像。總而言之，本文利用功用說，補充了全漢昇先生於七十多年前指漢末以來，人們大規模地鑄造佛像而影響貨幣供給之說。事實上，由於佛教盛行，信眾日多，在意識形態改變的情況下，他們對佛像的需求大幅上升。同時，貨幣制度混亂與反貨幣思想的興起，也左右了人們對貨幣的信心，此消彼長，貨幣的功用便不如佛像，與其說是受到佛教的影響，不如說是貨幣被自然經濟排擠到邊陲位置。簡單說明：

P：貨幣政策長期干預和壟斷
Q：軍閥掠奪導致人們對貨幣的觀感下跌
R：佛像在亂世中成為安慰人心的實用工具
S：佛教信仰盛行，信眾日多，對佛像的需求大幅上升
T：貨幣制度混亂和反貨幣思想的興起導致人們對貨幣的信心下降
U：貨幣的功用不如佛像
V：銅材用於鑄造佛像，而非貨幣

可簡化為：

$(P \wedge Q \wedge R) \wedge (S \wedge T \wedge U) \rightarrow V$

即是說，如果貨幣政策長期干預和壟斷，再加上軍閥掠奪導致人們對貨幣的觀感下跌，且佛像在亂世中成為安慰人心的實用工具，以及佛教信仰盛行、信眾日多，對佛像的需求大幅上升，且貨幣制度混亂和反貨幣思想的興起導致人們對貨幣的信心下降，使得貨幣的功用不如佛像，那麼銅材就會用於鑄造佛像，而非貨幣。此情況要到唐代中葉始能擺脫，治史者實在不能忽視漢代政治經濟種下的後果，使到中國經濟在中古時代走上了內向的道路。

1 梁庚堯：〈歷史未停滯：從中國社會史分期論爭看全漢昇的唐宋經濟史研究〉，《臺大歷史學報》第 35 期（2005），頁 1-53。
2 趙善軒：〈兩漢俸祿制度與中古自然經濟〉，《新亞論叢》第 11 期（2010），頁 71-73。此文指出漢初是以錢為官員的薪酬，實物則為補貼，後錢的數量漸減，東漢時半錢半穀，漢末以穀物為主；三國時，吳國就有奉鮭錢，從吳簡所見，奉鮭錢是對官吏的補貼，比例很少，而穀物才是薪酬的主要成分，足見貨幣經濟的倒退。參見莊小霞：〈走馬樓吳簡所見「奉鮭錢」試解——兼論走馬樓吳簡所反映的孫吳官俸制度〉，《簡帛研究二〇〇八》（桂林：廣西師範大學出版社，2010），頁 268-273。
3 林劍鳴：《新編秦漢史》，下冊（1992 年版；臺北：五南圖書公司，2003），頁 1228。
4 該定律為 MV=PQ。M：貨幣供應（或貨幣需求）；V：貨幣流通速度；P：物價水平；Q：實質產出（或收入）。
5 機會主義行為是指在信息不對稱下，人民不完全如實地披露所有的信息，並作出損人利己的行為。
6 參見陳彥良：〈東漢長期通貨膨脹——兼論「中古自然經濟」的形成〉，《清華學報》第 41 卷第 4 期（2011），頁 669-741。
7 何茲全：〈東晉南朝的錢幣使用與錢幣問題〉，《中央研究院歷史語言研究所集刊》第十四本（1949），頁 21-56；全漢昇：〈中古自然經濟〉，《中央研究院歷史語言研究所集刊》第十本（1941），頁 73-173。
8 陳彥良：〈東漢長期通貨膨脹〉，頁 3。
9 宋敘五：《西漢貨幣史》（1971 年初版；香港：中文大學出版社，2002），頁 36-40。
10 傅築夫：《中國封建社會經濟史》，第二卷（北京：人民出版社，1982），頁 533。
11 張五常：「1789 及 1802 年，英國經濟哲學大師邊沁（J. Bentham, 1748-1832）提出了功用（Utility）的概念，對後人影響甚廣。邊沁的原意是有三方面的。其一是功用代表快樂或享受的指數；其二是每個人都爭取這指數愈高愈好。其三是一個人的收入增加，其收入在邊際上的功用就減少。」參見張五常：《經濟解釋‧卷一》（香港：花千樹出版有限公司，2002），頁 112。
12 全漢昇：〈中古自然經濟〉，頁 12。
13 當代經濟學中功用理論，早已非邊沁的一套，功用是武斷地以數字用來排列選擇的定名，不代表快樂，也不代表滿足感。
14 宋敘五：〈讀全師《中古自然經濟》敬作補充〉，載廖伯源主編：《邦計貨殖——中國經濟的結構與變遷：全漢昇先生百歲誕辰紀念文集》（臺北：萬卷樓圖書股份有限公司，2012），頁 37-72。
15 在朝廷上大力反對漢文帝奉行類似海耶克（Friedrich von Hayek, 1899-1992）所提出的貨幣非國家化（denationalization of money）政策，參見管漢暉、陳博凱：〈貨幣的非國家化：漢代中國的經歷〉，《經濟學季刊》第 14 卷第 4 期（2015），頁 1497-1519。
16 趙善軒：《司馬遷的經濟史與經濟思想》（臺北：萬卷樓圖書股份有限公司，2017），頁 43。
17 政府方面的政策主張，也與近代英國經濟學家凱因斯（John Maynard Keynes, 1883-1946）的主張背道而馳，他們想盡辦法節省開支，包括限制皇宮的用度，而非增加政府的開支，推動有效需求（effective demand），以刺激戰後疲弱的經濟。
18 鄒紀萬：《兩漢土地問題研究》（臺北：國立臺灣大學出版委員會，1981），頁 28。
19 班固：《漢書》（出版資料），〈食貨志上〉，頁 1131-1132。
20 交易成本又譯為交易費用，當中又分為外生交易費用、內生交易費用兩大類。外生交易費用，是指在交易過程中直接或間接，產生且客觀存在的實體費用；內生交易費用，則指任何選擇下所產生的抽象費用，如道德、機會、心理等成本，其只能以概率，以及期望值來度量。本文所指的交易費用為廣義費用，即制度費用（institutional cost）一類。
21 司馬遷：《史記》（臺北：鼎文書局，1981），〈平準書〉，頁 1420。
22 桓寬著，王利器校注：《鹽鐵論校注‧禁耕第五》（北京：中華書局，1992），頁 68。
23 《史記‧平準書》，頁 1426。
24 《廣州日報》，2012 年 1 月 6 日報道：「根據文字可知，此是專用於稱錢的天平，即自名『稱

衡』,稱的錢『曰四朱』,並且是法定的稱錢衡。同出的一枚砝碼重10.75克,約合十六銖,恰為法定四銖半兩錢的四倍,這正是用來稱四銖錢取其正倍數。這枚砝碼與稱錢衡及101枚半兩錢同放在一個竹笥內,據此可以確定,這101枚規整的半兩錢應當是文帝時期合格的法定四銖半兩錢。這樣我們就可以歸納一下法定四銖半兩錢的特徵:首先,鑄造規整,周邊整齊,有相當一部分有外郭。錢徑在2.3－2.4釐米左右,重2.5－2.8克左右。字體方正、清晰,筆劃纖細勻稱,已具備隸書的風格。從字體的結構看,半字的下平畫、兩字的上平畫與其他筆劃等齊;半字的兩點方折;兩字內兩人字上部豎筆較短,連山式普遍出現,有的則變成一平畫。這是四銖法錢的特徵。」

25 陳彥良:〈四銖錢制與西漢文帝的鑄幣改革:以出土錢幣實物實測資料為中心的考察〉,《清華學報》第37卷第2期(2008),頁331;加藤繁據造幣局長第三十七報書的定量分析契合,當時的分析是文帝的四銖錢含銅量為95%,而且尚有少量的金、銀成分,而五銖錢只有90%,全無金、銀在其中。見加藤繁:《中國貨幣史研究》(東京都:東洋文庫,1991),頁192,不過,其根據日本明治時代《造幣局長第三十七報書》的定量分析,當時的分析是文帝的四銖錢含銅量為74.95%,而且尚有少量的金、銀成分,而五銖錢卻有81.90%,全無金、銀在其中,但陳彥良的參考基數比之為高,更為可靠。

26 Adam Smith, The Wealth of Nations (Oxford: Oxford University Press, 1976), p. 43.
27 《史記・貨殖列傳》,頁1435。
28 趙善軒:《司馬遷的經濟史與經濟思想》,頁19-24。
29 錢穆:《秦漢史》(北京:三聯書店,2004),頁167。
30 許倬雲:《漢代農業》(桂林:廣西師範大學出版社,2005),頁33-54。
31 《漢書・食貨志》,頁1176。
32 《鹽鐵論校注・本議第一》,頁5。
33 《鹽鐵論校注・本議第一》,頁5。
34 參見廖伯源:〈秦漢朝廷之論議制度〉,載《秦漢史論叢》(臺北:五南圖書公司,2003),頁200。
35 趙靖主編:《中國經濟思想史》,第2卷(北京:北京大學出版社,2002),頁740。
36 若法律強制要求兩種(良幣、劣幣)法償價值完全相等,並強迫債權人要接受含量或重量不足的貨幣,付款者當然毫不猶豫地付出劣幣。
37 《漢書・食貨志下》,頁4112。
38 西鳩定生:《晉書食貨志譯注》(東京:東洋文庫,2007),頁217。
39 宋敘五:〈讀全師《中古自然經濟》敬作補充〉,頁45;徐承泰:〈建武十六年前東漢貨幣鑄造考〉,《華夏考古》第1期(2000),頁70-71。
40 西漢最高時期為六千萬,後來因戰亂減至東漢初年的三千萬,再恢復到東漢中晚期的六千多萬,見葛劍雄:《中國人口發展史》(福州:福建人民出版社,1991),頁124。
41 房玄齡等:《晉書》(臺北:鼎文書局,1980),〈食貨志〉,頁793。
42 張家驤:《中國貨幣思想史》,上冊(武漢:湖北人民出版社,2001),頁130。
43 范曄:《後漢書》(臺北:鼎文書局,1981年),〈朱樂何列傳〉,頁1460。
44 《後漢書・杜欒劉李劉謝列傳》,頁1847。
45 陳彥良:〈東漢長期通貨膨脹〉,頁26。
46 西鳩定生:《晉書食貨志譯注》,頁61。
47 《後漢書・孝獻帝紀》,頁370。
48 陳壽:《三國志》(臺北:鼎文書局,1980),《魏書・董卓傳》,頁177。
49 貨幣主義大師佛利民(Milton Friedman, 1912-2006;中國大陸譯費里曼德)的分析:「自遠古以來,當權者都試圖用增加貨幣數量的辦法作為進行戰爭所需資源的手段,或是作為建立不朽功績或達到其他目的手段。」費里曼德著,安佳譯:《貨幣的禍害》(北京:商務印書館,2006),頁201-203。
50 《三國志・蜀書》:「零陵先賢傳曰:軍用不足,備甚憂之。巴曰:『易耳,但當鑄直百錢,平諸物賈,令吏為官市。』備從之,數月之間,府庫充實。」(頁981)
51 《晉書・食貨志》:「孫權嘉禾五年,鑄大錢一當五百。赤烏元年,又鑄當千錢。」,頁795。

52　西鳩定生：《晉書食貨志譯注》，頁234。
53　另一說為黃初二年三月魏文帝恢後五銖錢，同年十月廢止；又參見吉田虎雄：《中國貨幣史綱》（北京：中華書局，1934），頁17。
54　趙善軒：〈導讀〉，載桓寬：《鹽鐵論》，新視野中華經典文庫（香港：中華書局，2014）。
55　吉田虎雄：《兩漢租稅の研究》（東京：株式會社，1966），頁131。
56　《後漢書・朱樂何列傳》，1460。
57　高敏：〈論文帝〉，《秦漢魏晉南北朝史考論》（北京：社會科學出版社，2004），頁6。
58　沈約（441-513）：《宋書・孔琳之孫道存》（臺北：鼎文書局，1980），頁1560。
59　西鳩定生：《晉書食貨志譯注》，頁251。
60　胡寄窗：《中國經濟思想史》，頁192。
61　張五常認為，在有優、劣兩種貨幣的制度下，買物者當然是要用劣貨幣，但至於賣物者肯不肯收劣貨幣，葛氏〔案：有譯格雷欣〕是沒有考慮到的。當然，賣家是要爭取優貨幣的，但若買家不肯付，怎麼辦？一個解決的辦法，就是同樣的貨品分開以優、劣二幣定出不同的價格，達到了市場的平衡點，那麼買賣雙方對任何一種貨幣都沒有異議。見張五常：〈葛氏定律與價格分歧——評一國二幣〉，《中國的前途》（1985初版；香港：花千樹出版有限公司，2002）。
62　西鳩定生：《晉書食貨志譯注》，頁238。

唐玄宗時期貨幣非國家化的辯論

一、引言

著名貨幣史學者國史館前館長林滿紅教授在她的經典著作《China Upside Down: Currency, Society, and Ideologies, 1808-1856》一書中,[1] 把中國傳統的兩派經濟思想分類,一為放任派,一為干預派。她認為前者類近於西方以海耶克為首的奧地利學派(Austrian School),後者則近似於早期的凱因斯主義者(Keynesians),在十九世紀中葉前,兩派學者曾對中國貨幣改革有過許多精彩的討論。在貨幣政策上,放任派主張由民間鑄錢,政府則負責監管,利用法律來維持貨幣中立化,並指出貨幣由市場發行,才能增加供應,解決中國長久以來貨幣數量不足的問題;干預派則認為貨幣是人主之權,不能讓民間鑄造,否則會削弱國家的權力和影響力,他們認為鑄錢是屬於國家的專利,不能與百姓分享。筆者注意這種對比,不但在林氏研究的清代嘉、道年間獨有,早於漢代已見明顯,著名的鹽鐵會議就這議題作了激烈討論,民間學者傾向開放市場,當權者則強調貨幣在國家財政手段上有著重要地位,絕不能輕言放棄。放任與干預是為中國兩大傳統,除了漢代與清代,身處中古自然經濟後期的唐代社會也不能例外。本文以林氏的框架來處理唐玄宗時期的經濟政策大辯論,到底應該開放貨幣市場,還是維持統一的貨幣制度?最終干預派大勝,使唐代並未有走上貨幣非國家化之路。本文以此為題,試圖探究唐代的社會經濟與經濟思想。

《舊唐書‧玄宗本紀》云:「二十二年春正月癸亥朔,制古聖帝明皇、嶽瀆海鎮用牲牢……三月,沒京兆商人任令方資財六十餘萬貫。壬午,欲令不禁私鑄錢,遣公卿百僚詳議可否。眾以為不可,遂止。」[2] 唐玄宗李隆基(六八五一七六二)開元二十二年至開元二十三年間(七三四-五),朝廷上有一場對貨幣政策的大辯論,一方是主張效法漢文帝(前二○三一前一五七)任民放鑄的中書令張九齡(六七八一七四○)和稍後加入的開府儀同三司的信安郡王李褘(六六四一七四三)二人;[3] 另一方是反對任民放鑄,堅持由國家壟斷的宰相裴耀卿(六八一一七四三)、黃門侍郎李林甫(六八三一七五三)、河南少尹蕭炅(生卒不詳)、秘書監崔沔(六七三一七三九)等干預主義者,結果是張九齡的建議遭到一面倒的反對。《舊唐書‧食貨志上》載:「黃門侍郎裴耀卿李林甫、河南少尹蕭炅等皆曰:『錢者通貨,有國之權,是以歷代禁之,以絕姦濫。今若一啟

此門,但恐小人棄農逐利,而濫惡更甚,於事不便。』」⁴ 玄宗也沒有堅持下去,政策討論也就此擱置。⁵ 不久之後,張九齡也因政治事件而失勢,被免去宰相之職,而在政府干預下導致貨幣大亂,經濟受到嚴重打擊,唐代陷入了嚴重的貨幣危機,大大影響了社會的穩定。

二、理論基礎

欲了解唐代反對者的理由是否充分,必須先對漢文帝貨幣政策有所掌握,因為雙方曾就漢文帝貨幣政策是否值得當朝政府效法,作過深入的討論。公元前一七五年,漢政府推行放任的貨幣政策。一直以來,世人多根據賈誼(前二〇〇—前一六八)的描述,而對政策產生了不良的印象。近年,陳彥良根據大量的考古報告,推翻漢文帝時代貨幣混亂的歷史印象。從出土文物分析看來,放鑄時代銅錢的品質一般比起國家壟斷後為佳,此證明了國家壟斷後,銅錢品質與重量不斷下降的事實。⁶ 賴建誠從經濟學原理解釋漢文帝成功的經驗,他指:「政府把原本由國家賺取的鑄幣利潤,轉讓給民間。放鑄的目的是希望:(一)透過民間的競爭,錢幣的品質會愈來愈好,國家的幣制可以更快統一。(二)減少政府的負擔,不必支付鑄幣成本與發行費用。」⁷

管漢暉、陳凱博借助經濟學模型,證明漢文帝的放鑄政策合乎海耶克的貨幣非國家化理論,成就了漢代的文景盛世。⁸ 在此條件下,因競爭而導致貨幣質素保持了三十一年的穩定,反而在漢武帝干預下,國家把貨幣發行權收回,從此以後,貨幣的品質與重量每況愈下,嚴重破壞了貨幣經濟的發展。根據趙善軒的分析,由於放鑄時代的私鑄者是為多次博弈,而國家壟斷下的私鑄為非法,則屬於單次博弈,二者性質不同,前者為了利益最大化,會確保銅錢的品質,後者反而會導致機會主義行為(opportunistic behavior)盛行,增加了品質惡劣的私鑄銅錢,而漢文帝時則較少出現,故漢文帝時期貨幣品質比後者為優。⁹ 新近的研究,有助我們重新評價漢文帝的貨幣政策,既然傳統的印象不為真,那麼唐玄宗時期,干預主義者否定放任貨幣政策,也是基於不準確的歷史知識來反對張九齡的建議,如此,其前提、理據、結論也值得商榷,有重新探討之必要。

相對而言,唐玄宗時期貨幣史的研究,成果並不算十分充實。潘鏞認為,唐玄宗沒有採用放鑄政策,確保了中央財政的穩定,是奠定開元之治的重要因素。¹⁰ 唐任伍批評張九齡的放任政策,並指:「劉秩儘管沒有從貨幣制統一是經濟發展的需要這一正確前提出發來反對任民私鑄,但他的國家壟斷鑄造說,對於鞏固中

央政權及促進當時的商品貨幣經濟的發展是有利的。」[11] 兩位學者都視統一貨幣權為金科定律，視私鑄為洪水猛獸，忽視了經濟學不同學派的觀點和貨幣理論的多元性，而得出上述的結論。彭威信較客觀地分析了實物經濟時代的情況，認為張九齡提出廢除實物貨幣，只許金屬貨幣流動乃是高明的洞見，此合乎貨幣史趨向金屬主義的傾向。潘氏並未有提出論據來支持他的結論，而唐氏則明言恩格斯指國家壟斷為重要，故也認為重要，彭氏也未有詳細說明他的理據。

顯然，這些學者皆受時空限制，忽略了奧地利學派代表人物、諾貝爾經濟學獎得主海耶克（Friedrich von Hayek, 1899-1992）在一九七五年提出的貨幣非國家化學說（denationalization of money）。海耶克認為私人市場的競爭比起政府行為更有效率，更痛批政府比起私鑄者更經常地供應縮水的貨幣，政府為了權力而操控貨幣，損害人民的利益，由此論證國家壟斷是更差的制度，故其主張貨幣應完全由私人市場發行，否定政府在貨幣上當主導的角色。[12] 海耶克是奧地利學派的代表性人物，而奧國學派是少數繼承古典學派擁抱自由市場的觀點，他觀察所得的是西方的經驗。本文認為，從中國歷史中可以發見不少補充海耶克理論的例證，唐玄宗的貨幣政策便是一例。然而，由於前人學者單純依靠傳統史料的簡單解讀，加上對各種經濟理論工具掌握不足，以至論述貨幣史時常有偏頗，故未能對此題目作出公允的評價。

本文結合史料、新近研究與貨幣學原理，重新分析這場辯論雙方的理據，以及探討政策的可行性，並試圖補充海耶克之學說及闡述其應用在中國史上的經驗。

三、放任貨幣政策的背景

歷史學者杜希德（D. C. Twitchett）認為，唐中葉以前，由於政府對鑄錢鼓勵太少，導致銅錢不足，造成了社會經濟的困境。[13] 其實，銅錢不足的問題，是中古時代的常態，而早在唐代初年，就一直困擾著政府，久久未能解決。劉儷燕指出：「唐代前期的貨幣問題，表面是惡錢盜鑄的猖獗，然究其實際，似乎隱含著銅錢供應不足的深一層事態。」[14] 根據葛劍雄的推算，唐初年的人口約為二千二百萬，至唐玄宗時已超過五千二百萬，一百三十一年間的年增長率為前八十年的百分之十二和後五十一年的百分之八。[15] 隨著人口的持續增長，再加上農業的商品化和手工業的發展，也意味著市場對貨幣的需求也在上升，若貨幣供應追不上需求的增長，就會窒礙經濟的發展。事實上，貨幣供應邊際增長已追不

上需求，出現了相對性的通貨緊縮。著名經濟史學者全漢昇早在上世紀已注意到這場辯論的背景，他指出：「當日貨幣流通的數量到底一共有多少，史書無明文記載，我們不必妄加臆說。不過，當日貨幣的流通量，並沒有按照社會經濟的發展而作正比例的增加，以至交易上感到籌碼的不足，卻是我們可以斷言的。中書侍郎平章事張九齡看到此點，遂提議解放錢禁，除政府鑄造外，准許私人鑄錢，以便錢數增加，適應商業上的需要……由於此事，我們可以知道當日貨幣的流通額，實在太小，不足以適應交易上的需要。這麼一來，物價遂因貨幣的緊縮而低落。」[16]

上述便是張九齡提出建議之背景。

張九齡，字子壽，韶州曲江人，開元二十一年（七三三）任中書侍郎同中書門下平章事，次年遷中書令，從此掌管唐政府的輔政大權。張九齡身處於唐前期人口最高峰的時代，他就任宰相後，即意圖進行貨幣改革，欲以推行放任主義政策，藉此增加貨幣供應，來解決開元年間通貨緊縮的問題。同時，他建議廢除屬於物物交換性質的實物貨幣（布帛菽粟）之法律地位，此後只容許銅錢作為交易媒介。從漢末三國以來，實物漸漸取代金屬貨幣，成為主要的支付工具，一反西漢以來的貨幣經濟發展，成為主要的交易媒介，包括政府發放的工資也是以實物為主。出土吳簡記載三國時有奉鮭錢，但其實是補貼，貨幣的比例很少，官吏主要收入仍是實物。[17]後來，北方長期陷入戰亂，金屬貨幣幾近退出歷史舞台，而南朝的經濟雖有所發展，商品交易較為發達，也一度向官吏支付貨幣，但實物仍是俸祿的基礎，可見其有濃厚的自然經濟色彩。[18]然而，經過了數百年變化，再加上唐代前期穩定的社會發展，使人們不再滿足於中古自然經濟的格局。[19]如上所述，實物、金屬貨幣並用，是自東漢以來便已存在的雙軌制度，唐政府既要取消實物貨幣，那麼必須要大幅增加金屬貨幣的供應，補足需求，才能維持並擴大交易量，張九齡的放任主義貨幣政策便應運而生。

四、張九齡的貨幣非國化主張

面對上述處境，身居宰相大位的張九齡便提出要效法漢文帝的放鑄政策，以求增加貨幣供應。他指出推行此政策後，雖然受到賈誼的非議，仍無損後世對於漢文帝賢明的評價，以此說服唐玄宗敢於推行改革。漢文帝與唐玄宗相距一千年，千年以來，文景之治素來為後人所嚮往，張九齡便以此來說服唐玄宗，也藉此加強政策的說服力。此時，張九齡以唐玄宗的名義寫下〈敕議放私鑄錢〉，並交由

群臣在朝廷上討論：

> 敕：布帛不可以尺寸為交易，菽粟不可以秒勺貿有無：故古之為錢。將以通貨幣，蓋人所作，非天實生。頃者耕織為資，迺稍賤而傷本；磨鑄之物，卻以少而貴。頃雖官鑄，所亡無幾，約工計本，勞費又多，公私之間，給用不贍，永言其弊，豈無變通？往者漢文之時，已有放鑄之令，雖見非於賈誼，亦無費於賢君。況古往今來，時異事變，反經之事，安有定耶？終然固拘，必無足用，且欲不禁私鑄，其理如何？公卿百僚，詳議可否，朕將親覽。擇善而從。[20]

其主要理據如下：

一、布帛不可以尺寸為交易，菽粟不可以秒（貨）；[21]
二、故古之為錢，以通貨幣，蓋人所作，非天實生；
三、頃雖官鑄，所入無幾，約工計本，勞費又多；
四、公私之間，給用不贍。

就第一點而言，張九齡指出實物貨幣不可以分割，以此作為貨幣，實不利於找換，又指菽粟不可以當貨幣，前者非常合理，而後者則值得商榷。事實上，自東漢至唐代，菽、粟等實物一直充當貨幣，況且就實物貨幣不可分割這一點，在漢代早有論之。《漢書·食貨志下》云：「宣、元、成、哀、平五世，亡所變改。元帝時嘗罷鹽鐵官，三年而復之。貢禹言：『鑄錢采銅，一歲十萬人不耕，民坐盜鑄陷刑者多。富人臧錢滿室，猶無厭足。民心動搖，棄本逐末，耕者不能半，姦邪不可禁，原起於錢。疾其末者絕其本，宜罷采珠玉金銀鑄錢之官，毋復以為幣，除其販賣租銖之律，租稅祿賜皆以布帛及穀，使百姓壹意農桑。』議者以為交易待錢，布帛不可尺寸分裂。禹議亦寢。」[22]

《漢書》描述的情況在張九齡身處的時代也是普遍現象，身兼歷史學家的張九齡不會不知此事，可以推想，其意為菽粟等實物充當貨幣頗有不便，而非指菽粟不能為貨幣。他的意思是不應該，而非不可能。簡單來說，實物貨幣如布、帛、菽、粟等實物，均極受重量限制，使用上多有不方便，也增加了買賣時的交易費用（transaction cost），包括要僱用輸送工人的成本，以及長途運輸的風險成本，而金屬貨幣則頗能解決此問題，尤其便利於大額或遠程貿易，兌換時也更方便。從理論而言，當市場的買賣增加，也會推動消費，提高農民收入，而農民也會改善技術，以提升生產力，應付需求的增長。隨著對商品需求增加，交易額愈大，對貴金屬的需求量也愈大。反之，若以國家力量來維持實物貨幣，會嚴重局限商

業發展，也不利於農民把作物賣出以改善生計，表面上是維持了小農經濟，保障農業、農民，實際上卻造成反效果。

其次，張九齡強調貨幣不是天然生成的，而是由人所作，此一反《管子》以來，貨幣由君王所作的國家主義論述。干預主義者一向認為貨幣是人主之權，不可輕易任民鑄錢，否則會損害中央集權的穩定，[23] 而張九齡的言論，是更傾向貨幣乃由市場而生的觀點，認為它非是一國一君可以為之，既然一開始也不是由國家發明，現在開放市場，也沒有甚麼大不了，只不過是還原基本而已，應當聽任市場自由發展。從漢代的賈誼到鹽鐵會議，貨幣國家化被視為君主的權柄，認為下放權力會損害國家的穩定性，張九齡要打破數百年的傳統，就必須對固有成見作出有力的反擊，此實是為了取消國家壟斷，建立貨幣非國家化的手段。

其三，他指出在國家壟斷的制度安排下，鑄錢的成本太高，導致國庫的收入無幾，張九齡的觀察頗合當代經濟學的分析。本文認為，在完全或寡頭壟斷下，很容易會出現官吏的權力租尋行為（power rent seeking），[24] 尤其在貪污日盛的古代，政府監督貪污的交易費用極高，也沒有民間的監察力量，官吏的權力租尋行為根本防不勝防，即使政府大力干預，限於交易費用太高，也難以持續打擊腐敗問題。[25] 而在貨幣發行上，官吏最常見的權力尋租行為，是把銅錢的重量減值，使其實際價值低於名義價值。由官府鑄造開元通寶，明明是完全壟斷，價格可以操控，且理應有豐厚的利潤，但從唐玄宗時期的大辯論中可見，唐前期卻常出現收支困難的局面。究其原因，就是下至工匠，上至財政大臣競相權力尋租的結果。從理論而言，除非利用合約來制約交易費用，否則無可避免會出現此種情況。

其四，張九齡認為若不開放私鑄，根本無法應付貨幣需求，否則就要維持物物交易的自然經濟模式。稍後的安信郡王，也提出同樣的見解。張九齡雖然未有詳言其理據，但道理卻不難想像。在官府完全壟斷下，官員積極開發銅礦的誘因，不如私鑄者大，私鑄者會因豐厚的收入而激勵他們提升技術；相反，政府直接聘用人員的成本大、效益少，官員欠誘因提升生產水平，加上監督費用高昂，官吏侵漁，終不能長久。本文認為，壟斷的效率必不如合法的私鑄。由民間鑄造，政府既可收取山林池澤之稅，又可省去大宗的行政費用，實在一舉兩得。漢代的成功經驗，足以引證張九齡之見並非空中樓閣。

後世未見有關漢文帝時代貨幣非國家化支持者的文字，我們不知當時放任主義者的理據；相反，反對者如干預主義者賈誼、反貨幣主義者晁錯（前二〇〇—

前一五四)等人的文字卻流傳千古,影響了許多代學者對漢代歷史的印象。直到南朝時劉宋王朝的沈慶之(三八六—四六五)提出效法漢文帝,其指出放鑄能使到漢初達到「天下殷富」的狀態,[26] 留下史書上公開支持此政策的首個紀錄,並提出一些具體操作的方法。[27] 不過,劉宋的放任貨幣政策只推行了一年,因皇帝易位以及政治變動而廢止,[28] 故難以論其成效,也未能成為貨幣非國家化的典範,故張九齡只能借鑒一千年前漢文帝的貨幣政策。

五、干預主義者的反擊

張九齡提出建議後,群臣馬上大力反駁,儼如海耶克的分析,國家壟斷貨幣,不但可以給政府帶來豐厚的收入,更可長期作為政府的重要財源,由於經濟中的各種交易都只能也必須使用政府發行的貨幣,所以能成為政府大權在握的象徵。此種情況不但在海耶克研究的西方經濟史中發現,古代中國的干預主義者也有相類的主張,兩者不同的是,海耶克關注的是現代信用貨幣國家才有這種傾向,可是本文發現中國傳統的金屬主義貨幣時代,也有相似的情況。如《舊唐書・食貨志上》載干預主義者云:「錢者通貨,有國之權,是以歷代禁之,以絕姦濫。今若一啟此門,但恐小人棄農逐利,而濫惡更甚,於事不便。」[29] 又《新唐書・食貨志》又載:「嚴斷惡錢則人知禁,稅銅折役則官冶可成,計估度庸則私錢以利薄而自息。若許私鑄,則下皆棄農而競利矣。」[30] 事實上,群臣的反擊,在經濟理論上並無新意,不過是重彈漢代士人的舊調,沒幾多創新發明;在經濟思想史層面來說,他們沒有比一千年前的賈誼等人長進多少,從這些觀點看來,都離不開海耶克所擔憂的政府非把經濟作為優先的考慮,導致損害人民的利益。

針對張九齡認為貨幣是由市場衍生而成,群臣反指貨幣是國家權力的象徵,故歷代都禁絕私鑄。事實上,歷代禁之確實是中國歷史的常態,干預主義一直佔據上風,不過是反映國家往往把貨幣政策充當財政手段而已,正如古典經濟學者亞當・斯密(Adam Smith, 1723-1790)所言:「世界各國的君主,都是貪婪不公,他們都是欺騙百姓,把貨幣最初的真實分量,次第削減。」[31] 這位經濟學之父認為政府壟斷的本質,就是以貨幣發行來掠奪百姓的財產,尤其在前現代貨幣理論工具的時期,貨幣政策不是刺激經濟的手段,只不過是增加政府收入的工具。也如新貨幣主義學派代表人物佛利民(Milton Friedman, 1912-2006)的分析:「自遠古以來,當權者都試圖用增加貨幣數量的辦法作為進行戰爭所需資源的手段,或是作為建立不朽功績或達到其他目的手段。」[32] 壟斷貨幣的吸引力實在太大,

故漢末以來的中古時代，歷代政權屢次鑄造劣質貨幣，不斷把貨幣減重，軍閥董卓以及後來的蜀國、吳國，多次發行大錢、小錢，以損害百姓生計的方式來支付國家開支。[33] 國家壟斷貨幣既然對政府而言有諸多好處，對於不理民間疾苦的在位者而言，又何樂而不為？

上引文的另一要點是「歷代禁之，以絕姦濫」一語。問題是，歷來在國家壟斷下，劣質的私鑄根本從沒解決，私鑄長期存在。就以唐前期而言，史書載高祖時「敕以惡錢轉多」；太宗時「既而私鑄更多，錢復濫惡」；高宗時「比為州縣不存檢校，私鑄過多」。又「私鑄過多⋯⋯所在追納惡錢，一二年間使盡」；武則天時「議者以為鑄錢漸多，所以錢賤而物貴」。

又《舊唐書·食貨志上》云：

開元五年，車駕往東都，宋璟知政事，奏請一切禁斷惡錢。六年正月，又切斷天下惡錢，行二銖四絫錢。不堪行用者，並銷破覆鑄。至二月又敕曰：「古者聚萬方之貨，設九府之法，以通天下，以便生人。若輕重得中，則利可知矣；若真偽相雜，則官失其守。頃者用錢，不論此道。深恐貧窶日困，姦豪歲滋。所以申明舊章，懸設諸樣，欲其人安俗阜，禁止令行。」時江淮錢尤濫惡，有官鑪、偏鑪、稜錢、時錢等數色。璟乃遣監察御史蕭隱之江淮使。隱之乃令率戶出錢，務加督責。百姓乃以上青錢充惡錢納之，其小惡者或沉之於江湖，以免罪戾。於是市井不通，物價騰起，流聞京師。隱之貶官，璟因之罷相，乃以張嘉貞知政事。嘉貞乃弛其禁，人乃安之。[34]

唐玄宗開元五年（七一七）時，私鑄橫行，劣幣充斥市場，貨幣改革而導致市場更為混亂，最終罷去主事者宋璟（六六三—七三七）、蕭隱之（身分不確定，或與蕭灵是同一人）之職。[35] 由是觀之，反對者不過是一廂情願地相信政府有能力處理問題，實際上，國家壟斷時期並不能有效遏止私鑄的問題，非不為也，是不能也。值得注意的是，非法私鑄是單次博弈，鑄者不會多考慮長遠發展，故生產的多數是劣幣，劣幣充斥會造成貨幣貶值，形成物價上升的壓力，不利於百姓生計。

干預主義者強調國家的能力，他們認為可以從法律禁私鑄，而官府又可以鑄錢，故無須開放市場以解決通貨不足的問題。從上所見，本文認為無論政府如何努力，受制於監督費用、執行費用，成效從來也不顯著，時效也極之短。至於官

方鑄造貨幣，除了租尋行為，更重要是沒有競爭下，技術往往難以突破，很快就會出現邊際報酬遞減。相對於農業，由於人口增長，在農業社會裡，也代表農業人口也在增長，他們既是消費者，也是生產者，而政府與市場不得不開拓更多的土地，優先應付需求。相反，金屬貨幣屬於奢侈品，在當時社會「功用」（utility）的序列中，[36] 必然排於糧食之後，所以投入礦業的人口、資金、技術必不如農業，如此，則會出現相對性的通貨緊縮，令貨幣經濟難以猛進，商品經濟發展也受到大大的局限。干預主義者因不明就裡，不明所以，竟以為未掌握現代科技以減低交易成本的古代政府，有能力處理此問題，顯然是不及張九齡能切中問題的核心。

干預主義者之中，史書上記述最詳細者，便是著名史學家劉知幾（六六一一七二一）之子，時任左監門衛錄事參軍事，也是《政典》的作者劉秩，其云：

今之錢，古之下幣也。若捨之任人，則上無以御下，下無以事上，不可一也。物賤傷農，錢輕傷賈，物重則錢輕，錢輕由乎物多，多則作法收之使少，物少則作法布之使輕，奈何假人？不可二也。鑄錢不雜鉛鐵則無利，雜則錢惡。今塞私鑄之路，人猶冒死，況設陷穽誘之？不可三也。鑄錢無利則人不鑄，有利則去南畝者眾，不可四也。人富則不可以賞勸，貧則不可以威禁。法不行，人不理，縣貧富不齊。若得鑄錢，貧者服役於富室，富室乘而益恣，不可五也。夫錢重絲人日滋於前，而鑪不加舊。公錢與銅價頗等，故破重錢為輕錢，銅之不贍，在採用者眾也。銅之為兵不如鐵，為器不如漆。禁銅則人無所用，盜鑄者少，公錢不破，人不犯死，錢又日增，是一舉而四美兼也。[37]

第一點與其他官員的主張沒有太大分野，也是從國家權力的觀點考慮。第二點，是一般的貨幣常識，漢代以來已有不少討論，也非新見。第四點完全是從賈誼的舊觀點援引而來。只有第三點值得考究，他指「今塞私鑄之路，人猶冒死，況設陷穽誘之」。其理據是由於私鑄為非法，且為死刑，但人們也以身試法，如果合法化，則更多人從事私鑄。其假設有二，一是私鑄的貨幣多為劣幣；二是在私鑄合法化後，會吸引更多人鑄造違法的劣幣。

對於第一項假設，從出土文物可見，漢文帝時，政府為貨幣訂下標準，合則列為法幣；不合者也是違法。為減低機會主義行為，政府立法強制交易時使用「稱錢衡」（天平），如此杜絕了大部分欺騙行為，最後成功維持流通貨幣的品質，不論是官鑄或是私鑄，分別也不大，一反常人以為私鑄必劣的印象。既然現實世界中，交易費用不可能為零，那法律的制訂，則大大有利於減低買賣雙方的成本，

天平與《錢律》使漢前期的貨幣保持了高品質的水平，此情況正符合法律經濟學中高斯定理（Coase Theorem）的意義。經濟學者高斯（R. H. Coase）指出當產權受到明確界定，則令市場變得更完善，相反，愈不明確，交易愈困難，天平的使用及其相關法律，可以大大減低買賣雙方的交易費用，而天平的廣泛使用，加上《錢律》的保障，令到使用貨幣的交易費用得以下降，促成漢文帝時期的經濟繁榮。其實，在放任政策下，只要把產權明確界定，加上嚴守執法，私鑄不會帶來干預主義所擔心的弊病，即使有弊病也不會很嚴重。劉秩等干預主義者，受到史書對漢文帝貨幣政策的偏見影響，造成前提錯誤，導致其結論也錯誤。當然，受制於史料不詳，我們也不能知悉張九齡是否掌握此點，以降低劣幣在市場流動，若否，放鑄政策也難以成功。

至於第二假設，是預設了私鑄者中都是混水摸魚的人。經濟學理論假定人類都會追求利益最大化（maximization），若鑄造高品質銅錢的利益大於鑄造低品質的話，那麼劉秩的擔心則是杞人憂天。本文認為，在合法私鑄下，鑄錢是多次的博弈行為，鑄幣商如漢代的鄧通、吳王要考慮信譽，在長期經營下，私鑄者要打敗其他錢幣，在市場上廣泛流通，就必須在競爭下提升品質，「故吳、鄧氏錢布天下。」[38] 相反，在國家壟斷下，私鑄是非法行為，鑄錢者不能公開營運，也不能長期經營，對他們來說，短期獲利是最大化行為，混水摸魚地鑄造劣幣是最有利的短期行為，故壟斷下反而劣幣更多。史書就記載漢武帝建元以來私鑄劣幣嚴重，而出土文物也證明漢文帝時官、私鑄大都屬於良幣，反而西漢中期統一貨幣權以後，貨幣不斷劣質化，更反證漢文帝時代的制度比起後來更為優勝。[39] 由此可知，劉氏以及其他干預主義者對貨幣史的認識，遠不如張九齡。他的前提既然不準確，也必然影響到結論的準確性以及參考價值，可是，一如歷史上大多數王朝，唐玄宗並沒有採用張九齡的建議，而是接受了干預派的路線，堅守了國家壟斷貨幣的權力。

- **私鑄必劣？**

陳彥良根據歷來出土的文物，綜合貨幣的標準重量、平均實重、重量符合率、平均含銅率，得出放任鑄幣的四銖錢的綜合品質指數竟然達到二〇五的結論，秦為一〇〇，武帝為一八四，昭帝以後為一七四，指數愈高，品質愈好，可見放鑄時代四銖錢的指數遠高於秦代，也高於西漢兩百年間其他所有貨幣，比之漢武帝時代的指數鑄

> 錢高出二十至三十五,並以武帝以後國家鑄造的五銖錢為例,其法定重量應為三點二五五公克。但是,從出土的錢幣所見,武帝時重約三點三五公克,本來就足分量,到了昭帝時只剩下三點二六公克,再減至宣帝時的三點〇七公克。見陳彥良:〈江陵鳳凰山稱錢衡與格雷欣法則:論何以漢文帝放任私人鑄幣竟能成功〉,《人文及社會科學集刊》第二十卷第二期(二〇〇八),頁二〇五-二四一。

六、國家壟斷貨幣的經濟後果

張九齡的建議既不見用,但朝廷也要針對當前的貨幣問題作相應的措施,「(開元)二十六年(七三八),宣、潤等州初置錢監,兩京用錢稍善,米粟價益下。」[40] 政府在兩處設官吏專門監管貨幣的品質,稍稍改善了銅錢重量不足的問題,也抑止了貨幣貶值,一度使物價回落。可是,不久之後「其後錢又漸惡,詔出銅所在置監,鑄開元通寶錢,京師庫藏皆滿。天下盜鑄益起……江淮偏鑪錢數十種,雜以鐵錫,輕漫無復錢形」。[41] 他們總是不明白干預主義的執行成本極高,實在難以長期處於高效狀態,尤其是在古代資訊不發達的社會。更可怕的是,政府要在官鑄的情況下增加貨幣供應,就必須擴張編制,但政府行為比起市場效率低,一時又難以專業化,下級官吏為了達到上層要求,結果應付了事,聘請非專業的農民來鑄錢,故效果必壞,即史上稱的「是時增調農人鑄錢,既非所習,皆不聊生」。[42] 唐玄宗的國家壟斷和干預主義不但不能解決原有問題,更製造了更嚴重的社會問題,為了解決問題,最後終回歸經濟常識,《新唐書‧食貨志》載:「內作判官韋倫請厚價募工,繇是役用減而鼓鑄多。」政府不得不以高薪聘請熟手技工,人手減少而產量上升,情況才得以舒緩。[43]

干預主義者認為一旦開放貨幣市場,會使到私鑄者生產劣幣,破壞經濟穩定,但事實上,唐玄宗力圖維持國家壟斷,卻在短時間內,使劣幣充斥市場,物價更加混亂,此情況卻非特例,而是在官鑄下屢見不鮮的常態,由漢代至唐代的數百年,就是在此種情況下不斷重演。凡此種種,足可反證,干預主義者的見解並不正確,而他們反對張九齡之建言,並非出自社會經濟之利益,而是出自國家的權威以及壟斷,以便於尋租行為。此凸顯了貨幣非國家化的必要性,尤其是在法治社會建立以前,難以抑止尋租行為,而官吏尋租行為往往會使貨幣市場更加混亂,致使幣值失重,物價急升,影響萬民生計。

由此可見，政府利用行政力量監管貨幣市場，終不能長久，皆因監督費用本來昂貴，勉強以國家力量對抗市場，要麼使成本大幅提高而令政府破產，要麼法令的效力消散而導致監督無力，唐玄宗朝就是屬於後者。

值得一提的是，經濟學上有劣幣驅逐良幣之定律，經濟思想史學者賴建誠指：「劣幣驅逐良幣（格雷欣法則），要有一項前提才會成立：在金屬貨幣的時代，如果政府規定劣幣與良幣的購買力相同（或有固定的交換比例），劣幣就會驅逐良幣。但如果（一）良劣幣之間沒有固定的交換比例，（二）政府鼓勵民間自由鑄幣（放鑄），那就有可能發生相反的情況：良幣會驅逐劣幣……。（一）如果政府不強制規定劣幣與良幣的交換比例；（二）如果民間對錢幣的品質，訊息對稱透明的話；就有可能出現『反格雷欣法則』（良幣驅逐劣幣）。」[44]

又《舊唐書·食貨志》曰：「數載之後，漸又濫惡，府縣不許好者加價迴博，好惡通用。」[45] 當劣幣大量出現，只要資訊流通足夠，市場是理性的，交易者明知劣幣不足重，自然會打折計算；相反良幣珍貴，它會因劣幣太濫而升值，但官府竟然不許，結果導政京師一帶大規模地出現劣幣驅逐良幣。更嚴重是，京師一帶，政府的執行能力強，而市場人士利用遠方地區執行費用較高，易於規避法令的原理，「富商姦人，漸收好錢，潛將往江淮之南，每錢貨得私鑄惡者五文，假託官錢，將入京私用。」[46] 商人把良幣運往江南，兌換劣幣，再把劣幣轉入京師。京師一帶政府能力強，可以強行逼使良幣劣幣同價；在外地，政府的執行能力相對不足，又存在資訊差異問題，市場未必能即時掌握良劣之別，並不符合劣幣驅逐良幣的條件，故出現「反格雷欣法則」。在短時間內，從京師收藏的良幣，可在外地換到比法定比價更多的劣幣，如此一來，商人藉差價牟利，而京師的良幣被收藏並運往外地，導致當地劣幣泛濫。即是說，京師一帶是劣幣驅逐良幣；外地則是良幣驅逐劣幣。不難設想，京師的貨幣市場混亂，商人自然不願把貨物賣出而換來劣幣，可能會導致以下情況：

一）商品不流入京師；
二）京師商人的商品流往外地；
三）京師居民生活質素下降；
四）京師的失業率上升；
五）市場有可能出現兩種價格，官方監督下的價格，劣貨換劣幣，以及黑市價格，好貨換良幣，如此，一貨多價，則物價大亂；

六）江淮之南，劣錢充斥，而良幣流走。

原理上，以海耶克為首的奧地利學派認為，干預主義一旦主導了經濟大權，當權者往往變得任意妄為，此絕非個別例子，而是權力的本質。當權力愈集中，愈是自覺無所不能，結果犯下許多愚蠢的錯誤，而且更多會是重複犯錯。本文發現，唐玄宗的干預貨幣政策導致市場大亂，其實也非他獨創，在唐前期早有先例，《舊唐書・食貨志上》載：

顯慶五年（六六〇）九月，敕以惡錢轉多，令所在官私為市取，以五惡錢酬一好錢。百姓以惡錢價賤，私自藏之，以候官禁之弛。高宗又令以好錢一文買惡錢兩文，弊仍不息。[47]

唐高宗李治（六二八－六八三）曾強行下令五惡錢（劣幣）強訂兌換一好錢（良幣），本來良幣劣幣是按照貨幣的實際價值來衡量，比價也應該浮動，但高宗竟然強制訂價，而此時五惡錢在市場上的價值，應高於一好錢，所以百姓都不願把惡錢兌換好錢，反而把惡錢收藏，善價而沽，良幣與劣幣馬上易位，原來的惡錢，反而因干預政策而成了良幣，因為五惡錢的市場價格高於一好錢，而原來的好錢，卻成了劣幣，因其實際價值低於官方要求的名義價值。結果是，市場把實際價值高於官方訂價的惡錢驅逐到家中收藏。如此一來，干預主義者的舉動令唐前期的市場大亂，幸而當時貨幣經濟尚未完全恢復過來，物物交易的中古自然經濟仍佔主導，社會對貨幣需求有限，故破壞並不算太嚴重。由此可見，政府妄想其能力足以左右市場，使良好的願望造成了災難。可是，唐玄宗沒有汲取教訓，最後也沒有接納張九齡的建議，反而相信政府力量足以控制市場，強行為貨幣訂價，再一次犯下唐高宗時的錯誤，使貨幣制度遭受嚴重打擊，勢必影響百姓生計，或令人心思變，甚至或多或少對天寶後期的社會動盪造成一定程度的影響。

七、總結

唐玄宗朝的貨幣政策大辯論，提供了分析中國經濟史、經濟思想史的重要素材。從中我們可以得到以下的啟示：

一）雖然凱恩斯主義與傳統中國的干預派均強調政府行為對經濟發展的重要性，可是唐玄宗時的干預派，並不具有擴大政府開支來刺激經濟的想法，他們是從權力的角度，認為絕不能開放貨幣市場，否則會影響中央的權威。在他們心目中，權力控制的「功用」，遠比經濟繁榮為高，中央集

權與政治穩定是最高的考慮，可見干預派與凱恩斯主義有本質上的差異，是否應把他們作簡單的類比，實在值得反思。

二）唐玄宗時的干預派無視了歷史上一次又一次的失敗，總是高估了政府的力量，認為由政府整頓，會比市場化的效果更佳。他們也對漢文帝成功的放任政策加以醜化，若非大量的考古文物出土，我們仍受到漢唐史家文人的言論影響，以為放任的貨幣政策必然導致失敗的印象。結果是，唐玄宗犯上了僅數十年前高宗的錯誤，又一次由政府促成劣幣驅逐良幣現象，此反映了當權者對權力迷戀的本質，害怕失去權力多於經濟不景氣，更漠視任意妄為的干預政策往往是造成經濟混亂的真相。

三）在政府的干預下，唐前期至少出現了兩次劣幣驅逐良幣現象。經濟學家張五常指出：「這個定律說，假若一個社會有兩種貨幣，而這兩種貨幣又有優劣之分，那麼劣幣（價值較低的）就會將優幣（價值較高的）驅逐出市場，以至無人使用。這個定律是基於兩種貨幣有著公價兌換率（兌換率不是由市場決定），使兩種貨幣的價值失去了平衡點……在有優、劣兩種貨幣的制度下，買物者當然是要用劣貨幣，但至於賣物者肯不肯收劣貨幣，葛氏〔案：有譯格雷欣〕是沒有考慮到的。當然，賣家是要爭取優貨幣的，但若買家不肯付，怎麼辦呢？一個解決的辦法，就是同樣的貨品分開以優劣二幣定出不同的價格，達到了市場的平衡點，那麼買賣雙方對任何一種貨幣都沒有異議。但這是間接地將兩種貨幣自由兌換，公價有等於無，貨幣也就沒有優劣之分了。」[48]

他對於劣幣驅逐良幣的理論作出了質疑，二十多年後，他又認為：「劣幣驅逐良幣的神話在邏輯上的錯誤是顯而易見的，它只考慮到支付貨幣一方（買方）的精明（劣幣付出去，良幣收起來），卻完全忽視了收取貨幣一方（賣方）也不是笨蛋（劣幣不肯收，除非加價；良幣樂於收，甚至願意減價）。除非資訊不對稱能長期地存在，而且沒有甚麼行之有效的解決之道，所謂劣幣驅逐良幣最多只能是曇花一現。而市場上的資訊不對稱，往往是『買的不如賣的精』，這可不僅僅是針對出售的產品，即使是對貨幣的識別能力也往往是如此。否則不要說劣幣，假幣豈不早就大行其道，把真幣都淘汰出局了。」[49]

張氏在後來的論述修正了他的觀點，認為劣幣驅逐良劣會在短時期出現，長期而言，隨著資訊成本下降，卻不會長久地存在。然而，從唐代的個案看來，劣

275

幣與良幣的身分並非固定,是可以身分對調。在唐政府干預下,劣幣和良幣的地位兩次易位,唐高宗時期,原來的良幣會因官方訂價太低,反而變成劣幣,舊的劣幣被低估,因此成為良幣而被收藏;同樣,唐玄宗時,京師一帶的良幣也被市場收藏,轉運往外地,投機者利用外地的資訊差異獲利,雖然良幣不至於完全被排除在市場之外,但至少在一定程度上會在京師一帶被排斥,而市場也預計政府朝令夕改,把良幣囤積居奇,此在唐高宗與唐玄宗時期均可得見。由此可見,政府的干預行為,往往是導致錢文大亂的主因。

　　海耶克的貨幣非國家化理論是針對現代信用貨幣而發,他認為金屬主義時代國家濫用貨幣政策的情況並不嚴重,他尤其擔心在沒有本位制度下,政府會胡亂發鈔導致通貨泛濫,變相搶奪百姓的財產;他還認為凡是在政府發行的貨幣,最終都掉進貶值的宿命。然而,我們從中國歷史可見,在金屬主義貨幣的年代,政府也是無所不用其極地透過貨幣政策來侵漁百姓財富,古今政府的本質並沒有太大分別;又或者是出於良好願望,卻因迷信政府能力,也不時制訂荒謬的貨幣政策使市場大亂,唐代兩次強制劣幣與良幣的比價,即是典型的例子。然而,中國古代的放任派與當代的海耶克主義一樣,長時間不受當權者重視,實由於官吏一旦放權,其自身的價值也因此下降,變得無事可做,基於實際利益和最大化的考慮,干預主義比起放任主義更符合為官者的上策考慮。所以,中國歷史上除了漢文帝的成功例子外,只有劉宋短暫的嘗試,其餘時間多是干預主義主導了國家政治,多元的貨幣思想,要到千年後的清代中葉才得以大放異彩。

1. Man-houng Lin, *China Upside Down: Currency, Society, and Ideologies, 1808-1856* (Cambridge, MA: Harvard University Press, 2006).
2. 劉昫：《舊唐書》（臺北：鼎文書局，1981），〈玄宗本紀〉，頁 200。
3. 「信安郡王褘復言國用不足，請縱私鑄，議者皆畏褘帝弟之貴，莫敢與抗，獨倉部郎中韋伯陽以為不可，褘議亦格。」（宋）歐陽修：《新唐書・食貨志》（臺北：鼎文書局，1981），頁 1389，案：信安郡玨之議在張九齡之後，非在同時提出，而他提出建議，並沒有作出任何推理，只是指出了國用不足的處境。
4. 《舊唐書・食貨志》，頁 2094。
5. 彭威信：《中國貨幣史》（上海：上海人民出版社，1965），頁 367。
6. 陳彥良：〈江陵鳳凰山稱錢衡與格雷欣法則：論何以漢文帝放任私人鑄幣竟能成功〉，《人文及社會科學集刊》第 20 卷第 2 期（2008），頁 205-241；陳彥良：〈四銖錢制與西漢文帝的鑄幣改革：以出土錢幣實物實測資料為中心的考察〉，《清華學報》第 37 卷第 2 期（2008），頁 321-360。
7. 賴建誠：〈良幣驅逐劣幣：漢文帝的放鑄政策〉，《經濟史的趣味》（杭州：浙江大學出版社，2011），頁 273。
8. 管漢暉、陳博凱：〈貨幣的非國家化：漢代中國的經歷〉，《經濟學季刊》第 14 卷第 4 期（2015），頁 1497-1519。
9. 趙善軒：〈漢文帝貨幣政策的經濟影響，兼論賈誼的貨幣思想〉，《中國經濟思想史年會論文集》（深圳：深圳大學經濟學院，2016）。
10. 潘鏞：《〈舊唐書・食貨志〉箋證》（陝西：三秦出版社，1989），頁 94。
11. 唐任伍：《唐代經濟思想研究》（北京：北京師範大學出版社，1996），頁 184。
12. F. A. Hayek, *Denationalization of Money: The Argument Refined* (1st ed. 1974; The Institute of Economic Affairs, 1990 reprint), p. 24.
13. D. C. Twitchett, *Financial Administration under the Tang Dynasty* (Cambridge: Cambridge University Press, 1970), p. 78；又中國大陸常稱其為崔瑞德。
14. 劉儷燕：《唐朝後期的銅錢不足問題——從供需面的探討》（臺北：國立臺灣大學歷史學研究所碩士論文，1990），頁 9。
15. 葛劍雄：《中國人口發展史》（福州：福建人民出版社，1991），頁 160；本文認為葛劍雄的數字或有問題，若直接將「12%」與「8%」解讀為「年增長率」，將會得到不合史實的巨大最終人口；若解讀為「各階段合計增長率」，計算結果又與 5200 萬存在落差。這顯示資料本身需要更精細的解讀，或可能有「平均增長率」與「總增長率」的混淆。邏輯推論與可能結論數據本身或有簡化「12%」「8%」或許僅為「平均增長率的近似值」，或代表「人口普查資料推估」時的階段性比率，並非精確的數學指標。史料限制唐代人口資料本就不精確，葛劍雄等學者多採用推估或模型計算，易出現誤差或階段統計。實際增長過程若真由 2200 萬增至 5200 萬，整體平均年增長率約 1.0%；若將其拆分為前 80 年與後 51 年，則需考量實際戰亂、饑荒等因素，增長率不會呈線性或固定指數，可能「前期略高於 1.0%，後期略低於 1.0%」，整體仍可達到 5200 萬。綜合解讀 12% 與 8% 可視為一種「階段人口增長比例」的概括；更合理的方式是：以 1.0% 左右的平均年增長為基礎，考慮前後期的社會環境、戰爭與稅賦政策，才能較真實地重現唐朝人口的變化軌跡。(1) 從數學角度看，若單純將「12%」與「8%」視為年增長率或合計增長率，都難以與 2200 萬→5200 萬的最終結果完全吻合。(2) 若視其為「階段性平均增長率」，則需進一步細分「年增長」或「總增長」的含義；以線性或指數模型計算，均會產生不同結果。(3) 葛劍雄的推算應是一種「整體人口變動的階段性歸納」，用來概括唐初至玄宗年間的大勢所趨；嚴格數學模型只是參考，並非古代人口資料的唯一依據。最終，我們可得出：唐朝人口由 2200 萬增至 5200 萬，若僅以兩階段「12% 與 8%」的增長率來解釋，仍需在「線性／指數／實際史料」間進行權衡。此一情況說明，古代人口統計常帶有不確定性，需結合社會、政治、戰爭等多重因素綜合判斷，而數學分析則能幫助我們辨明「增長率」與「最終人口」之間的邏輯關係是否一致。
16. 全漢昇：〈唐代物價的變動〉，《中央研究院歷史語言研究所集刊》第 11 本（1944），頁 101-148。
17. 莊小霞：〈走馬樓吳簡所見「奉鮭錢」試解——兼論走馬樓吳簡所反映的孫吳官俸制度〉，《簡帛研究二〇〇八》（桂林：廣西師範大學出版社，2010），頁 268-273。

18 黃惠賢、陳鋒：《中國俸祿制度史》（武漢：武漢大學出版社，1996），頁 73-74。
19 全漢昇：〈中古自然經濟〉，《中央研究院歷史語言研究所集刊》第 10 本（1941），頁 73-173。
20 張九齡著，熊飛校注：《張九齡集校注》（北京：中華書局，2008），卷七，頁 499-500。
21 見潘鏞，《〈舊唐書·食貨志〉箋證》，頁 94。
22 班固：《漢書》（臺北：鼎文書局，1979），〈食貨志下〉，頁 1176。
23 葉世昌、李寶金、鍾祥財：《中國貨幣理論史》（廈門：廈門大學出版社，2003），頁 64。
24 Johann Graf Lambsdorff points out, "The rent-seeking theory was one of the first economic instruments developed to model corruption in the public sector. Comparing corruption with lobbying, it proposes that the former is the lesser of two evils, since lobbying entails the wastage of resources in the competition for preferential treatment." See Lambsdorff, "Corruption and Rent-Seeking," *Pubic Choice* 113, no. 1（2002），pp. 97-125.
25 A. Krueger, "The Political Economy of the Rent-Seeking Society," *The American Economic Review* 64, no. 3（1973），pp. 291-303.
26 沈約：《宋書·顏竣傳》（臺北：鼎文書局，1980 年），頁 1961。
27 陳彥良：《魏晉南北朝貨幣史論》（新竹：國立清華大學出版社，2012），頁 129。
28 陳彥良：《魏晉南北朝貨幣史論》，頁 141。
29 劉昫：《舊唐書》（臺北：鼎文書局，1981），〈食貨志上〉，頁 2096。
30 歐陽修：《新唐書》（臺北：鼎文書局，1981），〈食貨志〉，頁 1385。
31 Adam Smith, *The Wealth of Nations*（Oxford: Oxford University Press, 1976 reprint），p. 43.
32 中國大陸譯費里曼德。費里曼德著，安佳譯：《貨幣的禍害》（北京：商務印書館，2006），頁 201-203。
33 參見陳彥良：〈東漢長期通貨膨脹──兼論「中古自然經濟」的形成〉，《清華學報》第 41 卷第 4 期（2011），頁 669-714。
34 《舊唐書·食貨志上》，頁 2097。
35 《舊唐書·食貨志上》，頁 2095-2096。
36 張五常：「1789 及 1802 年，英國經濟哲學大師邊沁（J. Bentham, 1748-1832）提出了功用〔Utility〕的概念，對後人影響甚廣。邊沁的原意是有三方面的。其一是功用代表快樂或享受的指數；其二是每個人都爭取這指數愈高愈好；其三是一個人的收入增加，其收入在邊際上的功用就減少。」參見張五常：《經濟解釋·卷一》（香港：花千樹出版有限公司，2002），頁 112。
37 《新唐書·食貨志》，頁 1385。
38 司馬遷：《史記》（臺北：鼎文書局，1980），〈平準書〉，頁 1419。
39 參見管漢暉、陳博凱：〈貨幣的非國家化：漢代中國的經歷〉，《經濟學季刊》第 14 卷第 4 期（2015），頁 1497-1519。
40 《新唐書·食貨志》，頁 1386。
41 《新唐書·食貨志》，頁 1386。
42 《新唐書·食貨志》，頁 1386。
43 《新唐書·食貨志》，頁 1386。
44 賴建誠：〈良幣驅逐劣幣〉，頁 272-274。
45 《舊唐書·食貨志上》，頁 2099。
46 《舊唐書·食貨志上》，頁 2099。
47 《舊唐書·食貨志上》，頁 2095。
48 張五常：〈葛氏定律與價格分歧──評一國二幣〉，《中國的前途》（1985 初版；香港：花千樹出版有限公司，2002），頁 87-95。
49 張五常：〈「劣幣驅逐良幣」的神話──從唐肅宗的「乾元重寶」史實說起〉，網絡文章（2011），收於張五常「新浪博客」。

盛世物價低賤的困惑
——讀全漢昇先生物價史札記

*本文另一位作者為澳門大學教育學院張偉保教授、澳門大學歷史系溫如嘉博士。

一、引言

著名歷史學家全漢昇（一九一二－二〇〇一）是二十世紀中國經濟史研究的領軍人物，他的研究上起漢代，下至民國，也兼及戰後臺灣工業的考察。已故哈佛大學楊聯陞先生曾題詩曰：「妙年唐宋追中古，壯歲明清邁等倫。經濟史壇推祭酒，雄才碩學兩超群。」[1] 全先生對於中國經濟史深入的研究更是前無古人，他有別於其他學者專注於一時一代一域，範疇涉及中國古代的貨幣、物價、財政、城市、全球化、經濟組織、交通運輸、國內商業、國際貿易以及近代工業化，也關係到菲律賓、日本、歐洲、美洲等議題。[2]

二、「全漢昇難題」的提出

最近，筆者重讀全先生對唐代物價史的研究，有新的發現。全先生對此方面的研究，主要見諸〈中古自然經濟〉、〈唐代物價的變動〉、〈唐宋政府歲入與貨幣經濟的關係〉三篇文章。[3] 全先生以大量史實，力證唐宋之間的社會進步，反駁社會主義者的唐宋停滯論。[4] 同時，全先生在一九四〇年代提出了一個疑問，暫且稱之為「全漢昇難題」。全先生以唐代的史實為例，問及為何中國古代的太平盛世（如貞觀、開元、天寶等時期）的物價長期處於極低水平，認為此情況與經濟學的常識相左。按照經濟學常識，物價長期低落，也代表人們的收入也很低，收入低則難以改善生活，物價長期低迷還會造成許多經濟問題。他在〈唐代物價的變動〉一文指出：

在唐代三個物價下落的時期中，太宗高宗間及開元天寶間的物價尤為低廉。前一個時期，相當於政治史上的貞觀永徽之治；後一個時期，也是政治最昇平的時代。史家及詩人在作品上對於這兩個時期的賢明的政治家都異口同聲地歌功頌德；對於他們努力造成的太平盛世的局面都非常愛慕或留戀。由此可見，這時候的物價低落，在一般人的心目中看來，都是當日社會經濟繁榮的好現象；並不如現代經濟學者的說法那樣，以為物價低落是世界恐慌的象徵。[5]

「全漢昇難題」是指我們根據全漢昇先生提出的問題總結出來，即在中國古代太平盛世（如唐代的貞觀、開元、天寶等時期）的物價長期處於極低水平，這種現象與經濟學的常識不符。全先生認為，按照經濟學常識，物價長期低落代表人們的收入也很低，收入低則難以改善生活，物價長期低迷還會造成許多經濟問題。這一現象給經濟史研究提出了一個難題。

　　唐代盛世時期物價長期低落，原因固多，可能是土地開拓導致產量增加，生產技術提升而增加產量；也可能是金屬貨幣稀少，使得銅錢的供應追不上需求，形成通縮，甚至是政府的干預，導致劣幣與良幣的角力，令到市場混亂等因素。全先生以唐代盛世的例子，針對通縮概念，是否適用於解釋中國歷史所作出的疑問。經濟學者一般認為，通貨緊縮造成消費減少，消費不足又會導致生產力下降，引致失業。然而，全先生認為，中國歷史上的盛世總是物價低落，並不如經濟學家所擔憂會造成社會恐慌。全先生指出：「開元天寶間，東西這樣便宜，一般消費者自然是很喜歡的。無怪乎許多人在詩歌上對於這個時代都表示留戀的情緒了。」[6] 他又說「開元天寶間，物價既然下落，一般消費者因為購買力增大，多半過著很舒適的物質生活。這樣的昇平時代，的確是值得懷戀的。」[7]

　　同是中研院院士的經濟史家，全先生的入門弟子王業鍵先生為此作出總結，其說「（全先生認為）高宗後期玄宗即位之前近半世紀期間，錢幣貶值，水旱間發，物價有騰漲之勢，不過上漲程度並不厲害。開元、天寶時期（七一三－七五五），社會經濟繁榮，百物豐盈，物價廉賤，是歷史上難得的昇平盛世。」[8] 在需求曲線的概念下，中國歷史上的盛世物價低落可以解釋為需求曲線向左移動，即在價格下降的情況下，消費者的購買力提高，導致對商品的需求量增加。因此，即使在通貨緊縮的情況下，消費者仍然願意購買更多的商品，從而促進生產和經濟發展。這也可以解釋為甚麼中國歷史上的盛世總是物價低落，而不像經濟學家所擔心的造成社會恐慌。在開元天寶間，物價下落使得消費者的購買力提高，從而促進了社會經濟的繁榮，讓百姓過上了豐盈的生活。

　　事實上，開元、天寶年間，物價下落主要原因是由於供應增加。陳磊指出：「開元以後，物價下落而且保持穩定，最大的原因仍然是農業生產的發展和糧食的充足。史書和唐詩中有太多的材料描述了開天時期在州郡和民間的公私倉庫中糧食的充足，要出現這樣的豐盛局面，只有在當時的生產達到相當的發展程度才可能實現。」[9] 用供需曲線解釋陳磊所說的觀點。在這種情況下，需求曲線不會向左或

向右移動，因為消費者在價格下降時的購買力增加是由於充足的供應而產生的，而不是由於價格變化。相反，供應曲線向右移動，表示農業生產的發展和糧食的充足。因此，價格下降，同時需求量和供應量都增加，導致物價保持穩定，從而創造了唐代的繁榮和昌盛。

不過，我們也不能忽視貨幣層面的問題，尤其是唐前期的政府不重視增加銅錢的供應，令到通貨長期供不應求而造成物賤錢貴的局面，以及混亂的貨幣政策有關，[10] 政府的干預行為迫使到「格雷欣法則」與「反格雷欣反法則」反覆地出現，至少在短期內，不下一次令銅價大亂。[11]

- **「反格雷欣法則」（良幣驅逐劣幣）**

  前文已簡介了「劣幣驅逐良幣」（格雷欣法則 Gresham's Law），經濟學家麥克勞德（MacLeod）在其《政治經濟學基礎》一書中將它歸納為貨幣定律，是為近代以來的經濟學常識。然而，賴建誠指：「劣幣驅逐良幣（格雷欣法則），要有一項前提才會成立：在金屬貨幣的時代，如果政府規定劣幣與良幣的購力相同（或有固定的交換比例），劣幣就會驅逐良幣。但如果（一）良劣幣之間沒有固定的交換比例，（二）政府鼓勵民間自由鑄幣（放鑄），那就有可能發生相反的情況：良幣會驅逐劣幣……（一）如果政府不強制規定劣幣與良幣的交換比例；（二）如果民間對錢幣的品質，訊息對稱透明的話；就有可能出現「反格雷欣法則」（良幣驅逐劣幣）。」見賴建誠：〈良幣驅逐劣幣：漢文帝的放鑄政策〉，《經濟史的趣味》（杭州：浙江大學出版社，二〇一一），頁二七二－二七四。

簡言之，全漢昇難題是指中國唐代太平盛世時期，物價長期處於極低水平的經濟現象。根據經濟學的常識，物價長期低落通常意味著人們的收入也很低，這將對經濟造成負面影響，例如會降低生產者的收益，導致企業倒閉等等。然而，在唐代太平盛世時期，物價的低水平並沒有對經濟造成負面影響，反而表明了當時經濟繁榮、產品豐盈、生產力提高、經濟效益提高等因素的影響。全先生提出了這個難題，是希望通過這個現象來提醒人們在解釋經濟現象時，需要考慮多種因素，不應僅僅從經濟學的角度去解釋。同時，也提醒人們經濟學的發展需要不斷探索和發現，才能更好地理解和解決現實中的經濟問題。

我們可以為全漢昇難題建立一個簡化的模型：

> 假設我們有以下變量：
> - P：物價水平
> - I：人們的收入水平
> - S：社會、政治、文化等多方面因素的綜合影響
>
> 我們可以建立以下方程來表示物價、收入和多方面因素之間的關係：
>
> P = f (I, S)
>
> 其中 f 表示一個未知的函數，它可以根據具體情況來確定。
>
> 假設這個函數是線性的，則可以寫成：
>
> P = aI + bS
>
> 其中 a 和 b 是未知參數。
>
> 我們可以進一步考慮，收入水平可能受到生產力和生產成本的影響，而生產力和生產成本又可能與農業生產和糧食供應有關。因此，我們可以將收入水平表示為以下形式：
>
> I = g (A, C)
>
> 其中 A 表示農業生產力，C 表示生產成本。
>
> 同樣地，我們可以假設這個函數是線性的：
>
> I = cA - dC 其中 c 和 d 是未知參數。
>
> 最終，我們可以將物價表示為以下形式：
>
> P = a (cA - dC) + bS

三、「穀賤傷農」的大唐盛世？

我們應當明白，中國在唐代中葉以前，屬於中古自然經濟階段，除了金屬貨幣，物物交易盛行，全先生也曾注意到米粟穀麥布絹帛等實物是銅錢以外重要的交易媒介。他另一篇經典文章，〈中古自然經濟〉一文指出：

> 我們可知中國自漢末以後，至安史之亂的前後，約共五百多年，自然經濟都佔有很雄厚的勢力。在買賣方面，人們多把穀帛等實物當作貨幣來交易，即物物交換。在租稅方面，政府大部分徵收實物。此外，地租的繳納，和工資的支付，

也多以實物為主。固然,錢幣有時也用來購買商品、繳納租稅,或支付工資,但它並沒有普遍而深刻的侵入一般人民的日常生活中,有如以後貨幣經濟佔優勢的時代那樣。因此,這五百多年雖然不是純粹的自然經濟時代,我們至少可以稱它為自然經濟佔優勢的時代。[12]

在〈唐代物價的變動〉中,全先生又說:

當日(開元年間)貨幣流通的數量到底一共有多少,史書無明文記載,我們不必妄加臆說。不過,當日貨幣的流通量,並沒有按照社會經濟的發展而作正比例的增加,以至交易上感到籌碼的不足,卻是我們可以斷言的。中書侍郎平章事張九齡看到此點,遂提議解放錢禁,除政府鑄造外,准許私人鑄錢,以便錢數增加,適應商業上的需要……由於此事,我們可以知道當日貨幣的流通額,實在太小,不足以適應交易上的需要。這麼一來,物價遂因貨幣的緊縮而低落。[13]

根據全先生所言,開元年間存在著貨幣短缺的問題,這是因為當時的貨幣供應量沒有隨著社會經濟的發展而增加,而導致了交易上的籌碼不足。這就意味著,當時的貨幣需求量高於供應量,從而推高了貨幣的價格(或者說降低了貨幣的價值)。用供需定律來解釋,貨幣的價格是由貨幣的供給量和需求量共同決定的。當貨幣供給量不足以滿足需求時,貨幣價格會上漲(或者說貨幣的價值下降)。為了緩解貨幣短缺的問題,張九齡提議解禁私人鑄造貨幣,增加貨幣供給量,從而緩解貨幣短缺問題,這也符合供需定律中供給增加可以降低價格的規律。因此,可以說開元年間貨幣供需失衡導致了物價下降,而張九齡提議的解禁私人鑄幣則可能解決了貨幣短缺問題,或會使物價更穩定。

由此可見,在中古時代,貨幣經濟並非社會的主體,自然經濟佔有優勢,其特色便是物物交易,故米粟穀麥等實物不單是商品,而且也是交易媒介,[14] 可稱之為實物貨幣,它不但有使用價值,尚有一定的交換價值。米粟穀麥布絹帛的價格便宜,不應只從消費者角度考慮,也應從生產者的觀點思考。當其價格下降,代表生產者要生產更多的產品,才能交換實物貨幣以外的生活所需品。即是說,當實物價格持續下降,而貨幣的供應量與流通量沒有合理地上升,生產者就必須要賣出更多的糧食,才能交換到生活所需,要維持粗安的生活不難,即是必需品充足,但奢侈品卻比糧價上升時代更難獲得。即是說,通貨緊縮而造成的糧價低落會對提升生活質素,吸收豐富營養,推動消費主義等貨幣經濟發展,造成一定的障礙。當然,從史書上看,開元天寶年間的生活實屬充足,但按照經濟史的反

283

事實推理法（counterfactual reasoning），若不是物價低落，而是合理地、緩慢地發生通貨膨脹（不是惡性通貨膨脹），農產品便可賣得更高的價格，農民便可以更少的產物換取更多的所需品，以改善生活。

　　本文認為在中古時代，貨幣經濟並不是主體，而是以物物交換為主要交易方式，這種情況下出現了實物貨幣。作者提到，如果通貨緊縮造成糧價低落，可能會對提升生活質素、推動消費主義等貨幣經濟發展造成一定的障礙。相反地，通貨膨脹如果是合理的且緩慢的，農產品價格可能會上升，農民就可以更少的產物換取更多的所需品，從而改善生活。

　　簡言之，通貨膨脹可以增加貨幣供應，減少貨幣價值，提高物價，使得農民生產的農產品可以換取更多的所需品，從而改善生活。此外，通貨膨脹也可以刺激消費，推動經濟增長。

　　然而，這種觀點的局限也很明顯。首先，在物物交換為主要交易方式的情況下，貨幣供應量不足，通貨膨脹可能會引起貨幣過度貶值，使得人們失去對貨幣的信任，甚至可能引發通貨膨脹的惡性循環。其次，通貨膨脹也可能會引發資源配置失調和生產效率下降的問題，對經濟造成不利影響。因此，在現代社會中，貨幣經濟已經成為主流，而通貨膨脹和貨幣政策也成為了宏觀經濟政策的重要課題，需要經濟學家和政策制定者密切關注。

　　由此看來，實物的價格便宜，不能簡單地視為物價便宜，而是反映了兩種貨幣（實物與金屬）的差距變得愈來愈大，物賤而銅貴，要用比原來更多實物才能換得銅錢，也是說實物貨幣貶值，而金屬貨幣在升值，若必要換取銅錢再交換其他物資，則成本會大大加重。若果人們對銅錢有比較大的需求，則代表生產者的生活壓力變得更大，可是穀麥是缺乏彈性的商品，即使價格下跌，也很難大幅增加需求，農民不易賣出更多的作物，故穀價等實物價格持續低迷，絕非好事。這種觀點，不獨受現代經濟學的價格定律所關注，早在先秦的《管子・國蓄》已載：「穀貴則萬物必賤，穀賤則萬物必貴，兩者為敵，則不俱平⋯⋯夫物多則賤，寡則貴。散則輕，聚則重。」[15]《管子》的作者早已明白，穀價過低對會令百物騰貴，迫使農民要生產更多的作物，但產量受客觀環境影響，彈性極少，往往追不上穀價下跌的幅度，此會造成社會的不安。這根據《管子・國蓄》中的說法：穀價下跌 → 農民生產更多穀物 → 供給增加 → 價格下跌 → 萬物必貴。

由此觀之，《管子》認為穀物的價格和其他物品的價格是相互影響的，穀物價格上漲會導致其他物品價格下降，而穀物價格下跌會導致其他物品價格上漲。這種現象被稱為「穀物與萬物的敵對關係」。當穀物價格下跌時，農民會受到影響，因為他們依靠穀物銷售來維持生計。穀物價格下跌意味著農民的收入減少，因此他們會試圖增加生產以增加收入。這將導致穀物供應增加，使穀物價格進一步下跌。這樣的循環可以導致穀物價格下跌到一個導致農民難以維持生計的程度，從而引起社會的不安。

戰國時代的李悝便已提出穀賤傷農的學說，他認為：「（穀價）糴甚貴傷民（消費者），甚賤傷農（生產者）；民傷則離散，農傷則國貧。善為國者，使民無傷而農益勸。」[16] 李悝也認為穀價過低會傷害農民，因為農民無法維持生計，生產減少，國家經濟會陷入貧困。相反地，如果穀價過高，消費者則會因為無法負擔而生活困難。因此，他主張穀價應該保持適中的水平，既能保障農民的生活，又不會影響消費者的生活。

唐玄宗時，著名史學家劉知幾（六六一—七二一）之子劉秩也有類近的想法，其云：「物賤傷農，錢輕傷賈，物重則錢輕，錢輕由乎物多。」[17] 劉秩的思想則強調，物價過低會傷害農民的利益，而物價過高會傷害商人和消費者的利益。他認為，物價下跌會導致貨幣的貶值，進而對商人造成損失。而物價上漲則會對消費者造成負擔。因此，政府應當保持穩定的物價水平，既不能過高也不能過低，以保障農民、商人和消費者的利益。按照上述觀察，開元天寶年間物價最賤，按理應當對農民傷害最大，因為邊際產量的增幅追不上物價的下跌。

四、唐前期的稅收與經濟

然而，唐前期的社會仍屬中古自然經濟，對銅錢的需求遠不如貨幣經濟社會般大，其影響不應被誇大，全先生在〈唐宋政府歲入與貨幣經濟的關係〉一文又說：

因為歲入中錢幣與各種物品的單位和價值的不同，根據這個表【編按：原文第一表「天寶八年歲入額」】我們無從看出當日政府歲收中錢幣與實物的比重。幸而《通典》作者杜佑告訴我們：當日戶稅所收的錢，約為租、庸、調所收實物的二、三十分之一。故我們如果把上表中粟的數量約略減去一半，即減去因徵收地稅而得到的一千二百四十餘萬石，那末，錢幣收入便約佔表中其餘一切實物收

入的二、三十分之一,即百分之三點三至百分之五。由此可知,唐代在中葉以前的國家歲入中,絕大部分以穀粟及布帛等實物為主,錢幣只在其中佔據一個極不重要的地位。[18]

根據杜佑的說法,當時(約天寶時期)戶稅所收的錢僅約為租、庸、調所得實物的二十分之一或三十分之一。錢幣收入:實物收入=1:20 或 1:30。據全先生的分析,說明唐代時期國家歲入以實物為主,而錢幣只佔極不重要的地位。其中提到,戶稅所收的錢約為租、庸、調所收實物的二、三十分之一,即錢幣收入佔實物收入的比例只有百分之三點三至百分之五。這種「錢幣收入僅佔實物收入的百分之三點三至百分之五」的量化結果,清楚證明了唐前期仍以實物徵收為主的財政體系,亦支持全漢昇對「中古自然經濟」在唐代初中葉尚佔主導地位的判斷。因此,可以得出以下結論:唐代時期國家歲入以實物為主,而錢幣只佔極不重要的地位。在此時期,農民所得收入以實物為主,而非錢幣。因此,物價下跌對農民的傷害程度可能比錢價下跌小,因為農民的收入主要是以實物形式存在。

唐前期政府的收入之中,只有不足百分之五來自金屬貨幣,其他則是來自實物貨幣,這也意味著一般人對用銅錢來繳付政府的稅收需求不高,一般人既以實物支付,也反映其收入大部分也是來實物,不然要由實物轉換成銅錢則要付出更高的成本,足見當時社會仍屬自給自足為主,基層百姓對奢侈品的需求相當有限。故此,當實物貨幣的價值下降,也不會對社會造成巨大的衝擊。經濟學家所擔心的通貨緊縮,對於貨幣經濟時代的損害極大,因為社會無處不依賴貨幣(金屬或信用),當實物不斷貶值,人們會抱持觀望的態度而減少消費,但在自然經濟時代則不然,消費主義尚未盛行,人們大多自給自足,當銅錢的流通減慢,它會對商品經濟造成一定的打擊,也會導致生產者生活質素下降,但不會大幅增加失業,而消費者也會獲益,故不會因此危及社會安定。

唐代前期的通縮現象,主要在於國家壟斷貨幣供應所致,當唐代開元年間人口已上升到歷史新高,[19] 生產力也在不斷進步,穀麥絹帛的供應也日益增加,但貨幣供應並沒有相應增加,使到社會出現相對性的通貨緊縮。《舊唐書・玄宗本紀》載:「(開元)二十二年(七三五)……壬午,欲令不禁私鑄錢,遣公卿百僚詳議可否。眾以為不可,遂止。」[20] 朝廷雖然意識到開放民間參與才能增加銅錢的供應,以解決長期的通縮,方可減低買賣的交易成本,促進經濟發展,但張九齡提出的建議,[21] 卻因干預主義者的反對而夭折,令已有極大進展的貨幣經濟

受到局限。[22] 事實上，全先生指出唐玄宗開元十一年（七二四），政府確曾是有限度地讓民間參與開發銅礦，效果也不俗，稍稍改善了錢荒的問題，不過後來遭到保守派大臣的強烈抵制，開放參與沒能進一步擴大，也一直解決不了通貨緊縮的問題。反而中唐以後，尤其是貞元至元和年間，政府讓民間大舉開發，開放市場使供應大量增加，全先生〈中古自然經濟〉一文又說：

> 銅的供給之增加——當日銅的供給所以增加，主因為銅礦之大規模的開采。在唐代開采的各種礦產，以銅礦為最多；其產量則除元和初（八〇六）鐵多於銅外，亦以銅為大宗。這些銅礦的開采，除官營外，又由人民經營，其產品則按照時價完全由政府收買，以便鑄造錢幣。[23]

如此，唐代才能擺脫通縮，一步一步地使中國從中古自然經濟轉入貨幣經濟社會，直至北宋才能完成。[24]

總而言之，盛世的物價（專指實物貨幣）低落，消費者固然受惠，但在農業為本的社會，大部分人是生產者，物價低落卻是相反的效果。雖然糧食便宜可使人溫飽，促進人口增長（供應的增幅高於需求），但這不過是社會粗安的表現；另一方面，它會阻礙社會經濟的發展，也會加重生產者的負擔，更會局限人們改善生活質素的追求。

五、粗安生活水平陷阱

最後，我們要回答全先生的疑問，何以在通縮時代，詩文史書上仍然歌頌為太平盛世？其實，全先生已有論斷，他在〈唐代物價的變動〉一文開首說：

> 物價一漲一落的變動，對於人民的經濟生活有很大的影響。就消費者這一方面來說，物價貴了，他們往往叫苦連天，因為他們的購買力從此要大大的削弱，以前許多力能買到的物品都買不起，只好把原來的生活標準忍痛降低。反之，物價賤了，他們自然要笑顏逐開，因為他們的購買力從此增大，可以自由享用各種物品，過著很舒適的生活。至於生產者，也是同樣感到物價漲落的影響，雖然他們所感到的與消費者完全相反。當物價上漲的時候，他們都興高采烈，因為這是他們發財機會的來臨。反之，當物價下落的時候，他們卻很焦急，因為這樣他們不獨賺不到錢，有時甚至要大大的虧本。[25]

全先生指出，在唐代，對於普通民眾來說，經濟生活中最主要的因素是糧食

價格。糧食價格上漲,對消費者來說意味著生活水平下降,但對生產者而言卻是有利的,可以增加他們的收入。反之,糧食價格下降,消費者可以享受到更多的物質財富,但對生產者而言卻是不利的,可能會導致他們的收入減少,甚至虧損。因此,在唐代這種以農業為基礎的社會中,糧食價格的波動對消費者和生產者的影響是相反的,而在文學、藝術、歷史等領域,則更注重表現當時社會的安定與繁榮,因此仍會出現關於太平盛世的描寫。

本文認為,由於撰寫詩文史書的文人都是消費者而非生產者。他們在通縮時代獲得好處,物價便宜,都市人的購買力增強,生活也因而得到改善,是文人墨客未必有作過田野考察而得出的結論。廣大的生產者則不然,尤以農民為甚,穀物的價值愈來愈低,溫飽雖無大問題,絹帛的價格下降,而絹帛大數多是家庭式作業,是代表勞動力的價值也在下降。物價低迷,即是說生產者的生活壓力則愈來愈大,其交換能力也隨之大幅下降。簡而化之,假設:

P1:文人都是消費者,而非生產者。
P2:文人在通縮時代獲得好處,因為物價便宜,購買力增強,生活得到改善。
P3:生產者(尤其是農民)面臨物價低迷的情況。
P4:農民種植的穀物價值下降。
P5:綢緞的價格下降,這是一種家庭式作業,代表著勞動力價值也下降。

則有以下公式:

如果文人是消費者,而非生產者,則文人在通縮時代獲得好處:

[(P1 ∧ P2) → 文人受益]

如果生產者(尤其是農民)面臨物價低迷的情況,則他們的生活壓力增加,交換能力下降:

[(P1 ∧ P3 ∧ P4 ∧ P5) → (生產者的生活壓力增加 ∧ 生產者的交換能力下降)]

以開元、天寶年間為例,因貨幣制度混亂,通貨不足,旋即陷入了「粗安生活水平陷阱」,其特徵有三項:(一)消費者的生活豐足,都市人過著欣欣向榮的日子;(二)實物貨幣的生產者的溫飽得到滿足,但整體的日子則愈來愈艱苦;(三)一般人的生活壓力是緩慢地增長,卻不甚明顯。對於「粗安生活水平陷阱」,

可以透過以簡單公式表示：L = P *（1 -（1/N）*（A/L））

其中：

L = 生活水平

P = 生產力

N = 人口數量

A = 人均耕地面積

根據這個公式，當人口數量增加，人均耕地面積減少，生活水平就會受到影響，並且可能陷入粗安生活水平陷阱。在「粗安生活水平陷阱」中，當人均耕地面積較小時，生活水平會隨著人口增加而下降，即當人口數量增加時，生活水平無法隨之提高，反而可能下降。這是因為在人均耕地面積較小的情況下，耕地面積無法滿足人口的需要，導致糧食和物資短缺，進而影響生活水平。此時，生產力對生活水平的提升已經不再起作用，反而可能被人口數量和人均耕地面積的負面影響所抵消。這種情況反映了經濟不穩定和通貨膨脹的嚴重影響。由於貨幣不足，一些人不得不尋找其他方式來交換和購買商品，而實物商品和農作物成為了交換媒介。這可能導致某些人在物資不足的情況下獲得了好處，但對於社會整體而言，這是一個不穩定的狀態。因此，這種情況也可能引發社會動盪和不滿。

這一切都是因國家過於重視農業，而輕視貨幣發展之故。唐朝在積極開拓土地和發展農業的同時，卻未有適時發展貨幣制度，也沒有利用貨幣以減低社會的交易成本，從而使經濟變得更具效率。

1. 何漢威：〈經濟史壇祭酒全漢昇先生傳略〉，載全漢昇教授九秩榮慶祝壽論文集編委會主編：《薪火集：傳統與近代變遷中的中國經濟》（臺北：稻鄉出版社，2001），頁 iv。
2. 陳慈玉：〈全球化的省思——全漢昇與近代中國經濟史研究〉，《臺大歷史學報》第 39 期（2007），頁 77-106。
3. 三篇文章均發表於 1940 年代的《中央研究院歷史語言研究所集刊》，現收錄於全漢昇：《中國經濟史研究》，上冊（香港：新亞研究所，1976），頁 1-142、143-208 及 209-264。
4. 梁庚堯：〈歷史未停滯：從中國社會史分期論爭看全漢昇的唐宋經濟史研究〉，《臺大歷史學報》第 35 期（2005），頁 1-53。
5. 全漢昇：《中國經濟史研究》，頁 207。
6. 全漢昇：《中國經濟史研究》，頁 207。
7. 全漢昇：《中國經濟史研究》，頁 159。
8. 王業鍵：〈全漢昇在中國經濟史研究上的重要貢獻〉，《清代經濟史論文集》，第一冊（臺北：稻鄉出版社，2003），頁 59。
9. 陳磊：〈隋唐時期的物價研究：以江淮地區為中心〉，《史林》第 4 期（2012），頁 51-64。
10. 劉儷燕指出：「唐代前期的貨幣問題，表面是惡錢盜鑄的猖獗，然究其實際，似乎隱含著銅錢供應不足的深一層事態。」見劉儷燕：《唐朝後期的銅錢不足問題——從供需面的探討》（臺北：國立臺灣大學歷史學研究所碩士論文，1990），頁 9。
11. 《舊唐書·食貨志上》載：「顯慶五年（660）九月，敕以惡錢轉多，令所在官私為市取，以五惡錢酬一好錢。百姓以惡錢價賤，私自藏之，以候官緊之弛。高宗又令以好錢一文買惡錢兩文，弊仍不息。」（頁 2095）；又載：「至天寶之初，兩京用錢稍好，米粟豐賤。數載之後，漸又濫惡，府縣不許好者加價迴博，好惡通用。富商奸人，漸收好錢，潛將往江淮之南，每錢貨得私鑄惡者五文，假託官錢，將入京私用。京城錢日加碎惡，鵝眼、鐵錫、古文、綎環之類，每貫重不過三四斤。」，頁 2099。以上所記，充分反映高宗到玄宗朝的貨幣問題。見劉昫等：《舊唐書》（北京：中華書局，1975）。
12. 全漢昇：《中國經濟史研究》，頁 100。
13. 全漢昇：《中國經濟史研究》，頁 157。
14. 陳彥良：〈東漢長期通貨膨脹——兼論「中古自然經濟」的形成〉，《清華學報》第 41 卷第 4 期（2011），頁 3。
15. 戴望：《管子校正》（臺北：世界書局，1973），頁 361。
16. 班固：《漢書》（北京：中華書局，1970），〈食貨志上〉，頁 1124-1125。
17. 歐陽修等：《新唐書》（北京：中華書局，1975），〈食貨志〉，頁 1385。
18. 全漢昇：《中國經濟史研究》，頁 211-212。
19. 葛劍雄：《中國人口發展史》（福州：福建人民出版社，1991），頁 160。
20. 《舊唐書·玄宗本紀》，頁 200。
21. 張九齡說：「往者漢文之時，已有放鑄之令，雖見非於賈誼，亦無費於賢君。況古往今來，時異事變，反經之事，安有定耶？終然固拘，必無足用，且欲不禁私鑄，其理如何？」見熊飛：《張九齡集校注》（北京：中華書局，2008），頁 499-500；參見潘鏞：《〈舊唐書·食貨志〉箋證》（西安：三秦出版社，1989），頁 94。
22. 《舊唐書·食貨志上》載：「黃門侍郎裴耀卿李林甫、河南少尹蕭炅等皆曰：『錢者通貨，有國之權，是以歷代禁之，以絕奸濫。今若一啟此門，但恐小人棄農逐利，而濫惡更甚，於事不便。』」（頁 2097）；又參看彭威信：《中國貨幣史》（上海：上海人民出版社，1965），頁 367。
23. 全漢昇：《中國經濟史研究》，頁 106。
24. 參見梁庚堯：〈歷史未停滯：從中國社會史分期論爭看全漢昇的唐宋經濟史研究〉，《臺大歷史學報》第 35 期（2005），頁 1-53。
25. 全漢昇：《中國經濟史研究》，頁 144-145。

北宋長江農業與政府之稅入

　　經歷過唐以前歷朝漫長的經濟重心南移，大抵於兩宋時期（九六〇－一二七五）踏入完成階段，加上宋室南渡後，長江中下游流域遂一度成為中國的經濟、政治中心。本文試圖討論北宋長江農業發展與稅入之關係，以進一步了解全漢昇先生《唐宋帝國與運河》學說之背景。下文所論之長江經濟區只指中下游地區，即兩浙、兩淮、兩江、兩湖等行政區。至於上游，因種種因素，不在討論之列。

一、北宋農業經濟的發展

　　中國自古以農立國，農業是國家的命脈所在，故此歷代政府皆特別重視，據《宋朝事實》載：仁宗（趙禎，一一二三－一一六三在位）明道元年（一〇三二）「朕欲躬耕耤田，庶驅天下游食之民」[1] 趙宋皇朝當然也不例外。

　　由於長江地區有天然優勢，加上唐代中葉以後經濟重心明顯自北方南移，故此五代之時長江經濟日益發達，當時農田以坑稻為主，故人稱「土多杭稻」。太宗（趙光義，九七六－九九七在位）太平興國時（九七六－九八四），政府下令鼓勵農民廣種諸穀，以淮北地區提供麻、粟、麥、黍、豆等種子，同時亦設置沙田、蘆場等種植場，自此以後長江流域農作物品種更多元化。當時源自東南亞的占城稻已傳入中國的閩廣地區，《續資治通鑑》北宋紀三十卷：真宗大中祥符五年「帝以江、淮、兩浙路稍旱即水田不登，乃遣使就福建取占城稻三萬斛分給三路……。」[2]《宋史‧食貨志》又載：「……取占城稻三萬斛，分給三路為種擇民田高仰者時之蓋旱稻也。」[3] 直到宋真宗（趙恒，九九八－一〇二二在位）大中祥符四、五年間（一〇一二－一〇一三），政府始把它推廣到更有利種植的長江流域，自此糧食壓力在很大程度上得以舒緩。

　　自生長期較短的占城稻傳入長江流域後，使當地農產量大幅度提升，由原來一些地區的兩年一作或一年一作，提升至平均一年一作或兩年三作，南宋時部分地區更改善至一年兩作不等。隨著品種的改良、農業技術的進步，長江農業經濟遂發展到歷史高位，自此以後長江糧產區便有「蘇常熟，天下足」的美譽，成為當時中國最主要的產糧區之一。

依本文統計，太平興國（九七六－九八四年）時長江七路上報約有一百〇九萬三千一百一十八戶，但到了徽宗崇寧（一一〇二－一一〇六年）時，戶數已經達到六百四十八萬七千四百七十戶，其增長幅度達到百分之四九三，這是一個相當驚人的數字。此期間的年均增長率可透過以下公式計算：：

年增長率 = （（終值 / 初值）^（1 / 年數）- 1）x 100%；

其中，取兩個時期的中點計算年數，即初值的年份（九八〇年）至終值的年份（一一〇四年）為一二四年，將上述數值代入公式：

$$年增長率 = \left(\frac{6,487,470}{1,093,118}\right)^{\frac{1}{124}} - 1 \approx 1.41\%$$

因此，這個時期戶數的年增長率約為 1.41%。

當時人口以倍數上升，而筆者查閱正史史料，未見上述七路於該時期發生多次因糧食供應比例不足的大型饑荒，即是背後意味著必須有一定比例的糧食來應付大幅度上升的人口。其原因可以說是因新糧食品種的引入和耕作技術的進步，與人口急升互為發展和影響，由此可推論當時農業發展之速度。

中古時期人口不斷上升，但可耕地的增加卻有限，故此有開發新耕地的需要。加上，兩宋時期技術的提升亦促使到不少新耕種方法的出現，使中國的農業發展更為豐富，當中代表者如水種和山種等種植法。《宋史‧食貨志》：北宋「慶曆（一〇四一－一〇四八）、嘉祐（一〇五六－一〇六三）間，始有盜湖為田⋯⋯自是兩州之民，被水旱之患⋯⋯」[4] 當時民間大量開發江、湖，因此出現了蘇浙的「圍田」、荊湖的「湖田」、兩江的「圩田」等水湖田，水湖田的發展可見於江東路的圩田，畝產量由北宋時三石[5] 升至南宋時最高的六百至七百斤，最高升達百分之一百三十三點三。[6]（增長率：從三石（約三六〇斤）提升至六至七石（七二〇至八四〇斤）時，增長率介於百分之一百至百分之一百三十三點三；若僅達到六百至七百斤，增幅則約百分之六十六點七至百分之九十四點四，南宋時期的水湖田產量或許高達北宋的二點三三倍。）當時水湖田在一些地區十分普遍，如建康府（今江蘇省南京市）五縣之中便有四縣有圩田，其佔全府農地約五分一，當中的溧水縣（今江蘇省溧水縣）有圩田者，近三十萬畝地佔全縣可耕地九成以上，即為一例。

江南排水田的大量使用，增加了土地的可用性，在一定程度上有助舒緩土地壓力問題，但原具有調節水量功能的湖泊被佔用，破壞生態環境，使長江時有水災，政府屢禁不果。故兩宋時期，政府大興水利，當中如興修古老的荊湖長、木二渠等大型水利工程。雖然政府後來廣修水利，但因湖田被大量佔用、樹木過度砍伐，以至水土流失嚴重，間接造成水災，影響後世至今未止。

　　同時，荊湖一帶的山區已普遍使用刀耕火種的方法，此類田又稱之為「畬田」，出現在水稻種的丘陵地區，當中如「梯田」和「畦田」皆是以種植米糧為主的。而「梯耕法」的發明使到偏遠地區亦得以發展，丘陵較多的兩湖地區可以說是最受益的地方之一。

　　農業工具方面，當時南方農民普遍使用較先進的「龍骨翻車」來灌溉，同時用比「龍骨翻車」運轉力更大的筒車，引水上山以灌溉山田。時有「器以象制，水以輪濟」之句，就反映了這種有輪軸、利用水力或牛力推動的筒車。北宋政府兩次在耕牛缺乏的地區推廣「踏犁」。「踏犁」是一種較好的人力翻土工具，四五個勞動力的功效相當牛耕的一半。這對畜力不足地區解決耕田的困難，起過一定的作用。

　　另外，兩宋時江南除稻米以外還盛產高增值的果木，諸如兩浙的杭州（今浙江省杭縣）、衢州（今浙江省衢縣）、江西的吉州（今江西省吉安縣）等產的金桔、柑橘，而兩湖亦有產桔，越州（今浙江省紹興市）、洪州（今江西省南昌縣）盛產橘、甘蔗等。《游宦紀聞》卷五謂：有「永嘉（今浙江省永嘉縣）之桔，為天下冠」之說。[7] 時又有云「桔出溫郡（今浙江省永嘉縣）最多種」，「歲當重陽，（桔）色未黃，有採之者，名曰『摘青』，舟載江浙間。」當時因為有農業剩餘生產，故此農民便能投放資源到一些非主要糧食而經濟回報較佳的產品上。

二、農業副產品：茶、酒、漕運等

　　宋代農業的發達促使其副產業的發展，而茶業便是其中一種。茶樹在各種經濟作物中可說得上是最具地域特色，因為茶樹適宜在溫暖的地方生長，故幾乎全在南方地區發展。本文所討論長江諸路正是宋代的主要產茶區之一。下為高宗紹興年間時年產量：[8]

地區	年產量（斤）
淮南	19,257
江西	5,380,018
江東	3,759,17
兩浙	1,897,063
湖北	4905,945
湖南	1,085,846

福建、廣東地區素以品質聞名，長江地區則以產量取勝，產茶之多乃全國之冠。從上表中大概顯示長江諸路私產茶情況。宋代長江流域，特別是東南地區茶業較為發達，兩淮是由官方經營，兩浙、兩江、兩湖則為民營官榷，大大促進當時農業商品化的發展。兩湖除產茶外，還盛產茶具。《宋稗類鈔》有謂：「長沙造茶品極精致」，[9]可見一斑。

長江流域的茶業發展是由於人們充分利用了不適宜種植糧食的環境，創造了較高的經濟效益，大力促進長江流域商品經濟的交流和發展。反觀北方地區由於自然環境的限制，故南方茶業可說得上處於絕對的優勢。

與茶業相比，釀酒業所受的地理環境條件較少。只要有糧食，各地都可以釀酒，但仍有一定影響。《宋史·食貨志》謂其：「凡醞用秔、糯、粟、黍、麥等及麴法、酒式，皆從水土所宜」[10]，也就是說其影響主要見於質量和種類之中。從各地稅收可反映出當時長江流域酒業的情況，下表為熙寧十年（一〇七七）長江流域各地酒課數目，以貫（一貫＝一緡＝一〇〇〇錢）為單位：

地區	酒課（貫）
淮南	1,261,955
江西	211,778
江東	450,691
兩浙	1,897,063

當年諸路年課總計為四百七十八萬五千三百一十五貫，從長江流域釀酒業的發展可反映當時原料（米糧）供應充足，與農業的發展互為因果。有一點必須說

明，酒並不是民生的必需品，其普遍程度又不如茶，所以酒課數目並不能完全反映當時實際的情況，只能供為一種參考、佐證而已。又據《宋史‧食貨志》顯示，本來北方酒課佔全國三分之二，但南渡以後總酒課額不但沒有減低，反而輕微上升，一方面是因政府大幅提高酒課數目，以補助軍餉，另一方面是因長江為首的南方經濟有雄厚的基礎，必須有一定的農業剩餘才可大量釀酒，以供課用。

時人莊綽於《雞肋編》中記南宋時俚語：「欲得官，殺人放火可招安。欲得富，趕著行在賣酒醋」，[11] 從上文多少能理解到釀酒業的情況和當時私營是有利可圖的，因宋代大部分地區酒業是官方榷課之一。

當時江南已成為主要糧食產區，加上商品市場發展，南糧北運或南貨北銷成為當時中國經濟的一大特色。其主要情況是先集中長江中下游的糧食、貨物，然後轉運北方分銷。宋太平興國六年（九八二），經漕運至汴京者主要有四條路，第一條：來自江東、浙東西、淮南、荊湖南北經由汴河入京，有粟（米糧）三百萬石、菽（豆類）一百萬石；第二條：來自陝西經黃河入京，有粟五十萬石、菽三十萬石；第三條：經惠民等河，有粟四十萬石、菽二十萬石，來自陳、蔡等地；第四條：是入經廣濟河，有粟十二萬石，主要是來自京東。[12] 據筆者統計，各地經漕運入京的菽可能有一百五十萬石而長江地區有一百萬石，佔當中的百分之六十七。而各地經漕運至京師的粟（主要食糧之一）共有四百〇二萬石，長江地區佔整體漕運入京額達百分之七十五。

以上資料反映出長江各路農業的發展，以及其對當時漕運經濟有舉足輕重的地位。而後來北方淪陷，南北交通一度終斷，其餘各地物資皆由江南河入杭州，長江地位更為上升，在經濟上支援南宋政權。當時於江、淮沿岸養活了數以萬計工人。至此農業、運輸業等相關行業已成為了中國最主要的經濟命脈之一。

至於城市方面，兩宋時期有了新的發展。中國古代的城市一般是「坊」、「市」分區的，即是把民居與商業區嚴格界分，但隨著經濟發展和城市人口增加，大概於北宋時期徹底更變了「坊」、「市」的界線，其時一般商店可以自由開設，不再採取以往的集中模式。北宋時舊坊制被取締，城市的行業分區亦逐漸消失，其時普遍出現城市以外的商業中心，稱為「草市」，而農村中還有些定期開放的市場，北方稱為「集」，南方稱作「墟」。在集市中，農產品和布帛竹木器等日用品佔大宗，也有一些生產工具的交易。以上種種，足見北宋長江經濟之發達。

295

三、長江諸路稅入概況

上文簡單概述了長江七路的經濟概況，但若想更深入了解，則要從政府的稅收來證明當時長江地區的經濟地位。北宋時期，汴京已有數十萬、甚至上百萬的軍兵官吏，當時已有政府依靠東南錢糧養活的說法，可見其經濟發展已甚巨規模，而到了南宋，其能倚著江南半壁江山偏安百多年，長江經濟蓬勃是重要原因之一。現以七路錢糧稅收來分析當時的經濟概況。

但值得注意的是，宋代「稅」、「課」是有所區別的，「稅」在原則上是不可隨意增加，而對「課」則沒有此限制。「稅」主要是指正稅，即兩稅的收入（錢＝貫，糧＝石，帛＝匹），還有一些商入都可稱為「稅」，而專賣收入則稱為之為「課」。嚴格地說，酒、鹽、茶、礬、香等專賣品是屬於應「課」類，而不該稱為稅，但不少人對此卻混淆不清。

根據《宋會要輯稿‧食貨》，北宋宣和元年（一一一九）諸路在兩稅上供財賦中，全國各路共收總數有一千五百〇四萬二千四百〇六貫，而長江七路的上供額，便有一千一百五十九萬四千四百五十貫，佔百分之七十七。[13] 到南宋紹興末年，諸路上供錢銀數總計有一百八十六萬七千九百四十九貫，長江七路計有一百四十三萬七千五百〇六貫。當中長江諸路亦佔百分之七十七。[14] 資料顯示，在兩宋期間七路地區上供之數佔全國七成以上收入，其對兩宋財政可謂舉足輕重。從這些資料可推斷，當時長江七路的整體經濟發展、財政狀況，或已遠超過大部分地區，因而可負擔政府絕大部分的稅收。

農業經濟方面，可從諸路發運司米上供京師的情況中佐證，據時人江少虞《宋朝事實類苑》載：

淮南一百三十萬石，江南東路九十九萬一千一百石，江南西路一百二十萬八千九百石，荊湖南路六十五萬石，荊湖北路三十五萬石，兩浙路一百五十萬石。[15]

北宋時，以上諸路年供合計為六百〇八萬〇一百石，而其餘各地則有六百二十萬石，即全國共有一千二百二十八萬〇一百石，以上諸路佔全國上供總額達百分之五十。綜合以上統計，政府依靠東南錢糧養活之說，實不為過。[16]

除上供額數分析外，亦可於其他稅項之徵收數目來分析長江中下游區域經濟

發展的情況。如宋代法令規定，商人販賣布帛、什器，民間典賣田宅、馬牛等，都要向政府繳納商稅，有類似關稅的稅種，《宋史·食貨志》謂「行者齎貨，謂之『過稅』，每千錢算二十；居者市鬻，謂之『住稅』，每千錢算三十」，[17] 又有似銷售稅的稅種，「有官須者十取其一，謂之『抽稅』』。」[18] 即是說，過稅的比例為百分之二，住稅的比例為百分之三，銷售稅的比例為百分之十。

熙寧十年（一〇七七）以前，全國各州商稅年額：四十萬貫以上有三處，長江流域佔一處；二十萬貫有五處，全在南方；五萬貫共三十處，南方佔十八處。而當年的收入總額有七百八十萬三千七百二十七貫，長江諸路計有四百四十一萬五千一百七十貫，以上諸路佔當中的百分之五十七。[19] 要注意的是，宋代商稅並不止於商品，而徵收對象亦不限於商人，往往會涉及到一般平民身上，《宋會要輯稿》十七之四二記紹興二十五年（一一五五）一段政令的執行情況：「關市之征，係為商旅…以致士子舉子路費搜囊倒篋，不問多寡，一切拘攔收稅……」[20] 以上數字，可作為當時實質邊際經濟情況的參考。

傳統成說認為北宋政府經營困難，事實上宋代稅入仍遠比前代為高，其主因是其稅率比前代高。作為經濟重心的長江經濟體系可說是負擔最重的地方，《續資治通鑑》卷一四一謂「今重征之幣，莫甚於沿江」。[21] 又如錢穆先生所言「宋二稅之數，視七倍於唐」，[22] 而長江稅收又佔其中七成以上，若非長江經濟有深厚的基礎，則不可能負擔如此重擔，此可反證兩宋長江經濟的發達程度。

北宋全國各路上供布帛數中，長江流域各路也是佔多數。「羅」在全國總收十萬〇六千四百八十一匹，其中南方佔十萬〇六千四百六十八匹；「緒」在全國總收四萬四千九百〇六匹，其中諸路佔二萬二千九百〇五匹，共計為；「絹」在全國總收二百八十七萬六千一百〇五匹，其中南方佔二百〇九萬六千四百二十一匹；「綢」在全國總收四十六萬八千七百四十四匹，其中諸路佔三十八萬三千七百二十六匹；「布」在全國總收五十五萬五千八百二十九匹，其中長江諸路佔四十七萬七千三百〇三匹。計算結果如下：

「羅」南方佔比：百分之九十九點九八八

「緒」南方佔比：百分之五十一點〇三〇

「絹」南方佔比：百分之七十二點八六一

「綢」南方佔比：百分之八十一點八三六

「布」南方佔比：百分之八十五點九二〇

從布帛上供數中可見,和上述的錢、糧一樣,當時各類布帛生產大部分均集中於南方,一再顯示長江經濟的重要地位。

商稅的徵收直接反映了當時商業發展的狀況,但不可忘記,民間私賣、私運情況想必嚴重,故民間商業活動、貿易額實應遠超過所徵收商稅所能反映的。總而言之,當時長江經濟已大有領先於全國之勢。

撇除政治等因素,從宏觀角度看,兩宋時期長江流域為首的經濟日益發展,農業經濟冠於全國,而商業愈見頻繁,手工業亦日益蓬勃,早已離全漢昇先生所講的「中古自然經濟」的時代遠矣,進入了一個商品經濟的新時代。

1. 陸錫熊等編：《宋朝事實》，錄於《中華古籍叢書刊·11》（大西洋圖書公司印行），民國 58 年（1969）版，頁 229。
2. 清畢沅等編：《續資治通鑒》（北京：改革出版社，1994），頁 670。
3. 《宋朝事實·食貨志上一》，頁 4162。
4. 《續資治通鑒》，頁 4183。
5. 1 石 =100 斤 =133.333 磅 =60.453 千克。
6. 1 斤 =16 兩 =1.33 磅 =604.53 克；1 兩 =1.33 安士 =37.783 克。
7. 張世南：《游宦紀聞》（北京：中華書局，1981），頁 45
8. 《宋會要輯稿·食貨》29 之 17-22。
9. 潘永因編：《宋稗類鈔》，下卷（北京：書目文獻出版社，1985），頁 689。
10. 《宋史·食貨志下》：（鼎文書局，1981），頁 4514。
11. 莊綽：《雞肋編》（北京：中華書局，1981），頁 18。
12. 錢穆：《國史大綱》（香港：商務印書館，1998），頁 708。
13. 汪聖鐸：《兩宋財政史》（北京，中華書局，1995），頁 876。
14. 汪聖鐸：《兩宋財政史》，頁 877。
15. 江少虞：《宋朝事實類苑》（上海：上海古籍出版社，1981），頁 254。
16. 程民生先生有部分主張與本文持相反意見，其主要是以《文獻通考》及文集類書等為依據，認為宋代北方經濟仍領先南方，兩稅實際收入亦較南方高。筆者撰寫本文，主要參考其他學者的主流意見和《宋史·食貨志》、《宋朝事實類苑》、《宋會要輯稿·食貨》等資料。見程民生：《宋代地域經濟》（開封：河南大學出版社，1992）。
17. 《宋史·食貨下》，頁 4542。
18. 《宋史·食貨下》，頁 4542。
19. 張家駒：《兩宋經濟重心的南移》（湖北：人民出版社，1957），頁 33。
20. 《宋會要輯稿·食貨》17 之 42。
21. 《續資治通鑒》，頁 3228。
22. 《續資治通鑒》，頁 548。

反格雷欣法則下的大明寶鈔

一、前言

筆者在二〇〇五年發表〈重評大明寶鈔〉一文，十年來有數十次引用，在歷史學文章來說，引用量並不算少。經濟學上有一著名的法則，稱之為格雷欣法則（Gresham's Law），又名劣幣驅逐良幣定律。所謂劣幣驅逐良幣，傳說古時在金屬貨幣年代，市場上有兩種不同質素，但名義價值相同的貨幣同時流通，一般人見到質素較優的銅幣，印製精美，印在幣上的頭像完好無缺，人們一旦手持良幣，覺得奇貨可居，有收藏價值，便把良幣好好保管，漸漸市場上不易見到良幣流通，而質素較差的劣幣，反成了廣泛使用的交易媒介，最後把良幣驅逐出市場。[1] 然而，格雷欣法則是有其局限條件的，若不能達成，則會出現相反的效果。賴建誠指：「劣幣驅逐良幣（格雷欣法則），要有一項前提才會成立：在金屬貨幣的時代，如果政府規定劣幣與良幣的購買力相同（或有固定的交換比例），劣幣就會驅逐良幣。但如果（一）良劣幣之間沒有固定的交換比例，（二）政府鼓勵民間自由鑄幣（放鑄），那就有可能發生相反的情況：良幣會驅逐劣幣⋯⋯（一）如果政府不強制規定劣幣與良幣的交換比例；（二）如果民間對錢幣的品質，訊息對稱透明的話；就有可能出現「反格雷欣法則」（良幣驅逐劣幣）。」[2] 上述的陳述則可以用以下的公式來表達：

$$G = (V_L / V_B) = (P_B / P_L)$$

其中，G 表示格雷欣係數，V_L 和 V_B 分別表示良幣和劣幣的交易速度，P_B 和 P_L 表示良幣和劣幣的價格水平。如果 G 大於 1，說明劣幣比良幣更容易被使用，即劣幣驅逐良幣；如果 G 小於 1，則說明良幣比劣幣更容易被使用，即良幣驅逐劣幣。

但是，上述公式的適用條件十分苛刻，需要假定貨幣供應量不變，貨幣種類單一，市場信息完全對稱等。一般情況下，這些條件都可能無法滿足，所以格雷欣法則的適用範圍有限，需要考慮實際情況。

經濟學家張五常也指出：「這個定律說，假若一個社會有兩種貨幣，而這兩種貨幣又有優劣之分，那麼劣幣（價值較低的）就會將優幣（價值較高的）驅逐

出市場，以至無人使用。這個定律是基於兩種貨幣有著公價兌換率（兌換率不是由市場決定），使兩種貨幣的價值失去了平衡點……在有優、劣兩種貨幣的制度下，買物者當然是要用劣貨幣，但至於賣物者肯不肯收劣貨幣，葛氏〔案：有譯格雷欣〕是沒有考慮到的。當然，賣家是要爭取優貨幣的，但若買家不肯付，怎麼辦呢？一個解決的辦法，就是同樣的貨品分開以優劣二幣定出不同的價格，達到了市場的平衡點，那麼買賣雙方對任何一種貨幣都沒有異議。但這是間接地將兩種貨幣自由兌換，公價有等於無，貨幣也就沒有優劣之分了。」[3] 張氏對於劣幣驅逐良幣的理論作出了質疑，二十多年後，他又認為：「劣幣驅逐良幣的神話在邏輯上的錯誤是顯而易見的，它只考慮到支付貨幣一方（買方）的精明（劣幣付出去，良幣收起來），卻完全忽視了收取貨幣一方（賣方）也不是笨蛋（劣幣不肯收，除非加價；良幣樂於收，甚至願意減價）。除非資訊不對稱能長期地存在，而且沒有甚麼行之有效的解決之道，所謂劣幣驅逐良幣最多只能是曇花一現。而市場上的資訊不對稱，往往是『買的不如賣的精』，這可不僅僅是針對出售的產品，即使是對貨幣的識別能力也往往是如此。否則不要說劣幣，假幣豈不早就大行其道，把真幣都淘汰出局了。」[4]

　　張五常在這裡質疑了「劣幣驅逐良幣」的理論，認為它只考慮到買方的行為而忽視了賣方的反應，因為賣方會根據貨幣品質來決定價格，良幣和劣幣的價值會影響到賣方的決策。從交易成本的角度來看，張氏認為市場上的資訊不對稱往往是「買的不如賣的精」，並且市場上存在解決假幣問題的方法，例如增加假幣的罰款或提高貨幣識別能力等。因此，他認為「劣幣驅逐良幣」只是不會一般情況下不會發生。按張五常的解釋，劣幣並不能真正的把良幣驅逐，反而劣幣會被良幣排斥。

　　本文藉明代的經驗來引證張氏的理論。明政府建立後，遵照宋、元以來的傳統，發行紙幣作為通貨，稱之為「大明寶鈔」。明代的紙幣從洪武八年（一三七五）發行起，其購買力一直下跌，加上紙幣流通不廣，且認受性低，故在十五世紀初期已經完全被市場淘汰，只有官府仍然有限度地使用。明政府推出大明寶鈔之後，旋即價值跌至萬分之一，加上寶鈔易於損壞，價值極低，在市場上屬於劣幣，而銅錢耐用，又具有使用價值和交換價值，則屬於良幣，儘管明政府盡力禁止銅錢與寶鈔競爭，但大明寶鈔（劣幣）並沒有打敗了銅錢（良幣），反而被市場淘汰。

　　這可以用貨幣供需定律來解釋。根據這個定律，貨幣的價值與其供應量成反

比，也就是供給越多，價值就越低。當明政府推出大明寶鈔時，由於它們供應過多，市場上的大明寶鈔供過於求，導致它們的價值迅速下跌。與此相對地，由於銅錢供應量沒有增加，它們的價值反而上升，使得市場上的交易更願意使用銅錢而非大明寶鈔。

不難發現，當市場上同時存在良幣和劣幣時，人們會更傾向於使用良幣來進行交易，而劣幣會逐漸從市場中淘汰。在這個例子中，銅錢具有使用價值和交換價值，而大明寶鈔僅有交換價值，因此銅錢更符合市場的需要，而大明寶鈔被逐漸淘汰。

二、明代紙幣制度失敗原因

早在宋代（九六〇－一二七九年），中國已經發展出世界上最早的紙幣，但宋代初期的紙幣（交子），在性質上大抵是近於現代的本票，並不是屬於嚴格定義的貨幣。後來，金（一一一五－一二三四年）、元（一二六〇－一三七〇年）兩代相相承繼了宋代紙幣的制度，並加以完善及發展。到了元初，元世祖（忽必烈，一二五九－一二九四年在位）於中統年間（一二五九－一二六三年）印行了紙幣，稱為「中統鈔」。[5] 元代吸收了前代發鈔的經驗，並發展出一套頗有系統的紙幣制度，不過由於執行不嚴，加上政府濫發鈔票，使到紙幣大幅貶值，最後導致信用破產。明政府建立後初期，朝廷發行了固定面額的紙幣，但整體而言，成績差劣；明代（一三六八－一六四四年）紙幣從十四世紀後期發行開始，價值就一直下跌，加上流通性不廣，認受性又低，故在十五世紀初，幾乎完全被公眾所淘汰。

過去，歷史學家多把明代紙幣失敗的原因，歸咎於政府濫發鈔票所致。[6] 傳統的看法可能把當中的問題過於簡單化，而忽略了明代貨幣制度自身的問題。本文將以全新的角度，對明代的紙幣制度及其發展作系統性的分析，並嘗試解釋其失敗的原因。

明朝建立不久，政府遵照宋、元以來的傳統，欲發行紙幣，作為「法幣」流通。明太祖（朱元璋，一三六八－一三九八年在位）遂於洪武七年（一三七四年），設立寶鈔提舉司，統籌發行紙幣的有關事宜。[7] 洪武八年三月（一三七五年四月），明太祖下命當時的中書省，印造「大明寶鈔」，以桑樹皮所造的紙（穀）作為幣材。明代鈔票的外表青色，形制高一尺（三十三厘米），闊六吋（廿二厘米），是當

時世界上最大面積的紙幣。鈔票的正上方有龍形花欄的橫題，題為「大明通行寶鈔」。欄內上方的兩旁以篆文書寫，一邊寫著「大明寶鈔」，另一邊則有「天下通行」的字樣。「大明寶鈔」的最下端寫著「中書省奏准印造大明寶鈔與銅錢相通行使用，偽造者斬，告捕者賞銀二十百五兩，仍給犯人財產。」[8] 寶鈔的中央有鈔貫的圖案，有十串的鈔貫圖案，其面值為鈔一貫（案：一貫等於一千文錢）。五百文則畫有錢文五串，其餘如此類推。寶鈔分別有一貫（一千文）、五百文、四百文、三百文、二百文以及一百文錢六種不同的面額。

洪武八年（一三七五），按照官方的規定，每一貫鈔能夠折換到一千文銅錢，又或者可以折換白銀一兩，每四貫鈔則可對兌黃（赤）金一兩。因此，我們可以計算出以下兌換率：銅錢對鈔：一貫鈔＝一千文銅錢；白銀對鈔：一貫鈔＝一兩白銀；金對鈔：四貫鈔＝一兩金。洪武九年（一三七六），朝廷下令，禁止民間以金銀及實物交易，凡是違反者皆會被治罪，而告發者則以原告交易之物品作為犒賞。[9] 後來，由於禁用金、銀政策的效果不理想，所以又分別於洪武三十年（一三九七）、洪武三十三年（一四〇〇）、永樂元年（一四〇三）、永樂二年（一四〇四）、洪熙元年（一四二五）、宣德元年（一四二六）重申這一項政策。[10]

洪武年間，朝廷宣布實行「鈔錢相軌」的制度，同時鑄造細面額的銅幣，並允許歷代銅錢與「大明寶鈔」共同流通使用。[11] 按照政府的設計，民間一百文以上的交易，應要使用寶鈔，而一百文以下則會用銅錢。洪武二十二年（一三八九），政府又加發細面值的紙幣，分別有十文、二十文、三十文、四十文、五十文五種細額鈔票。這時，明政府計劃將寶鈔取代銅錢成為主要的貨幣，即貨幣學中的本位幣。與此同時，明政府預期寶鈔可望成為主要流通貨幣，而銅錢則以零錢的功能通行，即是輔幣。[12] 原則上，主幣具有無限法償能力，即是用主幣進行交易、償付債務，任何單位和個人都不得拒絕接收，不然會視為違反法律，至於輔幣則是有限法償能力，在一定情況下是可以被拒收的。

另外，明代的紙幣有一特色，就是自從洪武年間發行寶鈔以來，到永樂皇帝（明成祖朱棣，一四〇三──一四二四在位）即位後，還是決定繼續沿用洪武的名義發鈔，而以後各朝一直未有改變，所以寶鈔基本上只有一個版本。[13]

三、「大明寶鈔」欠缺有系統發行制度

洪武八年（一三七五），當明政府正式推出寶鈔的一年多後，朝廷同時設立

了回收舊鈔的渠道,即所謂「倒鈔法」。[14] 洪武十三年(一三八〇),太祖皇帝下令「天下軍民,無分中書、戶部,一體行使」。[15] 該年朝廷宣布廢除中書省,此後即改由戶部發行新鈔,不論是洪武十三年以前由中書省發行,或以後由戶部發行的寶鈔,一律允許通行使用。同時,朝廷宣布「其行用庫,收換昏鈔之法」。[16] 政府有計劃地安排人民以破舊的寶鈔更換新鈔,而當局則收取「易換工墨」的費用,簡單而言,此可視為一項手續費。明代按照元代的舊例,規定每換一貫鈔收取三十文工墨費用,手續費比例為 30 / 1000 = 3%,五百文以下則按比例遞減。[17] 當時,市場上對於新舊寶鈔有不同的待遇,舊鈔貶值較快,其價值被打了折扣。[18] 同時,又規定「貫百文以下,墨印昏鈔二字,封收入庫」,兼且定明「貫伯分明而倒易者,同沮壞鈔法論,混以偽鈔者究其罪」。由此可見,倒鈔法的設置,已經作了針對以非破舊不能用及偽鈔,魚目混珠。雖然如此,但是仍然有人利用新舊鈔的差別,而「每以堪用之鈔,輒來易換者」,從而擾亂了「倒鈔之法」。[19]

　　洪武二十五年(一三九二),政府再一次重申倒鈔法,又分別設立了三個寶鈔行用庫,「(每)庫給鈔三萬錠為鈔本,倒收舊鈔送內庫」。[20] 是次政府有計劃及有限度地回收舊鈔,所回收的舊鈔則全數銷毀。必須強調,明代的「倒鈔法」只限新舊更換,而非兌現寶貨或銅幣,終明一代,政府始終並沒有讓寶鈔與政府合法兌換,[21] 所以明代倒鈔制度並不能如預期般有效打擊偽鈔。

　　「大明寶鈔」先後由中書省及戶部印造,但一直沒有訂立一套有系統的發行制度,而是透過皇帝賞賜、政府開支和賑災救濟的形式,作為主要的發行渠道。[22] 皇帝賞賜主要有兩類,一類是朝廷賞賜官員、軍民,且佔大多數。另一類是賜予外國朝貢者作為回饋禮物。今檢明代的《朝鮮史略》卷十二云:「……今倣會子,寶鈔之法,置高麗通行,楮貸印造流布……」[23] 由此得知,是時高麗一帶亦有寶鈔的印行及流通。[24] 據已故旅美學者黃仁宇研究,單在洪武二十三年(一三九〇)一年內,太祖在各種場合賞賜寶鈔的記錄就有六十九處,其中的五十三個事例,明確記錄了賞賜的準確數字,總共八千八百六十萬七千三百一十五貫。據黃氏估計,餘下的十六次,大概約有七百萬貫。單在一年內,賞賜的總目可能已高達九千五百萬貫,而該年政府記錄的收入按紙幣計算有二千〇三十八萬二千九百九十貫,即是一年內發行了七千五百萬的新鈔,相等於半年的田賦收入。[25] 即是說,新鈔的發行量約為政府一年的收入的百分之三十七。洪武二十三年(一三九〇)單一年內的賞賜量可達九千五百六十萬貫,約七千五百萬貫為「新印發」。若將此與政府「全年紙幣收入」對比,發行量約佔百分之三十七,表示

印鈔規模相當於政府一大部分收入。如此高比例的新鈔發行，意味明朝政府嚴重依賴「賞賜性發鈔」補足財政或獎勵。這種做法極易破壞紙幣信用，最終導致「大明寶鈔」的嚴重貶值。

至於政府開支方面，明代官員、軍人的俸給，在洪武初年主要是以實物兼寶鈔支付，洪武十三年（一三八〇）戶部制定百官俸祿，規定正一品一千石，從一品九百石；正二品八百石，從二品七百石；正三品五百石；正四品四百石，從四品三百石；以下各級官員皆同時給鈔三百貫。正五品二百二十石，從五品一百七十石，皆給俸鈔一百五十貫。正六品一百二十石，從六品一百一十石，給俸鈔九十貫。正七品一百石，從七品九十石，給俸鈔六十貫。正八品七十五石，從八品七十石，俸鈔四十五貫。正九品六十五石，從九品六十石，給俸鈔三十貫。[26] 例如，正三品的官員可以獲得五百石和三百貫鈔的俸祿。

如果要計算不同品級官員之間石和鈔的比例，可以將不同品級的石和鈔數量分別除以正一品的石和鈔數量，得到對應的指數值。以正三品官員為例：

石指數 = 500 石 ÷ 1000 石 = 0.5

鈔指數 = 300 貫鈔 ÷ 300 貫鈔 = 1

因此，正三品官員的石和鈔指數分別為 0.5 和 1。

各級官員按照品位發放實物及寶鈔支付俸祿，到了宣德、景泰以後，漸漸改由實物折算寶鈔支付。[27] 隨著寶鈔的價值下跌，各級官吏、軍士一定比例的收入是由寶鈔支付，而且名義工資沒有大幅增加，當寶鈔貶值時，意味他們的實際工資下降，生活日益窮困，官吏、軍士自然難以維持清廉，導致素質下降。換言之，如果一個人的工資收入相對於物價的上漲沒有跟上，那麼這個人實際購買力會下降。如果這種情況持續存在，那麼這些人的生活質量將下降，可能會影響到他們的行為和表現。特別是對於一些官員和軍人等職業，如果他們的薪酬水平不能滿足基本需求，那麼他們可能會尋求其他方式來獲得收入，包括貪污和賄賂等行為，這些行為會導致他們的清廉度和素質下降。因此，貨幣貶值可能會影響到人們的生活水平和道德品質，政府和央行需要採取相應的措施，以確保貨幣政策的穩定和貨幣的購買力不受侵蝕，維護人民的生活水平和社會穩定。

明中葉後，政治及軍事呈現衰頹之勢，實在與明代的俸祿制度及寶鈔貶值有著密不可分的關係，這值得我們進一步探討。

另外，明代田賦使用紙幣來支付的比例相對很低，隨著寶鈔價值下降，政府為了增加市場對寶鈔的需求，在其他稅務、官方收費上，作出了相應的調整。[28] 明成祖永樂二年（一四〇四年），當時的都御史陳瑛建言：

比歲鈔法不通，皆緣朝廷出鈔太多，收斂無法，以致物重鈔輕。莫若暫行戶口食鹽法。天下人民不下萬戶，官軍不下二百萬家，誠令計口納鈔食鹽，可收五千餘萬錠。[29]

根據租值消散理論，當一種貨幣的價值下降時，人們會傾向於放棄使用該貨幣，轉而使用價值相對穩定的貨幣。因此，當明朝的紙幣貶值嚴重，人們開始失去對其信任，並傾向於使用其他貨幣，導致紙幣的需求量下降。為了遏制這種情況，明朝政府通過增加其他稅收的方式，例如鹽稅，來增加市場對紙幣的需求，從而維持紙幣的流通。這樣做的目的是為了消散紙幣的貶值壓力，維護貨幣的穩定性。不久之後，朝廷上下對這項建議達成了共識，宣布實行「鹽鈔法」，規定「大口月食鹽一斤，納鈔一貫，小口半之」。[30] 初時，政府計劃每年可以收到一億貫，之後戶部又把目標減半。與此同時，朝廷又於北京設立寶鈔提舉司，[31] 把稅糧、課程、贓罰及其他政府收入，規定使用寶鈔收納，這本來是一項臨時性的政策，旨在提升人民對寶鈔的使用程度，但是並沒有因此達到預期的效果，故此於宣德元年，正式停止徵收鹽鈔法。[32]

明仁宗（朱高熾，一四二五——一四二五在位）洪熙元年（一四二五），戶部尚書夏原吉再建議徵收門攤諸稅，即類似銷售稅，再一次嘗試運用政策增加寶鈔的價值。萬曆《明會典》卷三十四謂：「聽凡商稅課錢鈔，兼收錢十三，鈔十七，一百文以下則止用銅錢。」根據這段文獻，可以得出以下的統計數據：商稅課中繳納錢鈔的比例為百分之七十，用銅錢的比例為百分之三十；一百文以下的小額徵收全部用銅錢。假設商稅總額為 X，其中以紙幣支付的比例為百分之七十，用銅錢支付的比例為百分之三十。對於小於等於一百文的小額，全部使用銅錢支付。則可表示為：

紙幣支付額 $=0.7X$

銅錢支付額 $=0.3X - 100$

商稅總額 = 紙幣支付額 + 銅錢支付額

$X = 0.7X + (0.3X - 100)$

簡化後可得：

X = 333.33 萬元

其中紙幣支付額為 233.33 萬元，銅錢支付額為 100 萬元。

然而，自洪武起，寶鈔一直貶值，朝廷為了鞏固其價值，進一步透過稅收政策，提升市場對寶鈔的需求。永樂初年，更把此政策推廣至徵收稅糧（實物稅），原來是以實物徵收的本色。皇帝規定每石米收三十貫鈔，小麥豆每石收二十五貫，大麥每石十五貫，青稞喬麥每石十貫，絲每斤四十貫，綿每斤二十五貫，大絹每斤四十貫，小苧布每疋二十貫，大苧布每疋二十五貫，大綿布每疋三十貫，小綿布每疋二十五貫，金每兩四百貫，銀每兩八十貫，茶每斤一貫，鹽每大引一百貫，蘆柴每束三貫，還有其他課物「俱照彼中時價折收」。[33]

宣德四年（一四二九年），明政府又在各地設立鈔關，對貨物運輸流通徵收關稅。[34] 一艘船通過整條運河要納五百貫鈔，此項措施大大增加政府的收入。另外，尚有蔬地果園種植稅，蔬地每月納鈔三百貫，果園每十棵收一百貫鈔，塌房、庫房、店舍稅，每間每月納鈔五百貫，及驢車、騾車運輸稅。[35] 僅僅在宣德六年（一四三一年）一年內，各項雜課鈔收入已經達到了二億貫，到宣德八年（一四三三年）已達到了二億八千八百萬貫，該等政策一定程度上造一次過地增加了人民對寶鈔的需求，但是民間交易並未有因此而加強使用寶鈔，反而白銀作為交易工具的重要性日益增加。[36] 值得注意的是，明代政府官員認為可以透過政策來增加市場對寶鈔的需求，從而穩定寶鈔的價值，但其實這並沒有減少寶鈔在市場的流通，故政府紙幣收入增加，這會透過各種渠道流出，而沒有穩定幣值的可能。其結果是令到寶鈔在市場的流速短暫減慢，實際上寶鈔並沒有減少，轉眼間又會透過政府支出回到市場，所以只會徒勞無功。

值得一提的是，當寶鈔被市場廢棄以後，政府沒有作出相適的改變。萬曆年間（一五七三－一六二〇年）前後政府的開支部分仍以寶鈔支付，而且部分政府收費仍需以寶鈔交納，結果是民眾要收購寶鈔來應付，但由於需求不大，故價值極低。[37]

四、貨幣供應量大降

「大明寶鈔」自太祖洪武年間起，即已經問題重重。除了流通量不廣以外，更重要的是，寶鈔的購買力一直持續下跌。據《太祖實錄》記載：「（洪武三十年，一三九七年）甲子禁民間無以金銀交易。時杭州諸郡商賈不論貨物貴賤，一又金銀定價。由是鈔法阻滯，公私病之，故有是命。」[38] 到了十四世紀後期，當

時東南繁華之地，一般已經不再使用寶鈔。儘管政府早已經頒布禁用金、銀作為交易工具的法律，但實際上民間賣買貨物時，都是以金、銀作為價值尺度的單位。一五三〇－一五四〇年代以後，除了皇帝的賞賜和政府支付官員俸給及其他官方開支外，一般情況下寶鈔已經很少被用來作為日常的交易工具。[39] 成化年間（一四六五－一四八七年），著名的學者兼官員邱濬曾經力倡幣制改革，力圖重新建立他們理想中寶鈔應有的價值，但最終付諸實行。[40] 天啟年間（一六二一－一六二七年）給事中惠世揚，崇禎八年（一六三五年）給事中何楷，以及明思宗（朱由檢，一六二八－一六六四年在位）崇禎十六年（一六六三年）蔣臣等人，都先後提出了改革幣制的建議，但由於政府上下的保守心態，這些建議均沒有被採納。[41] 終明一代，始終沒有進行全面的貨幣改革，寶鈔在明中葉前後已經失去了作為貨幣的功能，最後絕跡市場之上。[42]

如上文所述，「大明寶鈔」在洪武年間已不為市場所接受，又因政府的禁用金、銀交易政策，故當時民間私下的交易，一般是以銅錢。但是，限於銅產量及銅錢面值相對較低，實不足以應付大宗的交易。加上市面上劣銅充斥，導致價值低落，最後令到人們對銅幣也失去信心。是時，紙幣和銅幣雙雙失去信用值，更引致貨幣供應量大降。在貨幣經濟下，貨幣供應短缺，必然使到經濟萎縮，結果造成了明代中前期嚴重的經濟蕭條。[43]

根據傅衣凌教授（一九一一－一九八八年）對明前期徽州土地買賣的研究，我們可以得知，在洪武、永樂年間的土地交易是用寶鈔支付為主，但到了永樂以後，土地交易竟倒退至以寶鈔、白銀與稻穀、布帛等實物兼行使用。及至成化（一四六五－一四八七年）、弘治（一四八八－一五〇五年）以後，白銀才成為主要交易工具。[44] 根據需求供給定律，當市場上某種商品的需求增加時，商品的價格往往上漲；反之，當需求下降時，商品價格則會下跌。類似地，當市場上某種商品的供應增加時，商品價格往往下降；反之，當供應減少時，商品價格則會上漲。

根據傅衣凌教授對明前期徽州土地交易的研究，我們可以看到明代初期土地交易主要是以寶鈔支付為主，這說明當時的寶鈔在市場上的需求很高，因此其價格相對較高。然而隨著時間的推移，土地交易中白銀、布帛等實物的需求逐漸增加，而寶鈔的需求逐漸下降，導致其價格相對下降。最終，白銀成為主要交易工具，這表明其供應增加，而寶鈔的供應則相對減少，進一步降低了寶鈔的價格。

因此，傅衣凌教授的研究結果符合需求供給定律的基本規律。

傅氏文中又有一表列，詳細載明明代前期徽州土地交易所用通貨，一目了然，茲引錄如下：

明代徽州土地交易所用通貨表

時間	契約張數	使用通貨類別和數量
洪武年間	8	寶鈔 7、銀 1
建文年間	1	寶鈔 1
永樂年間	16	寶鈔 15、布 1
宣德年間	17	寶鈔 4、布 11、稻穀 2
正統年間	48	布 29、稻穀 2、銀 17
景泰年間	12	布 2、銀 10
天順年間	7	銀 6、稻穀 1
成化年間	32	銀 32
弘治年間	14	銀 14

資料來源：傅衣凌：《明清社會經濟史論文集》，頁243。

通貨使用的動態轉變：

一、寶鈔（紙幣）
- 洪武至永樂：寶鈔使用比例極高（百分之八十至九十以上），是主要通貨；
- 宣德：急遽下降到百分之二十三點五，隨後在正統以後更趨近於〇。

二、布、稻穀（實物）
- 宣德、正統時期成為主流，宣德達百分之六十四點七（布），正統有百分之六十點四（布），百分之四點二（稻穀）；
- 在天順之後，布和稻穀使用比率逐漸下降。

三、銀
- 洪武時期僅佔百分之十二點五，之後在永樂、宣德幾乎未出現或比例極低；
- 但自正統起，銀開始顯著上升（百分之三十五點四），到景泰（百分之

八十三點三)、天順(百分之八十五點七),最終在成化、弘治達到百分之百全部使用銀。

明代徽州土地交易的貨幣使用經歷了從紙幣(寶鈔)到實物(布、稻穀),再到白銀的轉變。洪武、永樂時期,政府強推寶鈔,但由於過量發行、信用崩潰,至宣德年間市場已不信任紙幣,交易轉向實物。正統、景泰年間,布帛、稻穀成為主要交易媒介,顯示紙幣體系的徹底瓦解。自正統以後,隨著白銀流入與貿易發展,白銀逐漸取代其他通貨,最終在成化、弘治年間確立白銀本位制,標誌著中國貨幣經濟結構的重大轉型。雖然上述個案不能代表全國的情況,但或多或少反映了當時的環境,也就是明初寶鈔價值一直下跌,在沒有其他替代品下,大額交易時仍必須使用。[45] 到了永樂之後,因為寶鈔已經失去信用,而銅錢價值低落,導致像土地買賣的大宗交易,回復使用實物支付,大大妨礙社會經濟的發展和造成了混亂。此時,明政府在沒有其他辦法下,惟有再次冀望將寶鈔確立為真正的貨幣工具(medium of exchange),故曾一度為提升寶鈔的價值,而於洪武二十七年(一三九四年)實行禁止全國上下使用銅錢交易的法律。[46] 但是,寶鈔的價值仍然持續下跌,反映了禁銅政策無法產生預期的作用,民間並沒有理會,使到該政策未夠能貫徹執行,最終成為一紙具文。

值得一提的是,中國向來產銀不多,[47] 但隨著明代中外貿易日繁,美洲白銀經菲律賓大量輸入中國,促使白銀成為民間及政府主要的交易媒介,加上日本銀幣亦經貿易大量輸入中國,故明中葉前後,白銀的重要性漸漸提升,後來白銀(還有銅錢)幾乎完全取代寶鈔,更成為中國主要的交易媒介。[48] 明中葉後,雖然寶鈔仍被作為賞賜及發放俸給之用,但實際上已經失去了貨幣的意義。

另方面,明政府一向對寶鈔與銅錢及銀有官定的折價,當然市場上與此有所區別。彭信威先生早已作了有系統的整理,而製成「大明寶鈔價格表」,[49] 今把原表節錄,有助我們了解寶鈔價值下跌的情形:

「大明寶鈔」價格表

年份	官價(每貫值銀錢數)		市價(每貫值銀錢數)	
	錢數(文)	銀數(兩)	錢數(文)	銀數(兩)
洪武九年(1376)	1,000	1.00	1,000	1.00
十九年(1386)	200	0.20		

二十五年（1392）			160	
二十七年（1394）			160	
二十八年（1395）	100	0.10		
三十年（1397）	71	0.07153		
永樂五年（1407）	12	0.0125		
十一年（1413）	47	0.0476		
宣德元年（1426）		0.0025		
四年（1429）	10	0.01		
七年（1432）	10	0.01		
正統元年（1429）				0.0009
十三年（1448）			1－10	
景泰三年（1452）	2	0.002		
成化元年（1465）	4	0.005	0.9	
三年（1467）	4	0.005		
六年（1470）	2	0.0025		
七年（1471）			2－3	
十三年（1477）	4	0.005		0.00045
十六年（1480）	4	0.005		
二十三年（1487）	20	0.0025	0.9	
弘治元年（1488）	1－2	0.001428－0.003		
六年（1493）	2.1	0.003		
十四年（1501）	0.3－0.4375	0.000444－0.000625		
正德二年（1507）	0.311			
六年（1511）		0.00143		
嘉慶四年（1525）	2.1	0.003		

六年（1527）		0.001143		
七年（1528）	1.57	0.009		
八年（1529）	2.1	0.003	0.24	0.0008
十九年（1540）		0.00032		0.0001
四十五年（1566）		0.002		
隆慶元年（1567）		0.0006		
萬曆四十六年（1618）			0.1	0.00018

資料來源：彭信威：《中國貨幣史》，頁六七一一六七二。

本文根據上表資料，分析如下：

- 洪武九年（一三七六）：官價＝市價＝一點〇銀兩→無折扣
- 成化十三年（一四七七）：官價＝〇點〇〇五銀兩，而市價卻只有〇點〇〇〇四五→市場對寶鈔的實際估值更低

　　一、長期趨勢：從洪武九年（一三七六）到宣德、成化乃至嘉靖、萬曆年間，寶鈔官價經歷指數型下滑，其法定購買力幾乎喪失殆盡。

　　二、官價 vs. 市價：官價雖一再下調，但與市價差距越來越大，折扣率持續擴大，顯示市場對寶鈔的信心快速流失。

　　三、背後原因：缺乏硬貨幣兌現、政府財政危機導致超量發行，以及民間對紙幣信用的疑慮，使「大明寶鈔」最終成為嚴重貶值的通貨。

從上可知，寶鈔自一三七六年發行起，不足十年，價值就已經急跌了五倍以上，及後寶鈔價值一直下跌不止。到了萬曆年間，每貫鈔只能在民間兌換〇點一文錢，明代紙幣無疑形同廢紙。今檢《國朝典彙》卷九十四：

　　太祖時賜（鈔）千貫為銀千兩金二十五兩，而永樂中賜鈔千貫為銀十二兩，金止二兩五錢矣，及弘治時賜鈔三千貫不過四錢餘矣。[50]

從引文可知，以大明寶鈔為本位，太祖時金銀對鈔的比率為四十比一，永樂時為四點八比一，弘治時為〇點〇〇一三比一。另外，我們可以從上述文字與表所列的寶鈔價格下跌趨勢情形，互相引證。宣德（一四二六―一四三五年）以後，更發展至一貫只能鈔兌十文錢甚至更低的水平，比起原來洪武初年一貫鈔可以換到一千文錢的規定，只得百分之一而已。故《宣宗實錄》謂：「比者民間交易，

惟用金銀，鈔滯不行，請嚴禁約。」[51] 當時，人民已經對寶鈔完全失去信心，市場上普遍不再使用寶鈔交易，而選擇採用金、銀和銅作為交易媒介。

宣德十年（一四三五年），剛剛登位的正統皇帝（明英宗朱祁鎮，一四三六──一四四九在位）接受了官員的奏請，允許民間交易使用銅錢。早在洪武二十七年（一三九四年），朝廷禁止用銅錢，但此根本不合乎當時的實際情況，民間仍然繼續使用銅錢而排除使用寶鈔交易，這種情況到宣德以後愈見明顯。宣德皇帝惟有接受這一個現實，恢復容許用銅作為貨幣。大約十年之後，寶鈔的價值再繼續下跌，政府又下令嚴厲禁止使用銅錢交易，雖然這項措施一度令寶鈔的市值略為回升，但接著遇上了英宗時期的土木堡之變（一四四九年），令到政府這一次的努力付之流水，無法嚴格執行下去。[52] 由此可見，作為劣幣的寶鈔，並沒有受到良幣的銅錢所取代。

十五世紀後期，時人陸容（一四三六──一四九四年）的筆記《菽園雜記》有此記載：「……洪武錢（寶鈔）民間全不行，予幼時嘗見有之，今復不見一文……今惟官府行之……。」[53] 陸容一生歷經了正統（一四三六──一四四九年）、景泰（一四五〇──一四五六年）、天順（一四五七──一四六四年）、成化（一四六五──一四八七年）、弘治（一四八八──一五〇五年）五朝，正正見證了寶鈔衰落的歷史，他幼時大約處於正統、景泰之年，據他的描述，當時尚有寶鈔在市場上使用，但長大以後，寶鈔已經絕跡於民間交易，只得官府仍然在使用。

明政府雖然通過某種方式維護了寶鈔的使用，但是民間對寶鈔已經完全失去了信心，可能是由於政府長期發行寶鈔導致通貨膨脹和貨幣貶值，或者由於寶鈔缺乏信用保障而導致市場上的人們不願意使用。由於洪武以後，政府對維護寶鈔的決心不夠決心，而濫發等問題導致寶鈔這種劣幣並沒有把銅、銀等良幣驅逐，引證了「反格雷欣法則」的確曾在明代發生。

儘管政府試圖通過一些手段來維護寶鈔的使用，例如規定使用寶鈔收納稅款、增加鹽稅等，但這些措施並沒有奏效，原因可能有多方面的影響。

首先，政府長期發行寶鈔導致通貨膨脹和貨幣貶值，這降低了人們對寶鈔的信心。寶鈔本身的信用也受到了質疑，政府缺乏有效的信用保障措施，導致市場上的人們不願意使用。其次，政府對維護寶鈔的決心不夠堅定。洪武以後，政府對寶鈔的管理不夠嚴格，導致濫發等問題，也沒有採取有效的手段來保障寶鈔的

信譽和使用。另外，明代社會經濟發展迅速，貿易往來頻繁，人們對貨幣的需求也逐漸增加。然而，政府發行的寶鈔數量卻沒有跟上市場的需求，這導致寶鈔供應不足，進一步削弱了其在市場上的地位和使用程度。

綜上所述，政府試圖通過一些手段維護寶鈔的使用，但是由於多種原因的影響，這些措施並沒有達到預期的效果，以致發生了「反格雷欣法則」。由此可見，大明寶鈔作為法定貨幣，但被市場排擠，價值一直下降，而錢、銀卻成為明代的主要交易媒介，為市場所喜愛。在此個案中，寶鈔是劣幣，錢、銀是良幣，劣幣並沒有驅逐良幣，反而是良幣（錢、銀）驅逐了劣幣（寶鈔）。此可以引證了反格雷欣法則在明代的歷史中的真實情況。至於政府沒有強力，或沒有能力迫使人民強制以公價兌換寶鈔，所以格雷欣法則下，劣幣驅逐良幣的情況也最終也沒有在大明寶鈔上發生。

1 Robert Mundell, "Uses and Abuses of Gresham's Law in the History of Money," *Zagreb Journal of Economics*, 2, no. 2（1998）, pp. 3-38.
2 賴建誠：〈良幣驅逐劣幣：漢文帝的放鑄政策〉，《經濟史的趣味》，頁 272-274。
3 張五常：〈葛氏定律與價格分歧──評一國二幣〉，《中國的前途》（1985 年初版；香港：花千樹出版有限公司，2002），頁 87-95。
4 張五常：〈「劣幣驅逐良幣」的神話──從唐肅宗的「乾元重寶」史實說起〉，網絡文章（2011），收於張五常「新浪博客」。
5 中統和至正是元世祖的年號，中統鈔是世祖所發行的紙幣，詳見全漢昇：〈元代的紙幣〉，《中國經濟史論叢》（香港：新亞研究所，1976），頁 369-416。
6 全漢昇：《明清經濟史研究》（臺灣：聯經出版事業公司，1994），頁 19。全氏認為：「明朝政府於洪武八年（1375）發行大明寶鈔，但明中葉前後，由於發行量激增，價格低跌，人民拒絕使用，而改用白銀。」另吳晗：〈記大明寶鈔〉一文，亦持此論，見吳晗：《讀史劄記》（北京：三聯書店，1961），頁 303-316。
7 見張廷玉等：《明史・食貨志五》。（本文所用之《明史・食貨志》均為李洵：《明史食貨志校注》〔北京：中華書局，1982〕版本）〈食貨志五〉又謂：「遂罷寶源、寶泉局。越二年，復設寶泉局……」日本學者和田清：《明史食貨志譯註》（補刊版）（東京：汲古書院，1996），頁 693，指出罷局應是在洪武十三年。另外，〈食貨志五〉又云：「（洪武）十六年，置戶部寶鈔廣源庫、廣惠庫；入則廣源掌之，出則廣惠掌之。」
8 中央研究院歷史語言研究所校：《明實錄》（臺北：中研院史語所影印版，1966），明太祖高皇帝實錄之卷九十八（下稱《太祖實錄》，下同），洪武八年三月辛酉條，頁 1699。申時行：《明會典》，萬曆朝重修本（北京：中華書局，1989），卷三十四，〈戶部十九，庫藏三〉，「鈔法」，頁 224 謂「戶部奏准」，實誤。因為在洪武十三年廢中書省後，寶鈔方由戶部奏准。另《明史・食貨志五》謂「告捕者賞銀二十五兩」，亦誤。案《明史》該文原抄於實錄，而《明實錄》及《明會典》大抵相同，《明史》疑誤。
9 《明會典》卷三十四「鈔法」，頁 224。
10 全漢昇：〈宋明間白銀購買力的變動及其原因〉，《中國經濟史研究》，第二冊（臺北：稻鄉出版社，2004），頁 112。
11 筆者案：歷代主要是指宋、元時期的銅錢。
12 參見《明會典》卷三十四「鈔法」，頁 224；又《明史・食貨志五》略同。
13 《明史・食貨志五》，頁 213。
14 《太祖實錄》，洪武九年七月甲子條，頁 1792。《明史・食貨志五》說：「洪武十三年，以鈔用久昏爛，立倒法……」和田清：《明史食貨志譯註》，頁 693，已指出《明史》之誤。
15 《太祖實錄》，洪武九年七月甲子條，頁 1792。
16 《太祖實錄》，洪武九年七月甲子條，頁 1792。
17 《太祖實錄》，洪武九年七月甲子條，頁 1792。
18 彭信威：《中國貨幣史》（上海：上海人民出版社，1988），頁 633。
19 《太祖實錄》，洪武十三年己亥條，頁 2084。
20 王圻：《續文獻通考》（北京：現代出版社，1991），卷十八，「皇明鈔法條」，頁 257；並見龍文彬：《明會要》（北京：中華書局，1956），〈食貨三〉，頁 1048。
21 黃仁宇：《萬曆十五年》（北京：三聯書店，2003），頁 154。
22 黃仁宇：《萬曆十五年》，頁 154。
23 《朝鮮史略》，《四庫全書珍本》十集（臺北：臺灣商務印書館，1980），頁 77-79。
24 梁方仲謂：「（明代）就一般情況說，有實值的硬幣，能出國外，無實值的代用貨幣（如紙幣）只能流通於中國，即令能流出國外，最終仍須流歸本國。」說明了當時有寶鈔流出國外，但並不普遍通用之現象。見梁方仲：〈明代國際貿易與銀的輸出入〉，《梁方仲經濟史論文集》（北京：中華書局，1989），頁 140。
25 黃仁宇（Ray Huang）著，阿風、倪玉平、徐衛東譯：《十六世紀明代中國之財政與稅收》（*Taxation and Governmental Finance in Sixteenth-century Ming China*）（北京：三聯書店，2001），頁 82。
26 《太祖實錄》，洪武十三年二月丁丑條，頁 2061-2062。

27 可參考黃惠賢、陳鋒主編:《中國俸祿制度史》(武漢:武漢大學出版社,1996),頁456-467。
28 詳見黃仁宇:《萬曆十五年》,頁154;另外,明代前期的田賦分為夏稅及秋糧,內容主要為實物,但亦有少部分由寶鈔支付,可以參考梁方仲:〈明代「兩稅」稅目〉,《梁方仲經濟史論文集》,頁19-33。
29 《成祖實錄》,永樂二年八月庚寅條。
30 《成祖實錄》,永樂二年八月庚寅條。
31 筆者案:洪武時,寶鈔提舉司原來只設在南京。
32 《宣宗實錄》,宣德元年六月壬午條。
33 《明會典》,卷三十四「鈔法」,頁224。
34 《明會典》,卷三十五「鈔關」,頁224。
35 唐文基:〈論明朝的寶鈔政策〉,《福建論壇》第1期(2000),頁48-49。
36 黃仁宇:《十六世紀明代中國之財政與稅收》,頁84。
37 唐文基:〈論明朝的寶鈔政策〉,頁47-48。
38 《太祖實錄》,洪武三十年三月甲子條,頁3632。
39 可參考彭信威:《中國貨幣史》,頁634。
40 邱濬:〈丘文莊公集二〉銅楮之幣二,「復鈔法」條,載陳子龍:《明經世文編》(北京:中華書局,1962),卷七二,頁611。
41 彭信威:《中國貨幣史》,頁634。
42 按照經濟學原理,貨幣主要有:(1)價值尺度(unit of account)、(2)流通手段(medium of exchange)、(3)貯藏手段(store of value)、(4)支付手段(standard for deferred payment)等功能,其中前兩個功能最為重要。當時,「大明寶鈔」幾乎已經不能達到以上功能。
43 黃仁宇:《萬曆十五年》(北京:三聯書店,2003),頁155。
44 見傅衣凌:〈明代前期徽州土地買賣契約中的通貨〉,《明清社會經濟史論文集》(北京:人民出版社,1982),頁242。
45 由於明政府不時禁用金、銀,銅的價值低廉,再加上中國的貴金屬材料不足,故此即使寶鈔貶值,大額交易仍必須使用寶鈔。
46 《明會典》,「鈔法」,謂:「(洪武)二十七年(1394)罷行用庫,令軍民商賈所有銅錢,有司收歸官,依數換鈔,不許使行。」(頁224)
47 見梁方仲:〈明代銀礦考〉,《梁方仲經濟史論文集》,頁90。
48 關於明代白銀輸入中國及成為中國主要通貨的情況,全漢昇先生有專文數篇,收於全漢昇:《中國經濟史論叢》第一冊,包括〈自宋至明政府歲出入中錢銀比例的變動〉(頁365)、〈明季中國與菲律賓間的貿易〉(頁417-435)及〈明清間美洲白銀的輸入中國〉(頁435-450等)均可參考;另可參考梁方仲:〈明代國際貿易與銀的輸出入〉,《梁方仲經濟史論文集》,頁132-179;李木妙:〈海上絲路與環球貿易——以十六至十八世紀中國海外貿易為案例〉,《新亞學報》第22卷(2003),頁303-356。
49 見彭信威:《中國貨幣史》,頁671-672。
50 徐學聚:《國朝典彙》(三),國立中央圖書館珍善本(臺北:臺灣學生書局,1965),頁1234。
51 《宣宗實錄》,宣德元年七月癸巳,頁170。
52 黃仁宇:《萬曆十五年》,頁85。
53 陸容:《菽園雜記》,元明史料筆記叢刊(北京:中華書局,1985),卷十,頁122-123。

明末清初的關稅收入
——讀倪玉平
《清代關稅：1644 － 1911 年》札記

　　近讀倪玉平教授新著《清代關稅：1644 － 1911 年》，[1] 此為《Customs Duties in the Qing Dynasty, ca. 1644-1911》（Leiden: Brill, 2016）一書的中譯本（下稱倪書），現收入倪氏的《清代財政史四種》系列。有學者評論《清代財政史四種》系列在「大量精細數據的分析」、「不獨就財政談財政」和「宏觀的論斷與精細的數據相結合」三點上，都十分值得稱道。[2] 一如倪氏的其他著作，作者長年沉淫於清宮檔案，善於利用第一歷史檔案館尚未出版的原始史料。是次他更參考了臺灣中央研究院歷史語言研究所藏的《明清史料》和「故宮博物院」的《宮中檔奏摺》，充分利用分別存放於兩岸尚未出版和已出版的史料，試圖把清代關稅的發展史完整地呈現出來，可算是近年財政史研究的重要成果，此書可補足我們對清史和近代史研究的認識。

　　本文認為倪書有許多不可多得的重要貢獻，如作者以檔案資料，檢驗修正了《匯核嘉慶十七年各直省錢糧出入清單》，發現其中記載嘉慶年間的關稅，足足低估了二十餘萬兩（頁六－七）。同時，倪書又詳細地說明了晚清時期，關稅、釐金和鹽稅是土地稅的三倍（頁二〇二），加深了讀者對近代中國經濟轉型的認識。倪書更巨細無遺地把清代一個又一個稅關的收入作系統性排列，並分為邊疆（第三章）、運河長江沿線（第四章）、沿海（第五章）、洋關（第六章）等門類。誠如經濟史學者李伯重在倪書的序言中指：「（一）該書揭示了關稅變遷的趨勢；（二）通過人口和物價數據，作者對清關稅總量做了重要的修正和增補；（三）（作者）嘗試為研究中國歷史時期 GDP 提供了一個新的視角。」（頁 iii － iv）總而言之，倪書詳實的數據，系統的整理，堅實的分析，為清史、近代史研究者，提供了莫大的便利。

　　不過，相對於上述的學術發現，本文作者更關注倪書的第二章〈清代關稅制度〉，尤其是倪氏對清初順治年間關稅的統計。本文將嘗試透過香港學者楊永漢早年在臺灣出版的《論明末遼餉的收支》一書（下稱楊書），比較二書對於明末

清初關稅收入的研究，[3] 以補充倪書有關明末清初數據的不足。楊書由臺灣天工書局於一九九八年印行，[4] 是根據作者一九九三年由經濟史權威全漢昇先生指導的博士論文改寫而成。此書出版後廣為臺灣學術界使用，[5] 但在大陸地區流通不廣，絕大多數明史研究者也未曾參考，殊堪可惜。該書廣泛利用《明會典》、《明實錄》、《度支奏議》、《春明夢餘錄》以及各種地方志，詳盡統計了明末關稅收入。本文將結合楊書和倪書的數據，為明末清初關稅收入作一對照，令倪書的結論更加完整。

一、結合楊永漢研究所得對照明末清初關稅收入

倪書以清代關稅為研究對象，而書中對清代以前的情況也作了一些背景介紹。如在第十三至十五頁，作者便簡述了明代關稅。畢竟明代關稅並非倪書的主題，即使論述有值得商榷之處，也無損倪書的學術價值。本文將從倪書第十四頁整理的表格「明代各關收入表」，節錄天啟元年（一六二一年）和天啟五年（一六二五年）的數字，現引錄如表一：

表一：明代各關收入

（單位：兩）

年份 稅關	1621	1625
臨清關	63800	63800
河西關	32000	32000
滸墅關	67500	87500
九江關	37500	57500
北新關	60000	80000
淮安關	29000	45600
揚州關	15600	25600
總計	306,000	392,000

倪氏根據清代張廷玉的《清朝文獻通考》製成表一。然而，一來《清朝文獻通考》在明亡百餘年以後成書（約一七六〇年），其數字未必完全可靠；其次，表一未有把一六二五年崇文門、徐州倉二個新增的稅關加入，資料上也未見完整。

倪書在第六一頁指出，一些學者認為崇文門是沿襲明代，而另一些學者認為是設置於清初。但在研究晚明財政史重要的一手史料，即畢自嚴的《度支奏議》一書中，已清楚記載了崇文門的原額和加派的資料（見表二），可見上述的爭議是不必要的，而倪書應當把崇文門的數據加入表一。在一六三〇年第四次加派之後，崇文門一度是為天啟朝帶來最多收入的稅關之一（見表三），其重要性實不容忽視。

本文欲借用楊永漢的統計來為倪書作一補充，表二所指的原額為萬曆晚年的定額（下同），天啟加派之前關稅的定額，詳見表二。

表二：明代各關原額和加派

（單位：兩）

地方	原額	1621 加派	1625 加派	1625 總額
臨清關	83800	0	0	83800
河西務	46000	0	0	46000
滸墅關	45000	22500	20000	87500
九江關	25000	12500	20000	57500
北新關	40000	20000	20000	80000
淮安關	0	0	20000	88929
揚州關	13000	2600	10000	25600
崇文門	68929	0	20000	88929
徐州倉	0	0	15000	15000
總數	321,729	57,600	125,000	573,258

資料來源：楊永漢：《論明末遼餉的收支》，頁七十四、一一〇。

表二是根據楊書第七四頁節錄而成。楊氏對於一六二五年的統計為五十七萬三千二百五十八兩，[6] 而倪氏只計算出了三十九萬二千兩，比起楊書的統計足足低估了十八萬一千二百五十八兩。同時，楊書也統計了倪書未有涉及的崇禎朝數據，故楊書比起倪書對明末的統計更有代表性。

二、順治關稅苛重不減天啟崇禎兩朝

如上所述，倪書的最大貢獻是從清宮檔案中，找出了上面部分相同稅關在明清時期的詳實數據。本文現借用倪書中分別列於多個不同表格的數字，將之合而為一，再以順治時期的收入，對照楊書所載明末的數字，以便了解明末清初關稅收入之變化。

表三：明末清初關稅收入

（單位：兩）

地方	原額	1621加派	1625加派	1628加派	1630加派	1631加派	1631總額	順治 a
臨清關	83800	0	0	8380	8380	0	100560	76271
河西務/天津關	46000	0	0	4600	0	0	50600	30900
滸墅關	45000	22500	20000	8750	17500	25000	138750	113947
九江關	25000	12500	20000	5750	11500	19000	93750	79784
北新關	40000	20000	20000	8000	16000	16000	120000	89376
淮安關	0	0	20000	0	0	0	20000	22780
揚州關	13000	2600	10000	2560	5120	5000	38280	36500
崇文門	68929	0	20000	8892	20000	0	117821	85099
蕪湖[7]	0	0	0	0	0	30000	30000	87338
總數	321,729	57,600	110,000	46,932	78,500	95,000	709,761	621,995

資料來源：楊永漢：《論明末遼餉的收支》，頁七十四、一一〇；倪玉平：《清代關稅：1644－1911年》，頁六三、七三、八〇、八三、八七、九三、九七、一〇一、一〇四、一〇九、一二七。

表三有關明代的數據乃引錄自楊書，而順治的數據則引錄自倪書中九個不同的列表。現根據表二和表三，嘗試比較萬曆時期的原額以及天啟五年（一六二五）、崇禎四年（一六三一）、順治 a 的數據；不過，由於順治時期各稅關收入的年份不詳，有些數據可能是從不同年份搜集而來，而最晚可能是順治的最後一年，即順治十八年（一六六一），故只可反映清初大概的圖像而已。而順治 a 的數據是根據楊書中明末的稅關收入，同時比較順治時期相同稅關的收入；值得一提的是，順治時期有一些稅關收入，是在晚明時期已設立，由於明代數據

暫不齊全,所以無法全面去比較,這是表三的不足之處。

此外,本文把順治 a 的收入,再加上另外九個稅關的收入,設計成為表四的順治 b。簡言之,順治 b 的收入已包括順治 a 的收入。可是,順治 b 的九個稅關早在明代已經運作,因此暫無法掌握明代的實際數字,讀者或許能夠從順治 a 和明末之間的關係作出一些聯想。

表四:萬曆、順治時期關稅收入比較 *
(單位:兩)

地方	原額	順治 b
臨清關	83800	76271
河西務／天津關	46000	30900
滸墅關	45000	113947
九江關	25000	79784
北新關	40000	89376
淮安關	0	22780
揚州關	13000	36500
崇文門	68929	85099
蕪湖	0	87338
殺虎口	?	13000
張家口	?	10000
鳳陽關	?	21807
龍江關	?	39300
贛關	?	30800
西新關	?	18269
南新關	?	24000
太平關	?	26626
荊州關	?	7489

| 總數 | 321,729 | 813,286 |

資料來源：楊永漢：《論明末遼餉的收支》，頁七四、一一〇；倪玉平：《清代關稅：1644－1911年》，頁四二、四五、五一、五二、五九、六三、七三、八〇、八三、八七、九三、九七、一〇一、一〇四、一〇九、一二七。

* 註：倪書第十五頁指出，一六四四年清朝建立以後，隨即新設了十九個稅關，但書中只有上述稅關在順治時期的數字，其餘稅關只有康熙及以後的數據，此與本文主題無關，故不引錄。

圖一. 明末清初關稅收入圖　　**圖二. 明末清初關稅收入比較**

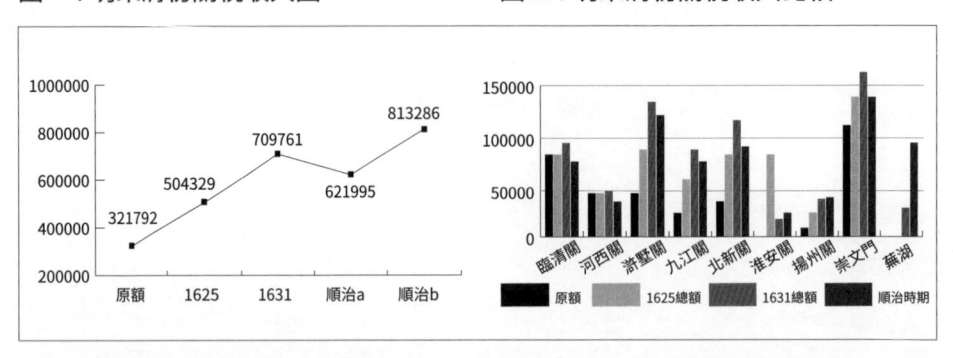

楊書主要是針對遼餉的關稅加派，故其餘不相干的稅關數據並沒有一一收錄，所以上述的總額（其實也佔了所有關稅中的極大比例），非所有關稅收入的總數，如稅關也有徵收名為工部稅的附加稅，並沒有收入楊書的統計之中。不過，這個稅每年不過數千兩而已（倪書，頁十五），對上述的關稅收入而言，算是微不足道。事實上，凡是大幅增加關稅，也會對商業發展造成一定的損害，明末的官員也深明此理，卻因戰事到了緊要關係，政府不得不一再加派。萬曆時已有官員指出：「曩時關稅所入歲四十餘萬，自為稅使所奪，商賈不行，數年間減三之一，四方雜課亦如之。」[8] 他觀察到晚明以來，每當關稅大幅增加，商業活動驟減，其他稅收也會因為商業收縮而下跌。崇禎時的官員在《度支奏議》云：「臣竊慮得不償失，仍藩擊不逞之徒以睡亂也，或欲加稅而今關稅凡增加無可加，誠恐商賈罷市不樂出其塗。」[9] 即是說，明末的關稅稅率，已是近「加無可加」的苛稅等級，商業活動也因此而大受打擊，故倪書第十五頁說：「總的來說，明代關稅負擔任是很輕的。」此中情況在萬曆以前或許是對的，但恐怕對上述兩位晚明的官員來說是絕對不敢苟同。

從圖一所見，順治時期的關稅收入比起天啟年間有增無減，順治a的數字略少於崇禎朝的「加無可加」水平，而順治a的收入（六十二萬一千九百九十五兩），大抵與天啟五年（一六二五年）和崇禎四年（一六三一年）的中位數（六十四萬

一千二百〇九點五兩）相若。由此可見，順治時期關稅之苛重實不減天啟、崇禎兩朝。圖二說明了明末清初各關的收入，也沒有明顯地大幅下降，反而蕪湖的關稅收入更在短時間內，上升了一倍以上，也略超過了萬曆時的數字。[10] 當然，這個現象可能是受惠於戰亂減少而商業活動增加，最終帶動關稅的收入，不過順治年間也是戰事連年，上述情況不太可能發生。與此同時，一六四五年發生了史稱「揚州十日」的大屠殺，數十萬漢人被殺，經濟不可能不受到嚴重的打擊，但揚州關的收入卻由一六三一年的三萬八千二百八十兩，只是略減至順治時的三萬六千五百兩，幾乎沒有大的差別。就此而言，清初只是繼承了明末的關稅數額，其財政方針並沒出現根本性的改變，苛政依舊。

三、總結

倪書第十七頁再次引用《清朝文獻通考》，指順治元年（一六四四年）免除關津稅課，而順治二年（一六四五年）起「照故明額」，倪氏又在同頁指出：「因為明時的正額為三十六萬兩，筆者估計順治時期的稅額大約也是這水平。」然而，此估計可能嚴重低估了順治時期真實稅額的水平。本文綜合了楊、倪二書的數據，得知萬曆時期的定額已達三十二萬一千七百二十九兩，而崇禎四年（一六三一年）在萬曆的定額上，再加上多次加派，已達到七十萬〇九千七百六十一兩，而相同的稅關在順治時期的收入，更高達六十二萬一千九百九十五兩，此與明末的中位數六十四萬一千二百〇九點五兩兩極之接近，也跟有明一代的最高點相去不遠。由是觀之，順治時期關稅的收入，更貼近於天啟和崇禎年期間多次加派後的稅額，而非萬曆時的原額。若再加上其他稅關（順治 b），順治時期的總關稅收入達八十一萬三千二百八十六兩，而且還有一些倪書以及本文未有提及的稅關，其總收入高達一百萬餘兩，如果順治二年的稅額為倪氏估計的三十六萬兩，那麼數年之間（順治九年，一六五二年）以倍數地躍升至一百餘萬兩，[11] 而沒有造成社會震盪，時人對此又竟不著一筆，本文認為，這似乎是沒有可能發生的。

補充說明：若取順治時期最低值六十二萬一千九百九十五兩與崇禎加派的七十萬九千七百六十一兩相比，差額八萬七千七百六十六（約百分之十二點四差距）；而六十二萬一千九百九十五兩與明末中位數六十四萬一千二百〇九點五兩之差；差額一萬九千二百一十四點五（僅百分之三左右）；可見，順治時期的六十二萬兩與明末實際加派水準六十四至七十萬兩相當接近，差距在三至十二之間。倪氏推測的三十六萬兩與順治時期實際差異：若順治初真只有三十六萬

兩，而數年後（如順治九年，公元一六五二年）已達六十二萬一千九百九十五至八十一萬三千二百八十六兩，則增幅至少為二十六萬一千九百五十五（或更高，若達八十一萬三千二百八十六，則逾百分之一二五）。

據臺灣學者劉翠溶的研究，順治末年的軍費約為二千萬兩，而接近一百萬兩的關稅收入雖然與丁銀的三百萬〇八千九百〇五兩相差甚遠，[12] 但在戰事不斷之世，也能起到一定的財政支持，此很可能是滿清政府保留關稅收入的主要原因。故此，《清史稿》：「（順治初年）時京師初定，免各關徵稅一年，並豁免明季稅課虧欠。嗣浙、閩以次蕩平，復禁革明末加增稅額，及各州縣零星落地稅。」[13] 又云：「順治初，既除明季三餉，南服諸省尚未底定，歲入本少，而頻年用兵，經營四方，供億不貲，歲出尤巨。」[14] 史書上所謂滿清入關後，即宣布除正額之外，廢除一切加派，[15] 但根據本文的分析，至少在關稅的發展史上，此等說法，並不能完全成立。

總而言之，倪書收錄了大量珍貴的數據，而且能從數字中找出變動的趨勢，實在難能可貴，若非如此，本文也無從入手，而本文稍稍為倪書的一個背景作一點補充，希望有助加深讀者對明末清初關稅發展史的認識。

1　倪玉平：《清代關稅：1644-1911 年》（北京：科學出版社，2017）。
2　陳之平、張金林：〈清代財政史研究的新解釋——評倪玉平《清代財政史四種》〉，《中國社會經濟史研究》第 2 期（2018），頁 106-110。
3　本文所指的明末，是萬曆以後，而清初則只對順治一朝而言。
4　楊永漢：《論明末遼餉的收支》（臺北：天工書局，1998）。
5　李華彥：〈近三十年來明清鼎革之際的軍事史回顧〉，《明代研究》第 23 期（2014），頁 127-154。
6　原本楊書的統計為 543,969 兩，但本文核實和修正了楊書數據的加減錯誤。
7　《明史・鄭俊三列傳》：「萬曆時，稅使四出，蕪湖始設關，歲徵稅六七萬，泰昌（1621）時已停。」見張廷玉等：《明史》（臺北：鼎文書局，1980），頁 6564。由此可見萬曆時蕪湖關每年有六、七萬的收入，但泰昌時已廢，所以在加派時它的基數為零。
8　《明史・趙世卿列傳》，頁 5803。本文將此說命名為趙世卿曲線，即每當關稅增加，則導致商業活動減少，而最後也影響政府應收的關稅收入，作者擬另文處理。
9　畢自嚴：《度支奏議》，浙江大學圖書館藏善本，頁 33。
10　《明史・鄭俊三列傳》，頁 6564。
11　《清史稿・食貨六》：「至九年，海宇粗定，歲入則地丁等款征銀二千一百二十六萬兩有奇，鹽課征銀二百一十二萬兩有奇，關稅等銀一百餘萬兩。」（頁 3703），見趙爾巽等：《清史稿》（臺北：鼎文書局，1981）。
12　劉翠溶：〈清初順治康熙年間減免賦稅的過程〉，《中央研究院歷史語言研究所集刊》第 37 本第 2 分（1967），頁 757-777。此文詳細分析了清初的減稅運動，是清代財政史經典之作。
13　《清史稿・食貨六》，頁 3672。
14　《清史稿・食貨六》，頁 3703。
15　劉翠溶：〈清初順治康熙年間減免賦稅的過程〉，頁 757-758。

從人口、物價、工資看十七至十八世紀的國民生活水平——《清朝乾嘉之後國勢衰頹的經濟原因》導讀

* 本文大部分資料均錄自宋敘五、趙善軒：《清朝乾嘉之後國勢衰頹的經濟原因》（香港：樹仁學院，二〇〇四）一書。

一、清代人口與國勢衰頹之關係

經過何炳棣這一代學者的努力，[1] 大致上已經解決了清代人口數字及計算單位的重大難題；根據葛劍雄的研究，從康熙三十九年（一七〇〇）的一億五千萬升至道光三十年（一八五〇）的四億三千萬。[2] 我們察覺到這段時期打破了自西漢末年到明朝末年間，人口變動的常態，由「短期大上大落，長期不增不減」的形態，一變而為「大漲小落急劇增長」的形態。一七〇〇至一八五〇年人口從一點五億到四點三億代表約二點八七倍的成長，指數型年增長率約百分之〇點七〇。清代自順治十二年（一六五五）至道光三十年（一八五〇），人口經歷了顯著增長，由一點一九億人增至四點三〇億人：

一、康熙至乾隆時期（一六五五－一七九四）：

- 一七〇〇年（康熙三十九年）：人口達一點五〇億，相較於一六五五年增長約百分之二十六。
- 一七七九年（乾隆四十四年）：人口大幅增至二點七五億，增長百分之八三點八，年增率約百分之〇點七七，顯示清代前期社會穩定，農業生產提升，促成人口快速增長。
- 一七九四年（乾隆五十九年）：人口增至三點一三億，年增率提升至百分之〇點八七，代表人口成長達到高峰。

二、嘉慶至道光時期（一七九四－一八五〇）：

- 一八二二年（道光二年）：人口增至三點七三億，但年增率降至百分之〇點六三，顯示增長趨勢開始放緩。

・一八五〇年（道光三十年）：人口達到四點三〇億，但年增率進一步降至百分之〇點五一，說明清代後期人口壓力上升，社會與經濟資源已無法支撐早期的高增長率。[3]

此增速明顯超過過去千年來的「大起大落、長期無增」常態，成為清代康乾以後人口大幅增長的鮮明標誌。其影響深遠，為近代中國的各種社會、經濟、政治問題奠定了更高的人口基數，也解釋了後世許多「人口壓力」現象的歷史根源。年均百分之〇點七〇的增長在現代眼光或許不算高，但在農業社會卻十分顯著。若以更久遠的尺度觀察，人口倍增常需兩三百年甚至更久；而此時期一百五十年不到即增長近三倍，突破了傳統「大上大落」的封閉循環。

關於清代人口增加的原因，中外學者多有論述，例如糧食的增加、新品種的引入等等，在此不一一討論。我們認為主要的原因是清代人口學家洪亮吉所說的「治平」，[4] 即長期維持太平局面。清代經歷百多年沒有大型戰亂的時代，也沒有在本土發生大規模的政亂，這是歷史上少有的「盛世」，導致死亡率維持低水平。同時，我們提出了一個較另類的觀點，就是人民的生活，尤其低下層，由富裕趨於貧窮。英國學者波立德（Thomas Doubleday, 1790-1870）是較早提出貧窮會導致人口增加的人口學家。[5] 到了一九五〇年代，曾任聯合國糧食農業委員會主席的人口學家卡斯特羅（Josué de Castro, 1908-1973）在《飢餓地理》（Geopolitical la Fome, 1946）一書中，該書利用大量的數據，研究各地貧窮因素如何導致人口上升，他得出飢餓最終會導致人口上升，主要的論據是因為人類在食欲不能滿足時，就會轉移到性欲之上，出生人口就自然上升。[6] 簡言之，死亡率下降，出生率上升，最終導致中國出現了人口爆炸的現象。

問題就出來了，傳統觀點都認為一七〇〇－一八〇〇年是所謂康、雍、乾盛世，理應物阜民豐，國家繁榮鼎盛，又何來日益貧窮呢？眾所周知，古典經濟學家馬爾薩斯（Thomas Robert Malthus, 1766-1834）在其著作《Malthus Population Theory》中提出，食物為人類生存所必需，兩性間的情欲是必然的。同樣，清代人口激增衍生出社會問題，諸如耕地不足、糧食短缺等等，按照人口理論，人口激增（需要大幅增加下，供應不能相應提高）會導致物價有上漲之壓力。清代中葉前後，就是在人口激增的壓力下，再加上一些外來因素，各類物價有持續上升的趨勢，且更帶出一連串的社會經濟問題。

二、從物價上升看人民生活水平

康熙、雍正時期（一六六二－一七三五），各類貨品（goods）物價變動幅度不大，但至乾隆年間（一七三六－一七九五），物價上升幅度開始增高。關於此一時期物價上升的情形，全漢昇先生有專文數篇予以詳論。[7] 但由於現存史料只屬當時實際情況的一部分，加上我們所掌握的資料有限，故此只能著眼於物價的長期趨勢，至於季節性與周期性的變動，則不在本文討論範疇。我們排列出一個長期的趨勢，是希望盡量減低量化方法可能產生的誤差與不確定性（uncertainty），當然基於數據不足，物價指數只能有限度地參考。

我們考察了各地米價的變動情況，例一：一六九一至一七九二年江、浙地區米價，設定了一六九一年的基數為一〇〇，到了一七九二年升至五〇〇，最高曾達七四三（頁三七）。[8] 例二：一七四一至一七六〇年泉州年平均米價，一七四一年的指數為一〇〇，一七六〇年的指數為一四二，最高曾達一八二。[9] 例三：一七〇六至一七九五年廣東米價趨勢，一七〇六至一七一五年間的指數為一〇〇，一七八六至一七九〇年間高達二〇〇，最高曾達二〇九。[10] 此外，絲價、棉花價、布價、茶葉價均有直線上漲的情況，一方面反映了人口上升導致需求的增加，另一方面亦與明清時期的外貿因素有關。然而，物價上升並不代表人民的生活水平下降，只要人民的工資同樣上升，實際購買力並沒有下降。

各地米價變動趨勢表

項目	參考時期	基準年份（指數＝100）	最後年份指數	最高指數
江、浙地區米價	1691–1792	1691	500	743
泉州年平均米價	1741–1760	1741	142	182
廣東米價趨勢	1706–1795	1706–1715	200	209

補充說明：

江、浙地區米價：一六九一年基數為一〇〇，至一七九二年升至五〇〇，最高曾達七四三（頁三七）。

泉州年平均米價：一七四一年基數為一〇〇，至一七六〇年升至一四二，最高曾達一八二。

廣東米價趨勢：一七〇六－一七一五年間基數為一〇〇，至一七八六－

一七九〇年間高達二〇〇，最高曾達二〇九。

由於米為民生必需品，屬於低彈性需求（inelastic demand）物品，代替品不多，即價格改變的幅度必須很大，才可令需求量有少許改高低變。這時期，人口急劇增加，土地面積不能同比例增加，而耕作技術又沒有突破性的改進，造成米的供應相對不足、需求相對增加。最後，由於米的邊際效用（marginal utility）顯著提高，所以米價上升的幅度便比其他商品為高。

人口激增，再加上各種內外原因，乾隆初至末期間，人民生計明顯日形窘困。民生困頓，購買力必然會從高彈性需求（elastic demand）的貨品（如貴價茶葉）轉到糧食方面。這也是米價升幅遠高於其他貨物的因素。

物價飛漲，特別是必需品價格的持續上升，使得百姓的生活日益艱難。例如，蔗糖價格從康熙二十八年（一六八九）每擔一點七〇銀兩，雍正元年（一七二三）上升至二點九〇銀兩，乾隆二十九年（一七六四）達四點五銀兩，乾隆五十七年（一七九二）更升至五點〇銀兩，顯示在百年間價格幾乎翻倍甚至更多，反映出清代中期物價持續高漲的趨勢，加劇了民生困境。一六八九年至一七九二年間（一〇三年整體）：蔗糖價格從一點七〇增至五點〇〇，總體增長約二點九四，對應年均約百分之一點〇五的指數型增長率。[11]

人口上升導致可耕地分配不均，進而加劇了土地壓力。根據史料記載，順治十八年（一六六一年）時人均耕地面積為四點九〇畝，雍正九年（一七一一年）降至四點六二畝，乾隆十八年（一七五三年）為三點八六畝，乾隆三十一年（一七六六年）進一步減少到三點五六畝，到達嘉慶十七年（一八一二年）時，耕地面積更僅剩二點一九畝，人口增長壓力下，從順治十八年（一六六一年）至嘉慶十七年（一八一二年）年間，人均耕地每年平均縮減約〇點〇一八畝。這一變化顯示了隨著人口快速增長，可耕地資源無法與之匹配，導致大量人口進行大規模遷徙，尋找新的耕地區域，這不僅影響了社會結構，也加劇了土地爭奪與農業生產的壓力。[12] 清代受惠於美洲新糧食品種之傳入，使人民得以開拓山上地土耕種，容納了大量的新增人口，他們即是史料裡的「山區棚民」，但是玉米、番薯的營養價值遠遠低於白米，而且山上生活條件艱苦，「棚民」的生活水平只能勉強維持，恰好引證了「飢餓導致人口增加」的說法。

三、工資大幅下降下的生活水平

　　值得注意的是，康熙中期到乾隆末年（一六九〇－一七九五），這一百年間，各種物價全面上漲，但是有一種價格沒有上漲，或者說上漲幅度非常少，這就是勞務價格，也就是工資。在經濟學中，有名義工資（nominal wage）與實際工資（real wage）之分。名義工資的上升幅度，不如物價的上升幅度大，這就表示真實工資正「相對下降」。

　　我們借用了全漢昇先生〈清代蘇州的踹布業〉[13] 文中「清代蘇州踹布工價與米價的變動」的列表，以及岸本美緒《清代中國の物價と經濟變動》中「清代の蘇州踹布工価」[14] 的結論。現把一六六五年踹布工人的工資（每件）指數設定為一〇〇，到了一七九五年指數只得一一八，而且已經是一百多年來的最高位。從一六六五年的一〇〇，至一七九五年僅一一八，一三〇年間總增幅百分之十八，即年均增長率：若假設指數型增長，約為百分之〇點一二七／年；若線性增長，則每年約百分之〇點一三八。這表明，一三〇年間的蘇州踹布業工資指數增幅極低，幾乎可以視為停滯。

　　與此同時，我們考察了十七至十八世紀「奉天、錦州工資變動」、「京城及直隸工資變動」、「江、浙地區工資變動」也發現了近似的情況（頁八一－八四）。

　　《清史稿・蔣兆奎傳》：「（嘉慶）四年（一七九九），高宗崩……奏言：『整頓漕運，要在恤丁。今陋規盡革（案：指和珅伏法後），旗丁自可節費。而生齒日繁，諸物昂貴，旗丁應得之項，實不敷用……』……旗丁運費本有應得之項，惟定在數十百年之前；今物價數倍，費用不敷。」從史料所見，[15] 清代特權分子旗人的入息也沒有多大的改變，旗丁的收入（名義工資）自清初定下來以後，就一直沒有改變，而物價漲了數倍，但旗丁的收入還是一如當初，如此，他們若不增加體制外的收入（如貪污），那麼生活質量就會一直下降。此反映名義工資沒有變，真實工資就縮減了許多。另外，據張德昌研究，清朝的兵餉、官俸，包括官吏的俸祿，士兵的糧餉，衙役、工匠等的工資，自清初到清末，一直固定不變。[16] 本文按張德昌的兵餉數據分析如下：

- 戰兵：月餉銀一點五兩，月給米三斗
- 守兵：月餉銀一點〇兩，月給米三斗

・此制歷久不變：代表名義薪資在相當長的時期內保持固定。

同時，根據前文數據，清代米價在十七至十八世紀呈現數倍上漲（如某地區一六九一至一七九二年間上漲至五倍）。若兵餉長期不變，則工資的實質購買力可能因物價上漲而嚴重受損。為方便計算，假設下列情境（示範用）：

一、基準年份（約一六九一年）：

- 一斗米價格＝〇點一〇兩
- 戰兵月餉（一點五兩）可買十五斗米
- 月給米三斗→總計可獲十八斗米
- 守兵月餉（一點〇兩）可買十斗米
- 月給米三斗→總計可獲十三斗米

二、末期年份（約一七九二年）：

- 米價上漲五倍→一斗米價格＝〇點五〇兩
- 戰兵月餉（一點五兩）可買三斗米
- 月給米三斗→總計六斗米
- 守兵月餉（一點〇兩）可買二斗米
- 月給米三斗→總計五斗米

(A) 戰兵的實質工資

- 一六九一年：十八斗
- 一七九二年：六斗
- 實際減幅：從十八→六，減少百分之六六點七

(B) 守兵的實質工資

- 一六九一年：十三斗
- 一七九二年：五斗
- 實際減幅：從十三→五，減少百分之六一點五

上述假設雖然簡化，但能說明：若兵餉銀額固定，米價卻漲五倍，則軍人可支配的實際米量大幅減少。清代兵餉名義上「歷久不變」，實質卻隨物價上揚而不斷萎縮。從數學角度看，工資指數與物價指數若嚴重脫鉤，軍人或一般勞動者的生活水平將顯著下滑。

公職人員之工資未能追上物價，以致無法維持生計，最後他們惟有透過非正

常途徑增加收入，故此清代中後期官吏貪污腐敗、朝廷昏庸、軍紀敗壞成為社會普遍現象，實與此不無關係。目擊這種情況，時人洪亮吉就說：「所入者（工資）愈微，所出者（物價）愈廣。於是士農工賈，各減其值（工資）以求售；布帛粟米，各昂其價以出市。」[17]

由此可見，工資相對下降並不止於低下階層，而是社會的普遍現象。清代的朝野人士，尚沒有了解到工資（和其他勞務報酬）應隨著物價上升而變動，才能配合社會經濟發展。看來當時並不流行增加工資的概念。筆者認為這並不是單純的經濟現象，而可能是由一種社會規範（social norms）影響所致，這與韋伯式的「文化因素影響經濟論」吻合。若非如此，我們就難以解釋上至官員、士兵，下至平民百姓，在通貨大幅上漲之時，名義工資卻沒有跟隨上升，以致實際工資大幅下降，政府官員卻能坐視不理。這方面值得我們進一步探討。

四、結論

清代人口激增，再加上美洲白銀流入，使到十七、十八世紀各類物價出現持續上漲的趨勢。本來單是物價上升，不足以導致經濟衰退，但在物價上漲之同時，實際工資卻沒有明顯增加，就會帶來社會問題。清代的工資一般可分為兩大類，一類是政府的工資，包括官吏的俸祿，士兵的糧餉，衙役、工匠等的工資，由清初到清末，一直不變。今天，香港的公務員以廉潔而舉世聞名，很大程度是因為實施了厚俸養廉的政策，但在清代，官員的實際工資隨著物價上升而下降，無疑是迫使官吏貪污，加劇了腐化的速度。

另一類工資則是民間的勞務報酬，與第一類工資的情況相似，並沒有隨著物價上升而有明顯增加。平民百姓被逼用昔日之收入，以應付今日之開支，生活水平日漸下降。與此同時，清代的產業出現收縮現象，造成人口生存空間的收縮，許多人因而失去工作，變成無業之民。人口過剩，致使貧民日多，生計日絀；民失所業，鋌而走險，社會動亂，遂呈燎原之勢。然而，上述經濟衰退的問題在乾、嘉以後暴露出來，但究其始末，禍根早在康熙中後期種下，而在號稱康、雍、乾盛世時期漸漸惡化起來。

乾隆五十八年（一七九三），有川、楚白蓮教之亂；六十年（一七九五），有貴州苗民之亂；嘉慶十八年（一七九三），天理教亂，波及河南、陝西、山東、山西數省；道光三十年（一八五〇），太平天國亂起，正值此時。匪獨如傳統說法，只由乾隆後期，好大喜功，虛耗國庫，官僚體制敗壞這些政治史觀所能完全解釋。

1. Ping-ti Ho, *Studies on the Population of China 1368-1935* (Cambridge, MA: Harvard University Press, 1959).
2. 葛劍雄：《中國人口發展史》（福州：福建人民出版社，1991），頁 237-238。
3. 宋敍五、趙善軒：《清朝乾嘉之後國勢衰頹的經濟原因》（香港：樹仁學院，2004），頁 24-25。
4. 宋敍五：〈洪亮吉的人口思想〉，原載陶希聖先生九秩榮慶祝壽論文集編輯委員會編：《國史釋論：陶希聖九秩榮慶祝壽論文集》（臺北：食貨出版社，1987），後收於張偉保，趙善軒，楊永漢：《經濟史家宋敍五教授紀念論文集》，萬卷樓圖書股份有限公司，2018，頁 3-105。
5. Thomas Doubleday, *The True Law of Population Show to Be Connected with the Food of People* (London: Smith, Elder & Co., 1853).
6. 張丕介：〈飢餓地理與人口新說〉，載張丕介教授遺著編輯委員會編：《張丕介選集——經濟論文集》（香港：張丕介教授遺著編輯委員會，1971），頁 243-278。
7. 全漢昇：〈美洲白銀與十八世紀中國物價革命的關係〉、〈清中葉以前江、浙米價之變動趨勢〉、〈清雍正年間的米價〉、〈乾隆三十年間的米貴問題〉、〈清朝中葉蘇州的米價糧貿易〉等五篇，收於全漢昇：《中國經濟史論叢》，第二冊（香港：新亞研究所，1976）。
8. 本文內所載頁碼，均引自該書。
9. 參考王業鍵、黃瑩玨：〈清中葉東南沿海的糧食作物分布、糧食供需及糧價分析〉，《中央研究院歷史語言研究所集刊》第 70 本第 2 分（1999），頁 363-397。
10. 參考陳春聲：《市場機制與社會變遷：18 世紀廣東米價分析》（廣州：中山大學出版社，1992），頁 145-147，其中「1736 — 1800 年廣東年平均米價」一表的 17、18 世紀數字。
11. 宋敍五、趙善軒：《清朝乾嘉之後國勢衰頹的經濟原因》，頁 62。
12. 宋敍五、趙善軒：《清朝乾嘉之後國勢衰頹的經濟原因》，頁 117。
13. 全漢昇：〈清代蘇州的踹布業〉，《新亞學報》第 13 卷（1980），頁 409-437。
14. 〔日〕岸本美緒：《清代中國の物価と經濟變動》（東京：研文出版，1997），頁 160。
15. 《清史稿‧蔣兆奎傳》（頁 10850），見趙爾巽等：《清史稿》（臺北：鼎文書局，1981）。
16. 張德昌謂：「清代兵餉，制兵的待遇分戰兵、守兵。戰兵月餉為一兩五錢，月給米三斗。守兵月餉則僅為一兩，月給米三斗，這種規定與官俸一樣，歷久不變。」張德昌：《清季一個京官的生活》（香港：香港中文大學，1970），頁 51。
17. 洪亮吉：〈意言‧生計篇〉，《洪北江詩文集》，上冊（臺北：世界書局，1964），頁 34。

333

包世臣的貨幣思想研究

* 本文為吾師宋敘五教授與本人合撰。

一、前言

　　一七五〇至一八五〇年，這大約一百多年的時間，也就是中國清朝自乾隆（一七三六－一七九五）中、後期經過嘉慶（一七九五－一八二〇）、道光（一八二一－一八五〇）直到咸豐（一八五一－一八六一）初年。這一個時期，中國無論在政治、社會經濟、國際地位等方面，都有相當大的變化。

　　該時期是清朝由盛轉衰的轉捩點，國力由強轉弱，吏治由清明轉為腐敗，經濟則由繁榮轉入衰退，人口空前膨脹，[1] 社會民生衰敝之象日趨嚴重。再加上歐洲國家的商品傾銷中國，白銀大量外流，遂爆發太平天國之亂。[2]

　　包世臣（一七七五－一八五五），剛生於這一時代。他天資聰敏，感受力強，對社會民生問題，比一般人了解深切。且他大部分時間都沒有當官，以布衣身分觀察、評論政事，尤見客觀獨到。[3] 所以，他頗能道出中國社會在這一個關鍵時期所遭遇的問題。[4] 本文透過研究包氏的思想以及他的經歷，來了解中國社會在這一時期的社會現象，然後專門討論他的貨幣思想。

二、包世臣貨幣思想的背景

　　包世臣，字慎伯，安徽涇縣人，號稱安吳先生，著有《說儲》及《安吳四種》等傳世文集。包氏貨幣思想的萌芽，是源於清朝道光年間，貨幣制度因為銀貴錢賤的問題而遭遇困難，亟須變通。不少官員、學者，都就貨幣制度提出改革的意見，[5] 而包氏對此事亦極為關注，並有多篇專文提出意見。所以，要了解包世臣的貨幣思想，必須先對清朝的貨幣制度有所了解。

　　清朝貨幣制度，是屬於銀錢並行的制度。其特點是銀兩與制錢並用，而且兩者都具有無限法償的資格，即王業鍵所謂的「銀銅複本位制」。[6] 清代社會和明代大抵相近，大數交易一般用銀，小數額則用銅錢，白銀在清朝貨幣制度中有相當的重要性。[7]

　　中國自秦漢以迄唐宋，均以銅錢為主要流通貨幣。儘管唐代有飛錢，宋代有

交子，元代有中統鈔等名目主義貨幣一度通行，但銅錢長期仍為主要的流通貨幣。及後，明政府一度禁用銅錢，企圖以「大明寶鈔」作為單一通貨，始終沒有成功，而寶鈔亦被市場拋棄。[8] 明中葉以後，銀成為與銅並行的通貨。據全漢昇研究，從明嘉靖四十四年（一五六五）西班牙佔領菲律賓後，西班牙人在美洲秘魯及墨西哥各地所開發的大量白銀，便經菲律賓為中途站運來中國，初時每年約為數十萬西班牙銀元（peso），十六世紀末期已激增至每年一百多萬西元，到了十七世紀前期，每年更增加到二百多萬西元。一五七一至一八二一年間，西班牙人在西屬美洲運往馬尼拉的白銀約有四億西元，其中四分之一或二分之一都流入了中國。[9]

與此同時，尚有其他國家與中國進行貿易，當中最重要的是英國。英國將大量白銀輸入中國，而英對華貿易的極端不平衡，令白銀大量流入。[10] 自一七〇八至一七五七年的五十年，英國白銀輸入中國的數量約為六百四十八萬五千三百二十七點三五鎊（參見表一）。一七七六至一七九一年的十五年，英國白銀輸入中國的數量為三百六十七萬六千〇一〇鎊（參見表二）。前者的五十年，每年輸入的數量為十三萬鎊，後者的十五年每年輸入數量為十八萬鎊。另方面，明中葉後，大量的日本白銀，透過葡萄牙人及荷蘭人輸入中國，減輕了晚明因美洲白銀輸入減少所帶來的影響。簡言之，明中葉至清乾嘉年間，社會上能夠維持銀錢並行的制度，實以此為重要條件。

表一：1708－1757 英國白銀輸入中國的數量

年代	數量（鎊）
1708－1717	623,208.64
1718－1727	991,070.21
1728－1737	1,454,379.58
1738－1747	731,966.62
1748－1757	2,684,702.30
	總共 6,485,327.35

資料來源：全漢昇：《中國經濟史論叢》，第二冊，頁五〇二，表九

表二：1776－1791 英國白銀輸入中國的數量

年代	數量（鎊）
1776	88,574
1785	704,253
1786	694,961
1787	626,896
1788	469,408
1789	714,233
1791	377,685
	總共 3,676,010

資料來源：全漢昇：《中國經濟史論叢》，第二冊，頁五〇二，表十

清順治十八年（一六六一），實施海禁，白銀內流之路受到阻礙，引起社會經濟衰退，乃造成所謂的「康熙蕭條」。[11] 其情形可從時人慕天顏的〈請開海禁疏〉窺見。該疏大約作於康熙二十年左右，即實施海禁的二十年後。疏文如下：

> 自遷海既嚴，而片帆不許出洋矣。生銀……之途並絕。則今直省之所流轉者，止有現在之銀兩。凡官司所支計，商賈所貿市，人民所恃以變通，總不出此。……銀日用而虧，別無補益之路，用既虧而愈急，終無生息之期。如是求財之裕，求用之舒，何異塞水之源，而望其流之溢也。……于此思窮變通之道，不必求之於天降地出，惟一破目前之成例，曰開海禁而已矣。蓋礦礫之開，事繁而難成，工費而不可必，所取有限，所傷必多，其事未可驟論也。惟番舶之往來，以吾歲出之貨，而易其歲之財。……[12]

由此看出社會對外來白銀的依賴程度。幸而康熙二十三年（一六八四），海禁開放，海外白銀又復源源而來，清朝盛世的繁榮，在社會物產豐盈，銀、錢充足的情況下，得以重現。

清中葉前，中國對歐洲貿易每年都有顯著的出超，即每年都有大量的白銀入口。銀元的不斷增加，故發生了「錢貴」的問題，即是制錢的價值比法定的比價為高。按清朝初年規定，制錢一千文值銀一兩，但自從清朝初年到乾隆中葉，銀每兩所能夠換到的制錢數目，僅為數百文。

乾隆初年，政府對社會上銀賤錢貴的問題深感頭痛，[13]於是希望藉政府力量促使官民多用銀而少用錢，達到平抑錢價的效果。[14]直到乾隆中後期，情況才略為轉變。據陳昭南研究，乾隆三十五年前是屬於「錢貴」的階段，而乾隆五十年之後，形勢一轉，反成了「錢賤」之局；陳氏又謂：「（乾隆四十年後）錢賤的原因包括銅供應量相對於需求而增加、私錢的流通量激增、新貨幣（錢莊的銀票及國外銀圓等）出現，以及整個社會對於制錢的需要，對於銀兩來說，很可能也在逐漸降低。」[15]由此了解到包世臣所遇見的社會現象，有助繼續討論下面的問題。

三、包世臣所見白銀外流及銀貴錢賤之背景

嘉慶末年以及道光年間，銀貴錢賤的問題又再困擾著中國社會，主要原因之一是鴉片輸入，改變了中外貿易的形勢。嘉慶二十五年（一八二〇），包世臣作〈庚辰雜著二〉一文，提到鴉片輸入中國的情況，其謂：

鴉片產於外夷，其害人不異酖毒。故販賣者死，買食者刑，例禁最嚴。近年轉禁轉盛……即以蘇州一城計之，吃鴉片者不下十數萬人。鴉片之價，轉銀四倍，牽算每人每日至少需銀一錢，則蘇城每日至少即費銀萬餘兩。每歲即費三四百萬兩。統各省城大鎮，每年所費，不下萬萬……每年國家正供，並鹽關各課，不過四千餘萬；而鴉片一項，散銀於外夷者，且倍蓰於正賦。[16]

十九世紀後，每年都有大量的白銀流出，故道光以後，銀貴錢賤的問題愈趨嚴重。故包氏又云：

夫銀幣周流，礦產不息。何以近來銀價日高，市銀日少。究厥漏卮，實由於此。況外夷以泥來，內地以銀往，虛中實外，所關匪細。所謂鴉片耗銀於外夷者，其弊於此。[17]

由於清代的貨幣制度是錢銀並行，銀貴錢賤對一般平民百姓產生非常深刻的影響。故包世臣說：

小民計工受值皆以錢，而商賈轉輸百貨則用銀。其賣於市也，又科銀價以定數。是故銀少則價高，銀價高則物值昂。又民戶完賦亦以錢折銀，銀價高則折錢多，小民重困。[18]

由上引一段文字，可以看出包氏認為銀貴錢賤，對小民有極之不利的影響，

337

其主要原因有二:

第一、社會交易方面:因為一般平民百姓,出賣勞力,傭工受值,所以入的是錢。而商人販賣百貨,都是用銀計值。銀價高等於貨價高,一般平民百姓所處的地位日漸不利。

第二、政府徵收賦稅方面:即是指以銀計數,然後折合錢數,向小民收繳。銀價高則所折合的錢數日漸增多,也使小民遭受不利的影響。

根據上述分析,包氏認為銀價高則使商賈有利,使官府有利,而使小民不利。清代社會,一般而言大數用銀,小數用錢,小民的收入多為小數,故多用錢,而富人多用銀。銀日貴、錢日賤,等於將社會財富實行再分配,富人有利,而窮人日愈窮苦。故包氏又說:

天下苦銀荒久矣。本年五月(道光十九年,一八三九),江西省城銀價長至制錢一千,兌庫紋六錢一分,是銀每兩值錢一千六百三十餘文。下邑不通商處,民間完糧皆以錢折,新喻(江西省縣名,即包世臣曾短期做官的地方)現行事例,每錢糧一兩,櫃收花戶錢一千八百八十五文。除歸外抵飯辛勞錢五十八文,實歸官錢一千,准庫紋一兩,老幼皆知,今花戶完正銀一兩,連耗至用錢一千八百八十五文,不為不多。況兩年之內,年穀順成,刈穫時穀一石僅值錢五百上下,現當青黃不接,而穀價仍不過七百數十文。是小民完銀一兩,非糶穀二三石不可,民何以堪。[19]

江西地區銀價與糧價情況(一八三九年,道光十九年)

項目	數值與說明
銀價	每兩白銀價值制錢 1,630 文
政府庫存銀兌換比率	每兌庫紋一兩約 六錢一分
納糧成本(按新喻縣)	每一兩錢糧需支付 1,885 文
政府實收	約 1,000 文,其餘歸作「飯辛勞錢」與折耗
穀價(豐收年)	每石約 500 文(刈穫時)
穀價(青黃不接期)	每石約 750 文
農民完銀 1 兩所需糧食	需賣出約 2〜3 石 穀物

以上一段文字，是包世臣用事實為例，說明銀貴錢賤對小民的影響。由此可見，銀貴錢賤對小民不利的情形。

包氏又認為國家因為實行兩種貨幣，即銀錢並用，正給予商人投機的機會。商人利用二者市價的漲落，乘機賺錢。於是上困官，下困民。他說：

> 查各省上供，年額四千萬兩。除去民欠，報撥之數，每年不過千七八百萬兩。是外省存留，與起運幾相半也……至如本省公項，壇廟祭品，文武廉俸，兵餉役食；私用則延請幕友，捐攤抵飯，衙門漏規，漕務兌費。斯不受者，仍旨以銀易鏹應用，故出入之利，皆歸錢店。使市儈操利權，以上困官而下困民。[20]

上引一段文字，包氏提及到全國各省每年實際收入約有三千六百萬兩，每年由各省「起運」到中央約有一千八百萬兩，其餘一半，約有一千八百萬兩，則「留存」各省供各項支用。包氏又指出，無論是私項、公項，都要先將銀兩兌換成銅錢然後支用。這樣，平民百姓都先要用銅錢兌成銀兩交稅，而稅收的用家又需再將銀兩兌成銅錢來作各項開支。一出一入，則造成錢店爭利的機會。故包氏又說：

> 查向來省城（指江西，南昌）銀價，總以五月奏限，及歲底兌軍之時為極高，以各州縣皆運錢來省兌銀故也。[21]

由於每年的五月及年底，各州縣都運錢來省城兌換銀兩，故銀價也以這兩個時期特別高，此後銀價又會回降。故則出現錢店操縱錢價，投機圖利的機會。這種情形，除了對錢店商人有利外，對政府及人民均屬不利。這種「上困官，下困民」的情形，都是因為銀錢並用的貨幣制度引起。而這種情形，又因白銀外流、銀價日高而嚴重起來。所以，包氏認為這種貨幣制度已到了非改不可的地步。[22]

值得注意的是，嘉道以來貨幣與經濟的關係錯綜複雜，包氏所了解的不過是問題的表面而已，其對貨幣理論的知識，實屬有限。然而，身處當時當地的他，受到貨幣變化所帶來的影響，或多或少地啟發到貨幣政策的重要性。包氏的貨幣思想，就是在此等背景下產生的。

四、包世臣的貨幣改革方案——行鈔

包世臣提出他的貨幣主張的同時，朝野人士都提出了改革的意見。包氏曾對此等主張加以評論。他說：

……中外大吏,頗亦憂此,條畫救弊,其說有三:一、開礦。一、鑄大錢。一、行鈔。熒惑阻撓,迄無咸議。[23]

　　又說:

　　唯銀苗有驗,而山脈無準。開礦之家,常致傾覆。當此支絀之時,誰敢以常經試巧乎?鑄大錢尤為弊藪,古多已事。且即民間行用,於銀價仍無關涉。惟行鈔是救弊良法。[24]

　　包氏在討論過對改革幣制的各項意見之後,認為行鈔是挽救當時貨幣問題的最好方法。所以他又說:

　　是故行鈔之外,更有良法,可以減銀價、復舊規,則自當從長計議。鄙人日夜思維,實無他術。是以持此頗堅。[25]

　　可見包氏認為行鈔非但是解決當時貨幣問題的最好方法,而且認為是唯一的方法。所以他非常堅持此種方法。

　　本節詳細分析包世臣的行鈔思想。

　　一、對貨幣體系的設計

　　在包世臣的設計中,是將原有的銀錢複本位,改變為錢的單一本位,而以鈔作為錢的代用券,以補錢的繁重之弊。包氏說:

　　其要唯在明示以錢為幣,使銀從錢,以奪銀之權歸之於錢,而變錢之用操之於鈔……法宜先布明文,公私各項,一切以錢起數,錢隨市價,以準錢數。錢質繁重,其總統輕齎之便悉歸鈔。鈔則重,而民趨之矣。[26]

　　又說:

　　欲救此弊,唯有專以錢為幣。一切皆以錢起數,而以鈔為總統之用,輔錢之不及。[27]

　　從以上兩段文字,見到包氏再次說明「一切以錢起數」,即只有一個計價標準,也就是錢。道光以前,社會上有兩個標準,即銀與錢,一件商品,可以說它值銀多少兩,亦可以說它值錢多少文。兩者的價值又因時而變,弊端則因此而生。包氏提出行鈔的主張,即是想將原來的兩個標準,也就是將貨幣的複本位制改變

為單一本位制。

上引文「一切以錢起數」，即一切都用錢來作計價標準。道光年間，銀錢並行，而一切以銀起數，以錢從銀，一切弊端，由此而起。所以包氏說：「欲救此弊，唯有專以錢為幣。」[28] 即是把當時的銀錢複本位制，改為錢的單一本位制。「專以錢為幣」，即只有錢是唯一的貨幣。包氏主張行鈔，並不是在錢之外更造一種貨幣，鈔只是錢的代用券，因為「錢質繁重」，在大數量的交易及高價值的交易，用錢不方便，所以要用鈔。而鈔的面值仍然是用錢作計算標準。這樣，鈔既然可以補救錢繁重不便的弊端，又不會破壞錢計算的單一性。所以包氏說：

錢質繁重，其總統輕齎之便悉歸鈔。[29]

又說：

一切皆以錢起數，而以鈔為總統之用，輔錢之不及。[30]

以上均可以看出行鈔的本意。

二、鈔的造法

首先，是造鈔所用的紙張。為避免私造，包世臣認為，用來造鈔的紙張，質地應極優良，而且製造的方法應該保密。包氏的設計為：

鄙意以為：鈔既以紙為之，必先選紙近高麗鏡面，及敝鄉貢宣，皆至精好。宜先徵兩處好匠合為之，兩匠徵至，使中官學之，商和合之法，使中人學之，而終身給兩匠，不使出。製成先蓋印，發紙式於直省，徧行曉諭，使民人先識紙式，作偽者無所用力。[31]

上引一段文字，是包氏所設計的造鈔紙方式。他構想將高麗鏡面紙，及安徽省貢宣紙合而為一。方法是在兩地各徵一匠人至京師，在中官的領導下，研究將兩紙合而為一的製造方法。研究成功之後，再由兩匠指導，將造紙的工作，授與宮中太監，而最初徵用的兩個匠人，則由政府終身僱用，不得出宮。如此，鈔紙的製造方法，外間無由得知，因此亦無法偽造。

鈔紙造成之後，由政府蓋印，將紙張樣本頒行各直省，使各直省人民先認識鈔紙式樣，避免奸商用別種樣式的紙張造鈔，而瞞騙人民。

包氏在〈再答王亮生書〉中，又提到鈔的造法。他說：

世臣前答足下書所云，取高麗及貢宣兩紙之匠與料，領於中官，和合兩法為紙，即使中官習其法，而匠則終身不使出。其紙既垂久遠，而外間不得其法，無可作偽。[32]

上引一段文字，是說取二者之「匠」與「料」，亦即是用二者的技術與原料，合而為一造成一種新的紙張。由於這是一種新的造紙方法，外間無從得知，所以也無法偽造。

其次是鈔的形制，包氏說：

然鈔有大小，則紙亦隨之。雖毛小之鈔，皆令四面毛邊。更效宋紙寬簾之法，使簾紋寬寸以上又用麗髮牋之法，先製數大字於夾層之中，正反皆見。此為尤要也。[33]

由上引一段文字，可見包氏所設計的鈔之形制。鈔以面額分大、小。但不論大鈔、小鈔，鈔紙的四周都有一寸寬的毛邊。而且用高麗髮牋的造法，在紙的夾層中，先造幾個大字，使正面、反面都可看見。這種設計，是盡量提高製造鈔紙的難度，使外間無法偽造。

三、鈔的面額及發行額

關於鈔的面額，包世臣在〈答王亮生書〉中說：

乃至鈔式，或以五百文起數，或以千文起數；或以三十千止，或以百千止。斷不可更大。[34]

又說：

鈔一始於一貫，一錠之數也；終於五十貫，一實之數也。[35]

以上所引兩段文字，稍有出入，然而差別不大。仍可看出包氏對造鈔面額的上、下限。他認為鈔的面額最小為五百文或千文，最大也不能超過百千。而且強調說：「斷不可更大。」[36] 他在同書又說：

如尊說，至千貫以便藏者。原行鈔之意，以代錢利轉移耳。非以教藏富也。尊議云：造百萬即百萬，造千萬即千萬，是操不涸之源之方。從來鈔法，難行而

342

易敗，正坐此耳。」[37]

包氏認為鈔的面額最大者為百千，即是百貫。他又說：「斷不可更大」，[38]亦即是說：斷不可大過百千。他又認為行鈔的原義，是「以代錢，私轉移耳！」[39]並不是為了方便收藏。所以認為「斷不可更大」。而且他非常不同意無限制發行，認為那正是歷代行鈔所以失敗的原因。

關於鈔的發行數額，包氏說：

初屆造鈔，以是當一歲錢糧之半為度，陸續增造，至倍於歲入錢糧之數。循環出入，是利民用即止。[40]

包氏認為清廷當時每歲財政收入約為銀四千萬兩。為照銀每兩值錢千文的比價換算，即等於四千萬貫，歲入錢糧之半數，即為二千萬貫。是以包氏的設計，第一年造鈔之數，約為二千萬貫，陸續增造，至八千萬貫止。所謂「循環出入，足利民用」的意思，即是說，人民用鈔繳納錢糧，每年用四千萬貫，而政府收到四千萬貫的鈔之後，又以各種形態支出，如官俸、兵餉、伕役及各項購買等，流入社會，而社會上又有了四千萬貫的鈔，作為下年徵納錢糧之用。結果是政府共發行八千萬的鈔，一半在官，一半在民，循環出入、永不息止。

四、鈔的發行

至於鈔的發行方法，包世臣的設計是：

造鈔既成，由部發各布政司，轉發州縣。州縣必立鈔局，與民平買賣。其水陸大鎮店去處，由司設局。大要賣鈔收銀，必照市價。傾鎔批解之費，不可以累州縣。宜據旬報為準，州縣以九四折解司，司以九七折解部。富民見行鈔之變，知銀價必日減，藏鏹必出。鏹出產多，而用銀處日少，銀價必驟減。[41]

造鈔的權利，由中央政府獨佔，地方政府是不能造鈔的。所以，包氏說：「造鈔既成，由部發各布政司，轉發州縣。」亦即是由戶部分發給各省的布政司，各布政司再分發給本省的各州縣，而各州縣則設置鈔局，賣鈔與人民，有些水陸碼頭，較大鎮店，亦須由布政司設鈔局，賣鈔與人民。

人民用銀買鈔，包氏認為應照市場價格，無須由官府規定比價。鈔局賣鈔的收入，每十天結算一次，各州縣賣鈔的收入解交各省的布政司，各布政司轉解戶

部。各州縣設局賣鈔,及各布政司辦理轉發、轉解事宜,均需要經營開支,所以包氏認為州縣以九四折解交布政司,即留下百分之六作為經費,而各布政司以九七折解交戶部,留下百分之三作為經費。

為了使人民願意表接受用鈔,並希望使鈔成為社會流行的通貨,包氏認為政府應該規定,一切公項收入,必須用鈔繳納。他說:

唯未議行,先議收,乃可行、可久。其收入也,在內捐級,捐封,捐監;在外完糧,納監必以鈔。則不脛而走。[42]

又說:

其行之,必自上始。未議行,先議收。收之現行捐例為最妙,凡上兌非鈔不行。先赴局買鈔,指數以錢起算。銀以照時價,無以例價累監生。州縣徵解錢糧,關權徵收,皆收鈔,非鈔不行。不過一年,民心趨於鈔矣。[43]

又說:

世臣前致瀾甫書所云:未議行,先議收,而收之莫為正供、常例二事,儘之矣。[44]

從上引二段文字,可以看出包氏的用意是為了使人民對鈔有信心,進一步使整個社會普遍接受、普遍流通,最好的辦法是由政府規定,人民向政府納稅,及捐官,一定要用鈔。如果用銀,亦要按照規定到各鈔局買鈔,再要鈔來繳納。包氏以為,如果由政府率先收鈔,則不到一年,人民對鈔的信心就會建立起來。

包世臣就紙幣流通的原理作了解釋,其謂:「馭貴之易者,以其有實也……統計捐班得缺者,不過什之二三,然有此實際,則能以實馭虛。蓋實必損上,而能馭虛,則上之受益無窮,而天下亦不受損,此其所以為妙用也,但非短視諸公所解耳!」[45] 這一論點,說明了包氏認為部分兌現準備金,即可保證全部紙幣的流通。這段史料出於包氏口中,不過在〈再答王亮生書〉卻已刪去,這很可能是包氏後期思想作了轉變之故。總而言之,包氏對於準備金的主張並未有完整的思想。

五、 行鈔之後對銀的安排

包氏對於行鈔之後,銀的地位如何安排,亦有詳細的討論。他認為:「……

亦不廢銀，而不以銀為幣，長落聽之市人，則藏鏹者不嗟失業，無以肆其簧惑之說。」[46] 其意見是行鈔之後貨幣體系之中，錢作為本位幣，而鈔作為錢的代用券。鈔的面額亦是以錢為計算單位，作用是補救錢的繁重之弊，而在高價值交易及大數目支付、轉移時，則用鈔代錢。至於銀兩，則仍准買賣，仍然是一種貴金屬，是一種有價值的商品。也即是說，銀兩有限地在市場上流通，至於銀的價格，則完全聽由市場決定。由此可見，包氏已經察覺到價格取決於市場的規律，這是他獨到之處。所以包氏說：

銀從錢價，不拘一文一釐之例。行之稍久，銀自消退矣。[47]

所謂「不拘一文一釐之例」，是說解除從前銀與錢的法價規定。因為清朝錢法規定，銀每兩等於錢一千文，錢一釐等於錢一文。包氏以為行鈔之後，銀不再是「法幣」，故就不再需要維持銀與錢的比價了。

不過，葉世昌認為「不以銀為幣」是指不以銀作為計算單位，而非不以銀作為貨幣流通。[48] 事實上，包氏在《安吳四種》卷廿六曾謂：「部餉、甘餉、貴餉等項，萬不能不解銀。」[49] 至於江浙、兩楚、與江西六省等富裕地區，則把銀存留地方，「如是，則六省所減用銀之數，幾及千萬。」在各省正供年額四千萬兩之中，僅佔四分之一。由此可知，以錢代銀之議，在特定的情況下有所例外，[50] 包氏又謂：「如是，則六省所減用銀之數，幾及千萬。」[51] 更重要的是，王鎏《錢幣芻言續刻》說：「先生（包世臣）尚欲銀鈔兼行，而鄙（王鎏）見則既有錢鈔二者為幣，則銀自可廢耳。」[52] 由此可見，包氏以錢代銀之議，很可能有一定的局限，並非全面性的以錢代銀。

無論如何，到底是把銀兩排出貨幣體系之外，抑或是讓其有限地流通，無疑已經反映包氏的設計否定了由普通金屬貨幣發展到貴金屬貨幣的歷史必然趨勢。[53]

五、包世臣與王鎏在行鈔思想的異同

包世臣提出他的貨幣思想的同一時期，有一些官員及學者都對改革當時的貨幣制度，提出不同的意見。包世臣說：

中外大吏，頗亦憂此。條畫救弊，其說有三：一開礦，一鑄大錢，一行鈔。熒惑阻撓，迄無成議。[54]

上引一段文字，是指有許多中外大吏，都對當時的貨幣制度感到憂慮，而紛

紛提出不同的改革意見。這些意見，又可歸納為三種不同的主張，一種是開礦，另一種是鑄大錢，還有一種是行鈔，而朝中又有一部分人反對改革，加以阻撓，所以到現在都沒有定論。

當時提出改革者甚眾，其中魏源、梁章鉅、許作屏、林則徐等尤為特出。[55]但對包氏貨幣思想影響最深的卻是王鎏（一七八六－一八四三），字子謙，一字亮生，江蘇吳縣人。[56]另外，同時代著名思想家魏源（一七九四－一八五七）[57]在〈軍儲篇三〉一文中說：

近世銀幣日窮，銀價日貴。於是有議變行楮幣者，其說倡於嘉慶中鴻臚卿蔡之定，[58]推衍於近日吳縣諸生王鎏。且述崇禎時部臣議行鈔十便曰……[59]

由此可見王鎏是當時倡議行鈔的代表人物之中。

由於包氏並沒有專門貨幣思想的著作，而他的貨幣思想是經過相當長久時間的構思，直至讀到王鎏的《鈔幣芻言》之後才引為知己，並把自己的思想用書信的形式與王鎏商榷「互動」中表達出來。為了進一步了解包氏的貨幣思想，須對二人思想的異同進行比較。

道光十二年（一八三二），包氏收到友人張淵甫寄來王鎏所著《鈔幣芻言》，立即回信說：

淵甫先生閣下：承示亮生先生著，折服、折服。世臣力持此論三十年，而不學無術，未能以執訑訑者之口。今王君廣徵博引，根據粲然，必有能舉之者，但遲速不可知耳。[60]

其後，包氏又直接寫信給王鎏。在信中說：

亮生先生閣下，都中由淵甫得讀大著，欽佩之至。……行鈔之說，分於癸酉年（案：癸酉年為嘉慶十八年，一八一三）痛發此議，惟未有成書。及讀尊刻，徵引詳確，是以樂得同志。[61]

可見包氏在見到王鎏的著作之後，確有知己之感，並且抒發了自己的思想。在行鈔思想方面，包氏與王鎏相同之處甚多，但也有一些關鍵性的地方，則與王鎏不同。本節將二人在行鈔思想方面，作一比較，希望藉此對包氏的行鈔思想能有更深入的了解。

一、關於鈔的製造

首先是造鈔所用的紙張，兩人都主張造鈔的紙張必須精好。王鎏說：「造鈔必特選佳紙，潔白光厚耐之者也。」[62] 又說：「既用造鈔，即禁民間不得買賣此紙。」[63] 包氏的主張與王鎏相同，主張鈔紙應極精好。並且提出具體做法，是取高麗鏡面紙及貢宣紙的匠與料，合而為一。並說在兩地各召一匠人至宮中，領於中官，即使中官習造紙之法，而兩匠終身不使出，則造紙的技術不致洩於外。包世臣如此注重造紙之法，是為了防止偽造。因為他認為妨礙鈔法通行的，有兩種因素：「一則細民不信從，一則匪人為奸利。」[64] 但他認為如果杜絕奸民偽造，則只需提高造紙的難度。所以他說：「杜匪人之奸利，世臣前答足下書所云：取高麗及貢宣兩紙之匠與料，領於中官習其法，而兩匠則身不出。其紙即可垂久遠，即外間不得其法，無可作偽。」[65] 可見兩人在這一方面的主張基本相同；而包氏的設計更為具體有效。

其次是造鈔的權利。王鎏在《錢鈔條目》中，並未說明造鈔的權利何屬，但在列舉紙幣的優點時則說：「萬物之私權收之於上，布之於下，則尊國家之體統。」可以確知他所設計的造鈔權利，是歸於中央政府。

包氏在這一點上，與王鎏相同。前面所述包氏的設計，造鈔所用的紙張由中官領導。又說：「取高麗及貢宣兩紙之匠與料，領於中官，和合兩法為紙，即使中官習其法，而兩匠則於身不出。其紙即可垂之遠，而外間不得其法，無可作偽。」[66] 可見造鈔的紙張，是宮中製造，地方政府不得製造。但以上所述，僅是造鈔的紙；至於造鈔，是否與造紙同一機構，或是由中官造紙，而另委機構造鈔，並未說明。但包氏又說：「造鈔既成，由部發各布政司，轉發州縣。」[67] 可以看出造鈔的權利歸於中央政府，而各直省不得造鈔。所以要「由部發各布政司」。[68]「戶」應是指戶部，也就是中央政府中的財政部門。所以，不論造紙、造鈔是否同一機構，而造鈔的權利歸於中央，地方政府不得造鈔，則無疑問。

二、關於鈔的面額及發行數量

首先討論面額，王鎏在《錢鈔條目》中，具體地說明鈔的面額分為七等，即千貫、五百貫、百貫、五十貫、十貫、三貫、一貫。包氏則未有確切地說明鈔的面額，而只是說出他的原則。即是：

或以二五百文起數，或以千文起數，或以五十千止，或以百千止，斷不可更

大。[69]

又說：

鈔宜始於一貫，一錠之數也。終於五十貫，一寶之數也。[70]

上引二段，可以看出包氏對鈔的面額之構想，是最小面額為五百文或一千文（一貫）；最大面額為五十貫至百貫。

包氏不贊成面額太大。他說：「斷不可更大」亦即是說，面額不可比一百貫再大。他在信中對王鎏說：

如尊說（指王鎏），至千貫以便藏者。原行鈔之意，以代錢，利轉移耳。非以教藏富也。[71]

他說行鈔是為了流通，為了解救制錢不便轉移的困難；不是為了教人收藏。

其次再討論到發行量，包氏說：

初屆造鈔，以是當一歲錢糧之半為度，陸續增造，至倍於歲入錢糧之數。循環出入，足利民用即止。[72]

包氏認為鈔的發行額最大限量為國家歲入的兩倍，照當時歲入為銀四千萬兩計算，鈔的發行額最多不能超過八千萬兩相等的價值，亦即是大約在八千萬至一萬萬貫。包氏不同意王鎏無限量發行的意見。他說：

尊議云（指王鎏）：造百萬即百萬，造千萬即千萬，是操不涸之源之方。從來鈔法，難行而易敗，正坐此耳。[73]

王鎏是主張大量發行的，並且認為這是鈔法的優點之一。他認為用銅鑄錢及用銀為幣，都受到幣材數量的限制，不能無限量的鑄造，所以國家用度不足。唯行鈔可以大量發行。他並且十分樂觀地認為在行鈔之後「國家財用不竭，則消姦民逆矣」。[74]又說：「漕務、河務、鹽務，皆有積弊，人不敢議者，恐經費不足故也。行鈔無難更定章程矣。」[75]又說：「國計大裕，捐例永停，即捐銜亦可無庸，則重朝廷之名器。」[76]可以看出王鎏認為行鈔之後，由於幣材易得，而面額隨意，所謂「造百萬即百萬，造千萬即千萬」。可以無限量地發行，國用充足，一切行政推行，均不受經費限制了。但包氏反對此種意見，認為歷代行鈔之所以失敗，

多是因為大量發行。所以他主張發行數量必須嚴格控制。

三、包世臣構想的發鈔機構

關於發鈔機構的設想，包世臣說：

造鈔既成，由部發各布政司，轉發州縣，州縣必立鈔局，與民平買賣。其水陸大鎮店去處，由司設局。大要賣鈔收銀，必照市價。[77]

由上引一段文字，可見包氏設計的發鈔機構，是由州縣設置鈔局。另有距州縣較遠，但係水陸大鎮店去處，亦由布政司設局賣鈔。

王鎏在這一點上與包氏不同。他以為應將賣鈔的任務，由政府委託民間的私營錢莊。他說：

以鈔與大錢發與錢莊，即禁其私出會票、錢票。如領鈔及大錢滿一萬貫者，半年之後，覆其換銀若干，以一分之利與錢莊，止收銀九千貫之數；又以一分之利與百姓，止收八千貫之數。[78]

可見王鎏在這一方面的設計與包氏大不相同。包氏主張由官（州縣）設局賣鈔，王鎏則主張由官府委託私人錢莊賣鈔。王鎏的構想，在將鈔與大錢交與錢莊發賣的同時，即禁止錢莊私出會票、錢票，在本質上，與鈔有相同的作用，並且與官鈔有互相競爭的作用。如果在行鈔之後仍然准許錢莊私出錢票、會票，可能造成混亂，及對官鈔的流通造成阻礙。所以要禁止錢莊再私出錢票、會票。

錢莊私出錢票、會票，當然會賺取某些利潤，政府禁止其繼續私出錢票、會票，或為私人錢莊所不願。於是王鎏設計，將發鈔委託錢莊，使其可以賺取十分之一的利潤，同時禁止其私出錢票、會票，作為補償條件。

這是王鎏較包世臣高明的一點。

包氏主張由州縣設局發鈔，但他並沒有顧慮到行鈔之後，官鈔與錢莊私出之錢票、會票同時流通，會造成互相競爭的混亂局面。

包氏在〈與張淵甫書〉中說：

世臣平日謂：今之官照及私行之會票、錢票，即鈔法，何不可行之有？[79]

可見包氏非常明白私行之會票、錢票，在本質上，實與官鈔相同。既與官鈔相同，則會與官鈔發生競爭，對官鈔的流通有阻礙的作用。為此，則在行鈔之後，官方由鈔局賣鈔，錢莊則競出會票、錢票，其情形如何？包世臣並未有預防的設計。

四、行鈔之後銀的地位

本文開始時已經提及過，清朝的貨幣體系中，銀的地位非常重要。包氏與王鎏都主張在行鈔之後，將銀兩在貨幣體系中排除出來，亦即是由銀錢複本位制，變為錢單本位制。這一點是他們二人的相同之點。但是在銀兩被排出貨幣體系之後，其地位為何？二人的主張則不同。

包氏主張在行鈔之後，銀有限地不再作為貨幣流通，而銀的價格由市場決定，不須在維持銀兩與制錢之間的法價。他認為在行鈔之後，「亦不廢銀，而不以銀為幣，長落聽之市人。」可見包世臣的意思是：銀不再為貨幣，脫離了貨幣的系統之後，還其本來之身分，作為一種商品，一種貴金屬，在市場上流通，其價格按照市場供求法則所決定。也即是說銀除了不再作為貨幣外，卻仍可以商品身分在市場上流通。王鎏的意見則比較極端，他為了急於使鈔法通行，而主張廢銀。照王鎏主張，銀除了買鈔之外，不能作其他買賣，更不能用銀買任何貨物，「藏銀之家，為欲用銀買物，須先用銀購鈔，用鈔買物」。換言之，銀除了買鈔之外，不能作任何用途。所以他說：

商人與外洋交易，但准以貨易，不許以銀。如彼國以銀來，則令其先易中國之鈔，然後准其買賣也。[80]

商人與外洋交易，中國商人不能用銀買外國之貨物，當然可以用鈔，但外國商人不會收中國之鈔，所以王鎏說：「但准以貨易，只准商人如用銀來買貨，不許用銀買賣。外國商人如用銀來買貨，亦須令其用銀買鈔，然後用鈔購貨。」所以按照王鎏的主張，行鈔之後，在中國社會，銀只能用來買鈔，不可作他用。

包氏不同意王鎏的意見，他在信中對王鎏說：

足下欲於行鈔之後，即下廢銀之令。仍恐懷銀者失業，斟酌許其為器，取今值之一半。足下假藏鏹大萬，在數年即折閱其半，諒亦甘從令也。[81]

他又說：

中土既禁用銀，只許為器，得半價，是正可用以買土（案：即鴉片）。豈不驅銀盡入外夷乎？[82]

包氏反對王鎏廢銀的主張，認為若欲廢銀，則正加速鴉片輸入中土，其後果更為可怕。

與包氏同時期的魏源，對此點亦有同感。他說：

王氏《鈔幣芻言》謂：果欲行鈔，必盡廢天下之銀然後可行。……今日果禁銀行鈔，不過盡毆紋銀於西洋，其不可行四也。……[83]

魏源與包氏都認為禁用銀，必然會加速白銀外流的情形。

所以包氏認為需使銀有限地不再為貨幣，而令其作為一種商品流通即可。一切市場買賣，均改為以錢計價，不以銀計價。銀可以用來買鈔，亦可以用來買貨。但銀與制錢的法價不須再維持，銀的價格由市場決定。

包世臣預測，在行鈔之後，銀的需求漸漸減少，銀價自會漸次降低。他說：

……（鈔的面額）或以五十千止，或以百千止，斷不可更大。不及數者以銀行，專零者以錢行，銀錢湊數者，各從其便。銀從錢價，不拘一文一釐之例。行之稍久，銀自消退矣。[84]

從上引一段文字，更可看出包氏設計中銀的地位，銀不再是貨幣，但仍不禁止其流通，只是失去了「無限法價」的地位，銀與制錢原來的法定比價，即一文錢等於一釐銀子的法價不再維持。時間稍久，銀的地位及重要性，自然消失。他又說：

富人見行鈔之便，知銀價必日減，藏鎰必出，鎰出產多，而用銀處益少，銀價必驟減。[85]

道光年間，在銀錢並行的貨幣制度之下，由於白銀外流，銀價日高。包氏看出：當時銀價日貴，其原因不僅是白銀外流日甚，而且因為富戶窖藏愈多。因富戶多以為：藏銀則價日漲，藏錢則價日跌。

包氏以為行鈔之後，銀兩作為優勢貨幣的地位失卻，富戶不再藏銀，爭相易鈔，銀價自會下跌。但包氏認為銀價下跌的過程，聽由市場的決定，政府不須強

制規定。這是他與王鎏所不同的地方。[86]

六、結論

包世臣眼看道光年間因白銀外流日甚，銀貴錢賤問題日形嚴重，以致國用日絀，官民皆困，於是提出行鈔的主張，可以說是救時良方。但因清政府鑒於明初大明寶鈔失敗的歷史教訓，不敢輕言改革，包氏的主張也未曾得到任何的反響。平情而論，包氏的見解可說得上平實周到，當時貨幣制度的弊端，最關鍵處是錢從銀價，一切以銀起數。因此他提出行鈔之議，以鈔代替銀的地位。雖然由普通金屬貨幣發展到貴金屬貨幣是歷史的必然趨勢，但當時白銀大量外流，而白銀是當時的主要貨幣，大量外流使到貨幣量銳減，導致通縮，以及造成經濟衰退，清政府又無法阻止。包氏試圖使中國的貨幣制度，擺脫白銀外流的壓力，這是他比起同時代如王鎏、魏源、林則徐等人的主張，更能切合現實的需要。

根據貨幣發展史的觀察，紙幣發行是從「金屬主義」（Metallism）轉向為「名稱主義」（Nominalism）的路徑趨向。包氏提出行鈔的主張，可說是比較進步的見解，相比起同時代人物來說，不無卓見之處。但貨幣學中紙幣發行的過程，又可簡單概括為兩個不同的階段，第一階段是可以兌現的貨幣，第二階段才是不兌現的貨幣。在一個習慣用金屬貨幣的社會，以及在一個「實物主義」仍佔上風的社會，如一開始就行用不兌現的紙幣，成功機會自然不高。所以，多數社會在開始行用紙幣時，多是兌現的紙幣。即由法律規定某一特定面額的紙幣，可以隨時要求兌換一定數目的金屬貨幣，或可要求兌換一定分量的貴金屬，作為給紙幣持有人信心的保證。持有人對紙幣有信心，就會放心地接受及持有紙幣，紙幣便可以通行於整個社會。在一個紙幣流通時間稍久的社會，一般人民對紙幣在社會經濟中所扮演的職能，亦會有較高的認識；紙幣則可以不再依靠它的兌現能力，而仍可以繼續流通，甚至於此時考慮開始行用不兌現的紙幣。

道光年間，社會上仍然習慣行用金屬貨幣，「名目主義」尚無法得到一般人民的接受。在這種情況下，要行用不兌現的紙幣相當困難。而包氏的行鈔提議，並沒有兌現的準備，實是相當失策，可說是其貨幣理論的一大敗筆。

反觀魏源在〈軍儲篇三〉一文中謂：

唐之飛錢，宋之交、會子，皆以官錢為本，使商民得操　以取貨，持以輕易重，以母權子。其意一主於便民，而不在罔利，猶是周官質劑之遺。譬如以票

錢，非即以票為錢，以窩引中鹽，非即以窩為鹽，皆有所附麗而行之。至蔡京改行鈔法，則無復官錢，直用空楮，以百十錢之楮，而易人千萬錢之物，是猶無田無宅之契，無主之　，無鹽之引，無錢之票。[87]

可見其反對紙幣，主要是反對不兌現性，至於唐朝的飛錢，及宋朝的交子、會子，均因為有官錢為本，也就是有兌現的準備，所以魏源並不反對。

問題的癥結是，到底包世臣是否知道兌現與否，對紙幣能否成功地行用有關係呢？他或許是知道的，故他也提出了「行鈔則虛實相權」的理論，可是畢竟沒有發展出兌現鈔法的具體方法。其實，道光年間國家財政已呈窘態，為行用兌現之鈔，則會大費周張，而用何物作準備，亦大費思量。用銀，而當時白銀外流，銀日少；用錢，而錢日賤；或銀錢並用，則更形混亂。所以包氏的行鈔之議，不作兌現的安排，其原因或在於此，後人不應隨意責難，而忽略了包世臣貨幣理論局限的合理性。

總而言之，包氏認為「專以錢為幣一切公事，皆以錢起數，而以鈔為總統之用，輔錢之不及」。換言之，是將原有的銀錢複本位，改變為錢單一本位，而以鈔作為錢的代用券。本質上即是國家財政收支及民間貿易，都用制錢作為計算單位及價值尺度，紙幣亦以錢貫為單位，而廢除銀作為計算單位，其發行是為了解決巨額貿易時單位價值低及長程運送的困難。由此可見，包氏簡單地相信只要通過政府的力量，便能在財政收支及商品流通範圍內做到「以銀從錢」，這與他堅信銀按照市場需要定價的規律產生衝突，而這點也是眾多現代學者批評其幣制理論無法落實的主因。

1. 分別參考 Ping-ti Ho, *Studies on the Population of China 1368-1935* (Cambridge, MA: Harvard University Press, 1959), pp. 25, 35；全漢昇、王業鍵：〈清代的人口變動〉，載全漢昇：《中國經濟史論叢》，第二冊（香港：香港新亞研究所出版，1972），頁 583-624；Adam Lui and Yuen Chung, *Ch'ing Institutions and Society 1644-1759* (Hong Kong: Center of Asian Studies University of Hong Kong, 1990), pp. 89-93；葛劍雄：《中國人口發展史》（福州：福建人民出版社，1991），頁 32。
2. 王業鍵：〈十九世紀前期物價下跌與太平天國革命〉，《清代經濟史論文集》，第二冊（臺北：稻鄉出版社，2003），頁 251-288；Yeh-chien Wang, "The Impact of the Taiping Rebellion on Population in Southern Kiangsu," in *Collected Essays in the Economic History of Qing China*, Vol. 3 (Taipei: Daoxiang, 2003), pp. 103-136.
3. 其實他僅在六十四歲那年的秋天到年底短短的幾個月時間，做過江西新喻縣的知縣而已。
4. 包世臣以書法見稱於世，世人稱他為清代碑學開山人物。然而，包氏經歷了時代的巨變，乃一改清代乾嘉學派的學風，關心現實問題，其經世思想創見甚多，對晚清改革思潮有一定的啟蒙作用。
5. 例如在嘉慶十九年（1804），有侍講學士蔡之定提出行鈔之議，見《清朝文獻通考》（香港大學馮平山圖書館藏三通考輯要版，通雅堂），光緒二十五（1899），「嘉慶十九年諭」；趙爾巽等：《清史稿》（北京：中華書局，1977），〈食貨五〉。道光年間，吳縣諸生王鎏著《鈔幣芻言》，提出行鈔廢銀的主張，見彭信威：《中國貨幣史》（上海：上海人民出版社，1965），第八章。廣西巡撫梁章鉅於道光中葉上疏請行大錢，見《清史稿·食貨五》。道光末葉，魏源提出開銀礦及由政府鑄銀圓的主張，見魏源：《魏源集》（北京：中華書局，1976），下冊〈軍儲篇三〉，頁 479。
6. Yeh-chien Wang, "Evolution of the Chinese Monetary System, 1644-1850," in *Collected Essays in the Economic History of Qing China*, Vol. 3, pp. 151-198.
7. 彭信威：《中國貨幣史》：「清朝的幣制，大體上是銀、錢平行本位；大數用銀，小數用錢。和明朝相同；只是白銀的地位更加重要」（頁 521）；又謂：「清朝的制錢，雖然是一種銀、錢平行本位，但從政府看來，重點是放在白銀上。而且有提倡用銀的明白表示。」（頁 537）
8. 趙善軒、李新華：〈重評大明寶鈔〉，《江西師範大學學報》第 38 期（2005），頁 65-74。
9. 關於明代白銀輸入中國及成為中國主要通貨的情況，全漢昇有專文數篇討論，均收入全漢昇：《中國經濟史論叢》，第一冊（香港：新亞研究所，1976），包括有〈自宋至明政府歲出入中錢銀比例的變動〉，頁 365、〈明季中國與菲律賓間的貿易〉頁 417-435 及〈明清間美洲白銀的輸入中國〉，頁 435-450 等，均可參考；另又可參考梁方仲：〈明代國際貿易與銀的輸出入〉，《梁方仲經濟史論文集》（北京：中華書局，1989），頁 132-179。
10. 全漢昇：〈美洲白銀與十八世紀中國物價革命的關係〉一文對英國與華貿易的不平衡情況，有更加具體的說明，其謂：「例如一七〇三年，東印度公司派砍艘船來廈門貿易，輸入毛呢、鉛及其他貨物共值七三，六五七兩，另輸入白銀一五〇，〇〇〇兩，故輸入貨與銀的比例為貨一銀二。又如一七三〇年東印度公司派五艘船赴廣州貿易，運入銀五八二，一一二兩，貨物則只值一三，七一二兩。故輸入的百分之九十以上都是白銀。」見全漢昇：《中國經濟史論叢》，第二冊，頁 475。
11. 宋叙五、趙善軒：《清朝乾嘉之後國勢衰頹之經濟原因》（香港：樹仁學院出版，2004 年），第一章。
12. 見賀長齡（1785－1848）：《皇朝經世文編》（臺北：文海出版社，1972），卷 26。
13. 《清史稿卷·食貨五》，「錢法」條謂：乾隆二年（1737），以錢價之不平，飭大興、宛平置錢行官牙，以平錢價（總頁 3644）。同文又謂：（乾隆）十三年（1748）……後以京師錢價昂貴，銀一兩僅易八百文，詔發工部節慎奉錢，以平錢價。
14. 同上。
15. 陳昭南：《雍正乾隆年間的銀錢比價變動》（臺北：中國學術著作獎助委員會，1966），頁 34-35、48-54。
16. 包世臣：《安吳四種》（臺北：文海出版社印行，1968），注經堂藏版，卷 26，〈庚辰雜著二〉，頁 25。
17. 《安吳四種》，卷 26，〈庚辰雜著二〉，頁 25。

18 《安吳四種》,卷26,〈庚辰雜著二〉,頁1。
19 《安吳四種》,卷26,〈銀荒小補說〉,頁15。
20 《安吳四種》,卷26,〈銀荒小補說〉,頁16。
21 《安吳四種》,卷26,〈銀荒小補說〉,頁16。
22 據王業鍵研究,1830年代到1850年間,全國各地物價大約下降了三分之一,影響遍及全國各地。此對農民的打擊尤其嚴重,田賦稅收亦因而受到影響。故王氏認為「當銀價上升,農民所得相對低落時,農民按原定折納銀錢數尚且感到困難;地方官如果按市場銀錢比價而調整折征價,或者更額外附加,往往遭遇人民抗稅,甚至激起民變。他方面,因為政府支出以銀計算,地方官上繳的稅也必須用銀,如果收稅不按銀錢比價調整,勢必形成田賦的短缺。這種官民交困的情形,正是十九世紀前期普遍發生的現象。」詳見王業鍵:〈十九世紀前期物價下跌與太平天國革命〉,頁251-288。
23 《安吳四種》,卷26,〈致前大司馬許太常書〉,頁37。
24 《安吳四種》,卷26,〈致前大司馬許太常書〉,頁37。
25 《安吳四種》,卷26,〈答族子孟開書〉,頁35。
26 《安吳四種》,卷26,〈致前大司馬許太常書〉,頁38。
27 《安吳四種》,卷26,〈再答王亮生書〉,頁11。
28 《安吳四種》,卷26,〈再答王亮生書〉,頁11。
29 《安吳四種》,卷26,〈再答王亮生書〉,頁11。
30 《安吳四種》,卷26,〈再答王亮生書〉,頁11。
31 《安吳四種》,卷26,〈再答王亮生書〉,頁8。
32 《安吳四種》,卷26,〈再答王亮生書〉,頁9-10。
33 《安吳四種》,卷26,〈再答王亮生書〉,頁10。
34 《安吳四種》,卷26,〈再答王亮生書〉,頁8。
35 《安吳四種》,卷26,〈再答王亮生書〉,頁12。
36 《安吳四種》,卷26,〈再答王亮生書〉,頁12。
37 《安吳四種》,卷26,〈再答王亮生書〉,頁12。
38 《安吳四種》,卷26,〈再答王亮生書〉,頁12。
39 《安吳四種》,卷26,〈再答王亮生書〉,頁12。
40 《安吳四種》,卷26,〈再答王亮生書〉,頁12。
41 《安吳四種》,卷26,〈再答王亮生書〉,頁12。
42 《安吳四種》,卷26,〈與張淵甫書〉,頁7。
43 《安吳四種》,卷26,〈再答王亮生書〉,頁8-9。
44 《安吳四種》,卷26,〈再答王亮生書〉,頁10。
45 轉引自葉世昌、李寶金、鍾祥財:《中國貨幣理論史》(廈門:廈門大學出版社,2003),頁216。
46 《安吳四種》,卷26,〈與張淵甫書〉,頁7。
47 《安吳四種》,卷26,〈與張淵甫書〉,頁8。
48 葉世昌:《鴉片戰爭前後我國的貨幣學說》(上海:上海人民出版社,1963),頁30-32。
49 《安吳四種》,卷26,〈與張淵甫書〉,頁16。
50 《安吳四種》,卷26,〈與張淵甫書〉,頁16。
51 《安吳四種》,卷26,〈與張淵甫書〉,頁16。
52 王鎏:《錢幣芻言續刻》(上海:上海古籍出版社,1995),頁12。
53 趙靖主編:《中國經濟思想通史》(北京:北京大學出版社,2002),頁2076。
54 《安吳四種》,卷26,〈致前大司馬太常書〉,頁37。
55 馮天瑜、黃長義:《晚清經世實學》(上海:上海人民出版社,2002),頁235-247。
56 馮天瑜、黃長義:《晚清經世實學》,頁236-239。
57 魏源,字漢士、默深,湖南邵陽人。乾隆五十九年三月二十四日(1794年4月23日)生於湖南邵陽,咸豐七年三月一日(1857年3月26日)歿於杭州。

58 《清朝文獻通考》「嘉慶十九年諭」謂：「侍講學士蔡之定奏請行用楮票一摺，前代行用鈔法，其弊百端，小民趨利若鶩，楮幣較之金錢，尤易作偽，必致訟獄繁興，麗法者眾，殊非利民便民之道。……蔡之定著交部議處，以為妄言亂政者戒。」可見蔡之定提出行鈔議後，反遭上諭駁斥，而其主張的具體情形，亦無從得知其詳。
59 《魏源集》，下冊，〈軍儲篇三〉，頁 479。
60 《安吳四種》，卷 26，〈與張淵甫書〉，頁 7。
61 《安吳四種》，卷 26，〈再答王亮生書〉，頁 8。
62 王鎏：《鈔法條目》，載趙靖、易夢虹主編：《中國近代經濟思想資料選輯》，上冊（北京：中華書局，1982），頁 220-223。
63 王鎏：《鈔法條目》，頁 220-223。
64 《安吳四種》，卷 26，〈再答王亮生書〉，頁 9。
65 《安吳四種》，卷 26，〈再答王亮生書〉，頁 9。
66 《安吳四種》，卷 26，〈再答王亮生書〉，頁 8。
67 《安吳四種》，卷 26，〈再答王亮生書〉，頁 9-10。
68 《安吳四種》，卷 26，〈再答王亮生書〉，頁 9-10。
69 《安吳四種》，卷 26，〈再答王亮生書〉，頁 8。
70 《安吳四種》，卷 26，〈再答王亮生書〉，頁 12。
71 《安吳四種》，卷 26，〈再答王亮生書〉，頁 12。
72 《安吳四種》，卷 26，〈再答王亮生書〉，頁 12。
73 《安吳四種》，卷 26，〈再答王亮生書〉，頁 12。
74 《皇朝經世文續編》，王鎏：《鈔法優點》第四條。（臺北：文海出版社，1972）
75 《皇朝經世文續編》，王鎏：《鈔法優點》第十條。
76 《皇朝經世文續編》，王鎏：《鈔法優點》第十一條。
77 《安吳四種》，卷 26，〈再答王亮生書〉，頁 12。
78 王鎏：《鈔法條目》，收於《中國近代經濟思想資料選輯》，上冊，頁 220-223。
79 《安吳四種》，卷 26，〈與張淵甫書〉，頁 7。
80 王鎏：〈與包慎伯明府論鈔幣書〉，收於《中國近代經濟思想資料選輯》，上冊，頁 224-232。
81 《安吳四種》，卷 26，〈再答王亮生書〉，頁 10-11。
82 《安吳四種》，卷 26，〈再答王亮生書〉，頁 13-14。
83 《魏源集》，下冊，〈軍儲篇三〉，頁 481-482。
84 《安吳四種》，卷 26，〈再答王亮生書〉，頁 8。
85 《安吳四種》，卷 26，〈再答王亮生書〉，頁 8。
86 《安吳四種》，〈錢幣芻言續刻〉，頁 13。
87 《魏源集》，下冊，〈軍儲篇三〉，頁 479-480。

第 四 篇

企業史與經濟倫理

一八七〇至一八九〇年上海機器織布局與輪船招商局的尋租行為

一、前言

經濟學家 Gordon Tullock 於一九六七年首次提出尋租理論（rent seeking）。[1] 後來，一九七四年 Anne Krueger 把這套理論發揚光大。[2] 此前，傳統經濟學一般認為，壟斷和政府的一些管制往往會造成經濟浪費。這個問題到了 Krueger 等人的手上，他們認為在爭奪或保護壟斷權競爭之際，同樣也會帶來經濟浪費。即是說，在壟斷的形成、過程及維持之時，都一樣會產生經濟浪費。同時，政府官員及其親信在干預經濟活動時，也會為了追逐壟斷（權力、名譽、經濟利益等）利益最大化之時，而做出許多非生產性活動，但與私人企業不同，官員及其代理人擁有公權力，他們的行為往往會造成股東以及公眾利益的損失，在法治社會尚未建立、產權界定未明確前，尤其嚴重。[3]

晚清政府為了實現工業化，乃仿效西方生產方法，以達富國強兵之效。在此背景下，新式企業應運而生，[4] 並在「官督商辦」下進行，干預主義便成了推動工業化的主要政策。輪船招商局、上海機器織布局等多間新式企業也於這個時候成立。本文以 Krueger 的理論為基礎，透過考察晚清時代由政府推動的新式企業中的尋租行為，並觀察尋租行為在中國的經驗及其具體發展。尋租行為層出不窮，千奇百怪，本文所關注的，主要是晚清政府追求壟斷而產生的排他行為，以及官員力量在企業內獲取私利的行為，而時間集中在一八七〇至一八九〇之間，即新式企業的初始階段。

二、壟斷行為的浪費

一八七六年，李鴻章欲以公款十萬，再結合市場的資金，建立一家新式的紡織公司，但終沒有成事。[5] 一八七八年十月五日，由彭汝琮帶頭成立，向沈葆禎（南洋通商大臣）及李鴻章（北洋通商大臣）請助，終成立了一家新式的紡織企業。[6] 不過，建廠之事並不順利，彭汝琮更為此而被迫離職。[7] 翌年四月，傳出局內的

部分股東,有意謝辭原來所訂的股份而另起爐灶的消息。[8] 最終得到李鴻章的大力推動,並在「官督商辦」的體制下漸漸穩定下來。既引入官方力量,李鴻章便委派親信仕主鄭觀應(太古洋行買辦)、卓培芳(太古買辦)、唐汝霖(上海紳商)等人入主新成立的上海機器織布局,[9] 欲藉此「分洋人之利」,[10] 也即是在鄭觀應所提出的「富強之道不外二端,彼需於我者,自行販運,我需於彼者,自行製造誠哉」的思想下投入運作。[11]

如上所述,朝廷官員有別於市場人士,他們擁有公權力,往往會為了保護其利益(不論是個人、團體或國家),不惜利用權力來鞏固其所投資的企業。故此,商人背景出身的企業管理人鄭觀應便向李鴻章建議:

> 請准給年限以防外人爭利。職道等奉飭籌議之初,曾經　請上海一隅只准他人附股,不准另設,仰蒙批允,惟洋人如欲仿照,尚未有阻止之說,……飭行通商各口,無論華人、洋人均不得於限內另自紡織,……應請憲恩酌給十五年或十年之限,飭行通商各口無論華人、洋人,均不得於限內另自紡織,弊局數年來苦心巨資,不致徒為他人爭衡,即利效未敢預期,後患庶幾可免以。……一請准免厘捐並酌減稅項也。查洋布進口例完正稅,分運內地則完子口稅,並無厘捐,諒可邀免,惟一時未能織質細價高之布,營銷殊難。可否仰乞憲恩俯念創造之艱,籌墊之累,准照洋貨已進口之例完納子口稅,概免抽取厘。[12]

李鴻章又云:

> 查泰西通例,凡新創一業,為本國未有者,例得界以若干年限。該局機器織布,事屬創舉,自應酌定十年以內,只准華商附股搭辦,不准另行設局。其應完稅厘一書,該局甫經倡辦,銷路能否暢旺尚難預計,自應酌輕成本,俾得踴躍試行,免被洋商排擠。擬俟布匹織成後,如在上海本地零星銷售,應照中西通例免完稅厘;如由上海徑運內地,及分運通商他口轉入內地,應照洋布花色,均在上海新關完一正稅,概免內地沿途稅厘,以示體恤。[13]

織布局的「十年專利」是典型的尋租行為,即經濟利益與政治利益交換的結果,企業透過政治的保護而排除其他的競爭者,官員透過排他而保護他支持的企業取得成功,以證明其政治眼光,並鞏固其政治地位,結果卻使到潛在競爭者未能公平地、合理地進入市場。上海機器織布局就是在鄭觀應的建議下,藉官方力量取得十年專利權以及「完全免稅厘」的優惠。[14] 本文認為新興行業獲政府優惠

是十分正常的，但如何選擇受惠的企業（或行業），乃涉及到公平、正義的道德層面，晚清中國往往以主事者的權力作為考慮，而非顧及企業以至行業本身所產生的公共利益。一八八〇年，李鴻章以北洋通商大臣之名准許十年專利之要求。一八八二年三月，李再上報朝廷奏請通過，定於一八八二至一八九二年間，在中國境之內華洋商人「不准另行設一局」。[15] 然而，早在一八七九年，織布局內已有股東打算另起爐灶的傳聞。[16] 一八八〇年，有消息指有廣東商人欲設立工廠，[17] 織布局管理人唐汝霖也對此直認不諱，他說：「……而局外人往往垂涎，以為此中大有名利，有請添設分局者，有議合并一局者，甚且謂前局已撤後局將開者。」[18] 十年專利的實施，令到好幾間甚至更多有意加入競爭的企業被拒之門外，嚴重延誤了中國的工業化進程。[19] 不但對其他企業有排他性，對外商股也有排他性，[20] 基於民族主義和「分洋人之利」的宗旨，也曾拒絕美商旗昌洋行入股的探討，[21] 李鴻章因此斷然拒絕。[22] 不過也有例外，在人治社會裡，權力是可以凌駕於法律，而法令在不同地區也有不同的效果。[23] 至於在法治社會，官員以至整個政府都受制於法律及司法機關，不能把政治利益凌駕於法律之上，晚清中國顯然沒有達到此條件。

一八八八年，張之洞與李鴻章協商，計劃在他管轄的廣東之內開辦另一家紡織局。[24] 一年後，張之洞轉任兩湖總督，遂把紡織局的計劃搬到湖北，成立湖北織布局，翌年公開招股。[25] 尋租行為不單在爭奪壟斷權中發生，即使已手握壟斷權，既得利益者也需要極力維護或加強其壟斷的能力。織布局從一間在洋人眼中長期失敗的企業，[26] 變成一間極有前途的現代化公司。幸而，管理人盛宣懷在一八八八年向李鴻章提議把專利再延長十年，卻沒有得到正面的回應。[27]

另一方面，輪船招商局也有相類似的遭遇。一八八五年，招商局的股東兼管理人唐景星（廷樞）指出，引入洋人資本，可使資本充足，會有利於企業的發展，但受意識形態所限而遭到強烈的反對，[28] 他更以國家安全為由，具有更強烈的排他性，不但視洋商為侵略者，更想盡辦法把其他新的競爭者拒諸門外。事實上，主事者忽略了引入競爭有助增加效率和減低工業化的成本，實在更有利於中國推動現代化，誠如臺灣學者呂實強於五十多年前已指出：「（輪船招商局在官督商辦下發展）如此便形成了一種專利與壟斷，窒礙了形成近代企業發達的一項主要因素——自由的競爭因素。」[29] 此觀察在戰後亞洲各國干預主義大盛的年代，能夠從自由主義的角度作出公允的評論，實在是難能可貴。Krueger 把壟斷所致的經濟損失，視作消費者的剩餘損失大於壟斷者的收益，可見晚清新式企業的壟斷

行為，同樣是主事官員尋租行為的表現，他們視保護這間新式企業為首要工作，甚至凌駕於市場發展之上。如上文所述，市場本來不乏投資新式織布業者，但織布局一旦引入官員的保護，而造成經濟上的浪費。沒有國家的推動，像招商局、上海機器織布等新式企業，或許不可能在那時空出現，因為靠市場的資本累積以及人民教育水平的提升，都是比較慢的方法。按照 Gerschenkron 主張後發先至的替代理論（economic backwardness），政府的干預正好大派用場，可迅速推動經濟增長。本文卻認為時間一長，政府支持的企業不但損害了股東的利益，而且因為有公權力在背後推動，漸漸產生強大的排他性，使到市場經濟不得不依賴政府而變得無法有效運作。

- **「後發先至」（economic backwardness）經濟理論**

  經濟史學家 Alexander Gerschenkron 根據歐洲的歷史經驗，在一九六二年創立了這套「後發先至」（economic backwardness）的經濟理論，影響了好幾代學人。其主張是落後國家在現代化過程中，必須有強而有力的領導角色，並以干預主義替代自由市場（liberal market）（案：源自古典自由主義，強調對個人經濟、思想、政治、信仰自由的保護），以創造現代化的有利因素，即「後發國家工業化假說」（Gerschenkron's Hypothesis）的研究主要集中在東歐地區，尤以蘇維埃國家為主，當中也涉及到亞洲經驗。參見 Alexander Gerschenkron, *Economic Backwardness in Historical Perspective*（Cambridge, MA: Harvard University Press, 1962）。然而，這種理論移植到東方，也廣受歷史學者的歡迎。事實上，日本也是後來居上的國家，更是成功的個案，其兩次經濟起飛，即明治維新以來以及戰後復原，都是藉著政府的大力推動，可謂國家干預主義起了關鍵作用的例證。戰後南韓、臺灣、新加坡的發展也大抵如此。

著名經濟史家全漢昇認為，人才缺乏是中國工業化不能起飛的主要原因之一。[30] 織布局專利的排他性，並非創新技術或基建投資，所涉的資金不多，也非沒有人願意投資，但專利權卻使到應有的企業發展空間減少，人才發展的機會也因此受到嚴重的局限，這也是尋求壟斷的結果。時人張之洞認為：「洋商開一廠，則華工習一法。洋商創一貨，則華民曉一用。」又說：「且洋廠所在，其一切物料必取之中國，工匠必取之中國，轉移閒民必資之中國。彼洋商所得者商本盈利

之餘，而其本中之利留存於中國者仍復不少。」[31] 中國工業化的推動者張之洞早已洞明市場開放的重要性，在民族主義史觀之外了解經濟問題，明白到開放市場的重要性，不但技術、資金、制度等方面會有助推動本國的發展，人才也可以受到市場運作的洗禮而成長起來。相反，新式企業既有當權者介入，他們的尋租行為使到人才因為市場不能公平競爭而受到排擠。

三、尋租行為對企業的威脅

尋租行為，是一種維護既得利益，或對於既得利益作出重新分配的非生產性活動，而且往往對於股東的合理權益有所損害。一般認為，政府官員及其在企業的代理人通常會利用權力以獲取自身的利益。利益不一定是指經濟利益，也可能是指權力的擴大。尋租行為在國有企業或官督商辦企業中會更容易發展起來，尤其是後者，因為官員所代表的一方，即使股權不足，但他們能利用公權力，而形成權比股大的現實，以侵害股東的利益，這種情況在法治尚未形成的晚清時代變本加厲。

一八八〇年，李鴻章委任親信侯補道翰林院編修戴恒等人總理局務，[32] 後又引入鄭觀應，並對其說：

> 照得本大臣擬在上海設立機器織布局招商試辦，前經照會戴編修並飭令龔道壽圖、鄭道官應等分別辦理局務在案。……查鄭道官應才識並優，條理精密，久為中外商民所信服，若責成專精經理，當可漸收實效，應飭該道總辦局務，常川駐局，將招股、用人、立法諸大端實力經營，仍隨時與總辦局務戴編修及會辦局務龔道等和衷商榷。[33]

由此可見，李鴻章對戴恒、龔壽圖等人非常信任，更要求企業的管理人鄭觀應與他的親信「和衷商榷」，換句話說，企業的管理人事事受到官員的親信節制，但這些親信既沒有經營或管理新式企業的經驗，卻擁有直接干預企業管理的權力，其行為難免會造成浪費。事實上，鄭觀應與官委的代理人龔壽圖等人齟齬相對，不能善始善終。一八八七年，李鴻章委派的龔易圖（壽圖之弟），一度打算向德商泰來洋行借款，填補其多年來在織布局內的虧空，更試圖把虧空轉嫁予股東。[34] 結果遭股東強烈的反抗，這是一次典型的官僚侵害股東的例證。[35] 奇怪的是，早於一八八〇年，鄭觀應、經善元等人力主公開招股集資，並在通商口岸、內地城市以及海外華僑集中地設立三十六個代收股份機構，詳細公報入股手續，[36]

官僚背景的戴恒、龔壽圖等人極力反對，[37] 商人背景的董事局成員受挫，資金也無法籌集，龔氏兄弟所代表的官方勢力也得以維持，其所考慮的，顯然非以公司的最大利益為先，而是個人的權力是否得以維繫。

一八八四年，織布局恢復招募新股以及整理舊股，舊股本為五十萬兩，實收三十五萬二千八百兩，其餘的十四萬七千二百兩則是各項股票存局作為押款，三十五萬兩現金之中，有二十一萬兩用作購買機器，而十四萬兩則留作其他用途。經元善卻發現龔壽圖虧空三萬餘兩，[38] 但龔氏兄弟是李鴻章派往織布局的親信，是當年撤換彭汝琮時派入企業的官派管人員，[39] 即使他們虧空公款，因為身分背景之故，最後也只能不了了之，沒有以法律方法處理，致使此等事一而再在官督商辦企業中發生。[40] 對於這種情況，負責整頓織布局亂局的經善元曾言：

> 乙酉因事赴津見傅相，大罵輪局總辦跋扈（扈）飛揚，布局總辦假仁假義，並顧余曰，你亦布局董事難辭咎。余對以司員與戴、龔意見難合，早經告退，此次之債事，龔、鄭多齟齬所致，龔之無理取鬧，同人共知，龔恃官總可制（掣）肘，由戴單銜所　准，窮源竟委戴為禍首。相曰，戴恒是個翰林，你如何同他計較。余聞言深訝之。[41]

這些情況在私人企業也會不時發生，不同的是，私人企業沒有官方的力量，最常見的不過是股東之間的紛爭，一般是私下解決或訴諸法律，但在晚清的人治社會，一旦涉及官員及其親信，就會出現「跋扈飛揚」、「假仁假義」、「無理取鬧」等官僚習氣，這種態度和非生產性活動必然會使正常的經營受到不必要的干擾。李鴻章一句「戴恒是個翰林，你如何同他計較」，如此目無法治，一般正當商人，如經氏者也難怪會「聞言深訝」，如此環境，又如何促成中國的工業化、現代化呢？晚清的商人欲投資新式企業，為減低交易成本，他們往往要借助強大的政府力量以推動工業化，可是主事大臣的權力有限，加上彼此之間也有競爭，使到其所建立的新式企業不時受到不必要的干擾。更重要的是，主事官員的權力不穩定，華人企業通常任人唯親，官員又喜歡安插親信，以鞏固勢力，此令到鄭觀應等企業管理人時常擔憂官員人事更替會損害商人的利益。誠如芮瑪麗（Mary Clalaugh Wright）所言：

> 十九世紀的中國還缺乏與經濟發展有關的其它條件。中國有高度發展起來的成文法規，但卻缺少抽象的財產關係或非人格化契約的法律條文。私人的商業財產很容易受到損害，並缺乏中世紀晚期西方城市所提供的那種起碼的商業保護。[42]

黎志剛則認為，中國商人資金沒有充分投資於政府扶持的現代企業的根本原因，是商人產權缺乏健全的法律保障所致。[43] 本文認為，此斷語實是一針見血。一八八二年，《申報》一篇有關招商局的評論也認為：「泰西之俗，經商為重⋯⋯其國家大事，商人亦得與議，事有不便於商者，亦可據理力爭。故商人之權，亦不亞於官⋯⋯於是資本充足，經營得法。而華商曾未知其所以然。」[44] 《申報》本來是在闡述勸說華人投資新式企業的理據，卻正正說明了晚清企業出現嚴重尋租行為的根本原因，就是商人沒有合理的發言權，也沒有在政治上的影響力（國會議席），更沒有獨立的司法制度以制衡官員的權力。本文還認為，當權官員的派系親信在新興企業中的權力過大，經常發生濫權現象，有背景的商人與官員作了政經與資源的交換，而政府官員和他的代理人會主動以其權力來創造租值（rent），當中的尋租行為層出不窮，普通商人即使擁有股權，但企業的核心決策權掌握在官僚代表手中，即是同股卻不同權，股東沒有對等的投票權，又沒有公正的第三方機構監督，自然難以保障和吸引投資者。一八八〇年，李鴻章接到上諭並轉交盛宣懷處理，其云：

有人奏招商局辦理毫無實濟，請飭認真整頓經理一折。設立招商局，原所以收利權而裕課稅，若但聽委員任意開銷，浪費侵蝕，深恐私　日充，公款日虧，著李鴻（章）、劉坤（一）、吳元（炳）慎擇公正廉潔之員，將歷年出入各款，徹底清查，實心經理，如查有糜費、侵漁等情，即行據實嚴參，毋稍徇隱等因。[45]

這道上諭顯然沒有發揮有效的作用，基本因素不變，只靠長官的個人意志去打擊「任意開銷，浪費侵蝕，私橐日充」，或有效於一時，但不對制度安排作根本的改革，絕不能長久維持，反而尋租行為會在路徑依賴下更加穩固。故此，輪船招商局往後的發展，一直與上述種種舞弊沒法完全割裂。然而，上述是情節較輕之例子，更甚者會涉及上層官員的權力爭奪，並會危害企業的生存空間。

權力尋租（power rent seeking）是尋租行為之一，主要體現在權力鬥爭中所產生的經濟浪費，尤其常見於國有或官督商辦企業之中，官員往往視他們支持的企業為其政治資產。據黎志剛研究，國有化問題一直困擾著輪船招商局早期的發展。一八七二年，朱其昂在草擬輪船招商局章程時本就有官商合營的構想，[46] 但最終仍是以商營模式運作。話雖如此，不過招商局既是李鴻章一手推動，一八七三年官款已佔公司的總資本比例百分之二〇點五四，此後數年雖有遞減，但為了與外國企業競爭，收購美商旗昌，漸增至一八七九年的百分之四十九。[47] 這家企

業，事事也見到官方的身影，招商局既借助官款發展，卻有別於從市場集資，官方會有更多的非商業考慮。官員既擁有權力，權力尋租的行為便會由此而生，各派系的官員會利用對官款的不同理解以取得利益。黎氏的研究還指出，一八七八至一八八二年間，先後有葉廷眷、劉坤一等官方力量，意圖把輪船招商局收歸國有。[48] 再加上李鴻章又掌握局內的人事任命，故鄭觀應云：「查招商局乃官督商辦，各總、會、幫辦，俱由北洋大臣札委，雖然我公現蒙傅相器重，恐將來有起色，北洋大臣不是李傅相……不念昔日辦事者之勞，任意黜陟，調劑私人……而股東亦無可如何。」[49] 鄭氏之言，一矢中的地點出了清季國家干預主義的弊病，就是權力結構不穩定。在人治社會，隨著領導人的更替，對企業的政策也有所改變，此會令管理人難以作長遠的投資決策；更嚴重的是，企業會受到官員權力鬥爭的威脅，而出現不明朗因素。黎氏進一步指出，劉坤一就曾試圖把李鴻章的官督商辦變更為國有企業，[50] 此涉及到南洋、北洋大臣權力之爭，這是雙方為了追逐權力的延伸而產生的尋租行為，多少反映了晚清改革權力的不穩定性，令到干預主義只有其弊（尋租），未見其利（效率），面對一而再的變故，使到國內的潛在投資者卻步，而原有股東也會無所適從，大大阻礙了企業的發展。

一八八〇年，織布局改組，李鴻章的親信戴恒、蔡鴻儀以及管理者鄭觀應等人各自認購五萬兩股，但資金仍然不足，故一度欲效法輪船招商局。經善元提議：「……在外本股，只剩二十二萬數千矣。合之定購已到機器，及基地造棧房一切實用，綜核數目不相上下，遂據實票復。並籌議善後，請撥借官款十萬兩，再請通飭十處關道，各借存款三萬兩，分作十年撥還。另舉顛撲不破之員，謹慎克苦辦理，以保全各老商之股本官利，藉乎信義。此稟未蒙批示。」[51] 經善元代表織布局管理人請求撥發十萬兩官款以及「請通飭十處關道，各借存款三萬兩」，[52] 可喜的是，終未得到李鴻章、劉坤一等官員的響應，[53] 不然，織布局又可能要飽受權力尋租而附生的國有化困擾。

四、小結

一般認為，干預主義是尋租行為的主要成因，一旦有了政府的干預，掌權者便會利用權力的不平等來尋找自身利益的最大化。本文觀察到晚清自強運動的一些現象，得出以下的幾點思考：

一、公權力一旦加入了市場競爭，掌權者往往會利用特權去阻止其他的市場潛在對手進入，造成壟斷。這些專利非因生產者的努力，而是靠政府官

員的勢力而達成，最後會潛在競爭者無法進入市場，最終拖延了行業的成長，這在上述有關企業取得專利權的個案中得見，官員為了追求利益、壟斷權力而產生經濟浪費；

二、尋租行為往往會妨礙生產活動，並降低社會總體經濟收益。在晚清新式企業之中，公權力時有與私有產權爭奪掌控權之現象，在爭奪過程中損害了企業的發展，甚至在爭奪過程中，存在公權力吞併私有產權的可能，如上述招商局的國有化問題，嚴重打擊了潛在投資者對新式企業的信心。

三、一八八三年，《申報》一篇評論指出：「蒙則謂，貪夫近利，事有相因，居官府之中，而操市井之算，如其權之秉得行，則壟斷以罔民利，易如反掌，天下實受其害，故不得不嚴為之防。至近時以商務任職官者，為其所營之利在國家與民生，將以利天下，而非以利一己也。為私為公，君子與小人之分也。」[54] 上述意見，天真地以「君子」與「小人」之分，來解釋近代官商結合的合理性，並認為君子當國經商以利天下，但尋租理論則認為此實與品德無關，關鍵在於官員及其代理人一旦擁有公權力，人性使然，必會追求其利益之最大化，又因沒有足夠的監管，尋租的代價也低，而他們在企業的尋租行為也因為其背景，很多時也不了了之，對一般股東造成損害，這是在沒有獨立司法制度和政策透明度的晚清社會所面對的常見威脅，也是發展的必然結果。

另外，干預主義在推動經濟增長上發揮一定的作用，而且往往立竿見影。與此同時，企業（行業）在國家的扶持下或會獲得發展，但官僚力量同時也在增長，而其權力更會因此而愈來愈集中，社會對政府的依賴日深，造成權力集中化，為日後的威權主義鋪路。同時，在政府干預下，企業不時要承擔非商業性的活動，這些活動只是當權者利用其控制的企業來增加政府能力，通常會對小股東的利益造成損害，甚至打擊投資者的信心。晚清的輪船招商局便是如此。每當公司稍有盈餘，官員劉坤一等人就想盡辦法要把公司國有化。雖然最終沒有成功，但朝廷卻又巧立名目，一時要公司拿股東的真金白銀來報效朝廷，一時又要用公司的盈利來配合國家發展，投資不相干的新式產業，令到初萌芽的中國工業化受到嚴重打擊，此則屬後話了。

1. Gordon Tullock, "The Welfare Costs of Tariffs, Monopolies, and Theft," *Western Economic Journal* 5, no. 3（1967），pp. 224-232.
2. Anne O. Krueger, "The Political Economy of the Rent-Seeking Society," *The American Economic Review* 64, no. 3（1974），pp. 291-303.
3. 根據 *Economic Times* 對尋租行為的一般性定義："When a firm uses its resources to procure an unwarranted monetary gain from external elements, be it directly or indirectly, without giving anything in return to them or the society, it is termed as rent-seeking. Instead of creating wealth, a firm seeks to obtain financial gains from others through alteration/ manipulation of the environment where economic activities take place." https://economictimes.indiatimes.com/definition/rent-seeking
4. 全漢昇：〈近代中國的工業化〉，《中國經濟史研究》（臺北：稻鄉出版社，2002），頁238。
5. 陳旭麓、顧廷龍、汪熙主編，陳梅龍編：《盛宣懷檔案資料選輯之六——上海機器織布局》（上海：上海人民出版社，2002）（下稱《盛檔；6》），〈黎兆棠致盛宣懷函〉，光緒二年二月十四日（1876年3月9日），頁1。
6. 《捷報》卷22，1879年載〈光緒四年彭汝琮上呈沈保楨、李鴻章上言籌建機器織布局書〉，收入《中國近代工業史資料》，第一輯下（北京：科學出版社，1957），頁1037-1038；按照計劃，紡織工廠將是一家兼營軋花、紡紗、織布的紡織廠，初期資本為50萬兩，布機共480台（後增至800台），並揚言半年後棉布的年產量可由26萬匹增至45萬匹，預期盈利由9萬兩升至15萬兩，預計紅利可達30%。參見中國近代紡織史編輯委員會編著：《中國近代紡織史》，下卷（北京：中國紡織出版社，1997），總論篇，第二章，頁6；嚴中平主編：《中國近代經濟史，1840－1894》，下冊（北京：人民出版社，2012），頁1421。
7. 《盛檔；6》，〈紀德新致盛宣懷函〉，光緒六年七月十六日（1880年8月21日），頁12；李鴻章：「彭革道汝琮，人素荒誕，去冬（1978）稟請承辦機器織布局事務，本大臣甚不相信。」、「是彭道（汝琮）作事虛偽，專意騙人，毫無實際，其心術品行，至窮老而不改，可鄙已極。」見鄭觀應：《盛世危言後篇》卷七，〈北洋通商大臣李傅相批示〉，收入夏東元編：《鄭觀應集》，下冊（上海：上海人民出版社，1988），頁528-529。
8. 《申報》，光緒五年三月十二日，收入《中國近代工業史資料》第一輯下，頁1039；費維愷：《中國早期工業化：盛宣懷（1844－1916）和官督商辦企業》（北京：中國社會科出版社，1990），頁270。
9. 見《盛檔；6》，〈鄭官應致盛宣懷函〉，光緒六年八月十二日（1880年6月14日），頁8。
10. 李鴻章說：「查進口洋貨以洋布為大宗，近年各口銷數至二千二三百萬餘疋。洋布為用所必需，其價又較土布為廉，民間爭相購用，而中國銀錢耗入外洋者實已不少。臣擬遴派紳商，在上海購買機器設局，仿造布匹，冀稍分洋商之利。」見吳汝綸編：《李文忠公全集》（臺北：文海出版社，1962），奏稿，卷43，〈試辦上海織布局折〉（光緒八年三月初六日〔1882年4月23日〕），頁43-44。
11. 鄭觀應：《盛世危言修訂新編》，第二冊（臺北：臺灣學生書局，1974），頁1148。
12. 鄭觀應：〈稟北洋通商大臣李傅相為織布局請給獨造權並免納子口稅事〉，《鄭觀應集》，下冊，頁534-535。
13. 李鴻章：〈試辦上海織布局折〉（光緒八年三月初六日〔1882年4月23日〕），《李文忠公全集》，奏稿，卷43，頁43-44。
14. 李鴻章：〈試辦上海織布局折〉（光緒八年三月初六日〔1882年4月23日〕），《李文忠公集》，奏稿，卷43，頁43-44。
15. 李鴻章：〈試辦上海織布局折〉（光緒八年三月初六日〔1882年4月23日〕），《李文忠公集》，奏稿，卷43，頁43-44。
16. 《申報》，光緒五年三月十二日，收入《中國近代工業史資料》第一輯下，頁1039；費維愷：《中國早期工業化》，頁270。
17. 《申報》，光緒五年三月十二日，收入《中國近代工業史資料》第一輯下，頁1039。
18. 《盛檔；6》，〈唐汝霖呈詞〉，光緒六年九月（1880年10月），頁53。
19. 參見趙善軒：〈鄭觀應「專利經營」建議及上海機器織布局的實踐〉，《石家莊學院學報》第4期（2005），頁22-27。

20. 《盛檔；6》，〈經元善致盛宣懷函〉，光緒十年十一月十三日（1884年12月29日），頁108；《盛檔；6》，〈鄭觀應致盛宣懷函〉，光緒十年十一月二十九日（1885年1月14日），頁110。
21. 《盛檔；6》，〈鄭官應致李鴻章電〉，光緒十年正月二十日（1884年2月16日），頁67；《盛檔；6》，〈鄭官應致盛宣懷函〉，頁108。
22. 《盛檔；6》，〈李鴻章致鄭觀應電〉，光緒十年正月二十日（1884年2月16日），頁67。
23. 陳慈玉：〈上海機器織布局——設立背景、經營方針及其它有關問題的檢討〉，載中央研究院近代史研究所編：《清季自強運動研討會論文集》（臺北：中央研究院近代史研究所，1988），頁743。
24. 《中國棉紡織史稿》，收入《中國近代工業史資料》第一輯下，頁563-570。
25. 《光緒二十年湖北織布局招商集股章程並股票條例》，收入《中國近代工業史資料》第一輯下，頁573。
26. 英國駐上海領事的《貿易報告》：「看來這個公司正在向美國購買其工廠的全部設備，然而直到我撰寫此報告上報之日（1882年8月）為止，尚無開始建築工程的跡象。在屬於老公司的場地上造了一個大建築的地基，但它們現在長滿了野草，顯出一幅荒涼的景象。」見《領事許士1881年度上海貿易報告》，收入李必樟：《上海近代貿易經濟發展概況》（上海：上海社會科學院出版社，1993），頁615-616。
27. 《盛檔；6》，〈盛宣懷致李鴻章電〉，光緒十四年（1888），頁146。
28. 黎志剛：〈輪船招商局的國有問題，1878－1881〉，《中國近代的國家與市場》（香港：香港教育圖書公司，2003），頁236。本文認為洋人有別於國內商人，他們受治外法權保護，不怕官員干預，若受不公平對待，便可訴諸法律。如此，則有利於借助西方的現代化管理方式以推動中國的工業化發展，對於法治、產權的建立，並減少尋租行為而造成經濟上的浪費，也有一定的幫助。
29. 呂實強：《中國早期的輪船經營》（臺北：中央研究院近代史研究所，1962），頁253。
30. 王業鍵：〈全漢昇先生在中國經濟史研究的貢獻〉，《清代經濟史研究》，第一冊（臺北：稻鄉出版社，2003年），頁64-65；另見何漢威：〈全漢昇與中國經濟史研究〉，《中國經濟史研究》，頁149。
31. 鄒進文：《新編經濟思想史》（六）（北京：經濟科學出版社，2016），頁62。
32. 《益聞錄》，光緒五年十一月三十日，收入《中國近代工業史資料》第一輯下，頁1040。
33. 〈北洋通商大臣李委總會辦上海機器織佈局札文〉，《鄭觀應集》，下冊，頁530。
34. 嚴中平主編：《中國近代經濟史，1840－1894》，下冊，頁1498。
35. 嚴中平主編：《中國近代經濟史，1840－1894》，下冊，頁1427。
36. 《申報》，1880年11月17日；嚴中平主編：《中國近代經濟史：1840－1894》，下冊，頁1425。
37. 嚴中平主編：《中國近代經濟史：1840－1894》，下冊，頁1425。
38. 《盛檔；6》，〈經元善致盛宣懷函〉，光緒十年九月二十六日（1884年11月13日），頁106-107；薛福成謂：「昨接杏蓀（盛宣懷）觀察來函，論上海機器織布局一事，似在事諸君多因畏避龔仲人（龔壽圖）而諉卸者。龔仲人係靄人（龔易圖）廉訪之弟，其浮誇揮霍之習，靄人亦深以為病。前在山東頗知之，凡辦一事，數人成之而不足，一人擾之而有餘。龔如在局，恐又致散場，最妙莫如撤去，否則勿假以事權……」見《盛檔；6》，〈薛福成致李鴻章〉，光緒十年九月二十三日（1884年11月10日），頁105。
39. 《申報》，光緒五年十月二十八日，收入《中國近代工業史資料》第一輯下，頁1039。
40. 李鴻章派往織布局的另一位親信鄭觀應也曾虧空的指責，最後也是不了了之。參見費維愷：《中國早期工業化：盛宣懷（1844－1916）和官督商辦企業》（北京：中國社會科出版社，1990），頁274-5。
41. 經元善：〈中國紡織創興原始記〉，載虞和平編：《經元善集》（武漢：華中師範大學出版社，1988），頁287。
42. 芮瑪麗著，房德鄰譯：《同治中興——中國保守主義的最後抵抗（1862－1874）》（北京：中國社會科學出版社，2001），頁237。

43 見黎志剛：〈輪船招商局國有問題，1878－1881〉，頁 234-235。
44 李玉主編：《〈申報〉招商局史料選輯》，晚清卷 III（北京：社會科學文獻出版社，2016），〈勸華人集股說，1882 年 6 月 13 日，第 1 版〉，頁 1095-1096。
45 陳旭麓、顧廷龍、汪熙主編，陳梅龍編：《盛宣懷檔案資料選輯之八——輪船招商局》（上海：上海人民出版社，2002），頁 103-104。
46 黎志剛：〈輪船招商局的國有問題，1878－1881〉，頁 207。
47 黎志剛：〈輪船招商局的國有問題，1878－1881〉，頁 204。
48 黎志剛：〈輪船招商局的國有問題，1878－1881〉，頁 210-233。
49 鄭觀應：《盛世危言後編》（臺灣：大東書局，1969），卷 10，〈致招商局總辦唐景星觀察書〉，頁 2。
50 黎志剛：〈輪船招商局的國有問題，1878－1881〉，頁 210-233。
51 經元善：〈中國紡織創興原始記〉，頁 287。
52 《盛檔；6》，〈趙吉致盛宣懷函〉，光緒六年七月初一日（1881 年 8 月 6 日），頁 10。
53 易惠莉：《鄭觀應評傳》（南京：南京大學出版社，1998），頁 211-212。
54 李玉主編：《〈申報〉招商局史料選輯》，晚清卷 III，〈論居官經商，1883 年 1 月 25 日，第 1 版〉，頁 1113。

鄭觀應「專利經營」建議及上海機器織布局的實踐

一、引言

鄭觀應（一八四二－一九二二），原名官應，字正翔，號陶齋，別號杞憂生，[1] 出生於近代向有商人冒險精神傳統的廣東香山縣。[2] 鄭氏曾於太古洋行擔任買辦工作，從中學習得新式的經商手法，漸漸建立了社會聲望。後來，被邀請加入李鴻章的幕府，並先後在輪船招商局、上海機器織布局、漢陽鐵廠等擔任重要職務，是中國近代第一代具影響力的實業家。鄭氏以《盛世危言》一書聞名於世，在中國近代經濟發展中佔有重要的地位。《盛世危言》的「商戰論」尤為突出，其主張「欲制西人以自強，莫如振興商業」，[3] 實行以商業發展，來對付列強的侵略。

鄭觀應於一八八〇年代初期，在參與李鴻章所主持的新式工礦企業建設過程中，引發起他的「專利」思想。他眼見當時外國機械紡織品傾銷到中國，一方面造成銀元外流，另一方面又對國產的傳統土布，以及小農經濟造成了嚴重的衝擊，[4] 因此他提出：「富強之道不外二端，彼需於我者，自行販運，我需於彼者，自行製造誠哉。」[5] 鄭觀應意識問題之嚴重性，故此，他認為中國必須馬上自行興建新式紡織工廠，並認為可以在不影響土布生存下，以抗禦洋布持續傾銷中國。

二、洋紗洋布取代鴉片

上海機器織布局於十九世紀下半葉的成立，實非偶然。十九世紀上半葉，中國經歷了兩次鴉片戰爭後，外國貨物大量對華輸入，充斥國內市場。除了西方列強對中國的直接軍事威脅外，列國對華貿易，導致白銀大量外流，嚴重威脅中國經濟。

歐美先進國家經過工業革命，生產技術突飛猛進。再加上一八六九年蘇伊士運河通航，使中英之間航線的距離縮短了百分之廿八，大大減低長程貿易的運輸成本。另方面，一八七一年，歐洲通往中國的海底電線成功通聯，使兩地通信時間由幾個月大幅縮短至幾小時；[6] 訊息流通增加，令到中外貿易的交易成本大大降低，為中西貿易創造有利條件。

機器製成品的邊際成本遠低於傳統手工業，而且質素亦較有保證。外國棉紡織品進入中國初期，洋紗、洋布遭遇到土布業的頑強抵抗，而洋紗布質料幼細，不如土紗土布般溫暖耐用，較適合農民大眾使用，故並未有導致紗布業土崩瓦解，但由於洋紗布價廉物美，故為土紗業帶來極大威脅，當中以棉紗入口額增長速度尤為明顯。[7] 據鄭友揆的研究，一八八〇、一八九〇年代以來，機器棉織品已漸漸取代鴉片，成為輸華主要商品之一。以一八九〇年為例，當時鴉片佔進口商品約有百分之十九點五，而棉貨有百分之二十點二，棉紗則有百分之十五點三，可見紡織品在輸華貿易的地位已漸漸超越鴉片。[8] 在洋紗的挑戰下，傳統紡紗業漸漸被淘汰。

十九世紀中葉後，國人逐漸意識到外國對華貿易的威脅，並不止於白銀外流，更影響到傳統經濟結構。[9] 對此，時人鄭觀應有一番深刻的見解：

進口之貨，除煙土外，以紗布為大宗，向時每歲進口銀一、二千兩，光緒十八年增至五千二百七十三萬四百餘兩，英國棉紗值銀二千二百三十餘萬兩，爾來更有增無減，以致銀錢外流，華民失業。洋布、洋紗、洋花邊、洋襪入中國而女紅失業……[10]

可見當時一些有識之士對問題已有察覺。其時，正值自強運動方興之際，此階段主要是以模仿西方的生產技術，採用新式機械為手段的改革，以求達到富國強兵之效。[11] 不久，洋務派的注意力遂由軍事改革，興建兵工廠、船政局，生產軍用工業，擴展至貿易與經濟之發展，並致力於新式工礦業建設。[12] 一些民用企業如開平煤礦局、輪船招商局、漢陽鐵廠以及上海機器織布局乃應運而生。

早在十九世紀上半葉，已有外商有意把蒸汽紡織技術引進中國，由於種種原因，一直未能成事。[13] 一八七〇年代，中國始有新式棉紡織廠設立，一八七一年美商富文（Vrooma）在廣州設立厚益紗廠，該廠的股本多為華商所出，經營經費亦依賴華商墊付，開辦不足半年即停產。[14] 一八七七年，正有一家名為英國義昌洋行（Skeggs & Co.）的中英合資紡紗廠準備於上海招股，[15] 但遭受到土布業界強烈反對，終被兩江總督沈葆禎（一八二〇—一八九七）阻撓而擱置。[16] 與此同時，國內興論有倡議我國應自行設廠，對抗外國紡織品輸入的呼聲日大，[17] 終得到李鴻章（一八二三—一九〇一）響應，李氏遂於一八七四至一八七五年間，上奏朝廷，提出中國應自行發展機器織布工業。[18] 織布局就在上述背景下醞釀誕生。

上海機器織布局創立背景外部環境 PEST 分析圖

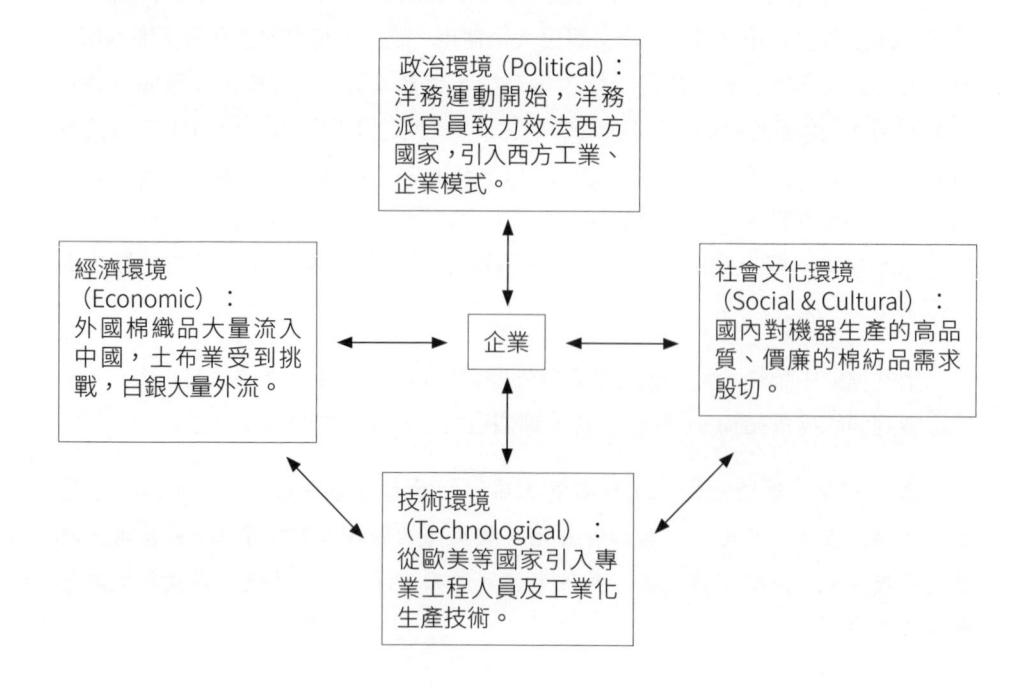

政治環境（Political）：洋務運動開始，洋務派官員致力效法西方國家，引入西方工業、企業模式。

經濟環境（Economic）：外國棉織品大量流入中國，土布業受到挑戰，白銀大量外流。

企業

社會文化環境（Social & Cultural）：國內對機器生產的高品質、價廉的棉紡品需求殷切。

技術環境（Technological）：從歐美等國家引入專業工程人員及工業化生產技術。

三、上海機器織布局十年專利

在「自行製造」的原則下，鄭氏參與了中國第一間具規模的新式紡織工廠——上海機器織布局的籌建，但織布局的建廠計劃並不如預期般順利，且碰上諸多阻礙，創辦人彭汝琮更為此而被迫離職。[19] 一八七九年四月間，即織布局開始籌組的半年後，局內傳出消息說，廣東紳商打算謝辭原來所訂的股份，另起爐灶。[20] 後來，織布局經過了人事的改組，實權漸漸落入鄭氏之手，[21] 鄭觀應為了保護織布局不受其他對手競爭，遂於一八八一年向李鴻章提議為織布局爭取「專利」經營權，建議於十年或十五年內，禁止華洋商人在通商口岸另行設紡織廠，[22] 而華商只可以附股的方式投資，並為織布局提供稅務優惠。[23] 李鴻章遂接納了鄭氏的建議，除了成功取得「完全免稅厘」外，[24] 並爭取得十年內（一八八二—一八九二）華洋商人「不准另行設一局」的特權，[25] 間接地實踐了鄭氏「專利」的主張。本文將從學理上討論十年專利的性質與影響。

李鴻章因鄭氏的建議，為織布局取得兩項特權。其一，稅務優惠；[26] 其二，

十年專利權,限制一八八二至一八九二年十年內,華洋商人不得在中國設廠,只許以附股於織布局方式投資。[27] 這對於紡織業的發展有深遠的影響。對此,鄭氏說道:

> 一請准給年限以防外人爭利。職道等奉飭籌議之初,曾經 請上海一隅只准他人附股,不准另設,仰蒙批允,惟洋人如欲仿照,尚未有阻止之說,⋯⋯飭行通商各口,無論華人、洋人均不得於限內另自紡織,⋯⋯應請憲恩酌給十五年或十年之限,飭行通商各口無論華人、洋人,均不得於限內另自紡織,弊局數年來苦心鉅資,不致徒為他人爭衡,即利效未敢預期,後患庶幾可免以。⋯⋯一請准免厘捐並酌減稅項也。查洋布進口例完正稅,分運內地則完子口稅,並無厘捐,諒可邀免,惟一時未能織質細價高之布,營銷殊難。可否仰乞憲恩俯念創造之艱,籌墊之累,准照洋貨已進口之例完納子口稅,概免抽取厘。[28]

一八八二年四月,李鴻章奏報清廷批准,其曰:

> 查泰西通例,凡新創一業,為本國未有者,例得界以若干年限。該局用機器織布,事屬創舉,自應酌定十年以內,只准華商附股搭辦,不准另行設局。其應完稅厘一書,該局甫經倡辦,銷路能否暢旺尚難預計,自應酌輕成本,俾得踴躍試行,免被洋商排擠。擬俟布匹織成後,如在上海本地零星銷售,應照中西通例免完稅厘;如由上海徑運內地,及分運通商他口轉入內地,應照洋布花色,均在上海新關完一正稅,概免內地沿途稅厘,以示體恤。[29]

鄭氏最初的計劃是希望在十年或十五年期間,禁止所有的外國商人,在通商口岸另設紡織廠,[30] 同時又限制華商,除以附股在織布局的方式投資外,不得投資於機器棉紡織業。與此同時,他又積極為局方爭取清政府為織布局提供稅務優惠,局方的產品只需在上海新關繳納一次正稅,可免去其餘轉口及各地稅厘。換言之,織布局的產品在上海地區可享有零關稅的優惠,而外國進口商品,則必須繳付百分之五的進口稅。至於運銷內地方面,織布局的產品只須付一次百分之五的關稅,比洋貨少百分之二點五的內地子口稅。鄭氏是希望以保護主義,來維持該企業的競爭力。[31] 李鴻章眼見織布局在創辦人彭汝琮主事期間,[32] 局內發生了人事糾紛,拖慢了織布局的籌備工作,[33] 再加上面對著華商及外商分別提出設廠的壓力,威脅到織布局及他本人的實際利益。故此,李氏遂於一八八〇年以北洋通商大臣的名義,批准了有關請求,並於一八八二年三月上奏朝廷,正式落實織布局的十年專利,明文限制於一八八二至一八九二年十年內,在中國境內「不

373

准另行設一局」。[34]

考察李鴻章等人所用「專利」一詞，實由鄭氏所提出，其久在太古洋行擔任買辦職務，對於現代商業知識有一定的了解，而他提出「專利權」所用的理據，主要有兩方面：

其一，「查泰西通例，凡新創一業為本國所未有者，例得俾以若干年限，許以專利之權。」[35]

其二，「又如在外國學得製造秘法，其後歸國仿行，亦合始創獨造之理。……」[36]

就性質而言，筆者認為前者在經濟學中大抵屬於行業管制（license），而後者的理據則比較含糊，性質介乎於發明專利（patent right）或商業秘密（trade secrets）之間。鄭氏以此為作為織布局十年專利的依據，意欲達到公司在十年內壟斷（monopoly）了本土的機器棉織業。

事實上，鄭氏的理據實在缺乏依據，難以支持織布局得到十年壟斷的合理性。首先，關於行業管制，一般認為行業管制的前提主要有以下數項：

一：投資額大，回報期長，市場上難有其他投資者願意投資。創業資本僅五十萬兩的織布局，投資額不算巨大，而且紡織業屬彈性較大的行業，加上回報期並非過長，明顯不符合此要求。

二：對國防或公眾有重要影響的行業，或涉及到國家機密，對國家穩定有重要影響的行業，例如電報業、輪船、鐵路交通業等，當時的中國輪船招商局、中國通商銀行，即屬此一類。

三：十九世紀末的中國，似不存在發明專利的問題，因為當時的織布技術都是從西方引入，只要有資金便可以透過洋行、外國商人等途徑購買機器，同時又可以聘請外國技術人員，引入生產技術，故根本不存在發明專利以及商業秘密的問題。

由此可見，織布局實在欠缺所謂「專利」的條件。從這方面來看，清政府沒有必要為這家企業提供壟斷的經營環境。

另方面，鄭氏的原意是希望防止外商在華興建工廠，此本與創設織布局以

抗衡洋布的原意一脈相承。一八八二年，即李鴻章上奏實施「專利」的一年，美商豐泰洋行經理魏特摩（W. S. Wetmore）及英商祥生船廠經理格蘭特（T. V. Grant）擬在中國籌建織布工廠，特請美國駐華公使楊格（J. R. Young）照會總理衙門了解有關設廠的可行性，而當時官方的回復是織布局已取得專利權，中外商人在十年內不得另行設廠。[37] 由此可見，專利權對於阻止外商於中國設廠投資，本應有正面的作用。其實，當時的機器紡織工業剛剛起步，站在清政府的立場，機器棉紡織業作為抵抗外國商品輸華而發展的行業，政府加以保護是有其合理性，但問題是，到底政府應該保護整個行業，抑或只保護一間企業，使其享有特權，扼殺其他投資者參與的權利呢？清政府給予一家企業的專利權，實際上只對該企業有利，而完全無助於整個行業的發展，反而造成了負面的影響。以往學者集中於專利是否有利於抗衡洋布，但對於以上問題則鮮有注意。

其實，在十年專利期間，兩廣總督張之洞亦曾於一八八八年私下得到李鴻章的同意，準備於廣東地區另行開辦一家紡織局。[38] 一八八九年，張氏調任兩湖總督，建廠計劃遂由廣東移到湖北，成立湖北織布局，並於一八九〇年公開招股。[39] 因此，陳慈玉認為十年專利似乎是針對上海附近地區投資棉紡織業的限制，對於上海以外的地區則比較寬鬆，尤其是遙遠的華南地區。[40] 但筆者認為洋務運動主要是依賴幾名有實力的地方督府推動，而興辦新式企業往往成為督府們擴張權力的手段，故李鴻章可以容忍張之洞越過專利權的限制，另行設局，企圖以人事凌駕法令，歸根究柢，此不過是洋務派內部的權力妥協。

時間	事件	相關人物	影響與分析
1888年	兩廣總督張之洞獲李鴻章同意，計劃在廣東開辦紡織局	張之洞、李鴻章	反映地方督府在洋務運動中的自主性，李鴻章對專利權的執行較具彈性
1889年	張之洞調任兩湖總督，將紡織局計劃轉移至湖北	張之洞	廣東計劃未落實，顯示新式企業的建立受地方官員調任影響
1890年	湖北織布局正式公開招股，開始運作	張之洞	湖北成為晚清工業化的重要據點之一，擴大地方督府的經濟影響力
綜合分析	**專利限制主要針對上海，對華南地區較寬鬆；洋務運動依賴地方督府推動，地方官員能透過新式企業擴張自身權力。**	李鴻章、張之洞	李鴻章容忍張之洞繞過專利權限制，反映洋務派內部的權力妥協，本質上仍是以人事凌駕法令。

同時，這也反映了當時清政府在法律上對商業及產權的保護嚴重不足。由此可見，專利權的性質，不外乎是專門保障李鴻章自身的利益，而非真正為保護國人引進西方新式機器工業而設。事實上，織布局管理層方面並不滿足於十年的專利經營。

　　一八八八年，盛宣懷向李鴻章建議，請求容許織布局在上海獨辦多二十年時間。[41] 一八九四年，李鴻章再上奏爭取多十年的專利，但由於創辦棉織廠的風氣已開，最終都沒有得到朝廷的接納。[42] 由此可見，織布局對於專利經營之目的，主要是借助官方力量，使企業享有特權，以確保其私人的利益。

四、窒礙中國機器紡織業起飛

　　從企業管理學的角度而言，行業生命周期並不等同企業生命周期，因為前者處於萌芽期，無疑有利於投資，而後者不過反映了企業經營策略是否奏效。管理策略大師波特（Michael Porter）在一九八五年提出了極之重要的觀點，[43] 他認為在一個行業中，存在著五種基本的競爭力量，分別是潛在的進入者、替代品、購買者、供應者以及行業中現有競爭者。在織布局的個案中，雖然織布局壟斷了本地的機器織布業，但是它同樣有土布、外國洋紗、洋布等代替品以及其他競爭者的存在，所以清政府以行政手段來保護保護織布局，批准它十年的壟斷權，以抗衡外國棉產品。從行業成長的角度而言，這種做法起不了任何作用，反而扼殺了其他潛在競爭者進入市場的機會，妨礙整體行業的發展，違反最初希望抗衡外國棉織品之目的。

　　有意見認為，國家力量在工業化早期階段所扮演的角色非常重要，筆者並不反對這種觀點，相反，認為清政府理應擔當起推動的角色。但事實上，織布局根本不符合專利的條件。更重要的是，到底清政府是希望中國的機器紡織業起飛，還是讓上海機器織布局這一家企業不受競爭，以維持李鴻章集團等人的利益，並阻礙行業的成長？如果清政府是為了保護民族企業的發展，提供稅務優惠，是合理的做法，而非以專利經營來扼殺整個行業。即使織布局在競爭中失敗，企業淘汰是無可避免的，且亦無妨整個行業的發展。以當代美國的經驗為例，美國政府為了保護國內紡織工業，遂設立貿易壁壘政策，防止國內產品直接與外國產品競爭。肯定專利權作用的論者，[44] 似乎大多出於企業利益的角度出發，而忽略了從市場整體考慮，以致未能準確認清問題。

由此推論，十年專利既對行業造成負面的影響，但也令外國棉織布品在對手自我制約競爭力的情況下參與競爭，故專利權對保護行業發展起不了任何作用，反而有利外商成功開拓中國市場。

　　值得一提的是，有學者以中國買辦商人大多缺乏「企業家精神」為理由，認為即使沒有十年的專利經營，中國亦不會像日本的機器棉織業般起飛。[45] 筆者對此持相反的看法，經濟學家熊彼特（Peter Schumpeter, 1883-1950）所謂的「企業家精神」，[46] 並非與生俱來，也不是「全有或全無」（All-or-None）的固定能力，因為企業家一但失去創造力，則會變成單純的管理者，「創新精神」（innovation）是可以透過經驗累積而來，在實戰中才能真正發揮出來。中國買辦商人未必不如日本的財閥商賈，只是他們欠缺嘗試及成長的機會而已。故此，開放市場及培養企業家的渠道，是最有效及最直接的方法，如此則可讓商人（businessmen）在實際環境中學習、應變以及累積經驗，終能成為企業家（entrepreneur）。這樣，人才缺乏的問題就有機會解決，近代工業化程度則可更進一步。所以，十年專利經營不但在一定程度上壓抑了中國機器紡織業的發展，亦或多或少妨礙了企業人才的培養。

　　全漢昇先生認為，人才缺乏是中國工業化不能起飛的主要原因之一。[47] 試想，如果當彭汝琮向政府提出建廠的計劃，官方只為其掃除障礙，制訂法律，提供良好的營商環境，讓企業及企業人才從經驗中成長，而非派置官僚充當管理人員，視興辦新式企業為個別官員的勢力擴充；或許，這間企業最終會破產，但只要市場仍有需求，無數的企業仍然將會前仆後繼，開拓商機。若然如此，相信企業人才缺乏以及行業成長（至少織布業）的問題，會隨著時間而得以解決。又或許，有人會這樣說，難道民營織布業在當時已經擁有相關人才嗎？這是簡單的邏輯問題，開放市場是人才的必要條件（necessary condition），但卻不是唯一的條件，但沒有這前提，人才終亦難以成長起來。

　　由此可見，十年專利影響之深遠，並不止於行業的實際利益，還涉及到中國工業化的核心問題。

五、總結

　　諾貝爾獎得主、經濟史家諾斯（Douglass C. North, 1920-2015）認為，經濟成長（growth）在於制度的創新，而制度創新的主要負責者是來自政府，而非人

民，政府對於經濟成長的責任極為重要。在這前提下，以織布局而言，洋務派的支持與參與，確實是它於一八七〇年代末能成功建廠的關鍵因素，雖然一八八〇年代以前也有不少中外商人曾表示有意於中國設廠，但不過仍停留於初步構想階段，直至彭汝琮向李鴻章提出了建廠方案，在當時金融機制不成熟、商業法律尚未出現、產權缺乏保障、社會對工業缺乏了解的情況下，得到洋務派的大力支持，並且在李鴻章的保護及支持下，建廠計劃才能在一八七〇年代得以落實。若非如此，中國到何時才能出現具規模的新式棉紡織工廠，實在不得而知。

上海機器織布局初始建廠之目的，本是專門為了抗衡外國貿易對華的打擊，這一方面具有重要的時代意義。同時，織布局的建立有著重要的示範作用，許多商人深受此動機的啟發，紛紛創辦紡織企業，以圖以實業救國。到了二十世紀前半葉，紡織業是近代工業最重要的產業，而織布局作為中國第一間具規模的紡織廠，實在有著重要的象徵意義。

織布局在官督商辦下籌備及經營了近十五年的時間，其中十年是屬於專利經營，但大部分時間仍停留在籌備階段，一直未能開機生產，一八八八年投產以後，雖錄得可觀的利潤，但馬上又因失火而導致慘淡收場。

事實上，早在上海機器織布局建立之前，社會輿論紛紛建議中國應自行設立棉紡織工廠。[48] 據數據顯示，先後於一八八〇年傳聞有傳廣東商人計劃設廠，[49] 而一八八二年亦有華商計劃設立一家名為豐祥洋棉紗線公司的紡織企業。[50] 早在織布局建廠初期，身居管理層的唐汝霖對此作過一番見解，其謂：

……而局外人往往垂涎，以為此中大有名利，有請添設分局者，有議合并一局者，甚且謂前局已撤後局將開者。[51]

由此可見，當時國內確實存在著一批潛在投資者，有意參與投資新式紡織業。特別是土紗業，在洋紗的衝擊下，傳統的紡紗業確如摧枯拉朽，一蹶不振。然而，卻因十年專利抑壓了市場機制的正常運作，阻礙土紗布業在衝擊下轉型成為機器工業「誘導性制度變遷」的可能性，使正在萌芽的市場不能正常發展。專營權屆滿後，陸續有多間機器棉織工廠誕生。[52]

與日本改革比較，首間日資民族機器紡織廠建成及投產於一八八三年，當時該企業紗機只得一萬錠，遠比織布局開機生產時的三萬五千錠為低。不過，隨著市場的開放及發展，到了一八九三年，日本全國紡織廠已經累積至四十餘家，全

國累積紗機達三十八萬一千多錠，[53] 反觀中國，一八七八年織布局成立，經歷十年專利，只有兩間機器紡織廠特准生產，到了一八九四年，全國仍然只有五間機器紡織廠，累積紗機約有十萬〇四千〇二十錠。

時間	國家	機器紡織廠數量	累積紗機數量	備註
1883年	日本	1家	10,000錠	日本首家民營機器紡織廠投產
1878年	中國	1家（上海機器織布局）	—	中國織布局成立，受專利保護限制
1893年	日本	40餘家	381,000錠	市場開放，紡織業迅速發展
1894年	中國	5家	104,020錠	受專利限制影響，發展遠遜於日本

誠如朱蔭貴教授所言：

（清政府）對民間要求自由興辦近代企業採取阻礙、嚴格限制和納入封建控制的辦法，沒有也不可能採取像日本那樣鼓勵、保護民間自由興辦企業的措施和政策，更談不上利用國家的權力來進行誘導和示範了。[54]

這恰恰反映中、日兩國政府對工業發展的不同態度，兩國工業化的道路殊異，其中的重要原因之一，即在於此。

一八九五年，中國在甲午戰爭一役慘敗，兩國簽訂馬關條約，允許日商在華開設工廠。其後各國利益均沾，大力衝擊中國本土市場。當然，此亦帶來新的契機，激發新興企業發展，但由於經過十年的專利經營，一八八二至一八九二年間紡織工業停滯不前，國內的紡織工廠寥寥無幾，到了一八九五年為止，國內仍然只得七家機器紡織廠，全國紗錠僅十七萬枚，布機一千八百台。[55] 一八九五年後，外國企業在中國大規模興建工廠，惟本土棉紡織工業尚未成熟，以致外國企業輕易佔據中國的紡織工業，此與十年專利經營有一定的關係，就連提出專利建議的鄭觀應對此亦有所悔悟，認為專利經營不利與外國商品競爭。[56]

總而言之，從織布局的研究看來，不難發現洋務派對於西方工業企業管理模式的認識嚴重不足，又缺乏周詳計劃、對生產技術不甚了解，加上洋務派對經營工業的方針存在嚴重分歧（如局內長期存在官僚派與實業派的爭端），令近代工

業化進程舉步維艱。清政府並不像日本明治維新般實施由上而下的全國性改革，洋務派的改革只是由地方官員個別執行而已。洋務運動在沒有全面性的計劃，又沒明確的法律地位下，自然缺乏效率及有效性。

再者，洋務官僚如李鴻章、張之洞等人，有可能利用興辦工業來作為擴張勢力的手段。李鴻章私下容許張之洞在專營期間另辦新廠，實際上是權力妥協，進行利益輸送，這說明了作為發展經濟基本配套的商法尚未真正確立以前，清政府推行經濟改革，不以改善營商條件為首要任務，反而零星地創立新式企業，企業不能合理發展，工業化的成效極之有限。洋務派官僚往往為了保護其既得利益，以特權來侵害商人利益，投資環境惡化，甚至奪取其他投資者的競爭機會。可見洋務派經營新式企業，未必處處以經濟利益為大前提。洋務運動推動了近代工業化的開始，卻未有引領中國經濟真正的起飛（take-off）。

織布局作為洋務運動的產物，一方面帶領中國踏出近代工業化的第一步，具有重要的象徵意義；但另一方面，洋務派推行的政策，對於近代工業化及棉紡織業造成了沉重的打擊。儘管洋務派在棉紡織業的推動作用獲得肯定，但由於他們對工業化缺乏認識，加上相關配套未曾建立，反而對社會造成了負面影響。洋務派給予織布局十年的專利經營權，不單壟斷了機器棉紡織工業的經營權，還延誤了近代工業化的重要階段。

十九世紀後半葉是中國踏上近代工業化道路的開端，然而經過百多年的發展，到了今天改革開放下的國有企業中，仍然可碰到不少與當年織布局相類似的問題，這或許反映當政者的保守心態以及主事者對既得利益的考慮。時代不同，但問題依舊存在，若基本因素不變，現代化的道路依然崎嶇。

上海機器織布局於中國近代工業化地位示意圖

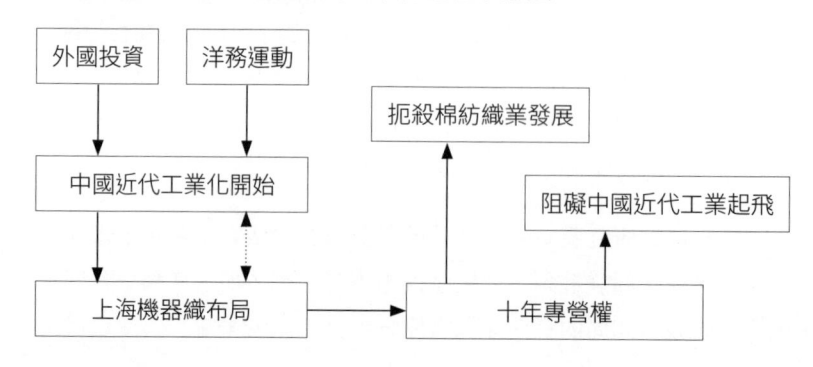

1. 有關鄭觀應的生平，可參看夏東元：《鄭觀應傳》（上海：華東師範大學出版社，1981）一書。
2. 關於香山商人群體的特質，可參考黎志剛：〈香山商人的冒險傳統〉，《中國近代的國家與市場》（香港：香港教育圖書有限公司，2003），頁 311-347。
3. 鄭觀應：〈商戰〉，《盛世危言修訂新編》（一）（臺北：臺灣學生書局，1974）；可參看王爾敏：〈鄭觀應之實業救國思想〉，《香港中文大學中國文化研究所學報》第 15 期（1984），頁 21-46。
4. 吳汝綸編：《李文忠公全集》（臺北：文海出版社，1962），奏稿，卷 24，〈籌議海防折〉（同治十三年十一月初三日〔1874〕），頁 20，其謂「英國呢布運至中國，每歲售銀三千餘萬……於中國女匠作之利，妨奪不少。」鄭觀應亦云：「進口之貨，除煙土外，以紗布為大宗，向時每歲進口銀一、二千兩，光緒十八年增至五千二百七十三萬四百餘兩，英國棉紗值銀二千二百三十餘萬兩，爾來更有增無減，以致銀錢外流，華民失業。洋布、洋紗、洋花邊、洋襪入中國而女紅失業……」見鄭觀應：《盛世危言增訂新編》（二）（臺北：臺灣學生書局，1965），卷 8，〈紡織〉，頁 1145，由此可見當時洋務派人物對此問題亦有所察覺；另外，不少學者認為外國商品輸入對本土手工業造成嚴重打擊，甚至扼殺了資本主義的發展，見樊百川：〈中國手工業在外國資本主義侵入後的遭遇和命運〉，《歷史研究》第 3 期（1962），頁 85-115；中國近代紡織史編輯委員會編著：《中國近代紡織史》（北京：中國紡織出版社，1997）一書的作者更以「手工棉紡織業的解體」為題描述 1890 至 1913 年間的情況，但事實上，隨著人口的增加及市場的擴大，手工織布的比重只略為下降，而 1871 至 1880 年每平均年度的 32 億碼加到 1901 至 1910 年每平均年度的 37 億碼，進口紡織品並未對傳統手工業帶來災難性的打擊，參看費維愷（Albert Feuerwerker）：〈1870－1911 年晚清帝國的經濟趨向〉，載費正清主編：《劍橋中國晚清史》（北京：中國社會科學出版社，1985），頁 34-36；雖然外國商品對傳統手工業的打擊未如學者想像般嚴重，但是卻為傳統手工業帶來一定的影響，參見黃宗智：《長江三角洲小農家庭與鄉村發展》（北京：中華書局，2000），頁 122-124。
5. 鄭觀應：《盛世危言修訂新編》（二），頁 1148。
6. 嚴中平主編：《中國近代經濟史：1840－1894》，上冊（北京：人民出版社，2001），頁 312。
7. 嚴中平：《中國棉紡史稿 1289－1937：從棉紡織工業史看中國資本主義的發生與發展過程》（北京：科學出版社，1963），頁 61、63；嚴中平：《中國棉業之發展》（重慶：商務印書館，1943），頁 53-54。嚴氏說：「紡業是為供給織業原料而存在的。織業則是生產可作商品流通的製成品的。……停止經營紡業，反成為擴大織業，亦即擴大副業經營的必要步驟，……除非尚有別種手工業可以立即填補這種遺缺，……事實上，在以小農業經營為社會經濟基礎的國度裡，這種工業部門之迅速轉移，是難以實現的，因此洋布之開闢中國棉布市場，又遭遇無限的阻撓。……國外棉織業技術發展之後於紡業，尤使這一過程之進行，不能如洋紗一樣迅速。……洋布在中國市場上的進展並未能在十九世紀滲透進每個農村。」
8. Yu-kwei Cheng, *Foreign Trade and Industrial Development of China: An Historical and Integrated Analysis Through*（Washington, DC: Washington University Press, 1956）。中譯本：鄭友揆著，程麟譯：《中國的對外貿易和工業發展，1840－1948 年：史實的綜合分析》（上海：上海社會科學院出版社，1984），頁 23。
9. 〈籌議海防折〉（同治十三年十一月初三日〔1874〕），《李文忠公全集》，奏稿，卷 24 頁 20，其謂「英國呢布運至中國，每歲售銀三千餘萬……於中國女匠作之利，妨奪不少。」；中國近代紡織史編輯委員會編著：《中國近代紡織史》（北京：中國紡織出版社，1997）一書的作者更以「手工棉紡織業的解休」為題描述 1890 至 1913 年間的情況，但事實上隨著人口的增加及市場的擴大，手工織布的比重只略為下降，而 1871 至 1880 年每平均年度的 32 億碼，加到 1901 至 1910 年每平均年度的 37 億碼，進口紡織品並未對傳統手工業帶來災難性的打擊，可參看費維愷（Albert Feuerwerker）：「1870－1911 年晚清帝的經濟趨向」，載費正清主編：《劍橋中國晚清史》（北京：中國社會科學出版社，1985），頁 34-36。
10. 見鄭觀應：《盛世危言增訂新編》（二），卷 8，〈紡織〉，頁 1145。
11. 全漢昇：〈近代中國的工業化〉，《中國經濟史研究》（臺北：稻鄉出版社，2002），頁 238。
12. 莊吉發：〈清季上海機器織布局的沿革〉，《清史論集》第九本（臺北：文史哲出版社，2002），頁 225-233。

13 嚴中平主編：《中國近代經濟史：1840－1894》，頁1272。
14 趙岡、陳鍾毅：《中國棉紡織史》（北京：中國農業出版社，1997），頁135、137。
15 《申報》，光緒三年五月初七日，〈英商義昌行「招股啟事」〉，頁12621。
16 陳慈玉：〈上海機器織布局——設立背景、經營方針及其它有關問題的檢討〉，載中央研究院近代史研究所編：《清季自強運動研討會論文集》（臺北：中央研究院近代史研究所，1988），頁735-736。
17 《申報》，同治十三年九月初七日（1874年10月16日），〈論印度自設機器織造廠〉，頁6145。
18 〈籌議海防折〉（同治十三年十一月初三日〔1874〕），《李文忠公全集》，奏稿，卷24，頁20。其謂：「曷若亦設機器自為製造。」
19 陳旭麓、顧廷龍、汪熙主編，陳梅龍編：《盛宣懷檔案資料選輯；6 上海機器織布局》（上海：上海人民出版社，2001）（下稱《盛檔；6》），〈紀德新致盛宣懷函〉，光緒六年七月十六日報（1880年8月21），頁12。
20 《申報》，光緒五年三月十二日，收入李玉主編：《中國近代工業史資料》第一輯下（北京：國家圖書館出版社，2021），頁1039；費維愷：《中國早期工業化》，頁270。
21 《盛檔；6》，〈趙吉致盛宣懷函〉，光緒六年八月十二日（1880年9月16日），頁13；《英領事商務報告》1881年分，第2篇，收入《中國近代工業史資料》第一輯下，頁1041；鄭觀應：《盛世危言後篇》卷7，〈北洋通商大臣李傅相批示〉，收於夏東元編：《鄭觀應集》下，頁530；黃逸平：〈鄭觀應與中國棉紡織業近代化〉，載王傑、鄧開頌主編：《紀念鄭觀應誕辰一百六十周年學術研討會論文集》（澳門：澳門歷史文物交流協會、澳門歷史學會，2003），頁119；易惠莉：《鄭觀應評傳》（南京：南京大學出版社，1998），211。
22 鄭觀應：〈稟北洋大臣李傅相為織布局請獨造權並免納子口稅事〉，《盛世危言後編》，（臺北：大通書局，1968）頁534-535。
23 鄭觀應：〈上海機器織布局同人會銜稟覆北洋通商臣李傅相〉，《盛世危言後編》。
24 李鴻章：〈試辦上海織布局折〉（光緒八年三月初六日），《李文忠公全集》，奏稿，卷43，頁43-44。
25 李鴻章：〈試辦上海織布局折〉（光緒八年三月初六日），《李文忠公全集》，奏稿，卷43，頁43-44。
26 鄭觀應：〈稟北洋大臣李傅相為織布局請獨造權並免納子口稅事〉，《盛世危言後編》，頁534-535。
27 鄭觀應：〈稟北洋大臣李傅相為織布局請獨造權並免納子口稅事〉，《盛世危言後編》，頁534-535。
28 鄭觀應：《稟北洋通商大臣李傅相為織布局請給獨造權並免納子口稅事》，《鄭觀應集》（下），頁534-535。
29 李鴻章：〈試辦上海織布局折〉光緒八年三月六日（1882年4月23日），《李文忠公全集》，奏稿，卷43，頁43-44。
30 鄭觀應：〈稟北洋大臣李傅相為織布局請獨造權並免納子口稅事〉，《盛世危言後編》，頁534-535。
31 鄭觀應：〈稟北洋大臣李傅相為織布局請獨造權並免納子口稅事〉，《盛世危言後編》，頁534-535；鄭觀應：〈上海機器織布局同人會銜稟覆北洋通商臣李傅相〉，《盛世危言後編》，頁531-533。
32 彭汝琮（器之）是上海機器織布局的始創人，但關於他的資料並不多，目前只知道他曾為四川候補道，後來被革除，活躍於洋行企業及集資活動。張國輝認為他可能與上海怡和洋行有關係，其建議建立資本主義企業也可能從怡和洋行中抄襲過來，見張國輝：《洋務運動與中國現代化》（北京：中國社會科學院，1979），頁274。
33 鄭觀應：《盛世危言後篇》卷7，〈稟辭北洋通商大臣李傅相委會辦上海機器織布局事宜〉，收於夏東元編：《鄭觀應集》下，頁526-528；事實表明，彭的作風確實有問題，例如他在籌集足夠的資金之前，自行把初擬設用四百張機器的計劃，私自更張至八百張，見《盛檔；6》，〈趙吉致盛宣懷函〉，光緒六年八月十二日（1880年9月16日），頁13。
34 李鴻章：〈試辦上海織布局折〉（光緒八年三月初六日），《李文忠公集》，奏稿，卷43，頁43-44。

35 鄭觀應：〈稟北洋大臣李傅相為織布局請獨造權並免納子口稅事〉，《盛世危言後編》，頁534-535。
36 鄭觀應：〈稟北洋大臣李傅相為織布局請獨造權並免納子口稅事〉，《盛世危言後編》，頁534-535。
37 趙岡、陳鍾毅：《中國紡織史》，頁139-140。
38 《中國棉紡織史稿》，收入《中國近代工業史資料》第一輯下，頁563-570。
39 《光緒20年湖北織布局招商集股章程並股票條例》，收入《中國近代工業史資料》第一輯下，頁573。
40 陳慈玉：〈上海機器織布局〉，頁743。
41 《盛檔；6》，〈盛宣懷致李鴻章電〉，光緒十四年（1888），頁146。
42 趙岡、陳鍾毅：《中國紡織史》，頁142。
43 Michael E. Porter, *Competitive Advantage* (NY: Free Press, 1985).
44 可參考毛華敬：〈應積極評價李鴻章的十年專利〉，《文史哲》第2期（1998），頁64-66；林平漢：〈十年專利與近代中國機器織布業〉，人民大學報刊複印資料《中國近代史》第12期（2000），頁127。
45 陳慈玉：〈上海機器織布局〉，頁743。
46 熊彼德的經濟學理論強調了「創業精神」的核心作用，在推進經濟進步和變革中，他特別提出企業家的「創新能力」至關重要。所謂的「創新」，是指採取新穎方式開展活動或創造新事物的能力。簡而言之，「創新能力」不僅是推動經濟增長的關鍵因素，也是企業家個人成功的決定性要素。
47 王業鍵：〈全漢昇中國經濟史研究上的重要貢獻〉，《清代經濟史研究》（一）（臺北：稻鄉出版社，2003），頁64-65；另見何漢威：〈全漢昇與中國經濟史研究〉，《中國經濟史研究》第3期（2002），頁149。
48 《申報》，同治十三年九月初七日（1874年10月16日），〈論印度自設器織造廠〉，頁6145；中國近代紡織史編輯委員會編著：《中國近代紡織史》，總論篇，頁9。
49 《申報》，光緒五年三月十二日，收入《中國近代工業史資料》第一輯下，頁1039。
50 陳慈玉：〈上海機器織布局〉，頁742。
51 《盛檔；6》，〈唐汝霖呈詞〉，光緒六年九月（1880年10月），頁53。
52 趙岡、陳鍾毅：《中國紡織史》，頁144。
53 朱蔭貴：《國家干預經濟與中日近代化》（北京：東方出版社，1994），頁93。
54 朱蔭貴：《國家干預經濟與中日近代化》，頁20。
55 廖隆盛：〈馬關條約對中國棉紡織的扼窒（1895-1904）〉，《歷史學報》（臺灣師範大學）第3期（1975），頁279。
56 趙岡、陳鍾毅：《中國紡織史》，頁142。

替代理論的中國經驗——以輪船招商局、上海機器織布局為例

一、後發先至的代價

　　許多研究中國的經濟學家、歷史學家、評論員都深受替代理論的影響，他們接受了這樣的看法：落後國家若得到國家的大力推動，經濟就能夠後來居上。替代理論的核心理念是落後國家本身未必具備工業化的條件，但可以由政府創造出來，以國家力量替代市場自生而成的發展條件。

　　著名經濟史學家 Alexander Gerschenkron，根據歐洲的歷史經驗，在一九六二年創立了這套「後發先至」（economic backwardness）的經濟理論，影響了好幾代學人。其主張是落後國家由於不具備自由發展而生成的市場條件，故此政府在工業化、現代化發展的過程中，必須扮演強而有力的角色，以干預主義替代自由市場，創造現代化的條件。[1] Alexander Gerschenkron 的「後發先至」理論認為，落後國家由於缺乏發展先進市場的條件，需要政府以干預主義來推動工業化和現代化，建立必要的基礎設施，促進投資和技術引進，以此打造現代化的經濟體系。這種理論影響了多代學者，但在實際應用中，也引起了不少爭議和挑戰。

　　一方面，Gerschenkron「後發國家工業化假說」的理論強調政府的干預主義在促進工業化和現代化方面的重要性，特別是對於那些缺乏自由市場和完善的基礎設施的國家來說。這種觀點被認為是有一定合理性的，因為政府可以通過投資基礎設施、提供衛生保健和教育等公共服務、制訂產業政策等方式來創造現代化的條件。

　　另一方面，「後發國家工業化假說」也存在著一些問題和限制。一個主要的問題是，政府的干預主義往往會產生腐敗和浪費的問題，這可能會限制經濟發展的速度和效率。此外，過度依賴政府的干預主義也可能導致市場失靈和產業壟斷等問題，這可能會限制創新和競爭。總的來說，「後發國家工業化假說」理論提供了一種解釋經濟發展過程中政府角色的觀點，但是政府的干預主義在現代化過程中是否有助於促進經濟發展，需要根據具體的國家情況和經濟環境進行分析和判斷。

Gerschenkron 的研究主要集中在東歐地區，尤以蘇維埃國家為主。然而，這種理論移植到東方，也廣受學者歡迎。事實上，日本也是後來居上的國家，更是成功的個案，其兩次經濟起飛（明治及戰後時期），都是藉著政府的大力推動，可謂國家干預主義起了關鍵作用的例證，戰後南韓、臺灣、新加坡的發展也大抵如此。晚清中國為了實現工業化，仿效西方生產方法，以達富國強兵之效，[2] 從舊時的放任主義走上干預主義之路。在官督商辦下，清政府成立了輪船招商局、上海機器織布局等多間新式企業。一些歷史學者以為，雖然官督商辦的效果並不明顯，但是在政府的努力下，仍然為中國現代化作出了貢獻。

　　不過，這些學人忽略了干預主義固然在短期內或許能夠推動經濟，但長遠而言，其成本是不可忽略的。自由主義大師海耶克認為，干預主義與獨裁體制關係密切，干預主義往往會帶來比貧窮更嚴重的災難。近代歷史上，德國、蘇俄、日本皆走上軍國主義的道路；民國的國民黨政權也有明顯的法西斯傾向；二戰後東亞多國也不約而同地走上威權主義的道路。由此可見，後發先至的國家，通常要由政府創造工業化的條件，而官僚的地位及影響力因而提升，並循著路徑依賴（path dependence），變得愈來愈強大。本文透過觀察干預主義在近代中國的經驗，得出以下的想法：

一、公權力一旦加入了市場競爭，利用特權妨礙其他的市場潛在對手進入，阻礙了行業的成長；

二、公權力與私有產權互相爭奪控制權，在爭奪過程中損害了企業的發展，甚至在爭奪過程中，存在公權力吞併私有產權的可能；

三、干預主義發揮作用，企業（行業）在扶持下獲得發展，但官僚力量也同時增長，而且權力愈來愈集中，社會對政府的依賴日深，造成了權力集中化，為日後的威權主義鋪路。

　　本文通過觀察近代中國的干預主義經驗，認為公權力加入市場競爭後，阻礙了行業的成長，並與私有產權互相爭奪控制權，損害了企業的發展。雖然干預主義能夠促進企業發展，但同時也增加了官僚力量和權力集中化，為威權主義的出現埋下了伏筆。因此，本文認為，長期來看，干預主義的成本是不可忽略的。晚清的輪船招商局便是如此。每當公司稍有盈餘，官員劉坤一等人就想盡辦法要把公司國有化。雖然最終沒有成功，但朝廷卻又巧立名目，一時要公司拿股東的真金白銀來報效朝廷，一時又要用公司的盈利來配合國家發展，投資不相干的新式產業，令到剛萌芽的中國工業化受到嚴重打擊。短期而言，沒有國家的推動，像

招商局、上海機器布局、中國通商銀行等新式企業，不可能在那時空出現，因為靠市場的資本累積以及人民教育的提升，都是比較慢的方法。按照替代理論，政府的干預正好大派用場，可迅速推動經濟增長。然而，時間一長，政府支持的企業不但造成浪費，而且因為有公權力在背後推動，漸漸產生強大的排他性。

二、干預主義的排他性以上海機器織布局為例

一八七六年，李鴻章欲以公款十萬，再湊合市場資金，以建立一家新式紡織公司，但終沒有成事。[3] 一八七八年十月五日，由彭汝琮帶頭成立，向沈葆禎（南洋通商大臣）及李鴻章（北洋通商大臣）請求協助，以成立這家新式企業。[4] 既然引入官方力量，李鴻章便委派親信仕主鄭觀應（太古洋行買辦）、卓培芳（太古買辦）、唐汝霖（上海紳商）等人入主新成立的上海機器織布局，[5] 藉此「分洋人之利」。[6] 此正正符合鄭觀應所提出的「富強之道不外二端，彼需於我者，自行販運，我需於彼者，自行製造誠哉」的思想。[7]

朝廷官員有別於市場人士，他們擁有公權力，往往會為了保護其利益（不論是個人、團體或國家），不惜利用權力來鞏固其所投資的企業。故此，鄭觀應便向李鴻章建議：「又如在外國學得製造秘法，其後歸國仿行，亦合始創獨造之理。……」[8] 李鴻章云：「查泰西通例，凡新創一業為本國所未有者，例得俾以若干年限，許以專利之權。」[9] 上海機器織布局就是在他的建議下，藉官方的力量取得十年的專利權以及「完全免稅釐」的優惠。[10] 一八八〇年，李鴻章以北洋通商大臣之名准許十年專利之要求，一八八二年三月，再上報朝廷奏請通過，規定於一八八二至一八九二年之間，在大清國境之內「不准另行設一局」。[11] 早在一八七九年，織布局內已有股東打算另起爐灶的傳聞。[12] 一八八〇年，有消息指有廣東商人欲設立工廠，[13] 織布局管理人唐汝霖對對此直認不諱，他說：「……而局外人往往垂涎，以為此中大有名利，有請添設分局者，有議合并一局者，甚且謂前局已撤後局將開者。」[14] 十年專利的實施，令到好幾間有意加入競爭的企業被拒之門外，嚴重延誤了中國的工業化進程。不過也有例外，在人治社會，權力是可以凌駕於法律，而法令在不同地區也有不同的效果。[15] 一八八八年，張之洞與李鴻章協商，計劃在他管轄的廣東之內開辦另一家紡織局。[16] 一年後，張之洞轉任兩湖總督，遂把紡織局的計劃搬到湖北，成立湖北織布局，翌年公開招股。[17]

誠如朱蔭貴所言：「（清政府）對民間要求自由興辦近代企業採取阻礙、嚴

格限制和納入封建控制的辦法,沒有也不可能採取像日本那樣鼓勵、保護民間自由興辦企業的措施和政策,更談不上利用國家的權力來進行誘導和示範了。」[18] 同樣是干預主義,中日兩國卻有完全不同的路徑,然而路徑一旦選擇就會不斷鞏固下去,幸而,上海機器織布局在專利下的經營仍然不成功,故此,當盛宣懷在一八八八年向李鴻章提議把專利再延長十年,卻沒有得到任何的回應。[19]

另一方面,輪船招商局也有相類似的遭遇,其更以國家安全為由,具有更強烈的排他性,主事者忽略了引入競爭有增加效率和減低成本的效果,實在更有利中國推動現代化,誠如呂實強所言:「(輪船招商局在官督商辦下發展)如此便形成了一種專利與壟斷,窒礙了形成近代企業發達的一項主要因素——自由的競爭因素。」[20]

三、官員的權力尋租以一八七八至一八八二年輪船招商局為例

一八七二年,朱其昂在草擬輪船招商局章程時本就有官商合營的想法,[21] 但最終仍是以商營模式運作,話雖如此,不過招商局既是李鴻章一手推動,一八七三年官款已佔公司的總資本比例百分之二十點五四,此後數年雖有遞減,但為了與外國企業競爭,收購美商旗昌,遂增至一八七九年的百分之四十九。[22] 這家企業,事事也見到官方的身影,招商局既借助官款發展,卻有別於從市場集資,官方會有更多的非商業考慮。官員既擁有權力,權力尋租的行為便會由此而生,各派系的官員會利用對官款的不同理解以取得利益。據黎志剛的研究,一八七八至一八八二年間,先後有葉廷眷、劉坤一等官方力量,意圖把輪船招商局收歸國有。[23] 再加上李鴻章又掌握局內的人事任命,故鄭觀應云:「查招商局乃官督商辦,各總、會、幫辦,俱由北洋大臣札委,雖然我公現蒙傅相器重,恐將來有起色,北洋大臣不是李傅相……不念昔日辦事者之勞,任意黜陟,調劑私人……而股東亦無可如何。」[24]

鄭氏之言,點出了清季干預主義的弊病,就是權力結構不穩定,隨著領導人的更替,對企業的政策也有所改變,此會令管理人難以作長遠的投資決策,更嚴重的是,企業會受到官員權力鬥爭的威脅,而出現不明朗因素,劉坤一就曾試圖把李鴻章的官督商辦變更為國有企業,面對一而再的變故,使到國內的潛在投資者卻步,而原有股東也會無所適從,大大阻礙了企業的發展。

用符號表達的話會更為簡單:

假定 P：清季實行干預主義

Q：企業受到政策和官員權力鬥爭的威脅

R：企業難以作長遠的投資決策，投資者卻步，股東無所適從，企業發展受阻。

可以簡化為：$P \wedge Q \rightarrow R$

鄭觀應指出，招商局是官方掌管的商業機構，它的各個分支和部門都由北洋大臣的批准管理。儘管現在政府對這個機構非常看重，但未來的政治領袖可能會有不同的看法，這可能會對招商局的前景造成威脅。而且，政府官員經常會干預招商局的日常運營，會任意調換高層管理人員，這樣的不穩定經營環境會讓招商局的股東和管理層難以做出長期的投資決策。例如，劉坤一曾試圖把李鴻章管理的招商局轉變為國有企業，這種變動會讓國內的潛在投資者望而卻步，原有股東也會無所適從。這些政治因素會阻礙招商局的發展。

這裡不禁要問，若沒有國家的支持，連僅有的工業化也會推遲嗎？其實不然，只要國家大力引進外資，現代化會更有效率。面對招商局屢受國有化的危機，國內商人怕了官員干預，大多不願投資，股東兼管理人唐景星（廷樞）於一八八五年指出，引入洋人資本，可使資本充足，會有利於企業的發展。[25] 唐廷樞認為引入洋人資本對於企業發展非常有利，因為可以使資本充足。與國內商人不同，洋人受治外法權保護，不怕官員干預，也可以訴諸法律。這說明了國家的干預主義對於企業發展並不利，因為干預容易帶來不穩定性和不公平對待，而引入外資可以提高企業的競爭力和穩定性。在晚清時期，洋人有別於國內商人，他們受治外法權保護，不怕官員干預，若受不公平對待，便可訴諸法律。

四、餘論：民族主義史觀的反思

然而，中國人長期受民族主義史觀左右，簡單地視洋人在華投資為侵略。早在嘉、道年間，國人已認為白銀流出是禍害中國之根源，殊不知自明中葉以來，日本是當日世界一個重要的銀產地，明代中葉起，大量日本白銀透過葡萄牙人及荷蘭人陸續輸入中國，再加上西方的環球貿易，把美洲的白銀源源不絕地運到中國。[26] 使到不盛產白銀的中國，大量增加貴金屬的供應，造就明清商業的白銀帝國。白銀大量從日本、西洋流進，並沒有導致該些國家人民飽受苦難，因為貨幣是手段，商品交換才是目的，日本人、西洋人以白銀交換了貨物，改善了他們的

生活質素，雙方各有好處。儘管鴉片是毒品貿易，它會對社會造成許多不良的影響，但純粹從貿易而言，白銀流出並不是問題的關鍵，關鍵在於白銀流出之後，同時間流入來的白銀日漸減少，造成大量的貿易逆差。一八〇〇年後，歐洲烽煙四起，對中國商品的需求減少，同時美洲又爆發獨立運動，白銀不再像從前般廉價地輸出歐洲，再流入中國，使中國的白銀供求失去平衡。對此現象，王業鍵指出，「當銀價上升，農民所得相對低落時，農民按原訂折納銀錢數尚且感到困難；地方官如果按市場銀錢比價而調整折征價，或者更額外附加，往往遭遇人民抗稅，甚至激起民變。他方面，因為政府支出以銀計算，地方官上繳的稅也必須用銀，如果收稅不按銀錢比價調整，勢必形成田賦的短缺。這種官民交困的情形，正是十九世紀前期普遍發生的現象。」[27] 此情況直到一八六〇年左右才有明顯的改善，白銀又再次大量流入中國，穩定了本來風雨飄搖的大清王朝。[28]

由此可見，民族主義史觀粗暴地把近代中國的種種不幸歸於外國入侵之上。只有少數開明知識分子如張之洞提出「洋商開一廠，則華工習一法。洋商創一貨，則華民曉一用」、「且洋廠所在，其一切物料必取之中國，工匠必取之中國，轉移閒民必資之中國。彼洋商所得者商本盈利之餘，而其本中之利留存於中國者仍復不少。」[29] 張之洞分析洋商進入中國市場，不僅帶來新技術和商品，還能夠促進本地勞動力和消費者的發展，這將有助於中國的經濟增長和現代化。張之洞還指出，洋商在中國境內的生產過程需要使用中國的物料和工匠，並且將閒置的資源轉移給中國人，這將進一步促進中國經濟的發展。同時，張之洞也強調，洋商的利潤不應全部外流，他倡導洋商應留住在中國賺取的利益，讓這些利益可以留在中國本土，這樣才能最大限度地促進中國經濟的發展，也才能建立起一個長期穩定的中國市場。

中國的工業化滯後，並非純粹因外國人侵略的單一原因造成，而是干預政策、保護主義、守舊思想導致外國人在華投資的不足。誠如張之洞所言，外國人大舉投資，可以為中國培訓人才，引進技術，創造本土的就業，刺激當地的消費，改善百姓的生計。據王業鍵的研究，民國時期，外國人在華投資比例只有四分之一，遠遠低於過往的想像，如果外人投資增加至一半以上，所產生的倍數效應，所培養出的才人，是難以想像的。所以，後發先至不一定要由政府干預行為來建立代替的條件，政府只要建立完善的法治政體，維持穩定的政局，產權一旦受到合理的保障，外國在華投資會刺激經濟發展，就能較快地帶來真正的現代化。簡言之，若外國在華投資增加，則會產生倍數效應，培養出才人。政府建立完善的法治政

體，維持穩定的政局，產權受到合理的保障。中國市場龐大，歐美要在中國建立殖民政府的交易費用高昂。若如此，則外國在華投資能刺激經濟發展，且政府不需干預，只需建立完善的法治政體和維持穩定的政局，中國市場自然會吸引外國投資，並產生倍數效應。

畢竟，中國異於非洲、南美洲；中國市場龐大，人口眾多，歐美要在中國建立殖民政府的交易費用相當高昂，所以他們喜用細小的據點和租界來建立貿易關係，其中也關乎中國政府的法治水平以及政局不穩之故。民族主義史觀不時誇大國家安全因素，再把它與替代理論結合，為干預主義抬轎。

一九四九年後，干預主義完全佔據了數億中國人的命運，直到鄧小平提出改革開放政策，經濟發展才出現轉機。鄧小平的改革，容許農民包產到戶，結果釋放出巨大的經濟活力；後來成立經濟特區，成就了一九八〇年代開始的經濟增長。由於一九八九年學運後，受到國際制裁的打擊，開放霎時停頓了。朱鎔基任第一副總理及總理之時，大力推行國有企業改革，誰進一步開放自此中國經濟走上了近二十年的高增長期。現假定干預主義指數（I）如下：

毛時代：I=100

鄧小平改革：I=90

成立經濟特區：I=80

1989年學運後受國際制裁：I=80

朱鎔基國有企業改革：I=60

一、干預指數整體趨勢：
- 從100（毛時代）大幅降至60（朱鎔基改革），相當於百分之四十的減幅，顯示市場化顯著擴張。

二、各關鍵節點：
- 毛→鄧：-10%
- 鄧→經濟特區：-11.1%
- 1989後→無變化
- 朱鎔基改革：-25%(80 → 60)

三、經濟意涵：
- 干預程度下降往往伴隨市場活力釋放，對一九七八至二〇〇〇年代中國的高增長具關鍵作用。

・一九八九年的國際制裁使改革一度停頓,但最終朱鎔基的國企改革再次推動指數大幅下修。

　　透過上述指數變化,可看出中國在近半世紀內由高度集中計劃經濟,逐步走向市場化,其干預指數每次顯著下降往往伴隨經濟高速增長階段,亦從一側面反映「減少干預→提升市場效率」的基本邏輯。

　　然而,國家的干預主義往往產生巨大的利益,尤其對官僚而言,這些利益穩固下來,會變成路徑依賴,揮之不去。(案:路徑依賴＝利益的穩固 x 時間的延續性。)政府的過度干預經濟往往會帶來負面影響,導致利益固化,成為難以改變的體制。這不僅會對經濟發展產生限制,也會對政府的改革和現代化建設帶來挑戰。因此,政府應該謹慎考慮其對經濟的影響,適度干預,並建立健全的法治體系,古今亦然,這樣才能保障市場經濟的正常運行。

1. Alexander Gerschenkron, *Economic Backwardness in Historical Perspective*（Cambridge, MA:Harvard University Press,1962）。
2. 全漢昇：〈近代中國的工業化〉，《中國經濟史研究》（臺北：稻鄉出版社，2002），頁238。
3. 陳旭麓、顧廷龍、汪熙主編，陳梅龍編：《盛宣懷檔案資料選輯之六──上海機器織布局》（上海：上海人民出版社，2002）（下稱《盛檔；6》），〈黎兆棠致盛宣懷函〉，光緒二年二月十四日（1876年3月9日），頁1。
4. 《捷報》卷22，1879年載〈光緒四年彭汝琮上呈沈葆楨、李鴻章上言籌建機器織布局書〉，收入李玉主編《中國近代工業史資料》第一輯下（北京：科學出版社1957），頁1037-1038。
5. 見《盛檔；6》，〈鄭官應致盛宣懷函〉，光緒六年八月十二日（1880年6月14日），頁8。
6. 李鴻章說：「查進口洋貨以洋布為大宗，近年各口銷數至二千二三百萬餘兩。洋布為用所必需，其價又較土布為廉，民間爭相購用，而中國銀錢耗於外洋者實不少。臣擬遴派紳商，在上海購覓機器設局，仿造布匹，冀稍分洋商之利。」見《李文忠公全集》‧奏稿，卷43，〈試辦上海織布局折〉（光緒八年三月六日〔1882年4月23日〕），頁43-44。
7. 鄭觀應：《盛世危言修訂新編》（二），頁1148。
8. 鄭觀應：《盛世危言後編》，頁534-535。
9. 《李文忠公全集‧奏稿》第43卷，卷緒八年三月六日（1882年4月23日），頁43-44。
10. 李鴻章：〈試辦上海織布局折〉（光緒八年三月初六日），《李文忠公集》，奏稿，卷43，頁43-44。
11. 李鴻章：〈試辦上海織布局折〉（光緒八年三月初六日），《李文忠公集》，奏稿，卷43，頁43-44。
12. 《申報》光緒五年三月十二日，收入《中國近代工業史資料》第一輯下，頁1039頁；費維愷：《中國早期工業化》，頁270。
13. 《申報》，光緒五年三月十二日，收入《中國近代工業史資料》第一輯下，頁1039。
14. 《盛檔；6》《唐汝霖呈詞》，光緒六年九月（1880年10月），頁53。
15. 陳慈玉：〈上海機器織布局──設立背景、經營方針及其他有關問題的檢討〉，《清季自強運動研討會論文集》，頁743。
16. 《中國棉紡織史稿》，收入《中國近代工業史資料》第一輯下，頁563-570。
17. 《光緒20年湖北織布局招商集股章程並股票條例》，收入《中國近代工業史資料》第一輯下，頁573。
18. 朱蔭貴：《國家干預經濟與中日近代化》，頁20。
19. 《盛檔；6》，〈盛宣懷致李鴻章電〉，光緒十四年（1888），頁146。
20. 呂實強：《中國早期的輪船經營》，（臺北：中央研究院近代史研究所，1962），頁253。
21. 黎志剛：〈輪船招商局的國有問題，1878－1881〉，載《中國近代的國家與市場》（香港：香港教育圖書出版社，2003），頁207。
22. 黎志剛：〈輪船招商局的國有問題，1878－1881〉，頁204。
23. 黎志剛：〈輪船招商局的國有問題，1878－1881〉，頁210-233。
24. 鄭觀應：《盛世危言後編》，（臺灣：大東書局，1969年），卷10，《致招商局總辦唐景星觀察書》，頁2。
25. 黎志剛：〈輪船招商局的國有問題，1878－1881〉，頁236。
26. 全漢昇：〈明中葉後中國黃金的輸出貿易〉、〈明代中葉後澳門的海外貿易〉、〈明中葉後中日間的銀絲貿易〉、〈再論十八世紀的中荷貿易〉，皆收入全漢昇：《中國近代經濟史論集》（臺北：稻禾出版社，1996）。
27. 王業鍵：〈十九世紀前期物價下跌與太平天國革命〉，《清代經濟史論文集》（二）（臺北：稻鄉出版社，2003）。
28. Man-houng Lin, *China Upside Down:Currency, Society, andIdeologies, 1808-1856*（Harvard East Asian Monographs, 2007）．
29. （見《近代中國經濟思想史》，頁62。）

華人商業倫理的交易費用
——近代企業管理的考察[1]

一、引言

著名經濟學家張五常指出，家庭是能夠減低許多方面的交易費用。[2] 他認為，中國的舊家庭制度對經濟繁榮有貢獻，其中的禮教傳統也是一個重要原因。相較於西方社會，中國家庭中的等級排列並不算是奴隸制度，子女在父母與親屬的愛護下，還有承繼遺產的權利。此外，禮教傳統的根深蒂固，使得中國人在家庭和朋友之間的金錢關係沒有像西方社會那樣喜歡計較，也就不會出現朋友之間各自付帳、子女向父母借錢等情況。因此，禮教傳統在中國的家庭和社會中發揮了穩定和和諧的作用，有利於經濟繁榮的發展。

例如在企業發展中，家庭往往可大大減低創業時集資的困難，問家人借錢，總比問銀行容易，還款也更具彈性；集資入股也比從市場籌集更方面。試想，若孤身一人，集資要麼依靠個人儲蓄，要麼從市場上艱苦籌集，要麼從朋友身上籌回來，不論在時間上、成本上都困難得多。[3] 華人向來重視家庭倫理，朋友次之，鄉里再次，市場最末。所以，近代華商創業以致日後的管理企業，往往離不開華人的「關係網絡」（exchange relations）及其倫理文化。[4] 華人商業倫理的優點早已人所共知，本文側重其所產生的費用問題。由於一九四九年後，高舉打倒傳統中國文化，近年雖有所改變，但對中國文化之保守，反不及海外；又因大陸企業多成立於改革開放之後，目前尚未完成第一次交接，故本文所舉多為晚清至民國，或海外華商的例子。

二十世紀末，隨著亞洲四小龍的興起，許多學者開始關注到華人商業倫理對東亞經濟發展的積極作用，「儒家商業倫理」成為一時顯學。然而，人類學家李亦園馬上指出，所謂「儒家商業倫理」與儒家學術並沒有直接關係，在邏輯上不是同一關係，而是關聯關係。它的性質更接近於人類學的小傳統（the little tradition），即民間的傳統文化，而非知識分子的大傳統（the great tradition）。故此，我們應該避免用「儒家商業倫理」這含混不清的概念，以免產生不必要的爭論。[5]

斗轉星移,二十多年過去了,當年被引以為傲的神話一一破滅,而討論「儒家商業倫理」的熱潮也在減退。近幾年,最著名的例子分別有新鴻基家族兄弟反目、霍英東家族對簿公堂、何鴻燊家族公開對罵、鏞記家族反面分家等等。這不禁令人聯想到華人商業倫理的優點之外,隨著時間愈長,公司規模愈大,它所產生的問題愈見明顯。

二、華人家族企業關係大於能力

傳統中國文化特別強調特殊取向,即人與人的關係是基於身分的,此種人際關係總是特殊的,屬於「同心圓式」的,由內而外地發展,並以此作為區分關係網內和外的準則,故對於關係網外之人,尤其不信任。舊社會文化帶有「關係到成就」（ascription-achievement）的傾向,身分通常是透過承襲（ascribed status）而來,而非現代企業聘請有能者居之,並不強求股權、管理權一致的管理哲學。近代經歷新舊文化交替,雖然不無現代化的管理方式,但不少舊社會文化殘留其中,仍有不少華人企業,往往把管理人安排在關係網之內接班。臺灣是保存中國文化最深之地方,這方面尤其見於企業管理之中,林滿紅指出:「在臺灣目前的九十七個企業集團之中,有百分之八十六點六的董事長與總經理屬同一個家族……女婿也受到重用。以一九七八年與一九八五年加以比較,臺灣的集團雇用家族以外專業經理人的比率由百分之十增為百分之二十四,但日本則由一九〇〇年之百分之二十,一九三〇年之百分之二十五,增為一九六五年之百分之九十四。」[6]（案:臺灣的集團專業經理人增長率為百分之一百四十,日本的增長率為百分之三百七十。）然而,這種情況至少產生以下兩大問題:

一、接班人未能勝任。華人商業倫理的企業家往往以家長式管理方法,把培育接班人視為頭號大事,動用公司資源來磨練接班人,並把經驗不足的下一代安插在具有相當權力的位置,手握大權。[7]如果企業是完全家族式管理方法,不涉及公眾股東、傳媒介入以及監管機構,問題反而不會很嚴重;一旦有其他股東,甚至是上市公司,利用公司資源來進行家族的傳承,並要股東承受不必要的風險,對小股東極不公平,也不公義。

二、接班人根本不願接班。[8]子女是獨立的個體,而非家長的附屬品,他們有其個人理想的追求。但企業在家長式管理下,他們受到家族的壓力、倫理文化的左右,以及財政的威脅下,不情願地接管公司。在熱情不足的情況下領導公司,結果影響公司的發展,成為公司的不利因素。對子

女而言，把他們安插在非最理想的位置，對個人、社會來說，也是一種浪費。譬如某企業家的女兒是天才小提琴家，但父親偏要她回家族企業幫忙，對她及其聽眾而言，這安排是一種浪費。這種情況對家族企業的長期發展產生不利影響，因為接班人缺乏必要的動力和熱情去領導和發展公司。這導致公司領導層缺乏穩定性，以及缺乏與市場和競爭對手競爭的能力。此外，家族成員被迫接管公司可能會導致他們感到不滿意，甚至可能會拒絕接手，這增加了家族企業經營的風險。

傳統的管理方法，主要任用親屬掌握要職，舊文化既以「原級團體」（primary group）為基礎，「原級團體」以人情來維繫彼此的關係，逐漸成為一種團體壓力，凡有違人情的行為，都會受到團體內的批判，令到「次級團體」（secondary group）下角色的行為，受盡不必要的歪曲，所以華人企業內以至官場，常見枉「法」而徇「情」，遵守法者會被視為無情。華人家族企業的特性，主事者往往是靠血緣關係，而非能力，或可以說關係大於能力。若公司創立時借助了家族、朋友的力量，日後企業有所發展，當日出錢出力的親友，指派子女到企業擔任要職，管理者基於倫理關係，很難斷言拒絕，結果安插了不當的人在不當的位置，對公司造成損害。

按照新制度經濟學中的高斯定理（Coase Theorem）的意義，當產權受到明確界定，市場會變得更完善；相反，愈不明確，交易愈困難。在這條件下，企業活動包含尋找較適合交易對象的成本，以及尋找交易目標的搜尋成本（searching cost），因此必須由專人負責合約買賣，以減少不必要的費用。中國文化卻最重視「社會關係網路」，任人唯親，選擇交易對象時不以利潤最大化為念，而是以私人關係為考慮，往往造成不必要的浪費。

以民國時代著名的民族企業南洋兄弟煙草股份有限公司為例，公司一直以「原級團體」的方式運作，因為「重人情」導致公司內部貪污風氣相當嚴重，增加了不必要的交易成本，例如，公司創辦人簡照南[9]五弟簡英甫曾多次出賣公司利益，但因屬簡家核心成員，最後還能留在董事會中興風作浪。一九二八年江、浙、皖三省營業處處長事件，一九三四年港公司督理陳廉伯貪污事件，均反映出當時公司管理的種種流弊。

由於法治尚未成熟，為了減少交易費用，在經濟（或企業）發展的初期，貪污文化不能完全避免，好像早期的外商任用中國人當買辦，往往會把他們的貪污

行為視為正常的交易成本，只要不嚴重損害公司利益，通常受到母公司的默許。但是，企業不可能讓貪污現象無限擴大，否則會直接影響到企業的前途，甚至會帶來重大的管治危機。經濟活動必須建立在理性考慮之上，但是像南洋煙草的華人企業，經常用關係利益性來任命管理人員，出了事故後，這些親友竟又重回工作位置，貪污瀆職的代價低，回報又高。對公司而言，這只會製造不尋常的交易成本，結果一次又一次重複犯錯。南洋的管理層爭權不斷，親屬又利用公司資源投放在高成本的項目，亂拉關係，借機取利，可謂損人利己。一次又一次的貪瀆事件，大多數是由簡家親屬所引發，衝突性質大抵是屬於破壞性衝突（destructive conflicts），對企業組織造成不良影響，而他們的勢力遍布公司，加上與整個管理層關係密切，更使公司不能進行徹底的改革，最後公司盈利隨之下降。在種種不利因素下，企業由盛轉衰也是理所當然。[10]

此外，中國家族為本位既以「原級團體」為主，管理者不易以法理思維對付推崇人情、關係的團體成員。尤其是創業時以人情來渡過難關，當公司成長以後，要規範化，當年歷經風雨的老臣子必不好受，創辦人會考慮到倫理因素，把人情味凌駕於公司制度，甚至股東利益之上。相反，現代社會受西方影響，以「會社」作為本位，會社則為「次級團體」，其重點在於人與人的關係是基於契約，屬於普遍取向，此與舊文化人情味為本的「特殊取向」南轅北轍，現代追求「非人際的」（impersonal）關係，比較起重人情味的傳統中國文化為之淡薄。對此，林滿紅的總結頗為簡潔有力，她說：「家族管理的企業在中國商業傳統之中依然重要；中國重視骨肉過於家業的家族綿延觀念，是華商企業頗多由家族所有與經營的重要理由。」[11] 家族企業的優點是家庭成員之間的關係是基於家族親情和家族信任的，可以減少尋找交易對象、建立關係和協商等交易成本。然而，這樣的經營模式的問題也顯然易見，例如可能會產生資源分配不均等問題，也可能會出現家族內部利益衝突等問題。

另外，華人商業倫理還講求師徒關係，「一日為師，終身為父。」收徒時考慮的是人品、志趣和引薦人的關係等。可是，考察人品的費用是很高昂的，不但花的時間很長，而且效率還很低，因為人品往往在關鍵時候才能體現出來，即中國人講的「時窮節乃見」。這意味著公司的管理者委任學徒於重要位置上，需要很高的交易費用才能覓得適合的人才，好處是提高團隊的緊密性，但就局限了企業的發展。一來找到適合的人才是可遇不可求，二來建立師徒關係後，倫理關係會使「委託－代理」的關係變得模糊，個人感情也會左右到責任的承擔。民國年

間頗有聲色的福源錢莊，就是以重視品德的學徒而聞名。[12] 根據柴毅的最新研究，其管理的重點有二：「一．招收學徒注重道德考察，但因學徒的品德考察。錢莊在招收新學徒時除了有擔保人的保舉和繳交保證金外〔案：此舉乃大大增加員工進行機會主義的成本。〕更觀其是否存在榮耀之情、感恩之心…… 二．錢莊內部的道德約束和業績考核……如禁止嫖娼、賭博。」[13] 然而，這些舉措的交易費用非常高昂，員工不難對其過去及隱私加以隱瞞，而且道德屬抽象概念，私人行為又難以考察，很容易流於形式化。故此，以倫理來代替合約，長時間來看，它的交易費用會增加而導致公司不能適時拓展，舊式錢莊最後不敵現代化的銀行，尤其是西方的跨國銀行，或多或少與此有一定的關係。

三、由內而外及外生型關係網

除了血親、師徒外，黎志剛以香山關係網的例子說明華人還重視地緣關係。關係能夠有效地減低交易費用，如早期永安集團的員工多來自香山縣竹秀園村，當時的負責人李敏周「正在上海春風得意，事業鼎盛之際，希望自己嫡系子侄同來發展」。[14] 這種關係能夠減少公開招聘時互相了解、磨合、溝通的費用，但以關係來代替合約，卻會出現模糊狀態，因員工與負責人有其他利益關係，便容易出現剩餘權力，甚至法外權力，而負責人基於關係，不易處之以法。當血緣關係取代了嚴格的合同，很容易導致權力不平衡和法外權力的存在，使公司難以規範管理和拓展業務。因此，在使用人際關係網絡的同時，也需要制訂明確的規章制度，以減少交易成本和降低不必要的風險。

黎志剛以晚清輪船招商局的例子，分析晚清之時，廣東人唐廷樞、徐潤二人主持大局，一八八五年李鴻章派長良查察，他發現「局中司董，均無保單，故掛欠水腳，挪用銀兩，無從追繳；推其不用保單之故，因係總辦親友可靠，而不知舞弊則親友更甚。……非唐即徐，間用他姓，則須打通關節，與局中有力者分做，即暗地分財之謂也。此種人品，得總便引用親朋，至二三十之多，以致船上好艙，半為佔去，而趾高氣揚，睥睨他鄉過客，尤為可惡。」[15] 在輪船招商局的例子中，招商局的唐廷樞和徐潤等人使用用人唯親的方法，並不是以合約來規範關係，而是以私人關係為基礎。這種做法不僅容易導致產權不明確，而且易於產生貪污腐敗等問題，進而增加交易成本，阻礙市場的運作，導致企業無法適時拓展。唐、徐這種用人唯親的方法，是華人商業倫理常見的表現，雖然非華人獨有，但中國文化卻引以為傲，西方人也會引用親朋，但鮮有視之為文化中的玉英。

鄭潤培指出，清季現代化的過程中，鄭觀應管理漢陽鐵廠，便發現洋匠具有行政權力，專任用熟人，這是因制度上洋匠權力過大，沒有其他人能制衡。[16] 在結構上，洋匠不是官方企業的合夥人，其收入與公司前途沒有多大關連，自然不重視長遠利益，也是合約權利沒有清楚界定的結果。在漢陽鐵廠這間官督商辦的企業，由於沒有合理的企業管理制度和文化，洋匠雖然可以隨意任用熟人，導致公司的合約權利沒有清晰界定，而這種不明確的產權會增加交易成本，使公司長遠利益受到影響。因此，鄭潤培指出制衡洋匠權力是解決這種問題的關鍵。

回到正題，重用熟人雖能做到功同一體，初始之時有利於籌組建立，但時日一久，容易形成排外系統，不利公司發展；外人要加入公司，排外集團藉此貪污斂財，在掌握權力而只受少數人監管的情況下，尋租（rent seeking）行為是無法避免的。最終使真正的人才被拒之門外，人不能盡其用，嚴重損害股東利益。

上述是由內而外的關係網，尚有一種是外生型的，即是透過與社會權貴建立關係，使公司事半功倍。南洋兄弟煙草股份有限公司於一九一九年五月，為拓展業務，董事會再次決定招新股，籌集資本一千五百萬元。這次決定屬於策略性招股。從股權分配來看，簡氏家族佔百分之六十點六，持有五百股（每股二十元）以下的散戶佔二十七點八四。其餘百分之十一點九二為其他一百〇七人所佔有，當中廿五人是新公司的依靠對象，有較高的社會地位，例如黎元洪（北洋政府總統）、周壽臣（香港東亞銀行董事長）、錢新之（中央銀行理事）、陳炳謙（英商祥茂洋行買辦）、陳廉伯（廣東滙豐銀行買辦）等等。短期而言，加入這批政商名人為股東（有些也擔任董事）對公司的地位和發展均有莫大裨益。一、利用他們的身分，增加公司的知名度；二、利用他們的名譽，增加第三者對公司的信任；三、利用他們的關係，拓展合作空間。事實上，公司由一九一七年的四十萬元及一九一八年的八十萬元盈利，急增至一九二〇年的二百五十一萬九千元：

一九一七年到一九一八年的增長率為：$(80 - 40) / 40 \times 100\% = 100\%$
一九一八年到一九二〇年的增長率為：$(251.9 - 80) / 80 \times 100\% = 214.875\%$

因此，該公司在一九一八年到一九二〇年期間盈利增長率為 214.875%。

除了受惠於投資擴大外，關係網也起了重要的作用。然而，一旦引入權貴，很大機會要付出代價，因為權貴往往凌駕於法律之上，易請難送。他們既有特殊勢力，基於利益最大化，往往會作出一些機會主義行為（opportunistic behavior）。[17] 南洋煙草於一九三〇年代後期，公司終於給以宋子文為首的官僚資

本集團所吞併，簡家被迫退出公司的管理層。[18]

四、總結

當代管理學大師波特（Michael Porter）提出了著名的商業策略模式（generic business strategies），[19] 他認為商業策略主要有三：（一）成本主導（cost leadership），企業要有高效率的生產以減低交易成本；（二）獨特性（differentiation），要為品牌設定與眾不同的特性；（三）針對性（focus），針對目標客源，加以鞏固並拓展。然而，受到舊文化影響，許多華資公司在壯大後，未能轉型為現代的管理模式以減低交易成本，以及使公司健康成長；反而因公司內部錯綜複雜的人事關係，任命不擅經營的家族成員為主要管理者，大大增加了公司的管理成本，以及不穩定性，加上錯誤人事任命造成的嚴重投資失誤，最終使企業傾頹。

在新舊文化相交的大時代下，面對西方企業的競爭，華資公司必須以現代方法去管理，力圖減低交易成本，但民族企業往往未能擺脫華人的社會關係網，結果讓關係網主導了新式企業的發展。在企業草創之時，關係網發揮了巨大的作用，既可提升集資能力，也可縮短籌組公司的時間，大大降低創業的交易成本。但企業茁壯成長後，公司變得愈來愈複雜，就須利用組織層級化以加強風險管理，減低因個人的決策失誤而產生的交易成本，但華資公司往往陷於關係網的情感考慮，而使公司蒙受不合理的損失，導致管理成本大大增加。然而，東南亞以及臺灣、香港仍不乏百年歷史的家族企業，但他們的共通點是維持相對較細的規模，而且多數不是上市公司，利益較容易分配，衝突也相對較少；反之，利益爭奪，或管理人員進行尋租行為的誘因大增，公司的不利因素也因而大大增加。故此，這些例證仍不損本文的論述。

總而言之，華資公司因善用關係網，在發展初期能減低創業的交易成本，但隨著時間的推移，基本因素不變，卻會增加管理的交易費用，即是短期有利於公司，但長期則會形成反比，時間愈長，反比則會愈大。企業初創時，若不選擇以合約來制約合作關係，只取短期的好處，長遠而言，卻會得不償失。華資企業往往富不及三代，除了跟中國人諸子繼承的傳統有直接關係外，是否也與倫理的交易費用有關，值得我們進一步探討。

1. 交易費用（transaction cost）有廣義和狹義之分，前者指企業單位為談判、履行合同和獲得資訊所需要運用的全部資源；後者則指該企業為履行契約所付出的時間和努力。現代企業的生產成本，必然涉及法律、政治、經濟、社會等多方面的領域，其中尤以經濟與政治領域的層面所涉及的成本最高。

2. 張五常：「福格爾及巴澤爾曾經為文指出，奴隸制度不會導致無效率的經濟運作。這就帶到我要說的中國的舊家庭制度可以帶來經濟繁榮的第二個原因。中國舊家庭的等級排列算不上是奴隸。子女有父母與親屬的愛及承繼遺產的權利之外，中國的根深蒂固的禮教傳統重要。本文認為這傳統是中國在家庭之內或朋友之間沒有像西方那樣喜歡斤斤計較金錢的原因。就是在富家子弟平家產偶有所聞的今天，中國人很少像西方那樣：朋友到餐館進膳要各自付賬；子女讀書要向父母借錢。」見張五常，《經濟解釋》卷四《制度的選擇》（香港：花千樹出版公司，2002），第5章〈收入分配與國家理論〉，第3節。

3. 郭鶴年（1923 —）正正是這方面的代表人物。郭氏是20世紀馬來西亞的首富，亞洲最著名的華人企業家之一。郭鶴年是欽鑒的幼子。1948年，鶴年另起爐灶，於新加坡創辦了主營輪船航運的船務公司，成為了他創業的開端。同年，欽鑒逝世，鶴年因工作能力備受肯定，被眾人推舉為家族繼承人，他又著手改組公司，並馬上成立郭氏兄弟私人公司（Kuok Brothers Sdn Bhd），創業資本為3,333美元，即約10萬元馬幣，就是從親友中集資得來。見趙善軒：〈郭鶴年的企業家精神〉，未刊稿。

4. 關係網最有代表性的著作為 Sherman Cochran, *Big Business in China: Sino-foreign Rivalry in the Cigarette Industry, 1890-1930* (Cambridge, MA: Harvard University Press, 1980)。

5. 見韋政通：〈簡論儒家倫理與臺灣經濟〉，《二十一世紀》（香港），1991年10月15日。http://www.cuhk.edu.hk/ics/21c/media/articles/c005-199101015.pdf

6. 林滿紅：〈臺灣商業經營的中國傳承與蛻變——以近四十年臺灣相關研究為基礎之省察〉，《臺灣商業傳統論文集》（臺北：中央研究院臺灣史研究所籌備處，1999），頁5-6。

7. 以南洋兄弟公司為例，簡照南的長子簡日華，因未經詳細的市場研究，就被美國商人利誘，隨便簽了一張二千萬元的合約，即相等於創立二百間煙草公司的起動資本，由美國運煙草來華，結果與公司市場策略未能協調，幾乎把公司拖垮，卻未有受到應有的懲處。見中國科學院上海經濟研究所、上海社會科學院經濟研究所編：《南洋兄弟煙草公司史料》（上海：上海人民出版社，1958）（下稱《史料》），頁461-462。

8. 上海交通大學品牌研究調查則顯示，未來十年，80%的家族企業將接班換代，不過有82%的「第二代企業家」不願意或並非主動「接班」。在接受研究調查的182個樣本中，全部是中國最好的民營企業家。其中，有54個樣本是中國同行業當中排在前三位的企業。見《華西都市報》，2012年8月17日。

9. 簡照南，1870年生，廣東南海人，17歲時隨叔父簡銘石去香港經商，後在日本神戶自設東盛泰商號。簡玉階係簡照南的弟弟，比哥哥小5歲，1893年跟隨兄長赴日本學習經商，經過幾年艱苦創業，事業有所發展。其時，中國的煙草工業方興未艾，1905年發生抵制美貨事件，當時在香港經營怡興泰貿易號的簡照南兄弟，積累了數萬資金，抱著實業救國的想法，決心創辦煙廠。最後，簡氏與絕大部分華人企業一般，甫起步時便運用了「關係網絡」，此實在有利於公司的組成與集資，大大減低了創業的交易成本。因為除叔父簡日銘外，香港和越南一些慣常合作的商人也一起出資，終於在當年創立了「廣東南洋煙草公司」，創業資本額為10萬元。見《人民日報》（海外版），2007年3月30日，第6版。

10. 《史料》，頁461-466。

11. 林滿紅〈臺灣商業經營的中國傳承與蛻變〉，頁33。

12. 柴毅：〈市場選擇、制度創新與政府衝擊：上海錢莊業興盛與衰落的再探源〉，《第一屆中國近代經濟史研討會論文集》（上），頁212。

13. 柴毅：〈市場選擇、制度創新與政府衝擊〉，頁212。

14. 黎志剛：〈香（中）山商人和近代中國〉，載陳慈玉主編：《承先啟後：王業鍵院士紀念論文集》（臺北：萬卷樓圖書出版公司，2016），頁443。

15. 黎志剛：《近代國家與市場》（香港：香港教育圖書公司，2001），頁288。

16. 鄭潤培：〈鄭觀應與漢陽鐵廠〉，載《承先啟後：王業鍵院士紀念論文集》，頁417。

17. 機會主義行為是指在信息不對稱下，人民不完全如實地披露所有的信息，並作出損人利己的行為。

18. 1937年，宋子文集團借機控制了南洋兄弟煙草公司，並取得公司半數股權。簡玉階任董事和

設計委員,實際處於閒職地位。之後的十二年,公司一直為官僚集團把持和控制。見《人民日報》(海外版),2007年3月30日,第6版。
19 Michael Porter, *Competitive Strategy: Techniques for Analyzing Industries and Competitors* (New York: Free Press, 1980).

第 五 篇

學術與思想史

評宋敘五《西漢貨幣史》

* 本文原刊於《二十一世紀》網絡版總第三十七期（二〇〇五年四月號）。宋敘五：《西漢貨幣史》（一九七一年初版；香港：中文大學出版社，二〇〇二）。

　　筆者曾經在香港三聯書店一九九四年出版的《當代香港史學研究》一書中，看過一篇介紹秦漢史研究的文章，文中提及《西漢貨幣史初稿》一書，並將之推許為香港第二代秦漢史研究中的重要著作之一。近得知該書已經再版，故先睹為快。據該書著者（下稱著者）自言，《西漢貨幣史初稿》係由已故經濟史權威全漢昇先生所審閱及推薦，一九七一年經由香港中文大學出版。近年經著者重新修訂，把原來的十章增為十一章，刪去「初稿」二字，於二〇〇二年再版。正如著者所言：「本書是極少數將中國貨幣史作斷代研究的著作。」這因為「西漢是中國社會第一個政治性的統一政府，而且又剛剛碰上中國社會進入『貨幣經濟社會』的關鍵時刻⋯⋯而在西漢以後的政府，則有西漢的前例可循。故西漢政府的處境，最為困難。西漢政府，在制訂貨幣制度時，非但為當代立法，亦可說是為後世立法。」觀乎《當代香港史學研究》對本書的評論，似多出於斷代史的視野。筆者卻認為，本書最大之長處在於分析西漢貨幣問題對中國經濟思想史所造成的影響。書中確有不少創見，其中有三點筆者認為是最可取的。

　　第一，著者指出西漢貨幣政策歷次改變，形成了中國傳統貨幣思想的特殊性格。漢文帝時順應「自由放任」政策，政府盡量減少對人民經濟的干預，開放鑄錢、冶鐵、煮鹽等經濟活動。「放鑄政策」實施後，民間鑄錢盛行，雖然達到了一定的目標，但同時亦引起一些問題。因為放鑄以後，不依法鑄錢者大增。從賈誼〈諫鑄錢疏〉得知，因「曩禁鑄錢，死罪積下；今公鑄錢，黥罪積下」以及「姦錢日多，五穀不為多」之故，造成了「肆市異用，錢文大亂」（頁六六）。因放鑄而造成的不良後果，使到政府財權旁落，造成政權動搖。《漢書・賈山傳》云：「錢者，亡用器也，而可以易富貴。富貴者，人主之操柄也；令民為之，是與人主共操柄，不可長也。」班固認為財權不可旁落，否則會動搖政權。時人又將吳、楚七國之亂，歸咎於放鑄政策（頁六六）。當時人認為放鑄使到富豪藉鑄錢致富，導致社會財富不平均的惡果。簡言之，文景時期因地方鑄幣而造成社會混亂，令武帝時不得不把鑄幣權收歸國家，從此成了中國貨幣發展的常態。本書著者能觀察到放鑄政策失敗對中國經濟思想的深遠影響，相比其他貨幣史著作以綜述史實

為主，實顯得高明。

　　第二，「重實輕虛」的貨幣觀。著者以現代經濟理論來解釋西漢歷史發展，道出中國歷史上的主流貨幣觀念是形成於西漢時期。著者把當時的兩種貨幣觀分析成為經濟學中的「名稱主義」（Nominalism）與「金屬主義」（Metallism）。所謂「名稱主義」，即指武帝元狩年間（前一二二－前一一七）造皮幣及赤側錢。著者認為此乃「名稱主義」初顯身手，但由於社會人士缺乏了解及政府推行手法不善，故最後都以失敗告終。自此以後，人們對「名稱主義」失去信心，反而更依賴金屬實物作為交易媒介，即時人所謂的「重實輕虛」。而與「重實輕虛」心態相近的「金屬主義」，這種思想在中國歷史上歷久不衰（頁一二〇）。筆者注意到清代學者魏源（一七九四－一八五七）身處變局之世，仍以為貨幣本質應是「五行百產之精華」、「天地自然之珍」，故不信任名義貨幣，此明顯是建基於「金屬主義」之上，仍未能發展出名義貨幣的概念。[1] 大概如著者所言，此種思想早在西漢時期已經形成。一般研究經濟史者，往往只著重歷史事件與現象之還原，忽略深層意義的分析。而本書建築在史實之上，利用現代貨幣學、經濟學的理論對西漢貨幣發展作深入研究，不是僅從史料上作考證而已。

　　第三，「反貨幣思想」之形成。在上述背景下，中國出現了一種「反貨幣思想」，即是指人們對貨幣失去信心，進而否定貨幣存在的價值。著者同時比較了晁錯（前二〇〇－前一五四）與稍後的貢禹（前一二四－前四四），認為前者主張貴五穀而賤金、玉，雖然反對當時人們過分重視貨幣的思想，但仍不否認貨幣在社會經濟生活中的地位，並不主張完全廢棄（頁一〇三－一〇四），而到了一百年後的貢禹則不同，他主張完全廢除貨幣，恢復實物經濟（頁一〇四）。貢禹認為自從五銖錢通行以來，民間盜鑄錢盛行，富人因而積錢滿室，而一般平民遂「棄本逐末」。最後導致「貧民雖賜之田，猶賤賣以賈，窮則起為盜賊」。故貢禹認為：

　　疾其末者絕其本，宜罷採珠、玉、金、銀鑄錢之官，亡復以為幣。……租稅祿賜，皆以布帛及穀，使百姓壹歸於農。（頁一〇七）

　　可見，貢禹之反貨幣思想可算是走到了極端。其實貢禹與晁錯身處時間相距不過約百年，但對貨幣的理解南轅北轍，除了個人因素外，亦能代表了不同時期的思想特徵，著者認為為這種差別見證了西漢以來貨幣政策的歷次變化對社會思想造成的影響。「反貨幣思想」自西漢形成以後，一直影響著中國歷史的發展。

及至18世紀，西方貨幣已進入現代階段，而中國的貨幣思想卻發展遲滯，很大程度上是因為中國社會長期以來存在著「反貨幣思想」之故，此為治史者不可不知。

此外，本書還值得稱道的一點，是著者對經濟制度考察的成果。著者指出了西漢貨幣政策對後世的重要影響。其一，西漢承襲先秦以來以銅鑄錢的傳統，建立銅幣鑄幣模式，一直延續至晚清。其二，漢政府排除了金銅兩本位制，建立銅錢單本位制，此亦為後世政府立下先例，對以後制訂政策有深遠影響。著者自言此等均未為前人所注意（筆者按：應為舊版一九七一年前），可見本書之創新。

影響類別	具體內容	對後世影響	創新性
貨幣材質	西漢承襲先秦傳統，確立銅幣鑄造模式	銅幣體系持續至晚清，成為中國貨幣制度的基石	著者強調西漢銅幣制度對中國貨幣史的長遠影響
貨幣本位	排除金銅兩本位制，確立銅錢單本位制	為後世政府立下先例，影響貨幣政策制訂	著者認為此點未受前人關注，為學界提供新見解
政策延續性	銅錢成為官方唯一流通貨幣，穩定市場交易	政府掌控貨幣供應，確立中央財政權威	本書指出西漢貨幣制度奠定中國歷代貨幣體系的基礎

總而言之，本書論斷精闢，能刻畫出西漢貨幣政策的歷次改變，對中國傳統經濟思想的影響，可謂見人之未見。但由於著者運用大量經濟理論的關係，自不免受到較傳統的史學家質疑。其實，自從經過一九六〇年代的「新經濟史革命」（cliometric revolution）以來，經濟學理論被廣泛應用於社會經濟史研究之中，近年來在中國社會經濟史研究中亦逐漸受到重視。只要運用得宜，這種理論對於了解歷史是甚有裨益的。

另外，本書不足之處顯而易見。正如著者所言：「本書側重在問題之探究，故對敘述史實方面，力求簡明。」（頁二）但作為歷史學著作，材料運用、考證等至為重要，相對而言，本書在這方面似略為不足。而且在註釋規範、所引用書籍的版本等方面，亦未盡完善。儘管如此，仍然不損本書之價值。

| 1 趙靖：《中國經濟思想史述要》（北京：北京大學出版社，1998），頁603。

饒宗頤、三杉隆敏與海上絲路考

* 本文原載於劉洪一主編：《饒宗頤紀念文集》（深圳：海天出版社，二〇一八），頁五九-六二。

一、引言

二〇一七年七月八日，「饒宗頤與『一帶一路』高端論壇」的序言中，主辦單位介紹「饒宗頤先生是當代漢學泰斗，博古通今，學貫中西，對於中外關係史深有研究，建樹至多。他於上世紀七〇年代最早發表《海道之絲路與崑崙舶》，正式提出了『海上絲綢之路』的概念，論述了『海上絲綢之路』的起因、航線和海舶，廣為國內外學界認同和稱頌。」[1] 陳韓曦在《饒宗頤——東方文化座標》一書中則提及一九九一年《人民日報》的一篇文章，該報道指過往學界多認為「海上絲綢之路」一詞乃出於日本學者三杉隆敏（Misugi Takatoshi）一九七九年出版的《海上的絲綢之路》一書。惟一九七四年六月，饒公已在臺灣《中央研究院歷史語言研究所集刊》上發表了〈海道之絲路與崑崙舶〉一文，書中指出饒公對於海上絲路的研究比起三杉隆敏的還要早五年發表。[2] 此段文字廣為國內學者所引用。上引兩段文字指饒公對於海上絲綢之路的研究，分別是「最早」及比起日本學者早五、六年左右。

二〇一八年二月，一〇一歲的國學大師饒宗頤（一九一七-二〇一八）先生與世長辭。饒公辭世後，各界相繼發表文章紀念，其中不少人提及到饒公時也採用上面的說法，均認為饒公是「海上絲綢研究」第一人。二〇一八年，《大公報》一篇署名文章也說：「饒公是『一帶一路』文化傳播的先行者。一九七〇年代，饒宗頤在發表的〈海道之絲路與崑崙舶〉中第一個提出了「海上絲綢之路」的概念，論述了「海上絲綢之路」的起因、航線和海舶，廣為國內外學界認同和稱頌。」[3] 一時之間，許多介紹饒公生平的文章也沿用此說。然而，此說法仍須加以考證確認。

目前為止，至少出現了兩種說法：一、許多人認為饒公在一九七四年最早提出海上絲路的說法，而三杉隆敏（一九二九-）是在一九七九年提出的；二、少數學者指出，三杉隆敏早在一九六八年已提出海上絲路的說法，實際上比起饒公還要早五年發表。[4] 本文將對此作出考證與梳理。

二、絲路概念西方學者首先提出

眾所周知，絲綢之路的概念原是專門指通往西域的陸上通道，一般認為，是由德國地理學家李希霍芬（F. von Richthofen, 1833-1905）於十九世紀時首次提出。[5]

一九七四年，饒公發表〈蜀布與 Cinapaṭṭa——論早期中、印、緬之交通〉以及附論〈海道之絲路與崑崙舶〉，文中闡述絲綢之路時，法國漢學家沙畹（Édouard Chavannes, 1865-1918）在其著作《西突厥史料》（Documents sur les Tou-kiue occidentaux, 1903）中提出了「海陸絲綢之路」的概念，認為絲綢之路不僅包括傳統的陸路貿易線，還涵蓋了海上航運網絡，展現出古代東西交流的多元路徑。沙畹是十九世紀末至二十世紀初西方研究中國歷史與文化的重要學者之一，專精於中國古代史、碑刻學、考古學以及中亞史，在中國與西方學術交流史上留下了深遠影響。他曾於巴黎高等師範學院（École Normale Supérieure）接受東方學訓練，並在巴黎大學（Sorbonne）和法國高等研究院（Collège de France）教授漢學，對西方漢學研究作出卓越貢獻。事實上，饒公在〈海道之絲路與崑崙舶〉一文中，[6] 直接援引《西突厥史料》「絲路有陸、海二道」之語，此顯然是參考了一九二五年由曾留學巴黎大學的歷史地理學者，原北京大學歷史系教授馮承鈞（一八八七—一九四六）在商務印書館出版的中譯本，此書原名為《Documents sur les Tou Kiue Occidentaux》，以法文撰寫，一九〇三年於巴黎出版發行。[7] 惟此書主要討論中亞、西亞史，未有深入探討海上絲路之發展史。

簡言之，海上絲路之概念無疑也是由西方學者首先提出，沙畹是在李希霍芬的基礎上加以深化，而提出「陸、海二道絲路」的說法，此說再經民國學者馮承鈞翻譯而傳入東方，而三杉隆敏、饒宗頤等後來者將這個概念加以深化，再發揚光大，構了今人對「一帶一路」的認識。

三、三杉隆敏研究海上絲路持續四十餘年

國內也有少數學者注意到三杉隆敏早在一九六八年已出版《海のシルクロードを求めて》，[8] 此書是目前所見，最早以海上絲路命名的著作。據本文作者考查，此書除序言和參考文獻外，全書正文為二四四頁，由六十三篇短文組成。過去，學者對此書並沒有詳盡的介述，筆者手持此書的第二版，其印行日期為昭和四十八年四月十日，而第一版則注明為昭和四十三年八月十日由創元社出版，第

二版售九百日圓。書中的作者簡介指出，三杉隆敏是專門研究中國美術之專家，有多年赴海外田野考察之經驗。序言由著名漢學家，原東京大學、當時任職青山學院大學的三上次男（一九〇七－一九八七）教授撰寫，出版日期為昭和四十八年七月。序言中，三上次男介紹三杉隆敏為中國陶瓷之專家，而三上次男本身也是研究中國陶瓷的學者，三上次男曾出版《陶磁の道：東西文明の接點をたずねて》[9]等相關著作。簡言之，三杉隆敏、三上次男皆是長期從事中國研究的日本學者。

三杉隆敏在《海のシルクロードを求めて》一書中的第二章題為〈海のシルクロ入門〉（頁六－八），正式為海上絲綢之路一詞下定義，自言其對「東西海上交易之研究」的關注已有數年，但文章提及的包括正倉院、景德鎮的「燒物」，並說明海上貿易其實是以陶瓷等燒物為主，此章的附圖也是十六世紀的中國瓷器（頁九），而「海のシルクロ」不過是借用陸上的絲綢之路之名而作延伸而已，實際上應稱為海上貿易之路更為恰當。此後，三杉隆敏陸續出版了《海のシルクロード 中國磁器の海上運輸と染付編年の研究》、[10]《海のシルク・ロード 中國染付を求めて》、[11]《海のシルクロードを調べる事典》[12]等多部以「海上絲綢之路」為題的書籍，凡此種種，足見三杉隆敏對海上絲路的研究持續四十餘年之久，其關注時間之長、著作之多，在海內外學者中無人能及，可惜其著作在華人學術界以及西方的漢學界中流通不廣，也未有翻譯中文或英文出版，故一直未能引起深遠影響。事實上，相比起饒公〈海道之絲路與崑崙舶〉一文，三杉氏的研究更為專注而深入，而饒文則集中討論崑崙舶的典故，二者根本不可相提並論。

四、總結

總而言之，據本文考證，不論是陸上絲路抑或是海上絲路，皆是由歐洲學者首先提出，而三杉隆敏則是首位學者把海上絲路寫成專書的亞洲學者，其專著比起饒公的文章還早五年，而饒公則是首位華人學者以專文討論海上絲路，其論文在華人學術界中廣為流傳。儘管如此，饒公能夠早在一九七〇年代已推陳出新，積極關注海上貿易史之發展，其研究使海上絲路的概念在華人學術界普及流行，對於建構今人對中外經濟史、交通史、貿易史研究的認知，仍然有一定的貢獻。

學者	研究貢獻	時間順序	影響範圍
沙 畹（Édouard Chavannes, 1865-1918）	法國漢學家，最早提出「絲綢之路」概念，並研究中國與西方的交通史	19 世紀末至 20 世紀初	奠定絲綢之路研究的基礎，影響全球學術界
三杉隆敏	第一位將「海上絲路」概念撰寫成專書的亞洲學者	早於饒宗頤五年	推動亞洲學界對海上絲路的研究，促進日本學界對中國海上貿易的關注
饒宗頤	第一位華人學者以專文系統討論「海上絲路」	1970 年代	促使海上絲路概念在華人學術界普及，影響經濟史、交通史與貿易史研究

1. 「饒宗頤與『一帶一路』高端論壇」序言，http://www.jaostudies.com/tc/activities/item/130（瀏覽日期：2017 年 7 月 1 日）
2. 陳韓曦：《饒宗頤——東方文化座標》（香港：中和出版社，2016），頁 381。
3. 屠海鳴：〈從習近平總書記悼念饒宗頤看弘揚中華文化的重要性〉，《大公報》（香港），2018 年 2 月 10 日。
4. 王愛虎：〈從海上絲綢之路的發展史和文獻研究看新海上絲綢之路建設的價值和意義〉，《華南理工大學（社會科學版）》第 17 卷第 1 期（2015），頁 4。
5. 劉進寶：〈東方學視野下的「絲綢之路」〉，《清華大學學報（哲學社會科學版）》第 4 期（2015），頁 64-71。
6. 饒宗頤：〈蜀布與 Cīnapaṭṭa——論早期中、印、緬交通〉，《中央研究院歷史語言研究所集刊》第 45 本第 4 分（1974），頁 561-584。
7. Édouard Chavannes, *Documents sur les Tou Kiue Occidentaux* (Paris: Librairie d'Amérique et d'Orient Adrien Maisonneuve, 1903).
8. 三杉隆敏：《海のシルクロードを求めて》（東京：創元社，1968）。
9. 三上次男：《陶磁の道：東西文明の接點をたずねて》（東京：岩波新書，1969）。
10. 三杉隆敏：《海のシルクロード 中國磁器の海上運輸と染付編年の研究》（東京：恒文社，1977）。
11. 三杉隆敏：《海のシルク・ロード 中國染付を求めて》（東京：新潮選書，1984）。
12. 三杉隆敏：《海のシルクロードを調べる事典》（東京：芙蓉書房出版，2006）。

何炳棣與中央研究院斷交考
——兼論海外華人的政治認同轉向

一、前言

何炳棣（一九一七-二〇一二），著名清華大學校友。一九四三年獲取第六屆清華庚款留美公費赴美留學，當時他以七八點五分取得第一名，比起日後的諾貝爾物理學獎得主楊振寧（一九二二-）的分數還高。[1]及後，何氏赴美國哥倫比亞大學攻讀英國史博士學位，畢業後前往加拿大的英屬哥倫比亞大學任教。一九六二年獲臺灣教育部學術金質獎章，後於一九六五年榮任芝加哥大學湯普遜（James Westfall Thompson）歷史講座教授；一九六六年獲選為中央研究院人文社會科學組院士；一九七五至一九七六年被公推為美國亞洲研究學會會長，乃該學會首位亞裔會長，也是迄今唯一的華人會長；一九七五年獲香港中文大學名譽法學博士 L.L.D.；一九七八年獲 Lawrence 大學名譽人文科學博士 L.H.D.；一九七九年獲選為美國藝文及科學院院士；一九八八年獲 Denison 大學名譽人文科學博士 L.H.D.；一九八七至一九九〇年間，任美國加州大學 Irvine 分校傑出訪問教授；一九九七年獲聘為中國社會科學院榮譽高級研究員。[2]何氏在社會史、人口史、經濟史、農業史、思想史、中華文明起源等重大課題上取得極大的成就，是二十世紀最傑出的中國史學家；[3]他一改近代乾嘉學派式或東方學為主的漢學研究傳統，是把中國史研究打進歐美社會科學殿堂的先驅。[4]

何炳棣在其回憶錄《讀史閱世六十年》一書中，[5]透露他與臺灣中央研究院（下稱中研院）的關係發生過種種波折，更曾一度中斷二十二年。誠如雷戈所言：「他（何氏）回憶錄的整個文本都傳遞出一個信息，即他的回憶錄具有毋庸置疑的歷史真實性和歷史客觀性。」[6]然而，書中並未詳細地交代其前因後果，甚至有所隱諱。筆者於臺北市南港區中央研究院近代史研究所（下稱近史所）檔案館藏尚未刊的檔案中，發現一批極為珍貴而尚未有人使用的史料，檔案名為〈何炳棣、薛君度、龍繩文訪中國大陸〉，此檔案內附有數十份文件，大部分為手寫資料，目前只供在近史所內抄寫，不能影印和借閱。[7]本文嘗試對此檔案作出整理，並加上一些相關人物未公開的私人書信，以及各種名人回憶和當年中外報章的報道，再以考證和綜合方法，希望能為當代學術史填補空白。同時，本文希望透過

闡述中研院的遭遇，達到以下目的：（一）了解一九七〇年代前後臺灣被國際社會邊緣化下，臺灣當局及中研院所面對的困局；（二）本文以何炳棣為例，兼論部分海外華人的政治身分認同，是如何從臺灣當局紛紛轉向中國大陸。

《當代政治學十講》一書，對政治身分認同下了一般性的定義，其云：「個人成為某個社會集體之一員的從屬感。這種對社會集體或者社區的歸屬感，不一定需要強制的外力來確認或者是由法律來認可；群體歸屬感常常是很柔軟的、深藏內心深處的感覺。這種歸屬感既可能與生俱來，由每個個人的出身、成長經歷所決定，亦可與個人的自主選擇和自主行動有關。」[8] 本文同意上述觀點，並認為何炳棣與生俱來的個人性格固然左右了他的行為，其出身、成長經歷也一定程度上影響他的決定，但也同時受到社會風氣的影響。下文將由這方面切入，試圖解釋他與中研院的關係。

▪ **中央研究院非純粹學術機構**

中央研究院是臺灣的官方學術機構，而且一直承擔著臺灣當局的政治工作。在一九五〇、一九六〇年代，中研院受外交部及美國駐臺領使的指令，多次在不同的國際學術組織，為臺灣當局爭取代表中國的權益，並在美國的支持下，其不止一次成功迫使中國大陸的代表退出相關組織。由此可見，當時的中研院並非一般的學術機構，它在國際上所受到的對待，也一定程度上反映臺灣當局的待遇。當臺灣在國際上受到重視時，中研院便能以中國代表的身分參加國際活動；相反，當臺灣受排擠之時，中研院只能使用其他名義參與活動。詳見〈國際科學史及科學哲學聯合會〉，國史館藏外交部檔案，館藏號 11-36-03-02-074。

二、新加坡事件的前因後果

據一份尚未曾公開的資料，即何炳棣於一九五九年寫給時任中央研究院院長胡適（一八九一一一九六二）的私人書信，其自言與院方的師友關係起自抗日時期，已有二十一年，[9] 信中也表達二人關係是何等密切，[10] 這主要因為何氏曾受胡適恩惠之故。[11] 何氏在回憶錄中處處顯示，他是十分重視師恩之人，而他對中研院的感情，也與胡適有相當的關係。然而，何氏自從一九六六年當選中央研究院人文組院士，在兩年之後，即一九六八年一月後，他與中研院的關係發生了重大的變

化。¹² 當何氏收到新加坡南洋大學的邀請受聘為該校歷史系的校外委員，他便前往新加坡，並於同年二月，接受原中央研究院社會科學研究所研究員兼中共黨員的文物史學家單士元（一九〇七－一九八八）之邀，於獅城的中華會館作學術演講。¹³ 事後，國民黨的喉舌《中央日報》指摘其在新加坡發表言論重點有二：一、指孔子有教無類之精神即是共產黨思想；二、指科舉時代最低的社會「公道」，與南京國民政府當政二十二年期間，一黨獨攬和孔、宋的貪污盜國，適成一鮮明的對照。¹⁴

何炳棣在新加坡有兩場演講，第一場討論明清社會流動，在尾段曾批評南京國民政府用人封閉；第二場講述傳統文化與當代中國，認為有教無類的主張和人本主義影響到毛澤東思想。¹⁵ 顯然，何氏不過是指出孔子的思想與毛澤東思想有一定的關聯關係，而非《中央日報》所指，說他認為兩者是同一關係。不久之後，臺灣背景的香港雜誌《新聞天地》，把何氏在新加坡的言論，無中有生地描述成何炳棣在演講中猛烈抨擊臺灣當局。¹⁶ 對此，何炳棣極力否認，並指言論受到嚴重歪曲。¹⁷

本文認為，何炳棣的言論確實被過分誇大，他在演講中並無直接提及臺灣當局，其焦點不過是針對南京國民政府，卻被中研院曲解為「痛詆中國國民黨」。¹⁸ 當然，以何氏敢言的性格，或許多少有些弦外之音，但二者性質卻不宜一概而論。事後，有人向蔣介石（一八八七－一九七五）建議，應當除去何炳棣中研院院士之名，而蔣介石則認為此應屬中央研究院負責處理，並無明確表態。在中研院院長王世杰（一八九一－一九八一）大力反對下，除名之事也沒成事，而蔣介石亦沒有再作追究。¹⁹ 由此可見，身為憲法學家、教育學家的王世杰，其對於學者極為尊重，也給予學者相當大的空間，盡量避免直接干預。²⁰ 相對於國內學者而言，蔣介石對海外學人的態度也比較寬容。新加坡事件後，中研院並沒有如何炳棣回憶錄中所言，完全中斷了雙方的關係。第一，一九六九年十月，何炳棣仍然參與了中研院在北美的活動，並參與院長王世杰的聚會，²¹ 其次，一九七一年，還與新任中研院院長錢思亮會面，而且中研院從無中止寄送刊物給他，可見《讀史閱世六十年》書中仍有不明不白之處，可從筆者發現的未公開檔案中加以補正。

自新加坡事件後，中研院內有意見要把何炳棣定性為「左傾學人」。早在一九六六年底，即何氏獲中研院院士的同一年，院長王世杰已從歷史地理學者張其昀（一九〇九－一九八五）口中得到消息，指何炳棣要求芝加哥大學的學生研

讀毛澤東（一八九三—一九七六）著作，[22] 懷疑其思想左傾。何炳棣是中國古代史的教師，要求學生閱讀毛澤東著作似無教學上之必要。[23] 事實上，何炳棣對毛澤東素有敬仰之心，他在回憶錄中記載，他曾為了毛澤東的文學水平與胡適作過一番爭論。何氏對毛的詩文甚是欣賞，胡氏卻不以為然，二人各不相讓，最後他迫使胡氏承認毛澤東至少是出色的散文家。[24] 再加上，何氏的博士論文是專攻英國土地史，長年接觸英國歷史文化，尤其是社會經濟理論，故何氏自言其對英國左派的費邊社會主義（Fabianism）有相當的認識，甚至有所傾慕。因此，他的意識形態大異於傾向資本主義的美國以及中國國民黨，反而對中國大陸的體制有相當的同情，[25] 這也是何氏與親美的臺灣當局格格不入的主要原因。何氏的情況絕非個別例子，歐美的社會主義者一般也較同情近代中國的處境，自然較易影響到海外華人和留學生，包括負責處理新加坡事件的王世杰，他在英國留學時也曾加入費邊社，[26] 無怪最初有人投訴何炳棣左傾之時，王世杰卻不以為然。

　　本文認為，英國的費邊社會主義屬於溫和的左派思想，其重視經濟獨立和民主自由並重，而且主張以漸變方式推動社會改革，此與高舉馬列毛，主張暴力革命、階級鬥爭和人民民主專政的中國共產黨大相逕庭，故何氏自述的理由，並不能自圓其說。

三、何炳棣意欲擺脫院士之名

　　新加坡事件後，中華民國駐芝加哥總領事館，已有專人關注何炳棣的一舉一動。一九七一年初，何氏把新著作交予加州大學，擬於當年的四月出版，內容是關於中華民族之起源及歷史演變。[27] 一九七一年二月十八日，芝加哥總領使致函外交部，促請臺方在美人員，必須詳查此書對臺灣當局是否有害，若然有害，當局必須作出應對。實際上，此書討論的是中國上古史、考古學、人類學的學問，與當代政治全無關係。不過，藉此得見臺灣當局的行事，已到了捕風捉影的地步，如同驚弓之鳥。愈是脆弱的政權，往往最害怕別人的批評，愈是要想辦法妨礙他人的言論自由。當此之時，臺灣當局對於旅美學人的政治立場極之關切，卻又無可奈何，畢竟美國是出版、言論、學術自由的國家，留美學人的言行又不受臺灣約束，只要他們不返回臺灣，當局也是束手無策的。

　　後來，鑒於芝加哥總領使要求查察何氏的新著作，意外地發現何氏返回加拿大渥太華申請前往中國大陸之簽證，此事令中國國民黨政權極為震驚。[28] 原來何炳棣曾於一九四八年七月一日起於加拿大的英屬哥倫比亞大學供職，[29] 他早已入

籍加拿大,再加上中華人民共和國與美國關係仍未進入正常化階段,此時他欲返回中國大陸訪問,便於一九七一年七月上旬,從芝加哥北上,前往一九七〇年十月十三日中加建交後新設的中華人民共和國駐渥太華的領使館,申請訪問中國大陸的簽證。[30] 此時,何氏已有了與臺灣以及中研院絕交的心理準備。據檔案披露,[31] 何氏曾宣稱,不在乎院士之榮譽,早有意欲「擺脫」,如是院方主動為之,結局則最是理想。[32] 何氏一向自視極高,曾為他編輯《何炳棣思想制度史論》一書的中研院史語所研究員何漢威在〈後記〉指「何院士自承是個相當傲慢的歷史學家,史學界每以目空當世或目無餘子來形容他。」[33] 再加上,何氏的學術地位早在歐美獲得肯定,既獲院士之名,又廣獲中外學人認可,故對於是否再維持此榮譽,他表示並不十分介意。據王世杰的說法,何氏曾於一九七一年向中研院新任院長提及「願辭中研院院士」。[34]

同時,中華民國駐芝加哥總領使也關注到何炳棣與同屬芝加哥大學的政治系教授鄒讜(一九一八——九九九),兩人於一九七一年七月,即何氏自加歸美後,接受芝加哥第七頻道電視臺訪問。鄒讜出自中國國民黨世家,他是國黨元老原國立中山大學校長鄒魯(一八八五——九五四)之子。鄒讜在節目中公開讚揚近年來中共治下建設之成果,而何炳棣則從歷史角度,討論中華民族之偉大貢獻。後來,何氏回應電視訪問之事,對友人自言是熱誠之愛國人士,至於支持哪一政府以及其政治立場,當又是另一問題。對何氏而言,愛國與支持哪一個政黨,是互不衝突的事情。此涉及到何氏的政治身分認同,自何氏赴北美數年,中國政權易手,但他一直與臺灣保持良好關係,一九六〇年代末期以前,從未有公開親共的舉措,亦未像其他海外學者般毅然回國參與建設,而是與中共保持距離。在新加坡事件後,卻出現明顯的轉變,此很大程度上是與臺灣媒體對其無理批判有關,也是國民黨意圖打擊學者言論自由而引起的反效果。事後,國民黨及中研院對其只作勸說,沒有加以籠絡,實無助於鞏固其身分認同,此消彼長,最終導致他在一九七〇年代進一步與中共建立聯繫。

然而,總領使館向外交部的報告,強調節目在早上六至七時播出,觀眾不多,影響實屬有限,不必過於擔憂。[35] 由此觀之,何炳棣早已成為臺灣當局的眼中釘,其言行與院士身分屢屢令當局極為尷尬,畢竟中研院院士是臺灣學術界最高的成就,偏偏何氏獲此名銜後,多次發表親共言論,而臺灣當局萬般無奈,只有對他進行監視,可是受制於美國的自由環境,卻又不能對學者的言行加以直接干預。值得注意的是,兩份文件均提及何氏對友人之言,而友人之言寫入總領使館的報

告,則反映何氏的身邊人時常向館方報告。

雖然何炳棣與中研院的關係甚深,但他對於中研院受政治擺布的現況極為不滿,再加上他長年受到政治干擾,因此,何氏早已認為院士之名是其負累,對於除名,他是樂見其成。另方面,他看見臺灣當局試圖控制學人的言論自由,卻又表現得力不從心。何氏已在美國獲得一定的成就,他已非當年剛從哥倫比亞大學畢業,事業初起步之時,要借助院長胡適之力而謀安身立命的年輕人。此時此刻,中研院的影響力,也如同臺灣當局的國際地位,早已大不如前。

四、何炳棣率團訪問中國大陸

對臺灣而言,新加坡事件僅是針對南京國民政府而發表的意見,當局最高層認為勉強可接受;芝加哥電視臺事件則不過是同場的學者肯定中共的發展,而何炳棣並無明確表態,也無公開自己的政治立場,未算觸及國民黨的底線。不久之後,即在何氏訪問大陸後,他多番發表親共言論,更建言美國應與中國大陸建交,此則涉及到政治效忠,性質與前兩件事大有不同。[36] 事件的詳細過程,何氏只在其回憶錄中輕輕帶過,而當中的細節更是隻字不提,慶幸中研院近史所藏檔案,可將此事還原。

一九七一年八月十六日,根據中華民國行政院新聞局局長魏景蒙(一九〇七一一九八二)的報告,何炳棣於七月九日,曾往中華人民共和國駐加拿大渥太華領使館申請簽證不果,期間與即將赴任中華人民共和國駐智利大使、時任駐加拿大領使館的代辦,即中華人民共和國的著名外交家徐中夫(一九一六一)會談歷數小時。徐氏建議何氏且先往香港,再經香港的中國旅行社安排返國,原因是國家政策一向視海外學人為國民身分(或僑民),而非一般的外國公民,國民(僑民)則應從香港申請回鄉所需的證件,而香港的中國旅行社是中共在港的半官方機構,專門處理港澳及海外華人返國探訪事宜,中共對於何氏的申請視為回鄉探訪,非與一般加拿大公民入境看待。惟何氏對此頗有顧慮,聲稱自己持有加拿大國的護照,他一再要求以外國公民的身分訪問大陸,雙方一時之間未能達成共識,故會面未有結果。[37] 二人會談期間,徐中夫得悉何炳棣欲返大陸訪問的意圖,勸其如真心為中國大陸效力,則應留美從事宣傳工作,[38] 足見當時中共對何氏仍然有相當的保留。

同時,事件已引起臺灣當局的高度關注,外交部責成中研院交出何炳棣的地

址，欲把處理的層面升級，由外交人員直接聯繫，而院方表示近年與何氏缺乏聯繫，不知地址是否有變，而一直以來，寄予刊物的地址為 4741 South Woodlown AVE.1 Chicago 60615, U.S.A.。[39] 新加坡事件後，何炳棣與中研院少有來往，院方雖時有寄送刊物，何氏卻一直沒有回覆，所以院方無從得知其地址是否有變。中研院一直認為，對何氏制裁實非上策，應請與何氏關係密切之人士極力勸阻為宜，[40] 而此人正是原國立臺灣大學校長、跟何氏同屬南開中學、清華大學的傑出校友，也與何氏一樣取得中美庚款公費留學的化學家、中研院的新任院長錢思亮（一九〇八－一九八三）。同年十月初，錢氏親函何氏再作道德勸說，信中代表中研院肯定何氏之愛國情操，但勸其應熱愛國民黨所代表的自由中國，而非中國大陸的共產中國。[41] 然而，何炳棣仍然堅定不移，對於臺灣方面的勸說不為所動，並堅決要回到闊別多年的祖國，一看究竟。

與此同時，何氏收到獲香港中國旅行社批出回鄉簽證的消息，便於十月初抵達香港，再返中國大陸，作為期四周之訪問，費用為港幣二千元，主要訪問學校、醫院、人民公社。計有廣州八天、杭州四天、蘇州一天、上海一天、北京四天，在北京到訪北京大學、清華大學，並拜訪了哲學史家馮友蘭（一八九五－一九九〇）、物理學家周培元（一九〇二－一九九三）；馮友蘭是何炳棣在一九三〇年代清華大學時期的授課老師，兩人情誼匪淺。然而，團員要求參觀上海復旦大學卻不果，而全程未有會見學生，校方稱學生多已下放，進行鬥、批、改工作，故不在校中，團員也不能從群眾的口中了解中國大陸的近況。除海外學人外，同行者十四人當中，還有一些民國先賢的後人，情況令臺灣甚為難堪。團員計有馬里蘭州立大學政治學教授，和何氏同屬哥倫比亞大學哲學博士的薛君度（一九二二－二〇一六）、[42] 印第安那大學歷史系教授鄧嗣禹（一九〇五－一九八八）、[43] 匹芝堡大學社會學教授楊慶堃（一九一一－一九九九）、前民國駐法武官葉楠、[44] 華盛頓聯邦學院中國文化中心主任傅海瀾、[45] 華府燕京樓店東龍繩文（一九二六－一九九一）兄妹等人。[46]

此團由徐中夫負責安排，眾人公推龍繩文為副團長，團長則為何炳棣，何、龍二人在行程中大罵臺灣當局及美國，並聲言醉心祖國，又表示甚為憂慮臺獨勢力的發展云云。全程由「華僑服務社」的人員陪同，實際上是進行監視，眾人均不能自由活動，時值文革，所有接見人士均絕口不談國內政治。事後，行程細節由薛君度向國民黨作秘密報告，報告內容細大無遺，可見薛氏雖返回大陸訪問，但其政治身分認同上仍是親近國民黨，他在團中扮演臺灣當局耳目的角色，此與

何氏的敵視國民黨而全面擁抱共產黨的心態相映成趣。

及後,臺灣當局收到薛君度的報告後,作出檢討,並認為今後必須加強對海外學人的聯絡工作,方能挽回海外學人轉向投共的局面。政治人物和機構往往是「工具主義」(instrumentalism)論者,當時的臺灣當局也不例外,他們不會把國民的身分認同視作自由的選擇,也不會對於國民的政治轉向視作當權者失去人心的反響,而他們只「認為身分認同是一種政治工具。國家、政黨或者其他政治組織編織出一些身分,並將其作為組織和動員社會的工具手段來達致自己的社會、政治或者經濟目的。」[47] 此後,愈來愈多海外華人返大陸訪問,當中更有不少院士,事情完全朝著國民黨政權的相反方向發展,令到中研院的處境愈來愈尷尬。

何炳棣返美後,料想國民黨及中研院必定會再次派人干擾,竟長時間閉門謝客,後來不勝其煩,索性將家中電話線切斷,足見其決心之堅定。[48] 此段期間,他也不願與外界多談訪問之事,直至日後公開發言為止。同年十二月八日,何炳棣在芝加哥召開記者會,翌日,據芝加哥媒體《Daily New》報道,其自言經歷了三十六天的訪問,有意想不到的收穫。他表示,去國二十六年,是次返國,正值文化大革命,他認為文革已令中國成為了「人類歷史上最公道之社會」,他更指全國人民受聘於國家下,推行公有制,舉國百姓飲食充足,再加上價格低廉,人民精神充沛,交通配套完善,農業、輕工業發展良好,國家給予人民從生到死的照顧。[49] 何氏明顯是聽從徐中夫的建議,在美為國宣傳,而發言的內容也一再挑戰臺灣的底線。本文根據何炳棣在記者招待會上的發言,綜合為下列四點:

一、無論是如何腐敗的政權,只要是反共,美國就會予以支持。矛頭直指臺灣蔣介石政權為獨裁者,並大力批判美國外交政策之短視。

二、自中國來美的難民、傳教士、新聞報道皆指自一九四九年以來,被中共政權屠殺的人民有一千至二千萬,他認為此與事實不符,他指被中共屠殺的人民最多只有十數萬而已。[50]

三、中國參與韓戰、越戰,乃因彼為中國的鄰國,不得不參戰,此有別於美、蘇等軍事大國的軍事擴張,並一再質問聽眾若然加拿大一旦遭受侵略,美國又是否能夠坐視不理。

四、他指中國人民熱烈期待尼克森(Richard Milhous Nixon, 1913-1994)總統訪華,為中美兩國帶來新的局面。最後,他也承認中國仍然有些不足,如工人雖有尊嚴,但不能按意願從事喜歡的工作,並指出大部分國人仍

未享受到足夠的自由等等。[51]

事實上，一九七一年七月，美國國務卿基辛格（Henry Alfred Kissinger, 1923-2023）歷史性訪華，是間接促使旅美學人回國訪問的歷史契機，而美國總統尼克森也確定了將於一九七二年初破冰訪華，中美兩國建立了官方的溝通渠道，兩國的氣氛發生了巨大的改變。同時，香港的大專生也發起「關心祖國，認識社會」的社會運動，紛紛組團北上，中國大陸也歡迎港澳居民回鄉考察，漸漸打開了海外華人經香港返國的大門。此前，國內對海外學人較有戒心，如上文所述，當何炳棣初次向徐中夫表示願意回國訪問，卻遭婉拒。在美國總統尼克森提出「中美關係正常化」之前，[52] 西方對共產中國不懷好感，也會妨礙海外學人回國的動機。面對中共把國門對海外華人而開，臺灣當局除了監視、勸說之外，實在別無他法。然而，何氏等人回國訪問，時值文化大革命，所到之地皆受到專人的安排與監視，所見之人物皆不能暢所欲言，故此，也必影響到他們觀察的真實性。

五、「火紅年代」的何炳棣

此時，中研院對何炳棣的定性已由一九六〇年代的「左傾學人」改為「投機分子」，認為「終究將不能得任何方面之信任」。[53] 在美國，也有論者對何炳棣的言論作出嚴正反駁，認為其言論多偏頗失實，此事對何氏在美國的聲譽也造成一定程度的影響。[54]

身為歷史學家，何炳棣把見聞結合歷史，發表了一次重要的演講，後寫成〈從歷史尺度看中華人民共和國的特色與成就〉一文，此文首發於香港的《七十年代》，後收入北京的《參考消息》，多年來被廣泛轉載。[55]《七十年代》月刊，由左派背景的文化人李怡主編，它是香港以至海外華人認識中國的讀物，受到周恩來（一八九八－一九七六）的重視，也是中共領導人認識世界的重要刊物。[56] 一九六〇、一九七〇年代，香港知識界受到保衛釣魚臺運動的啟發，許多知識分子對強大的中國有深切的渴望，便積極投入社會運動，漸漸形成關心祖國，認識社會的風氣，時稱「火紅年代」。[57]《七十年代》月刊便在左派愛國陣營推動下應運而生，當中不乏著名文人、學者投稿，一度與立場親近新儒家唐君毅、徐復觀等人、兼有強烈反共意識的《盤古》、《南北極》分庭抗禮。何炳棣投稿至此，足見他對《七十年代》的認同和信任。他在這篇文章中說：「在這個新的革命建國綱領之下，特別是經過了文化大革命，中國人民才第一次變成了國家的真正主人……訪問過中華人民共和國的中外人士，都不得不承認，文化大革命以來，

中國一切法令措施幾無一不以貧下中農和工人的福利為準繩,無一不暗合羅爾斯【編案:政治學經典之作《正義論》(A Theory of Justice)的作者】,當代著名哲學家的立法標準。」[58] 又說:

從歷史的尺度看,中華人民共和國的革命,尤其是文化大革命,是人類歷史上最徹底的革命。只有徹底的革命才能使中國人民在基層當家作主。惟有人民當家作主,中華人民共和國才能憑藉組織和思想教育的力量把全民族的精神、人力、物資、新技術全部動員,自力更生地逐步經濟建國。以一個本來一窮二白的國家,在短短的二十四年之內,能克服種種的困難,建設起一個不愧稱為初步繁榮的社會主義國家,成就不可謂不大。

最後,何炳棣對西方資本主義作出深刻的反思,也對現代化理論進行批判,他說:

中國社會改革的種種成就,西方凡無政治偏見的人士都已承認。只是有些囿於資本主義經濟觀念的人,對中華人民共和國的經濟前景,不無疑問。誠然,中國目前的經濟成就,如與人類史上最富盛的美國和近十餘年西方盛稱的日本的經濟的奇跡相比,確實還有相當差距。可是近年西方及日本累進性的自然環境污染和最近證實的能源危機,已經引起西方較有遠見的人們開始懷疑西方經濟制度的優點,開始指出資本主義百餘年來恣情浪費世界資源的禍害,並開始批評以無限制的商品消費來刺激繁榮的種種弊端。甚至已有不少的人大聲急呼,西方尊重物質享受的人生觀的不健全,應該恢復或追求比較健全的價值觀念。

按照何炳棣的思路,只要中國在文化大革命的路軌上發展下去,並堅持拒絕消費主義、物質主義,也就可避免發生一九七〇年代石油危機,以及成本上漲推動下導致的停滯性通貨膨脹(stagflation)等問題,[59] 中國也因此走上與西方資本主義所不同的富強、平等、健康之路。今天看來,何氏之言頗有後現代主義的味道,但他卻不能預計到中國在數年後,即將推行改革開放,而物質主義、消費主義在中國的發展勢如破竹,進入了與文化大革命截然不同的軌跡,但何氏對國家的關懷並無隨著文革的落幕而終止,他利用香港作為輻射國內及海外華人的意見平台,多番在受到中共領導人重視的《七十年代》繼續發表〈中國是石油資源最豐富的國家——七十年代中國經濟發展的重要新因素〉、[60]〈中國鋼鐵工業的現狀與展望〉、[61]〈再論中國的石油問題〉等文章,[62] 後來《七十年代》改變編採方針,立場忽然由親共轉向親臺,何氏便停止向其投稿,乃轉移陣地,在另一本

左派刊物《廣角鏡》積極撰稿，先後發表〈中國國民生產總值淺測〉、[63]〈世界與中國煤炭工業的展望——附：中國能源政策商榷〉[64] 等文章，可見何氏的投稿取向也與雜誌的政治傾向有一定的關係。同時，何氏又先後在香港理工學院（即香港理工大學的前身）和香港中文大學等專上院校發表演說，[65] 探討中國重工業的前景與展望。[66] 本文認為民族主義者的身分認同，打敗了何氏的學者身分，身為歷史學家，他往往能忠誠和容觀地研究問題，一旦涉及民族意識，他又不忘加入主觀願望在其中，在上述的文章，雖然以實證主義的寫作手法包裝，但處處體現愛國主義的精神，當主觀願望戰勝理性思考，寫出許多令他自己也後悔的文章。

恰如江宜樺所言：「（身分）認同一詞指的是一個主體如何確認自己在時間空間上的存在。這個自我認識、自我肯定的過程涉及的不只是自我對一己的主觀了解，也滲雜了他人對此一主體之存在樣態是否有同樣或類似的認識。」[67] 何氏的言行雖然有他的個人因素，但也受到火紅年代思潮的影響，在那個狂熱的年代，許多人也對文化大革命表示高度的肯定。[68] 然而，一旦事過境遷，那種強烈的主觀意願也會隨之而改變。故此，在二十多年後，何氏在回憶錄中也發現這些文章只看到事情的表面，而看不到事情的真正動機，所以他希望「把這些文章忘掉」。[69]

陳學然指出：「在經過一九七〇年代的火紅年代後，香港的大學生經歷了林彪出逃、四人幫倒台的思想刺激，對中國的政治藍圖和美好憧憬徹底失望。」[70] 不過，何炳棣並沒有像「認中關社」運動般退潮，反而走上更高更大的歷史舞台。文革結束後，何炳棣的立場急轉，他也不再公開談論反思消費主義、批判資本主義，也無再交代改變立場的原因，而是忽然高唱擁護四個現代化和改革開放路線。一九七九年，何炳棣與兒子何可約（一九四八—），一同在北京獲中共最高領導人鄧小平（一九〇四—一九九七）高規格式接見。身為美加親共華人的領袖，何氏受到中共領導人青睞有加，此也可見中共高層對於海外學者的重視，也是中共高層借何炳棣而樹立開明形象的手段，此與國民黨被動、無奈的處境形成強烈對比。鄧小平在會談時對何炳棣說：「當前我們調整經濟計劃，主要是想把經濟發展搞得穩一點、快一點。我們要搞中國式的四個現代化。」鄧小平借此機會，向海外華人傳達中國即將走上改革開放的訊息。之後，何炳棣公開對記者說：「我非常支持中國搞適合自己國情的四個現代化建設的想法。」[71]

一九七一年，何炳棣與中研院的關係已陷入低潮，錢思亮曾與何炳棣談及院士身分的問題，何表示有意終止關係，而院方有些人希望何自動提出除名，但院

方一直未有共識。[72] 一九七二年,即在何氏舉行記者會後,院方再次召開會議,其結論是「眾意以為此事如由中研院或政府採取任何公開的制裁或譴責性表示,徒使彼等(何氏等人)成為英雄,於國家或中研院,均為害多於利」。[73] 然而,海外學人回國訪問的大門已開,其中「院士者有何炳棣、楊振寧、任之恭、張捷遷、陳省身、林家翹、易家訓、李政道、王憲鍾等多人」,院方除了一再致函勸說,或派人拜訪試探,也無他法可為,可見國民黨在處理海外學人轉向的關節上,表現得軟弱無力。值得注意的是,錢思亮認為對於政治身分認同轉變的學者,只可作道德勸說,萬萬不可惡言相向,否則只會把他們推向中國大陸。他認為院士訪問大陸者,不少是思鄉心切,也有一些是出於好奇,若然對他們口誅筆伐,只會使更多海外學人反感,置中研院於更不利的處境。[74]

六、七院士推動中美建交

一九七七年二月,「楊振寧、陳省身、牛滿江、張捷遷、任之恭、趙元任、何炳棣等七位院士」[75] 在美國《紐約時報》及《華盛頓郵報》刊登廣告,要求美國總統盡快與中國建立外交關係,國民黨的喉舌《中央日報》認為應當「清除與匪勾結的『叛國院士』」,[76]《中央日報》的社論向來頗能代表國民黨高層的想法,除名之主張,似已獲得到高層授意。前院長王世杰本來在新加坡事件上對何炳棣採寬容態度,此刻也按捺不住,在日記指「錢院長優柔寡斷,迄今無公開反抗之表示,余極不以為然」、[77]「往晤錢思亮院長,力責其對楊振寧、陳省身等背棄中華民國及中研院的言行,應公開表示譴責。思亮態度過于顧忌楊、陳等之反應,殊歉依違而不願公開評議會公開討論。」[78] 又「中研院近兩年來聲譽甚不佳,此其主要原因在院長不肯糾正楊振寧、任之恭等之叛國,余曾屢次督責錢院長,均無效,言之慨然。」[79] 由此足見,王世杰、錢思亮二人對於除名一事有極大的分歧。然而,錢思亮以一人之力,對抗輿論及政界強大之壓力,更向蔣經國(一九一〇─一九八八)力陳,要求對何炳棣等人除名一事暫緩處理,蔣經國也從善如流,終使除名之事作罷,[80] 此也見蔣經國處事開明的一面,也反映國民黨不致完全操控中研院的工作,使其保持一定的自主性。最後,中研院始終沒有對七院士發表公開譴責或聲明。[81] 上述種種,頗能反映錢氏事緩則圓的處世之道,也力保了中研院的學術名聲,令中研院不致完全淪為政治打壓的工具,更為日後海外學人與臺灣重修學術關係留下了重要的伏線。

綜合上述討論,何炳棣是單方面對中研院中斷關係,院方雖多番討論開除其

院士之名，但由始至終都按兵不動，至於外界傳言「香港《新聞天地》卻報道他抨擊臺灣的國民政府，蔣介石即質問中研院院長王世杰，導致何氏和中研院斷絕二十二年，關係至物理學家李政道的兒子、芝大史學博士李中清力勸其老師何炳棣與中研院恢復關係，加上楊振寧曾於一九八六年訪臺慶祝中研院院長吳大猷八十大壽，何氏始於一九九〇年赴臺參加中研院第十九屆院士會議，與中研院恢復關係」。[82] 一般讀者不察，不知道由錢思亮領導下的中研院已經多番克制，他最終也沒有聽從前院長王世杰和其他人的意見而妄動。實情是，何氏單方面中斷與院方的來往，不少人卻誤以為是院方受蔣介石之壓力而被迫中斷雙方的關係。

七、何炳棣與中研院恢復關係

隨著中美建交，何炳棣等海外學人與中國大陸的學術機構也建立起緊密的關係。及後，臺灣內部也起了巨大的變化，威權政治日趨淡化，並開放黨禁、報禁，加上兩岸關係逐漸緩和，「漢賊不並立，正邪不並存」的意識慢慢轉淡，[83] 中研院的政治色彩不再像威權時期的濃厚。一九九〇年，何炳棣自言聽從其學生李中清（一九五二—）的建議，主動與中研院恢復關係。[84] 他退休後最重要的著作《中國歷代土地數字考實》（聯經，一九九五）、《有關〈孫子〉〈老子〉的三篇考證》（中研院，二〇〇二）、《何炳棣思想制度史論》（聯經，二〇一三）等，也是在中研院出版，亦曾多次在院中發表演說，足見他對中研院是有深厚的感情，畢竟以其學術地位，把著作交到何處，也定必受到重視，他卻選擇在中研院發表，反映了並未有受往事所困擾。他晚年經常出席院士會議，更積極發言，其中一次對現時臺灣學者分工太過仔細的弊病加以抨擊，他說：

> 因為我也深深覺得愈是專想搞原創性的東西，那麼原創性研究成功的可能性就愈大。可是這個原創性本身，要是出發點是以區隔主義做為基礎的時候，而把學問分得非常的細，則其原創性貢獻大的可能性就愈小……二、三十年代的清華跟現在不同即在於此，它是立基於傳統之上而去創新。我在清華二年級的時候可以結合很多的東西，但是現在以中研院這樣具有豐富資源的機構，我反而覺得不能夠給我這種學習的機會……今天中央研究院一方面要再創新傳統，若在這個過程之中，如果我們已經受了現有區隔的影響，……（中研院）不能夠太機械化的來衡量他們。因為真正的天才，不用去管他，他也會自己去做。因此，我們的眼光應該稍微遠大一點，不要走得太極端，而讓人喘不過氣。[85]

閻小駿指出：「基於身分認同而產生的社群歸屬感是在不斷分化組合中的，

在不同的情景下,每個個人與不同的他者共用身分,結成有形或無形的群體。」[86] 從上述引文得知,何炳棣的身分認同之中,除了中國人的身分外,他常以清華學人自居,以清華大學畢業生為榮。此番在院士會議的閉門言論,頗能展現一九三〇、一九四〇年代清華大學博雅的氣度,也是對今天一些人文學科的學人,視野狹隘而不足以讀史閱世者的當頭棒喝。[87] 其實,在前述何氏寫給胡適的未公開書信中也有相似的見解。[88] 當時,他指出以史料學派為首的中研院史語所,在研究的方法上,沒有積極吸收西方新近的社會科學方法,未能展現博通的歷史學視野,也不算是真正的科學方法。[89] 總而言之,何氏與中研院的關係歷時半世紀,不但與其師胡適在位時對中研院有所建言,在其晚年亦復如是,雖有中斷二十二年之久,一旦去了政治化,其對中研院學術發展關切之情,歷數十年不變。[90]

八、總結

本文要處理的兩個問題:(一)一九七〇年代前後臺灣被國際社會邊緣化下,臺灣當局及中研院所面對的困厄;(二)本文兼又探討何炳棣和部分海外華人的政治身分認同,如何由親近臺灣當局紛紛轉向中國大陸。

就第一點而言,從上文討論可知,一九七〇年代前後,臺灣當局的國際地位已日落西山,不少原來政治認同上親近臺灣之海外學人,前仆後繼地返回中國大陸訪問,而何炳棣更是當中的先驅者。臺灣當局面對這種潮流,不論勸說、責難、除名等方法,其實際作用也相當有限,他們面對此挑戰而顯得無能為力,而臺灣當局聲稱要加強對海外學人的聯絡工作,也不見任何成效。臺灣仍有部分人堅持「漢賊不並立,正邪不並存」的指導思想,部分人認為凡是接觸中共者,必是國民黨之敵人(尤其是黨媒),此態度實在無助於鞏固海外學人對臺灣當局的政治認同,反而令更多海外學人產生不良的感覺,若非錢思亮以事急則緩、事緩則圓的手法處理,當局或會承受更嚴重的後果。

另一方面,中共對何炳棣等海外學人的統戰也取得相當的進展。一九七〇年代起,何氏等人多次訪問大陸,在北京所見之人物,不乏中共最高領導人(如鄧穎超、鄧小平等),這未嘗不可視之為中共對臺灣的挑戰,而且展現十分積極的態度。面對大批海外學人的政治轉向(尤其是中研院院士),對於正受到國際邊緣化的中國華民國而言,對島內的士氣造成打擊。不過,由始至終國民黨高層從未直接介入何炳棣一案,認為此事「應由中研院負責處理」。[91] 雖說是尊重中研院的學術自主,也反映兩蔣政權對於海外學人的言行有一定的包容,但從另一角

度而言,代表他們對於拉攏海外學人的積極性不足,注定在這場海外學人的「爭奪戰」中敗陣。由始至終,臺灣的最高領導人蔣介石、蔣經國父子也沒有嘗試親自說服何炳棣等人,亦無派出黨內重量級元老對他直接勸說,只是透過學術界人士游說,可見臺灣拉攏海外學人的規格遠遠不如中共,國共雙方的手段也高下立見。

至於第二點,何炳棣與許多海外華人一樣,因政治變局而被迫去父母之邦,長年受思鄉之苦。他大半生也在北美謀生,種種原因使他遲遲未能返國,實在是一種不得已的無奈。據歷史學者汪榮祖所述:「何先生的個性和愛國情懷絕對是純真的。他兒子在電話裡告訴我,說他父親留下遺言,要求把自己和太太的骨灰運回浙江金華安葬。」[92] 中國人素來重視鄉土情懷,何炳棣在天津出生,在北京學習,逾四分之三世紀的時間在北美生活,他卻選擇在金華安葬,由此可知,他對於祖籍的認同大於與他關係密切的地方,也反映他深受傳統鄉土文化的影響。一九四九年,中華民國失去大陸的統治權,絕大多數的北美華人都是從中國大陸出走,對於苦思家鄉的華人而言,接觸中共是返鄉探親的唯一出路。故此,何氏等人才有組團訪問之舉,這是中國大陸在這場海外學人「爭奪戰」的有利因素,也是臺灣的先天不足。

如上所述,何炳棣之言行既有與他的出身、成長經歷等個人因素有關,[93] 同時也受到社會風氣的影響。那一代的華人見證了國家喪亂,長年寄人籬下,又不易融入當地社會,這些反而強化了中國人的身分認同,有論者指出:「需要注意的歷史事實是他們〔何炳棣、楊振寧等西南聯大學生〕都是戰亂中離開中國到美國去的,當時戰亂中的中國情景,給他們留下了深刻的印象。國家連年戰亂,導致民不聊生,特別是下層社會極端貧困,這樣的歷史情景曾經刺激了當時還在學生時代的西南聯大知識分子。盼望中國統一、安定、強大,不再受外人的欺侮,是當時中國所有知識分子內心的渴望。上世紀四十年代中期以後,中國自由主義知識分子普遍對現政權產生反感,在思想深處普遍產生左傾萌芽。所以在去國二十多年後,看到國家統一成為基本事實,看到社會成員有組織的集體生活和早年留在記憶中的中國人一盤散沙的印象比較,西南聯大知識分子過於強烈的民族情感,讓他們很難再調動自己的知識和學養去理性分析當時中國社會的真實情況。」[94]

上述分析,也頗能套在何炳棣的個案之中。何氏一度希望文革能夠成功把中

國帶往安定、平等、富強的方向,以擺脫他青年時對國家積弱的歷史印象,故他積極推動中美建交,又為國家探討能源發展的新方向,無非是一片丹心,為建設祖國而投入滿滿的主觀情緒。陳新宇也指出:「即便閱歷豐富的歷史學家(何炳棣),思維縝密的物理學家(楊振寧),也不可能在所有問題上都保持情感與理智的平衡,尤其在面對祖國時更是如此。當代學人包括鄙人在內因為歷史時空的不同,或許很難完全理解和真正感受那個積貧積弱年代中國學人內心深處波瀾起伏的家國情愫及同樣強烈的報國情懷了。」[95] 上述的個人經歷和歷史因素,左右了何氏等海外華人的判斷;當一切回歸平靜,熱情過去,何炳棣晚年對其為中共而寫的宣傳文章,也頗感後悔。

《明清社會史論》一書的譯者、明代史專家徐泓在〈譯者序〉也指出:「他(何氏)成長於抗日戰爭之中,有濃厚的民族意識,雖因工作關係入美國籍,但熱愛中國之心過於常人,曾質問一些華人學者:你是中國人怎可以不愛國?⋯⋯一九七九年底,在波士頓麻省理工大學(MIT)討論中美關係的會上,面對滿場洋人學者,親見何先生獨排眾議,大聲指斥研究中國的洋人學者的反華情結。其敢言直言的態度在西方學界的華人學者中極為少見,一般華人學者在洋人屋簷下總是低頭,何先生決不示弱。」[96] 許多海外華人不時受到歧視(至少他們有此感受),他們把自身的遭遇,投射在南京國民政府腐敗無能的歷史記憶之上,何炳棣也不例外。一九六〇年代,中華人民共和國已晉身核子軍事大國之列,並在外交上取得突破,儘管在內政上屢犯失誤而使國民陷入災難,但海外華人在沒有掌握充分的資訊下,對國家前途抱有強烈的幻想。故此,一些華人的政治認同遂由親近臺灣當局紛紛轉向中華人民共和國。相反,一九七〇年代前後,蔣介石政權日漸被國際社會邊緣化,更退出了聯合國,何炳棣等人認為臺灣當局已不能有效地代表海外華人,也不能保護民族利益,他們反而對於正值文革的中國充滿憧憬,奢望毛澤東和四人幫能帶領國家強大起來,使其不再受洋人的氣。

本文討論的主角何炳棣,他的學術地位極高,又活躍於海外的愛國主義運動,獲親共之華人公推為領袖,他也因此被中共選中為統戰對象,向他極力拉攏,加上他的個人性格,雙方一拍即合。除此以外,一九六七年的新加坡事件,當時何氏的思想雖略為左傾,但尚未有明顯投共的行動,卻遭到國民黨的喉舌曲解其言論,將其推向中共的一方,又未嘗不是使其徹底擁抱中共的一大推力。

1 忻平：〈治史須重考據科學人文並重——南加利福尼亞州何炳棣教授訪問記〉，《史學理論研究》第 3 期（1997），頁 100。
2 〈中央研究院院士基本資料查詢，人文及社會科學組〉，https://db1n.sinica.edu.tw/textdb/academicians/02.php? func=22&_op=? ID：H003（2017 年 2 月 15 日）
3 近年，至少有三篇學位論文專門討論何氏的學術成就，足見其影響力之大。參見林秀誠：〈現代史學家何炳棣及其明清人口史社會史研究〉（香港：新亞研究所碩士論文，2011）；陳濤：〈何炳棣的史學成就及思想研究〉（南昌：江西師範大學碩士論文，2013）；張輝：〈何炳棣的史學成就及史學特點研究〉（合肥：安徽大學碩士論文，2017）。
4 隨著 2017 年北京中華書局出版《何炳棣著作集》五種，依次為《明初以降人口及其相關問題 1368－1953》、《中國會館史論》、《中國歷代土地數字考實》、《黃土與中國農業的起源》、《何炳棣思想制度史論》，除第一種外，其餘四種皆首次在中國大陸出版，可以預料，何氏的影響力將繼續擴大。
5 有關此書之內容評價，可參看單世聯：〈一個人的戰鬥——讀何炳棣《讀史閱世六十年》〉，《二十一世紀》總第 88 期（2005），頁 139-145。
6 （雷戈，2016；頁 159）
7 〈何炳棣、薛君度、龍繩文訪中國大陸〉，中央研究院近代史研究所藏，館藏號 11-07-02-04-02-372。
8 閻小駿：《當代政治學十講》（香港：香港中文大學出版社，2016），頁 238。
9 〈與那、呂、谷、何姓的來往書信〉，中央研究院胡適紀念館藏，館藏號 HS-NK01-204-。
10 何炳棣多年來屢受胡適的關愛，他們二人同屬哥倫比亞大學畢業生。何氏赴美之時，胡氏已是成名學人，故他們一直以師生相稱。何氏在哥倫比亞大學的老師 Robert Livingston Schuyler 與胡適同為哥大校友，當何炳棣在哥大畢業，立即往加拿大英屬哥倫比亞大學上任，由於胡氏在中美均有極大的影響力，故 Schuyler 便寫信與胡適，託其為何炳棣在美國謀職。此後，胡適委託陳受頤代為關注。詳見〈與姓氏 S 開頭的來往書信〉，中央研究院胡適檔案館藏，館藏號 HS-US01-010-001。
11 〈與陳受頤的來往書信〉，中央研究院胡適檔案館藏，館藏號 HS-US01-010-011。
12 其時胡適早已過世，不難想像，若然胡適仍然執掌中研院，而他又對何氏的行為加以勸說，往後的發展可能會不一樣。
13 何炳棣：《讀史閱世六十年》（桂林：廣西師範大學出版社，2005），頁 369。
14 陳三井：《迢迢密使路：穿梭兩岸密使群像》（臺北：獨立作家，2016），頁 87。
15 中央研究院八十年院史編纂委員會主編：《追求卓越：中央研究院八十年》（臺北：中央研究院近代史研究所，2008），頁 167。
16 林博文：《關鍵民國：聆聽民國史的馬蹄聲》（臺北：大塊出版社，2013），頁 236。
17 《王世杰日記》，1968 年 3 月 16 日：「何炳棣昨有覆信來，謂政府所獲關於彼在星洲演說之報告為歪曲事實。」見中央研究院近代史全文資料庫 http://dbj.sinica.edu.tw:8080/handy/index（瀏覽日期：2017 年 2 月 20 日）
18 《王世杰日記》，1968 年 3 月 7 日：「中研院院士何炳棣在星加坡講演，痛詆中國國民黨，並謂孔子的『有教無類』即是共產黨思想。蔣先生昨日告知我，謂此事應由中研院負責處理。」
19 《王世杰日記》，1968 年 4 月 9 日：「何炳棣言論案，余向蔣先生陳明，不宜作公開斥責，蔣先生允余所請。」
20 《王世杰日記》，1966 年 12 月 23 日：「晨晤何炳棣院士。此為吾國在美研究中國經濟、社會史而有成績之壯年學人。日前張曉峰在某會議詆其左傾，似是誣詆，余當時聞之，頗為憤慨。」
21 《王世杰日記》，1969 年 10 月 8 日午後三時：「與紐約及其附近諸院士開座談會，到會院士李書華、何廉、朱蘭成、袁家騮、何炳棣、楊聯陞、顧毓琇、楊忠道、劉占鰲、王世濬、吳大猷等共十九人……晚在渝園 Lotus Eaters 聚餐，共三十餘人，劉錯亦被邀參加。」
22 《王世杰日記》，1966 年 12 月 9 日。
23 〈何炳棣、薛君度、龍繩文訪中國大陸〉（下稱〈何檔〉），《芝加哥總領使館電報》（60），第 051 號。
24 《讀史閱世六十年》，頁 320-321。

25　《讀史閱世六十年》，頁 371。
26　陳慈玉等：《蔣碩傑先生訪問紀錄》（臺北：中央研究院近代史研究所，2009），頁 15。
27　Ho Ping-Ti, *Cradle of the East: An Enquiry into the Indigenous Origins of Techniques and Ideas of Neolithic and Early Historic China, 5000-1000 B.C.* (Hong Kong: Chinese University of Hong Kong, 1976)。此書（中文名《東方的搖籃》）就是何氏在國際學術界最具影響力的著作，但出版一事並不順利，後於 1976 年改由芝加哥大學、香港中文大學聯合出版。
28　〈何檔〉，《芝加哥總領使館電報》（60），第 259 號。
29　《讀史閱世六十年》，頁 240。
30　〈何檔〉，《芝加哥總領使館電報》（60），第 425 號。
31　〈何檔〉，《芝加哥總領使館電報》（60），第 259 號。
32　此頗符合何氏絕不妥協的性格。2017 年 4 月 23 日，《北京晨報》根據 1936 年 12 月 28 日《世界日報》（民國時期創辦於北平）的報道：「何炳棣等到學生宿舍擅行闖入他人住室，翻搶書物……甚有毆鬥行為。」從此得知，何氏剛烈、暴躁、反權威的性格，數十年不改。
33　何漢威：〈後記〉，載何炳棣：《何炳棣思想制度史論》（北京：中華書局，2017），頁 543-544。
34　《王世杰日記》，1972 年 2 月 6 日：「美國人士亦以其言不實而有著論嚴斥者。余與錢思亮商量，以為院法無開除院士之條，但彼如自動表示願辭中研院院士（據錢院長云，彼去歲曾對錢院長有此口頭表示），則當提評議會，解除其院士名義。」
35　〈何檔〉，《芝加哥總領使館電報》（60），第 425 號。
36　中央研究院：《追求卓越：中央研究院八十年》，頁 167。
37　〈何檔〉，行政院新聞局（60）景際甲字第 5437 號。
38　〈何檔〉，外交部致（60）北美司收文 2629 號。
39　〈何檔〉，行政院新聞局（60）景際甲字第 5437 號；據 Google map 顯示，何氏的住處為兩層式的平房，住處離芝加哥大學僅十餘分鐘車程。
40　〈何檔〉，外交部致（60）北美司收文第 17182 號。
41　〈何檔〉，《錢思亮致何炳棣函》。
42　薛君度，革命家黃興之女婿，是著名的革命史、外交史專家。
43　鄧嗣禹，燕京大學畢業，哈佛大學歷史學博士，師從費正清研究中國歷史，太平天國史、清史專家。
44　葉楠，又名葉北平，為國民黨元老葉楚傖（1887-1946）之子。
45　傅海瀾，滿清貴族傅涇波（1900-1988）之女。
46　兄妹二人為前雲南省主席龍雲的兒女。1949 年後，龍雲留在中國，屢受政治運動之苦，其兩名子女則留美生活。
47　閻小駿：《當代政治學十講》，頁 240。
48　〈何檔〉，外交部致（60）北美司收文第 17182 號。
49　"Prof Find China 'Most Equal Society'," *Chicago Daily New* [Chicago], 9 December 1971；本文認為，何氏得出上述觀點，也與他早年深受費邊社會主義影響有關。
50　"U of C Prof Lauds of Red China," *Chicago Today* [Chicago], 9 December 1971.
51　"Historian Tells Chinese Hope Nixon Visits," *Chicago Sun Time* [Chicago],10 December 1971.
52　林滿紅：《獵巫、叫魂與認同危機：臺灣定位新論》（臺北：黎明文化事業出版股份有限公司，2008），頁 57。
53　《王世杰日記》，1972 年 1 月 5 日：「上午赴中研院與錢思亮院長商議關於何炳棣院士媚匪言論事。余意中研院或我政府以暫不採取制裁手段為宜。此人為一投機分子，終究將不能得任何方面之信任。」
54　《華僑日報》（香港），1972 年 2 月 7 日。
55　《讀史閱世六十年》，頁 393。
56　〈昔日人生大轉折——李怡〉，《蘋果日報》（香港），2017 年 1 月 9 日：「由於《七十年代》受到周恩來的看重，我在香港也被介紹認識了中共的高層。其中聯繫最多的是潘靜安，他的

職銜是中國銀行的副總稽核⋯⋯潘靜安是中共調查部駐港的負責人⋯⋯但因為我常常向出版界的中共領導人藍真提供一些香港和海外知識分子的狀況，於是被直接介紹到潘公那裡。我所提供的，其實多轉述一些知識分子的來信，主要反映香港和海外知識分子圈中的思想動向，和一些在外國校園發生的涉及中國的事情。」

57 〈原來當年的學運是這麼的一回事〉，《中大學生報》，2012 年 7 月。
58 《七十年代》總第 50 期（1974），頁 4-14。
59 停滯性通貨膨脹，即指經濟成長停滯，而物價卻節節上升的經濟現象，1970 年代受石油危機所累，不少西方國家即陷入此情況，也被新自由主義者批評是凱恩斯主義發展經濟的後果。
60 《七十年代》總第 61 期（1975），頁 6-14。
61 《七十年代》總第 73 期（1976），頁 12-19。
62 《七十年代》總第 97 期（1978），頁 68-77。
63 《廣角鏡》第 84 期（1979），頁 4-5。
64 《廣角鏡》第 94 期（1980），頁 14-21。
65 〈在理工學院禮堂何炳棣今天演講題中國資源與經濟發展〉，《大公報》（香港），1975 年 10 月 19 日。
66 當時留美的陳之嶽指出：「何炳棣於七、八十年代在海外知識分子中（特別是香港、臺灣留美學生）的名聲如雷貫耳，原因是他經常在當時親北京的香港《七十年代》月刊上撰文歌頌中華人民共和國、吹捧中國的進步、宣揚大陸鋼鐵、石油和其他工業原料的產量將以倍數成長。在何氏的筆下，四人幫時代的中國、批林批孔時代的中國和毛澤東專制下的中國，處處充滿了希望與生機。親臺灣的留學生不齒何炳棣的一面倒，親中共的留學生尊何炳棣為精神領袖。」陳之嶽：〈何炳棣天生桀傲，好勝而不服輸，曾痛罵黃仁宇、杜維明等學人——史學大師何炳棣傳奇〉，《亞洲週刊》第 26 卷 25 期（2012），頁 46。
67 江宜樺：〈自由民主體制下的國家認同〉，《臺灣社會研究季刊》第 25 期（1997），頁 96。
68 陳新宇：〈人生何處不相逢——瞿同祖與何炳棣的命運對照〉，《比較法研究》第 5 期（2012），頁 139-140。
69 《讀史閱世六十年》，頁 393。
70 陳學然：《五四在香港：殖民情境、民族主義及本土意識》（香港：中華書局，2014），頁 293。
71 〈昨在京會見何炳棣教授鄧小平談調整經濟目的是把我國經濟發展搞得一點快一點談話時強調我們要搞中國式的四個現代化〉，《大公報》（香港），1979 年 4 月 18 日。
72 《王世杰日記》，1972 年 2 月 6 日。
73 《王世杰日記》，1972 年 4 月 12 日：「晚應錢院長思亮之餐約，在其住宅商討院士何炳棣、楊振寧兩人，於自大陸回美後在美發表公開言論，為中共宣傳事⋯⋯參加此餐會者，均為中研院評議員（閻振興、沈宗瀚、凌鴻勳、葉公超、陳雪屏、李幹、沈剛伯、鍾皎光等）。」
74 中央研究院：《追求卓越：中央研究院八十年》，頁 169。
75 〈中研院「七院士」事件〉，《蘋果日報》（香港），2014 年 7 月 8 日。
76 〈中研院「七院士」事件〉，《蘋果日報》（香港），2014 年 7 月 8 日。
77 《王世杰日記》，1977 年 5 月 10 日。
78 《王世杰日記》，1977 年 5 月 5 日。
79 《王世杰日記》，1978 年 9 月 9 日。
80 《王世杰日記》，1977 年 11 月 9 日。
81 〈蘋果樹下：何炳棣與中研院的一段糾葛〉，《蘋果日報》（香港），2014 年 3 月 31 日。
82 陳之嶽：〈何炳棣天生桀傲，好勝而不服輸〉，頁 46。
83 蔣介石自記：「今日革命基礎在臺灣之能否自力更生與強固不懈，而不在聯合國代表權之得失。故政府根本問題在確保臺灣主權，如果聯合國一經允許共匪朱毛偽政權加入，則我代表應毅然退出聯合國，以保持我國家民族（漢賊不並立正邪不並存）之人格，而況決無共匪參加之事，否則世無公理，人類必將滅絕矣。此對廷黻之指示也。」見秦孝儀：《總統蔣公大事長編初稿》，全 13 冊（臺北：中正文教基金會，1978-2008），中央研究院近代史全文資

料庫,第 12 冊,頁 113。當時為 1953 年 5 月 25 日,國民黨遷臺不過數年,漢賊思維成為臺灣的指導思想,但隨著中華人民共和國在外交上得到國際主流的承認,漢賊思維已不能有效地處理當前的問題,更有稍稍轉淡的趨向,如《王世杰日記》,1977 年 11 月 9 日:「胡健中前日向余言,彼認為我對美宣傳,不可強調『漢賊不兩立』與『寧為玉碎,可可瓦全』等語,應注意現實,採取較有彈性之政策,以便外交當局為有效之折衝。余意頗以彼所言為穩重。」此即為一例。

84 《讀史閱世六十年》,頁 430;又參見「何公被正式聘為社科所的通訊研究員,當中有何公高足李中清的牽引。李中清與社科所歷史與思想組的研究人員有交情,加上何公的研究乃歷史與社會科學結合的典範,正是社科所追求的目標,此事自然水到渠成。」見梁其姿,〈何炳棣先生晚年在「中研院」的日子〉,《搜狐》,2017 年 1 月 20 日,http://www.sohu.com/a/124854087_523159(瀏覽日期:2017 年 1 月 20 日)。

85 〈中央研究院第二十四次院士會議分組座談人文組會議紀錄〉(2000),https://db1n.sinica.edu.tw/textdb/academicians/dore/listm.php(2017 年 2 月 20 日)

86 閻小駿:《當代政治學十講》,頁 239。

87 何氏晚年兩篇重要的文章也是在北京清華大學宣讀,其體現何氏一生致力於大題目的攻堅,李伯重:〈中國學術史上一個時代的結束〉《中華讀書報》,2012 年 6 月 20 日,作者回憶當時情況:「何先生在清華作了兩次學術報告,一次是在高等研究院的《國史上的「大事因緣」解謎》,另一次則是在歷史系的《夏商周斷代的方法問題》。何先生做講演之事在學校內外引起轟動,年輕學子們都抓緊這個機會,力圖一睹這位學術大師的風采。因此雖然何先生的講演極為專業,但是講演場所依然人滿為患,許多學生只能站在門外傾聽。在講演中,何先生雖然耳朵有些重聽,但是神采依舊,講起話來聲如洪鐘,觀點鮮明,完全看不出已是 93 歲高齡。」

88 〈與那、呂、谷、何姓的來往書信〉,中央研究院胡適紀念館藏,館藏號 HS-NK01-204-,「何炳棣致胡適函」。

89 尚小明認為:「早在史語所創立之初,便把成就若干能使用近代西洋人所使用工具之少年學者,作為它最主要的工作之一⋯⋯」見尚小明:〈中研院史語所與北大史學系的學術關係〉,《史學月刊》第 7 期(2006),頁 87。其實,史語所的西洋方法其實主要是「東方學」,而非新興的社會科學。何氏深受社會科學影響,講究世界視野,在學問上何氏與他在清華大學的老師、「東方學」出身的陳寅恪也不是特別親近,他更與史語所和北大的中國史為主的學風甚異。

90 1994 年 8 月 4 日,何炳棣去信饒宗頤,討論關於 1990 年中研院 19 屆院士評選會議中,饒氏遭投訴而被迫中止參選資格事件。對此,何氏表示:「(饒)兄似有欲向『中院』提出補償名譽之意。弟對此意具有無限同情,並願盡力支助。」可見何氏對於同行的名聲以及中研院院士選舉也是極為關心,也反映他願意積極介入中研院的工作。筆者從中文大學中國文化研究所鄭會欣先生口中得悉此信,特此銘謝,此信將收入沈建華:《饒宗頤先生與他的甲骨書札》(饒宗頤甲骨書札,中西書局,2017)一書(編者案:網上有該書序言,清楚交代事件前因後果,也有提及何炳棣來信。見 http://www.chinawriter.com.cn/n1/2017/1020/c404063-29599128.html)。

91 《王世杰日記》,1968 年 4 月 9 日。

92 轉引自陳菁霞:〈「不好相處」的何炳棣先生〉,《中華讀書報》,2012 年 7 月 4 日,第 9 版,見 https://www.sinoss.net/c/2012-07-10/511305.shtml(2017 年 2 月 15 日)。

93 例如他向來對於毛澤東也十分欣賞,而他在撰寫英國土地史博士論文期間,深受英國的費邊社會主義影響,思想變得左傾,再加上他目睹 1960、1970 年代以來資本主義發展的挫折,使他對中國的社會主義體制更加有寄望。另外,據何氏的回憶錄記述,他曾經與芝加哥大學的著名經濟學家、芝加哥學派代表人物佛利民(Milton Friedman)當面爭辯,他以「經濟自由主張最為極端」來形容對方。詳見《讀史閱世六十年》,頁 371-372。本文認為,相對於晚年的海耶克(Friedrich von Hayek)以及當代的自由人主義者(Libertarianism)主張的放任主義而言,佛利民在 1960 年代的自由主義立場也不算十分進取,畢竟佛利民仍然贊同政府的干預行為是有必要性,而何氏卻認為當時的佛利民是極端經濟自由主張者。由此可見,何氏對於資本主義和自由主義的立場本來就屬於十分保守。

94 謝泳:〈家國情感與事實判斷——以何炳棣等 20 世紀 70 年代初的訪華觀感為例〉,載伊繼東、周本貞主編:《西南聯大與現代中國研究》(北京:人民出版社,2008),頁 150。

95 陳新宇：〈人生何處不相逢——瞿同祖與何炳棣的命運對照〉，《尋找法律史上的失踪者》，廣東師範大學出版社，2015，頁 81。
96 何炳棣著，徐泓譯：《明清社會史論》（臺北：國科會經典譯注計畫，2013），頁 xv。

貨幣、思想與歷史通論	作　　　者	趙善軒
——中國經濟史的變局與抉擇	責 任 編 輯	黎國泳
	文 字 校 對	蔡建成
	封面設計及內文排版	王舒玕
	出　　　版	一八四一出版有限公司
	印　　　刷	博客斯彩藝有限公司

2025 年 8 月　初版二刷
定價　450 台幣
ISBN　978-626-99697-6-0 (平裝)

1841
—一八四一—

社　　長	沈旭暉
總 編 輯	孔德維
出版策劃	一八四一出版有限公司
地　　址	臺北市大同區民生西路404號3樓
發　　行	遠足文化事業股份有限公司
	（讀書共和國出版集團）
郵撥帳號	19504465 遠足文化事業股份有限公司
電子信箱	enquiry@1841.co
法律顧問	華洋法律事務所 蘇文生律師

貨幣、思想與歷史通論：中國經濟史的變局與抉擇
= The general theory of money, thought, and
history : transformations and choices in China's
economic history/趙善軒(Gavin Sin Hin Chiu)作.
-- 初版. -- 臺北市：一八四一出版有限公司出版：
遠足文化事業股份有限公司發行, 2025.07

面；　公分

ISBN 978-626-99697-6-0(平裝)

1.CST: 經濟史 2.CST: 貨幣制度 3.CST: 中國

552.29　　　　　　　114008928

Printed in Taiwan　｜　著作權所有侵犯必究
如有缺頁、破損，請寄回更換

特別聲明

有關本書中的言論內容，不代表本公司／出版集團
的立場及意見，由作者自行承擔文責